westermann

Martin Voth, Jörg Bräker

Informationshandbuch Einzelhandel

1. Ausbildungsjahr

9. Auflage

Bestellnummer 02601

Die in diesem Produkt gemachten Angaben zu Unternehmen (Namen, Internet- und E-Mail-Adressen, Handelsregistereintragungen, Bankverbindungen, Steuer-, Telefon- und Faxnummern und alle weiteren Angaben) sind i. d. R. fiktiv, d. h., sie stehen in keinem Zusammenhang mit einem real existierenden Unternehmen in der dargestellten oder einer ähnlichen Form. Dies gilt auch für alle Kunden, Lieferanten und sonstigen Geschäftspartner der Unternehmen wie z. B. Kreditinstitute, Versicherungsunternehmen und andere Dienstleistungsunternehmen. Ausschließlich zum Zwecke der Authentizität werden die Namen real existierender Unternehmen und z. B. im Fall von Kreditinstituten auch deren IBANs und BICs verwendet.

Zusatzmaterialien zu Informationshandbuch Einzelhandel

Für Lehrerinnen und Lehrer

BiBox westermann inkl. E-Book

BiBox Einzellizenz für Lehrer/-innen (Dauerlizenz): 978-3-427-02617-4
Kollegiumslizenz BiBox Dauerlizenz: 978-3-427-02620-4
Kollegiumslizenz BiBox Schuljahr: 978-3-427-02624-2

Für Schülerinnen und Schüler

BiBox westermann inkl. E-Book

BiBox Einzellizenz für Schüler/-innen (1 Schuljahr): 978-3-427-02610-5
BiBox Klassensatz PrintPlus (1 Schuljahr): 978-3-427-02614-3

mit Webcode im Buch Buch +Web

Zu diesem Produkt sind digitale Zusatzmaterialien kostenlos online für Sie erhältlich. Sie können diese ganz einfach über die Eingabe des nachfolgenden Codes im Suchfeld unter www.westermann.de abrufen:

BVE-02601-009

Druck und Bindung: Westermann Druck GmbH, Georg-Westermann-Allee 66, 38104 Braunschweig

ISBN 978-3-427-02601-3

Das Informationshandbuch Einzelhandel erscheint in drei Bänden. Der vorliegende erste Band enthält die Inhalte der Lernfelder 1–5 des Rahmenlehrplans für das 1. Ausbildungsjahr für die Ausbildungsberufe Verkäufer/Verkäuferin sowie Kaufmann/Kauffrau im Einzelhandel in systematischer Darstellung. Wir haben uns bemüht, die Lerninhalte möglichst anschaulich darzustellen und die Texte durch Übersichten und Abbildungen aufzulockern.

Zu dem Informationshandbuch gibt es das Warenwirtschaftssystem INTWASYS 4.0, Integriertes Warenwirtschaftssystem, kostenlos als Download im Online-Angebot des Westermann Verlags (siehe vorherige Seite). Die Software INTWASYS 4.0 mit integriertem Onlineshop ist ein pädagogisches Warenwirtschaftssystem, das grundlegende Einblicke in die Warenwirtschaft eines Einzelhandelsunternehmens gibt. Der Onlineshop simuliert die Abläufe im Onlinehandel und erzeugt einen praxisnahen Internetauftritt, ohne dass ein direkter Zugang zum Internet erforderlich wäre. Buch und Software vermitteln die notwendigen Kompetenzen, um einen Onlineshop in seinen zentralen Funktionen zu steuern. Das Warenwirtschaftssystem ist auf das Modellunternehmen des Informationshandbuches abgestimmt.

Zum Informationshandbuch gehören Lernsituationen, die Prozesse aus der Praxis des Einzelhandels in pädagogisch aufbereiteter Form zur Verfügung stellen. Ganzheitliche Sichtweise, überschaubare Arbeitsaufträge und selbst organisiertes Lernen zur Förderung der beruflichen Handlungskompetenz waren die Leitlinien bei der Entwicklung der Lernsituationen.

Außerdem steht in der BiBox umfangreiches digitales Begleitmaterial zur Verfügung. Dieses umfasst:

* dieses **Informationshandbuch** in digitaler Form
* **Lernlandkarten** zur Anmoderation der Lernsituationen
* **digitale Vorlagen**. Es handelt sich um WORD-, EXCEL- und POWERPOINT-Dateien für ausgewählte Lernsituationen. Sie unterstützen den Lernprozess bei der Bearbeitung der Arbeitsaufträge und Aufgaben. Vor allem entlasten die Dateien die Auszubildenden von formalen Tätigkeiten und ermöglichen die Konzentration auf die eigentliche Problemlösung.
* **interaktive Wissensaufgaben**. Mit diesen Zuordnungsaufgaben kann überprüft werden, ob die zentralen Begriffe aus dem Informationshandbuch beherrscht werden. Bei falschen Lösungen werden Hilfen angeboten. Die Aufgaben bieten eine wichtige Hilfe zur Vorbereitung auf Lernerfolgsmessungen und auf die IHK-Abschlussprüfung.
* **Selbsttests**. Durch sie können die Auszubildenden am Ende einer Lernsituation eigenständig feststellen, ob sie die wesentlichen Inhalte der Lernsituation in Form von Begriffs- und Prozesswissen gelernt haben.

Das Bündel aus analogen und digitalen Materialien bildet eine ideale Basis für modernen mediengestützten Unterricht in Präsenz- und Distanzlernphasen.

Autoren und Verlag im Frühjahr 2023

LERNFELD 1 Das Einzelhandelsunternehmen repräsentieren

LERNFELD 2 Verkaufsgespräche kundenorientiert führen

LERNFELD 3 Kunden im Servicebereich Kasse betreuen

LERNFELD 4 Waren präsentieren

Warenwirtschaftssystem 1: Kassenwesen

Anhang

LERNFELD 1
Das Einzelhandelsunternehmen repräsentieren

1 Modellunternehmen – Ausbildungsbetrieb

1.1 Daten

Viele Aussagen in diesem Buch werden am Beispiel des City-Warenhauses Bauer erläutert. Es handelt sich um ein Modellunternehmen, das in dieser Form nicht wirklich existiert. Die Daten sind aber an ein reales Einzelhandelsunternehmen angelehnt worden.

Logo des City-Warenhauses Bauer

■ Standort des Unternehmens

Das Unternehmen hat seinen Standort in der Innenstadt von Ratingen, wie der Lageplan zeigt.

Geschaftsräume des City-Warenhauses

■ Kommunikationsdaten

Für die Bearbeitung verschiedener Geschäftsprozesse (z. B. Waren einkaufen, Kommunikation mit Kunden und Lieferanten) sind grundlegende Daten erforderlich, die in der Übersicht aufgeführt sind:

Firma:	City-Warenhaus Bauer
Anschrift:	Oberstraße 17, 40878 Ratingen
Rechtsform:	Einzelunternehmen
Inhaber:	Sven Bauer
Handelsregister:	Düsseldorf
Finanzamt:	Düsseldorf, Steuer-Nr.: 407/4388/0843
USt-IdNr.:	DE433711343
Telefon:	02102 56742-0
E-Mail:	info@cwb.de
Bankverbindung:	Sparbank Ratingen IBAN: DE92 3015 1660 4565 0510 00, BIC: WELADED1RAT
zum Inhaber:	Herr Bauer wurde am 22.04.1975 in Neuss geboren. Er besitzt die deutsche Staatsangehörigkeit. Seine Privatwohnung befindet sich in der Kreuzstraße 28, 40882 Ratingen.

Verkaufsfläche

Das Warenhaus hat eine Fläche von 3500 m² mit zwölf Abteilungen

1. Lebensmittel
2. Textilien
3. Uhren/Schmuck
4. Schuhe/Lederwaren
5. Drogerie/Parfümerie
6. Haushaltswaren/Werkzeug
7. Elektro/Tonträger/Computer
8. Tapeten/Bodenbeläge/Farben
9. Möbel
10. Sport
11. Spielwaren
12. Schreibwaren/Büro

Betriebsform

Betriebsformen siehe Seite 58

Das City-Warenhaus Bauer wird – wie der Name bereits sagt – in der Betriebsform „Warenhaus“ geführt. Darunter versteht man einen großflächigen Einzelhandelsbetrieb in zentraler Lage mit breit gefächertem Sortiment. Die Verkaufsfläche beträgt mindestens 3000 m².

Sortimentsschwerpunkt

Sortimentsgliederung siehe Seite 51

Den größten Anteil an der Verkaufsfläche hat die Abteilung Lebensmittel mit rund 1 000 m² Fläche. Es folgen die Textilien (ca. 500 m²). Möbel, Haushaltswaren/Werkzeuge, Drogerie-/Parfümerie-Artikel sowie Elektro/Tonträger/Computer werden jeweils auf einer Fläche von ca. 300 m² angeboten. Die übrigen Abteilungen sind kleiner und bieten den Kunden eine geringere Auswahl. Die Abteilung Uhren/Schmuck hat zwar nur eine Verkaufsfläche von rund 100 m², kann den Kunden aber aufgrund der geringen Größe der Artikel trotzdem ein breit gefächertes Abteilungssortiment präsentieren.

Zahl der Mitarbeiter

Das City-Warenhaus beschäftigt 45 Mitarbeiter. Das Organigramm gibt den Aufbau des Unternehmens verkürzt wieder und führt einige Personen mit ihren Namen auf, die in den Lernsituationen erwähnt werden.

Organigramm des City-Warenhauses Bauer

1.2 Unternehmensziele

Erfolgreiches Handeln muss zielgerichtet sein. Nur wer weiß, wo er hin will, hat eine Chance, seine Ziele zu erreichen. Man unterscheidet **kurzfristige** und **langfristige Ziele**.

Kurzfristige Ziele sind vergleichsweise schnell zu erreichen.

Beispiele

* eine bestimmte Umsatzhöhe in einem Geschäftsjahr
* die Reduzierung der Mitarbeiterzahl innerhalb der nächsten sechs Monate auf ein bestimmtes Niveau.

Langfristige Ziele erfordern längere Zeiträume, um sie zu erreichen.

Beispiele

* innerhalb von fünf Jahren Marktführer am Standort werden
* in den nächsten zehn Jahren ein Filialnetz aufbauen

Zu den wichtigsten Unternehmenszielen gehören:

* **Gewinnmaximierung**: Das Unternehmen ist bemüht, eine möglichst hohe Verzinsung des eingesetzten Eigenkapitals zu erreichen.
* **Marktmacht**: Ein Unternehmen strebt eine bestimmte Stellung im Markt an. Es setzt sich zum Ziel, einen gewissen Anteil aller in diesem Markt verkauften Produkte und Dienstleistungen zu erreichen.
* **Sicherheit**: Durch Gewinnung eines breiten Kundenkreises bei gleichmäßiger Auslastung der betrieblichen Kapazitäten ist das Unternehmen bestrebt, das langfristige Überleben des Betriebes zu sichern.

Ein Einzelhandelsunternehmen kann diese Ziele besonders gut erreichen, wenn sie den Kunden in den Mittelpunkt aller Bemühungen stellt **(Kundenorientierung)**.

Die Kundenorientierung wird auf der folgenden Seite näher erläutert.

1.3 Unternehmensleitbild

In einem Einzelhandelsunternehmen treffen unterschiedliche Menschen aufeinander (Mitarbeiter, Kunden, Lieferanten, Dienstleister). Die Zusammenarbeit dieser Menschen ist erfolgreicher, wenn übereinstimmende Wertvorstellungen bestehen.

In einem **Unternehmensleitbild** bemüht sich ein Unternehmen, diese **Wertvorstellungen** darzustellen und die Mitarbeiter darauf zu verpflichten. Ein solches Leitbild ist langfristig ausgerichtet und oft in einem gemeinsamen Abstimmungsprozess erstellt worden.

Leitbild: Beschreibung der gemeinsamen Wertvorstellungen eines Unternehmens und seiner Mitarbeiter

Das City-Warenhaus Bauer hat ein Unternehmensleitbild.

Unternehmensleitbild des City-Warenhauses Bauer	
1	Wir sind ein kundenorientiertes Unternehmen! Wir leben von unseren Kunden. Unsere Kunden haben ein Recht, dass wir * ihnen freundlich und höflich gegenübertreten, * sie fachkundig beraten, * ihren Wünschen Gehör schenken, * Reklamationen rasch und unbürokratisch erledigen.
2 + 3	Wir sind das größte Einzelhandelsunternehmen am Standort. Durch ein beständig gepflegtes, aktuelles Sortiment erhalten wir uns das Vertrauen unserer Kunden und sichern unsere Marktstellung.
4	Das größte Kapital unseres Unternehmens sind unsere Mitarbeiter. Wir wollen zufriedene und motivierte Mitarbeiter, die auf ihre Leistungen und ihr Unternehmen stolz sind. Dies kann nur in einem Klima von Offenheit, Vertrauen, kollegialer Zusammenarbeit und größtmöglicher Kommunikation geschehen. Für jeden Einzelnen ist es wichtig, Kooperation, Initiative, Mitverantwortung zu sichern und seine Weiterentwicklung zu fördern mit dem Ziel, die Arbeitsplätze unserer Mitarbeiter zu erhalten. Veränderungen begreifen wir als Chance, nicht als Risiko.

Unternehmensleitbild des City-Warenhauses Bauer	
	Wir bekennen uns zu Fairness im Wirtschaftsleben und zum partnerschaftlichen Verhalten gegenüber unseren Kunden, Mitarbeitern und Lieferanten.
5	Wir müssen einen Gewinn erwirtschaften, der es uns erlaubt, die Existenz und die langfristige Entwicklung unseres Unternehmens und damit unsere Arbeitsplätze zu sichern. Alle Mitarbeiter tragen durch ihren Einsatz dazu bei, dass das City-Warenhaus Bauer ein in Umsatz und Ertrag leistungsstarkes Unternehmen ist.
6	Aus gemeinsamer Verantwortung gegenüber Mensch und Natur haben wir uns das Ziel gesetzt, unser Handeln dem Grundsatz der Nachhaltigkeit zu unterwerfen, indem wir wirtschaftliche, soziale und ökologische Interessen gleichermaßen berücksichtigen.

Aus diesem Leitbild des Warenhauses Bauer lassen sich die Ziele von Einzelhandelsunternehmen beispielhaft ableiten.

1. **Kundenorientierung**
   Ein Sortiment, das in Breite, Tiefe und Preisniveau den Ansprüchen der Kunden gerecht wird, zahlreiche Serviceleistungen, die dem Kunden den Einkauf erleichtern, dazu ein Höchstmaß an Freundlichkeit aufseiten des Verkaufspersonals schaffen jene Kundenzufriedenheit, die heute als entscheidend für ein erfolgreiches Einzelhandelsgeschäft angesehen wird.

Kundenorientierung im Einzelhandel

Unter Kundenorientierung versteht man drei Dinge:

* **Die Kundenansprüche (Wünsche) werden umfassend und dauerhaft ermittelt.**
* **Das Einzelhandelsgeschäft bietet alle Leistungen an, die diese Kundenansprüche erfüllen.**
* **Der Einzelhändler möchte damit eine langfristig stabile und wirtschaftlich vorteilhafte Kundenbeziehung erreichen.**

2. **Bedarfsdeckung**
   Wenn es einem Einzelhandelsunternehmen gelingt, jederzeit ein Sortiment vorrätig zu halten, das dem Bedarf der Kunden entspricht, schafft dies eine starke Kundenbindung. Sie ist eine wichtige Voraussetzung für den Geschäftserfolg.

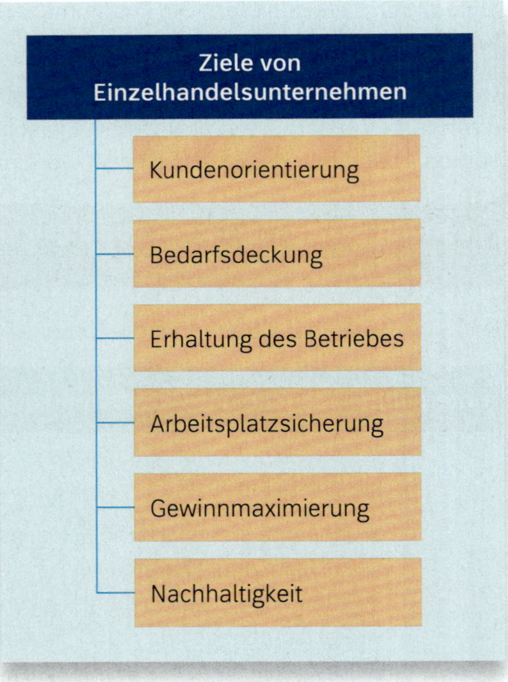

3. **Erhaltung des Betriebes**
   Langfristig ist es das Ziel eines Einzelhandelsgeschäftes, die erreichte Marktposition zu halten oder sogar zu verbessern. Eine solide Positionierung des Betriebes gegenüber Kunden und Mitbewerbern schafft die Basis für eine aktive Geschäftspolitik, die auch Rückschläge verkraften kann.

4. **Arbeitsplatzsicherung**
   Hoch motivierte Mitarbeiter, die in einem harmonischen Umfeld kundenorientiert arbeiten, sind ein wichtiger Erfolgsfaktor. Ein erfolgreiches Unternehmen kann auch sichere Arbeitsplätze anbieten. Ein fairer Umgang miteinander vermindert Reibungsverluste.

5. **Gewinnmaximierung**
   Ein ausreichender Gewinn sichert die Existenz eines Unternehmens und damit letztlich die im Unternehmen vorhandenen Arbeitsplätze.

6. **Nachhaltigkeit**
   Das Unternehmen betrachtet nicht nur kurzfristig das eigene Wohlergehen und das seiner Mitarbeiter und Kunden, sondern fühlt sich den Interessen aller Menschen verpflichtet, die durch Handlungen des Einzelhandelsbetriebes betroffen sind.

1.4 Vorstellung eines Ausbildungsbetriebes

Betrieb = Unternehmen

Wenn Auszubildende in der Berufsschule ihren Ausbildungsbetrieb vorstellen wollen, kann man auf verschiedene Punkte eingehen:

* Name des Unternehmens (Firma)
* Lage des Unternehmens
* Größe des Unternehmens (ausgedrückt z. B. in der Mitarbeiterzahl oder der Verkaufsfläche)
* Sortimentsschwerpunkt
* Beschreibung des eigenen Tätigkeitsbereichs
* sofern vorhanden: Erläuterung des Unternehmensleitbildes
* sofern vorhanden: Beschreibung des Firmenlogos

Durch Rückfrage im Unternehmen ist sicherzustellen, dass der Ausbilder mit der Weitergabe der Informationen über das Unternehmen **einverstanden** ist. Ausbildungsbetriebe finden es in der Regel positiv, wenn sie in der Schule näher bekannt gemacht werden. Oft stellt der Betrieb dafür Informationsmaterial zur Verfügung.

Zusammenfassung

Modellunternehmen		
Daten:	* Standort * Kommunikation * Verkaufsfläche	* Betriebsform * Sortimentsschwerpunkt * Zahl der Mitarbeiter
Ziele:	* kurzfristige Ziele * langfristige Ziele	Beispiele * Gewinnmaximierung * Marktmacht * Sicherheit
Unternehmensleitbild:	gemeinsame Wertvorstellungen von Unternehmen und Mitarbeiter. Beispiele * Kundenorientierung * Bedarfsdeckung * Erhaltung des Betriebes	* Arbeitsplatzsicherung * Gewinnmaximierung * Nachhaltigkeit
Kundenorientierung:	Der Kunde mit seinen Ansprüchen steht in den Mittelpunkt des Handelns, damit eine langfristig stabile und vorteilhafte Kundenbeziehung erreicht wird.	
Unternehmenspräsentation:	Vorstellung des (Ausbildungs-)Betriebes mit seinen grundlegenden Daten sowie (falls vorhanden) dem Unternehmensleitbild und dem Logo.	

2 Mitarbeiter/-innen im Einzelhandel

2.1 Anforderungen an alle Mitarbeiter/-innen

Die Mitarbeiter im Einzelhandel sind in der Regel Angestellte, die verschiedene Aufgabenbereiche wahrnehmen. Deshalb müssen sie unterschiedliche Qualifikationen erfüllen und wechselnden Anforderungen genügen. In der modernen Arbeitswelt wird vor allem die **berufliche Handlungskompetenz** gefordert. Mitarbeiter sollen über **Schlüsselqualifikationen** verfügen:

Qualifikationsanforderungen

* **Fachkompetenz**

Beispiele: Warenkenntnisse, betriebswirtschaftliche Kenntnisse, Verkaufstechniken beherrschen

* **Methodenkompetenz**

Beispiele: Probleme lösen, Entscheidungen treffen

* **Sozialkompetenz**

Beispiele: Kommunikationsfähigkeit, Teamfähigkeit, Verantwortungsfähigkeit

Einzelhandelsunternehmen erwarten ein Bündel an Qualifikationen von ihren zukünftigen Mitarbeitern:

Qualifikatorische Erwartungen von Handelsunternehmen an Bewerber und Bewerberinnen

* Kontaktfreudigkeit, freundliches Auftreten, Offenheit für Neues
* gepflegtes und umgängliches Auftreten
* Spaß an Kundenberatung, Kommunikationsfähigkeit
* Serviceorientierung, Teamorientierung
* Grundkompetenzen wie Beherrschung der Grundrechenarten (inkl. Dreisatz und Prozentrechnen) und der deutschen Sprache,
* Zuverlässigkeit, Pünktlichkeit
* Mobilitätsbereitschaft
* Flexibilität, Denken in Zusammenhängen
* Bereitschaft zum lebensbegleitenden Lernen
* Freude am Umgang mit Waren (der verschiedensten Art, also z. B. Mode, Lebensmittel, Sportartikel, Pflanzen, Technik, Parfümerie, Spielwaren usw.)
* Leistungsorientierung
* körperliche Fitness
* je nach Standort und Kundenstruktur auch Fremdsprachenkenntnisse und vor allem auch
* Interesse am Beruf, am Wirtschaftszweig und am Handelsunternehmen

Quelle: Handelsverband Deutschland (HDE): Ausbildung, Weiterbildung und Karriere im Einzelhandel. In: https://einzelhandel.de/index.php?option=com_content&view=article&id=3278 [05.05.2022].

2.2 Anforderungen an Verkaufsmitarbeiter/-innen (Kundenberater/-innen)

Verkaufen heißt, den Kunden von der Vorteilhaftigkeit eines Produktes zu überzeugen. Die Überzeugungskunst von Kundenberater/-innen ist entscheidend von der **Glaubwürdigkeit** abhängig, mit der sie auftreten. Was macht sie in den Augen des Kunden glaubwürdig?

Fachkenntnis

Kunden erwarten fachliche Kompetenz **(Beratungskompetenz)**, wenn sie ein Einzelhandelsgeschäft betreten. Kundenberater/-innen müssen daher in der Lage sein, Kunden fachkundig zu beraten. Gerade in einer Zeit, in der Kunden Alternativen für ihre Einkäufe haben (z. B. Kauf über das Internet), ist es für die Einzelhandelsmitarbeiter wichtig, dass sie ihr Sortiment kennen und dem Kunden bei der Lösung seines Einkaufsproblems behilflich sind. Solchen Mitarbeitern bringt der Kunde Vertrauen entgegen.

Selbstbewusstsein

Kundenberater/-innen müssen hinter den Produkten stehen, die sie dem Kunden anbieten. Nur wenn man von der Richtigkeit seiner Aussagen selbst überzeugt ist, kann man Kunden die Vorteile einer Ware glaubwürdig nahebringen. Die innere Einstellung, das Selbstbewusstsein, mit dem man seine Aussagen formuliert und auch die selbstsichere Körperhaltung helfen, den Kunden zu überzeugen.

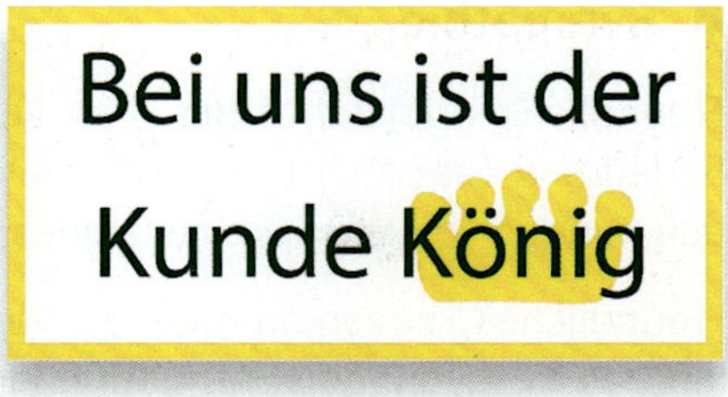

Aber ist der Kunde heute nicht **König**, dem man eher etwas ergeben gegenüber treten muss?

Für selbstbewusste Kundenberater ist der Kunde **Partner**, der das Geschäft mit einem Einkaufsproblem betritt und dem eine geeignete Problemlösung angeboten wird.

Angesichts der Schwierigkeiten, denen sich der Einzelhandel heute gegenüber sieht, mehren sich die Stimmen, die den Kunden als König sehen, dem man keinen Wunsch abschlagen kann und der sich auch königlich aufführen darf.

Dahinter verbirgt sich das Bestreben nach intensiver **Kundenorientierung**. Alle Bemühungen des Einzelhändlers und seines Personals sind darauf ausgerichtet, den Kunden zufrieden zu stellen.

■ Erscheinungsbild

Allerbeste Fachkenntnisse mit Überzeugung vorgetragen, verfehlen ihre Wirkung, wenn das Erscheinungsbild des Kundenberaters nicht zu den Aussagen passt. Wie soll der Geschäftsmann im Herrenfachgeschäft dem Kundenberater Glauben schenken, der im durchgeschwitzten T-Shirt mit verwaschenen Jeans und Turnschuhen auftritt? Wie will eine Kundenberaterin in einem Kosmetikgeschäft eine Kundin von den Vorteilen einer Nagelpflege überzeugen, wenn den Fingernägeln der Kundenberaterin die notwendige Pflege fehlt?

Umgekehrt: Kann man in einem Baumarkt einem Kunden wertvolle praktische Tipps für die Anwendung einer Farbe glaubhaft vermitteln, wenn der Kundenberater im eleganten Anzug vor dem Kunden steht?

Ergebnis: Kundenberater/-innen müssen so gekleidet, frisiert und geschminkt sein, dass ihr Äußeres zum **Charakter des Geschäftes** passt. Der salopp gekleidete junge Mann hat daher für ein Sportgeschäft das richtige Erscheinungsbild. Für die junge Dame im Trend-Modegeschäft sind aktuelle modische Besonderheiten eigentlich unumgänglich.

Das bedeutet aber nicht, dass ein junger Mensch in der Ausbildung in einem edlen Schmuckgeschäft die Spitzenprodukte aus dem Sortiment tragen muss. Kein Kunde erwartet das. Der Schmuck von Auszubildenden sollte in Farbe, Form und Oberflächengestaltung zurückhaltend und geschmackvoll ausgewählt werden, auch wenn er preisgünstig ist.

■ Aufrichtigkeit

„Wer einmal lügt, dem glaubt man nicht, und wenn er auch die Wahrheit spricht."

Diese alte Lebensweisheit hat nichts an Bedeutung verloren. Es hat verheerende Auswirkungen beim Kunden, wenn dieser das Gefühl hat, nicht fair behandelt worden zu sein. Im Verkauf gibt es immer wieder Situationen, in denen sich Kundenberater daran erinnern sollten, wie wichtig aufrichtiges Verhalten ist.

Beispiele

* Die kritische Nachfrage eines Kunden nach einer besonderen Produkteigenschaft wird vorschnell bejaht, obwohl man sich nicht sicher ist, ob die Aussage stimmt.
* Kunden werden Terminzusagen gegeben, die von vornherein unrealistisch sind.
* Die versprochene Preissenkung erweist sich als Täuschung (der Kunde hat vorsichtig drei übereinander geklebte Preisetiketten entfernt und festgestellt, der Preissenkung war eine kräftige Preiserhöhung vorausgegangen).

Kunden, die dauerhaft fair behandelt werden, verzeihen auch Fehler, die immer wieder vorkommen können. Entscheidend ist das vertrauensvolle Klima, das im Verhältnis zum Kunden herrschen sollte.

■ Sympathie

Freundlichkeit kostet nichts – im Verkauf ist sie aber von ganz besonderer Bedeutung. Sie schafft ein positives Verkaufsklima und es gelingt viel leichter, den Kunden von den Vorzügen eines Produktes zu überzeugen.

Freundliches, zuvorkommendes Verhalten schafft Sympathie. Es ist eine innere Einstellung, die nach außen wirkt – unabhängig vom Aussehen einer Person. Ein sympathisch wirkender Mensch tritt glaubwürdiger auf als jemand, der seine Aussagen mit Lustlosigkeit und Desinteresse verbindet. Sympathie ist ein Erfolgsfaktor, nicht nur im Verkauf, sondern auch im privaten Leben.

Kundenbefragungen zeigen immer wieder, dass Freundlichkeit in den Erwartungen der Kunden als äußerst wichtig angesehen wird.

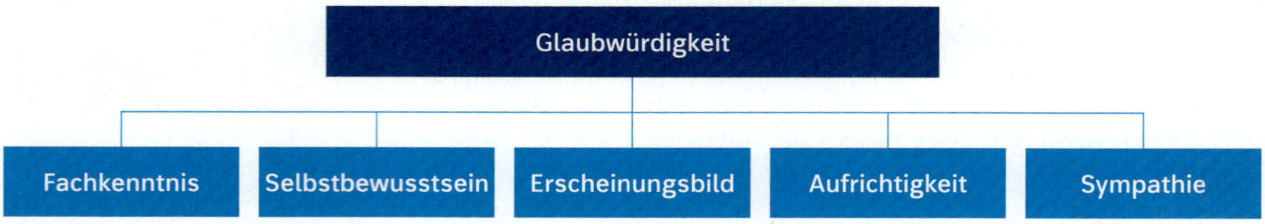

2.3 Karriere im Einzelhandel

Mitarbeiter im Einzelhandel machen ihren beruflichen Aufstieg gewöhnlich in Stufen.

■ Verkaufsmitarbeiter, Verkäufer/-in, Kundenberater/-in

Berufsausbildung siehe Seite 28

Am Anfang steht die Tätigkeit als Verkaufsmitarbeiter mit dem Schwerpunkt „Verkauf". Mitarbeiter/-innen, die eine zweijährige Ausbildung nach dem staatlich anerkannten Berufsbild „Verkäufer/Verkäuferin" oder eine dreijährige Ausbildung nach dem staatlich anerkannten Berufsbild „Kauffrau/Kaufmann im Einzelhandel" absolviert haben, gelten nach dem Tarifvertrag im Einzelhandel als Angestellte.

■ Erste/-r Verkäufer/-in, Erstkraft

Als erste/-r Verkäufer/-in oder Erstkraft gelten Kundenberater/Kundenberaterinnen mit einer Tätigkeit, die erweiterte Fachkenntnisse und eine größere Verantwortung erfordert.

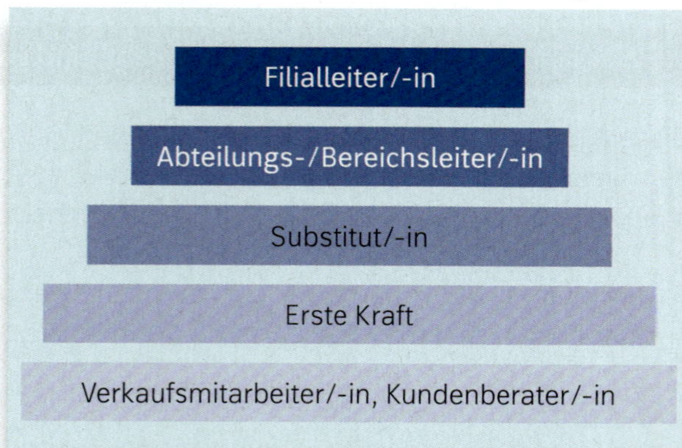

■ Substitut/-in

Ein/-e Substitut/-in ist der Vertreter/-in des/der Abteilungs- oder Bereichsleiters/-in. Er/sie gilt als Angestellte/-r mit selbstständiger Tätigkeit im Rahmen allgemeiner Anweisung mit entsprechender Verantwortung für seinen/ihren Tätigkeitsbereich mit mehreren unterstellten Beschäftigten.

■ Abteilungs-/Bereichsleiter/-in

Als Abteilungs- oder Bereichsleiter/-in gelten Angestellte in leitender Stellung mit Anweisungsbefugnissen und entsprechender Verantwortung in ihrem Tätigkeitsbereich und mehreren unterstellten Beschäftigten.

Filialleiter/-in

Er/Sie ist zuständig für die Führung einer Filiale eines Unternehmens und nur dessen Leitung gegenüber verantwortlich.

Zusammenfassung

Mitarbeiter/-innen im Einzelhandel		
Schlüsselqualifikationen:	* Fachkompetenz * Methodenkompetenz	* Sozialkompetenz
Mitarbeiterqualifikationen:	* kontaktfreudig, offen, freundlich * gepflegtes Auftreten * Freude an der Beratung * service-, teamorientiert * Grundfertigkeiten (Rechnen, Sprache) * zuverlässig * mobil	* flexibel, Überblick * lebensbegleitendes Lernen * Freude am Umgang mit Waren * leistungsorientiert * körperliche Fitness * Fremdsprachenkenntnisse * Interesse am beruflichen Umfeld
Verkaufsmitarbeiter:	* Fachkenntnis * selbstbewusst * passendes Erscheinungsbild	* aufrichtig * sympathisch
Karriere:	Verkaufsmitarbeiter → Erste Kraft → Substitut → Abteilungs-oder Bereichsleiter → Filialleiter	

3 Jugendarbeitsschutzgesetz

Das Jugendarbeitsschutzgesetz (JArbSchG) gilt für Kinder und Jugendliche unter 18 Jahren. Es bietet einen weitgehenden Schutz u.a. vor Überbeanspruchung, Überforderung und Gefährdung. Geschützt sind dadurch Jugendliche als Arbeitnehmer (z.B. in einem Ferienjob) und als Auszubildende.

3.1 Beschäftigungsverbote

Für Jugendliche gelten Beschäftigungseinschränkungen:

In Tarifverträgen ist die Arbeitszeit in der Regel kürzer festgelegt, z.B. 37,5 Stunden.

* nicht mehr als **acht Stunden täglich**, ausnahmsweise 8 ½ Std., mit Ausgleich in derselben Woche;
* nicht mehr als **40 Stunden wöchentlich**, keine **Schichtzeit** von mehr als zehn Stunden (Schichtzeit ist Arbeitszeit plus Pausen);
* nicht in der Zeit von **20:00 bis 06:00 Uhr**;
* nicht an mehr als **fünf Tagen**;
* nicht an **Samstagen**;
  - Ausnahme: Im Einzelhandel darf der Jugendliche an Samstagen beschäftigt werden, wenn er an einem anderen berufsschulfreien Tag der Woche den entsprechenden Ausgleich erhält; beträgt die Arbeitszeit am Samstag weniger als acht Stunden, kann die fehlende Zeit am berufsschulfreien Tag bis 13:00 Uhr ausgeglichen werden.
* nicht an **Sonntagen**;
* nicht an **Feiertagen** (am 24. und 31. Dezember nach 14:00 Uhr);
* keine **gefährlichen Arbeiten** (z.B. körperliche oder geistige Überforderung, erhöhte Unfallgefahren, außergewöhnliche Hitze, Kälte usw.)

Jugendliche dürfen an verkaufsoffenen Sonntagen nicht beschäftigt werden.

An Berufsschultagen ist es nicht erlaubt, Jugendliche zu beschäftigen, wenn

* der Unterricht vor 09:00 Uhr beginnt,
* mehr als fünf Stunden unterrichtet wurde. Diese Regelung gilt aber nur für einen von zwei Berufsschultagen pro Woche.[1]

Beschäftigungsverbot nach dem Jugendarbeitsschutzgesetz

Arbeitszeit	Tage	Berufsschule
* mehr als 8 Std. pro Tag (einmal 8 ½) * mehr als 40 Std. pro Woche * zwischen 20:00 und 06:00 Uhr * nach mehr als 10 Std. Schichtzeit	* mehr als 5 Tage pro Woche * an Samstagen (mit Ausnahmen) * an Sonn- und Feiertagen	* bei Unterrichtsbeginn vor 09:00 Uhr * einmal pro Woche nach mehr als 5 Stunden Unterricht (Diese Regelungen gelten auch für erwachsene Auszubildende.)

3.2 Berufsschule

Anrechnung der Berufsschulzeit

Beträgt der Unterricht in der Berufsschule **mehr als fünf Unterrichtsstunden** (langer Berufsschultag), so ist dieser Tag **einmal pro Woche** mit der durchschnittlichen täglichen Arbeitszeit anzurechnen; das sind i. d. R. acht Stunden. Die übrigen Unterrichtsstunden sind **einschließlich Pausen** zu berücksichtigen. Die Wegezeiten von der Schule zur Arbeitsstätte zählen zur Beschäftigungszeit.

Beispiel

Am ersten Unterrichtstag hat ein Jugendlicher sieben Unterrichtstunden. Diese werden mit acht Zeitstunden angerechnet. Am zweiten Unterrichtstag hat er fünf Unterrichtstunden, von 08:00 Uhr bis 12:15 Uhr. Das entspricht 4 ¼ Zeitstunden. Also werden insgesamt in der Woche 12 ¼ Stunden auf die Beschäftigungszeit angerechnet, zuzüglich einer eventuellen Wegezeit.

Berufsschulpflicht

Berufsschulpflichtig ist in der Mehrzahl der Bundesländer jeder Auszubildende, der vor seinem 21. Geburtstag eine Ausbildung beginnt, bis zum Ende seiner Ausbildung. In einigen Bundesländern ist er nicht mehr berufsschulpflichtig, wenn er bei Antritt der Ausbildung bereits 18 Jahre alt ist.

Freistellungen

Der Jugendliche ist für die Teilnahme an Prüfungen (Zwischenprüfung, Abschlussprüfung), am Schulunterricht, an Schulveranstaltungen (z. B. Schulfahrten) und Veranstaltungen, die im Ausbildungsvertrag vereinbart sind (z. B. überbetriebliche Ausbildungsmaßnahmen), freizustellen.

Gestreckte Abschlussprüfung siehe Seite 32

Die Freistellung für Prüfungen bezieht sich nur auf die reine Prüfungszeit. Nach der Teilnahme an der Prüfung ist ein betrieblicher Einsatz möglich. Auch an dem Arbeitstag unmittelbar vor der schriftlichen Abschlussprüfung ist der Jugendliche freizustellen (gilt auch für erwachsene Auszubildende). Im Falle einer gestreckten Abschlussprüfung besteht der Anspruch vor dem ersten und dem zweiten Teil der schriftlichen Prüfung.

[1] Sonderfall Blockunterricht: Jugendliche dürfen im Blockunterricht, der mindestens 25 Unterrichtsstunden beträgt und an mindestens fünf Tagen erteilt wird, nicht mehr im Betrieb beschäftigt werden. Es sind aber bis zu zwei Stunden betrieblicher Ausbildung, z. B. betrieblicher Unterricht, zusätzlich möglich.

3.3 Ruhepausen

Ohne Ruhepause dürfen Jugendliche nicht länger als 4 ½ Stunden hintereinander beschäftigt werden. Eine einzelne Ruhepause muss mindestens 15 Minuten betragen und sie darf frühestens eine Stunde nach Arbeitsbeginn genommen werden.

Bei einer Arbeitszeit von mehr als 4 ½ bis zu 6 Stunden hat ein Jugendlicher Anspruch auf eine Pause von 30 Minuten. Beträgt die Arbeitszeit mehr als sechs Stunden, so sind einem Jugendlichen mindestens 60 Minuten Pause einzuräumen. Pausen zählen nicht zur Arbeitszeit.

Beispiel

* Arbeitszeit: 09:00–10:30 Uhr, 10:30–10:45 Uhr Pause,
* Arbeitszeit: 10:45–12:45 Uhr, 12:45–13:45 Uhr Pause,
* Arbeitszeit: 13:45–18:30 Uhr

Diese Regelung ist nicht erlaubt, weil der Jugendliche am Nachmittag mehr als 4 ½ Stunden ohne Ruhepause beschäftigt wird.

Arbeitszeit:	Zeit vom Beginn bis zum Ende der Arbeit ohne die Ruhepausen
Anrechnung von Pausen:	Arbeitszeit ohne Pausen Schulzeit mit Pausen

Tägliche Freizeit

Zwischen dem Ende der Beschäftigung eines Tages und dem Beginn der Arbeitszeit oder Schulzeit am nächsten Tag müssen mindestens zwölf Stunden Freizeit liegen.

Beispiel

Hat ein Jugendlicher bis 20:00 Uhr gearbeitet, so darf er am nächsten Morgen frühestens um 08:00 Uhr wieder beginnen.

Nachtruhe

Jugendliche dürfen im Einzelhandel **nur zwischen 06:00 Uhr und 20:00 Uhr** beschäftigt werden.

3.4 Urlaub

Für jedes Kalenderjahr hat der Jugendliche ein Recht auf bezahlten Urlaub.

Der Urlaub beträgt

* 30 Werktage für 15-Jährige,
* 27 Werktage für 16-Jährige und
* 25 Werktage für 17-Jährige.

Allerdings erhalten die meisten Jugendlichen nach geltenden Tarifverträgen oft mehr Urlaubstage, als das Jugendarbeitsschutzgesetz vorsieht.

Wenn kein volles Kalenderjahr erreicht wird, z. B. im 1. Ausbildungsjahr, ist für jeden Monat ein Zwölftel des Jahresurlaubes anzurechnen.

Beispiel

Ausbildungsbeginn 1. August. Eine 17-Jährige hat Anspruch auf fünf Zwölftel von 25 Werktagen Urlaub, da sie fünf Monate des Jahres beschäftigt ist. Ihr stehen also (aufgerundet) elf Urlaubstage zu.

Der Urlaub soll den Jugendlichen **während der Berufsschulferien** gegeben werden, sofern nicht betriebliche Gründe dagegensprechen. Kann ein Jugendlicher den Urlaub nicht in den Ferien erhalten, so steht ihm für jeden Urlaubstag, an dem er die Berufsschule besucht, ein weiterer Urlaubstag zu.

Beispiel

Wenn eine Auszubildende zwei Wochen Urlaub während der Berufsschulzeit nehmen muss, stehen ihr vier weitere Urlaubstage zu, wenn sie an zwei Tagen pro Urlaubswoche am Berufsschulunterricht teilnimmt. Das ist unabhängig davon, wie lang der Berufsschultag dauert.

3.5 Besondere Schutzmaßnahmen

Jugendliche dürfen nicht mit Arbeiten beauftragt werden, die

* ihre Leistungsfähigkeit übersteigen,
* zu sittlichen Gefahren führen oder
* die mit Unfallgefahren, schädlichen Einwirkungen von Gefahrstoffen oder außergewöhnlicher Hitze, Kälte oder Nässe verbunden sind.

Es ist auch verboten, Jugendliche in Akkordarbeit zu beschäftigen.

■ Ärztliche Untersuchung

Jugendliche dürfen nur beschäftigt werden, wenn sie in den letzten 14 Monaten vor der Beschäftigung eine Erstbescheinigung eines Arztes dem Arbeitgeber vorlegen.

Ein Jahr nach Beginn der Beschäftigung hat der Jugendliche eine Bescheinigung über die Nachuntersuchung beizubringen.

Weitere wichtige Bestimmungen des Jugendarbeitsschutzgesetzes

Pausen	Urlaub	Arbeitsverbote und Einschränkungen
* 4,5–6 Std.: 30 Minuten * 6–8 Std.: 60 Minuten * Mindestdauer 15 Minuten	* 15 Jahre: 30 Werktage * 16 Jahre: 27 Werktage * 17 Jahre: 25 Werktage	* bei sittlichen Gefahren * bei gesundheitlichen Gefahren * bei Leistungsüberforderung

3.6 Arbeitszeit für Volljährige

Die Arbeitszeit für Auszubildende ab 18 Jahren richtet sich nach dem Arbeitsrecht für Erwachsene, dem **Arbeitszeitgesetz** (ArbZG). Die Teilnahme erwachsener Auszubildender am Berufsschulunterricht ist im Berufsbildungsgesetz geregelt. Die Tabelle zeigt die wichtigsten Bestimmungen.

tägliche und wöchentliche Arbeitszeit:	maximal 8 Stunden täglich an 6 Tagen in der Woche Im Ausbildungsvertrag kann eine geringere Arbeitszeit festgelegt werden, z. B. 40 Stunden pro Woche. Auch der Tarifvertrag kann die Arbeitszeit anders regeln. In Ausnahmefällen ist auch die Arbeit am Sonntag oder Feiertag erlaubt. Dann ist ein Ersatzruhetag zu gewähren.
Pausen:	nach 6 Stunden Arbeitszeit mindestens 30 Minuten Pause
Berufsschulunterricht:	Volljährige sind für den Berufsschulunterricht freizustellen. Die Berufsschulzeit ist vollständig, also einschließlich Pausen, auf die Arbeitszeit anzurechnen. Wie für jugendliche Auszubildende gilt: * Erwachsene Auszubildende dürfen bei einem Unterrichtsbeginn vor 09:00 Uhr nicht beschäftigt werden. * Beträgt der Unterricht in der Berufsschule mehr als fünf Unterrichtsstunden (zu je 45 Minuten), muss der erwachsene Auszubildende an dem Tag einmal in der Woche nicht mehr in den Ausbildungsbetrieb. Der Tag wird mit der durchschnittlichen täglichen Arbeitszeit (i. d. R. acht Stunden) angerechnet. Der Ausbilder muss den volljährigen Auszubildenden auch für Prüfungen freistellen. Diese Zeit ist ebenfalls auf die Arbeitszeit anzurechnen. Wie bei den Jugendlichen sind auch erwachsene Auszubildende am Tag vor der schriftlichen Abschlussprüfung freizustellen. Für die Teilnahme am Berufsschulunterricht und für die Freistellung vor dem Tag der schriftlichen Prüfung gelten damit für jugendliche und erwachsene Auszubildende die gleichen Regelungen.

Zusammenfassung

Jugendarbeitsschutzgesetz		
Beschäftigungs-verbote:	* mehr als 8 (8 ½) Std. pro Tag * mehr als 40 Std./Woche * zwischen 20:00 und 06:00 Uhr * mehr als 10 Std. Schichtzeit * mehr als 5 Tage/Woche	* an Samstagen (Ausnahmen!) * an Sonn- und Feiertagen * Berufsschule: vor 09:00 Uhr; nach mehr als 5 Unterrichtsstunden einmal in der Woche
Berufsschule:	* mehr als 5 Stunden Unterricht sind einmal in der Woche 8 Stunden Beschäftigungszeit * übrige Stunden einschließlich Pausen * Freistellung z. B. für Unterricht, Schulveranstaltungen und Prüfungen	
Berufsschulpflicht:	Regelfall: Ausbildungsbeginn vor dem 21. Lebensjahr	
Ruhepausen:	Beschäftigungszeit:	* 4,5–6 Std. → 30 Min. Pause * 6–8 Std. → 60 Min. Pause * Mindestdauer einer Pause: 15 Minuten
Urlaub:	* 15 Jahre: 30 Werktage * 16 Jahre: 27 Werktage	* 17 Jahre: 25 Werktage * evtl. mehr durch Tarifvertrag
	* während der Berufsschulferien * unvollständiges Ausbildungsjahr: 1/12 pro Monat	
Besonderheiten:	* Schutz vor Gefahren (z. B. Überlastung, sittliche Gefahren, Unfall)	
Arbeitszeit für Volljährige:	* maximal 8 Stunden pro Tag bei 6 Tagen in der Woche * Verkürzung im Ausbildungsvertrag und im Tarifvertrag * Arbeit an Sonn- und Feiertagen mit Ausgleich * Berufsschulzeit einschließlich Pausen ist Arbeitszeit * Freistellung für Prüfungen	

4 Ausbildungsvertrag

4.1 Rechtsgrundlagen

Berufsbildungsrecht – Arbeitsrecht

Im **Berufsbildungsgesetz** hat der Gesetzgeber im Wesentlichen die Rechte und Pflichten von Ausbildenden und Auszubildenden festgelegt. Wenn in diesem Gesetz bestimmte Themen nicht ausdrücklich angesprochen sind, dann gelten die Bestimmungen aus dem **Arbeitsrecht**.

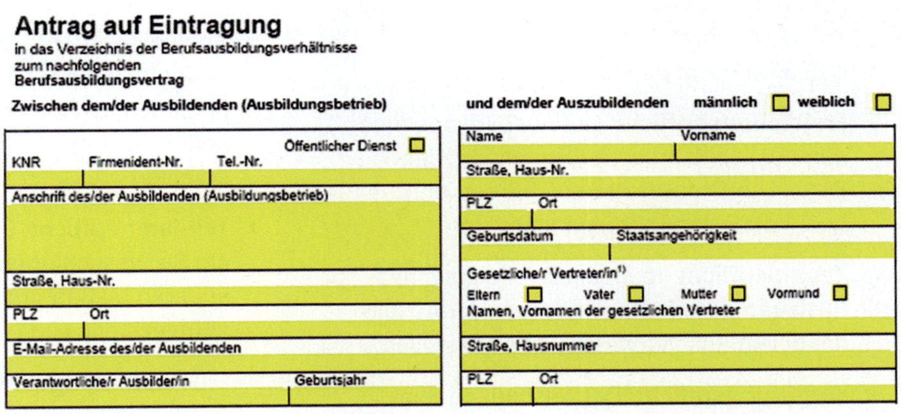
Antrag auf Eintragung
in das Verzeichnis der Berufsausbildungsverhältnisse
zum nachfolgenden
Berufsausbildungsvertrag

Zwischen dem/der Ausbildenden (Ausbildungsbetrieb)

Öffentlicher Dienst ☐
KNR | Firmenident-Nr. | Tel.-Nr.
Anschrift des/der Ausbildenden (Ausbildungsbetrieb)
Straße, Haus-Nr.
PLZ | Ort
E-Mail-Adresse des/der Ausbildenden
Verantwortliche/r Ausbilder/in | Geburtsjahr

und dem/der Auszubildenden männlich ☐ weiblich ☐

Name | Vorname
Straße, Haus-Nr.
PLZ | Ort
Geburtsdatum | Staatsangehörigkeit
Gesetzliche/r Vertreter/in[1]
Eltern ☐ Vater ☐ Mutter ☐ Vormund ☐
Namen, Vornamen der gesetzlichen Vertreter
Straße, Hausnummer
PLZ | Ort

Beispielsweise ist der Urlaubsanspruch erwachsener Auszubildender im Berufsbildungsgesetz nicht geregelt. Also gilt dann für erwachsene Auszubildende das Bundesurlaubsgesetz wie bei den übrigen Beschäftigten des Unternehmens (Bundesurlaubsgesetz § 3 Dauer des Urlaubs: jährlich mindestens 24 Werktage). **Ausbildender** ist, wer mit dem Auszubildenden den Berufsausbildungsvertrag abschließt; er ist sozusagen der Arbeitgeber. Der **Ausbilder** ist vom Ausbildenden ausdrücklich mit der Planung und Durchführung der Ausbildung beauftragt. Der **Auszubildende** ist derjenige, der ausgebildet wird.

Ausbildungsvertrag

Ein Ausbildungsvertrag ist spätestens bei **Beginn** der Ausbildung in **schriftlicher Form** vorzulegen. Der Ausbildende, der Auszubildende und bei Minderjährigen die gesetzlichen Vertreter haben den Vertrag zu unterschreiben. Der Vertrag **beginnt** mit dem vereinbarten Datum und **endet** mit dem Erreichen des Vertragsziels, dem Bestehen der Abschlussprüfung.

Ausbildungsvertrag
- Ausbildender
- Ausbilder
- Auszubildender

4.2 Pflichten aus dem Ausbildungsvertrag

Pflichten des Ausbildenden

* **Ausbildungspflicht**: Der Ausbildende muss dem Auszubildenden die berufliche Handlungsfähigkeit entsprechend der **Ausbildungsordnung** so vermitteln, dass der Auszubildende innerhalb der vereinbarten Ausbildungszeit die Abschlussprüfung besteht.
* **Ausbildungsmittel** müssen **kostenlos** zur Verfügung gestellt werden. Hierzu zählen nur die betrieblichen Ausbildungsmittel, also nicht die erforderlichen Schulbücher.
* Auszubildende zum **Besuch der Berufsschule** anhalten.
* Zum Führen des **Ausbildungsnachweises** anhalten. Das Ausfüllen der Ausbildungsnachweise soll während der betrieblichen Ausbildungszeit erfolgen.

Ausbildungsnachweis siehe Seite 31

* **Erziehungspflicht** (Fürsorgepflicht), d. h., er hat dafür zu sorgen, dass der Auszubildende charakterlich gefördert und sittlich und körperlich nicht gefährdet wird.
* **Freistellungspflicht**: Der Ausbildende muss den Auszubildenden für Prüfungen, den Berufsschulunterricht und überbetriebliche Ausbildungsmaßnahmen freistellen.
* **Zeugnispflicht**: Nach der Beendigung des Ausbildungsverhältnisses muss der Ausbildende ein Ausbildungszeugnis ausstellen.

Zeugnispflicht siehe Seite 27

Ausbildungsordnung siehe Seite 29

* **Vergütungspflicht**: Der Ausbildende hat spätestens am letzten Werktag des Monats die im Ausbildungsvertrag vereinbarte Vergütung zu zahlen. Bei **Krankheit** ist sie bis zu **sechs Wochen** fortzuzahlen.

Pflichten des Auszubildenden

* **Aktive Lernpflicht**: Der Auszubildende muss sich bemühen, die berufliche Handlungsfähigkeit zu erwerben, die für das Bestehen der Abschlussprüfung notwendig ist.
* **Sorgfaltspflicht**: Der Auszubildende hat die Tätigkeiten, die ihm im Rahmen der Ausbildungsordnung aufgetragen werden, sorgfältig auszuführen und die entsprechenden Einrichtungen, Werkzeuge, Waren usw. pfleglich zu behandeln.
* **Weisungsbindung**: Der Auszubildende hat sich an alle Weisungen zu halten, die ihm Ausbildende, Ausbilder oder andere berechtigte Personen geben, sofern sie etwas mit der Ausbildung zu tun haben.
* **Betriebsordnung beachten**. Auch der Auszubildende hat z. B. Rauchverbote und andere Punkte der im jeweiligen Betrieb geltenden Ordnung zu beachten.
* **Schweigepflicht**: Der Auszubildende darf anderen, außerhalb des Betriebes stehenden Personen, nichts über Geschäftsdaten und andere wichtige Betriebsgeheimnisse erzählen.
* **Teilnahmepflicht**: Der Auszubildende hat am Berufsschulunterricht, an Prüfungen und anderen Maßnahmen teilzunehmen, für die er freigestellt wird.
* Die **Ausbildungsordnung** verpflichtet den Auszubildenden außerdem, einen schriftlichen **Ausbildungsnachweis** (Berichtsheft) zu führen.

Mindestausbildungsvergütung

Tarifverträge siehe Seite 62

Die Höhe der Ausbildungsvergütung kann in Tarifverträgen festgelegt werden. Ist kein Tarifvertrag anzuwenden, gilt eine Mindestausbildungsvergütung, die nicht unterschritten werden darf. Entscheidend ist das Jahr, in dem der Ausbildungsvertrag abgeschlossen worden ist.

Mindestausbildungsvergütung

Jahr	1. Jahr	2. Jahr	3. Jahr
2020	515,00	608,00	695,00
2021	550,00	649,00	743,00

Jahr	1. Jahr	2. Jahr	3. Jahr
2022	585,00	690,00	790,00
2023	620,00	731,00	837,00

In den Folgejahren wird die Mindestvergütung an die Entwicklung aller Ausbildungsvergütungen angepasst.

Pflichten aus dem Ausbildungsverhältnis

Ausbildende(r)	Auszubildende(r)
Ausbildungspflicht	Aktive Lernpflicht
Ausbildungsmittel bereitstellen	Sorgfaltspflicht
Zum Berufsschulbesuch anhalten	Weisungsgebundenheit
Zum Führen des Ausbildungsnachweises anhalten	Betriebsordnung beachten
Fürsorge- und Erziehungspflicht	Schweigepflicht
Freistellungspflicht	Teilnahmepflicht (Berufsschule, Prüfungen)
Zeugnispflicht	Ausbildungsnachweis führen (Ausbildungsordnung)
Vergütungspflicht	

Zusammenfassung

Ausbildungsvertrag		
Rechtsgrundlagen:	* Berufsbildungsgesetz	* Arbeitsrecht, z. B. Bundesurlaubsgesetz
Ausbildungsvertrag:	* Vertragspartner:	* Ausbildende/-r * Ausbilder * Auszubildende/-r
	* Dauer:	Beginn: vereinbarter Termin Ende: Bestehen der Abschlussprüfung
Pflichten:	Ausbildende/-r müssen ausbilden, zum Schulbesuch anhalten, fürsorglich handeln, Zeugnis ausstellen, Vergütung zahlen.	Auszubildende/-r müssen lernen, sorgfältig arbeiten, Weisungen befolgen, am Unterricht teilnehmen, Betriebsordnung beachten.
Freistellungen:	Jugendliche und erwachsene Auszubildende sind gleichgestellt.	

5 Kündigung eines Ausbildungsverhältnisses

Dem Auszubildenden steht während der Ausbildung ein weitgehender **Kündigungsschutz** zu.

Während der **Probezeit**, die **mindestens einen Monat** betragen muss, aber **höchstens vier Monate** dauern darf, können sowohl der Auszubildende als auch der Ausbildende **jederzeit fristlos kündigen**, ohne einen Grund angeben zu müssen.

Nach der Probezeit ist zu unterscheiden, ob die Kündigung durch den Ausbildenden oder den Auszubildenden ausgesprochen wird.

Kündigung durch den Ausbildenden

Der **Ausbildende** kann **fristlos nur** aus einem **wichtigen Grund** kündigen. Von einem wichtigen Grund, der eine fristlose Kündigung rechtfertigt, kann nur gesprochen werden, wenn ein so schwerwiegender Vorfall eingetreten ist, dass es den Beteiligten **nicht mehr zugemutet** werden kann, das Ausbildungsverhältnis fortzusetzen.

Beispiele Diebstahl durch einen Auszubildenden

Dabei ist jeder Fall **einzeln** zu prüfen und die Interessen beider Vertragsparteien sind abzuwägen. Es ist zu beachten, dass jede **Kündigung schriftlich** zu erfolgen hat. Bei leichten Pflichtverletzungen hat der Ausbildende erst mindestens eine **Abmahnung** zu schreiben.

Eine Kündigung aus wichtigem Grund muss **innerhalb von 14 Tagen nach Bekanntwerden** des schwerwiegenden Vorfalls ausgesprochen werden oder beim Vertragspartner eintreffen. So ist z. B. nicht der Tag eines Diebstahles entscheidend, sondern der Tag, an dem der Ausbildende davon erfahren hat.

Fristlose und fristgerechte Kündigung durch den Auszubildenden

Kündigung durch den Auszubildenden

Nach der Probezeit kann der **Auszubildende** aus einem **wichtigen Grund fristlos** kündigen, z. B. wegen sexueller Belästigung oder Züchtigung durch den Ausbildenden.

Er kann aber auch mit einer **Kündigungsfrist von vier Wochen** kündigen, wenn er

* die **Ausbildung aufgeben** will, z. B. um eine weiterführende Schule zu besuchen oder einen Arbeitsplatz anzunehmen oder
* eine **andere Ausbildung** beginnen möchte, z. B. in einem gewerblichen Beruf.

Der Auszubildende muss aber einen dieser beiden Gründe in der schriftlichen Kündigung angeben.

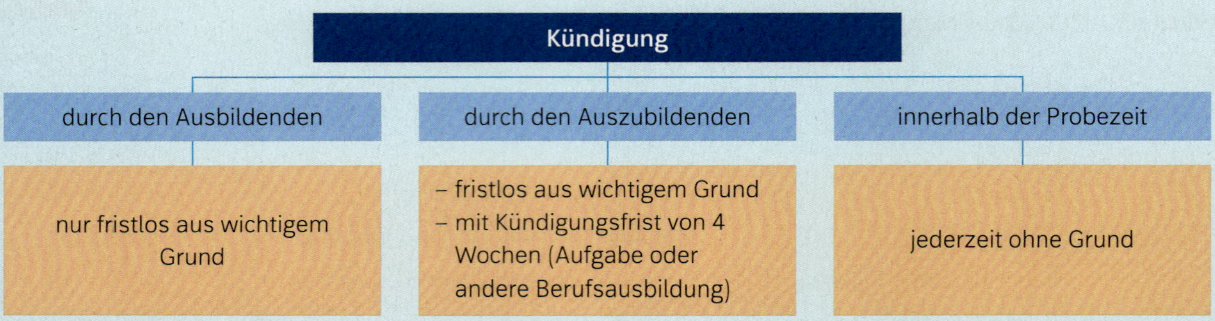

Zusammenfassung

Kündigung	
in der Probezeit:	* Kündigung jederzeit fristlos und unbegründet möglich
nach der Probezeit:	durch den **Ausbildenden** * nur fristlos * nur aus wichtigem Grund: – schwerwiegend – Fortsetzung der Ausbildung nicht mehr zumutbar * Einzelfallprüfung erforderlich * weitgehender Kündigungsschutz für den Auszubildenden * Abmahnung sollte vorausgehen
	durch den **Auszubildenden** * fristlos nur aus wichtigem Grund * mit einer Kündigungsfrist von 4 Wochen nur bei – Aufgabe der Ausbildung – Beginn einer anderen Ausbildung
Form:	schriftlich

6 Ausbildungszeugnis

Bei jeder Beendigung eines Ausbildungsverhältnisses, also nach einer Kündigung oder mit dem Tag, an dem der Auszubildende die Abschlussprüfung bestanden hat, muss der Ausbildende ein **Ausbildungszeugnis** ausstellen.

Ende der Ausbildung:

* Kündigung
* Bestehen der Abschlussprüfung

Einfaches Zeugnis

Pflichtmäßig hat dieses Zeugnis zum Inhalt:

* Art der Ausbildung, z. B. Berufsausbildung oder Praktikum;
* Dauer der Ausbildung, also die tatsächliche Dauer, bei einer Verkürzung z. B. zweieinhalbjährige Ausbildung;
* Ziel der Ausbildung, z. B. Ausbildung zur Kauffrau im Einzelhandel;
* Fertigkeiten und Kenntnisse, z. B. in Anlehnung an die Inhalte der Ausbildungsordnung.

Qualifiziertes Zeugnis

Wenn ein **Auszubildender es wünscht,** muss der Ausbildende zusätzlich beurteilen:

* **Führung**, z. B. „... hat sich den Kunden gegenüber immer höflich und freundlich gezeigt ...“;
* **Leistung**, z. B. „... übernahm auch freiwillig zusätzliche Aufgaben ...“;
* **besondere fachliche Fähigkeiten**, z. B. „... hat durch Weiterbildung außerordentliche Kenntnisse im Umgang mit dem Warenwirtschaftsprogramm ...“

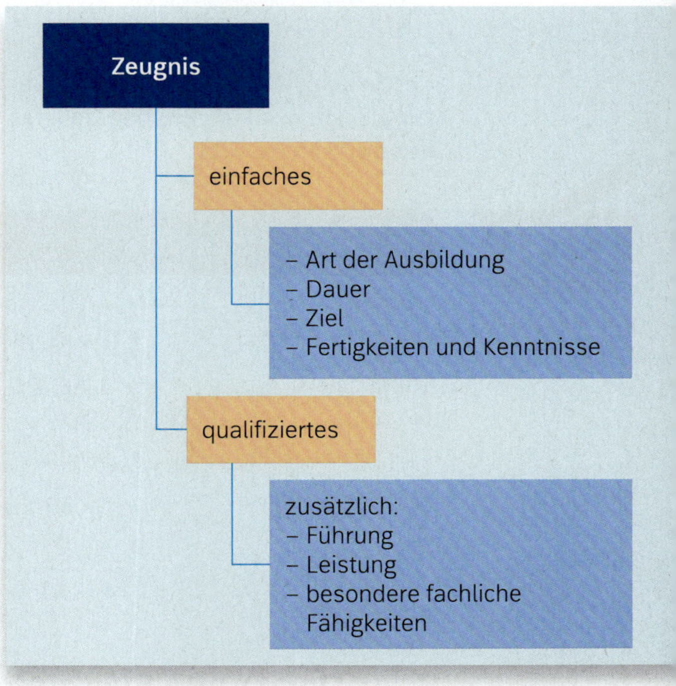

Haben Auszubildende Kassentätigkeiten ausgeführt, sollte auf jeden Fall ein Vermerk über die korrekte Kassenführung im Zeugnis auftauchen. Fehlende Angaben zur Ehrlichkeit gelten als versteckter Hinweis, dass der Auszubildende die Kasse nicht einwandfrei geführt oder gar eventuell Geld unterschlagen hat.

Grundsätzlich müssen Zeugnisse **„wohlwollend“** formuliert sein, sie dürfen den weiteren beruflichen Werdegang nicht negativ beeinflussen. Zeugnisse müssen aber der Wahrheit entsprechen. Damit negative Beurteilungen in ein Zeugnis einfließen können, haben sich bestimmte Formulierungen und Deutungen durchgesetzt.

Zeugnisformulierung	eigentliche Aussage
Er/Sie hat die ihm/ihr übertragenen Arbeiten	
* stets zu unserer vollsten Zufriedenheit erledigt.	sehr gute Leistung
* stets zu unserer vollen Zufriedenheit erledigt.	gute Leistungen
* zu unserer Zufriedenheit erledigt.	ausreichende Leistungen
* im Großen und Ganzen zu unserer Zufriedenheit erledigt.	mangelhafte Leistungen
Er/Sie hat sich bemüht, die übertragenen Arbeiten zu unserer Zufriedenheit zu erledigen.	unzureichende Leistungen
Er/Sie bemühte sich, den Anforderungen gerecht zu werden.	Er/Sie hat versagt.
Er/Sie hat sich im Rahmen seiner/ihrer Fähigkeiten eingesetzt.	Er/Sie hat getan, was er/sie konnte, aber das war nicht viel.
Er/Sie zeigte für seine/ihre Arbeit Verständnis.	Er/Sie war faul und hat nichts geleistet.
Wegen seiner/ihrer Pünktlichkeit war er/sie uns stets ein gutes Vorbild.	Er/Sie war völlig unfähig.

Zeugnisformulierung	eigentliche Aussage
Wir lernten ihn/sie als eine/-n umgängliche/-n Kollegen/-in kennen.	Viele Mitarbeiter sahen ihn/sie lieber von hinten als von vorne.
Mit seinen/ihren Vorgesetzten ist er/sie gut zurechtgekommen.	Er/Sie ist ein Mitläufer, der sich gut anpasste.
Durch seine/ihre Geselligkeit trug er/sie zur Verbesserung des Betriebsklimas bei.	Er/Sie neigt zu übertriebenem Alkoholgenuss.
Wir haben uns im gegenseitigen Einvernehmen getrennt.	Wir haben ihm/ihr gekündigt.

Neben dem Abschlusszeugnis der Berufsschule und dem Zeugnis des Ausbildungsbetriebes erhält der Auszubildende noch ein Prüfungszeugnis von der Industrie- und Handelskammer, in dem die Prüfungsergebnisse aufgeführt sind.

Zusammenfassung

Zeugnis		
einfach:	* Art der Ausbildung * Dauer der Ausbildung	* Ziel der Ausbildung * Fertigkeiten und Kenntnisse
qualifiziert:	* Führung * Leistung * besondere fachliche Fähigkeiten	
Formulierung:	* Grundsatz: wohlwollend * Zeugnis-„Code“	

7 Das Duale System der Berufsausbildung

Die Berufsausbildung erfolgt in der Bundesrepublik Deutschland im „**dualen Ausbildungssystem**“. Die Berufsausbildung wird an **zwei Lernorten** durchgeführt, am Lernort **Berufsschule** und am Lernort **Ausbildungsbetrieb**.

7.1 Lernort Schule

Die Berufsschule hat die Aufgabe, überwiegend **berufsbezogene Lerninhalte**, siehe Lernfelder unten, und **berufsübergreifende Lerninhalte** wie Politik, Gesellschaftslehre, Deutsch, Kommunikation, Sport, Religion, Ethik zu vermitteln. In den 16 Bundesländern gelten für die Berufsschulen jeweils eigene **Lehrpläne** (Richtlinien).

Es gibt jedoch einen Rahmenlehrplan, der Grundlage der Landeslehrpläne ist und die Lernfelder für die Ausbildungsberufe Verkäufer/Verkäuferin und Kaufmann/Kauffrau im Einzelhandel enthält.

Lernfelder für den Ausbildungsberuf Verkäufer/Verkäuferin und Kaufmann/Kauffrau im Einzelhandel		
Lernfelder		
1. Ausbildungsjahr	2. Ausbildungsjahr	3. Ausbildungsjahr
1 Den Einzelhandelsbetrieb repräsentieren	6 Waren beschaffen	11 Geschäftsprozesse erfolgsorientiert steuern
2 Verkaufsgespräche kundenorientiert führen	7 Waren annehmen, lagern und pflegen	12 Mit Marketingkonzepten Kunden binden

Lernfelder für den Ausbildungsberuf Verkäufer/Verkäuferin und Kaufmann/Kauffrau im Einzelhandel					
Lernfelder					
1. Ausbildungsjahr		2. Ausbildungsjahr		3. Ausbildungsjahr	
3	Kunden im Servicebereich Kasse betreuen	8	Geschäftsprozesse erfassen und kontrollieren	13	Personaleinsatz planen und Mitarbeiter führen
4	Waren präsentieren	9	Preispolitische Maßnahmen vorbereiten und durchführen	14	Ein Einzelhandelsunterneh-men leiten und entwickeln
5	Werben und den Verkauf fördern	10	Besondere Verkaufssituati-onen bewältigen		

Im Berufsbildungsgesetz ist festgelegt, dass der Ausbildende den Auszubildenden für die Teilnahme am Berufsschulunterricht freizustellen hat. Die **Berufsschulzeit** gehört also zur Beschäftigungszeit.

7.2 Lernort Betrieb

Der Ausbildungsbetrieb hat in erster Linie für die **berufspraktische** Ausbildung zu sorgen. Hierfür bindend ist im Einzelhandel die **Ausbildungsordnung** für die Einzelhandelsberufe „Verkäufer/Verkäuferin“ und „Kaufmann/Kauffrau im Einzelhandel“. Darin sind fünf **Ausbildungsmittel** festgelegt:

1. **Bezeichnung** des Ausbildungsberufes: Kauffrau/Kaufmann im Einzelhandel und Verkäufer/-in
2. **Ausbildungsdauer**
   * für den Verkäufer/Verkäuferin 2 Jahre
   * für den Kaufmann/die Kauffrau im Einzelhandel 3 Jahre

   Der Ausbildungsvertrag zwischen Ausbilder und Auszubildendem kann von vornherein auf 2 Jahre bei Verkäuferin/Verkäufer oder auf 3 Jahre bei Kaufmann/Kauffrau im Einzelhandel angelegt sein. Wurde zunächst ein zweijähriger Vertrag geschlossen, können Ausbilder und Auszubildender vereinbaren, nach bestandener Abschlussprüfung zur Verkäuferin/zum Verkäufer eine Ausbildung als Kaufmann/Kauffrau im Einzelhandel fortzusetzen.

   Sind bestimmte Voraussetzungen zu Vorbildung und Notendurchschnitt erfüllt, kann sich der Auszubildende vorzeitig zur Abschlussprüfung anmelden und so die Ausbildung normalerweise um ein halbes Jahr verkürzen.
3. **Ausbildungsberufsbild**: Fertigkeiten, Kenntnisse und Fähigkeiten, die Gegenstand der Berufsausbildung sind
4. **Ausbildungsrahmenplan**: Anleitung zur sachlichen und zeitlichen Gliederung der Fertigkeiten, Kenntnisse und Fähigkeiten. Er bildet die Grundlage für den **Ausbildungsplan**, den jeder Ausbildungsbetrieb für seine Auszubildenden erstellt.
5. **Prüfungsanforderungen**

* **Fertigkeiten: Verhaltensweisen, die erlernt worden sind**

Beispiele

Lesen, Schreiben, Rechnen, Verkaufstechnik

* **Fähigkeiten: Im Menschen vorhandene Anlagen, die angeboren (Begabung) oder angeeignet sind**

Beispiele

Motivation, Teamfähigkeit, Ausdauer, sich in Kunden hineinversetzen können

* **Kenntnisse: Beherrschung von Fachwissen**

Beispiele

Fachbegriffe aus dem Sortiment, Kenntnisse über Abläufe bei der Warenannahme, rechtliche Vorschriften im Arbeitsschutz

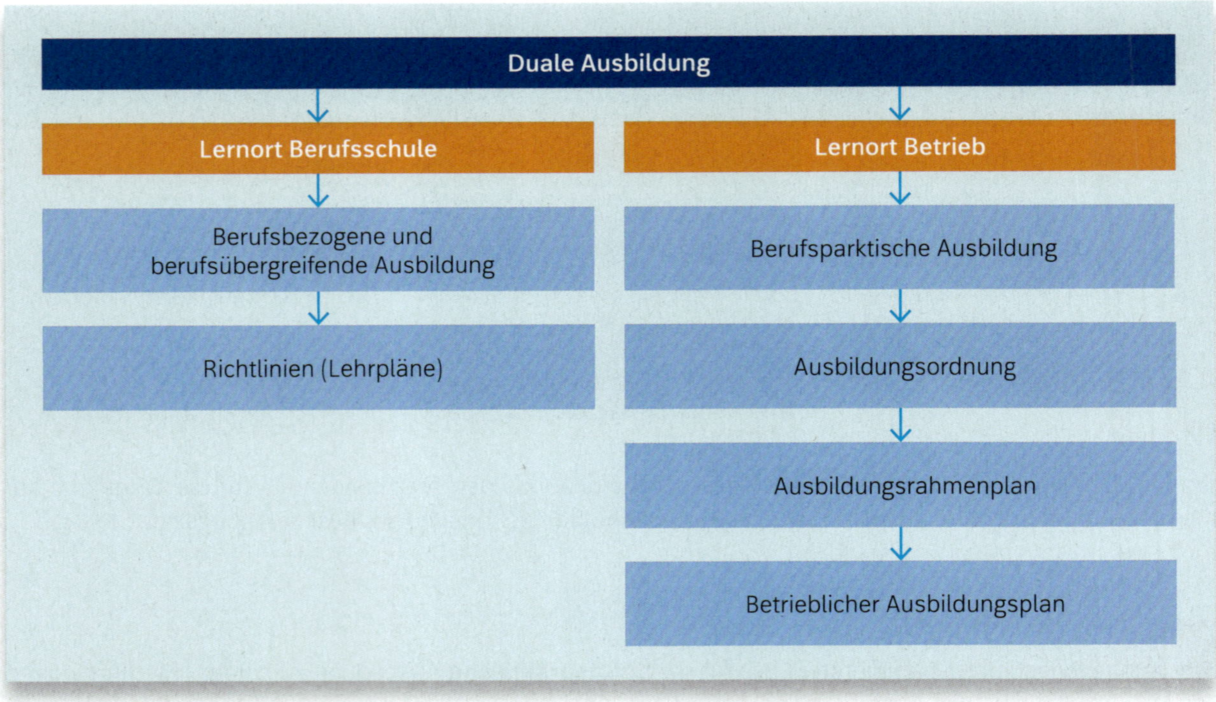

Ausbildung in Bausteinen

Als Besonderheit ist festzustellen, dass die Ausbildungsinhalte der beiden Teilberufe in Qualifikationen (Bausteine) gegliedert sind:

* **Pflichtqualifikationen** sind für Verkäufer/-innen und Kaufleute im Einzelhandel verbindlich.
* **Wahlqualifikationen** werden je nach Art des Ausbildungsbetriebes zusammengestellt, in denen der Ausbildungsbetrieb auch ausbilden kann.

Die Tabelle stellt die Regelungen der Ausbildungsordnung in dieser Frage dar.

Pflicht- und Wahlbausteine in der Ausbildung der Einzelhandelsberufe			
Ausbildungsjahr	**Verkäufer/-in**	**Kaufmann/Kauffrau im Einzelhandel**	
3		8. Einzelhandelsprozesse	1 Pflichtbaustein
		1. **Beratung von Kunden in komplexen Situationen** 2. **Beschaffung von Waren** 3. **Warenbestandssteuerung** 4. kaufmännische Steuerung und Kontrolle 5. Marketingmaßnahmen 6. Onlinehandel 7. Mitarbeiterführung und -entwicklung 8 Vorbereitung unternehmerischer Selbstständigkeit	3 Wahlbausteine aus 8
2	1. Sicherstellung der Warenpräsenz 2. Beratung von Kunden	3. Kassensystemdaten und Kundenservice 4. Werbung und Verkaufsförderung	1 Wahlbaustein aus 4

Pflicht- und Wahlbausteine in der Ausbildung der Einzelhandelsberufe			
Ausbildungsjahr	Verkäufer/-in	Kaufmann/Kauffrau im Einzelhandel	
1 + 2	1. Waren- und Dienstleistungsangebot des Ausbildungsbetriebes 2. Warenpräsentation und Werbemaßnahmen	3. Preiskalkulation 4. Warenbestandskontrolle 5. Warenannahme und -lagerung 6. Verkaufen von Waren 7. Servicebereich Kasse	7 Pflichtbausteine

■ Zuordnung der Pflicht- und Wahlbausteine

Für beide Ausbildungsberufe gibt es sieben inhaltsgleiche Pflichtbausteine für das 1. und 2. Ausbildungsjahr sowie einen von vier Wahlbausteinen im 2. Ausbildungsjahr.

Kaufleute im Einzelhandel werden darüber hinaus im 3. Ausbildungsjahr im Pflichtbaustein „Einzelhandelsprozesse" sowie in 3 von 8 Wahlbausteinen ausgebildet. Von den gewählten Bausteinen muss einer aus den Nummern 1–3 stammen.

Verkäuferin/Verkäufer	Kauffrau/Kaufmann im Einzelhandel
7 Pflichtbausteine (1. und 2. Ausbildungsjahr)	7 Pflichtbausteine (1. und 2. Ausbildungsjahr)
1 von 4 Wahlbausteinen (2. Ausbildungsjahr)	1 von 4 Wahlbausteinen (2. Ausbildungsjahr)
	1 Pflichtbaustein (3. Ausbildungsjahr)
	3 von 8 Wahlbausteinen (3. Ausbildungsjahr)

Die Wahlbausteine (Qualifikationseinheiten) werden in einer Zusatzvereinbarung zum Ausbildungsvertrag festgehalten.

Die Ausbildungsordnung sollte dem Auszubildenden mit dem Ausbildungsvertrag ausgehändigt werden. Außerdem ist noch der **betriebliche Ausbildungsplan**, die sachliche und zeitliche Gliederung der Ausbildung im jeweiligen Betrieb, beizufügen.

■ Ausbildungsnachweis (Berichtsheft)

Der Auszubildende ist verpflichtet, einen Ausbildungsnachweis als **Berichtsheft** zu führen, der den Verlauf der Ausbildung dokumentiert. Der Ausbildungsnachweis wird heute zunehmend digital geführt. Der Ausbilder hat das Berichtsheft regelmäßig durchzusehen.

Eine besondere Bedeutung erhält das Berichtsheft, weil in ihm der Warenbereich (z. B. Textil oder Lebensmittel oder Schuhe/Lederwaren) festzuhalten ist, der der Ausbildung zugrunde liegt. Dieser warenkundliche Schwerpunkt ist in der mündlichen Abschlussprüfung zu berücksichtigen.

Abschlussprüfung siehe nächste Seite

7.3 Prüfungen

■ Verkäuferinnen/Verkäufer

In den Einzelhandelsberufen muss jeder Auszubildende an zwei Prüfungen teilnehmen:

* Die **Zwischenprüfung** soll den Ausbildungsstand zu Beginn des 2. Ausbildungsjahres feststellen. Hier liegt der Schwerpunkt auf „Teilnahme", nicht auf „Bestehen".
* Die **Abschlussprüfung** findet am Ende der Ausbildung in schriftlicher und mündlicher Form statt. Durch die bestandene Abschlussprüfung wird den Auszubildenden bescheinigt, dass sie durch ihre Ausbildung zu einer qualifizierten beruflichen Tätigkeit in einem staatlich anerkannten Beruf (Verkäufer/-in) befähigt worden sind.

Zwischenprüfung

Die Zwischenprüfung findet im Prüfungsbereich „Verkaufsprozesse" statt und dauert 90 Minuten. Der Prüfling soll nachweisen, dass er qualifiziert ist,

* Kunden über das Waren- und Dienstleistungsangebot des Betriebes zu informieren;
* Waren zu verkaufen und kundenorientiert im Servicebereich Kasse zu handeln;
* Vorschriften zur Sicherheit, zum betrieblichen Gesundheitsschutz sowie zum Umweltschutz einzuhalten.

Prüfungsbereich	Zeit	Termin
Verkaufsprozesse	90 Minuten	Zu Beginn des 2. Ausbildungsjahres

Abschlussprüfung Verkäufer/-in

Mündliche Prüfung: 15 Minuten Vorbereitungszeit

Prüfungsbereiche	Zeit	Gewichtung
1. **Verkauf und Werbemaßnahmen**	90 Min.	25 %
2. **Warenwirtschaft und Kalkulation**	60 Min.	15 %
3. **Wirtschafts- und Sozialkunde**	60 Min.	10 %
Zwischensumme		50 %
4. **Fachgespräch in der Wahlqualifikation (Baustein)** Wahlbaustein (einer von 4 gewählten und daraus 2 Aufgaben entwickelt) + dokumentierter Warenbereich (Berichtsheft)	bis zu 20 Minuten	50 %
(eine von zwei Aufgaben wählen)		100 %

Schriftliche und mündliche Prüfung haben das gleiche Gewicht. Innerhalb der schriftlichen Prüfung werden die drei Fächer unterschiedlich gewichtet (25 : 15 : 10)

In der mündlichen Prüfung (Fachgespräch in der Wahlqualifikation) erhält der Prüfling 2 Aufgaben zur Auswahl. Für die gewählte Aufgabe hat er bis zu 15 Minuten Vorbereitungszeit. Das eigentliche Fachgespräch soll 20 Minuten nicht überschreiten.

Bedingungen für eine bestandene Prüfung

Es müssen **vier Mindestbedingungen** erfüllt sein, damit die Prüfung bestanden ist.

Leistungen
Gesamtergebnis mindestens ausreichend
im Prüfungsbereich Fachgespräch in der Wahlqualifikation mindestens ausreichend
in **zwei** schriftlichen Prüfungsbereichen mindestens ausreichend
in keinem Prüfungsbereich ungenügend

Die Addition aller Teilpunkte geteilt durch die 4 Teilleistungen muss mindestens „ausreichend" ergeben. Der Prüfling darf in den drei schriftlichen Fächern höchstens eine Fünf schreiben. Die mündliche Prüfung muss auf jeden Fall bestanden werden und eine Sechs ist in keinem Prüfungsbereich erlaubt.

Für den Fall, dass in den schriftlichen Prüfungsbereichen zwei Fünfen festzustellen sind, aber das 3. Fach mindestens ausreichend ist, gibt es die Möglichkeit, eine Fünf durch eine **mündliche Ergänzungsprüfung** anlässlich des fallbezogenen Fachgesprächs auszugleichen.

■ Kaufleute im Einzelhandel

Für Kaufleute im Einzelhandel ist die Abschlussprüfung „gestreckt", sie wird in zwei Teilen und zu unterschiedlichen Zeiten abgelegt.

Teil 1 der Abschlussprüfung

Verkäuferprüfung siehe Seite 31

Er umfasst die gleichen Prüfungsbereiche wie in der **schriftlichen Abschlussprüfung** der **Verkäuferin/ Verkäufer**. Geprüft werden die Ausbildungsinhalte der ersten beiden Jahre. Lediglich die Gewichtung der Prüfungsbereiche unterscheidet sich. Insgesamt geht der 1. Teil der Prüfung mit 35 % in die Gesamtnote ein.

Abschlussprüfung Kaufleute im Einzelhandel Teil 1 (wie Verkäuferin/Verkäufer)

Prüfungsbereiche	Zeit	Gewichtung
1. Verkauf und Werbemaßnahmen	90 Min.	15 %
2. Warenwirtschaft und Kalkulation	60 Min.	10 %
3. Wirtschafts- und Sozialkunde	60 Min.	10 %
Summe		35 %

Teil 2 der Abschlussprüfung

Im 2. Teil werden nur die Ausbildungsinhalte des 3. Ausbildungsjahres geprüft. Der **schriftliche Prüfungsbereich** lautet „Geschäftsprozesse im Einzelhandel". Die **mündliche Prüfung** ist ein Fachgespräch basierend auf einer Wahlqualifikation. Im dritten Ausbildungsjahr stehen **drei von acht Wahlqualifikationen** für die mündliche Prüfung zur Verfügung. Sie sind beim Abschluss des Ausbildungsvertrages ausgewählt und im Vertrag festgehalten worden. Der örtliche Prüfungsausschuss wählt aus diesen drei Bausteinen einen für das Prüfungsgespräch aus und entwickelt daraus zwei Aufgaben, von denen der Prüfling eine auswählt.

Wahlqualifikationen siehe Seite 30

Bei der Festsetzung der Endnote wird der zweite Teil der Prüfung mit 65 % gewichtet.

Abschlussprüfung Kaufleute im Einzelhandel Teil 2

Prüfungsbereiche	Zeit	Gewichtung
1. **Geschäftsprozesse im Einzelhandel**	120 Min.	25 %
2. **Fachgespräch in der Wahlqualifikation** Wahlbaustein (3 aus 8, einer vom Prüfungsausschuss gewählt, daraus 2 Aufgaben entwickelt) + dokumentierter Warenbereich (Berichtsheft)	bis zu 20 Min.	40 %
Prüfling wählt eine von zwei Aufgaben		65 %

Fachgespräch in der Wahlqualifikation (mündliche Prüfung)

Bei der Anmeldung zur IHK-Prüfung fragt die IHK die Wahlbereiche des 3. Ausbildungsjahres ab, die beim Abschluss des Ausbildungsvertrages festgelegt worden sind und in denen die Ausbildung durchlaufen wurde. Weil in der mündlichen Prüfung der Warenbereich zu berücksichtigen ist, in dem der Prüfling ausgebildet worden ist, ist zusätzlich das Ausbildungssortiment mit den zugehörigen Warengruppen anzugeben. Außerdem sollen im Ausbildungsnachweis der Warenbereich (als Ausbildungssortiment) mit den Warengruppen dokumentiert werden.

Bedingungen für eine bestandene Prüfung

Es müssen **drei Mindestbedingungen** erfüllt sein, damit die Prüfung bestanden ist.

Leistungen
Gesamtergebnis aus Teil 1 und Teil 2 mindestens ausreichend
im Prüfungsbereich Geschäftsprozesse im Einzelhandel mindestens ausreichend
im Prüfungsbereich Fachgespräch in der Wahlqualifikation mindestens ausreichend

Eine mangelhafte Leistung im Prüfungsbereich „Geschäftsprozesse im Einzelhandel" aus Teil 2 der Abschlussprüfung) kann durch eine mündliche Ergänzungsprüfung von ca. 15 Minuten ausgeglichen werden. Letztlich muss das Gesamtergebnis von Teil 2 ebenfalls mindestens „ausreichend" lauten.

Wiederholung der Abschlussprüfung

Besteht ein Auszubildender die Abschlussprüfung nicht, so kann er sie zweimal wiederholen. Die Ausbildungszeit verlängert sich – sofern der Auszubildende das wünscht – bis zur nächstmöglichen Wiederholungsprüfung höchstens um ein Jahr.

Zwischenprüfung

Besteht von vornherein ein dreijähriger Ausbildungsvertrag zur Kauffrau/zum Kaufmann im Einzelhandel, entfällt die Zwischenprüfung.

Gestufte Ausbildung

Wird zunächst ein zweijähriger Vertrag mit dem Ziel Verkäuferin/Verkäufer abgeschlossen, nimmt die/der Auszubildende an der Zwischenprüfung und an der zweijährigen Abschlussprüfung teil. Damit ist gleichzeitig der 1. Teil der Abschlussprüfung zur Kauffrau/zum Kaufmann im Einzelhandel abgelegt worden.

Bei einer Verlängerung des Ausbildungsverhältnisses um ein 3. Jahr mit dem Ziel Kauffrau/Kaufmann im Einzelhandel, wird die Ausbildung am Ende des dritten Jahres mit dem 2. Teil der Abschlussprüfung beendet.

Zusammenfassung

Das Duale System der Berufsausbildung		
Duales System:	Ausbildung an den beiden Lernorten Berufsschule und Betrieb	
Lernort Schule:	Vermittlung berufsbezogener und berufsübergreifender Lerninhalte	
Lernort Betrieb:	Vermittlung einer berufspraktischen Ausbildung	
Einzelhandel:	Zwei Berufsbilder: Verkäufer/-in, Kaufleute im Einzelhandel (KiE)	
Ausbildungsdauer:	zwei Jahre für Verkäufer/-in, drei Jahre für Kaufleute	
Grundlagen:	Lehrplan (Richtlinien) in der Berufsschule, Ausbildungsordnung im Betrieb	
Betriebliche Bausteine:	Pflichtqualifikationen: 7 für alle, Nr. 8 zusätzlich für KiE	
	Wahlqualifikationen: 1 aus 4 (Verkäufer/-in), 3 aus 8 (KiE)	
Ausbildungsnachweis:	Pflicht zur Dokumentation der Ausbildung für alle Auszubildenden	
Prüfungen:	Verkäufer/-in:	Zwischenprüfung zu Beginn des 2. Ausbildungsjahres * 1 Prüfungsbereich: Verkaufsprozesse, 90 Minuten Abschlussprüfung am Ende der Ausbildung 1. Verkauf und Werbemaßnahmen, 90 Minuten 2. Warenwirtschaft und Kalkulation, 60 Minuten 3. Wirtschafts- und Sozialkunde, 60 Minuten 4. Fachgespräch in der Wahlqualifikation, bis zu 20 Minuten
	Kaufleute im Einzelhandel:	Teil 1 wie Abschlussprüfung Verkäufer/-in: * nur schriftlich, Nr. 1–3 Teil 2: * Geschäftsprozesse im Einzelhandel, 120 Minuten * Fachgespräch in der Wahlqualifikation, bis zu 20 Minuten keine Zwischenprüfung
nicht bestanden:	zwei Wiederholungen sind möglich	

8 Der Einzelhandel in der Gesamtwirtschaft

8.1 Gesamtwirtschaftlicher Leistungsprozess

Ausgehend von den Konsumwünschen der privaten Haushalte werden die Güter in einem arbeitsteiligen Prozess produziert. Dies beginnt in der **Urproduktion** (Urerzeugung), dem **primären Sektor**.

Im **sekundären Sektor**, der **Weiterverarbeitung**, verarbeiten die Betriebe die Rohstoffe zu Investitions- oder Konsumgütern.

Nun müssen diese Güter an die Konsumenten verteilt werden. Dies übernehmen die Verteilungs- und **Dienstleistungsbetriebe** (tertiärer Sektor).

Aufgrund der Arbeitsteilung zwischen den einzelnen Sektoren einer Volkswirtschaft lassen sich Stufen bilden.

Stufen einer Volkswirtschaft	
Urproduktion (Primärer Sektor)	Hier werden die Rohstoffe gewonnen, die in den anderen Sektoren weiterverarbeitet und vertrieben werden. Beispiele Anbau landwirtschaftlicher Erzeugnisse, Fortwirtschaft, Fischfang, Nutzung von Wasserkraft.
Weiterverarbeitung (Sekundärer Sektor)	Im sekundären Sektor werden die Güter aus der Urproduktion weiterverarbeitet. Beispiele Industrie- und Handwerksbetriebe, Betriebe der Energie- und Wasserversorgung
Dienstleistungssektor (Tertiärer Sektor)	Im tertiären Sektor werden Dienstleistungen von Unternehmen, vom Staat oder von anderen öffentlichen Einrichtungen angeboten. Beispiele Handel, Verkehr, Banken, Versicherungen, freie Berufe (Rechtsanwälte, Ärzte, Architekten u. Ä.), Telekommunikation, öffentliche Haushalte (Staat, Kommunen)

Beispiel

Stufen der Wirtschaft bei der Herstellung und der Nutzung von Schuhen:

Alle Stufen nehmen die Dienstleistungen z. B. von Banken, Versicherungen und Transportunternehmen in Anspruch.

Landwirtschaftlicher Betrieb	Häute	**Urerzeugung** Primärer Sektor
Gerberei	Leder	**Weiterverarbeitung** Sekundärer Sektor
Schuhfabrik	Schuhe	
Großhandel	Schuhe	**Verteilung** Tertiärer Sektor
Einzelhandel	Schuhe	
Verbraucher	Schuhe	

8.2 Volkswirtschaftliche Grundbegriffe

Bedürfnisse

Die **Bedürfnisse** der Menschen sind gewöhnlich unbegrenzt, d. h., Menschen haben ständig das Gefühl, dass ihnen noch etwas fehlt. So möchten z. B. viele Menschen ihren Haushalt immer perfekter und teurer ausstatten, weite Reisen unternehmen und vieles mehr. Ein Bedürfnis ist also ein **Mangelgefühl**.

Die Bedürfnisse lassen sie nach ihrer Dringlichkeit unterscheiden:

* **Existenzbedürfnisse**: Sie sind notwendig für das Überleben eines Menschen, z. B. das Bedürfnis nach ausreichender Nahrung, Kleidung, Wohnraum und Medikamenten.
* **Kulturbedürfnisse**: Der Mensch will nicht nur am Rande des Existenzminimums leben, sondern an angenehmes und erfülltes Leben führen. Dazu gehört z. B., die Welt durch Reisen zu erkunden, Literatur zu lesen, Filme und Theateraufführungen zu sehen sowie Konzerte zu hören.

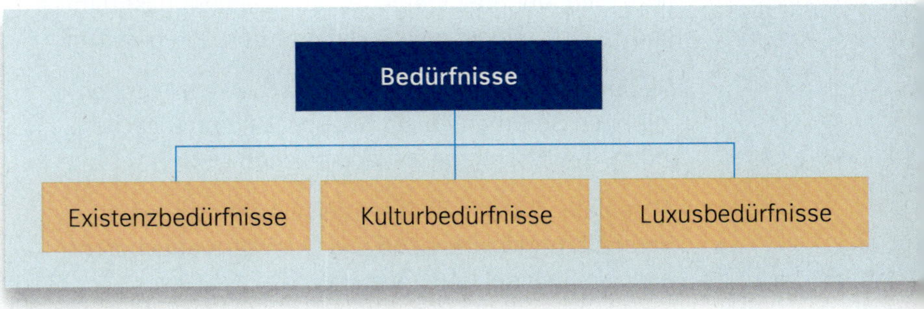

* **Luxusbedürfnisse**: Sie umfassen die Bedürfnisse des Menschen nach luxuriösen Gütern und Dienstleistungen wie z. B. aufwendige Reisen, teurer Schmuck und Autos der Oberklasse.

Man kann die Bedürfnisse auch unterscheiden, ob sie einer einzelnen Person als **Individualbedürfnisse** oder einer Gemeinschaft als **Gemeinschafts-** oder **Kollektivbedürfnisse** zuzuordnen sind.

Was als existenziell notwendig angesehen wird, ist abhängig von der Lebenssituation der Menschen und der jeweiligen Gesellschaft. In einer entwickelten Industriegesellschaft wird ein „normaler" Urlaub häufig schon zu den Existenzbedürfnissen des Menschen gerechnet. Wer in einer solchen Gesellschaft allerdings arbeitslos und ohne eigenes Einkommen ist, für den kann ein Urlaub schnell zum Luxus werden.

Neue Bedürfnisse wecken!

In einer modernen Konsumgesellschaft sind die Menschen mit Gütern zur Lebensführung so gut ausgestattet, dass bei vielen Produkten allenfalls noch ein Ersatzbedarf besteht, z. B. bei Kühlschränken und Fernsehgeräten. Der Handel ist daher bestrebt, beim Kunden neue Bedürfnisse zu wecken, damit der Kunde angeregt wird, Produkte zu kaufen, die ihm bisher nicht notwendig erschienen.

Bedarf

Wenn sich das Mangelgefühl eines Menschen auf konkrete Waren oder Dienstleistungen bezieht, spricht man von **Bedarf**.

Beispiel Der Wunsch einer Kundin nach einem wertvollen Service für festliche Anlässe.

Nachfrage

Wenn ein Kunde über entsprechende finanzielle Mittel verfügt und ein Kaufwille hinzukommt, wird aus dem Bedarf eine **Nachfrage**.

Da die Menschen unterschiedliche finanzielle Mittel haben, können sie ihren Bedarf häufig nicht in der vorgestellten Form verwirklichen. Daher wird als Nachfrage nur wirksam, was die Menschen in ihrer Gesamtheit mit ihren Einkommen tatsächlich erwerben wollen und können.

Beispiel Aus dem Mangelgefühl (**Bedürfnis**), dass man Gäste nicht angemessen bewirten kann, wird der Wunsch (**Bedarf**), ein wertvolles Service zu kaufen. Als **Nachfrage** wirksam wird der Geldbetrag, der für einen Kauf zur Verfügung steht.

Angebot

Angebot ist die Menge jeder Art von Gütern oder Dienstleistungen, die ein einzelner wirtschaftlicher Akteur oder eine Mehrheit von Akteuren zu einem bestimmten Preis im Austausch gegen Geld oder andere Güter und Leistungen herzugeben interessiert und bereit ist.

Die Einzelhändler als Anbieter machen den Kunden mit ihren Sortimenten ein Angebot und ermöglichen ihnen, ihre Nachfrage zu verwirklichen.

Allgemein: Güter und Dienstleistungen werden von Herstellern, Händlern und Dienstleistern angeboten und zum Verkauf bereitgestellt.

Markt

Das Zusammentreffen von Angebot und Nachfrage nennt man Markt. Kommt ein Kunde in ein Geschäft (Markt) und stellt konkrete Forderungen an ein Produkt, so äußert er **Ansprüche**.

Allgemein: Die Hersteller, Dienstleister und Händler (Anbieter) machen den Kunden mit ihren Produktionsprogrammen und Sortimenten ein Angebot und bietet ihnen die Möglichkeit, ihre Nachfrage zu verwirklichen.

Bedürfnisse sind Mangelgefühle der Menschen.
Bedarf ist ein Mangelgefühl, das sich auf konkrete Waren oder Dienstleistungen bezieht.
Nachfrage ist Bedarf, der mit finanziellen Mitteln und Kaufwille am Markt geäußert wird.
Angebot sind alle zum Verkauf angebotene Güter und Dienstleistungen.
Markt ist das Zusammentreffen von Angebot und Nachfrage.

Güterarten

Güter sind Mittel, die der Bedürfnisbefriedigung dienen. Sie lassen sich in **Sachgüter** und **Dienstleistungen** einteilen. Die Sachgüter unterteilt man in **Produktions**- oder **Investitionsgüter** und **Konsumgüter**.

Produktionsgüter werden in Unternehmen benutzt.

Ladenausstattung, Kasse — *Beispiele*

Konsumgüter stehen privaten Haushalten zur Verfügung.

Hausrat, Nahrungsmittel — *Beispiele*

In beiden Fällen kann man weiter in Verbrauchs- und Gebrauchsgüter unterteilen. Verbrauchsgüter werden bei ihrer Verwendung verbraucht (einmalige Nutzung), Gebrauchsgüter hingegen erlauben eine mehrfache Nutzung über einen längeren Zeitraum.

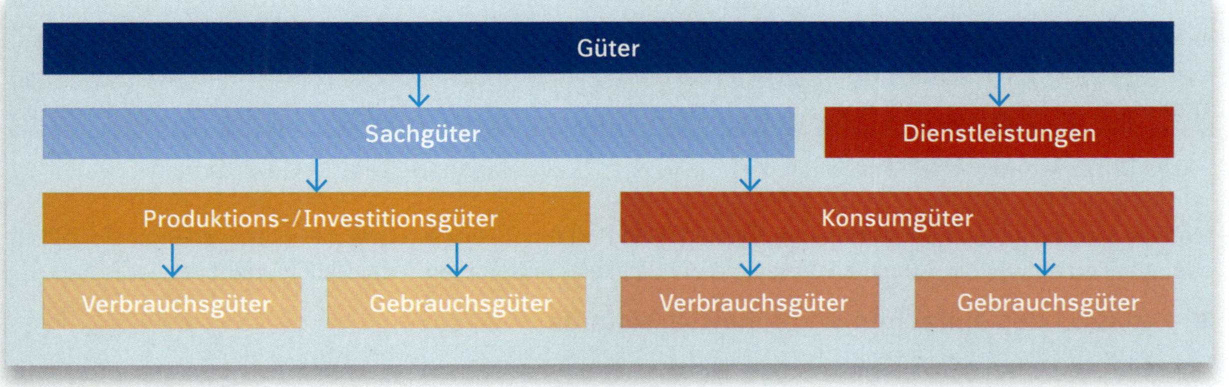

Güter sind Mittel zur Bedürfnisbefriedigung.
Produktions- oder **Investitionsgüter** dienen der betrieblichen Nutzung.
Konsumgüter sind zur privaten Nutzung bestimmt.
Verbrauchsgüter werden einmalig genutzt.
Gebrauchsgüter werden über einen längeren Zeitraum mehrfach genutzt.

Ökonomisches Prinzip

Da die Mittel wie Geld oder Personaleinsatz gewöhnlich begrenzt sind und Güter nicht im Überfluss zur Verfügung stehen, muss der Mensch planvoll handeln, er muss wirtschaftlich mit Mitteln und Gütern umgehen. Dieses planvolle Handeln nennt man das wirtschaftliche oder **ökonomische Prinzip**. Es findet seinen Ausdruck im Maximal- und Minimalprinzip.

Maximalprinzip

Vom Maximalprinzip (Haushaltsprinzip) spricht man, wenn mit vorgegebenen Mitteln, z. B. mit einem abgezählten Geldbetrag, ein möglichst großer Erfolg erzielt werden soll: im Beispiel der Einkauf der größten Menge an Chips.

Minimalprinzip

Beim Minimalprinzip (Unternehmensprinzip) soll ein festgelegtes Ziel wie Erreichung einer bestimmten Absatzmenge mit möglichst geringen Mitteln (Kosten) erreicht werden: Im Beispiel: 10 Tüten Chips für möglichst wenig Geld.

In beiden Fällen ist eine Größe zu bestimmten, entweder verfügbare Mittel oder das Ziel. Mit geringsten Mitteln den maximalen Erfolg zu erzielen, ist Wunschdenken, weil es kein planvolles Handeln zulässt.

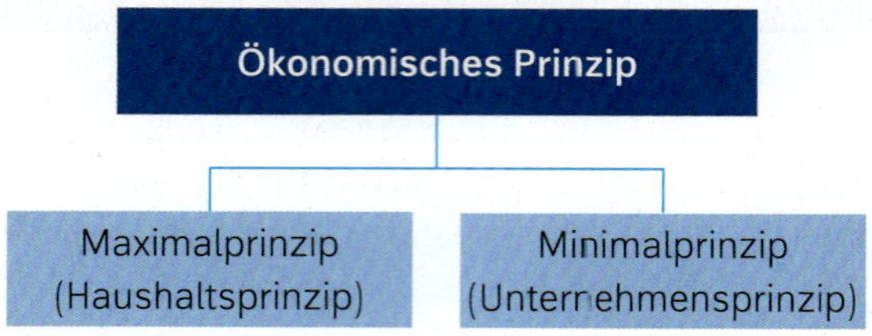

8.3 Wirtschaftskreislauf

Aufbau des einfachen Wirtschaftskreislaufs

Würde man die Banken und den Staat in die Modellbetrachtung einbeziehen, handelt es sich um einen erweiterten Wirtschaftskreislauf.

Das Modell des einfachen Wirtschaftskreislaufs betrachtet die Beziehungen zwischen allen Unternehmen und allen Haushalten einer Volkswirtschaft wie der Bundesrepublik Deutschland.

Durch diese Modellvereinfachung werden die grundlegenden Wirkungszusammenhänge zwischen den Bereichen einer Volkswirtschaft sichtbar. Alle privaten Haushalte werden zu einem einzigen großen Haushalt zusammengefasst. Mit den Unternehmen macht man dies genauso.

Beteiligte des Wirtschaftskreislaufsmodells	
alle **Unternehmen** einer Volkswirtschaft	alle **Haushalte** einer Volkswirtschaft

Modelle werden genutzt, um Probleme zu lösen. Eine Problemlösung am Original ist entweder nicht möglich oder wäre zu aufwendig. Modelle können die Wirklichkeit nur annähernd darstellen oder simulieren.

Funktion des einfachen Wirtschaftskreislaufs

Die Unternehmen produzieren Güter, die sie an Haushalte verkaufen. Um diese Güter bezahlen zu können, benötigen die Haushalte Geld. Das erhalten sie in Form von Einkommen von den Unternehmen (z. B. Einzelhandelsunternehmen, Industriebetrieben, Banken, Handwerksbetrieben), denen sie ihre Arbeitskraft zur Verfügung stellen. Es entsteht ein Kreislauf, der durch zwei gegenläufige Ströme gekennzeichnet ist: ein Güter-Geld-Strom und ein Arbeitskraft-Einkommen-Strom.

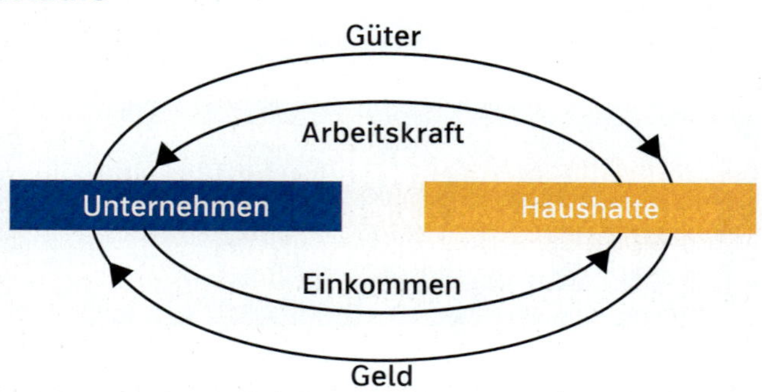

Einfacher Wirtschaftskreislauf

8.4 Markt- und Preisbildung

■ Das Kaufverhalten von Nachfragern (Kunden)

Preis und Nachfrage

Die Nachfrage der Menschen nach Gütern wie Standardartikeln des täglichen Bedarfs (Konserven, Tiefkühlkost, Süßigkeiten) wird stark vom Preis der Produkte bestimmt. Anbieter, die diese Artikel in einfach ausgestatteten Geschäften in Selbstbedienung zu niedrigen Preisen anbieten, erfreuen sich gewöhnlich eines starken Kundenzulaufs.

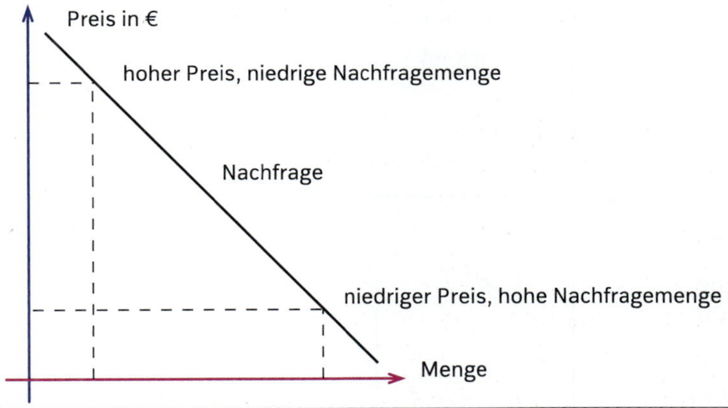

Einfaches Nachfragemodell

niedriger Preis – hohe Nachfragemenge

Umgekehrt gilt, dass ein Einzelhändler, der die oben beschriebenen Produkte (oder Standardartikel aus anderen Branchen) zu erheblich höheren Preises als seine Mitbewerber anbietet, nur wenige Kunden wird ansprechen können.

hoher Preis – niedrige Nachfragemenge

■ Das Angebotsverhalten der Anbieter (Einzelhändler)

Preis und Angebot

Die Einzelhändler sind Anbieter von Waren und Dienstleistungen. Die Modellbetrachtung geht davon aus, dass auf einem Markt mit hohen Preisen auch hohe Gewinne erzielt werden können. Dadurch werden mehr Einzelhändler angelockt, auf diesem Markt Waren anzubieten.

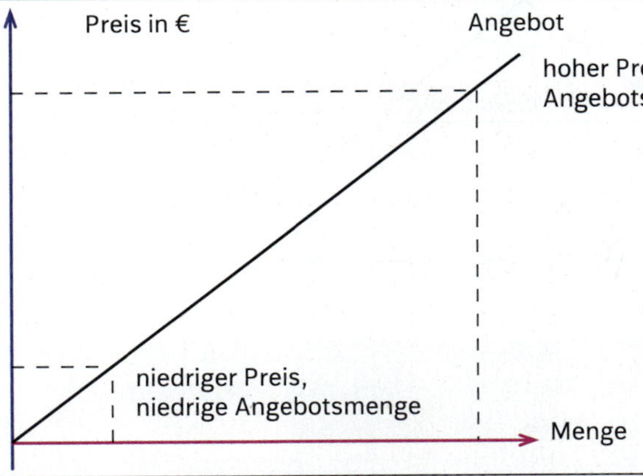

Einfaches Angebotsmodell

hoher Preis – hohes Angebot

Umgekehrt gilt: Auf einem Markt mit sehr niedrigen Preisen sind gewöhnlich auch nur niedrige Gewinne zu erzielen. Folglich verzichten viele Unternehmen darauf, auf diesem Markt Produkte anzubieten.

niedriger Preis – niedriges Angebot

Das Zusammentreffen von Angebot und Nachfrage

Der **Gleichgewichtspreis** ist der Schnittpunkt der Nachfrage- und Angebotskurve dort, wo sich die Anbieter und Nachfrager auf einen gemeinsamen Preis geeinigt haben, zu dem beide Seiten bereit sind, zu verkaufen und zu kaufen. Die Menge, die zu diesem Preis verkauft und gekauft wird, nennt man **Gleichgewichtsmenge**.

Es gibt Situationen, in denen der Preis für eine Ware auf einem ganz bestimmten Markt über oder unter dem Gleichgewichtspreis liegt. Dies hängt vom Verhalten der Anbieter oder Nachfrager und oft auch von anderen wirtschaftlichen oder politischen Bedingungen ab.

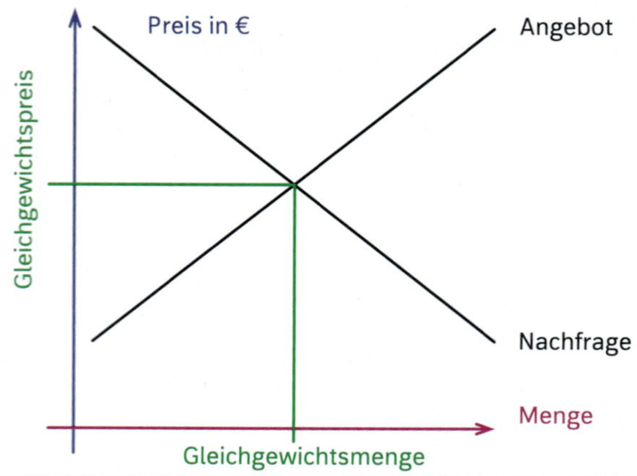

Einfaches Angebots- und Nachfragemodell

Angebotsüberhang

Liegt der Preis oberhalb des Gleichgewichtspreises, ist die Angebotsmenge höher als die Nachfragemenge. In diesem Fall spricht man von einem **Angebotsüberhang**. Zu diesem Preis werden mehr Waren angeboten als von möglichen Käufern nachgefragt werden. Bleiben die Anbieter in dieser Situation bei ihrem hohen Preis, können die Waren nicht verkauft werden. Erst eine Preissenkung würde zu einem neuen Gleichgewichtspreis führen.

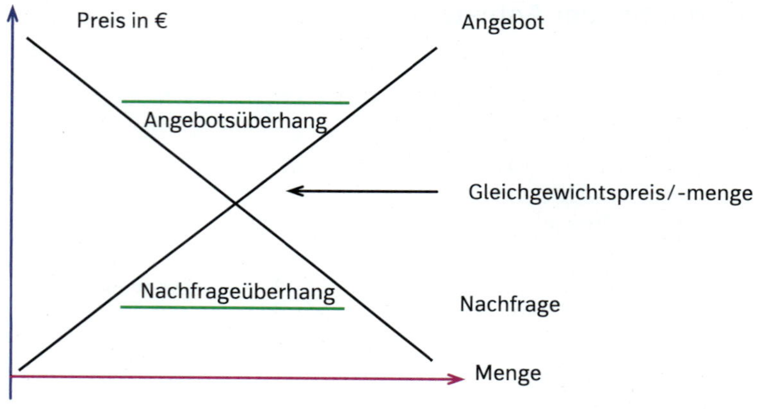

Angebots- und Nachfrageüberhang

Gleichgewichtspreis ist der Schnittpunkt von Angebots- und Nachfragekurve, die Preise der Anbieter und Nachfrager stimmen überein.
Gleichgewichtsmenge ist der Schnittpunkt von Angebots- und Nachfragekurve, die angebotene und nachgefragte Menge stimmen überein.

Diese Angleichung der Preise an den Gleichgewichtspreis funktioniert aber nur auf einem Markt mit einem starken Wettbewerb, wenn die Anbieter in Konkurrenz zueinander stehen und versuchen, eine immer bessere Qualität zu immer günstigeren Preisen zu produzieren.

In dieser Situation spricht man auch von einem **Käufermarkt**. Die Käufer können sich aus einem großen Warenangebot auf einem bestimmten Markt die Produkte heraussuchen, die ihnen am günstigsten und qualitativ am besten erscheinen. Die Anbieter stehen unter dem Druck, immer innovativer und kostengünstiger zu produzieren, um den Angebotspreis so niedrig wie nur möglich anzusetzen.

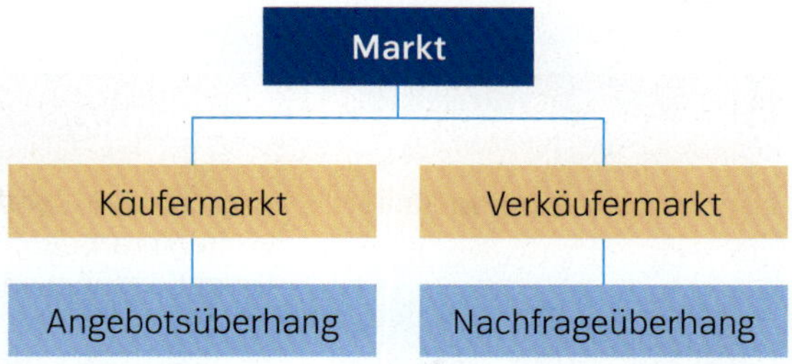

Nachfrageüberhang

Liegt der Preis unterhalb des Gleichgewichtspreises, ist die Nachfragemenge höher als die Angebotsmenge. In diesem Fall spricht man von einem **Nachfrageüberhang**.

Zu diesem Preis werden mehr Waren nachgefragt als angeboten. Bleibt es bei diesen niedrigen Preisen, können einige Anbieter ihre Waren zu diesem Preis nicht produzieren. Die Preise müssen somit heraufgesetzt werden.

Jetzt spricht man von einem **Verkäufermarkt**. Die Nachfrager können nur das kaufen, was die Verkäufer oder Anbieter auf dem Markt präsentieren. Die Verkäufer müssen sich nicht besonders anstrengen, sie verkaufen ihre Waren immer.

Käufermarkt beschreibt eine Marktsituation, in der die Anbieter in einem harten Wettbewerb stehen. Der Käufer befindet sich in einer starken Position, weil mehr Güter angeboten als nachgefragt werden. Preistendenz: sinkend

Verkäufermarkt beschreibt eine Marktsituation, in der die Anbieter in einer günstigen Position stehen, weil die angebotenen Güter relativ knapp sind. Preistendenz: steigend

Bei Nachfrageüberhang ist die Nachfrage nach Waren höher als das Angebot.

Bei Angebotsüberhang ist das Warenangebot höher als die Nachfrage.

Präferenzen

Kaufentscheidungen

Bei Produkten, bei denen es vor allem auf Frische, Geschmack, Aussehen, technische Leistungsfähigkeit, gute Beratung u. Ä. ankommt, spielt der Preis für den Kunden nicht die ausschlaggebende Rolle. Anbieter dieser Artikel können am Markt bestehen, auch wenn sie höhere Preise als ihre Konkurrenten haben. Hinzu kommt, dass Kunden Kaufentscheidungen auch aus Gründen treffen, die mit den angebotenen Produkten wenig zu tun haben, z. B. die **räumliche Nähe** des Geschäftes, der leicht erreichbare **Parkplatz**, das **freundliche Personal** oder die **angenehme Kaufatmosphäre**. Gerade in einer Zeit, in der Kaufen für viele Kunden als **Erlebnis** betrachtet wird, wird das „Drumherum“ immer bedeutsamer.

Man spricht in diesem Zusammenhang auch von Präferenzen (Vorlieben) der Kunden. Dabei unterscheidet man vier Arten von Präferenzen.

* **räumliche Präferenz**
  Beispiel: Nähe zum Kunden
* **zeitliche Präferenz**
  Beispiel: günstige Öffnungszeiten
* **persönliche Präferenz**
  Beispiel: besonders freundliches, persönlich bekanntes Personal, das dem eigenen Lebensstil entspricht
* **sachliche Präferenz**
  Beispiel: attraktive Einkaufsatmosphäre

Präferenzen sind besondere Vorlieben von Kunden, die sie davon abhalten, ihre Kaufentscheidungen allein nach dem Preis auszurichten.

Zusammenfassung

Der Einzelhandel in der Gesamtwirtschaft		
Stufen der Volkswirtschaft:	Urproduktion (primärer Sektor) Weiterverarbeitung (sekundärer Sektor) Dienstleistungssektor (tertiärer Sektor)	
Grundbegriffe:	* Bedürfnisse, unterteilt in Existenz-, Kultur- und Luxusbedürfnisse * Bedarf * Nachfrage * Angebot * Markt: Treffpunkt von Angebot und Nachfrage	
	* Güterarten:	* Sachgüter, unterschieden in Produktions- oder Konsumgüter, Verbrauchs- oder Gebrauchsgüter * Dienstleistungen
	* Ökonomisches Prinzip: Maximal- oder Minimalprinzip	
Wirtschaftskreislauf:	* vereinfachtes Modell (einfacher Wirtschaftskreislauf) * Beteiligte: Haushalte und Unternehmen	
Markt- und Preisbildung:	Preis und Nachfrage:	niedriger Preis – hohe Nachfrage hoher Preis – niedrige Nachfrage
	Preis und Angebot:	hoher Preis – hohes Angebot niedriger Preis – niedriger Angebot
	Zusammentreffen von Angebot und Nachfrage:	* Gleichgewichtspreis * Gleichgewichtsmenge * Angebotsüberhang: Käufermarkt * Nachfrageüberhang: Verkäufermarkt
Präferenzen:	Besondere Vorlieben von Kunden, die den Preis bei der Kaufentscheidung zurückdrängen.	

Stufen (Sektoren) einer Volkswirtschaft siehe Seite 34

9 Einzelhandelsbetrieb

9.1 Leistungen des Einzelhandels

Großhandel: Bindeglied zwischen den Herstellern und dem Einzelhandel sowie anderen Abnehmern wie Handwerk oder Gastronomie.

Der Einzelhandel gehört zum Dienstleistungssektor oder tertiären Sektor. Zu seinen grundlegenden Aufgaben gehört die **Verteilung** der Waren, die in der Industrie hergestellt wurden. Teilweise kauft der Einzelhandel Waren auch bei Großhändlern ein und verteilt sie dann weiter an die Endverbraucher.

Einzelhandel: Handelsunternehmen, die Waren bei Herstellern oder Großhändlern einkaufen und an Endverbraucher verkaufen.

Die Kernaufgabe des Einzelhandels, die Verteilung von Waren, lässt sich genauer unterscheiden.

Sortiment siehe Seite 51

Kundenberatung siehe Seite 112

■ Leistungen für den Kunden

Sortimentsbildung:	Der Einzelhandel stellt für seine Kunden ein Sortiment, eine Auswahl von Waren und Dienstleistungen, zusammen. Das Sortiment wird für den Kunden übersichtlich gegliedert und verkaufsfertig aufbereitet.
Kundenberatung:	Der Kunde wird über die Eigenschaften der angebotenen Produkte informiert. Verkaufsmitarbeiter erfassen dafür zunächst die Wünsche der Kunden und unterbreiten ein Warenangebot, das auf die Kundenwünsche zugeschnitten ist.

Vorratshaltung: (Zeitausgleichs-funktion)	Der Einzelhandel bestellt Waren frühzeitig, lagert sie ein und hält sie so für den Kunden vorrätig. Dadurch gleicht er die Zeit zwischen dem Herstellen und dem Verbrauch von Produkten aus. Beispiel Wintermode wird bereits im Sommer bestellt und nach ihrem Eintreffen beim Einzelhändler bis zum Beginn der Wintersaison zwischengelagert.
Transport: (Raumausgleichs-funktion)	Waren werden heute weltweit produziert. Der Einzelhandel kauft diese Produkte ein und stellt sie den Kunden ortsnah zur Verfügung. Beispiel Französischer Käse wird in Frankreich oder über einen Großhändler eingekauft und im deutschen Einzelhandel angeboten.
Mengenausgleich: (Mengenausgleichs-funktion)	Der Einzelhandel kauft Waren in größeren Mengen ein und verkauft sie in kleinen Mengen, wie es der Kunde wünscht. Beispiel Obst und Gemüse werden palettenweise eingekauft. Der Kunde kann seine Einkaufsmenge beliebig zusammenstellen und nur ein einziges Stück Obst kaufen.
Serviceleistungen:	Der Einzelhandel pflegt und repariert Waren und nimmt Veränderungen an Produkten vor. Beispiel Milchprodukte werden kühl gelagert, Uhren repariert, Möbel aufgestellt, Schmuckringe vergrößert.
Finanzierung:	Der Einzelhandel ist dem Kunden bei der Finanzierung seiner Einkäufe behilflich. Beispiel Kunden können den Kaufpreis in Raten bezahlen.

Auch die Lieferanten (Industrie, Großhandel) profitieren von den Leistungen des Einzelhandels.

■ Leistungen für den Lieferanten

Werbung:	Der Einzelhandel wirbt für die Produkte seiner Lieferanten. Auch das Beratungsgespräch ist letztlich Werbung für ein bestimmtes Produkt. Beispiel Wöchentlich bietet ein Einzelhändler in einem Prospekt Sonderangebote verschiedener Hersteller an.
Information: (Markterschließungs-funktion)	Der Einzelhandel hat unmittelbaren Kontakt zum Kunden. Er erfährt daher direkt die Wünsche der Kunden und auch Veränderungen in deren Nachfrageverhalten. Informiert der Einzelhändler die Lieferanten über diese Marktveränderungen, können die Produkte den veränderten Kundenwünschen angepasst werden.

Beispiel

Eine Auszubildende aus einem Geschäft für Tonträger erläutert ihrer Klasse die Einzelhandelsleistungen ihres Ausbildungsbetriebs.

„Mein Ausbildungsbetrieb bietet seinen **Kunden** verschiedene Leistungen an.

Wir stellen ein vielfältiges Sortiment zusammen, damit für jeden Musikgeschmack CDs und DVDs und in letzter Zeit auch wieder Schallplatten vorhanden sind. Neben den Tonträgern bieten wir unseren Kunden auch Pflegesets für CDs und DVDs an. Außerdem halten wir Star-Kalender und T-Shirts für unsere Kunden vorrätig.

Wir kaufen die Tonträger im Großhandel und bei den Vertretern der Tonträgerfirmen ein.

Unseren Kunden wird ermöglicht, das Produkt vor dem Kauf zu prüfen, er kann sich die CDs und DVDs anhören.

Ferner bestellen wir Tonträger nach den speziellen Wünschen unserer Kunden.

Beispiele

Bei den Vertretern der Musikfirmen kaufen wir Tonträger regelmäßig zu Sonderpreisen, um unseren Kunden CDs und DVDs zum „Nice Price“ anzubieten. Darunter fallen dann auch die aktuellsten Hits.

Wir beraten unsere Kunden auf allen Musikgebieten, insbesondere auch bei Jazz und Klassik.

Wir stellen Musik für bestimmte Anlässe zusammen, teilweise vermieten wir auch die erforderliche Anlage, z. B. für Modenschauen. Gelegentlich übernehmen wir den Kartenvorverkauf für Konzerte.

Die Leistungen meines Ausbildungsbetriebes für unsere **Lieferanten**: Durch Plakate und Poster weisen wir auf Veröffentlichungstermine für neue CDs und DVDs hin.

Wir geben Informationen an die Vertreter der Musikfirmen durch eine ‚Verkaufshitparade‘.“

Siehe auch die Klammerausdrücke in der Tabelle Leistungen für die Kunden

Allgemein werden die Leistungen des Einzelhandels auch als **vier Funktionen** dargestellt.

Einzelhandelsfunktionen

- Zeitliche Überbrückungsfunktion
- Räumliche Überbrückungsfunktion
- Mengenausgleichsfunktion
- Markterschließungsfunktion

9.2 Produktionsfaktoren

Damit ein Einzelhandelsbetrieb seine Leistungen erbringen kann, sind bestimmte Einsatzmittel erforderlich. Diese Mittel nennt man **betriebswirtschaftliche Produktionsfaktoren**. Zu ihnen zählen

* die menschliche Arbeitsleistung,
* der Standort des Betriebes,
* die Betriebsmittel, z. B. die Geschäftsausstattung und
* die Ware.

Produktionsfaktoren dienen dazu, Leistungen zu erbringen.

Menschliche Arbeitsleistung

In Einzelhandelsunternehmen ist der Betriebsfaktor „menschliche Arbeitsleistung“ von besonderer Bedeutung: Mitarbeiter im Einzelhandel sollten mindestens über drei Kompetenzen verfügen:

* Kenntnisse im Umgang mit Menschen,
* kommunikative Fähigkeiten, um sie in einem Verkaufsgespräch zu nutzen,
* Warenkenntnis

Standort

Eine schlechte Lage kann heute durch Angebote über das Internet (Onlinehandel) ausgeglichen werden.

Der Standort ist die geografische Lage eines Einzelhandelsunternehmens. Von der richtigen Wahl des Standortes für das Geschäftslokal hängt im Einzelhandel der wirtschaftliche Erfolg ganz wesentlich ab. Ist der Standort weit abgelegen, sodass Kunden kaum eine Chance haben, das Geschäft zu finden und zu erreichen, können ein attraktives Sortiment und gut ausgebildetes Personal diesen Mangel in der Regel nicht wettmachen.

Üblicherweise werden Einzelhandelsstandorte nach 1a- und 1b-Lagen unterschieden:

* **1a-Lagen** befinden sich in den Haupteinkaufsstraßen der Innenstädte, vor allem auch in den Fußgängerzonen. Dort ist eine hohe Dichte von Einzelhandelsgeschäften mit „Shopping-Angeboten“ vorhanden, vorzugsweise aus den Bereichen Textilien, Schuhe, Lederwaren, Porzellan, Schmuck, Parfüm, Telefon-Shops und Sportartikel. Eine große Anzahl von Passanten sichert dem Einzelhandelsangebot eine große Beachtung.

Beispiele

* Berlin: Kurfürstendamm
* Düsseldorf: Königsallee
* Frankfurt/Main: Zeil
* Hamburg: Mönckebergstraße
* Köln: Hohe Straße
* München: Kaufingerstraße

* **1b-Lagen** grenzen an 1a-Lagen an, liegen aber außerhalb des Hauptkundenstroms. Die Zahl der Passanten ist deutlich geringer als in der 1a-Lage. Das gilt auch für sogenannte „auslaufende" 1a-Lagen, in denen der Passantenstrom abnimmt und die Attraktivität der Geschäfte sinkt. Dann wird aus einer 1a-Lage eine 1b-Lage.

Als weitere Standorte für den Einzelhandel kommen aber auch kundennahe **Wohngebiete** in Betracht, z. B. für den Lebensmitteleinzelhandel. Standorte zur wohnortnahen Versorgung werden auch als **2a-Lagen** bezeichnet.

Baumärkte, Möbelhäuser, Kfz-Händler und SB-Warenhäuser siedeln sich gerne in **Stadtrandlagen** oder **Gewerbegebieten** auf der „grünen Wiese" an, weil dort viele Parkplätze zur Verfügung stehen, die Verkehrsanbindung in der Regel gut ist, die Mieten niedrig und die Verkaufsflächen sehr groß sind.

Betriebsformen des Einzelhandels siehe Seite 58

Bei der **Standortwahl** lässt sich ein Einzelhändler von verschiedenen Fragen leiten.

Beispiele

Fragen zum Standort

* Sind am Standort die **richtigen Kunden** in ausreichender Zahl zu erwarten, die sich für mein Sortiment interessieren (möglichst großes **Einzugsgebiet** mit der passenden Kunden-Zielgruppe)?
* Wie hoch sind die **Ladenmiete** und die **Mindestmietdauer**?
* Hat das Ladenlokal die passende **Größe** für mein Sortiment?
* Gibt es im Umfeld **attraktive Einzelhandelsgeschäfte**, die Kunden anlocken, von denen ich auch profitiere?
* Wie ist die **Konkurrenzsituation** bezogen auf mein Sortiment?
* Ist das Geschäft durch eine **gute Verkehrsanbindung** erreichbar, stehen für die Kunden ausreichend **Parkplätze** zur Verfügung, und welche Kosten muss der Kunde dafür tragen?

Kostenvergleich

In den 1a-Lagen einer Großstadt kann die Miete pro m² zwischen 100,00 und 220;00 € liegen. Für 1b-Lagen liegen die Mietpreise häufig zwischen 10,00 und 50,00 € pro m². Diese Preise stellen aber nur Anhaltspunkte dar; im Einzelfall sind die Mieten von den örtlichen Bedingungen und der Marktsituation abhängig.

Standortsuche
- Kundenzahl
- Ladenmiete
- attraktives Umfeld
- Mitbewerber
- Verkehrsanbindung

Standort: betriebswirtschaftlicher Produktionsfaktor, der die geografische Lage eines Unternehmens festlegt
1a-Lage: Standort in den Haupteinkaufsstraßen der Innenstädte mit hoher Kundenfrequenz und vielen Einzelhandelsgeschäften
1b-Lage: Standort in der Nähe von 1a-Lagen, aber außerhalb des Hauptkundenstroms

Betriebsmittel

Als Betriebsmittel werden alle Gegenstände bezeichnet, die notwendig sind, um die Waren zu verkaufen. Hierzu zählen z. B. die Verkaufsregale, die Verkaufstheken, die Kassen, Datenverarbeitungsanlagen, das betriebseigene Auslieferungsfahrzeug, die Ausstattung des Reservelagers und vieles mehr.

Ware

Dies sind die Gegenstände, die der Einzelhändler dem Kunden als sein Sortiment anbietet.

Betriebswirtschaftliche Produktionsfaktoren sind Einsatzmittel zur Leistungserstellung eines Betriebes.

Betriebswirtschaftliche Produktionsfaktoren
- Menschliche Arbeitsleistung
- Standort
- Betriebsmittel
- Ware

Kombination der betriebswirtschaftlichen Produktionsfaktoren

Leistungen des Einzelhandels siehe Seite 42
Verkaufsformen siehe Seite 57

Durch das Zusammenwirken der Produktionsfaktoren entsteht die Leistung des Betriebes. Ein Einzelhandelsgeschäft stellt seinen Kunden die Dienstleistungen Verteilung von Waren, Beratung, Kundendienst und Ähnliches bereit. Je nach Art des Geschäftes, insbesondere in Abhängigkeit von der Verkaufsform, haben diese Betriebsfaktoren ein unterschiedliches Gewicht. In manchen Betrieben ist die Beratung durch das Verkaufspersonal von großer Bedeutung, z. B. in einem Fachgeschäft mit Bedienung, in anderen kommt es vor allem auf die häufig preisgünstige Ware an, z. B. in einem Selbstbedienungs-Warenhaus. Oder ein günstiger Standort ist für den Geschäftserfolg von ausschlaggebendem Wert, z. B. ein Geschäft mit hochmodischen Artikeln.

Volkswirtschaftliche Produktionsfaktoren

Während man die Einsatzmittel, mit denen die Leistungen in einem Betrieb erstellt werden, als betriebswirtschaftliche Produktionsfaktoren bezeichnet, nennt man diese Einsatzmittel auf **gesamtwirtschaftlicher Ebene** volkswirtschaftliche Produktionsfaktoren.

Volkswirtschaftliche Produktionsfaktoren sind Einsatzmittel zur Leistungserstellung auf gesamtwirtschaftlicher Ebene.

Man unterscheidet:

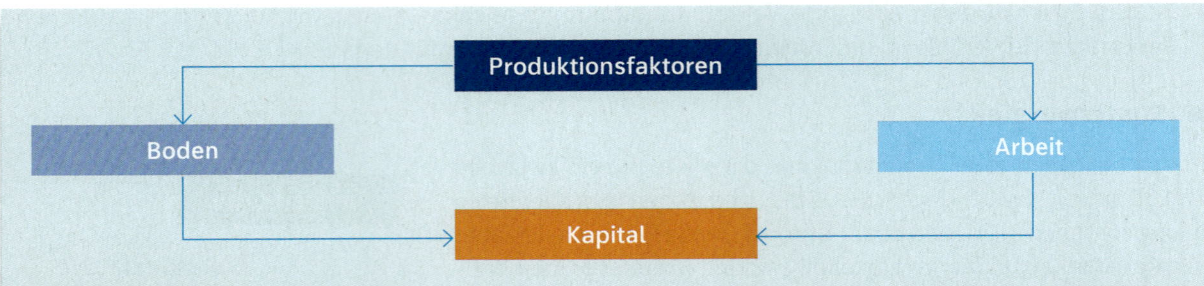

Der Produktionsfaktor **Boden** wird von der Natur bereitgestellt.

Arbeit als Produktionsfaktor ist die planvolle Tätigkeit des Menschen mit dem Ziel, ein Einkommen zu erhalten. Der Produktionsfaktor **Kapital** ist aus den Produktionsfaktoren Boden und Arbeit entstanden und dient wiederum der Herstellung von Gütern und der Bereitstellung von Dienstleistungen.

Volkswirtschaftliche Produktionsfaktoren lassen sich mit den betriebswirtschaftlichen Produktionsfaktoren des Handels vergleichen.

Volkswirtschaftliche Produktionsfaktoren	Betriebswirtschaftliche Produktionsfaktoren
Boden	Standort
Arbeit	menschliche Arbeitsleitung
Kapital	Betriebsmittel, Ware

9.3 Aufbau von Einzelhandelsbetrieben

Aufbauorganisation

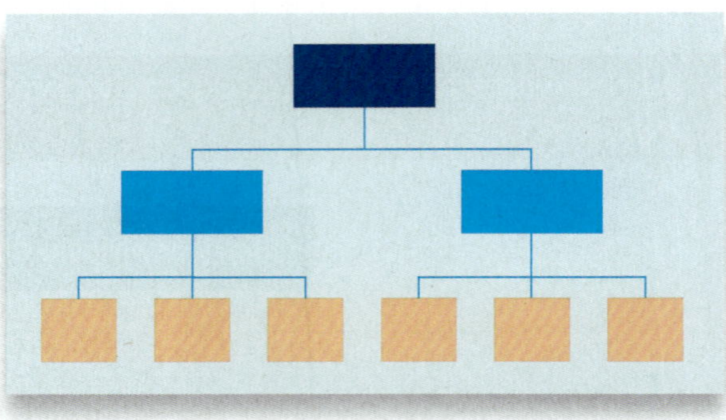

Damit ein Einzelhandelsbetrieb seine Dienstleistungen für die Kunden erbringen kann, ist die Zusammenarbeit vieler Mitarbeiter erforderlich. Damit dies möglichst reibungslos geschieht, ist für das Unternehmen eine Organisationsstruktur erforderlich. Diese legt fest

* welche organisatorischen Einheiten (Stellen, Abteilungen) existieren;
* wie die Aufgaben verteilt sind (Zuständigkeiten, Verantwortung);

* wie die Beteiligten miteinander kommunizieren;
* welche Weisungsbefugnisse (Leitungsbefugnisse) zwischen den Beteiligten bestehen.

Solch eine Organisationsstruktur bezeichnet man als Aufbauorganisation.

Aufbauorganisation: Organisationsstruktur (Gerüst) eines Betriebes, die einen Betrieb in arbeitsteilige Einheiten einteilt und durch Weisungsbefugnisse miteinander verbindet

Der organisatorische Aufbau eines Unternehmens kann in einem Organisationsdiagramm (kurz: Organigramm) dargestellt werden.

Organigramm: grafische Darstellung der Grundelemente einer Organisationstruktur

Hierarchiebildung

Die Aufbauorganisation gliedert ein Unternehmen in Aufgabenbereiche und bestimmt, welche Stellen und Abteilungen diese Aufgabenbereiche bearbeiten sollen. Das Ergebnis ist ein Organigramm mit einer vertikal (von oben nach unten) geprägten hierarchischen Struktur.

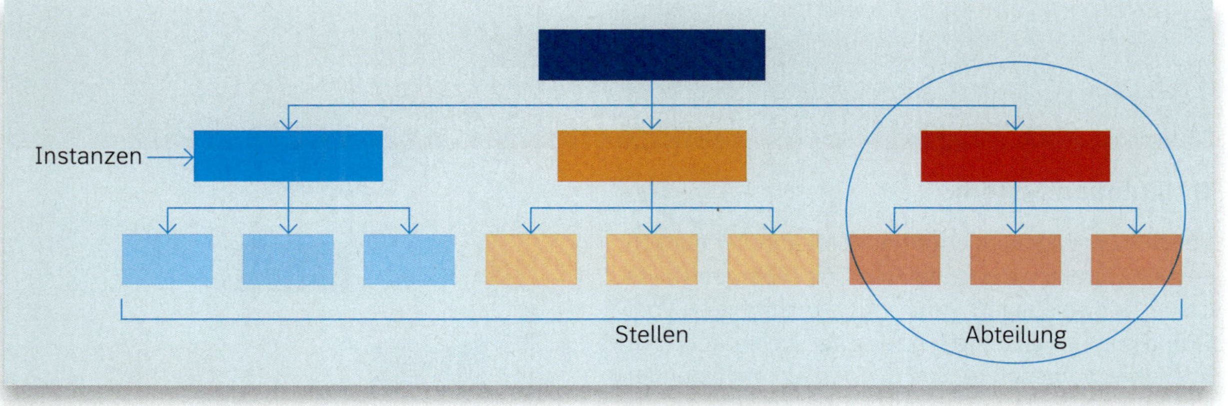

* **Stelle**
  Die Stelle ist die kleinste organisatorische Einheit im Organigramm. Sie beschreibt die Aufgaben und die Kompetenzen des Stelleninhabers.

  Stellen führen im Regelfall nur Weisungen aus; sie haben Ausführungsaufgaben. Stellen können aber auch mit Leitungsbefugnissen ausgestattet sein.

Beispiel

Das Schema zeigt das Organigramm eines Schuhfachgeschäftes und macht deutlich, dass die Stellen den Abteilungen auf der Grundlage von Warengruppen zugeordnet sind.

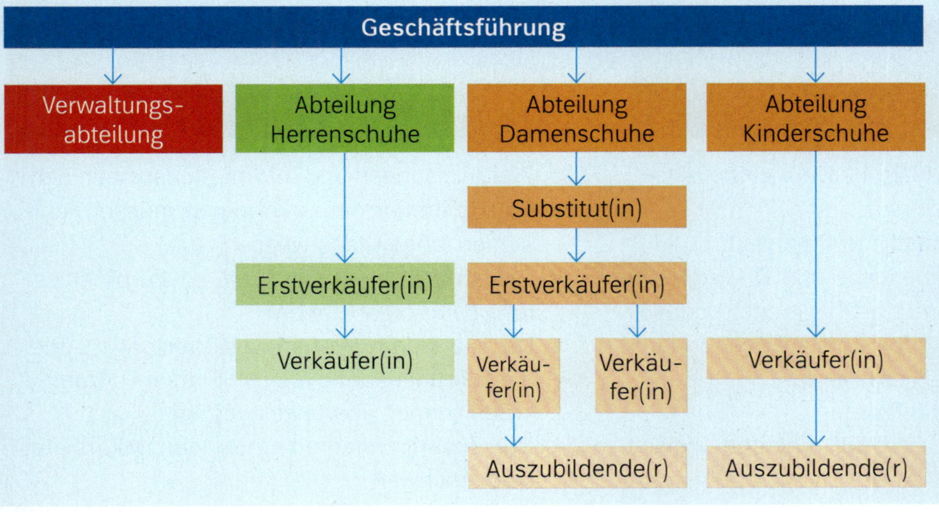

* **Instanz**
  Eine Instanz ist ebenfalls eine Stelle, allerdings mit Leitungsbefugnis gegenüber den nachgeordneten Stellen. Man spricht daher auch von einer Leitungsstelle.

Stabsstellen siehe Seite 49

* **Abteilung**
  In einer Abteilung werden Stellen nach einem bestimmten Gesichtspunkt zusammengefasst. Im Einzelhandel sind das häufig Warengruppen, ergänzt durch eine Abteilung Verwaltung.

Vielfach existieren in Einzelhandelsunternehmen aber auch Positionen mit spezialisierten Aufgaben.

Beispiele

* Einkäufer/-in
* Werbeleiter/-in
* Leiter/-in des Verkaufs
* Betriebsleiter/-in
* Ausbildungsleiter/-in

Einen Sonderfall bilden **Stabsstellen**. Sie unterstützen die Leitungsstellen, indem sie Entscheidungen vorbereiten, Informationen sammeln, Berichte erstellen usw. Stabsstellen können auf der Ebene der oberen Leistungsstelle, aber auch auf der Ebene der Instanzen angesiedelt sein.

Stelle: kleinste organisatorische Einheit im Organigramm, häufig ohne Leitungsbefugnis

Instanz: Stelle mit Leitungsbefugnis

Abteilung: Zusammenfassung von Stellen nach einem bestimmten Kriterium

Stabsstelle: unterstützt Leitungsstellen, ohne eigene Leitungsbefugnis

Einliniensystem

Beim Einliniensystem erhält jeder Mitarbeiter nur von seinem direkten Vorgesetzten als übergeordnete Stelle Anweisungen und Arbeitsaufträge. Vom Grundsatz her sollen gleichrangige Stellen auch nur über ihre vorgesetzte Stelle (Instanz) miteinander kommunizieren. Der Instanzen- oder Dienstweg ist einzuhalten. In der Praxis findet die Kommunikation aber auch direkt (quer) mit nebengeordneten Stellen statt.

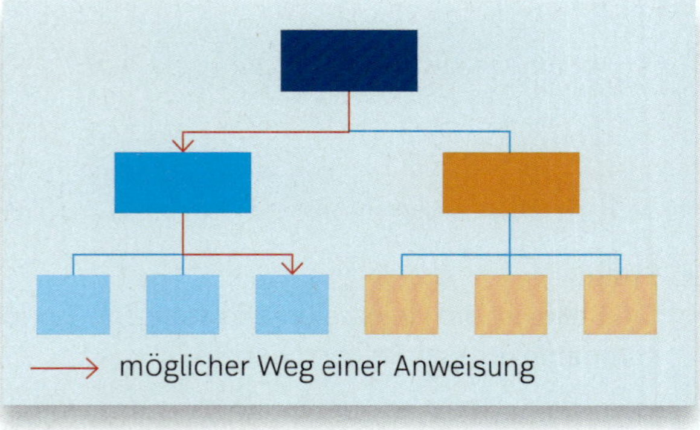

Einliniensysteme findet man vorzugsweise in kleinen und mittleren Unternehmen sowie in neu gegründeten Unternehmen.

Einliniensystem: Jeder Mitarbeiter hat nur einen Vorgesetzten. Es gilt das Prinzip der Einheit in der Auftragserteilung.

Einliniensystem

Vorteile	Nachteile
* stabile Organisationsstruktur mit eindeutigen Leitungswegen * einfache und übersichtliche Organisation * Die Verantwortungsbereiche und Dienstwege (Zuständigkeiten) sind klar abgegrenzt, sodass sich die Umsetzung von Entscheidungen gut verfolgen und kontrollieren lässt. * keine Kompetenzstreitigkeiten * Mitarbeiter lassen sich auf einfache Weise steuern.	* Weil Weisungen und Informationen nach dem Prinzip immer der Linie folgen müssen, entstehen lange Dienstwege. * Die straffe Hierarchie führt zu Bürokratisierung (Überorganisation). * Da alle Informationen und Weisungen über die Führungsebene laufen, können Führungskräfte schnell überlastet werden. * Die Zusammenarbeit unter den Mitarbeiter wird erschwert. * Motivationsverlust auf der unteren Ebene

Mehrliniensystem

Im Mehrliniensystem hat jede Stelle mehrere Vorgesetzte. Arbeitsaufträge und Weisungen kommen demnach von verschiedenen übergeordneten Instanzen. Eine Instanz kann sich daher direkt an jede untergeordnete Stelle wenden und muss nicht den Weg über andere Instanzen nehmen wie im Einliniensystem.

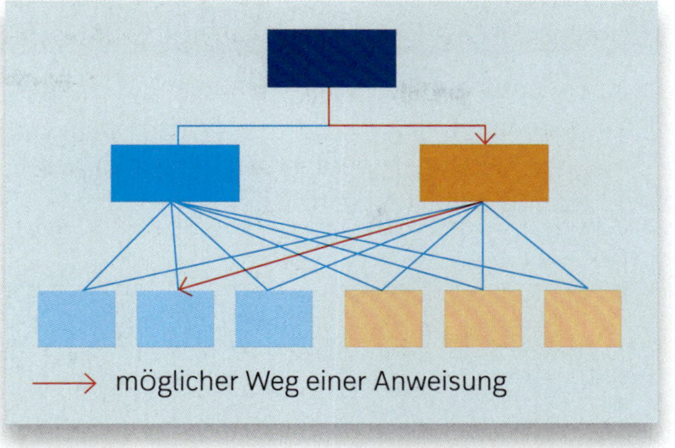

Mehrliniensysteme werden eingerichtet, wenn die Betriebsgröße zunimmt und für die einzelnen Funktionen des Betriebes **Spezialisten** notwendig werden. Diese haben dann ein Weisungsrecht an alle untergeordneten Stellen.

Im Vordergrund eines Mehrliniensystems steht die Fachkompetenz der Vorgesetzten. Das hierarchische Denken (Denken in Zuständigkeiten) wird verringert. Mehrliniensysteme findet man vorzugsweise in kleineren Unternehmen (z. B. in einem Handwerksbetrieb).

Beispiel

Das Fahrradfachgeschäft Böhmer ist in eine kaufmännische und technische Abteilung (Werkstatt) aufgeteilt. Die Leiterin der kaufmännischen Abteilung hat ein Weisungsrecht für alle Stellen im Unternehmen. Sie muss in einer Personalangelegenheit nicht den Weg über die Leitung der Werkstatt wählen, sondern kann sich direkt an eine untergeordnete Stelle in der Werkstatt wenden.

Mehrliniensystem: Jede Stelle hat mehrere Vorgesetzte. Es gilt das Prinzip des kürzesten Weges.

Vorteile

* sehr kurze Dienstwege, weil direkte Weisungen und Informationen gegeben werden können
* Obere Instanzen werden entlastet.
* Obere Instanzen können sich spezialisieren und damit ihre Fachkompetenz stärken.

Nachteile

* keine klare Abgrenzung der Verantwortungsbereiche
* Die Organisationsstruktur ist unübersichtlich.
* Schwierigkeiten mit Überschneidungen bei Absprachen
* Gefahr, dass mehrere Vorgesetzte unterschiedliche Anweisungen bezüglich einer Sache geben
* Unsicherheit auf der unteren Ebene über Dringlichkeit und Reihenfolge von Aufgaben
* schwierige Kontrolle der zu tätigenden Arbeit seitens der Vorgesetzten

Stab-Liniensystem

Die Stabsstellen übernehmen Beratungs- und Unterstützungsaufgaben gegenüber der Geschäftsführung. Stäbe sind für grundlegende Probleme im Unternehmen zuständig, aber können auch zentrale Dienstleistungen übernehmen, z. B. Datenverarbeitung, Rechnungswesen, Datenschutz, Gleichstellungsbeauftragte.

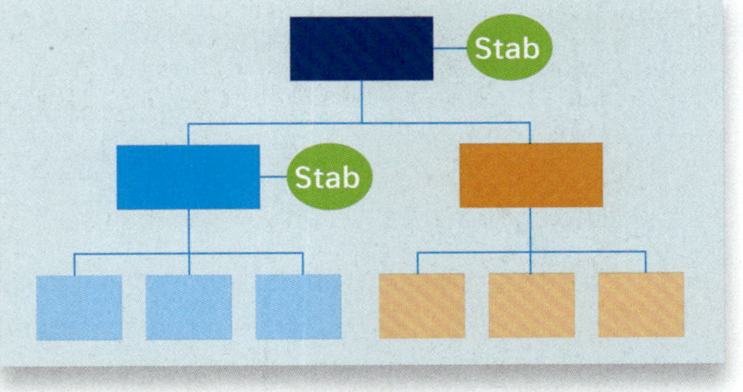

Sie können anderen Stellen gegenüber nichts anordnen, dienen aber durch ihre besonderen Kenntnisse des ganzen Unternehmens, z. B. Assistent/-in der Geschäftsleitung.

Stabstellen können auch auf der Ebene der Instanzen eingerichtet werden.

Stab-Liniensystem	
Vorteile	**Nachteile**
* Entlastung der Geschäftsleitung (und evtl. der Instanzen) * Entscheidungen werden sorgfältiger vorbereitet und damit fachlich sicherer.	* Es kann sich im Stab ein „Wasserkopf“ bilden mit hohen Personalkosten. * Konflikte zwischen dem Stab und den Instanzen sind möglich. * Geschäftsleitung und Instanzen können von den Stäben abhängig werden. * Entscheidungen können sich verzögern. * Entscheidungen werden einseitig aus Sicht der Stab-Spezialisten gefällt; die Praxiserfahrungen der Instanzen werden übergangen. * zusätzliche Kosten für das Personal im Stab

Stab-Liniensystem: Beratung der Leitungsebenen durch spezialisierte Mitarbeiter (Stäbe)

Ablauforganisation

Der Einzelhandel ist ständig in Bewegung; die Kundenansprüche verändern sich, neue Mitbewerber tauchen auf oder neue Verkaufsformen werden wichtig.

Kassieranweisung siehe auch Seite 160

Die betriebsinternen Abläufe eines Einzelhandelsunternehmens müssen auf diese Veränderung reagieren. Dazu werden die Arbeitsprozesse im Unternehmen systematisch beschrieben und permanent angepasst.

Beispiel

Kassieranweisung: Tätigkeiten beim Kassieren (Auszug)

* Begrüßen Sie jeden Kunden freundlich. Damit zeigen Sie ihm, dass Sie ihn wahrgenommen haben.
* Bevor Sie zu kassieren beginnen, müssen die Kunden alle Waren auf das Band gelegt haben.
* Als Kassierkraft müssen Sie auf jeden Fall in den Einkaufswagen blicken, ob auch tatsächlich die gesamte Ware auf dem Band liegt.
* Alle Einkäufe sind nun zum Verkaufswert zu erfassen.
* ...

Ablauforganisation: Beschreibung von betrieblichen Arbeitsprozessen

Zusammenfassung

Einzelhandelsbetrieb		
Leistungen * für Kunden:	* Sortimentsbildung * Beratung * Vorratshaltung * Transport	* Mengenausgleich * Serviceleistungen * Finanzierung
* für Lieferanten:	* Werbung	* Information
* als Funktionen: (allgemein)	* zeitliche Überbrückung * räumliche Überbrückung	* Mengenausgleich * Markterschließung
* betriebswirtschaftliche Produktionsfaktoren:	* menschliche Arbeitsleistung * Standort (1a-, 1b-Lagen, Wohngebiete, Stadtrandlagen)	* Betriebsmittel * Ware
* volkswirtschaftliche Produktionsfaktoren:	* Boden * Arbeit	* Kapital
Aufbauorganisation:	Das organisatorische Gerüst eines Betriebes, das einen Betrieb in arbeitsteilige Einheiten einteilt und durch Weisungsbefugnisse miteinander verbindet.	

Zusammenfassung

Einzelhandelsbetrieb	
Organigramm:	Grafische Darstellung der Grundelemente einer Organisationstruktur
	* Stelle * Instanz * Abteilung * Stabsstelle
Einliniensystem:	Jeder Mitarbeiter hat nur einen Vorgesetzten.
Mehrliniensystem:	Jede Stelle hat mehrere Vorgesetzte.
Stab-Liniensystem:	Beratung der Leitungsebene(n) durch spezialisierte Mitarbeiter (Stäbe)
Ablauforganisation:	Beschreibung von betrieblichen Arbeitsprozessen

10 Sortiment

10.1 Sortimentsaufbau

Eine Sortimentsgliederung schafft Übersicht für den Kunden und Verantwortungsbereiche für das Verkaufspersonal. Der Aufbau eines Sortiments lässt sich in verschiedenen Ebenen darstellen.

Sortiment	Alle Waren und Dienstleistungen, die in einem Einzelhandelsgeschäft angeboten werden, z. B. das Sortiment eines Lebensmittel-Einzelhandelsgeschäftes
Warenbereiche	Bündelung von Warengruppen, z. B. „Food" und „Non-Food" im Lebensmittelgeschäft
Warengruppen	Zusammenfassung aller Warenarten, die jeweils in räumlich getrennten Zonen angeboten werden, z. B. Molkereiprodukte
Warenarten	Zusammenfassung von Artikeln mit ähnlicher Zusammensetzung, Verwendung, Form, Herkunft oder Herstellung, z. B. Käse
Artikel	Artikel (Produkt) wird der einzelne, kaufbare Gegenstand genannt. Er trägt eine Artikelnummer zur Identifikation, z. B. ALMA-Frischkäse zum Preis von 0,99 € mit der Artikel-Nr. 4002683614839

Die Sortimentsgliederung eines Einzelhandelsgeschäftes kann man ohne die Artikelebene – mithilfe eines Sortimentsbaumes – anschaulich darstellen. Das Schema zeigt einen Ausschnitt.

Sortimentsbaum (gekürzt)

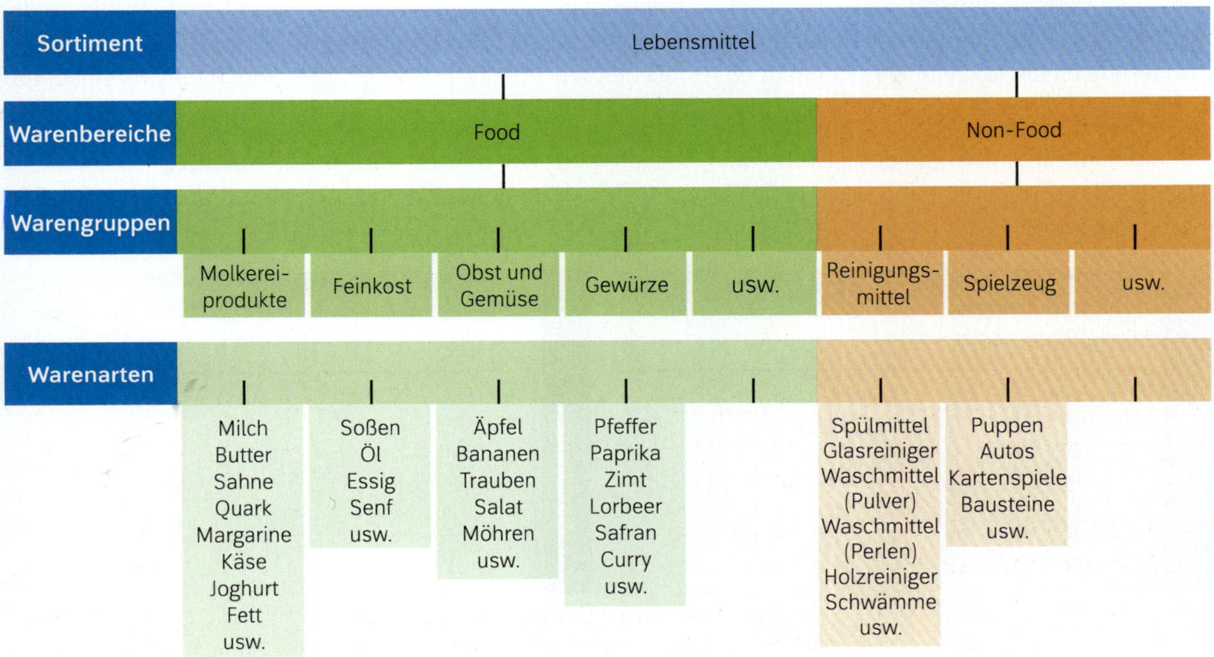

Warenwirtschaftssystem: Systematische Erfassung aller Warenbewegungen vom Einkauf bis zum Verkauf, siehe Seite 299

Auch Dienstleistungen gelten als Warengruppe. Werden dem Kunden Dienstleistungen berechnet, müssen diese Verkäufe über das Warenwirtschaftssystem erfasst werden. Folglich müssen die jeweiligen Dienstleistungen auch eine Artikelnummer bekommen.

Beispiele

* im Uhren- oder Schmuckgeschäft: Uhren reinigen und reparieren, Batterien tauschen usw.
* im Möbelgeschäft: Möbel zustellen, aufbauen, einbauen, ausbauen, reparieren usw.

Sortimentsbreite

Ein **breites Sortiment** besteht aus vielen Warengruppen. Der Kunde kann bei einem breiten Sortiment **unterschiedliche Kaufwünsche** befriedigen. Ein Lebensmittelsupermarkt mit breitem Sortiment ermöglicht es dem Kunden, seinen gesamten Bedarf an Nahrungsmitteln einschließlich Brot und Backwaren einzukaufen und zusätzlich noch Nicht-Lebensmittel zu erwerben, die für die Haushaltsführung erforderlich sind, z. B. Reinigungsmittel oder Drogerieartikel.

WG: Warengruppe

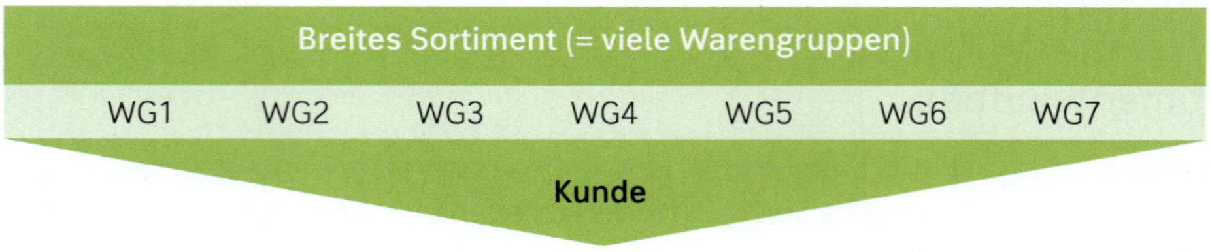

Ein Kunde, der ein Weingeschäft für italienische Weine betritt, findet im Wesentlichen eine Warengruppe vor, vielleicht ergänzt um Essig, Öl und Nudeln aus Italien. Weil das Sortiment in diesem Fall nur aus wenigen Warengruppen besteht, bezeichnet man es als **schmal**.

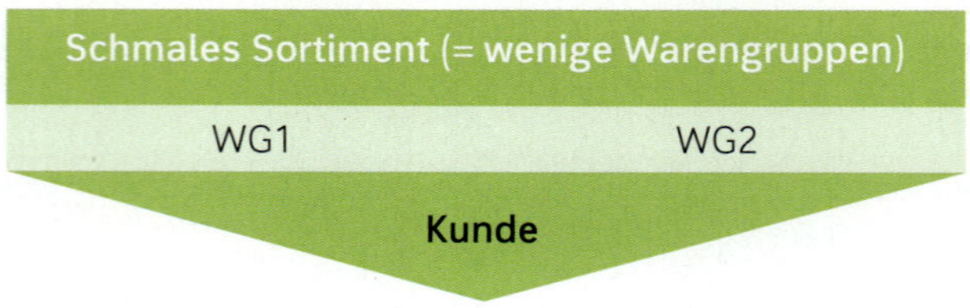

Breites Sortiment: viele Warengruppen für unterschiedliche Kaufwünsche
Schmales Sortiment: wenige Warengruppen

Sortimentstiefe

Ein Geschäft mit **tiefem Sortiment** bietet dem Kunden eine **große Auswahl** innerhalb einer Warengruppe.

Wünscht ein Kunde Käse für sein Frühstück, so findet er in einem tief sortierten Sortiment eine Vielzahl von Käseprodukten in verschiedenen Geschmacksrichtungen.

Die Tiefe eines Sortiments zeigt sich auch auf der Ebene der Warenarten, wenn ein Geschäft z. B. in der Warengruppe Obst und Gemüse nicht nur die Standardobstsorten Äpfel, Bananen, Apfelsinen usw. führt, sondern auch ein reichhaltiges Angebot an exotischen Früchten, z. B. Mango, Avocado, Papaya, Feige, Passionsfrucht, bereithält.

Ein tiefes Sortiment ist gegeben, wenn ein Geschäft viele Warenarten und Artikel innerhalb einer Warengruppe führt. Findet der Kunde nur wenige Warenarten und Artikel darin vor, spricht man von einem **flachen** Sortiment.

Tiefes Sortiment

Warenarten / Artikel								
1	a	b	c	d	e	f	g	h
2	a	b	c	d	e			
3	a	b	c	d	e	f		
4	a	b	c	d	e	f	g	
5	a	b	c	d	e	f		
6	a	b	c	d	e	f	g	h

Flaches Sortiment

Warenarten / Artikel		
a	b	c
a	b	

Tiefes Sortiment: viele Warenarten und Artikel, große Auswahl innerhalb einer Warengruppe
Flaches Sortiment: wenige Warenarten und Artikel, wenig Auswahl innerhalb einer Warengruppe

Sortimentsbreite: Betrachtung der Warengruppen
Sortimentstiefe: Betrachtung der Warenarten und Artikel

Kernsortiment und Randsortiment

Unter **Kernsortiment** werden Artikel verstanden, die den Hauptumsatz bringen. Als **Randsortiment** bezeichnet man Artikel, die das Kernsortiment ergänzen (verschönern). Welche Sortimentsbestandteile als Kernsortiment anzusehen sind, hängt von der **Sortimentspolitik** des Einzelhändlers ab. Er ist in seinen sortimentspolitischen Entscheidungen frei. Heute sind auch ungewöhnliche Sortimentszusammenstellungen zu finden, z. B. Fahrzeuge oder Urlaubsreisen bei einem Lebensmitteldiscounter.

Beispiele

Fachgeschäft für Damenoberbekleidung

* **Kernsortiment**: Kleider, Röcke, Blusen, Mäntel
* **Randsortiment**: Gürtel, Schnallen, Taschen, Schmuck (Accessoires – sprich akßäßoar) sind modisches Beiwerk

Sortimentspolitik: gezielte Gestaltung des Sortiments durch den Einzelhändler
Kernsortiment: Artikel, die den Hauptumsatz erbringen
Randsortiment: Artikel, die das Kernsortiment ergänzen

Fixes und variables Sortiment

Fixes Sortiment nennt man die Artikel, die während des ganzen Jahres angeboten werden. Unter einem variablen Sortiment werden die Waren verstanden, die nur vorübergehend für den Kunden verfügbar sind. Das können Saisonprodukte wie z. B. modische Artikel für eine Wintersaison sein, oder die Produkte werden nur zu bestimmten Anlässen wie Weihnachten oder Sportereignissen angeboten.

Beispiele

Sportfachgeschäft

* **Fixes Sortiment**: Produkte für die Sportarten Tennis, Golf, Fußball, Handball usw.
* **Variables Sortiment**: Skibekleidung, Skiausrüstung

Fixes Sortiment: Artikel, die während des ganzen Jahres angeboten werden
Variables Sortiment: Artikel, die nur vorübergehend für den Kunden verfügbar sind

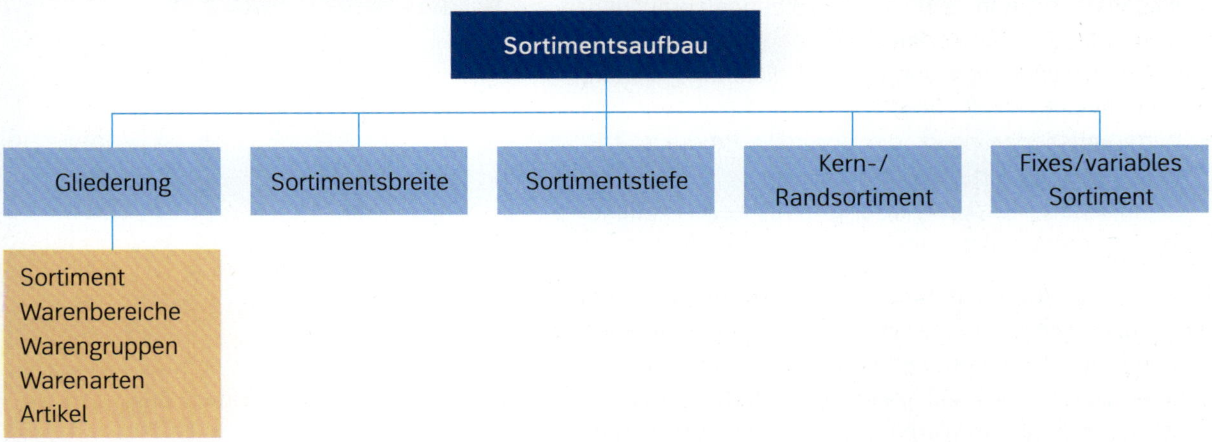

Online-/Offline-Sortiment

Immer mehr Einzelhändler bieten ihre Produkte im Internet an, und zwar in einem eigenen Onlineshop oder auf einer Verkaufsplattform (z. B. bei Amazon). Das Sortiment eines Einzelhandelsgeschäftes lässt sich daher auch danach unterscheiden, ob es im stationären (Laden-)Geschäft oder im Internet angeboten wird.

Onlineshop und Verkaufsplattform siehe Seite 61

Onlinehandel = Handel im Internet

Das stationäre Sortiment wird auch als **Offline-Sortiment** bezeichnet (offline = nicht im Netz, nicht angeschlossen), die im Internet angebotenen Produkte als **Online-Sortiment** (online = angeschlossen, verbunden).

Dem Einzelhändler stehen im Onlinehandel verschiedene Möglichkeiten zur Verfügung.

* Er bietet im Geschäft (offline) den **gleichen Sortimentsumfang** an wie in seinem Onlineshop. Der Kunde kann dann sowohl im Internet als auch im stationären Geschäft die gleichen Produkte einkaufen. Er muss nicht befürchten, dass eine Ware, die er zunächst im Internet ausgesucht hat, im Geschäft nicht vorrätig ist.
* Der Einzelhändler bietet nur **einen Teil** seines stationären Sortiments online an. Eventuell ist der Shop noch in der Aufbauphase und der Einzelhändler möchte im Onlinehandel erst einmal Erfahrungen sammeln. Er könnte aber auch nach der Beratungsintensität oder nach dem Preisniveau unterscheiden.

Beispiel Ein Geschäft für Trachtenmoden bietet die hochwertigen und beratungsintensiven Produkte nur in seinem Geschäft an. Standardartikel, die keine Beratung erfordern und eher preisgünstig sind, kann der Kunde im Onlineshop kaufen.

* Das Onlineangebot kann aber auch deutlich **umfangreicher** sein, als das Sortiment im Geschäft. Oft lässt die Geschäftsfläche (Verkaufsfläche und Lager) nur eine begrenzte Warenauswahl zu. Den Onlinehandel kann der Einzelhändler aber aus einem beliebig großen Lager betreiben. Der Sortimentsbreite und -tiefe sind praktisch keine Grenzen gesetzt. Er könnte sein Online-Sortiment sogar bei dem Betreiber einer Verkaufsplattform einlagern und der Plattform den gesamten Vertrieb übertragen.

Beispiel Eine Elektronikmarktkette mit vielen Filialen führt im Onlineshop 300000 Artikel, während eine Filiale im Durchschnitt nur 45000 Produkte anbietet.

Offline-Sortiment: Produkte, die im stationären (Laden-)Geschäft angeboten werden.

Online-Sortiment: Produkte, die im Onlinehandel (Onlineshop oder Verkaufsplattform) verfügbar sind.

10.2 Sortimentsveränderungen

Ein Einzelhändler muss sein Sortiment ständig den sich ändernden Marktverhältnissen anpassen. Die Ursachen für diese Veränderungen sind vielfältig:

* Änderungen im Einkaufsverhalten der Kunden,
* Sortimentsentscheidungen von Mitbewerbern,
* saisonale Gründe, z. B. für Einzelhandelsbranchen, die der Mode unterworfen sind,
* jahreszeitliche Anpassungen, z. B. Feiertage, Ferien, Sommerzeit,
* Witterungsänderungen, die spezielle Produkte z. B. für heiße Sommertage erfordern,
* technische Entwicklungen erfordern, neue Produkte ins Sortiment aufzunehmen und alte zu entfernen.

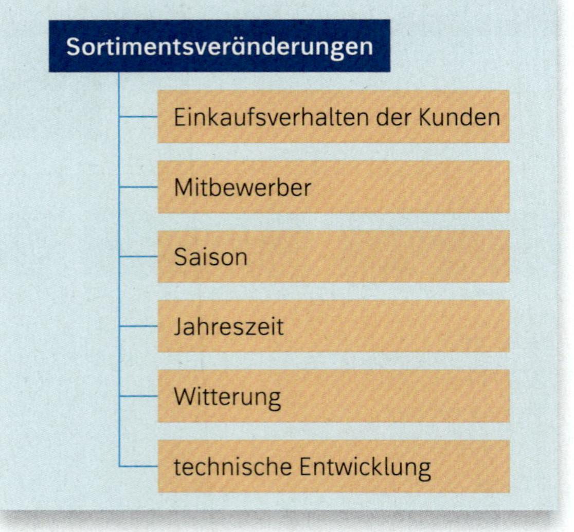

Einzelhändler treffen im Rahmen ihrer Sortimentspolitik gewöhnlich zunächst eine Grundentscheidung für einen bestimmten Sortimentsrahmen. Die Entscheidung könnte lauten, ein Lebensmittelgeschäft mit einer bestimmten Zahl von Warenbereichen und Warengruppen zu betreiben.

Damit ist die Sortimentsbreite des Geschäftes festgelegt. In weiteren Schritten wird dann über die Sortimentstiefe mit Zahl der Warenarten und Artikel entschieden. Im Geschäftsverlauf ist der anfangs festgelegte Sortimentsrahmen den Markterfordernissen anzupassen.

Sortimentspolitische Richtung

Ein Einzelhändler kann mit seiner Sortimentspolitik auf tagesaktuelle Entwicklungen reagieren. Es ist aber auch möglich, seinen sortimentspolitischen Entscheidungen eine bestimmte langfristige Richtung zu geben. Ein Fachgeschäft könnte z. B. den Niedrigpreisbereich den Mitbewerbern überlassen und das eigene Sortiment höherwertig ausrichten. Es würde dann nicht nur das **Produktniveau** anheben, sondern auch die Geschäftseinrichtung, die Beratungsqualität und den Umfang seiner Dienstleistungen sortimentsgerecht gestalten. Das Leistungsangebot dieses Einzelhandelsgeschäftes würde also angehoben. Man spricht in diesem Fall von **Trading-up**, im Gegensatz zum **Trading-down**, wenn genau der umgekehrte Weg beschritten wird, nämlich eine Verringerung des Leistungsangebotes, z. B. vom Fachgeschäft zum Discounter.

Trading-up: Anhebung des Leistungsangebotes eines Geschäftes
Trading-down: Verringerung des Leistungsangebotes eines Geschäftes

Trends in der Sortimentspolitik

In den letzten Jahren sind grundlegende Veränderungen in der Sortimentspolitik des Einzelhandels erkennbar. Fünf wichtige Trends seien erwähnt.

Abkehr vom branchenorientierten zum bedarfsorientierten Sortiment

Früher orientierten sich die Sortimente von Geschäften stark an den Rohstoffen der Waren. So gab und gibt es auch heute noch Geschäfte z. B. für Lederwaren, Textilien, Möbel, Eisenwaren, Wein, Tabak und Tee. Zunehmend richtet der Handel seine Sortimente aber am Bedarf des Kunden aus. Alle Produkte, die in einem Verwendungszusammenhang stehen, werden zu einem Sortiment gebündelt.
Die Bezeichnung des Geschäftes macht den Sortimentsverbund häufig schon deutlich:

Beispiel

* „Alles für das Kind"
* „Zeitgemäßes Wohnen"
* „Do-it-yourself-Baumarkt"
* „Fressnapf"

Betonung der Erlebnisorientierung

Eng verbunden mit der bedarfsorientierten Sortimentsgestaltung ist das Bestreben des Handels, die Produkte auch in ihrem Verwendungszusammenhang darzubieten. Die Waren werden nicht nur einfach übersichtlich zum Kauf angeboten, sondern in ihrer Verwendung gezeigt. Für die Badebekleidung wird daher z. B. eine Strandszene entwickelt, das Rennrad vor einem Tour-de-France-Hintergrund präsentiert. Zusätzlich werden weitere, dem Verwendungszweck entsprechende Produkte in die Verkaufsszene eingebracht. Für den Kunden entstehen auf diese Weise attraktive „Erlebnisinseln", die zum Kauf anregen und vor allem auch Ergänzungsverkäufe ermöglichen.

Ergänzungsverkäufe: Verkauf ergänzender Artikel zum Hauptkauf, Beispiel: Hauptkauf Schuh, Ergänzungsartikel Pflegemittel, siehe Seite 129

Spaltung des Handels in dienstleistungsorientierte Fachgeschäfte und preisaggressive Discount-Betriebe

Zunehmend drängen Discount-Betriebe mit Niedrigpreisen in den Markt der Fachgeschäfte. Die Fachgeschäfte reagieren mit mehreren Maßnahmen:

* Sie erweitern ihr Sortiment mit preisgünstigen Produkten.
* Sie teilen ihr Sortiment auf in normal kalkulierte Sortimentsteile (Normalsortiment) und Aktionsware (Aktionssortiment), die für Sonderangebotsaktionen verwendet wird, um zu verhindern, dass Kunden zu den Discountern abwandern.
* Sie bauen ihr Dienstleistungsangebot aus, damit sie dem Preiswettbewerb entgehen und sich in einem Leistungswettbewerb gegenüber den Discountern profilieren können.

Es ist aber auch festzustellen, dass Discounter ihr Produktniveau zunehmend erhöhen (Trading-up), indem sie vermehrt hochwertige Markenware ins Sortiment aufnehmen. Gleichzeitig wird die Ladenausstattung bei den Discountern aufwendiger.

Produkte veralten immer schneller

Aufgrund des beschleunigten technologischen Wandels und der sich rasch ändernden Ansprüche der Kunden vor allem bei modischen und technischen Produkten ist der Einzelhändler gezwungen, Änderungen in den Kundenwünschen rechtzeitig zu erkennen und mit sortimentspolitischen Maßnahmen zu reagieren.

Produkte werden online angeboten

Das Internet verändert das Kaufverhalten der Kunden, weil der Einkauf mittels Computer, Laptop, Tabletcomputer oder Smartphone viele Vorteile bietet:

* Der Einkauf kann **bequem** von zu Hause aus und **zeitsparend** abgewickelt werden; oft sind nur wenige Mausklicks notwendig, um einen Kauf abzuschließen.
* Der Kunde kann **rund um die Uhr** einkaufen und ist an keine Ladenöffnungszeiten gebunden.
* Im Internet findet der Kunde eine **riesige Auswahl**, vor allem auf den Verkaufsplattformen wie Amazon, eBay und Otto.
* Produkteigenschaften und Preise lassen sich auf besonders einfache Weise **vergleichen**.
* Einkäufe, die eigentlich in einem stationären Geschäft geplant sind, lassen sich im Internet auf einfache Weise **vorbereiten**, z. B. durch den Besuch des Onlineshops des Geschäftes oder durch Produktvergleiche auf anderen Shop-Seiten.

Aufgrund dieser vielen Vorteile für den Kunden sind Einzelhändler fast schon gezwungen, ihr Sortiment (oder Teile davon) zusätzlich im Internet anzubieten. Auch der Einzelhändler kann vom Onlineangebot profitieren:

* Der Kundenkreis wird stark ausgeweitet, theoretisch weltweit.
* Der Onlineshop ist immer erreichbar.
* Online kann ein größeres Sortiment angeboten werden als es die begrenzte Geschäftsfläche eines stationären Ladens zulässt.

Zusammenfassung

Sortiment		
Gliederung:	Sortiment → Warenbereiche → Warengruppen → Warenarten → Artikel	
Sortimentsbreite:	betrachtet die Warengruppen	
	breites Sortiment:	viele Warengruppen
	schmales Sortiment:	wenige Warengruppen
Sortimentstiefe:	betrachtet die Warenarten und Artikel	
	tiefes Sortiment:	viele Warenarten und Artikel
	flaches Sortiment:	wenige Warenarten und Artikel
Kernsortiment:	Artikel, die den Hauptumsatz erbringen	
Randsortiment:	Artikel, die das Kernsortiment ergänzen	
Fixes Sortiment:	Artikel, die während des ganzen Jahres angeboten werden	
variables Sortiment:	Artikel, die nur vorübergehend für den Kunden verfügbar sind	
Offline-Sortiment:	Sortiment des stationären (Laden-)Geschäftes	
Online-Sortiment:	Sortiment im Onlinehandel	
Sortimentsveränderungen:	* Kundenverhalten * Mitbewerber * Saison * Jahreszeit * Witterung * technische Entwicklung	* Trading up * Trading down
Trends:	* Bedarfsorientierung * Erlebnisorientierung * Spaltung des Handels	* Produkte veralten zunehmend * Onlineangebote
Sortimentspolitik:	Gezielte Gestaltung des Sortiments durch den Einzelhändler	

11 Verkaufsformen

Mit der Verkaufsform oder Anbieteform legt der Einzelhändler fest, wie er den Kunden sein Sortiment nahebringt. Er kann den Kunden z. B. deutlich unterstützen, indem er die Verkaufsform Bedienung wählt. Er kann die Artikelsuche und den Vergleich von Produkten aber auch weitgehend dem Kunden überlassen, wie es bei der Selbstwahl ist.

Verkaufsform: Vorgehensweise, wie Kunden in einem Einzelhandelsgeschäft Waren durch Verkaufsmitarbeiter angeboten werden

Im Einzelhandel werden vier Verkaufsformen unterschieden.

Bedienung

Der Kunde, der das Geschäft betritt, wird in der Regel sofort angesprochen und bedient.

Vorwahl

Der Kunde hat zunächst Gelegenheit, sich das Sortiment anzuschauen. Sobald er Interesse für bestimmte Produkte zeigt, wird er vom Verkaufspersonal angesprochen.

Intensivvorwahl

Der Kunde wählt zunächst selbst vor. Wenn er spezielle Fragen hat, wendet sich der Kunde an das Verkaufspersonal.

Unterscheidung Vorwahl und Intensivvorwahl

Vorwahl	Intensivvorwahl
Der **Kundenberater** geht zum Kunden.	Der **Kunde** sucht den Kundenberater auf.

Selbstwahl

Der Kunde bedient sich selbst, ohne das Personal in Anspruch zu nehmen. Das Personal gibt allenfalls kurze Informationen.

Die Verkaufsformen haben zum Ziel, Teile des Verkaufsvorgangs in abgestufter Form auf den Kunden zu übertragen.

Die Verkaufsformen Bedienung, Vorwahl und Intensivvorwahl unterscheiden sich vor allem durch den **Zeitpunkt**, zu dem Kontakt zum Kunden aufgenommen wird.

Bedienung:	Ein Kunde wird sofort beim Betreten des Geschäftes angesprochen.
Vorwahl:	Nach einer ersten Orientierung durch den Kunden und sobald der Kunde signalisiert, dass er Beratung wünscht, geht der Kundenberater auf den Kunden zu.
Intensivvorwahl:	Der Kunde wählt vor. Hat er Beratungsbedarf, nimmt er von sich aus Kontakt zum Kundenberater auf.
Selbstwahl:	Der Kunde bedient sich selbst, ohne das Personal in Anspruch zu nehmen. Das Personal gibt allenfalls kurze Informationen.

Auch im Intensivvorwahl- und Selbstwahlsystem besteht eine generelle Bereitschaft des Kundenberaters, den Kontakt zum Kunden von sich aus aufzunehmen, sobald sein Eingreifen notwendig erscheint.

Onlinehandel-Verkaufsform

Ein Kunde, der in einem Onlineshop einkauft, sucht das gewünschte Produkt, informiert sich über die Produkteigenschaften, entscheidet sich zum Kauf und wählt die Zahlungs- sowie Versandart aus. Das heißt, er erledigt den gesamten Kaufprozess in eigener Regie. Man kann daher den Onlinehandel als Weiterentwicklung des Selbstwahlprinzips ansehen.

Zusammenfassung

Verkaufsformen	
Definition:	Art, wie Kunden in einem Einzelhandelsgeschäft Waren durch Verkaufsmitarbeiter angeboten werden.
Bedienung:	Ein Kunde, der das Geschäft betritt, wird sofort angesprochen.
Vorwahl:	Ein Kunde wird angesprochen, sobald er Interesse für ein bestimmtes Produkt signalisiert. Kundenberater → Kunde
Intensivvorwahl:	Wie Vorwahl, allerdings wendet sich der Kunden mit Fragen an das Verkaufspersonal. Kunde → Kundenberater
Selbstwahl:	Der Kunde wählt selbst aus, ohne das Verkaufspersonal in Anspruch zu nehmen.
Zeitpunkt der Ansprache:	Bedienung: sofort Vorwahl: sobald Kundeninteresse sichtbar wird Intensivvorwahl: Kunde spricht bei Bedarf Verkaufsmitarbeiter an.

12 Betriebsformen

Der Einzelhandel zeichnet sich durch seine Vielfalt an Betriebsformen und durch seine breite räumliche Streuung aus. Einzelhandelsgeschäfte findet man z. B. in der Innenstadt, in unmittelbarer Nähe zu Wohnsiedlungen, auf der „grünen Wiese" und in Stadtrandlagen. Sie treten als Einzelgeschäfte auf und auch in Einkaufszentren.

Unter Betriebsformen versteht man die unterschiedlichen Formen, in denen Einzelhandelsgeschäfte betrieben werden können. Die wichtigsten Unterscheidungsmerkmale für Betriebsformen sind:

Sortiment siehe Seite 51
Verkaufsformen siehe Seite 57

* das Sortiment
* die Größe der Verkaufsfläche
* der Standort
* die Verkaufsform (Bedienung, Vorwahl, Intensivvorwahl, Selbstwahl)
* das Preisniveau

Betriebsform: Art, in der ein Einzelhandelsgeschäft betrieben wird.

Grundsätzlich lassen sich Betriebsformen in den stationären Handel und in den Versandhandel einteilen.

12.1 Stationärer Handel

Bei den Betriebsformen des stationären Handels bietet der Einzelhändler seine Ware in einem Ladengeschäft an, das der Kunde aufsuchen kann.

■ Fachgeschäft

Es hat in der Regel nur eine Warengruppe im Sortiment. Innerhalb dieser Warengruppe hat der Kunde aber eine große Zahl unterschiedlicher Warenarten und Artikel zur Auswahl. Das Sortiment ist also schmal und tief. Die Produkte werden gewöhnlich in der Verkaufsform Bedienung mit ergänzenden Dienstleistungen angeboten.

Beispiele Elektrofachgeschäft, Spielwarenfachgeschäft, Haushaltswarenfachgeschäft

■ Spezialgeschäft

Das Sortiment eines Spezialgeschäftes wird in Vollbedienung angeboten. Es umfasst nur einen Ausschnitt aus dem Sortiment eines Fachgeschäftes, d. h. nur eine Warengruppe, oft auch nur eine Warenart. Innerhalb dieser Warengruppe oder Warenart bietet das Spezialgeschäft allerdings besonders viele Artikel, sodass das Angebot hoch spezialisiert ist und auch besondere Kundenwünsche erfüllt werden können. Die Verkaufsfläche hat wie das Fachgeschäft eine kleine bis mittlere Größe.

Beispiele

Spezialgeschäfte für Tee, Käse, Wein, Brautmoden, Müsli

■ Boutique

Ladengeschäft mit geringer Verkaufsfläche in exklusiven Einkaufslagen, das Sortiment ist auf eine spezielle Zielgruppe ausgerichtet, meistens auf modische Artikel ausgelegt.

■ Convenience Store (Nachbarschaftsladen)

convenience (engl.): Bequemlichkeit

Kleinflächiges Einzelhandelsgeschäft mit begrenztem Sortiment an Waren des täglichen Bedarfs, häufig mit einer kleinen Gastronomie für Snacks oder Frühstück kombiniert. Die Öffnungszeiten sind gewöhnlich ausgedehnt, das Preisniveau ist überdurchschnittlich.

Beispiele

Tankstellen-Shop, Kiosk, Shop im Flughafen

■ Fachmarkt

Großflächiges Einzelhandelsgeschäft mit breitem und oft auch tiefem Sortiment, das auf eine bestimmte Produktgruppe oder einen speziellen Verwendungszweck ausgerichtet ist:

Beispiele

* Produktgruppe: Bekleidungsfachmarkt, Elektronik-Fachmarkt, Schuhfachmarkt
* Verwendungszweck: Bau- und Heimwerkerfachmarkt, Sportfachmarkt

Die Standorte liegen sowohl im Innenstadtbereich, z. B. Drogeriefachmärkte, als auch im Außenbereich wegen des großen Parkplatzbedarfs. Bei der Verkaufsform überwiegt die Selbstwahl.

■ Warenhaus

Großflächiger Einzelhandelsbetrieb in zentraler Lage mit breitem, teilweise auch tiefem Sortiment, vor allem in den Bereichen Bekleidung, Heimtextilien, Haushaltswaren, Sport, Schmuck, Kosmetik und Unterhaltungselektronik. Dienstleistungen wie Gastronomie und Reisevermittlung ergänzen das Sortiment. Die Verkaufsfläche beträgt mindestens 3000 m^2; die Verkaufsform reicht – je nach Warengruppe – von Selbstwahl bis Bedienung.

Beispiel

Galeria Karstadt Kaufhof

■ SB-Warenhaus (Selbstbedienungswarenhaus)

Es führt ein Warenhaus-Sortiment mit dem Schwerpunkt Lebensmittel. Als Verkaufsform überwiegt die Selbstbedienung. Die Verkaufsfläche umfasst mindestens die Größe von ca. 5000 m^2. Der Standort ist autokundenorientiert. Das Preisniveau ist niedrig, vor allem aufgrund zahlreicher Dauerniedrigpreise und Sonderangebote.

Beispiele

real, Globus, Kaufland

■ Kaufhaus

Ein Kaufhaus ist ein größerer Einzelhandelsbetrieb in zentraler Lage mit schmalem, aber tiefem Sortiment aus ein bis zwei Warengruppen, vorzugsweise im Textil- und Möbelbereich. Die Produkte werden gewöhnlich in Bedienung und Vorwahl angeboten.

Beispiele

C&A, Peek & Cloppenburg, H&M

Supermarkt

Mittelgroßer Einzelhandelsbetrieb mit den Merkmalen:

* Sortiment Lebensmittel (ca. 75 %) und ergänzende Nicht-Lebensmittel (ca. 25 %)
* Verkaufsform Selbstwahl
* 400 bis 1 000 m² Verkaufsfläche

Der Supermarkt hat heute weitgehend die Funktion des Nachbarschaftsgeschäftes für die Nahversorgung übernommen.

Verbrauchermarkt

Supermarkt von 1 000 bis 5 000 m² Verkaufsfläche; das Kernsortiment besteht weiterhin aus Lebensmitteln.

Discounter

Betriebsform mit flachem Sortiment, in dem die Waren mit aggressiver Niedrigpreispolitik vertrieben werden. Die Produkte sind vor allem Lebensmittel und werden in Selbstbedienung unter weitgehendem Verzicht auf Serviceleistungen und ohne großen Aufwand präsentiert.

Einkaufszentrum

Bündelung mehrerer Einzelhandelsunternehmen aus verschiedenen Branchen unter einem Dach, kombiniert mit gastronomischen Betrieben (Restaurant, Café) und angesiedelt in zentraler Lage. Ein attraktives Umfeld soll den Kunden das Einkaufen verschönern (Erlebnis-Shopping).

Beispiele Weserpark in Bremen, CentrO in Oberhausen, Paunsdorf Center in Leipzig, ELBEPARK in Dresden, ELBE Einkaufszentrum in Hamburg

Factory Outlet Center

Bei Factory Outlet Centern, kurz FOC, handelt sich um eine besondere Form des Einkaufszentrums, in dem Geschäfte angesiedelt sind, die jeweils nur Produkte eines Herstellers anbieten.

Die Waren kommen vorzugsweise aus den Branchen Mode, Textilien, Lederwaren, Schuhe, modisches Zubehör und Schmuck. Die Hersteller bieten über diese Vertriebsschiene Zweite-Wahl-Artikel, Auslaufmodelle oder Produktionsüberhänge zu besonders günstigen Preisen an.

12.2 Versandhandel

Als Versandhandel (auch Interaktiver Handel oder Distanzhandel) bezeichnet man das Angebot von Waren mithilfe eines Mediums (Katalog, Prospekt, Anzeige, Internet, Radio, Fernsehen).

E-Commerce

E-Commerce ist eine spezielle Form des Versandhandels. Man versteht darunter den elektronischen Handel, z. B. über das Internet oder Mobilfunkanbieter.

Die wichtigste Form des Versandhandels ist das Angebot von Waren über einen **Onlineshop** (Webshop). Dabei handelt es sich um eine Handelsplattform, auf der Produkte im Internet zum Verkauf bereitgestellt werden.

Es kann ein reines Onlineangebot sein oder die Ergänzung des stationären Angebots eines Einzelhändlers.

Versandhandel ist das Angebot von Waren mithilfe eines Mediums, z. B. Katalog, Prospekt, Anzeige, Internet, Radio, Fernsehen.
E-Commerce ist elektronischer Handel über das Internet oder Mobilfunkanbieter.

■ Auktionsplattformen

Eine Sonderform des Versandhandels sind Auktionsplattformen. Hier wird ein Produkt zur Versteigerung angeboten. Nach Ablauf einer vorab bestimmten Frist ersteigert der Meistbietende die angebotene Ware. Das Geschäft wird von Gewerbetreibenden an Privat wie von Privat an Privat abgewickelt.

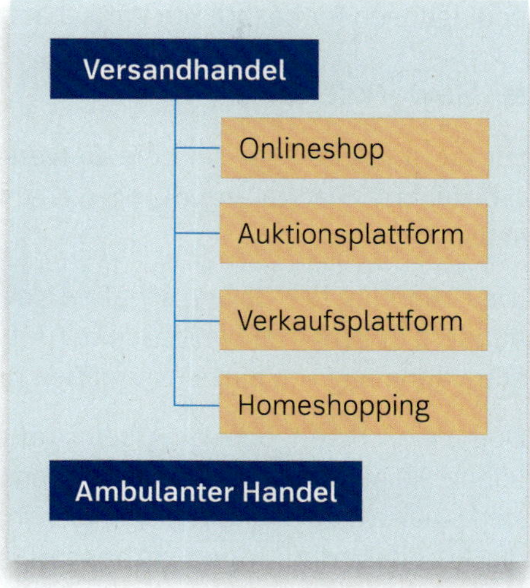

eBay, Auxion, Fairmondo, Hood — *Beispiele*

■ Verkaufsplattformen (Onlinemarktplätze)

Zunehmend bieten Einzelhändler auf Onlinemarktplätzen ihre Waren an. Sie bringen dazu ihr komplettes oder ausgewähltes Warenangebot in einen bestehenden Onlineshop eines bekannten Anbieters ein.

Amazon Marketplace, eBay-Shop — *Beispiele*

■ Homeshopping, Teleshopping

Auf Privatfernseh-Verkaufskanälen werden durch Moderatoren Produkte für Endverbraucher angeboten. Der Kunde kann die Produkte z. B. per Telefon oder E-Mail bestellen.

QVC, Channel 21, 1-2-3.tv, Juwelo TV, HSE24 — *Beispiele*

12.3 Ambulanter Handel

Hier handelt es sich weder um eine Betriebsform aus dem stationären Handel, weil ein dauerhaftes Ladengeschäft fehlt, noch um Versandhandel, weil der Kunde direkt beim ambulanten Händler einkauft. Der Händler errichtet einen Verkaufsstand in der Nähe der Kunden in Form von beweglichen Verkaufsstellen.

Pop-up-Stores

Dies sind Geschäfte, die nur für kurze Zeit (z. B. einige Tage oder Wochen) bestehen (Kurzzeitläden). Sie werden häufig allein über soziale Medien wie z. B. Facebook oder Twitter angekündigt. Angesiedelt sind sie oft an ungewöhnlichen Orten (Lagerhalle, leerstehende Verkaufsräume). Ein Pop-up-Verkauf hat den schnellen Warenabsatz zum Ziel, soll aber auch ein besonders fortschrittliches Image des Einzelhändlers zum Ausdruck bringen.

pop up (engl.): plötzlich auftauchen

Wochenmarkt, Flohmarkt — *Beispiele*

Zusammenfassung

Betriebsformen		
Stationärer Handel:	Warenangebot in einem dauerhaften Ladengeschäft	
Formen:	* Fachgeschäft * Spezialgeschäft * Boutique * Convenience Store * Fachmarkt * Warenhaus	* SB-Warenhaus * Kaufhaus * Supermarkt * Verbrauchermarkt * Discounter * Einkaufszentrum
Versandhandel:	Angebot von Waren mithilfe eines Mediums	
E-Commerce:	elektronischer Handel über das Internet oder Mobilfunkanbieter	
Formen:	* Onlineshop (Webshop) * Auktionsplattformen	* Verkaufsplattformen * Homeshopping
Ambulanter Handel:	Angebot von Waren auf beweglichen Verkaufsstellen in der Nähe der Kunden	

13 Tarifverträge

13.1 Tarifvertragsparteien (Sozialpartner)

Mithilfe von Tarifverträgen vereinbaren die Vertreter von Arbeitnehmern und Arbeitgebern als **Tarifpartner** einheitliche Arbeitsbedingungen für bestimmte Wirtschaftszweige, z. B. den Handel.

■ Gewerkschaften

Für die Arbeitnehmer sind die **Gewerkschaften** die Tarifpartner, z. B. für den Handel **ver.di,** die Vereinte Dienstleistungsgewerkschaft.

Die Gründung der Gewerkschaften geht zurück auf das 19. Jahrhundert, in dem sich die Masse der Arbeitnehmer in einer erheblichen Notsituation befand und größtenteils stark abhängig von einzelnen großen Arbeitgebern war.

Durch ein Überangebot an Arbeitskräften gab es sehr schlechte Arbeitsbedingungen: Kinderarbeit, niedrige Löhne, keine Lohnfortzahlung im Krankheitsfall, lange Arbeitszeiten, keine Altersvorsorge und vieles mehr. Der Staat wollte sich nicht einmischen, sodass die Arbeitnehmer sich **zusammenschließen** mussten, um die **Arbeitsbedingungen verbessern** zu können. Diese Vereinigungen von Arbeitnehmern waren unerwartet mächtig, wie das Motto „Alle Räder stehen still, wenn dein starker Arm es will." zeigt und deshalb zu Beginn teilweise verboten. Heute ist das **Recht auf einen Zusammenschluss** zu einer Gewerkschaft durch das **Grundgesetz** garantiert.

www.dgb.de
www.verdi.de

Die Gewerkschaften sind nicht nur Tarifpartner der Arbeitgeber und Arbeitgeberverbände, sondern sie beraten ihre Mitglieder bei Arbeits- und Sozialgerichtsverfahren, zahlen Streikgeld und verfügen über Weiterbildungseinrichtungen für Arbeitnehmer. Es gibt verschiedene Gewerkschaften, mitunter mehrere in einer Branche. Die größte Vereinigung von Arbeitnehmervertretungen ist der DGB, in dem sich acht Einzelgewerkschaften zu einer Einheitsgewerkschaft zusammengefunden haben. Die Mitgliedschaft in einer Gewerkschaft ist grundsätzlich freiwillig.

→ **Gewerkschaft: Vereinigung von Arbeitnehmern zur Interessensvertretung innerhalb und außerhalb des Betriebes**

■ Arbeitgeberverbände

www.arbeitgeber.de
www.einzelhandel.de

Wie Arbeitnehmer können sich auch Arbeitgeber zu Verbänden zusammenschließen. So haben sich **Arbeitgeberverbände** verschiedener Branchen zu der Bundesvereinigung der **Deutschen Arbeitgeberverbände (BDA)** zusammengefunden. Diese Verbände vertreten die Interessen der einzelnen Arbeitgeber gegenüber den Gewerkschaften, der Öffentlichkeit und dem Staat. Für den Einzelhandel vertritt der **Handelsverband Deutschland (HDE)** die Arbeitgeberseite als Tarifpartner.

Mitglieder der BDA

→ **Arbeitgeberverband: Zusammenschluss von Arbeitgebern zur Wahrnehmung gemeinsamer Interessen gegenüber den Gewerkschaften und dem Staat**

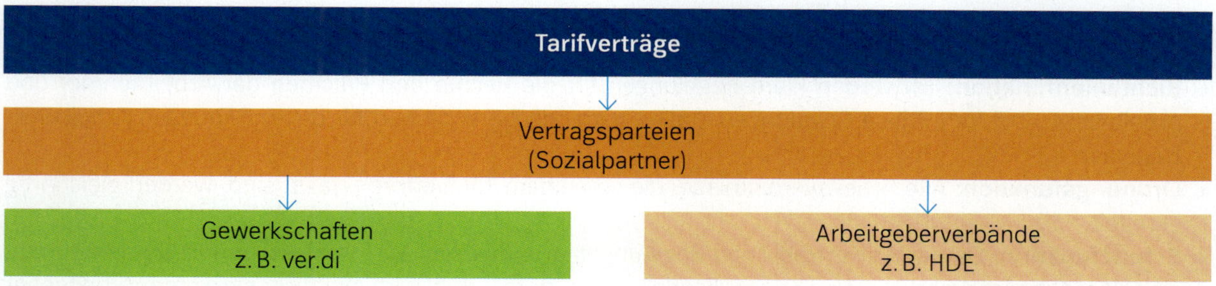

13.2 Tarifrecht

In Art. 9 Grundgesetz wird den Arbeitnehmern und Arbeitgebern das Recht gewährt, „zur Wahrung und Förderung der Arbeits- und Wirtschaftsbedingungen Vereinigungen zu bilden“, es ist für „jedermann und für alle Berufe gewährleistet“. Dieses Recht nennt man **Koalitionsfreiheit**.

In Deutschland gilt das Grundrecht auf **Tarifautonomie**. Es bedeutet, dass die Tarifpartner, auch Sozialpartner genannt, das Recht haben, **Tarifverträge** ohne Eingriffe von dritter Seite, wie der Regierung, **selbstständig auszuhandeln und abzuschließen**.

Die **Tarifpartner** sind auf der Arbeitgeberseite einzelne Arbeitgeber oder Arbeitgeberverbände, z. B. Handelsverband Deutschland (HDE), und auf der Arbeitnehmerseite die Gewerkschaften dieser Branche, z. B. Vereinte Dienstleistungsgewerkschaft (ver.di).

Tarifvertrag: schriftliche Vereinbarung zwischen dem Arbeitgeber oder Arbeitgeberverband und der zuständigen Gewerkschaft zur Festlegung der beiderseitigen Rechte und Pflichten

Funktionen von Tarifverträgen

In einem Tarifvertrag werden Mindeststandards für die Arbeits- und Einkommensbedingungen der Arbeitnehmer festgelegt:

* Arbeitszeiten,
* Urlaubstage und Urlaubsgeld,
* Ausbildungsvergütung,
* Übernahme nach der Ausbildung.

Für einige dieser Bereiche, wie etwa die Arbeitszeitregelung, gibt es gesetzliche Vorgaben, die durch Tarifverträge nicht unterlaufen werden dürfen. Daher sind die tarifvertraglich ausgehandelten Arbeitsbedingungen aus Sicht des Arbeitnehmers immer vorteilhafter, als die gesetzlichen Bestimmungen.

Tarifverträge lohnen sich	Gesetz	Tarifvertrag[1]
Arbeitszeit	unter 18 Jahre: bis zu 8 Std. tägl, 40 Std. wöchentl. über 18 Jahre: bis zu 10 Std. tägl., 48 Std. wöchentl.	37,5 Std. wöchentl.
Urlaub berechnet nach Werktagen (WT) Mo–Sa	unter 16 Jahren: 30 WT unter 17 Jahren: 27 WT unter 18 Jahren: 25 WT über 18 Jahre: 24 WT	36 WT
Urlaubsgeld	keine Regelung: 0,00 €	50 % eines Monatseinkommens
Weihnachtsgeld	keine Regelung: 0,00 €	62,5 % eines Monatseinkommens
Übernahme nach der Ausbildung	kein Anspruch	kein Anspruch
Arbeitsentgelt und Ausbildungsvergütung	gesetzlicher Mindestlohn, Mindestausbildungsvergütung bei Ausbildungsverhältnissen	tariflich festgelegt

[1] Tarifvertrag Einzelhandel Nordrhein-Westfalen

Die Funktionen von Tarifverträgen lassen sich in vier Punkten zusammenfassen:

* **Richtlinienfunktion:** Es werden klare Regelungen für die Rechte und Pflichten der Arbeitnehmer und Arbeitgeber getroffen. Diese Regelungen stellen verbindliche Vorgaben für die individuellen Arbeitsverträge dar.
* **Ordnungsfunktion:** Alle Arbeitsverhältnisse, die von einem Tarifvertrag erfasst sind, werden gleichartig geregelt.
* **Schutzfunktion:** Da die tarifvertraglichen Regelungen grundsätzlich nicht unterschritten werden dürfen, sind die Arbeitnehmer vor einseitigen Festlegungen durch den wirtschaftlich stärkeren Arbeitgeber geschützt.
* **Friedensfunktion:** Arbeitskämpfe zur Durchsetzung neuer Forderungen sind während der Laufzeit des Tarifvertrages verboten. Die Unternehmen erhalten so Planungssicherheit für diesen Zeitraum.

Geltungsbereiche von Tarifverträgen

Persönlicher Geltungsbereich

An die Regelungen des Tarifvertrages sind nur die organisierten Mitglieder der vertragschließenden Parteien gebunden. Dies sind die Arbeitgeber, die dem beteiligten Arbeitgeberverband angehören oder selbst Vertragspartner sind, sowie Arbeitnehmer, die Mitglied einer der vertragsschließenden Gewerkschaften sind.

In der Praxis ist es aber häufig so, dass Nicht-Gewerkschaftsmitglieder in einem tarifgebundenen Unternehmen ebenfalls die ausgehandelten Tarifleistungen erhalten. Der Grund dafür ist für gewöhnlich die **Gleichstellungsabrede**. Das ist eine Klausel, die in den individuellen Arbeitsvertrag aufgenommen werden kann. Sie stellt sicher, dass die Regelungen des aktuell gültigen Tarifvertrages unabhängig davon gelten, ob der Beschäftigte Gewerkschaftsmitglied ist oder nicht. Ähnlich ist die Situation in vielen Unternehmen, die nicht im Arbeitgeberverband sind und sich somit nicht an den Tarifabschluss halten müssen. Vielfach orientieren sich diese an den geltenden Branchentarifen, wozu sie aber nicht verpflichtet sind.

Unter bestimmten Voraussetzungen kann der Bundesminister für Arbeit und Soziales einen Tarifvertrag für allgemein verbindlich erklären, wenn die Spitzenverbände der Tarifparteien dies beantragen. Liegt eine solche **Allgemeinverbindlichkeitserklärung** vor, gilt der Tarifvertrag auch für alle nicht organisierten Arbeitnehmer und Arbeitgeber.

Fachlicher Geltungsbereich

Tarifverträge werden in der Regel für einzelne Wirtschaftszweige abgeschlossen. Ein solcher fachlicher Geltungsbereich ist auch der Einzelhandel.

Räumlicher Geltungsbereich

Der räumliche Geltungsbereich beschreibt das Gebiet, in dem ein Tarifvertrag gültig ist. Tarifbezirke im Einzelhandel sind zum Beispiel Baden-Württemberg oder Nordrhein-Westfalen. Wird der Tarifvertrag nur mit einem einzelnen Unternehmen abgeschlossen, so liegt ein **Firmentarifvertrag** (Haustarifvertrag) vor.

Zeitlicher Geltungsbereich

Die Laufzeiten der Tarifverträge werden in den Tarifverhandlungen von den Tarifparteien festgelegt. Im Bereich der Entgelte haben sie meistens Laufzeiten von zwölf Monaten. Manteltarifverträge werden oftmals für mehrere Jahre abgeschlossen.

Endet die Laufzeit eines Tarifvertrages oder wird er von einer Vertragspartei vorzeitig gekündigt, gelten die Vereinbarungen des alten Vertrages so lange weiter, bis ein neuer Vertrag geschlossen wird.

Eine Kombination aus fachlicher und räumlicher Geltung ist der **Flächentarifvertrag**. Dieser wird jeweils für eine Branche oder einen Wirtschaftszweig mit einem bestimmten räumlichen Geltungsbereich (Fläche) abgeschlossen.

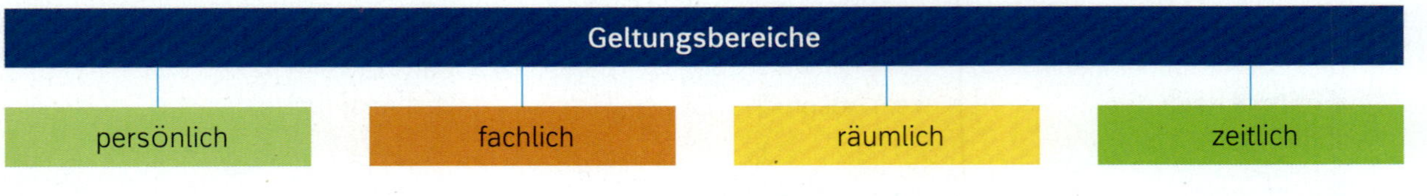

Arten von Tarifverträgen

Die Tarifverträge unterscheidet man in

* Lohn-, Gehalts- und Entgelttarifverträge,
* Manteltarifverträge sowie
* sonstige Tarifverträge (z. B. VL-Tarifverträge).

VL: vermögenswirksame Leistungen

In **Lohn-, Gehalts- und Entgelttarifverträgen** werden die **Anforderungsmerkmale** der Lohn- und Gehaltsgruppen festgelegt. Außerdem enthalten sie die Geldbeträge, die für die einzelnen Lohn- und Gehaltsgruppen zu zahlen sind, z. B. prozentuale Erhöhungen, einmalige Zahlungen, Mindestbeträge für Erhöhungen bei den unteren Gruppen u. Ä. Die **Laufzeit** beträgt in der Regel **ein Jahr**.

Manteltarifverträge regeln die **allgemeinen Arbeitsbedingungen**. Sie enthalten Normen über die Arbeitszeit wie die 37,5-Std.-Woche, Flexibilisierung dieser Arbeitszeit, Mehrarbeit, Zuschlagssätze für Nacht-, Sonn- und Feiertagsarbeit, bezahlte Freistellung in besonderen Fällen wie Eheschließung, Umzug, Todesfälle in der Familie usw., Urlaubsdauer, Probezeit, erweiterten Kündigungsschutz usw.

In **sonstigen Tarifverträgen** werden u. a. vermögenswirksame Leistungen, Urlaubsgeld, Weihnachtsgeld oder ein 13. Monatsgehalt vereinbart.

Die **Laufzeit** für Mantel- und Sondertarifverträge geht über **mehrere Jahre**.

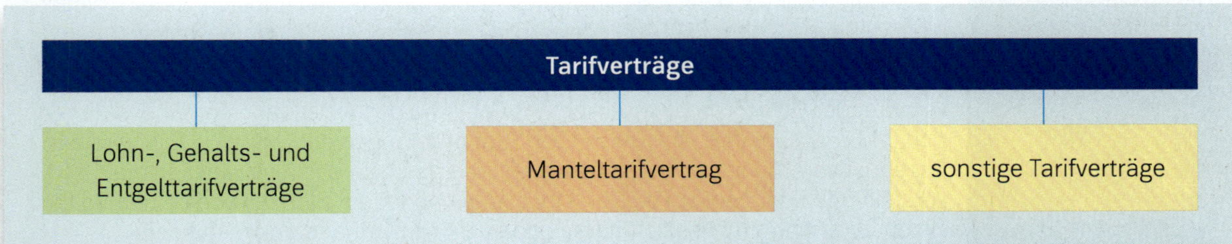

Alle Tarifverträge werden in einem öffentlichen Tarifregister eingetragen und sind dort einzusehen.

Auszug aus einem Gehaltstarifvertrag für die kaufmännischen und technischen Angestellten im Einzelhandel:

Angestellte mit abgeschlossener kaufmännischer Ausbildung

(1) Angestellte, die eine zweijährige Ausbildung mit Abschlussprüfung nach dem staatlichen anerkannten Berufsbild „Verkäufer/Verkäuferin" nachweisen, erhalten, sofern sie erstmalig in die Gehaltsgruppe I eingruppiert werden, das Entgelt des 2. Berufsjahres der Gehaltsgruppe I.

(2) Angestellte, die eine dreijährige Ausbildung mit Abschlussprüfung nach dem staatlichen anerkannten Berufsbild „Kaufmann/Kauffrau im Einzelhandel" nachweisen, ... erhalten nach der Abschlussprüfung das Entgelt des 3. Berufsjahres der Gehaltsgruppe I.

Gehaltsgruppe I

Angestellte mit einfacher kaufmännischer Tätigkeit

Beispiele

* Verkäufer
* Kassierer mit einfacher Tätigkeit
* Angestellte mit einfachen Büroarbeiten in allgemeiner Buchhaltung, Einkauf, Kalkulation, Kreditbüro, Lohnbuchhaltung, Rechnungsprüfung, Registratur, Statistik usw.
* Angestellte mit einfacher kaufmännischer Tätigkeit in Warenannahme, Lager und Versand
* Angestellte in Werbeabteilungen (Gebrauchswerber)
* Kontrolleure an Packtischen oder Warenausgaben

Monatsgehalt	
1. Berufsjahr	1 938,00 €
2. Berufsjahr	1 993,00 €
3. Berufsjahr	2 225,00 €

Monatsgehalt	
4. Berufsjahr	2277,00€
5. Berufsjahr	2499,00€
ab dem 6. Berufsjahr	2832,00€

Zustandekommen von Tarifverträgen

Ritualisieren: nach einer festgelegten Ordnung vorgehen

Dem Abschluss eines neuen Tarifvertrages geht ein mehr oder weniger langer Verhandlungsprozess voraus. In seinem Ablauf und den von beiden Vertragsparteien ergriffenen Maßnahmen ist dieser Prozess stark ritualisiert.

Der Zeitraum, bis es zu einem Tarifabschluss kommt, hängt dabei im Wesentlichen davon ab, wie weit die Forderungen der beiden Seiten auseinanderliegen und wie groß der Einigungswille ausgeprägt ist.

Bis ein neuer Tarifvertrag zustande kommt, können verschiedene Phasen durchlaufen werden. Je nachdem, an welcher Stelle es hier zu einem Verhandlungsergebnis kommt, werden alle oder nur ein Teil der Phasen durchlaufen.

Phase 1: Kündigung	Ist der Tarifvertrag am Ende seiner Laufzeit, kann er fristgerecht gekündigt werden. Grundsätzlich kann die Kündigung durch beide Tarifparteien erfolgen. Bereits Wochen oder Monate vor dem Laufzeitende wird in den Betrieben mit den Gewerkschaftsmitgliedern über mögliche Forderungen für den Neuabschluss diskutiert.
Phase 2: Tarifverhandlungen	Vertreter der Gewerkschaft (Tarifkommission) und des Arbeitgeberverbandes treffen sich und erläutern ihre Positionen. Den Tarifforderungen der Gewerkschaft wird ein Angebot des Arbeitgeberverbandes gegenübergestellt. Meistens weichen die Vorstellungen der beiden Parteien stark voneinander ab. Wird ein von beiden Seiten akzeptierter Kompromiss gefunden, enden die Tarifverhandlungen mit dem Abschluss eines neuen Tarifvertrages. Ansonsten kann jede Partei auch das Scheitern der Verhandlungen erklären.
Phase 3: Demonstrationen und Warnstreiks	Sind die Tarifverhandlungen festgefahren, haben die Gewerkschaften die Möglichkeit, zu Demonstrationen und Warnstreiks in Form zeitlich und räumlich begrenzter Arbeitsniederlegungen aufzurufen. Durch diese Aktionen soll ein Verhandlungsdruck auf die Arbeitgeber ausgeübt werden. Warnstreiks dürfen nicht gegen die **Friedenspflicht** verstoßen, das heißt, sie dürfen nicht erfolgen, solange noch ein nicht abgelaufener Tarifvertrag existiert.
Phase 4: allgemeines Schlichtungsverfahren	Hier wird ein letzter Versuch gestartet, einen Arbeitskampf in Form eines regulären Streiks zu vermeiden. Beisitzer von Arbeitnehmer- und Arbeitgeberseite und ein neutraler Vorsitzender erarbeiten einen Einigungsvorschlag. Wird dieser von beiden Sozialpartnern angenommen, kommt es zu einem neuen Tarifvertrag. Lehnt mindestens eine Seite den Vorschlag ab, ist die Schlichtung gescheitert und das Verfahren wird ergebnislos beendet.
Phase 5: Urabstimmung	Bevor ein regulärer Streik durchgeführt werden kann, muss eine Abstimmung aller Gewerkschaftsmitglieder erfolgen, die von dem angestrebten Tarifabschluss betroffen sind. Mindestens 75 % der Mitglieder müssen sich für einen Streik aussprechen. Da die Position der Gewerkschaften in dieser Phase durch eine Streikablehnung enorm geschwächt würde, kommt es an dieser Stelle in der Regel zu einem Streikvotum.
Phase 6 : Arbeitskampf	Als wichtigstes Arbeitskampfmittel der Gewerkschaften gilt der reguläre Streik. Damit ist die planmäßige Niederlegung der Arbeit einer Vielzahl von Gewerkschaftsmitgliedern gemeint. Streiks sind nur rechtmäßig, wenn sie durch eine Gewerkschaft organisiert worden sind und einen neuen Tarifvertrag erzwingen sollen. Die Arbeitgeber können eine **Aussperrung** vornehmen. Das ist der planmäßige Ausschluss einer Gruppe von Arbeitnehmern eines Betriebes. Damit soll Druck gegen den Streik erzeugt werden, weil dadurch auch die Arbeitnehmer, die nicht gestreikt haben, von der Arbeit ausgeschlossen werden. Während der Aussperrung ruhen die Rechte und Pflichten aus dem Arbeitsvertrag. Da keine Arbeitsleistung erbracht wird, muss der Arbeitgeber auch keinen Lohn zahlen. Nach dem Ende der Aussperrung gelten wieder die gleichen Rechte und Pflichten, die vor dem Arbeitskampf vereinbart worden sind. Entlassungen sind auf diesem Wege also nicht möglich.

Phase 7: neue Verhandlungen	Neben dem Arbeitskampf laufen weitere Verhandlungen zwischen den Tarifvertragsparteien, die auf eine Beendigung des Streiks und der eventuellen Aussperrung abzielen. Die Kompromissbereitschaft ist in dieser Phase relativ groß, weil der Streik für die Unternehmen sehr teuer ist (Absatzrückgang). Die Gewerkschaftsmitglieder unter den Arbeitnehmern bekommen zwar Streikgelder von ihren Gewerkschaften, haben aber dennoch großes Interesse an einer Einigung. In dieser Phase wird ein **besonderes Schlichtungsverfahren** begonnen. Erneut wird der Versuch unternommen, einen Kompromiss zu finden. Das gelingt leichter aufgrund der besonderen Situation, in der sich alle Beteiligten befinden.
Phase 8: Urabstimmung	Falls während der besonderen Schlichtungsphase eine Einigung erzielt worden ist, müssen die Gewerkschaftsmitglieder erneut eine Abstimmung vornehmen. Bei dieser Urabstimmung müssen mindestens 25 % der Mitglieder für die Annahme des Verhandlungsergebnisses stimmen, damit der Streik beendet werden kann.

Zusammenfassung

Tarifverträge	
Tarifvertragsparteien (Sozialpartner):	Gewerkschaften: Interessensvertretung der Arbeitnehmer Arbeitgeberverbände: Interessenvertretung der Arbeitgeber
Tarifautonomie:	Recht der Sozialpartner, Tarifverträge unabhängig und selbstständig auszuhandeln und abzuschließen.
Funktionen von Tarifverträgen:	Richtlinienfunktion: Vorgabe von Rechten und Pflichten der Tarifpartner Ordnungsfunktion: Gleichbehandlung aller Arbeitsverhältnisse innerhalb des Tarifvertrages Schutzfunktion: Festlegung von Mindeststandards, die nicht unterschritten werden dürfen Friedensfunktion: Verbot von Arbeitskämpfen während der Laufzeit des Tarifvertrags
Geltungsbereiche:	Tarifverträge gelten für: * organisierte Mitglieder der Interessensvertretungen (persönlich) * bestimmte Wirtschaftszweige (fachlich) * festgelegte Gebiete (räumlich) * vereinbarte Laufzeiten (zeitlich)
Arten:	* Lohn-, Gehalts- und Entgelttarifverträge * Manteltarifverträge * Sonstige Tarifverträge
Zustandekommen:	Phasen: 1. Kündigung des laufenden Tarifvertrages 2. Tarifverhandlungen zwischen den Tarifvertragsparteien 3. Demonstrationen und Warnstreiks der Gewerkschaften 4. allgemeines Schlichtungsverfahren unter Einbezug einer neutralen Person 5. Urabstimmung aller Gewerkschaftsmitglieder über einen Streik 6. Arbeitskampf durch einen Streik seitens der Gewerkschaft und einer eventuellen Aussperrung durch die Arbeitgeber 7. neue Verhandlungen zur Kompromissfindung 8. Urabstimmung aller Gewerkschaftsmitglieder über den ausgehandelten Kompromiss

14 Betriebsrat

Die Zusammenarbeit der Unternehmensleitung mit den Mitarbeitern des Unternehmens wird in der privaten Wirtschaft durch das **Betriebsverfassungsgesetz** (BetrVG) geregelt. Die Interessen der Arbeitnehmer nimmt dabei der Betriebsrat wahr. Er wird von den Arbeitnehmern gewählt. Das Betriebsverfassungsgesetz verpflichtet Arbeitgeber und Arbeitnehmer grundsätzlich zu einer vertrauensvollen Zusammenarbeit.

14.1 Wahl des Betriebsrates

Ein Betriebsrat besteht aus gewählten Personen, die in Betrieben der privaten Wirtschaft die Interessen der Arbeitnehmer vertreten. **Voraussetzung** für die Einrichtung eines Betriebsrates ist, dass im Betrieb **mindestens fünf wahlberechtigte Arbeitnehmer** beschäftigt sind, von denen drei wählbar sind.

Für das Wahlverfahren gilt:

* **Wahlberechtigt sind alle Arbeitnehmer** (AN), die das 18. Lebensjahr vollendet haben (aktives Wahlrecht). Zu den Arbeitnehmern im Sinne des BetrVG gehören auch die volljährigen Azubis.
* **Wählbar sind alle Wahlberechtigten**, die sechs Monate dem Betrieb angehören (passives Wahlrecht).
* Der Betriebsrat besteht in Betrieben mit
  - 5 bis 20 wahlberechtigten Arbeitnehmern aus einer Person
  - 21 bis 50 wahlberechtigten Arbeitnehmern aus drei Mitgliedern
  - 51 bis 100 wahlberechtigten Arbeitnehmern aus fünf Mitgliedern
  - 101 bis 200 wahlberechtigten Arbeitnehmern aus sieben Mitgliedern usw.

Die **regelmäßigen Betriebsratswahlen** finden alle vier Jahre in der Zeit vom 1. März bis 31. Mai statt. Die regelmäßige Amtszeit beträgt vier Jahre. Die Mitglieder des Betriebsrates führen ihr Amt unentgeltlich als **Ehrenamt**. Die durch die Tätigkeit des Betriebsrates entstehenden Kosten trägt der Arbeitgeber. In Betrieben ab 200 Arbeitnehmern werden Betriebsratsmitglieder freigestellt.

Betriebsrat: Gewählte Interessenvertreter der Arbeitnehmer in Unternehmen der Privatwirtschaft

14.2 Aufgaben des Betriebsrates

Der Betriebsrat hat allgemeine Aufgaben:

Betriebsratswahlen		
wahlberechtigte AN (AN über 18 Jahre)	→	**Betriebsratsmitglieder** (mindestens 6 Monate Betriebszugehörigkeit)
5–20		1
21–50		3
51–100		5
101–200		7
usw.		

* Er **wacht über Einhaltung** der zugunsten der Arbeitnehmer geltenden Gesetze, Verordnungen, Unfallverhütungsvorschriften, Tarifverträge und Betriebsvereinbarungen.
* Er **beantragt Maßnahmen** beim Arbeitgeber, die dem Betrieb und der Belegschaft dienen.
* Er nimmt **Anregungen** von Arbeitnehmern und der Jugend- und Auszubildendenvertretung (JAV) entgegen, und, falls sie berechtigt erscheinen, verhandelt sie mit dem Arbeitgeber.

Jugend- und Auszubildendenvertretung siehe Seite 70

* Er unterstützt die **Eingliederung Schwerbeschädigter** und sonstiger besonders schutzbedürftiger Personen.
* Er bereitet die **Wahl einer Jugend- und Auszubildendenvertretung** vor und führt sie durch.
* Er **fördert die Beschäftigung älterer Arbeitnehmer** im Betrieb.
* Er treibt die **Eingliederung ausländischer Arbeitnehmer** und das Verständnis zwischen ihnen und den deutschen Arbeitnehmern voran.

■ Beteiligungsrechte des Betriebsrates in sozialen, personellen und wirtschaftlichen Angelegenheiten

* **Informationsrechte**: Das Betriebsverfassungsrecht verpflichtet hierbei den Arbeitgeber lediglich, vor der Durchführung bestimmter Maßnahmen den Betriebsrat zu informieren, z. B. personelle Veränderung eines leitenden Angestellten.
* **Beratungsrechte**: Sie verpflichten den Arbeitgeber, von sich aus vor einer Maßnahme die Meinung des Betriebsrates einzuholen und das Für und Wider mit ihm zu besprechen, z. B. Personalplanung – gegenwärtiger und zukünftiger Personalbedarf.

* **Anhörungsrechte**: Der Arbeitgeber muss vor der Durchführung einer Maßnahme den Betriebsrat anhören. Der Betriebsrat kann diese Maßnahme zwar nicht verhindern, aber er hat die Chance, auf den Arbeitgeber einzuwirken, z. B. eine geplante Kündigung nicht durchzuführen.
* **Mitbestimmungsrechte**: Man spricht immer dann von einem echten Mitbestimmungsrecht, wenn es im Betriebsverfassungsgesetz heißt: „der Spruch der Einigungsstelle ersetzt die Einigung zwischen Arbeitgeber und Betriebsrat“. Das bedeutet, dass Betriebsrat und Arbeitgeber die **gleichen Rechte** haben.

Beispiele

* Gestaltung der Betriebsordnung und Fragen zum Arbeitnehmerverhalten
* Arbeitszeit- und Pausenregelung
* Aufstellung von Urlaubsgrundsätzen
* Einführung technischer Maßnahmen zur Überwachung von Arbeitnehmern
* Fragen zur Unfallverhütung
* Formulierung von Entlohnungsgrundsätzen

14.3 Betriebsvereinbarungen

Vereinbarungen aus Tarifverträgen gelten für mehrere Betriebe in bestimmten Wirtschaftszweigen. In einem einzelnen Betrieb können der Betriebsrat als Arbeitnehmervertretung und der Arbeitgeber **Betriebsvereinbarungen abschließen**, die dann für **alle Beteiligten** im Betrieb gelten. Diese Betriebsvereinbarungen sind **schriftlich** niederzulegen und vom Arbeitgeber und Betriebsrat zu unterschreiben. Sie sind für jeden Arbeitnehmer sichtbar im Betrieb zu hinterlegen.

Gegenstände von Betriebsvereinbarungen sind vor allem soziale Fragen.

Beispiele

* Betriebliche Öffnungszeiten
* Kinderhort u. a.
* Regel- und Sonderarbeitszeiten
* Urlaubspläne
* Pausenregelungen
* Sonderprämien
* Sozialeinrichtungen, wie Kantine
* Datenschutz
* Arbeitskleidung u. a.

In fast allen Betrieben gibt es eine Betriebsordnung, die ebenfalls Gegenstand einer Betriebsvereinbarung ist.

Betriebsvereinbarung: Vertrag zwischen Betriebsrat und Arbeitgeber vorzugsweise über soziale Fragen im Betrieb. Die Vereinbarung gilt für alle Beteiligten im Betrieb

Zusammenfassung

Betriebsrat		
Wahl:	Voraussetzung:	5 wahlberechtigte Arbeitnehmer
	aktives Wahlrecht:	Arbeitnehmer über 18 Jahre
	Wahlberechtigte:	mit 6-monatiger Betriebszugehörigkeit
	Mitglieder:	* 5–10 Wahlberechtigte: 1 Person * 21–50 Wahlberechtigte: 3 Personen usw.
Aufgaben:	* Überwachung bestehender Regelungen (Tarifvertrag, Gesetze usw.) * Maßnahmen zugunsten der Belegschaft beantragen * Anregungen und Vorschläge entgegennehmen	

	* Wahl der JAV vorbereiten * Beschäftigung älterer AN fördern * Eingliederung ausländischer AN unterstützen
Rechte:	* Informationsrechte * Beratungsrechte * Anhörungsrechte * Mitbestimmungsrechte
Betriebsvereinbarung:	* Dokumentiert eine Einigung zwischen Betriebsrat und Arbeitgeber * Schriftform notwendig * Gelten für alle Beteiligten im Betrieb * Ist für jeden sichtbar zu machen

15 Die Jugend- und Auszubildendenvertretung

Die Jugend- und Auszubildendenvertretung (JAV) ist ein gewähltes Gremium, das die Interessen von Jugendlichen und Auszubildenden in Betrieben vertritt. Jugendliche sind alle Arbeitnehmer unter 18 Jahre, bei Auszubildenden ist die Altersgrenze 25 Jahre.

Die **Voraussetzungen** für die Einrichtung einer Jugend- und Auszubildendenvertretung sind

* ein Betriebsrat;
* fünf betriebsangehörige Arbeitnehmer unter 18 Jahren oder erwachsene Auszubildende unter 25 Jahren;
* ein von Wahlberechtigten ausgehender Antrag.

Wahlberechtigt sind alle jugendlichen Arbeitnehmer und Auszubildende unter 25 Jahren (aktives Wahlrecht). **Wählbar** sind alle Arbeitnehmer des Betriebes, die das 25. Lebensjahr noch nicht vollendet haben (passives Wahlrecht). Mitglieder des Betriebsrates können nicht zu Jugend- und Auszubildendenvertretern gewählt werden.

Siehe §§ 60 bis 73 BetrVG

Die Jugend- und Auszubildendenvertretung besteht nach § 62 BetrVG in Betrieben mit regelmäßig

* 5 bis 20 jugendlichen Arbeitnehmern oder Auszubildenden unter 25 Jahre aus einem Jugend- und Auszubildendenvertreter,
* 21 bis 50 Arbeitnehmern aus drei Jugend- und Auszubildendenvertretern,
* usw.

Die regelmäßigen **Wahlen** der Jugend- und Auszubildendenvertretung finden alle zwei Jahre in der Zeit vom 1. Oktober bis zum 30. November statt. Außerhalb dieser Zeit wird die Jugend- und Auszubildendenvertretung gewählt, wenn eine solche noch nicht besteht.

Die regelmäßige **Amtszeit** beträgt **zwei Jahre**. Sie beginnt mit der Bekanntgabe des Wahlergebnisses.

■ Rechte und Aufgaben der Jugend- und Auszubildendenvertretung

Die Jugend- und Auszubildendenvertretung (JAV) kann zu allen Betriebsratssitzungen einen Vertreter entsenden. Die JAV hat Stimmrecht, soweit die zu fassenden Beschlüsse überwiegend Jugendliche oder Auszubildende betreffen. Sie nimmt außerdem die besonderen Belange der Jugendlichen und Auszubildenden wahr. Daraus ergeben sich **allgemeine Aufgaben für die JAV**:

* **Jugend- und Auszubildendenversammlungen** abhalten;
* **Maßnahmen**, die den Jugendlichen und Auszubildenden dienen, beim Betriebsrat beantragen (sie muss selbst etwas in die Wege leiten);
* **überwachen**, dass die zugunsten der Jugendlichen und Auszubildenden geltenden Gesetze, Verordnungen, Unfallverhütungsvorschriften, Tarifverträge und Betriebsvereinbarungen durchgeführt werden;
* **Anregungen der Jugendlichen und Auszubildenden**, insbesondere in Fragen der Berufsbildung entgegennehmen und beim Betriebsrat auf **Erledigung** hinwirken (Weiterleiten von Vorschlägen der Auszubildenden).

Zusammenfassung

Jugend- und Auszubildendenvertretung (JAV)	
Voraussetzungen:	* Betriebsrat vorhanden * 5 Arbeitnehmer unter 18 oder Auszubildende unter 25 Jahren * Antrag auf JAV geht von Wahlberechtigten aus.
Wahlen:	* Aktives Wahlrecht: Arbeitnehmer unter 18 oder Auszubildende unter 25 Jahren * Passives Wahlrecht: Arbeitnehmer des Betriebes unter 25 Jahren * Kein Betriebsratsmitglied
Rechte/Aufgaben:	* JAV-Versammlungen abhalten * Recht auf Teilnahme an den Betriebsratssitzungen (durch Vertreter) * Stimmrecht bei Jugend- und Auszubildenden-Themen * Aufgaben: Maßnahmen für Jugendliche und Auszubildende beantragen * Einhaltung von Vorschriften für Jugendliche/Auszubildende überwachen

16 Sozialversicherung

Die Sozialversicherung teilt sich in fünf „Säulen“ auf, die verschiedene soziale Lasten tragen:

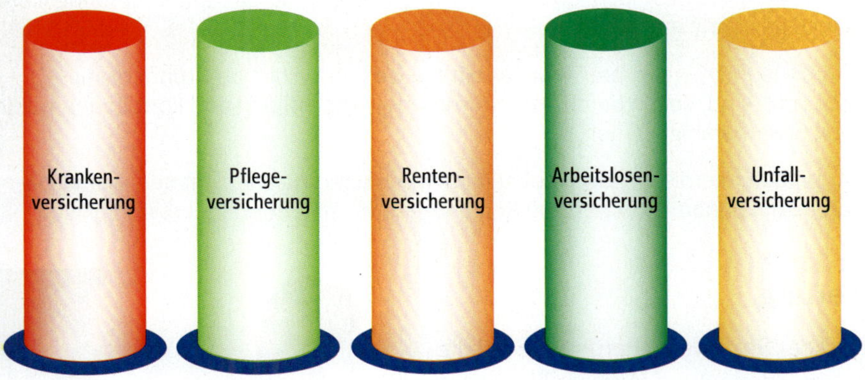

16.1 Rentenversicherung

Die gesetzliche Rentenversicherung dient der Altersvorsorge.

■ Generationenvertrag

Als Generationenvertrag bezeichnet man die solidarische Verpflichtung der Erwerbstätigen, mit ihren Beiträgen die Altersversorgung der Rentner zu finanzieren. Die Beitragszahler sammeln also kein Kapital an, von dessen Erträgen die Renten ausbezahlt werden. Vielmehr kommen die gegenwärtig Erwerbstätigen mit ihren Beiträgen für die laufenden Leistungen an die jetzigen Rentner auf **(Umlageverfahren)**. Sie erwerben durch ihre Beiträge einen Rentenanspruch gegenüber zukünftigen Erwerbstätigen.

Durch Verschiebungen in der Altersstruktur müssen allerdings immer weniger Beitragszahler für immer mehr Leistungsempfänger aufkommen. Während im Jahr 1991 vier Erwerbstätige mit ihren Rentenbeiträgen die Altersrente einer Person finanzierten, müssen im Jahre 2030 nur zwei Beitragszahler diese Last tragen.

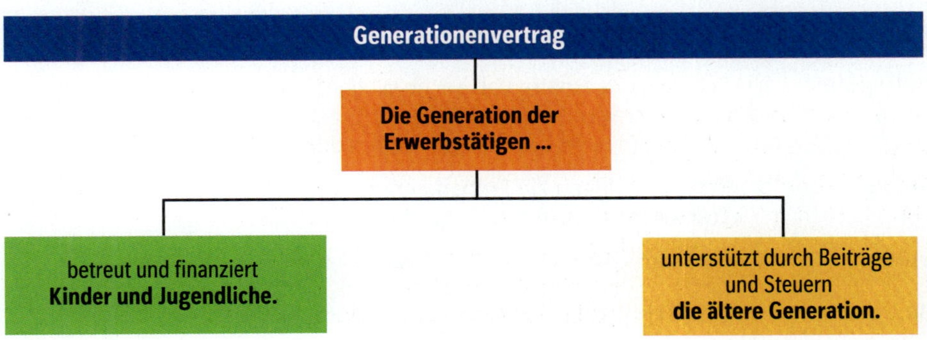

Für die mittlere Generation, die neben der Versorgung der alten Menschen auch noch den Unterhalt für Kinder und Jugendliche bestreiten muss, ist die Gefahr absehbar, dass sie diese Aufgaben finanziell nicht mehr tragen kann. Der Gesetzgeber wird daher das Renteneintrittsalter schrittweise von 65 auf 67 Jahre anheben.

Träger der Rentenversicherung für Arbeitnehmer ist die **Deutsche Rentenversicherung** in Berlin.

	Zahlung der vollen Rente ab		
Geburtsjahr	Jahre	und	Monate
1946 und früher	65	+	0
1947	65	+	1
1948	65	+	2
usw.			
1958	66	+	0
1959	66	+	2
usw.			
1964 und später	67	+	2

Leistungen der Rentenversicherung (Beispiele)	
Altersrenten:	In Abhängigkeit von den gezahlten Rentenversicherungsbeiträgen erhält jeder Versicherte ab dem 65. Lebensjahr (zukünftig schrittweise Anhebung bis zu einem Renteneintrittsalter von 67 Jahren) eine monatliche Rente ausgezahlt. Die Höhe der Rente wird noch beeinflusst z. B. durch Zeiten der Kindererziehung und der Ausbildung.
Hinterbliebenenrenten:	Rente für Witwen/Witwer, Halbwaisen und Waisen
Kuren:	Sie dienen dazu, die Erwerbsfähigkeit der Versicherten zu erhalten, zu verbessern oder wiederherzustellen, damit die Beitragszahlung der Arbeitnehmer möglichst lange gewährleistet bleibt.
Berufsfördernde Maßnahmen:	Arbeitnehmer, die in ihrer Arbeitskraft aus gesundheitlichen Gründen eingeschränkt sind, sollen durch Berufsförderung, Umschulung und Fortbildung wieder voll erwerbsfähig werden.
Erwerbsminderungs-Rente:	Arbeitnehmer, die wegen Krankheit oder Behinderung gar nicht oder nur wenig arbeiten können, erhalten eine Rente wegen verminderter Erwerbsfähigkeit.

16.2 Krankenversicherung

Die Krankenversicherung ist Teil der Sozialversicherung; sie hat die Aufgabe, Kosten für medizinische Behandlung, Arzneimittel sowie Heil- und Hilfsmittel zu tragen. **Träger der Krankenversicherung** sind die Allgemeinen Ortskrankenkassen (AOK), Ersatzkassen (z. B. Barmer GEK), Betriebskrankenkassen (BKK), Innungskrankenkassen (IKK) sowie private Krankenkassen.

Leistungen der Krankenversicherungen (Beispiele)	
Behandlungskosten: Krankenpflege, Krankenhauspflege, Arznei-, Verband- und Heilmittel:	Diese Leistungen werden bei Krankheit von den Krankenkassen übernommen.
Krankengeld:	In den ersten sechs Wochen übernimmt der Arbeitgeber die Entgeltfortzahlung für den erkrankten Arbeitnehmer. Ab der siebten Woche leistet die Krankenversicherung Krankengeld an den erkrankten Arbeitnehmer.
Hilfsmittel:	Brillen für Kinder, Hörgeräte u. Ä.
Mutterschaft:	ärztliche Betreuung, Hebammenhilfe, Mutterschaftsgeld u. Ä.
Mutterschaftsgeld:	Schwangere erhalten ab sechs Wochen vor und bis zur 8. Woche nach der Geburt von der Krankenkasse Mutterschaftsgeld. Das ist die Zeit der Mutterschutzfrist, in der Frauen nicht beschäftigt werden dürfen.
Früherkennung:	Untersuchungen zur Früherkennung von Krankheiten (U1 bis U10 bei Kindern, Krebsvorsorge u. Ä.)
Vorsorgekuren:	bei Krebs-, Herz- und Magenerkrankungen u. Ä.
Haushaltshilfen:	Ersatzkraft oder Übernahme der dafür angemessenen Kosten

Die Leistungen der Krankenversicherung erfordern in einigen Fällen eine Eigenbeteiligung (z. B. bei Arzneimitteln und Hilfsmitteln).

16.3 Pflegeversicherung

Die Pflegeversicherung ist eine Versicherung zur Vorsorge gegenüber den finanziellen Risiken, die im Fall einer Pflegebedürftigkeit entstehen können. Diese Versicherung ist notwendig geworden, weil der Anteil älterer und damit pflegebedürftiger Menschen an der Gesamtbevölkerung steigt.

Träger der Pflegeversicherung sind die **Krankenkassen** der Arbeitnehmer.

Die **Leistungen** richten sich nach fünf Pflegegraden, die körperliche, geistige und psychische Einschränkungen eines Menschen berücksichtigen.

Neben den Leistungen der Krankenkasse erhalten Eltern zusätzliche Leistungen vom Staat:

* ein monatliches Kindergeld
* Elterngeld: Nach der Geburt eines Kindes haben Eltern Anspruch auf unbezahlte Freistellung von der Arbeit. Mütter und Väter können diese Elternzeit gleichzeitig oder nacheinander nehmen. Weil sich Eltern Zeit für ihr Neugeborenes nehmen und auf Einkommen verzichten, zahlt der Staat für bis zu 14 Monate Elterngeld.
* Im Anschluss an das Elterngeld können Eltern für bis zu 22 Monate Betreuungsgeld bekommen, wenn sie ihr Kind nicht von einer öffentlich geförderten Stelle betreuen lassen (z. B. Kindertageseinrichtung), sondern diese Aufgabe zu Hause selbst übernehmen.

Leistungen der Pflegeversicherung	
Sachleistungen:	Übernahme der Kosten für professionelle Pfleger oder ambulante Pflegedienste
Pflegegeld:	Wird die Pflege von einer Pflegeperson, also i. d. R. von Familienangehörigen in der häuslichen Umgebung übernommen, kann ein Pflegegeld beansprucht werden.

16.4 Arbeitslosenversicherung

Die Arbeitslosenversicherung hat zum Ziel, Arbeitslose während ihrer Arbeitssuche wirtschaftlich abzusichern.

Träger der Arbeitslosenversicherung ist die **Bundesagentur für Arbeit** mit den angeschlossenen Arbeitsagenturen.

Leistungen der Arbeitslosenversicherung (Beispiele)	
Arbeitsvermittlung, Berufsberatung:	Die Arbeitsagentur hilft Arbeitslosen bei der Suche nach einem Arbeitsplatz.
Aus- und Fortbildung, Umschulungsmaßnahmen:	Wer arbeitslos ist oder wem Arbeitslosigkeit droht, kann an Aus- und Fortbildungen oder Umschulungsmaßnahmen teilnehmen. Die Arbeitsagentur finanziert diese Maßnahmen.
Arbeitslosengeld I:	Zahlung der Arbeitsagentur an Arbeitslose für längstens 12 Monate; bei älteren Arbeitslosen bis zu 24 Monate
Arbeitslosengeld II:	Wenn der Anspruch auf Arbeitslosengeld I ausläuft, erhält ein Arbeitsloser Arbeitslosengeld II, umgangssprachlich „Hartz IV“ genannt. Der Leistungsumfang orientiert sich an den materiellen Grundbedürfnissen eines Menschen und soll ihm ein menschenwürdiges Leben ermöglichen.
Kurzarbeitergeld:	für Mitarbeiter von Unternehmen, die bei der Arbeitsagentur einen Antrag auf Kurzarbeit gestellt haben, um Entlassungen zu vermeiden

16.5 Unfallversicherung

Die gesetzliche Unfallversicherung hat die Aufgabe, Arbeitsunfälle, Berufskrankheiten und arbeitsbedingte Gesundheitsgefahren zu verhüten. Nach dem Eintritt von Versicherungsfällen sorgt sie dafür, dass die Gesundheit und die berufliche Leistungsfähigkeit der Versicherten wiederhergestellt werden.

Die Finanzierung erfolgt ausschließlich über Beiträge der Unternehmer.

Träger der Unfallversicherung sind u.a. die **gewerblichen Berufsgenossenschaften**. Für den Einzelhandel ist die **Berufsgenossenschaft Handel und Warenlogistik** zuständig. Auszubildende, die sich in der Berufsschule befinden, unterliegen dem Versicherungsschutz des Gemeindeunfallversicherungsverbandes (GUVV).

Leistungen der Unfallversicherung (Beispiele)	
Vorbeugende Maßnahmen:	Verhütung von Arbeitsunfällen und Berufskrankheiten Aufwendungen, die dazu dienen, die Erwerbsfähigkeit zu erhalten, zu verbessern oder wiederherzustellen (z.B. Arzt- und Krankenhauskosten sowie Umschulungen nach einem Arbeits- oder Wegeunfall).
Renten	* wegen Minderung der Erwerbsfähigkeit * an Hinterbliebene
Sterbegeld	Bei Arbeits- und Wegeunfällen oder Berufskrankheit mit Todesfolge

16.6 Beiträge an die Sozialversicherungen

Die Beiträge für die Kranken-, Pflege-, Renten- und die Arbeitslosenversicherung werden vom Arbeitgeber und Arbeitnehmer getragen. Den Beitrag für die Unfallversicherung muss der Arbeitgeber allein aufbringen. Dies ergibt sich aus den Grundprinzipien der Unfallversicherung:

* Der Arbeitgeber wird von möglicher Haftpflicht bei Arbeitsunfällen befreit.
* Schadenersatz für Arbeitsunfälle ohne Rücksicht auf eigene Fahrlässigkeit oder fremdes Verschulden

Das erstgenannte Prinzip ist der Grund dafür, dass nur die Arbeitgeber die Beiträge für die Berufsgenossenschaften aufbringen.

Der **Beitrag für die Krankenversicherung** beträgt **einheitlich 14,6%;** er wird jeweils zur Hälfte von Arbeitnehmer und Arbeitgeber getragen. Die Krankenkassen können darüber hinaus einen einkommensabhängigen Zusatzbeitrag erheben, der vom Arbeitgeber und vom Arbeitnehmer jeweils zur Hälfte zu tragen ist. Viele Krankenkassen machen von dieser Möglichkeit Gebrauch, indem sie den durchschnittlichen **Zusatzbeitrag von 1,6%** verlangen.

Beispiel

Arbeitsentgelt	700,00€
Allgemeiner Beitragssatz 14,6%, Zusatzbeitrag 1,6%	
Arbeitgeberanteil: 7,3% + 0,8% = 8,1%; 8,1% von 700,00 €	56,70€
Arbeitnehmeranteil: 7,3% + 0,8% = 8,1%; 8,1% von 700,00 €	56,70€
Gesamtbeitrag: 8,1% + 8,1% = 16,2%;	
16,2% von 700,00€	113,40€

Der Zusatzbeitrag kann auch höher oder niedriger als 1,6% liegen.

Für die **Pflegeversicherung** beträgt der Beitragssatz 3,05%, Arbeitgeber und Arbeitnehmer je zur Hälfte, also 1,525%. Kinderlose über 23 Jahre zahlen einen Zuschlag von 0,35%, den allein der Arbeitnehmer übernimmt. Träger der Pflegeversicherung sind die Pflegekassen, die bei den Krankenkassen errichtet worden sind.

Für die **Rentenversicherung** sind 18,6 % des sozialversicherungspflichtigen Entgelts zu zahlen. Arbeitgeber und Arbeitnehmer tragen jeweils die Hälfte.

Der Beitrag zur **Arbeitslosenversicherung** beträgt 2,4 % des sozialversicherungspflichtigen Entgelts (jeweils zur Hälfte von Arbeitgeber und Arbeitnehmer). Die Beiträge werden über die Krankenkasse an die Bundesagentur für Arbeit in Nürnberg (Zentrale der Arbeitsagenturen) abgeführt.

Die Beiträge für die **Unfallversicherung** zahlt der Arbeitgeber – je nach Branche – in unterschiedlicher Höhe an die jeweilige Berufsgenossenschaft.

Der Arbeitgeber überweist die Beiträge zur Kranken-, Pflege-, Renten- und Arbeitslosenversicherung bis zum letzten Bankarbeitstag des laufenden Monats an die Krankenkasse, die die Renten- und Arbeitslosenversicherungsbeiträge weiterleitet.

Arbeitnehmer	Beiträge zur Sozialversicherung	Arbeitgeber
9,3 %	Rentenversicherung 18,6 %	9,3 %
7,3 % + halber Zusatzbeitrag	Krankenversicherung 14,6 %	7,3 % + halber Zusatzbeitrag
1,525 % 0,35 % Zuschlag für Kinderlose über 23	Pflegeversicherung 3,05 %	1,525 %
1,2 %	Arbeitslosenversicherung 2,4 %	1,2 %

Zusammenfassung

Sozialversicherung		
Umfang:	fünf Säulen	
Rentenversicherung:	Träger: Beiträge: Leistungen:	Deutsche Rentenversicherung 18,6 % (Arbeitgeber und Arbeitnehmer je zur Hälfte) Altersrenten, Hinterbliebenenrenten, Kuren u. a.
Krankenversicherung:	Träger: Beiträge: Leistungen:	AOK, BKK, IKK, Ersatzkassen einheitlich 14,6 %, i. d. R. Zusatzbeitrag im Mittel 1,6 %, je zur Hälfte Behandlungskosten, Krankenpflege, Arzneien, Vorsorge u. a.
Pflegeversicherung:	Träger: Beiträge: Leistungen:	Pflegekasse der zuständigen Krankenversicherungen 3,05 %, Zuschlag von 0,35 % für Kinderlose über 23 Jahre Sachleistungen, Pflegegeld
Arbeitslosenversicherung:	Träger: Beiträge: Leistungen:	Bundesagentur für Arbeit und Arbeitsagenturen 2,4 % (Arbeitgeber und Arbeitnehmer je zur Hälfte) Arbeitsvermittlung, Arbeitslosengeld I und II, Umschulung u. a.
Unfallversicherung:	Träger: Beiträge: Leistungen:	Berufsgenossenschaften durch Arbeitgeber vorbeugende Maßnahmen, Renten, Sterbegeld u. a.

17 Private Vorsorge

17.1 Private Versicherungen

Viele Menschen wünschen neben den gesetzlichen Sozialversicherungen, der Kranken-, Renten-, Arbeitslosen- und Pflegeversicherung, zusätzlichen Versicherungsschutz, weil sie die Leistungen der Sozialversicherung für unzureichend ansehen. So kann man seine Familie z. B. mit einer Lebensversicherung wirtschaftlich für den Fall absichern, dass man frühzeitig stirbt.

Zur privaten Absicherung stehen verschiedene Versicherungen für eine Vielfalt von Risiken zur Auswahl.

Lebensversicherung

Sie existiert in vielen Formen und Kombinationen. Grundsätzlich sind die Risiko- und die Kapitallebensversicherung zu unterscheiden.

Risiko-Lebensversicherung

Es wird ausschließlich das Risiko des Todes des Versicherten innerhalb der vereinbarten Laufzeit des Versicherungsvertrages abgedeckt. Die vereinbarte Versicherungssumme wird mit dem Tode des Versicherten an die Hinterbliebenen ausgezahlt. Tritt der Todesfall nicht ein, leistet die Versicherung nicht. Es findet also keine Ansammlung von Vermögen statt. Sie wird häufig zur Absicherung von Angehörigen bei Baufinanzierungen genutzt.

Kapital-Lebensversicherung

Eine Erlebens- oder Kapital-Lebensversicherung schließt der Versicherte ab, um nach Ablauf der Versicherungszeit über die Versicherungssumme verfügen zu können. In die Kapitalversicherung ist gewöhnlich eine Risikoversicherung eingebunden, sodass im Falle des Todes des Versicherten die vereinbarte Versicherungssumme an die Hinterbliebenen ausgezahlt wird. Hierbei ist eine „Dynamische Lebensversicherung" sinnvoll, bei der eine jährliche Erhöhung der Beiträge bei entsprechender Steigerung der Versicherungsleistung vereinbart wird.

Diese Versicherung dient u. a.

* der Altersvorsorge,
* der Versorgung der Hinterbliebenen,
* als Baustein einer Vermögensbildung,
* als Absicherung einer Baufinanzierung.

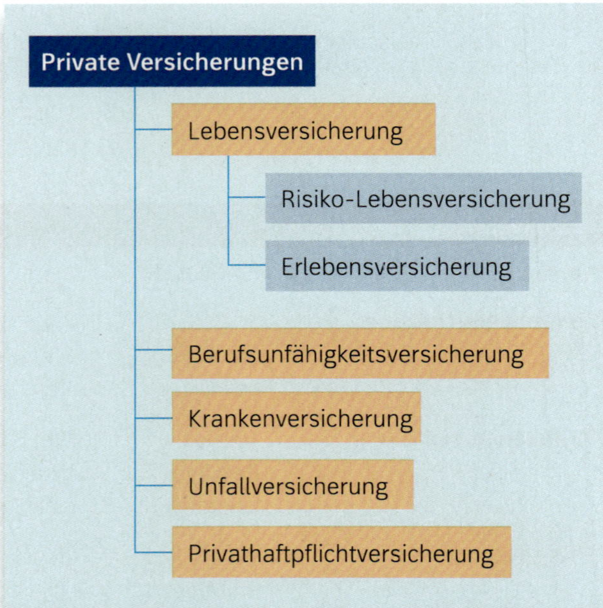

Berufsunfähigkeitsversicherung

Arbeitnehmer können sich für den Fall versichern, dass sie infolge von Krankheit oder Unfall nicht mehr in der Lage sind, ihren Beruf auszuüben. Die Versicherung zahlt dann dem Arbeitnehmer eine Berufsunfähigkeitsrente. Die Höhe der Rente hängt von den vereinbarten Versicherungsbedingungen ab. Dabei ist die Höhe der monatlichen Versicherungsprämie von entscheidender Bedeutung. Für junge Menschen empfiehlt es sich, mit niedrigen Beträgen zu beginnen und sie im Laufe des Arbeitslebens so anzupassen, dass eine Berufsunfähigkeitsrente den bisherigen Lebensstandard sicherstellt.

Beispiel typische Werte einer Berufsunfähigkeitsversicherung

Alter	monatlicher Beitrag	Höhe der monatlichen Berufsunfähigkeitsrente
18	25,00 €	500,00 €

Private Krankenversicherung

Gesetzliche Krankenversicherung siehe Seite 72

Wer **nicht krankenversicherungspflichtig** ist, kann einen privaten Krankenversicherungsvertrag anstelle der gesetzlichen Krankenversicherung abschließen. Statt voller Deckung der Krankheitskosten ist die Vereinbarung einer Selbstbeteiligung denkbar. Die **Höhe der Versicherungsprämie** ist u. a. **abhängig vom Alter und Gesundheitszustand** des Versicherungsnehmers bei Abschluss des Versicherungsvertrages sowie vom Geschlecht des Versicherungsnehmers. Familienangehörige sind nicht mitversichert, sondern für jedes einzelne Familienmitglied ist ein individueller Versicherungsvertrag abzuschließen.

Private Unfallversicherung

Gesetzliche Unfallversicherung siehe Seite 74

Die gesetzliche Unfallversicherung deckt nur beruflich oder schulisch bedingte Unfälle ab. Bei Unfällen in anderen Lebensbereichen leistet die private Unfallversicherung je nach Versicherungsvertrag die Kosten für die Heilbehandlung und ein Tagegeld sowie eine Invaliditätsentschädigung, abhängig vom Grad der Invalidität. Im Falle des Unfalltodes des Versicherten wird eine Todesfallentschädigung gezahlt.

Privathaftpflichtversicherung

Mit einer Privathaftpflichtversicherung schützen sich Privatpersonen vor Haftungsansprüchen Dritter, die durch eigenes Fehlverhalten begründet sind.

Beispiel

Man ist zu einer Geburtstagsfeier beim Nachbarn eingeladen und beschädigt aus Versehen die wertvolle Sitzgarnitur. Laut Gesetz muss jeder für Schäden aufkommen, die er anderen zufügt. Der Nachbar hat daher einen Anspruch auf Schadenersatz. Die Haftpflichtversicherung übernimmt den Ersatz des Schadens.

Der Versicherungsschutz erstreckt sich gewöhnlich auf die Familie einschließlich unverheirateter Kinder. Volljährige Kinder bleiben bis zum Ende der Schulzeit und einer sich unmittelbar anschließenden Berufsausbildung versichert.

17.2 Private Altersversorgung

Das Drei-Säulen-Modell der Altersversorgung

Die Altersversorgung eines Arbeitnehmers lässt sich in drei Bereiche (Säulen) einteilen.

Altersversorgung		
Gesetzliche Rentenversicherung	**Betriebliche Altersversorgung**	**Private Altersversorgung**
Pflichtversicherung, die vom Arbeitgeber und vom Arbeitnehmer gemeinsam getragen wird.	Betriebsrente, bei der der Arbeitgeber die Zahlungen abwickelt. Die Beiträge trägt der Arbeitnehmer, eventuell beteiligt sich der Arbeitgeber.	Individuelle Sicherung des Lebensstandards im Alter.
Umlageverfahren	Kapitaldeckungsverfahren	Kapitaldeckungsverfahren

Umlageverfahren
Es handelt sich um eine Methode zur Finanzierung von Sozialversicherungen. Dabei werden die eingezahlten Beiträge sofort für die Finanzierung der Leistungen verwendet. Die monatlichen Beiträge zur Rentenversicherung werden demnach für die monatlichen Rentenzahlungen an die Rentner eingesetzt. Es werden lediglich geringe Rücklagen gebildet, um Schwankungen im Beitragsaufkommen auszugleichen.

Kapitaldeckungsverfahren
Bei diesem Finanzierungsverfahren werden die Beiträge angespart und verzinst. Für jeden Beitragszahler wird ein eigenes Konto für das Deckungskapital (Beiträge und Zinsen) eingerichtet. Die Leistungen, z. B. eine Betriebsrente, werden individuell aus dem Deckungskapital ermittelt.

Die Angebote zur privaten Altersversorgung sind sehr vielfältig und kompliziert. Daher ist eine umfangreiche Beratung bei Kreditinstituten oder Versicherungen unbedingt erforderlich. Die hier vorgestellten Informationen geben nur einen ersten Überblick.

Betriebliche Altersversorgung

Arbeitnehmer, die in der gesetzlichen Rentenversicherung pflichtversichert sind – dazu zählen auch Auszubildende –, können von ihrem Arbeitgeber verlangen, dass er Teile des Arbeitsentgeltes oder der Ausbildungsvergütung für eine betriebliche Altersversorgung verwendet (**Entgeltumwandlung**).

Es gibt verschiedene Möglichkeiten, eine betriebliche Altersversorgung aufzubauen. Hier sollen beispielhaft die Pensionskassen und die Riester-Rente näher betrachtet werden.

Pensionskassen

Es handelt sich um ein rechtlich selbstständiges (Versicherungs-)Unternehmen, das die Beiträge zur betrieblichen Altersversorgung verwaltet. Die Beiträge stammen von den Entgeltumwandlungen der Arbeitnehmer, die aber auch durch Zuzahlungen der Betriebe ergänzt werden können. Mit 67 Jahren oder früher erhält der Arbeitnehmer eine monatliche Altersrente bis zu seinem Lebensende. Anstelle einer Altersrente kann auch eine einmalige Kapitalauszahlung treten.

Standardwerte: Aktien großer deutscher Unternehmen wie Automobilhersteller, Banken, Stahlwerke usw.

Die Pensionskassen investieren die Gelder in Wertpapiere (Standardwerte am Aktienmarkt oder festverzinsliche Wertpapiere). Sie streben eine langfristige und sichere Verzinsung der eingezahlten Beiträge an. Da Wertpapierkurse aber schwanken können, hängt die Leistung einer Pensionskasse vom Verlauf der Wertpapierentwicklung ab (siehe Beispiel).

RISIKO?

Die Steuerersparnis ist für viele der Hauptbeweggrund, diese Form der Altersversorgung zu wählen.

Sollte ein Betrieb in wirtschaftliche Schwierigkeiten geraten, sind die angesammelten Vermögenswerte bei der Pensionskasse nicht gefährdet, weil Pensionskasse und Betrieb voneinander unabhängig sind.

Die betriebliche Altersversorgung wird vom Staat gefördert, indem die Beträge von der Lohnsteuer und den Sozialversicherungsabgaben befreit werden. Den **Aufwand für den Arbeitnehmer** zeigt das Beispiel eines 17-jährigen Auszubildenden:

Beispiel

Entwicklung einer Pensionskasse

Umgewandeltes Bruttoentgelt pro Jahr (12 Monate • 63,00 €)	756,00 €
Ersparte Lohnsteuer (wegen der geringen Ausbildungsvergütung)	0,00 €
Ersparte Sozialversicherungsbeiträge pro Jahr	– 156,00 €
Aufwand netto pro Jahr	600,00 €

Das entspricht einem tatsächlichen Aufwand von 50,00 € im Monat.

Zu beachten ist allerdings, dass die Rente, die der Arbeitnehmer mit 67 Jahren erhält, der **Einkommensteuer** mit dem dann geltenden persönlichen Steuersatz unterliegt und dass für die Rente auch Beiträge zur **Kranken- und Pflegeversicherung** zu zahlen sind. Im Alter ist aber der persönliche Steuersatz oft niedriger als im Verlauf des Arbeitslebens.

Weitere Vorteile für den Arbeitnehmer sind:

- Er verliert seine erworbenen Ansprüche bei der Pensionskasse nicht, wenn er den Arbeitgeber wechselt. Er kann seine betriebliche Altersversorgung bei seinem neuen Arbeitgeber fortsetzen.
- Im Falle von Arbeitslosigkeit bleibt die betriebliche Altersversorgung unantastbar. Arbeitsagentur und Sozialämter haben keinen Zugriff auf diese Ersparnisse.
- Die Rente wird lebenslang gezahlt, mindestens aber für eine Garantiezeit, z. B. von 10 Jahren. Stirbt also der Bezieher einer Betriebsrente fünf Jahre nach Beginn der Rentenzahlung, zahlt die Pensionskasse die Rente in voller Höhe für weitere 5 Jahre, z. B. an die Ehepartnerin.

Private Altersversorgung
- Betriebliche Altersversorgung z.B. Pensionskasse → Rente
- Riester-Rente

Warum heißt es „Riester-Rente"? Sie ist benannt nach Walter Riester, in dessen Amtszeit als Arbeitsminister diese Förderung erarbeitet wurde.

Private Rentenversicherung in Form einer Riester-Rente

Bei der Riester-Rente handelt sich um eine vom Staat durch Zulagen geförderte, privat finanzierte Rente. Riester-Verträge werden z. B. von Kreditinstituten, Lebensversicherungsunternehmen und Bausparkassen angeboten. Gefördert werden vor allem **rentenversicherungspflichtige Arbeitnehmer**, auch Auszubildende.

Die staatlichen Zulagen bestehen aus zwei Teilen:

Der steuerlichen Vorteile werden hier nicht beachtet.

- **Grundzulage** pro Person in Höhe von jährlich 175,00 €, wenn der Arbeitnehmer mindestens 4 % vom letzten Bruttogehalt abzüglich staatliche Zulagen spart. Berufsanfänger wie Auszubildende müssen im ersten Jahr lediglich einen Sockelbetrag von 60,00 € sparen, um die Grundzulage zu erhalten. Sie bekommen außerdem einen Berufseinsteiger-Bonus von einmalig 200,00 €.
- **Kinderzulage** pro Kind in Höhe von jährlich 300,00 €.

Wie bei der betrieblichen Altersversorgung gibt es auch bei der Riester-Rente unterschiedliche Anlageformen: Rentenversicherung, Banksparpläne, Bausparverträge, Aktiensparpläne. Beispielhaft wird die Anlageform private Rentenversicherung betrachtet.

Die Anbieter der verschiedenen Anlageformen müssen garantieren, dass zu Beginn der Auszahlungsphase (Beginn des Rentenbezugs) mindestens die eigenen Beiträge und die staatlichen Zulagen als Berechnungsgrundlage für die Rente zur Verfügung stehen. Darüber hinaus profitiert der Arbeitnehmer von der Verzinsung der eingezahlten Beträge. Außerdem wird der Arbeitnehmer an Kapitalerträgen beteiligt, die der Anbieter der Riester-Rente durch die Anlage der Beiträge am Kapitalmarkt erzielt. Diese Überschussbeteiligung schwankt; sie kann niedriger oder höher ausfallen als die im Beispiel unten angegebenen 87,00 € pro Monat.

RISIKO?

Beispiel

Auszubildender, 17 Jahre alt, monatlicher Beitrag 50,00 €, Vertragslaufzeit 50 Jahre, Beginn der Rentenzahlung mit 67 Jahren

monatlich garantierte Rente	626,00 €
monatliche Zusatzrente aus Überschussbeteiligung (nicht garantiert)	87,00 €
gesamte monatliche Riester-Rente	713,00 €

Wie bei der Betriebsrente ist die Riester-Rente im Alter zu **versteuern,** und es müssen in Abhängigkeit von der Höhe der Rente Beiträge für die **Kranken- und Pflegeversicherung** gezahlt werden.

Weitere Vorteile für den Arbeitnehmer sind:

* Auch die Riester-Rente ist geschützt; Arbeitsagentur und Sozialamt können bei Arbeitslosigkeit nicht auf das Vermögen zugreifen.
* Die Rente wird lebenslang gezahlt, mindestens aber für eine Garantiezeit, z. B. von 10 Jahren.

17.3 Vermögensbildung nach dem Vermögensbildungsgesetz

Arbeitnehmer haben die Möglichkeit, von ihrem Einkommen jährlich insgesamt bis zu 470,00 € staatlich begünstigt zu sparen (**Vermögensbildung**). Die Sparbeträge müssen für sechs Jahre (plus ein Jahr Sperrfrist) vermögenswirksam angelegt werden.

Je nach Vereinbarung wird die Vermögensbildung entweder ganz vom Arbeitnehmer, vom Arbeitgeber oder von beiden gemeinsam erbracht. Die Tarifverträge im Einzelhandel sehen eine **vermögenswirksame Leistung** des Arbeitgebers vor.

Der Arbeitnehmer erhält vom Staat eine Arbeitnehmersparzulage (**Prämie**), deren Höhe von der Anlageform abhängt. Die Prämie wird in einer Summe nach Ablauf des Vertrages gezahlt.

Vermögensbildung: monatlicher Sparbetrag des Arbeitnehmers

Vermögenswirksame Leistung: Beitrag des Arbeitgebers zur Vermögensbildung des Arbeitnehmers

Wie der Name schon sagt, geht es hier um Vermögensbildung und nicht speziell um Altersversorgung, weil das angesparte Vermögen **nach Ablauf** der Vertragslaufzeit **ausgezahlt** wird. Es steht dann auch z. B. für die Anschaffung von Konsumgütern wie Auto, Einrichtungsgegenstände u. Ä. zur Verfügung.

17.4 Drei-Schichten-Modell

Eine langfristige Perspektive für Arbeitnehmer könnte so aussehen, dass sie 50 % ihrer Alterssicherung aus der umlagefinanzierten gesetzlichen Rentenversicherung beziehen und 50 % aus der betrieblichen und privaten, kapitalgedeckten Altersversorgung stammen. Es wird daher empfohlen, die drei Bausteine der Altersversorgung kombiniert einzusetzen, um im Alter einen angemessenen Lebensstandard sicherzustellen.

3. Schicht: übrige Vorsorge z. B. aus Lebensversicherung

2. Schicht: kapitalgedeckte Zusatzversorgung aus z. B. Riester-Rente, betrieblicher Altersversorgung

1. Schicht: Grundversorgung aus gesetzlicher Rentenversicherung

Zusammenfassung

Private Vorsorge		
Versicherungen:	* Lebensversicherung:	* Risiko-Lebensversicherung * Erlebensversicherung
	* Berufsunfähigkeitsversicherung	
	* Private Krankenversicherung	
	* Private Unfallversicherung * Privathaftpflichtversicherung	
Altersversorgung:	Drei-Säulen-Modell:	* Gesetzliche Rentenversicherung (umlagefinanziert) * Betriebliche Altersversorgung (Kapitaldeckung) * Private Altersversorgung (Kapitaldeckung)
Betriebliche Altersversorgung:	Grundlage:	* Entgeltumwandlung * Befreiung von Lohnsteuer und Sozialversicherungsabgaben
	Beispiel:	Einzahlung in eine Pensionskasse
		* unabhängig vom jeweiligen Arbeitgeber * kein Zugriff auf die Ersparnisse z. B. bei Arbeitslosigkeit * lebenslange Rentenzahlung, mindestens Garantiezeit
Riester-Rente:	Beispiel:	Private Rentenversicherung
		* mindestens die eigenen Einzahlungen * plus staatliche Zulagen * plus Kapitalerträge (mit Risiko) * Vorteile wie bei der betrieblichen Altersversorgung
Vermögensbildung:	Vermögensbildung: Sparbetrag des Arbeitnehmers Vermögenswirksame Leistung: Beteiligung des Arbeitgebers an der Vermögensbildung	
Drei-Schichten-Modell:	1. Schicht: Grundversorgung (gesetzliche Rentenversicherung) 2. Schicht: kapitalgedeckte Zusatzversorgung, z. B. Riester-Rente 3. Schicht: übrige Vorsorge, z. B. Lebensversicherung	

18 Arbeitsschutz

■ Arbeitsschutzgesetz

Jedes Einzelhandelsunternehmen hat nach dem Arbeitsschutzgesetz (ArbSchG) die Sicherheit und den Gesundheitsschutz der Beschäftigten zu gewährleisten und ständig zu verbessern. Dazu muss es

* feststellen, welche Unfall- und Gesundheitsgefährdungen mit der Arbeit der Beschäftigten verbunden sind;
* diese Gefährdungen hinsichtlich ihres Gesundheitsrisikos beurteilen;
* vorbeugende Maßnahmen bestimmen, durchführen und überwachen;
* alle Ergebnisse wie festgestellte Risiken, ergriffene vorbeugende Maßnahmen dokumentieren (**Gefährdungsbeurteilung**).

Eine wichtige Unterstützung leistet dabei die **Berufsgenossenschaft Handel und Warenlogistik (BGHW)** als zuständige Unfallversicherung für die Einzelhandelsbetriebe.

Unfallversicherung siehe Seite 74

Gefährdungsbeurteilung ist die systematische Ermittlung und Bewertung möglicher Gefährdungen der Beschäftigten eines Unternehmens bei ihrer beruflichen Tätigkeit. Sie hat das Ziel, Gefährdungen frühzeitig zu erkennen und Maßnahmen zur Beseitigung von Gefährdungen abzuleiten.

Vorbeugende Maßnahmen

In der Tabelle soll umrissen werden, mit welchen Fragestellungen ein Einzelhandelsunternehmen Probleme bei der Arbeitssicherheit feststellen und mit welchen Maßnahmen vorbeugend gehandelt werden kann. Die Beispiele geben nur einen kleinen Ausschnitt der möglichen Sicherheits- und Gesundheitsgefährdungen in einem Unternehmen wieder.

Umfangreiche Informationen der Berufsgenossenschaft finden sich unter www.bghw.de/medienangebot/medienshop

Mögliche Probleme	Fragen	Vorbeugende Maßnahmen (Beispiele)
Sturz auf Verkehrswegen	Sind die Verkehrswege im Geschäft so beschaffen, dass Mitarbeiter nicht stolpern, ausrutschen und umknicken?	* Verkehrswege frei räumen * Stolperstellen beseitigen oder kennzeichnen * Teppichkanten verkleben * Stufen im Verkehrsweg kennzeichnen * Türschwellen anschrägen * geeignete Reinigungsmittel verwenden
Absturz von Aufstiegshilfen (z. B. Leitern)	Sind die eingesetzten Aufstiegshilfen sicher und werden sie bestimmungsgemäß benutzt?	* geeignete Leitern in ausreichender Zahl bereitstellen * Stühle oder Getränkekästen als Aufstieg verbieten * übermäßiges seitliches Hinauslehnen auf Leitern verbieten
Gefährliche Oberflächen	Sind bei Regalen, Arbeitstischen und Kassentischen scharfe Kanten vermieden worden?	* Kanten abrunden * Kantenschutz anbringen
	Sind Glasflächen (Glastüren, Glasvitrinen, Spiegel u. a.) in Verkehrswegen erkennbar?	* Sicherheitsglas verwenden * Aufkleber anbringen
Brandgefahr	Sind Maßnahmen zur Brandverhütung und -bekämpfung getroffen worden?	* Rauchen verbieten (Ausnahmen!) * Feuerlöscher bereitstellen * Mitarbeiter im Umgang mit Feuerlöschern unterweisen * Rettungswege und Notausgänge kennzeichnen und frei halten

Gefahrstoffe

Besondere Vorsicht ist geboten bei Produkten, die Gefahrstoffe enthalten. Das sind z. B. Reinigungsmittel, Farben und Lacke, Schädlingsbekämpfungsmittel oder Sprays. Die Hersteller der Produkte sind allerdings verpflichtet, diese Waren speziell zu kennzeichnen. Vor allem die Symbole auf den Produkten machen die Gefahren, die von ihnen ausgehen, anschaulich sichtbar.

Gefahrstoffe sind Substanzen, von denen Risiken für deren Nutzer ausgehen können.

Beispiele

Gefahrstoffsymbole

ätzend, reizend	explosiv	entzündlich	giftig	umweltgefährdend

Auf den Produkten ist im Regelfall auch angegeben, wie man sich verhalten soll, wenn man mit den Gefahrstoffen in Berührung kommt, z. B. über die Haut, die Atemwege oder die Augen. Meist ist es sinnvoll, eine passende persönliche Schutzausrüstung zur Verfügung zu stellen, z. B. Gummihandschuhe oder Schutzbrille, oft durch die Berufsgenossenschaften vorgeschrieben.

Sicherheitszeichen

Im Straßenverkehr machen Verkehrszeichen auf Gefahren aufmerksam oder regeln den Verkehrsfluss. Auch am Arbeitsplatz gibt es solche Zeichen. Dort heißen sie Sicherheitszeichen. Sie weisen einerseits auf Gefahren hin, erinnern aber auch daran, wie man sich an gefährlichen Stellen verhalten soll. Die Beschäftigten im Einzelhandel sind bei Beginn ihrer Beschäftigung und in regelmäßigen Abständen über diese Zeichen zu unterweisen.

Sicherheitszeichen sind Symbole, die den Betrachter über Gefahren informieren und ihn zu bestimmten Verhaltensweisen veranlassen sollen. Sie dienen der Unfallverhütung und dem Gesundheitsschutz.

Man unterscheidet 5 Arten von Sicherheitszeichen:

Verbotszeichen			

Rauchen verboten	Zutritt für Unbefugte verboten	Nichts abstellen oder lagern	Betreten der Fläche verboten
Warnzeichen			

Warnung vor einer Gefahrquelle	Warnung vor ätzenden Stoffen	Warnung vor Rutschgefahr	Warnung vor gefährlicher elektrischer Spannung
Gebotszeichen			

Handschutz benutzen	Gehörschutz benutzen	Schutzhelm benutzen	Augenschutz benutzen

Rettungszeichen			

Erste-Hilfe-Einrichtung	Notruftelefon	Rettungsweg	Notausgang
Brandschutzzeichen			

Löschschlauch	Leiter	Feuerlöscher	Brandmelder

Allgemein können Gefahrstellen, die sich nicht mithilfe technischer oder organisatorischer Maßnahmen vermeiden lassen, durch gelb-schwarze oder rot-weiße Streifen (Flatterband) deutlich gemacht werden.

	ständige Gefahrenquelle
	zeitlich begrenzte Gefahrenquelle

Sicherheitszeichen
- Verbotszeichen
- Warnzeichen
- Gebotszeichen
- Rettungszeichen
- Brandschutzzeichen

Gesundheitsschutz

Zum Arbeitsschutz gehört auch der Schutz vor gesundheitlichen Gefahren. Jedes Einzelhandelsunternehmen muss sich daher Fragen zu Arbeitsabläufen stellen und über vorbeugende Maßnahmen nachdenken.

Fragen	vorbeugende Maßnahmen
Sind Maßnahmen getroffen worden, um Gesundheitsschäden durch **körperliche Belastungen** wie schwere körperliche Arbeit, ungünstige Körperhaltung zu verhindern?	* kleinere und leichtere Gebinde bestellen * Transportmittel zur Verfügung stellen * schwere Gebinde von der Palette verkaufen * schwere Gebinde zu zweit bewegen * Rückenschulung anbieten
Wird **Stress** vermieden, z. B. durch Vermeiden von Zeitdruck?	* zu erledigende Arbeiten rechtzeitig planen und bekannt geben * Mitarbeiterzahl an den Arbeitsaufwand anpassen * Arbeitsaufteilung verbessern * vermeiden, dass Mitarbeiter allein im Geschäft sind

Gefahrenbewusstsein schärfen

Der Arbeitsschutz lässt sich verbessern, wenn Mitarbeiter aufmerksam sind und ein Bewusstsein für mögliche Gefahren haben. Dieses Bewusstsein kann gezielt geschult werden, indem Gefahrensituationen durchgespielt und Beispiele von Arbeitsunfällen vorgestellt werden. Wichtig ist, dass Vorgesetzte die Mitarbeiter anhalten, Mängel im Arbeitsschutz sofort zu beseitigen oder zu melden, z. B. ein Fluchtweg, der durch Waren verstellt ist. Mitarbeiter sollten auch aufgefordert werden, Arbeitsunfälle und kleinere Verletzungen unverzüglich an den zuständigen Mitarbeiter weiterzuleiten.

Zusammenfassung

Arbeitsschutz		
Arbeitsschutzgesetz:	Verpflichtet Unternehmen, die Sicherheit und den Gesundheitsschutz der Beschäftigten zu gewährleisten und ständig zu verbessern.	
Gefährdungsbeurteilung:	Systematische Ermittlung und Bewertung möglicher Gefährdungen der Beschäftigten bei ihrer beruflichen Tätigkeit.	
Vorbeugende Maßnahmen:	Maßnahmen zur Verhinderung von Unfällen, z.B. auf Verkehrswegen, beim Gebrauch von Leitern, bei gefährlichen Oberflächen, bei Brandgefahr.	
Gefahrstoffe:	Stoffe, von denen Risiken für die Nutzer diese Substanzen ausgehen können.	
Sicherheitszeichen:	Symbole, die den Betrachter über Gefahren informieren und ihn zu bestimmten Verhaltensweisen veranlassen sollen.	
	* Verbotszeichen * Warnzeichen * Gebotszeichen	* Rettungszeichen * Brandschutzzeichen
Gesundheitsschutz:	Schutz der Arbeitnehmer vor gesundheitlichen Gefahren (z.B. durch körperliche Belastungen oder Stress.	
Gefahrenbewusstsein:	Mitarbeiter für Gefahrensituationen empfindlich machen	

19 Nachhaltigkeit

19.1 Vier Säulen

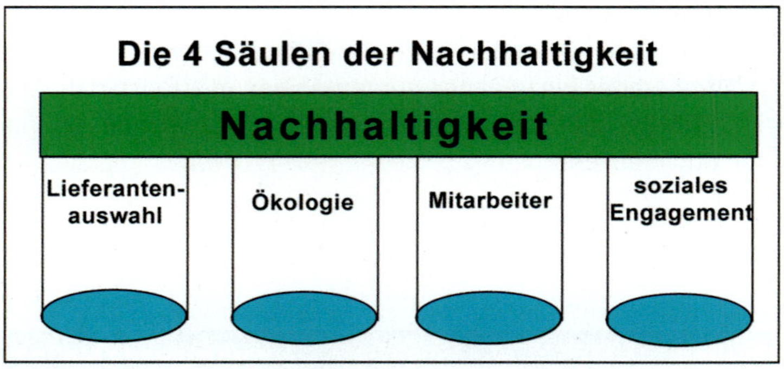

Von **Nachhaltigkeit** spricht man, wenn neben wirtschaftlichen Gesichtspunkten auch die Belange des Umweltschutzes und soziale Fragen betrachtet werden.

Auf der UNO-Konferenz „Umwelt und Entwicklung" in Rio de Janeiro im Jahre 1992 wurde die Weltgemeinschaft erstmals zu nachhaltigem Handeln aufgefordert, um „die menschlichen Grundbedürfnisse zu befriedigen, den Lebensstandard aller Menschen zu verbessern und die Ökosysteme wirkungsvoller zu schützen und zu verwalten."

Vor allem sollte erreicht werden, dass heutige Generationen mit den vorhandenen Vorräten der Natur wie Wasser, Energie, Rohstoffe usw. verantwortungsbewusst umgeht, um die Lebensmöglichkeiten zukünftiger Generationen nicht zu beschränken.

Nachhaltigkeit bedeutet mehr als der Begriff „Bio", der allein auf die möglichst umweltgerechte Herstellung von Produkten abzielt.

Heute werden vor allem vier Gesichtspunkte unter nachhaltigem Handeln zusammengefasst:

* Auswahl der Lieferanten und deren Produkte unter Nachhaltigkeitsgesichtspunkten
* Verringerung von Umweltbelastungen (ökologisches Handeln)
* Zufriedenheit der Mitarbeiter stärken, um langfristig (nachhaltig) erfolgreich zu sein
* Übernahme gesellschaftlicher Verantwortung, indem man sich in soziale Projekte einbringt

Nachhaltigkeit ist ein Handlungskonzept, das die Ansprüche der jetzigen Generation erfüllen soll, ohne die Lebenschancen künftiger Generationen zu gefährden.

Nachhaltigkeit im Unternehmen erfordert eine Unternehmensführung, die den unternehmerischen Erfolg mit der Berücksichtigung sozialer und ökologischer Aspekte verbindet.

Die Ökologie betrachtet die Beziehungen der Lebewesen zu ihrer Umwelt und ist auf den Schutz der Umwelt ausgerichtet.

19.2 Nachhaltigkeit im Einzelhandel

Nachhaltiges Handeln zeigt sich in einem Einzelhandelsbetrieb vorzugsweise auf vier Ebenen.

Lieferantenauswahl

Lieferanten können systematisch bewertet und klassifiziert werden. Neben den Gesichtspunkten Lieferzuverlässigkeit und Servicequalität werden auch die Nachhaltigkeitsanstrengungen der Lieferanten betrachtet.

Beispiele

* Lieferanten auswählen, die den Produzenten der Waren vor allem in Entwicklungsländern einen fairen Preis gewähren und ihnen damit eine nachhaltige Wohlstandszunahme ermöglichen.
* Produkte von Lieferanten mit umweltverträglichen, biologischen und regionalen Produkten ins Sortiment aufnehmen, z. B. Eier aus Boden- und Freilandhaltung, Fisch und Meeresfrüchte, die durch schonende Fangmethoden gewonnen wurden.
* Einkauf hochwertiger und gesunder Produkte

FAIRTRADE
Das Siegel für fairen Handel

Ökologie

Viele Unternehmen verpflichten sich in ihrer Selbstdarstellung, z. B. auf ihrer Webseite oder in Geschäftsberichten, evtl. auch in speziellen **Nachhaltigkeitsberichten**, zum Schutze der Umwelt und zur Minderung von Umweltbelastungen beizutragen. Sie beschreiben darin konkrete Maßnahmen, um die ökologische Verantwortung des Unternehmens sichtbar zu machen.

Beispiele

* Energie einsparen
* Verringerung der Treibhausgasemissionen (siehe CO_2-Fußabdruck auf der folgenden Seite)
* Abfälle für die Wiedergewinnung trennen
* umweltverträgliche Materialien und Verpackungen verwenden oder auf Verpackungen möglichst verzichten
* Mehrwegsysteme einsetzen
* Kunden für Nachhaltigkeit gewinnen
* Warenströme bündeln, um Leerfahrten oder Minderauslastung von Fahrzeugen zu verringern
* den Flächenverbrauch bei der Geschäftsplanung möglichst gering halten

Mitarbeiter

Zufriedene Mitarbeiter sind eine wesentliche Voraussetzung für eine nachhaltige Unternehmensentwicklung. Gute Arbeitsbedingungen schaffen diese Arbeitszufriedenheit.

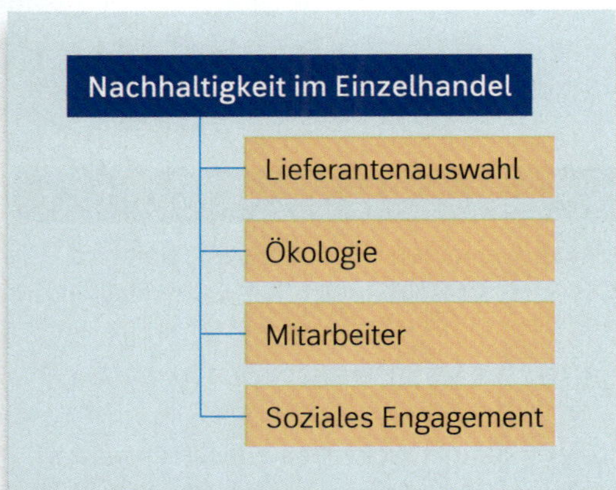

Beispiele

* sozialverträgliche Arbeitszeitmodelle schaffen
* die Vereinbarkeit von persönlicher und beruflicher Lebensführung ermöglichen, unterstützen und fördern
* Unfallgefahren vermindern (durch sichere Werkzeuge und Schulung der Mitarbeiter)
* die Gesundheit der Mitarbeiter aktiv fördern (z. B. durch Schulungen über das richtige Tragen schwerer Lasten)
* Lehrstellen anbieten
* Gleichstellung von Mann und Frau
* Integration von Mitarbeitern mit ausländischer Herkunft, von behinderten und älteren Mitarbeitern

Soziales Engagement

Viele Unternehmen verpflichten sich, gesellschaftliche Verantwortung zu übernehmen. Darum engagieren sie sich in sozialen Projekten.

Beispiele

* Spenden für soziale Zwecke; überzählige Lebensmittel an Organisationen geben, die sie kostenlos an Bedürftige verteilen (z. B. „die Tafel")
* Förderung benachteiligter Kinder
* kulturelle Projekte fördern, z. B. örtliche Musikvereine, Museen
* das offene Gespräch mit kritischen Umweltschutzgruppen und anderen suchen, um gegenseitiges Verständnis zu fördern
* Verzicht auf Produkte, die durch Kinderarbeit oder Ausbeutung von Menschen hergestellt worden sind

19.3 CO_2-Fußabdruck (Carbon Footprint)

carbon (engl.): Kohlenstoff

Weltweit werden **Klimaveränderungen** beobachtet, die sich in einem Ansteigen der Durchschnittstemperatur sowie in einer Zunahme von Umweltkatastrophen wie Dürren, Überschwemmungen und Stürmen darstellen. Ursache des Klimawandels ist vor allem die übermäßige Produktion von Treibhausgasen, die z. B. bei der Gewinnung und Verbrennung von Öl, Kohle und Gas entstehen. Das bekannteste Treibhausgas, das für die Klimaerwärmung verantwortlich gemacht wird, ist **Kohlenstoffdioxid** mit der chemischen Bezeichnung CO_2. Das Gas entsteht vor allem durch das Verhalten der Menschen, z. B. durch Verkehr, Heizen und Stromerzeugung. Jeder Bürger in Deutschland verursacht durchschnittlich rund 8 Tonnen CO_2 im Jahr. Daneben gibt es **andere Treibhausgase**, z. B. ist Methan CH_4, das bei der Gewinnung von Erdöl und Erdgas entweicht und besonders klimaschädlich ist.

CO_2-Fußabdruck (Carbon Footprint) bezeichnet die Menge an CO_2, die von der Produktion bis zur Entsorgung eines Produktes anfällt.

Auch bei der Produktion von Konsumgütern entsteht CO_2, und zwar entlang der gesamten Produktionskette. Der CO_2-Fußabdruck (auch ökologischer Fußabdruck genannt) gibt an, wie viel CO_2 von der Produktion bis zur Entsorgung eines Produktes angefallen ist. Man spricht auch von der Öko-Bilanz eines Produktes.

Beispiel

Wie viel CO_2 in kg entsteht bei der Produktion, Nutzung und Entsorgung von Bettwäsche?

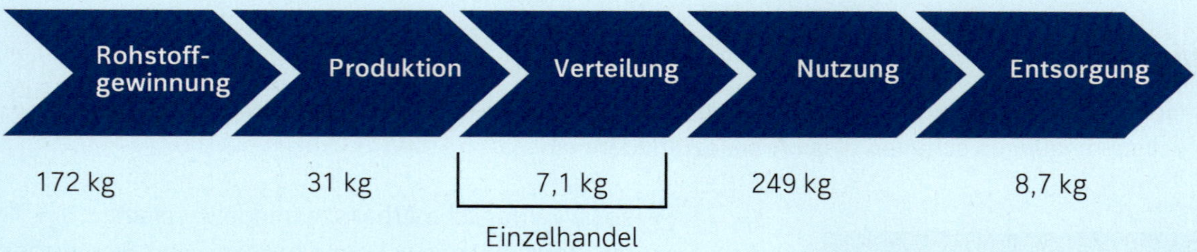

Nachhaltigkeit im Onlinehandel

Immer mehr Kunden nutzen die Möglichkeit, Waren über das Internet einzukaufen. Die Bequemlichkeit und die große Produktauswahl stehen dabei häufig im Vordergrund. Unter dem Gesichtspunkt der Nachhaltigkeit ist der Onlinehandel aber kritisch zu betrachten:

* Onlinekäufe erfordern im Regelfall eine aufwendige Verpackung, die den Verpackungsmüll stark ansteigen lässt.
* Die Pakete müssen oft über weite Strecken transportiert und jedem Kunden individuell zugestellt werden, was das Verkehrsaufkommen erhöht und insbesondere die Innenstädte belastet.
* Eine große Zahl von Rücksendungen (bei Modeartikeln bis zu 50 %) belastet den Verkehr zusätzlich.
* Parallel zum Aufschwung des Onlinehandels setzt in den Städten ein Ladensterben ein, das zu einer Verödung der Innenstädte führt.
* Folglich verringert sich das Arbeitsplatzangebot für Mitarbeiter im stationären Einzelhandel.

Zusammenfassung

Nachhaltigkeit	
allgemein:	Ansprüche der jetzigen Generation mit den Lebenschancen künftiger Generationen in Einklang bringen
im Unternehmen:	Berücksichtigung sozialer und ökologischer Gesichtspunkte bei der Unternehmensführung
Lieferantenauswahl:	Lieferanten und deren Produkte unter Nachhaltigkeitsgesichtspunkten auswählen
Ökologie:	Umweltbelastungen verringern
Mitarbeiter:	Zufriedenheit der Mitarbeiter stärken, um langfristig erfolgreich zu sein
Soziales Engagement:	Übernahme gesellschaftlicher Verantwortung durch Unterstützung sozialer Projekte
CO_2-Fußabdruck:	Menge an CO_2, die von der Produktion bis zur Entsorgung eines Produktes anfällt (Carbon Footprint)

LERNFELD 2
Verkaufsgespräche kundenorientiert führen

1 Kontaktaufnahme mit Kunden

1.1 Den Kunden ansprechen

■ Der Kunde ist unser Gast

Der Einzelhandel lebt von seinen Kunden. Zufriedene Kunden bestimmen den Erfolg eines Einzelhandelsgeschäftes in hohem Maße.

Wann sind Kunden mit einem Einzelhandelsgeschäft zufrieden? Ganz wichtig für die Kunden ist ein freundliches Personal, das zur Stelle ist, wenn man es benötigt. Daher muss dem Kunden bereits beim Betreten des Geschäftes deutlich gemacht werden,

* dass er willkommen ist und
* dass ihm freundliches Personal jederzeit zur Verfügung steht.

Dem Kunden wird die Aufmerksamkeit geschenkt, die man auch als Gastgeber seinem Gast zeigen würde.

■ Blickkontakt

Wer seinem Gesprächspartner in die Augen schaut, macht ihm deutlich, dass er sich für das Gespräch und vor allem für die Aussagen des Gesprächspartners interessiert. Fehlender Blickkontakt zeugt von mangelndem Interesse am Gespräch.

Personen, die einander sympathisch finden, schauen sich früher und länger an als Personen, die einander weniger mögen. Der Blickkontakt schafft daher eine gute Voraussetzung für Sympathie und dafür, dass der Kunde sich im Geschäft wohlfühlt.

Auch im Verkaufsgespräch kommt dem Blickkontakt eine wichtige Aufgabe zu:

* Blickkontakt beim Zuhören und beim Sprechen zeigt dem Kunden das Interesse, das der Kundenberater dem Einkaufsproblem des Kunden zuwendet.
* Wer seinem Gesprächspartner in die Augen sieht, erzielt mehr Vertrauen und Glaubwürdigkeit für seine Aussagen.

Der Blickkontakt hat demnach für den Kontakt zum Kunden eine besondere Bedeutung. Kundenberater sollen sich daher grundsätzlich zu eigen machen:

* **Der Kunde hat Vorrang vor warenpflegerischen Arbeiten.**
* **Mit jedem Kunden, der das Geschäft betritt, wird Blickkontakt aufgenommen.**

Die Warenpflege soll deshalb so ausgeführt werden, dass man Kunden jederzeit wahrnehmen kann. Es ist also ein regelmäßiger Suchblick während der Arbeit erforderlich.

Wie geht man vor?

Sobald ein Kunde das Geschäft betritt,

* wird die Arbeit unterbrochen,
* beendet man Gespräche mit Arbeitskollegen und
* man wendet sich dem Kunden zu.

Sobald Blickkontakt besteht, wird die Begrüßung mit einem Lächeln eingeleitet.

In größeren Geschäften wird der Blickkontakt hergestellt, sobald der Kunde die Abteilung als Zuständigkeitsbereich des Kundenberaters betritt. Betreten sehr viele Kunden das Geschäft, z. B. im Lebensmittelhandel, muss häufig genügen, den Blick des Kunden zu suchen, ohne die Arbeiten an der Ware völlig einzustellen.

Sich dem Kunden zuwenden

„Zuwenden" bedeutet, dass man sich dem Kunden „öffnet".

* Der Körper wendet sich in Richtung des Kunden,
* der Oberkörper beugt sich leicht vor und
* man geht einen Schritt auf den Kunden zu.
* Die Arme sind leicht angewinkelt.

Durch seine Körpersprache signalisiert der Kundenberater sein Interesse, dem Kunden zu helfen.

Ein zweiter Kunde tritt hinzu

Kundenberater, die gerade einen Kunden bedienen, bemühen sich darum, den neuen Kunden zumindest wahrzunehmen. Dazu wendet der Kundenberater den Kopf zum Kunden, stellt Blickkontakt her und signalisiert dem Kunden: ‚Ich habe dich wahrgenommen.'

Körpersprache

Die Körpersprache gehört zur **nonverbalen** (nichtsprachlichen) Kommunikation des Menschen. Sie ist die grundlegendste Sprache des Menschen.

Unabhängig vom gesprochenen Wort (**verbale** Kommunikation) enthüllt die Körpersprache die inneren Einstellungen eines Menschen.

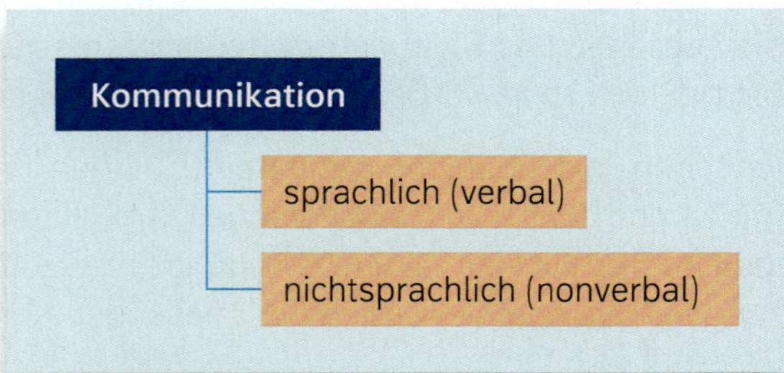

Durch die Gesten der Hände, die Miene des Gesichtes, den Bewegungsablauf des Körpers, z. B. beim Gehen, und die Haltung des Körpers vom Kopf, Schulter, Arme bis zur Wirbelsäule sowie mithilfe der Augen und der Stimme sendet der Kundenberater dem Kunden Signale.

Zur Körpersprache gehören demnach:

* Gestik (Bewegungen der Arme, Beine, Hände, Füße)
* Mimik (Gesichtsausdruck)
* Blickkontakt
* Körperhaltung (Bewegung des gesamten Körpers)
* Stimme

Beispiele

Körpersprachliche Signale

Gestik: Kopfnicken bedeutet Zustimmung; verschränkte Arme vor dem Körper schaffen Distanz.

Mimik: Lächeln wird als Freude aufgefasst und beeinflusst auch die Stimmung des Gesprächspartners. Ein Stirnrunzeln drückt auch ohne Worte Bedenken oder Ablehnung des Gesprächspartners aus.

Blick: Mit dem Blick kann man zum Kontakt auffordern und auch Distanz signalisieren oder sogar herablassend wirken.

Körperhaltung: Schnelle, aufgeregte Bewegungen schaffen Unruhe.

Stimme: Eine ruhige Sprechweise wirkt gewöhnlich vertrauensbildend.

Der Kundenberater sollte wissen, welche körpersprachlichen Signale er aussendet und die Körpersprache des Kunden erkennen, um daraus Hinweise für den Verlauf des Verkaufsgespräches zu bekommen.

Eine positive Körpersprache des Verkaufsmitarbeiters liegt vor, wenn er sich bemüht,

* Interesse,
* Dienstbereitschaft und
* Freundlichkeit zum Ausdruck zu bringen.

Wer allerdings wie Emir (siehe rechts) einen Kunden empfängt, zeigt sich sehr zurückhaltend und abwartend in seiner Gestik und Mimik.

Emirs brav nebeneinandergestellten Füße, die übereinandergelegten Hände und der schüchterne Gesichtsausdruck ermuntern keinen Kunden, sich an diesen Kundenberater zu wenden. Der Ausdruck der Unsicherheit in dieser Körpersprache verhindert eine erfolgreiche Kommunikation

Emir

Auch bei Stefan liegen keine guten Bedingungen für ein wirksames Verkaufsgespräch vor. Zwar zeugt die Beinstellung von einer gewissen Dynamik, die verschränkten Arme signalisieren dem Kunden allerdings, dass er besser von Stefan fernbleibt. Stefan hält Distanz zum Kunden, indem er seine Arme zwischen sich und den Kunden bringt. Der Blick von oben herab zeigt Überheblichkeit, der Gesichtsausdruck ist schon ein wenig spöttisch. Welcher Kunde lässt sich auf ein Gespräch mit einem Kundenberater ein, wenn dessen Körpersprache eine abweisende Grundhaltung gegenüber dem Kunden zum Ausdruck bringt?

Körpersprache: Form der nonverbalen (nichtsprachlichen) Kommunikation, ausgedrückt durch Gestik, Mimik, Augenkontakt, Körperhaltung und Stimme.

Stefan

Körperkontakt

Nähe kann aufdringlich wirken. Der Abstand (die Distanz) zwischen zwei Personen gehorcht gewissen Regeln. So beträgt die Intimdistanz etwa eine Armlänge. Beim Kundenkontakt sollten diese Regeln beachtet werden.

Distanzzonen

bis 0,45 m: intime Zone

bis 1,20 m: persönliche Zone

Begrüßung des Kunden

Jeder Kunde, insbesondere derjenige, der den Blickkontakt erwidert, wird begrüßt. Die Begrüßung beginnt mit einem Lächeln, weil man sich über das Erscheinen des Kunden freut, denn Kunden sind die Arbeitgeber von Kundenberatern. Echte Freude zeigt sich durch Heben der Mundwinkel und Wangen sowie durch den geöffneten Mund. Der Kunde wird mit einem Gruß je nach Tageszeit angesprochen. Die Kunden, besonders Stammkunden, werden möglichst mit Namen angesprochen. Ein Kopfnicken unterstreicht die Begrüßung.

Wer nicht lächeln kann, darf kein Geschäft betreiben. (chinesisches Sprichwort)

Der Kundenberater ist bemüht, aus der Situation heraus Anlässe für weitere freundliche Worte zu finden. Dies gilt insbesondere für Stammkunden.

Beispiel

Eine Kundin hat bei ihrem letzten Besuch von einer Krankheit berichtet. Das ist eine gute Gelegenheit, sich nach ihrem Wohlergehen zu erkundigen.

Begrüßung an der Kasse

In größeren Geschäften mit zentraler Kasse hat sich der Kunde häufig bereits längere Zeit im Geschäft aufgehalten, bevor er zum ersten Mal mit dem Kassenpersonal in Kontakt kommt. Daher ist an der Kasse eine Begrüßung des Kunden erforderlich.

■ Eröffnungsfragen

Wenn es gelingt, ein Verkaufsgespräch zwischen Kundenberater und Kunden zu beginnen, steigt die Chance auf einen Verkaufsabschluss. Um ein Beratungsgespräch in Gang zu setzen, ist schon die Eröffnungsfrage von entscheidender Bedeutung, denn häufig führt eine falsche Frage zu der Bemerkung des Kunden: „Nein danke, ich möchte mich nur umschauen." Ferner ist zu bedenken, dass eine falsche Frage den Kunden zu einer Antwort verleiten kann, die unnötig die Zahl der vorlegbaren Waren eingrenzt. Die Frage „Haben Sie einen bestimmten Wunsch?" zwingt den Kunden, seine Vorstellungen zu konkretisieren, obwohl eine Beratung noch gar nicht stattgefunden hat. Die Eröffnungsfrage sollte daher so formuliert werden, dass sie den Kunden dazu bringt, sein Einkaufsproblem zu nennen.

Dazu eignen sich **weite Fragen**, auch **W-Fragen** genannt. W-Fragen veranlassen den Kunden, seine Einkaufswünsche zu nennen.

Beispiele

* Wie kann ich Ihnen helfen?
* Was darf ich Ihnen zeigen?
* Womit kann ich Ihnen dienen?
* Was kann ich für Sie tun?

Auch ein fragendes „Guten Tag!?" ist eine weite Frage, weil die Betonung dieses Grußes den Kunden ermuntert, über seine Einkaufswünsche zu sprechen.

K-Fragen sind Killer-Fragen

K-Fragen sind Fragen, die ein Beratungsgespräch eher nicht eröffnen, sogar oft verhindern. K-Fragen grenzen darüber hinaus die Warenauswahl unnötig ein. Man erkennt diese Fragen daran, dass der Kunde mit „ja", „nein", mit einer Zahl oder in anderer Form ganz knapp antwortet. Man bezeichnet diese Fragen daher als eng.

Beispiele

* Kann ich Ihnen helfen?
* Kommen Sie zurecht?
* Suchen Sie etwas Bestimmtes?
* Welche Schuhgröße haben Sie?

Auch Alternativfragen sind eher enge Fragen, weil sie dem Kunden wenig Spielraum bei der Antwort lassen.

Beispiel Möchten Sie einen Anorak mit oder ohne Kapuze?

1.2 Kontaktaufnahme in der Verkaufsform Bedienung

In einem Bedienungsgeschäft wird ein Kunde, der das Geschäft betritt, sofort angesprochen:

1. Begrüßung
2. Einleitende weite Frage oder fragende Begrüßung: „Guten Tag!?"

Nachdem der Kunde seinen Wunsch genannt hat, wird die Dienstbereitschaft zum Ausdruck gebracht, z. B. durch die Aussage:

3. „Sehr gerne".

Zusätzlich wird das Interesse des Kunden für die vorzulegende Ware geweckt, indem z. B. eine reichhaltige Auswahl, besonders aktuelle oder preisgünstige Produkte angekündigt werden.

Beispiele

* „Da kann ich Ihnen eine große Auswahl zeigen."
* „... haben wir erst gestern neu hereinbekommen."
* „... neue Messemodelle."
* „... kann ich Ihnen ein besonders preisgünstiges Angebot zeigen."

4. Mit einer zusätzlichen weiten Frage kann der Kunde veranlasst werden, seine Wünsche genauer darzustellen. Oft ist es sinnvoll, nach dem Verwendungszweck für das Produkt zu fragen.

Beispiel

„Wozu möchte Ihr Mann das Oberhemd denn tragen?"

Kontaktaufnahme bei Bedienung

1. Begrüßung	**„Guten Morgen"**
2. weite Frage	**„Wie kann ich Ihnen helfen?"**
3. Dienstbereitschaft zeigen	**„Sehr gerne. Ich kann Ihnen eine große Auswahl zeigen."**
4. weite Frage (Verwendungszweck)	**„Wozu möchten Sie den Blazer tragen?"**

1.3 Kontaktaufnahme bei Vorwahl

In der Verkaufsform Vorwahl grenzt der Kunde von sich aus ihn interessierende Sortimentsteile ein. Der Kontakt wird daher direkt über das Produkt hergestellt.

Der Kunde wird beobachtet, um aus den Verhaltensweisen des Kunden Rückschlüsse auf seine Ansprüche ziehen zu können.

* Distanz zum Kunden halten, nicht hinter ihm stehen
* Kunden intensiv beobachten und versuchen, seine Verhaltensweisen zu deuten:
  - Welches Produkt betrachtet er besonders?
  - Vergleicht er vielleicht verschiedene Produkte?
  - Interessiert er sich besonders für das Preisetikett?
  - Interessiert er sich für ein Produktdetail, z. B. einen Hinweis auf dem Etikett, Zubereitungsempfehlungen u. a.?
* Ein Kunde signalisiert Beratungsbedarf, wenn er
  - längere Zeit vor einem Produkt oder einer Produktgruppe verweilt,
  - ein Produkt intensiver betrachtet oder in die Hand nimmt,
  - sich suchend umschaut.
* Nach dem Beratungssignal begibt man sich zum Kunden und spricht ihn über das Produkt an.
* Kunden begrüßen
  - den Kontakt über eine Frage herstellen

Beratungssignale

Kunde
- Verweilt bei einem Produkt
- Zeigt Interesse/nimmt es in die Hand
- Schaut sich suchend um

Beispiel „Sie interessieren sich für ...?“ oder „Wie gefällt Ihnen dieser ...?“

- Oft ist es aber besser, sofort erläuternd auf das Produkt ein zu gehen, für das sich der Kunde interessiert:

Beispiel „Diese Rucksäcke haben wir hier unten auch noch etwas größer.“

Sollten Sie Verhaltensweisen des Kunden falsch gedeutet haben, ist eine Korrektur durch den Kunden zu erwarten. Dies ist keine Niederlage, sondern ein eleganter Einstieg in ein Beratungsgespräch.

Lehnt der Kunde eine Beratung ab, wird der Kundenwunsch akzeptiert und Dienstbereitschaft zum Ausdruck gebracht. Dazu wird der Kunde im Auge behalten, ohne ihm das Gefühl zu geben, beobachtet zu werden.

Beispiel Kunde: „Vielen Dank, ich möchte mich nur einmal umschauen.“

Kundenberater: „Selbstverständlich, gerne. Wenn Sie Fragen haben, bin ich für Sie da.“

Kontaktaufnahme bei Vorwahl

1. Distanz zum Kunden
2. Kunden beobachten
3. Beratungssignale?
4. Kunden begrüßen
5. Kunden über das Produkt ansprechen
   - produktbezogene Frage
   - produktbezogene Erläuterungen

1.4 Kontaktaufnahme bei Intensivvorwahl

In Geschäften mit Intensivvorwahl begibt sich ein Kunde mit Beratungsbedarf zum Kundenberater oder eventuell zu einem zentralen Beratungsstand oder Service-Point.

1. Auch bei Intensivvorwahl sucht der Kundenberater den Kontakt zum Kunden, wenn dieser Beratungsbedarf signalisiert. Die Kontaktaufnahme entspricht dann der Vorgehensweise bei Vorwahl.
2. Wendet sich ein Kunde an den Kundenberater,
   * stellt sich der Kundenberater auf den Kunden ein und begrüßt den Kunden,
   * erhält der Kunde Gelegenheit, sein Einkaufsproblem darzulegen,
   * wird das Kundenproblem freundlich und zuvorkommend gelöst, auch wenn viele Kunden gleichzeitig an den Kundenberater herantreten.
3. Sucht der Kunde eine bestimmte Ware, wird er möglichst zum Produkt geführt.

1.5 Gleichzeitiger Kontakt zu mehreren Kunden

Auch wenn man einen Kunden gerade bedient, sucht man den Blickkontakt zu einem neu eintretenden Kunden. Wenn der Kunde den Blick erwidert, signalisiert er Beratungsinteresse und man bemüht sich, den Kontakt zu ihm aufzubauen. Der Erstkunde hat aber Vorrang.

* Kontakt zum Zweitkunden herstellen: „Einen Moment bitte, ich komme gleich zu Ihnen.“
* Wenn es die Situation zulässt, weil der Erstkunde anprobiert, ausprobiert oder überlegt, kann man den Zweitkunden aufsuchen. Dazu ist eine Entschuldigung beim Erstkunden mit Erklärung notwendig.
* Wenn der Zweitkunde bereits vorgewählt hat, kann der Kontakt über das Produkt hergestellt werden.

Kontaktaufnahme mit mehreren Kunden

Vorrang für den Erstkunden

Zweitkunden beschäftigen

- In der Regel kann der Zweitkunde nur kleine Hinweise erhalten, da der Erstkunde wartet. Verweise auf geeignete Artikel beschäftigen den Zweitkunden für eine Weile. Die baldige Rückkehr ist anzukündigen.
- Bei der Rückkehr zum Erstkunden ist ein Dank oder eine weitere Entschuldigung angebracht.
- Wendet man sich nach Abschluss des Verkaufsgespräches mit dem Erstkunden wieder dem Zweitkunden zu, ist ein Dank für die Wartezeit erforderlich: „Vielen Dank, dass Sie gewartet haben." Danach wird das Verkaufsgespräch unmittelbar fortgesetzt: „Wie gefällt Ihnen ...?"

Auch bei Hochbetrieb werden die Kunden verkaufsaktiv betreut. Da Kundenberater bei Hochbetrieb von verschiedenen Kunden gleichzeitig angesprochen werden, müssen sie neben der Betreuung des Hauptkunden auch Fragen und kleinere Bitten von weiteren Kunden erledigen können. Die Unterbrechungen durch die übrigen Kunden müssen spontan und knapp erledigt werden.

Eine ruhige Grundhaltung ist an den Tag zu legen. Neben der Reaktion auf Kundenwünsche muss der Kundenberater insbesondere auch durch Beobachtung seines Umfeldes Kundenprobleme erkennen und aktiv auf den Kunden zugehen.

1.6 Kunden zu Kollegen führen und Kontakt herstellen

Häufig müssen Kundenberater feststellen, dass sie einem Kunden, mit dem sie gerade Kontakt aufgenommen haben, nicht helfen können:

- Der Kunde wünscht ein Produkt, das an der Stelle, an der man sich gerade befindet, nicht erreichbar ist.
- Das Kundenproblem erweist sich als so schwierig, dass es von einem Auszubildenden oder vom angesprochenen Kundenberater nicht gelöst werden kann. Oft haben sich Mitarbeiter auf bestimmte Warengruppen spezialisiert. Dann ist es sinnvoll, den Kunden mit diesem Mitarbeiter in Kontakt zu bringen.

Befindet man sich mit dem Kunden bereits an der richtigen Stelle des Geschäftes, muss der zuständige Mitarbeiter eventuell geholt werden. Vielleicht stellt man fest, dass der zuständige Mitarbeiter nicht an seinem Arbeitsplatz ist. Auch dann muss der Arbeitskollege ausfindig gemacht und zum Kunden gebracht werden.

Für Kunden ist es sehr unangenehm, durch einen für sie unübersichtlichen Verkaufsraum geschickt zu werden, vor allem dann, wenn die Wegbeschreibung nicht eindeutig ausfällt. Auch das „Weiterreichen" an einen oder sogar mehrere Arbeitskollegen ist schädlich für den Verkauf, weil der Kunde zum hilflosen Bittsteller gemacht wird. Für eine kundenorientierte Lösung dieses Problems gilt ein wichtiger Grundsatz:

Der Kundenberater mit Erstkontakt zum Kunden ist für die Lösung des Kundenproblems zuständig.

Das bedeutet für die oben beschriebenen Situationen:

- Wenn ein Produkt an der gegenwärtigen Stelle im Geschäft nicht erreichbar ist, wird ein Kunde zum gewünschten Produkt geführt.
- Wenn ein Kunde mit Kollegen in Kontakt gebracht werden soll, ist der Kunde zum Kollegen zu bringen. Dabei ist noch auf folgende Feinheiten zu achten:
  - Das Geschäft muss – auch wenn eine Beratungsleistung von einem Mitarbeiter nicht erbracht werden kann – in einem positiven Licht bleiben. Man stellt seine eigenen Mängel daher nicht besonders heraus, sondern geht positiv auf die Beratungsleistung des Kollegen ein.

Beispiele

negativ	positiv
* „Ich kann Ihnen leider nicht helfen."	* „Frau ... ist unsere Expertin für ..."
* „Davon habe ich überhaupt keine Ahnung."	* „Herr ... hat sich auf ... spezialisiert."

  - Die Höflichkeit verlangt, dass man den Kunden bittet, zu folgen, weil man normalerweise dem anderen den Vortritt lässt.
- Der Kontakt zwischen Kunden und Kollegen ist herzustellen, indem man
  - beide miteinander bekannt macht,
  - den Kundenwunsch wiederholt und
  - sich dann vom Kunden verabschiedet oder eventuell als Auszubildender in der Beratungssituation verbleibt.

* Muss ein Mitarbeiter geholt werden, gilt:
  - Kunde zum gewünschten Produkt führen,
  - ihn beschäftigen,
  - Mitarbeiter holen und zum Kunden führen,
  - Kontakt wie oben herstellen.

Kunden zur Kollegin führen – Kontakt herstellen –

- Kundenberater mit Erstkontakt ist zuständig
- Produktsuche: Kunden zum Produkt begleiten
- Kollegin notwendig: Kunden hinbringen, Kontakt herstellen, Informationen weiterleiten
- Mitarbeitersuche: – Kunden beschäftigen
  – Mitarbeiter holen
  – Kontakt herstellen

1.7 Kundenkontakt am Telefon

Auch am Telefon wird dem Kunden deutlich gemacht, dass man sich über seinen Anruf freut und man gern bereit ist, seine Wünsche zu erfüllen.

Kundenorientiertes Verhalten am Telefon zeichnet aus:

1. Der Kunde wird mit einer Vorstellung am Telefon begrüßt:
   „Guten Morgen/Tag! (Nennung des Unternehmens), Sie sprechen mit Frau X/Herrn Y. Was kann ich für Sie tun?"

① Gruß
② Name des Geschäftes
③ Name des Mitarbeiters
④ Ausdruck der Dienstbereitschaft

2. Wenn der Anrufer seinen Namen nicht genannt hat oder der Name nicht verstanden wurde, wird nachgefragt:
   * „Entschuldigen Sie bitte. Ich habe Ihren Namen nicht verstanden."
   * „Würden Sie Ihren Namen bitte wiederholen?"
3. Der Annehmende prüft sorgfältig, ob er das Kundenproblem lösen kann. Der Verweis an einen Mitarbeiter sollte genau bedacht werden.
4. Wird das Gespräch an einen Mitarbeiter weitergeleitet, kann dieser im Regelfall am Signalton des Telefons erkennen, ob das Gespräch von außerhalb kommt oder ob ein interner Anruf vorliegt. Bei einem internen Gespräch verwendet der Mitarbeiter bei der Gesprächsannahme ähnliche Formulierungen wie oben, allerdings ohne Nennung des Geschäftsnamens.

① Gruß
② Name des Mitarbeiters
③ Formulierung, die Dienstbereitschaft zum Ausdruck bringt

   Eventuell geht der Gesprächsannahme noch ein Dialog mit dem erstannehmenden Mitarbeiter auf interner Ebene voraus: „Frau X, der Kunde Z ist am Telefon und möchte Sie sprechen; ich verbinde Sie."

5. Befindet sich der Mitarbeiter, mit dem verbunden werden soll, im Verkaufsgespräch, sind die Kunden mit Name, Anliegen und Telefonnummer zu notieren. Gewöhnlich wird dem Kunden ein Rückruf durch den Mitarbeiter zugesichert.

1.8 Ein Verkaufsgespräch unterbrechen

Es ist stets sorgfältig zu prüfen, ob das laufende Verkaufsgespräch unterbrochen werden kann. Lässt sich eine Unterbrechung nicht vermeiden, ist zurückhaltend zu agieren:

1. Der hinzutretende Mitarbeiter nähert sich den Gesprächsteilnehmern von der Seite und sucht Blickkontakt zum Mitarbeiter und zum Kunden.
2. Der Kunde wird gefragt, ob man das Gespräch unterbrechen darf.
3. Ist der Kunde einverstanden, wendet man sich an den Arbeitskollegen und schildert den Sachverhalt. Da der Kunde dem Gespräch zuhört, ist eventuell eine positive Umschreibung des Sachverhalts notwendig.
4. Handelt es sich lediglich um eine Auskunft, bedankt man sich beim Mitarbeiter und beim Kunden und zieht sich zurück.
5. Muss der Mitarbeiter das Gespräch verlassen, hat er den Kollegen über den Stand des Verkaufsgespräches zu informieren und Maßnahmen zu treffen, damit das Gespräch fortgesetzt werden kann.

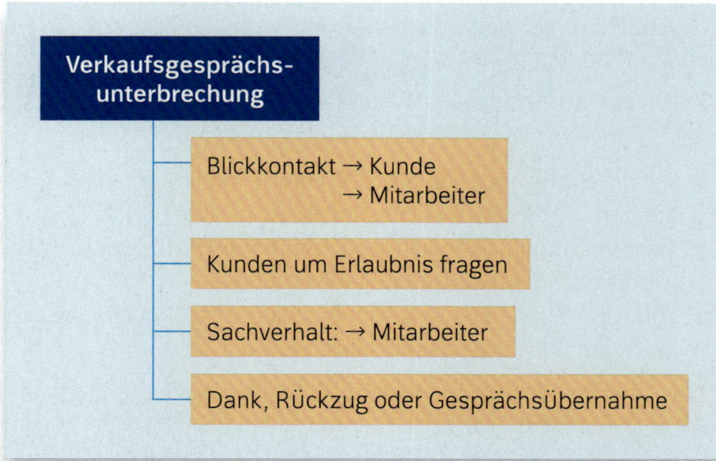

1.9 Sich Kundennamen merken

Jeder Mensch schätzt es, wenn er mit seinem Namen angesprochen wird. Es ist für ihn ein Zeichen, dass er beachtet und in seiner Person wahrgenommen wird. Gerade Stammkunden erwarten eine individuelle Ansprache. Aber auch jede normale Beratungssituation wird persönlicher, wenn man sich mit Namen anspricht. Einzelhandelsgeschäfte machen vielfach den Anfang, indem sie ihre Mitarbeiter mit Namensschildern ausstatten. Nun liegt es nur noch am Verkaufsmitarbeiter, den Namen des jeweiligen Kunden in Erfahrung zu bringen und ihn sich zu merken.

Wie kann man sich einen Kundennamen leichter einprägen?

* **Bewusstes Einprägen**
  Der Kundenname wird im Gedächtnis gespeichert, wie man eine Vokabel in einer Fremdsprache lernt.
* **Aufmerksames Beobachten**
  Der Kunde wird beobachtet mit dem Ziel, hervorstechende Merkmale an ihm zu erkennen. Solche Auffälligkeiten lassen sich z. B. finden

  - an der Kleidung,
  - in der Frisur,
  - in seiner Körperhaltung, Gestik und Mimik,
  - in seinen Gesichtszügen,
  - vielleicht auch in seinen Verhaltensweisen.

  Im Gehirn werden neben dem Namen auch die beobachteten Merkmale gespeichert. Je mehr Merkmale mit dem Namen verbunden werden können, desto besser ist die Speicherung.

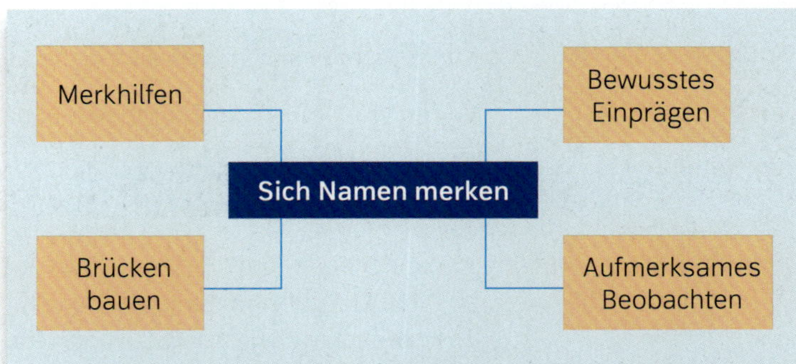

* **Brücken bauen**
  Hat ein Kunde/eine Kundin Ähnlichkeiten mit einer Person aus dem öffentlichen Leben (z. B. Politiker, Sänger, Popstar, Fernsehmann/-frau), kann man beide Namen gedanklich miteinander verbinden. Die Mehrfachspeicherung erhöht die Fähigkeit, sich an den Namen zu erinnern.

* **Merkhilfen entwickeln**
  Gezielt werden gedankliche Bilder konstruiert, die sich mit dem Kundennamen verbinden lassen. Der Fantasie sind keine Grenzen gesetzt. Es darf ruhig lustig und abgehoben sein, denn die Merkhilfen werden ja nur im eigenen Kopf entwickelt.

Kontaktaufnahme im Onlinehandel

Beim Besuch eines stationären Geschäftes geht die Initiative zunächst vom Kunden aus. Eventuell ist er durch Werbung (z. B. mit Sonderangeboten) auf das Geschäft aufmerksam gemacht worden. Sobald ein Kunde ein Geschäft betreten hat, kann der Einzelhändler Einfluss auf den Kunden ausüben: Er kann ihn z. B. direkt ansprechen oder zunächst eine Vorauswahl treffen lassen.

Im Onlinehandel hingegen nimmt der Kunde völlig unabhängig Kontakt mit dem Onlineangebot des Einzelhändlers auf. Dazu gibt es verschiedene Wege:

* Auf der Suche nach einem bestimmten Produkt wird der Kunde von einer **Suchmaschine** (z. B. Google, Bing) auf den Onlineshop des Einzelhändlers geleitet.
* Der Kunde kann auch auf eine **Verkaufsplattform**, wie z. B. Amazon Marketplace, eBay-Shop, Otto, geführt werden, wo er verschiedene Anbieter findet.
* Kennt der Kunde den Onlineshop eines Einzelhändlers, kann er ihn auch **direkt** mittels PC, Laptop, Tabletcomputer oder Smartphone aufrufen.

Der Kaufprozess wird vom Kunden alleine organisiert. Zwar bieten viele Onlinehändler Kontaktmöglichkeiten per E-Mail oder Telefon an, dies sind aber eher zusätzliche Serviceleistungen ohne Einfluss auf den eigentlichen Kaufvorgang. Eine Ausnahme bilden Onlineshops, die eine Beratung mit Produktauswahl anbieten (**Curated Shopping**, betreutes Einkaufen). Man findet sie vorzugsweise im Bekleidungshandel.

Zusammenfassung

Kontaktaufnahme mit Kunden

Kunden ansprechen:	Blickkontakt → sich dem Kunden zuwenden			
	Körpersprache:	* Gestik * Mimik	* Augenkontakt * Körperhaltung	* Stimme
	Begrüßung: Lächeln, Grußformel, falls möglich mit Namen			
	Eröffnungsfragen:	* W-Fragen verwenden (weite Fragen) * K-Fragen vermeiden (Killer-Fragen, enge Fragen)		
Verkaufsform Bedienung:	1. Begrüßung 2. weite Frage	3. Dienstbereitschaft zeigen 4. weite Frage (Verwendungszweck)		
Vorwahl:	1. Distanz zum Kunden 2. Kunden beobachten 3. Beratungssignale erkennen	4. Kunden begrüßen 5. Kunden über das Produkt ansprechen: * produktbezogene Frage * produktbezogene Erläuterungen		
Intensivvorwahl:	Kunde wendet sich an den Kundenberater			
mehrere Kunden:	Vorrang für den Erstkunden; Zweitkunden beschäftigen			
am Telefon:	1. Gruß 2. Name des Geschäftes	3. Name des Mitarbeiters 4. Dienstbereitschaft zeigen		
Kunden zum Kollegen führen:	* Kundenberater mit Erstkontakt ist zuständig * Produktsuche: Kunden zum Produkt begleiten * Kollege notwendig: Kunden hinbringen, Kontakt herstellen, Informationen weiterleiten * Mitarbeitersuche: Kunden beschäftigen, Mitarbeiter holen, Kontakt herstellen			
Gesprächsunterbrechung:	Blickkontakt zu Kunde, Mitarbeiter suchen → Kunden um Erlaubnis fragen → Sachverhalt dem Mitarbeiter vortragen → Dank an den Kunden, Rückzug oder Gesprächsübernahme			
Namen merken:	* bewusstes Einprägen * aufmerksames Beobachten	* Brücken bauen * Merkhilfen		

2 Anspruchsermittlung

2.1 Kundengruppen

Kundenorientierung - Kundenkenntnis

Kundenorientierung ist heute ganz wesentlich für den Erfolg eines Einzelhandelsgeschäftes. Eine Ausrichtung der geschäftlichen Aktivitäten auf den Kunden setzt voraus, dass man seine Kunden genau kennt und einschätzt. Grundsätzlich hat jeder Mensch eine eigene Persönlichkeit, allerdings lassen sich bei Kunden gemeinsame, wiederkehrende Verhaltensweisen feststellen.

Beispiel

Wenn ein Kind von acht Jahren ein Geschäft betritt, kann man allgemein sagen:

* Die Geduld von Kindern ist begrenzt.
* Man darf locker und fröhlich mit dem Kind umgehen.
* Beim Preis ist Vorsicht geboten und die Eltern – ob anwesend oder nicht – sind immer zu berücksichtigen.

Dennoch darf man Kunden nicht vorschnell in eine bestimmte Schublade stecken.

Daher lautet der Grundsatz für die Einteilung von Kunden in bestimmte Kundengruppen:

Kunden aufmerksam beobachten und vorsichtig einschätzen.

Es werden einige Möglichkeiten vorgestellt, wie man Kunden in Gruppen einteilen kann. Ziel ist, bestimmte Verhaltensregeln im Umgang mit Kunden nicht immer wieder völlig neu zu bestimmen, sondern innerhalb eines gewissen Rahmens zu standardisieren.

Kundengruppen nach dem Geschlecht

„Frauen kaufen nach Gefühl, Männer nach Verstand."

Eine solche Aussage ist sehr klischeehaft formuliert. Tatsache ist, dass sich Frauen und Männer in ihrem Einkaufsverhalten unterscheiden. Wenn eine Frau mit ihrem Partner gemeinsam einkauft, treffen unterschiedliche Erlebniswelten aufeinander, denn beide verbinden mit dem Einkauf verschiedene Vorstellungen.

Einkaufsverhalten von Frauen

Frauen betrachten das Einkaufen mit ihrem Partner oft als eine gemeinsame Unternehmung, die man wie ein Freizeitvergnügen genießt.

Wenn Frauen allein einkaufen, lieben sie es, zu stöbern, anzuprobieren und ausgiebig zu vergleichen. Ein Einkaufsbummel ist für Frauen ein wichtiges Erlebnis, bei dem sie wie Männer zielorientiert vorgehen, nur ist das Ziel Vergnügen statt Erledigung. Sie haken nicht gerne Einkaufslisten ab, sondern lassen sich durch die Warenauswahl anregen, so kann aus einem geplanten Hosenanzug am Ende ein Rock mit schicker Bluse werden.

Frauen interessieren sich oft mehr für die optische Seite eines Produktes und weniger für das technische Innenleben.

Einkaufsverhalten von Männern

Alltägliche Einkäufe wollen viele Männer häufig schnell erledigen. Sie gehen daher sehr zielorientiert vor und entscheiden sich nach kurzer Auswahlzeit.

Beim Einkauf technischer Artikel wie Werkzeugmaschinen, Elektrogeräte, Computer, Autos können sich Männer aber sehr wohl viel Zeit lassen. In Geschäften, die diese Produkte anbieten, halten sich viele Männer gerne und lange auf.

Häufig ist eine Vorliebe für die technische Ausstattung der Ware feststellbar, während die Optik als weniger wichtig angesehen wird.

Aus den unterschiedlichen Einkaufsvorstellungen entstehen oft während des Einkaufs Differenzen zwischen den Partnern. Ein Kundenberater sollte die Einkaufsmentalität von Frauen und Männern kennen und sich im Verkaufsgespräch darauf **ausgleichend** einstellen. Es ist aber zu beachten, dass Frauen und Männer heute ihren eigenen Lebensstil verwirklichen wollen. Dazu gehört die technisch interessierte Kundin ebenso wie der modisch interessierte Mann oder die berufstätige Hausfrau mit schnellen Kaufentscheidungen und der Hausmann, der noch einen Einkaufsbummel macht, bevor er die Kinder vom Kindergarten abholt.

Kundengruppen nach dem Alter

Menschen ändern ihre Ansprüche im Verlauf des Lebens und damit auch ihre Erwartungen an Verkaufspersonal, Sortiment und Dienstleistungen eines Geschäftes.

Kinder

Juristisch sind Menschen bis zum Alter von 14 Jahren als Kinder anzusehen, die je nach Alter nicht oder beschränkt geschäftsfähig sind. Der Entwicklungsstand gleichaltriger Kinder kann sehr unterschiedlich sein, sodass manches Kind wie ein Jugendlicher auftritt, während andere sich wie jüngere verhalten.

Im Allgemeinen ist gegenüber Kindern zu beachten:

- Kinder haben nicht die Ausdauer eines Erwachsenen und werden leicht ungeduldig.
- Sie schätzen es, wenn man sie besonders beachtet, interessante und lustige Dinge an einer Ware hervorhebt oder ihnen ein kleines Geschenk macht.
- Eine kindgerechte Sprache ist eher vertraulich, locker und fröhlich.
- Das Preisniveau der vorgelegten Ware sollte sich mehr, aber nicht immer, im unteren bis mittleren Bereich bewegen.
- Die Verkaufsargumentation sollte die Sichtweise der Eltern berücksichtigen, denn auch sie – ob anwesend oder nicht – müssen mit der Kaufentscheidung einverstanden sein.

Jugendliche

14- bis 17-Jährige gelten als Jugendliche, sie sind beschränkt geschäftsfähig. Sie verändern ihre Verhaltensweisen oft sehr schnell. Grundsätzlich lässt sich zu jugendlichen Kunden sagen:

- Gefragt sind vor allem aktuelle Artikel; sie dürfen durchaus auch ausgefallen sein.
- Es besteht eine Vorliebe für Marken- und Trendprodukte.
- Die beschränkten finanziellen Mittel von Jugendlichen erfordern (in der Regel) die Vorlage preisgünstiger Ware.
- Häufig bestehen recht konkrete Vorstellungen vom Produkt. Jugendliche erwarten daher keine ausgiebige Beratung, sondern wünschen eher Gelegenheit zur Selbstwahl.

Erwachsene

Als Erwachsene gelten Menschen ab dem vollendeten 18. Lebensjahr. In ihrem Kaufverhalten sind sie sehr unterschiedlich. Es ist Aufgabe des Verkaufsmitarbeiters die Wünsche und Ansprüche jedes Kunden im Verkaufsgespräch sorgfältig zu ermitteln (siehe „Kundenansprüche).

Senioren

Das Durchschnittsalter der deutschen Bevölkerung steigt. Ältere Kunden werden daher zu einer immer bedeutsameren Kundengruppe. Die Grenze wird heute in der Regel bei 50 Jahren angesetzt und diese Kundengruppe „50 plus“, „Generation Gold“, „Best Ager“ genannt. Für den Einzelhandel ist diese Kundengruppe besonders interessant, weil sie finanziell gut ausgestattet ist.

Was ist für die „Generation 50 Plus“ wichtig?

* viele soziale Kontakte
* Hobbys
* Reisen
* sich mit neuen Dingen auseinandersetzen
* aktiv sein
* Lebensfreude
* sich Jugendträume erfüllen

Verkaufsmitarbeiter sollten beachten:

* Kunden nie auf das Alter ansprechen
* Markenprodukte vorlegen
* Diese Kunden wollen aktiv am Leben teilnehmen. Produkteigenschaften, die die Vitalität betonen, sind hervorzuheben. Hinweise auf Alter, Krankheit und Tod sind fehl am Platz.
* Die Kunden schätzen ein offenes Ohr für die Probleme des Alltags.

Kundengruppen nach der Geschäftstreue

Stammkunde

Wer regelmäßig in einem bestimmten Geschäft einkauft, wird dort als Stammkunde bezeichnet. Diese Kunden sind in der Regel namentlich bekannt und es hat sich zwischen ihnen und dem Geschäft ein Vertrauensverhältnis gebildet. Das Verkaufspersonal kennt die Wünsche eines Stammkunden und erfüllt gern Sonderwünsche. Durch besonders höfliche und zuvorkommende Behandlung bemüht sich der Einzelhändler um eine enge Bindung der Stammkunden an sein Geschäft.

Laufkunde

Wer nur gelegentlich „im Vorbeilaufen“ ein Geschäft betritt, wird als Laufkunde bezeichnet. Es ist ein wichtiges Ziel des Einzelhändlers, Laufkunden zu Stammkunden zu machen. Heute gilt vielfach der Grundsatz, dass es leichter ist, eine vorhandene Kundenbindung zu erhöhen (aus Laufkunden Stammkunden machen) als Neukunden zu gewinnen.

Sehkunde

Wer lediglich das Warenangebot eines Geschäftes betrachten möchte, gilt als Sehkunde (Besichtigungskunde). Diesen Kunden macht es Freude, durch ein Geschäft zu bummeln, sich über das Warenangebot zu informieren oder Preisvergleiche anzustellen. Ein Beratungsgespräch würde diese Kunden unter Kaufzwang setzen, daher möchten sie in Ruhe gelassen werden. Es ist aber nicht ausgeschlossen, dass ein Sehkunde auch spontan etwas kauft. Daher sollte er vom Kundenberater unauffällig beobachtet werden, damit dieser bei Bedarf zur Stelle sein kann.

Gruppenbildung nach der Lebenssituation des Kunden

Die Lebenssituation beschreibt das soziale und wirtschaftliche Umfeld eines Menschen: Welchen Beruf übt er aus, hat er eine Familie? Wichtig für den Einzelhändler ist die Höhe des Einkommens, die häufig in enger Verbindung zum Beruf steht, wobei regelmäßig nur indirekte Rückschlüsse möglich sind, weil sich eine direkte Frage verbietet. Die Lebenssituation soll auch die Lebensziele eines Menschen zum Ausdruck bringen. Was ist diesem Menschen wichtig? Wie möchte er sein Leben gestalten? Wie möchte er seine Ziele verwirklichen?

Aus der Lebenssituation ergeben sich unter anderem bestimmte Konsumgewohnheiten, die sich in Ansprüchen an die Waren äußern.

Beispiele

preisorientierte Kunden	Aufgrund eines niedrigen Einkommens bevorzugen diese Kunden preisgünstige Produkte. Vielleicht haben sie aber – selbst bei hohem Einkommen – auch Freude am Schnäppchenkauf (Smart Shopper).
qualitätsorientierte Kunden	Ein hohes Einkommen ermöglicht den Einkauf qualitativ hochwertiger Produkte. Eventuell kaufen diese Kunden aber trotz ausreichenden Einkommens lieber wenige Qualitätsprodukte anstelle von Sonderangeboten in Serie.
umweltbewusste Kunden	Sie haben sich zum Ziel gesetzt, durch ihren Konsum die Umwelt nicht oder so wenig wie möglich zu schädigen.

moderne Kunden	Sie möchten durch ihren Konsum zeigen, dass sie immer auf der Höhe der Zeit sind, z. B. in der Mode oder bei technischen Produkten.
traditionelle Kunden	Diese Kunden kaufen Produkte, die sie kennen und die sich bewährt haben.

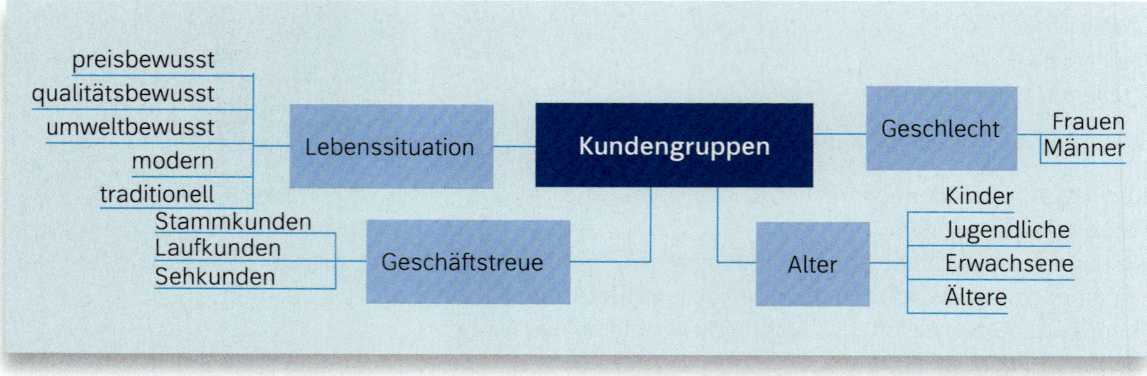

2.2 Kundenansprüche

■ Kaufmotive oder Ansprüche?

In der Praxis wird von Kaufmotiven und von Ansprüchen gesprochen. **Motive** sind Antriebe des Menschen, die in seinem Innersten verborgen und sehr allgemein ausgerichtet sind, z. B. das Motiv, sich selbst zu verwirklichen oder der Wunsch nach Liebe und Geborgenheit.

Kaufmotive zielen auf das Einkaufsverhalten des Menschen, decken aber eine große Bandbreite von Motiven ab. Ein Mensch kauft nicht nur ein, um sich mit Waren zu versorgen, er hat auch den Wunsch nach sozialen Kontakten, wie es oft bei älteren Menschen festzustellen ist. Kunden „shoppen", um sich selbst zu belohnen, oder sie gehen in ein Geschäft, um zu einem bestimmten Kundenkreis zu gehören.

Ansprüche sind konkrete Wünsche eines Menschen, die auch für Außenstehende deutlich erkennbar sind. **Kundenansprüche** sind Erwartungen des Kunden an die Einkaufsstätte. Man kann Kundenansprüche weiter in Ansprüche unterteilen:

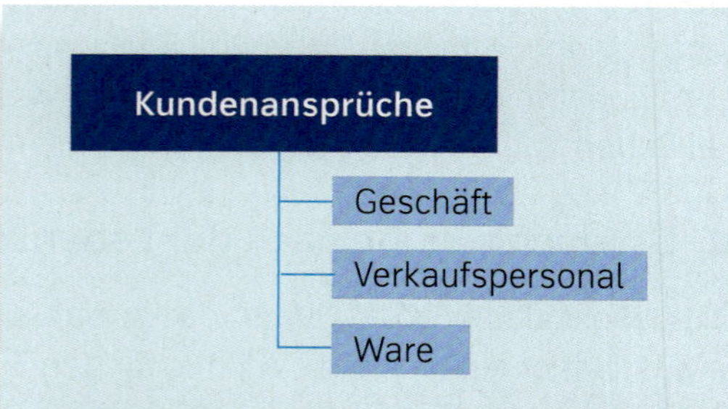

* an das **Geschäft** als Ganzes, z. B. an die Geschäftsausstattung, die Sortimentsauswahl und die Großzügigkeit bei Reklamationen;
* an das **Verkaufspersonal**, z. B. nach freundlichem Verhalten, Beratungskompetenz;
* an die **Ware**, z. B. an die Qualität und den Preis der angebotenen Produkte.

An dieser Stelle wird nur noch von Ansprüchen die Rede sein, weil sie von Verkaufsmitarbeitern zu erkennen sind und in ihre Argumentation einbezogen werden können. Insbesondere geht es um Ansprüche an die Ware, an das Produkt.

Kundenansprüche: Erwartungen von Kunden an ein Produkt.

Ein Verkaufsmitarbeiter muss die Ansprüche seiner Kunden kennen, um anspruchsgerechte Produkte vorlegen zu können.

Durch die tägliche Verkaufspraxis wissen Verkaufsmitarbeiter, worauf ihre Kunden am meisten Wert legen. Man weiß auch, dass bestimmte, allgemeine formulierte Ansprüche immer wieder von Kunden geäußert werden.

Anspruch	... und was sich dahinter verbirgt
Bequemlichkeit	Entspannung, Erholung, Zeitersparnis, Arbeitsersparnis
Preiswürdigkeit	preiswertes Einkaufen, möglichst hoher Gegenwert, ausgewogenes Preis-Leistungs-Verhältnis, Gewinnstreben, Energieersparnis

Zweckmäßigkeit	Nützlichkeit, hoher Gebrauchswert, Funktionalität, Ordnungsliebe, korrekte Kleidung
Sicherheit	Zuverlässigkeit, lange Lebensdauer, sorgfältige Verarbeitung, Geborgenheit, Schutz, Bewährtes, Gewohntes, umweltgerecht, nachhaltig, Gesundheit, Lebenserhaltung, Schutz von Tieren, Unauffälligkeit, Nachahmung
Gestaltungsbedürfnis	Raumgestaltung, Freude an technischen Dingen, Sport, Hobbys, Sammlungen, Beschäftigungsdrang und Kreativität, Abenteuer, Informationsbedürfnis, Freude an Veränderungen, Neugierde, Geselligkeit
Pflegebedürfnis	Verlangen nach Sauberkeit und Hygiene, Freude an Pflegearbeiten, Wunsch, ein Kind zu betreuen
Schönheit	schöne Formen und Farben, gutes Design, angenehme Musik
Geltungsbedürfnis	andere beeindrucken, auffallen wollen, etwas vorzeigen können, etwas Besonderes besitzen wollen

2.3 Zielsetzung der Anspruchsermittlung

Die Ansprüche von Kunden werden mit dem Ziel ermittelt, ein Beratungsgespräch zu führen, das dem Kunden Gelegenheit gibt, seine Wünsche an das Produkt ausgiebig darzulegen. Deshalb sind in der Anspruchsermittlung enge, geschlossene Fragen zu vermeiden.

Die enge Frage „Kann ich Ihnen helfen“ ist im Handel sehr gebräuchlich. Sie ist aber durch häufigen Gebrauch weitgehend sinnentleert oder sie überfordert den Kunden, weil er seine Produktvorstellungen nicht hinreichend konkretisieren kann. In ähnlicher Weise bringt die Frage „Suchen Sie etwas Bestimmtes?“ Kunden in Bedrängnis, weil sie das „Bestimmte“ noch gar nicht in Worte fassen können.

Vermeiden

„Kann ich Ihnen helfen?“
„Suchen Sie etwas Bestimmtes?“
„Wie viel möchten Sie denn anlegen?“

Auch Fragen nach der Preisvorstellung sind enge Fragen, weil sie die Warenauswahl unnötig einschränken und Umsatzchancen vergeben. Denn nennt der Kunde, obwohl er noch gar keine Preisvorstellung hat, einen bestimmten Preis, ist es für den Mitarbeiter schwierig, von dieser oft willkürlich gesetzten Preisgrenze wegzukommen.

Offene, weite Fragen und **Produktvorführungen** sind geeignete Mittel, die Vorstellungskraft des Kunden anzuregen und ihn zu veranlassen, seine Ansprüche näher zu erläutern.

2.4 Anspruchsermittlung durch Beobachten und Zuhören

■ Aufmerksamkeit sichtbar machen – Freude am Verkauf zeigen

Körpersprache siehe Seite 90

Schon die Höflichkeit verlangt, dass man einem Gesprächspartner aufmerksam zuhört. Für einen Verkaufsmitarbeiter, der einem Kunden zuhört, gilt diese Regel in besonderem Maße, weil es die meisten Menschen als sehr ärgerlich empfinden, an ihrem Gesprächspartner „vorbeizureden“. Für das Beratungsgespräch gilt grundsätzlich:

Dem Kunden wird unsere Aufmerksamkeit hör- und sichtbar gemacht.

Daraus folgt:

* Der Kundenberater schweigt, während der Kunde spricht.
* Gleichzeitig signalisiert er dem Kunden seine Aufmerksamkeit.

Beispiele

* Blickkontakt, ohne den Kunden anzustarren
* Gestik, die sich dem Kunden öffnet und zeigt, dass man gedanklich mitgeht
* Mimik, die Interesse an den Kundenaussagen zeigt
* Kopfnicken, gelegentliche Zuhörfloskeln wie „ja“, „mhm“

Ein Kunde, der die Aufmerksamkeit des Kundenberaters wahrnimmt, wird positiv auf das Verkaufsgespräch eingestimmt.

Diese Wirkung lässt sich noch verstärken, wenn der Kundenberater deutlich macht, dass ihm der Umgang mit Kunden Freude bereitet und dass er gerne bereit ist, sich einfühlsam um das Einkaufsproblem des Kunden zu kümmern.

Freude am Verkaufen deutlich machen.

Sich einfühlsam um das Einkaufsproblem des Kunden kümmern.

Zu vermeiden sind alle sprachlichen und nicht sprachlichen Signale, die Missfallen, Desinteresse oder Ungeduld zum Ausdruck bringen.

Beispiele

* Stirn runzeln
* Augenbrauen hochziehen
* Nase rümpfen
* Kopf schütteln
* rasches Luft holen und vorbeugen, denn es zeugt von Ungeduld
* sich mit anderen Dingen wie Ware, Kugelschreiber u. a. beschäftigen
* wegschauen

Frühzeitig Vermutungen über die Kundenwünsche anstellen

Zu Beginn eines Verkaufsgespräches muss man Kunden aufmerksam beobachten und vorsichtig einschätzen. Auf diese Weise erhält man erste Hinweise über die Wünsche der Kunden. Bevor ein Kunde sich äußert, können bereits erste Vermutungen angestellt werden **(unausgesprochene Ansprüche)**.

Beispiel

Eine junge Frau betritt mit einem Kinderwagen einen Bioladen.

Mit hoher Wahrscheinlichkeit, aber nicht mit letzter Sicherheit, handelt es sich um die Mutter des Kindes. Es ist weiter davon auszugehen, dass die Kundin um die Gesundheit ihres Kindes sehr besorgt ist. Der Anspruch „Sicherheit“ wird vermutlich einen hohen Stellenwert haben.

Auch die ersten Aussagen von Kunden, nachdem sie das Geschäft betreten haben oder sich an einen Verkaufsmitarbeiter wenden, machen deutlich, in welche Richtung sich das Verkaufsgespräch bewegen könnte.

Beispiel

Fortsetzung

Die Kundin mit dem Kinderwagen wendet sich an eine Verkaufsmitarbeiterin: „Ich habe in Ihrem Prospekt gelesen, dass Sie Ihr Gemüse von regionalen Biohöfen beziehen.“

Der optische Eindruck vom Eingang wird durch die Aussage der Kundin bestätigt. Offensichtlich legt sie Wert auf Gemüse, das nach ökologischen Gesichtspunkten erzeugt worden ist und nicht mit chemischen Pflanzenschutzmitteln in Berührung gekommen ist.

Die Betonung der regionalen Herkunft könnte darauf hinweisen, dass die Kundin auch umweltbewusst ist und es ablehnt, dass Produkte um die halbe Welt befördert werden, bevor sie in den Regalen des Handels verfügbar sind. Die Vermutung, dass der Anspruch „Sicherheit“ im weiteren Verkaufsgespräch eine zentrale Rolle spielen wird, wird weiter gefestigt.

Letztlich kann man aus einer Kombination von äußerer Erscheinungsbildung und den ersten Aussagen eines Kunden wichtige Informationen über naheliegende Ansprüche eines Kunden gewinnen. Diese Informationen sind vorsichtig einzuschätzen, ohne den Kunden unabänderlich einzuordnen. Im Verlauf des Verkaufsgesprächs werden seine Ansprüche immer deutlicher, indem er sich zur vorgelegten Ware äußert und seine Ansprüche immer weiter konkretisiert.

2.5 Anspruchsermittlung durch Fragen

■ Anspruchsermittlung im Dreischritt

Fragen eines Mitarbeiters wie „Suchen Sie etwas Bestimmtes?“, die von einem Kunden eine exakte Beschreibung seiner Ansprüche verlangen überfordern Kunden vielfach. Werden ihm jedoch konkrete Produkte vorgelegt, am besten in einer kleinen Auswahl, fällt es einem Kunden viel leichter, seine Ansprüche zu formulieren. Einem Kunden sollten daher möglichst früh Waren vorgelegt werden.

Anspruchsermittlung im Dreischritt

1. Eröffnungsfrage
2. Zweckfrage
3. Produktvorführung

1. Schritt: weite Eröffnungsfrage
Nach der Begrüßung eröffnet der Kundenberater das Verkaufsgespräch mit einer weiten, offenen Frage, die seine Dienstbereitschaft zum Ausdruck bringt.

Beispiele

* „Was kann ich für Sie tun?“
* „Wie kann ich Ihnen helfen?“

Diese Frage signalisiert einem Kunden, dass der Kundenberater bereit ist, sich die Wünsche des Kunden anzuhören, ihm geeignete Waren vorzulegen und ihn zu beraten.

Weite Fragen haben einen starken Aufforderungscharakter und veranlassen einen Kunden, seine Ansprüche zu erläutern. Außerdem werden Ausweichmöglichen verringert: „Ich möchte mich nur einmal umschauen.“

2. Schritt: weite Zweckfrage
Die nächste weite Frage zielt auf den Verwendungszweck ab, für den der Kunde die Ware nutzen möchte. Jeder Kunde hat eine Vorstellung, wofür er das gewünschte Produkt verwenden will. Diese Vorstellung kann er auch leicht in Worte fassen, weil er aus seinem vertrauten Lebensumfeld berichten kann.

Beispiele

* „Wofür wollen Sie den ... verwenden?“
* „Welche Möbel sind in dem Raum vorhanden?“
* „Welchen ... haben Sie bisher bei uns gekauft/bisher verwendet?“

Die Antwort des Kunden gibt dem Kundenberater mit großer Sicherheit ausreichend Informationen, welche Produkte für den Kunden infrage kommen. Aus dem Verwendungszweck lassen sich bestimmte Ansprüche des Kunden ableiten, ohne dass viel nachgefragt werden muss.

Beispiel

Wenn eine Kundin einen Schuh für den Spanienurlaub sucht, sind gewöhnlich sommerliche Farben und Formen, leichtes Material und eher preisgünstige Ware gewünscht.

Der Kundenberater kann daher die Produktauswahl eingrenzen und mit der Vorlage von Waren beginnen, die für den Kunden mit großer Wahrscheinlichkeit passend sind. Damit leitet der Kundenberater den 3. Schritt in der Anspruchsermittlung ein.

3. Schritt: Produktvorführung
Durch die Vorlage und Beschreibung von Produkten auf der Grundlage der Kundenaussagen und der Anspruchsvermutungen erhält der Mitarbeiter schrittweise immer deutlichere Informationen über die Ansprüche des Kunden.

Beispiel

Gesprächsverlauf		Erläuterungen
Kundenberaterin:	„Guten Tag. Was kann ich für Sie tun?“	Die Kundenberaterin begrüßt die Kundin mit einer weiten Eröffnungsfrage und weckt das Interesse der Kundin für die zu erwartende Produktauswahl.
Kundin:	*„Guten Tag. Ich hätte gern einen Jogging-Anzug.“*	
Kundenberaterin:	„Ich kann Ihnen unsere reichhaltige Auswahl hier vorne gern einmal zeigen.	

	Wofür möchten Sie den Jogging-Anzug verwenden?“	Danach folgt die Zweckfrage. Die Antwort der Kundin gibt der Kundenberaterin nähere Hinweise auf den Einsatzzweck.
Kundin:	*„Für meine täglichen Runden durch den Stadtwald.*	
Kundenberaterin:	„Wir haben gerade ganz neue Modelle in den Modefarben des kommenden Winters bekommen.“	Die Vorstellung der Produkte wird mit einem Hinweis auf die Attraktivität der Auswahl eingeleitet: „Modefarben des kommenden Winters“.
Kundin:	*„Ich hatte eher an etwas Unauffälliges, Schlichtes gedacht.“*	Die Kundin reagiert auf die Ankündigung und konkretisiert ihre Vorstellungen zum ersten Mal.
Kundenberaterin:	„Dann wird Ihnen dieser einfarbige blaue Anzug sicher gefallen.“	Die Kundenberaterin legt ein Produkt nach dem Wunsch der Kundin vor.
Kundin:	*„Ja, dieser Anzug entspricht in etwa meinen Vorstellungen. Haben Sie so etwas auch mit Kapuze?“*	Anhand eines anschaulichen Produktbeispiels verfeinert die Kundin ihre Ansprüche weiter.
Kundenberaterin:	„Ja, ich habe hier einen in Größe 38. Wenn Sie ihn salopper tragen möchten, nehmen Sie besser Größe 40.“	Die Kundenberaterin fragt nicht nach der Konfektionsgröße der Kundin, sondern macht Größenvorschläge. Eine erfahrene Fachkraft kann das einschätzen.
Kundin:	*„Haben Sie den gleichen Anzug auch noch in Größe 42?“*	Im Zweifelsfall schlägt die Kundenberaterin eher die kleinere, weil attraktivere Konfektionsgröße vor und macht der Kundin auf diese Weise ein Kompliment.
Kundenberaterin:	„Dieser Anzug aus Baumwolle hat Größe 42. Baumwolle ist ein besonders hautsympathisches Material ...“	Fortsetzung des Verkaufsgespräches

Es gilt der Grundsatz:

Reden (Fragen) ist Silber, Zeigen ist Gold.

2.6 Umschreibendes Zuhören

Es gibt Kunden, die ihre Wünsche sehr ausführlich beschreiben und damit die oft knappe Zeit des Kundenberaters umfangreich in Anspruch nehmen. Das mag in einer gewissen Mitteilungsfreude des Kunden begründet sein, ist aber oft auch der Wunsch, das Anliegen zweifelsfrei und verständlich zu formulieren. Ein Kundenberater hat sich in solchen Situationen als geduldiger Zuhörer zu erweisen. Wegen der Fülle an Informationen wird der Kundenberater am Ende die zentralen, produktbezogenen Aussagen des Kunden mit eigenen Worten wiedergeben, um Missverständnissen frühzeitig vorzubeugen.

■ Vorgehensweise

1. Nachdem der Kunde seinen Wunsch geäußert hat, wird dessen Aussage mit eigenen Worten wiederholt. Als Einleitung eignen sich beispielsweise:
   * „Verstehe ich Sie richtig, dass ...“
   * „Ich habe jetzt verstanden, dass Sie ...“
   * „Ihnen ist wichtig, dass ...“
   * „Sie meinen also, wenn ...“
2. Eigene Meinungen und Bewertungen oder Fragen und Ratschläge des Kundenberaters sind zu vermeiden.

3. Die Umschreibung der Kundenaussage veranlasst den Gesprächspartner im Regelfall, seine Aussagen zu präzisieren, sodass sich weitere Gelegenheiten ergeben, die Kernaussage des Kunden zusammenfassend zu wiederholen.
4. Die Wiederholung darf nicht ein „Nachplappern" der Kundenaussagen darstellen, sondern soll eine Umschreibung mit den Worten des Kundenberaters sein.

Beispiel

Ein Kunde von ca. 40 Jahren betritt die Abteilung Werkzeuge des City-Warenhauses Bauer.

Herr Thomas: *„Guten Morgen, was kann ich für Sie tun?"*

Kunde: *„Hallo, junger Mann, einen wunderschönen guten Morgen. Meine Frau schickt mich – wie immer, wenn sie ein technisches Problem hat. Sie kennen das ja sicher auch. Ich sage nur: Frauen und Technik. Also: Die Dusche ist kaputt – nein, nicht die ganze Dusche, nur die Duschgarnitur, das Ding, mit dem man sich abbraust und die Mechanik, mit der man das Wasser reguliert. Meine Frau will auf jeden Fall, dass man den Mischer mit einer Hand bedienen kann. Dann kann sie ihre Haare durchspülen und gleichzeitig mit der anderen Hand die Wassertemperatur verändern. Letztens im Urlaub gab es nur so eine Primitivbrause. Sie glauben gar nicht, was meine Frau für ein Theater gemacht hat. Also, in dem Hotel lassen wir uns besser nicht mehr sehen. Schön wäre auch, wenn man am Duschkopf den Wasserstrahl unterschiedlich einstellen kann. Wenn ich vom Sport komme und mich kräftig abduschen kann, ist das wie eine Massage. Darauf möchte ich auf keinen Fall verzichten." „Schauen Sie mich einmal an, junger Mann. Ich bin 1,95 m groß. Der Duschschlauch muss mindestens 2 m lang sein, sonst muss ich mich beim Duschen bücken."*

Der Kunde lacht laut und schaut sich Beifall suchend um.

„So, das wär's – oder? Ach ja, die Farbe: Auf keinen Fall den Aluminium-Look. Es muss ein bisschen Pep ins Bad – sagt meine Frau. Lassen Sie sich etwas einfallen. Und alles zum Selbsteinbau für einen versierten Techniker wie mich."

Herr Thomas, der dem Kunden aufmerksam zugehört hat, fasst die Aussagen des Kunden zusammen.

Herr Thomas: „Ich habe verstanden, dass Sie eine farbige Duschgarnitur mit Einhandmischer suchen. Der Wasserstrahl solle verändert werden können. Außerdem wünschen Sie einen zwei Meter langen Duschschlauch. Und Sie möchten die Duschgarnitur selbst einbauen."

Kunde: *„Genau richtig!"*

2.7 Kunden persönlich ansprechen

Kunden schätzen es, wenn Mitarbeiter die Konsumgewohnheiten ihrer Kunden kennen und ihre Beratung darauf einstellen. Verkaufsgespräche bekommen eine besondere Note, wenn sich der Mitarbeiter sogar im persönlichen Umfeld des Kunden auskennt. Dann ist er in der Lage, das Gespräch auf einer individuellen Ebene zu führen. Insbesondere in der Anfangsphase eines Verkaufsgespräches erzeugen persönliche Bemerkungen eine äußerst positive Verkaufsatmosphäre, weil nicht der Verkauf im Mittelpunkt steht. Der Kunde wird als Mensch wahrgenommen, an dessen Leben der Mitarbeiter Anteil nimmt. Zwischen dem Kunden und dem Unternehmen entwickelt sich eine enge und dauerhafte Beziehung, die letztlich einen Kunden zum Stammkunden macht.

Ein erster Schritt zur persönlichen Ansprache eines Kunden ist, sich seinen **Namen** zu merken. Außerdem sollte sich der Mitarbeiter im Laufe des Verkaufsgespräches in die Situation des Kunden versetzen und gezielt eine **emotional gefärbte Verbindung** zum Kunden schaffen. Ansatzpunkt sind persönliche Ereignisse aus dem Leben des Kunden, die dieser in Verkaufsgesprächen zum Ausdruck bringt.

Namen merken
siehe Seite 97

Beispiele

* familiäre Ereignisse, die der Kunde zur Sprache bringt
* Urlaubserlebnisse, von denen der Kunde berichtet hat
* Krankheiten des Kunden und seiner Familienangehörigen
* Schulkarriere der Kinder
* persönliche Sorgen und Probleme, die der Kunde erwähnte

Diese Ereignisse sind ausgezeichnete Gesprächseröffner, die dem Kunden verdeutlichen, dass man nicht nur an seinem Geld interessiert ist, sondern den Menschen wahrnimmt.

Beispiele

Gesprächseröffnung

* „Guten Tag Herr Arnold. Ich hoffe, es geht Ihrer Frau wieder besser."
* „Haben Sie die Kinderparty gut überstanden?"
* „Wie war das Wetter auf Gran Canaria?"

Auch das beim letzten Einkauf erworbene Produkt bietet Anlass für persönlich gefärbte Bemerkungen.

Beispiele

* „Ich hoffe, Ihren Gästen hat die Käseplatte geschmeckt."
* „Hat der ... Ihre Erwartungen erfüllt?"
* „Was hat Ihre Frau zu dem Parfüm gesagt?"

Im Verlauf eines Verkaufsgespräches ist aufmerksames Zuhören angesagt, um den „persönlichen Draht" zum Kunden zu knüpfen.

Beispiel

Kundin:	„Unsere Tochter geht demnächst auf das Gymnasium." und braucht dafür einen Taschenrechner	Der Wechsel zur weiterführenden Schule ist für Eltern mit der Sorge verbunden, ob das Kind den Anforderungen der neuen Schule gewachsen ist.
Kundenberaterin:	*„Da beginnt für Ihre Tochter ja ein wichtiger Lebensabschnitt."*	Die Kundenberaterin greift diese Sorge auf. Allerdings formuliert sie keine Frage wie: „Machen Sie sich Sorgen um Ihre Tochter?", sondern drückt den Gedanken der Mutter als Feststellung aus. Letztlich wiederholt sie die Aussage der Mutter.
Kundin:	„Ja, Sie haben recht. Hoffentlich klappt alles. Unsere Tochter ist vor allem sprachbegabt. Mit der Mathematik war es in der Vergangenheit eher schwierig."	Die Bemerkung der Mitarbeiterin veranlasst die Kundin, ihre Sorge stärker zu verdeutlichen. Damit gibt sie auch ihre persönlichen Gefühle preis. Der „persönliche Draht" zwischen Mitarbeiterin und Kundin entsteht.
Kundenberaterin:	„Sie wollen sich die Auswahl des Taschenrechners deshalb gut überlegen."	Die Schwierigkeiten der Tochter mit der Mathematik geben der Auswahl des Taschenrechners automatisch ein besonderes Gewicht. Wieder formuliert die Kundenberaterin diesen Sachverhalt in Form einer Feststellung.
Kundin:	„Ja. Ich habe mir das Mathematik-Buch einmal angesehen. Es wimmelt da nur so von Formeln. Wir können ihr dabei gar nicht mehr helfen. Ein Taschenrechner ist doch sicherlich eine große Hilfe. Andererseits darf der Rechner nicht zu kompliziert sein, dann wendet sie ihn gar nicht an."	Erneut ist die Kundin angeregt worden, ihr Problem näher zu beschreiben. Die Kundenberaterin erhält damit eine genauere Vorstellung von den Ansprüchen der Kundin. Gleichzeitig verbinden sich beide auf einer gefühlsmäßigen Ebene in gemeinsamer Sorge um das Wohlergehen der Tochter.

Wenn die Kundin das Geschäft ein weiteres Mal betritt, ist die Frage nach dem Schulerfolg der Tochter und der Verwendung des Taschenrechners eine Selbstverständlichkeit. Kundin und Kundenberaterin sind sich nähergekommen. Dem Schulproblem können weitere persönliche Themen aus dem Leben der Kundin folgen. Eine starke Bindung der Kundin an das Unternehmen wird sich mit hoher Wahrscheinlichkeit einstellen.

Zusammenfassung

Anspruchsermittlung			
Kundeneinteilung:	nach:	* Geschlecht * Geschäftstreue	* Alter * Lebenssituation
Motive:	innere Antriebe des Menschen.		
Kaufmotive:	Gründe für ein bestimmtes Einkaufsverhalten.		
Kundenansprüche:	Erwartungen von Kunden an ein Produkt.		
Ansprüche:	* Bequemlichkeit * Preiswürdigkeit * Zweckmäßigkeit	* Sicherheit * Gestaltungsbedürfnis * Pflegebedürfnis	* Schönheit * Geltungsbedürfnis
Anspruchsermitt-lung:	Ziel: Kunden zur Erläuterung seiner Ansprüche veranlassen. Basis: Beobachten und Zuhören. * Aufmerksamkeit sichtbar machen. * Freude am Verkauf zeigen. * frühzeitig Vermutungen über die Kundenwünsche anstellen.		
durch Fragen: (Dreischritt)	1. weite Eröffnungsfrage. 2. weite Zweckfrage. 3. Produktvorführung.		
umschreibendes Zuhören:	* Aus den Kundenaussagen den Anspruchskern herausfiltern. * Anspruchskern zusammenfassend wiederholen.		
persönliche Ansprache:	* Ereignisse aus der Lebenswelt des Kunden aufgreifen. * Anteil nehmen und persönliche Verbindung zum Kunden aufbauen. * Ereignisse zukünftig als Gesprächseröffner nutzen.		

3 Warenvorlage

Nachdem die Wünsche des Kunden in der Anspruchsermittlung festgestellt worden sind, steht ein Kundenberater vor der Aufgabe, geeignete Waren vorzulegen. Vier Aspekte sind zu bedenken:

1. Auswahl: Welche Waren sollen vorgelegt werden?
2. Anzahl: Wie viele Produkte soll der Kundenberater vorlegen?
3. Preislage: Mit welcher Preislage soll begonnen werden?
4. Art der Warenvorlage: Wie sollen Waren vorgelegt werden?

3.1 Auswahl

Der Kunde soll durch die Warenvorlage einen anspruchsgerechten Überblick über das Sortiment bekommen. Ausgangspunkt sind daher zunächst die vom Kunden geäußerten Wünsche. Das äußere Erscheinungsbild des Kunden kann zusätzliche Hinweise auf das richtige Produktniveau geben. Grundsätzlich sind die äußeren Eindrücke aber vorsichtig zu verwenden.

3.2 Anzahl

Die Frage, wie viele Artikel vorzulegen sind, lässt sich nicht für alle Branchen einheitlich mit einer Zahl beantworten. Einem Kunden müssen verschiedene Produkte vorgelegt werden, denn er erwartet Auswahl. Das Verkaufsgespräch wird daher mit einer Warenvorlage begonnen, die dem Kunden einen Sortimentsquerschnitt bietet. Im weiteren Verlauf orientiert sich die Warenvorlage dann immer stärker an den Kundenansprüchen, die mit dem Gesprächsfortgang zunehmend präziser werden.

Beispiel

Ein Kunde sucht Wein für seine Gäste.

1. Schritt
Groborientierung

Unterscheidung in Weiß-, Rot- und Roséweine

Der Kunde bevorzugt Rotweine.

2. Schritt
Überblick über das Rotweinsortiment nach der Herkunft

deutscher, italienischer, französischer oder chilenischer Rotwein

Der Kunde wünscht italienischen Rotwein.

3. Schritt
Untersuchung nach Geschmacksrichtung

trockener, halbtrockener oder lieblicher Wein

Es soll ein trockener Wein sein.

4. Schritt
Unterscheidung nach Winzern oder Regionen und Erläuterung der jeweiligen Besonderheiten

z. B. trockener Chianti, Bardolino, Valpolicella

Die Unterscheidungen werden immer anhand von konkreten Produkten anschaulich gemacht. Der Kunde darf allerdings auch nicht durch eine zu große Warenauswahl verwirrt werden, sodass er sich am Ende nicht mehr entscheiden kann.

Regelfall: 3–5 Artikel

Der Kundenberater wird daher die Vorlage neuer Waren mit dem Wegräumen von Artikeln verbinden, die offensichtlich den Geschmack des Kunden am wenigsten treffen. Dadurch bleibt die Warenauswahl für den Kunden, aber auch für den Kundenberater, überschaubar. Vielfach ist es sinnvoll, etwa drei bis fünf Artikel zur Auswahl vorzulegen.

3.3 Preislage

Lassen sich zu Beginn des Verkaufsgespräches nicht genügend Informationen über die Preisvorstellungen des Kunden gewinnen, legt der Kundenberater zunächst Waren mittlerer Preislage vor und verändert die Warenvorlage entsprechend der Reaktion des Kunden.

3.4 Art der Warenvorlage

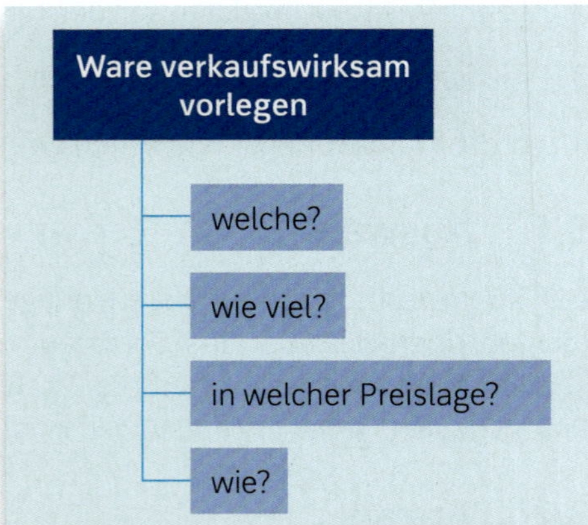

Das Verkaufsgespräch soll den Kunden von der Vorteilhaftigkeit der Ware überzeugen. Zu diesem Zweck wird der Kundenberater möglichst viele Produktvorteile herausstellen. Das beginnt damit, dass er die Ware entsprechend vorlegt, sie sorgfältig behandelt und ihren Wert durch geeignete Maßnahmen hervorhebt.

Er wird z. B. einen Artikel so vorlegen, dass dem Kunden die optisch beste Seite, die „**Schauseite**", sichtbar wird. Oft ist es vorteilhaft, das Produkt im Verwendungszusammenhang zu zeigen, weil der Artikel dann besonders gut zur Geltung kommt. So wird z. B. in ein Kostüm die passende Bluse eingelegt oder die Wirkung eines Essservices durch eine Tischdekoration erhöht.

Grundsätzlich gilt, dass die Waren kundennah vorgelegt werden sollen, sodass der Kunde Gelegenheit hat, das Produkt zu sehen, anzufassen oder auszuprobieren.

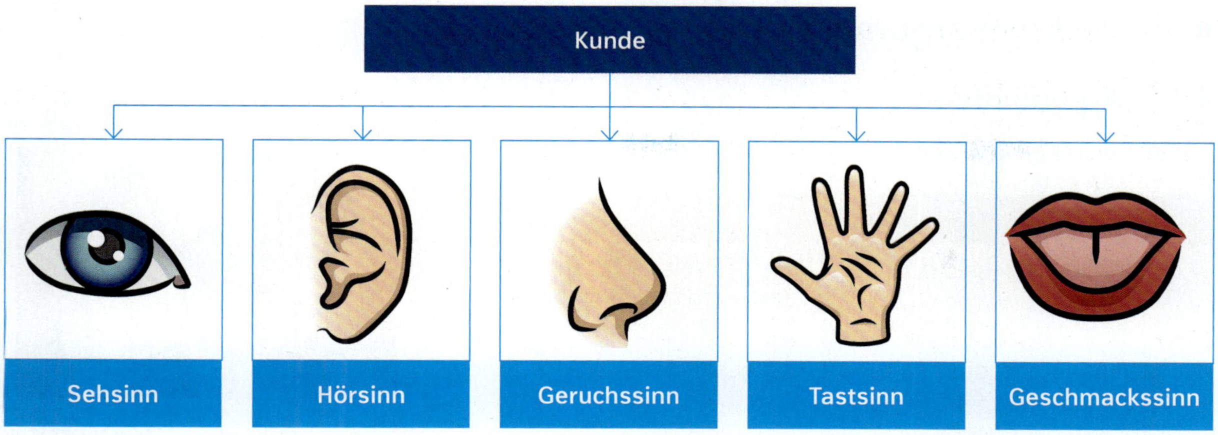

Anhaltspunkt sind die fünf Sinne des Menschen, die während der Warenvorlage möglichst intensiv angesprochen werden sollen.

Durch eine geschickte Warenvorlage wird der Wunsch des Kunden, das Produkt zu besitzen, gesteigert. Auf diese Weise unterstützt die Warenvorlage die Verkaufsargumentation erheblich.

Warenvorlage im Onlinehandel

Im Onlinehandel übernimmt der Kunde die Warenauswahl in eigener Regie. Der Shop-Betreiber kann dem Kunden aber die Suche (die Navigation) nach dem gewünschten Produkt erleichtern.

* Der Warenkatalog wird in **Warengruppen** unterteilt (siehe Abbildung rechts).
* Mithilfe einer **Filternavigation** grenzt der Kunde die Produktauswahl ein. Dazu bietet der Shop die Möglichkeit, bestimmte Produkteigenschaften anzuwählen, z. B. bei Textilien: Größe, Material, Farbe, Hersteller.
* Dem Kunden wird eine **Suchfunktion** angeboten, in die der Kunde die Produktbezeichnung eingibt (siehe Abbildung rechts).

Zusammenfassung

Warenvorlage			
welche?	anspruchsgerechte Ware nach Art und Preis		
wie viel?	* Sortimentsüberblick verschaffen * Kunden nicht verwirren		
in welcher Preislage?	im Zweifelsfall zunächst Ware in mittlerer Preislage		
wie?	* sorgfältig, den Wert der Ware demonstrierend * möglichst kundennah vorgehen * die Sinne des Menschen ansprechen		
fünf Sinne	* sehen	* riechen	* schmecken
	* hören	* tasten	

4 Verkaufsargumentation

4.1 Argumentieren

Argumentieren heißt beweisen.

Behauptung	Beweis
Das Wetter ist schlecht,	weil es seit 14 Tagen ununterbrochen regnet.

Meine Behauptung, dass das Wetter schlecht ist, beweise ich, indem ich auf den Dauerregen verweise.

Im Verkauf argumentieren (Verkaufsargumentation)

In der Verkaufsargumentation beweist der Kundenberater dem Kunden, dass die Eigenschaften des vorgestellten Produkts den Ansprüchen des Kunden gerecht werden.

Kundenanspruch	Beweis
Kunde: „Ich suche eine Sportjacke, die ich auch bei Regen tragen kann, in der ich aber nicht so schwitze."	Kundenberater: „In diese Sportjacke ist eine Zwischenschicht eingearbeitet, die für Wasserdampf durchlässig ist, Regen aber fernhält. Daher fühlen Sie sich auch bei Regenwetter in dieser Jacke wohl."

Je besser es dem Kundenberater gelingt, den Kunden davon zu überzeugen, dass das vorgelegte Produkt mit seinen Eigenschaften den Wünschen und Ansprüchen des Kunden entspricht, desto größer wird die Kaufbereitschaft des Kunden.

Produkteigenschaften sind die Vorteile und Nachteile eines Produktes.

Beispiele

Produktvorteile

* Ein Brillant ist besonders wertvoll und hat einen strahlenden Glanz.
* Ein Lederarmband ist sehr geschmeidig und wird daher am Handgelenk als angenehm empfunden.

Produktnachteile

* Brillanten haben einen sehr hohen Preis.
* Ein Lederarmband hält nicht so lange wie ein Metallarmband.

Der Verkaufserfolg wird von der Zahl der **Produktvorteile** bestimmt, die einem Kunden vermittelt werden können, und aus dem persönlichen Nutzen, den er aus den Produktvorteilen zieht.

In der Verkaufsargumentation wird ein Produkt mit seinen Merkmalen und Eigenschaften mit der konkreten Situation des Kunden zusammengeführt, indem der Kunde auf den **Nutzen** aufmerksam gemacht wird, den ihm das Produkt bietet.

Beispiel

Ein Kunde sucht für sein Rennrad eine neue Gabel. Er ist ein aktiver Radsportler, der regelmäßig an Wettkämpfen teilnimmt.

Verkaufsargument

Kundenberater:	„Da kann ich Ihnen diese neue **Vollcarbongabel** von WCW empfehlen.	Produktmerkmal
	Das Material ist äußerst **leicht** und **fest**. Dadurch können die Gabelscheiden besonders grazil gefertigt werden, sodass sich **beste aerodynamische Werte** ergeben.	Produkteigenschaften
	Dieser Werkstoff wird Ihnen bei Ihrem nächsten **Rennen** einen deutlichen **Vorteil** bringen."	Kundennutzen

4.2 Ansprüche – Eigenschaften – Nutzen

In der Verkaufsargumentation wählt der Kundenberater auf der Grundlage der Kundenansprüche geeignete Produkteigenschaften aus und verdeutlicht dem Kunden den Nutzen, den das Produkt für ihn bietet.

Ansprüche siehe Seite 102

Ansprüche sind Forderungen oder Wünsche eines Kunden an ein Produkt.

Eigenschaften sind alle Vorteile, aber auch Nachteile, die ein Produkt bietet.

Der **Kundennutzen** ist der konkrete Vorteil, den ein Produkt für einen bestimmten Kunden in einer bestimmten Verwendungssituation hat.

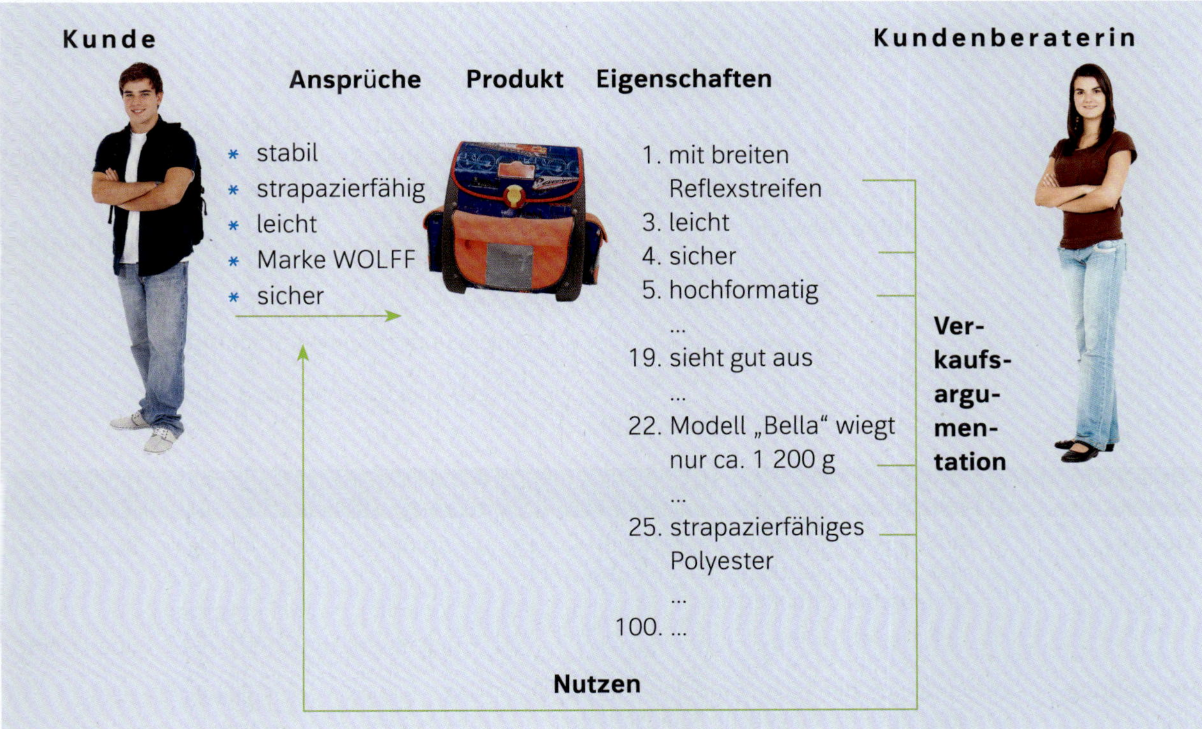

4.3 Produktmerkmale

Produktmerkmale kennzeichnen Produkte und ermöglichen, Waren zu beschreiben und voneinander zu unterscheiden.

Produkte – ausgenommen Dienstleistungen – sind Gegenstände aus einem bestimmten Material, sie sind nach speziellen Verfahren hergestellt (Herstellung) und haben ein bestimmtes optisches Erscheinungsbild (Optik). Vielfach werden Waren in unterschiedlichen Größen angeboten, besitzen spezielle Zeichen, erfordern eine besondere Bedienung und eventuell ist auch die Herkunft von Bedeutung, z. B. deutsches Markenprodukt von einem bekannten Hersteller.

Aus den Produktmerkmalen ergeben sich die Produkteigenschaften, die vom Kundenberater für die Verkaufsargumentation genutzt werden können.

Beispiel

Produktmerkmale und Produkteigenschaften des WOLFF-Schulranzens/Modell „Bella" (Auswahl)

	Produktmerkmal	Produkteigenschaften
WOLFF	**Material**	* aus strapazierfähigem Polyester-Gewebe * mit stabilem Stahlgestänge
	Herstellung	* Ein WOLFF ist wasserundurchlässig beschichtet und hält auch einen Regenguss aus. * Die bequemen, mit atmungsaktiven 3D-Mesh gepolsterten Tragegurte, gewährleisten einen optimalen Sitz.

	Produktmerkmal	Produkteigenschaften
	Optik	* Es gibt ihn in vielen kindgerechten Farben. * Die zahlreichen Motive gefallen Kindern. * Man kann sich im gleichen Look auch noch den Turnbeutel und weiteres Zubehör wünschen. * Kinder mögen die bunten und vielfältigen Muster. * Die Farben sind so toll aufeinander abgestimmt. * WOLFF-Ranzen wurden vielfach ausgezeichnet.
	Bedienung	* Man kann ihn einfach nass auswischen. * Der WOLFF ist kinderleicht zu bedienen.
	Zeichen	* WOLFF stellt vorzugsweise Leicht- und Leuchtschulranzen her. * Kinder gehören gern zur WOLFF-Generation. * Der Schulranzen schneidet bei Produkttests immer gut ab.
	Maße, Gewicht	* Sein Reflexmaterial bewirkt im Dunkeln einen starken Leuchteffekt. * Modell „Bella“ wiegt leer nur ca. 1 200 g. * Die Bodenplatte garantiert Standfestigkeit.
	Herkunft	* WOLFF gibt eine Garantie von 3 Jahren.

Produktmerkmal	Erläuterungen	Beispiele
Material	Stoff, aus dem Produkte hergestellt worden sind, oder Bestandteile, die im ausgewählten Material enthalten sind	* Naturfasern bei Textilien: Baumwolle, Leinen * Vitamine in Lebensmitteln * Edelmetalle beim Schmuck: Silber, Gold
Herstellung	Verfahren, mit denen Produkte hergestellt worden sind. Technische Eigenschaften eines Produktes sind ebenfalls Ergebnis eines Herstellungsprozesses.	* Kaltpressen von Speiseöl * technische Ausstattung von Unterhaltungselektronik: Fernbedienung u. a. * Imprägnieren von Gewebe
Optik	äußeres Erscheinungsbild eines Produktes mit seiner Wirkung auf den Kunden Die Optik wird durch die Farbe, die Form und die Oberfläche der Ware bestimmt.	* Farbe einer Küchenmaschine: hellrot * Form (Design) eines Stuhls * Oberfläche einer Küchenfront: glatt oder strukturiert * Muster von Tapeten
Bedienung	Informationen über die Bereitstellung, Handhabung und Pflege eines Produkts	* Inbetriebnahme: Batterie beim Spielzeug einlegen * Handhabung: Verwendung eines Toasters * Pflege: Reinigung eines Wollpullovers
Zeichen	Waren-, Güte- und Bedienungszeichen auf Produkten	* Warenzeichen: „Persil“ bei Waschmitteln * Gütezeichen: „Geprüfte Sicherheit“ * Bedienungszeichen: Pflegesymbole auf Textilien
Maße, Größen, Gewicht	Maß- und Gewichtangaben auf Produkten in Zahlen und Einheiten oder Größen in Zahlencodes	* Maße: Längen, Lichtschutzfaktor beim Sonnenschutzmittel, Gewicht * Größen: Konfektionsgrößen

Produktmerkmal	Erläuterungen	Beispiele
Herkunft	räumliche, zeitliche und personenbezogene Herkunft von Produkten	* räumlich: regionales Produkt * zeitlich: Reifegrad von Käse * personenbezogen: Parfüm von Chanel

4.4 Vom Produktmerkmal zum Kundennutzen

Ein Kundenberater, der ein Verkaufsgespräch erfolgreich abschließen möchte, muss einen Kunden vom Nutzen des jeweiligen Produktes überzeugen. Dabei stellen verschiedene Kunden in der Regel unterschiedliche Erwartungen an den Nutzen desselben Produktes. Der Kundenberater muss seine Ware deshalb so gut kennen, dass er aus den zahlreichen Produktmerkmalen und Eigenschaften jene wählt, die der Nutzenerwartung des Kunden entsprechen.

Beispiel

Aus dem Produktmerkmal „Material" lassen sich in der Regel zahlreiche Eigenschaften ableiten, die zur Beweisführung hinsichtlich der Eignung des Produktes für den Kunden eingesetzt werden können.

Produkt	**Tischdecke für den Kaffeetisch**			
Merkmal	aus 100 % Leinen			
Merkmalseigenschaften	• maschinenwaschbar, • glatte Faseroberfläche, daher schmutzabweisend	• hohe Festigkeit der Faser	• dezenter Glanz	• unregelmäßige Garndichte kennzeichnet diese Naturfaser
erwarteter Kundennutzen	leichte Pflege	lange Haltbarkeit	gutes Aussehen	soll etwas Besonderes sein

4.5 Grundsätze der Verkaufsargumentation

■ Positiv argumentieren

Verkaufsmitarbeiter sollten sich in ihrer Verkaufsargumentation um eine positive Wortwahl bemühen.

Ist das Glas halb voll oder halb leer?

Für den Optimisten ist das Glas immer noch zur Hälfte gefüllt. Kein Grund also, traurig zu sein. Es ist ja noch reichlich vorhanden.

Der Pessimist hat eine andere Sichtweise; das Glas ist bereits zur Hälfte geleert worden. Es gibt bald nichts mehr zu trinken – ein Jammer!

Im Verkauf fördert eine positive Grundstimmung die Kaufbereitschaft des Kunden. Also sollen

* vor allem die Produktvorteile hervorgehoben werden,
* die Vorteile eines Produktes auch in einer positiven Sprache formuliert werden.

Beispiel

* Kundenberater 1: „Daher schwitzen Sie in dieser Jacke bei Regenwetter nicht."
* Kundenberater 2: „Daher fühlen Sie sich auch bei Regenwetter in dieser Jacke wohl."

Im Verkauf werden häufig positive Produkteigenschaften mit negativen Worten beschrieben:

„Das steht Ihnen nicht schlecht." soll eigentlich zum Ausdruck bringen, dass dem Kunden das Kleidungsstück besonders gut steht. Die verneinende Wortwahl „nicht schlecht" mindert die Wirkung der Produktbeschreibung auf den Kunden.

Vielfach werden auch Aussagen in der Möglichkeitsform gemacht, obwohl dadurch eine gewisse Unsicherheit zum Ausdruck kommt.

falsch, weil unsicher	richtig, weil selbstbewusst und kundenbezogen
„Ich könnte Ihnen dort drüben auch noch eine Alternative zeigen."	„Ich zeige Ihnen gerne dort drüben eine Alternative."
„Diese Größe müsste ich allerdings beim Lieferanten bestellen. Das könnte etwa eine Woche dauern."	„Ich bestelle Ihnen diese Größe sofort beim Lieferanten und Sie haben Ihre Hose in knapp einer Woche."

Positive Grundhaltung schaffen

Faires Verkaufen verlangt aber auch angemessene Hinweise auf Produktnachteile.

Beispiel

Ein Smartphone muss regelmäßig an einem Ladegerät aufgeladen werden – für den Nutzer eine sehr lästige Pflicht, die aber unumgänglich ist. Selbstverständlich ist der Kunde über diese negative Produkteigenschaft aufzuklären. Allerdings kann man durch entsprechende Wortwahl einen positiven Grundton finden:

Kundenberater 1: „Leider müssen Sie dieses Smartphone jeweils nach circa 12 Stunden Nutzungsdauer oder nach 200 Stunden Betriebsbereitschaft aufladen."

Kundenberater 2: „Der Akku dieses Smartphones ermöglichen Ihnen eine Nutzungszeit von etwa 12 Stunden. Halten Sie das Gerät dauerhaft in Betriebsbereitschaft, müssen Sie den Akku erst nach 200 Stunden wieder aufladen."

Smartphones benötigen eine Energiequelle, die vom Stromnetz unabhängig ist. Den Herstellern der Geräte ist es in den vergangenen Jahren gelungen, die Leistungsfähigkeit der Akkus ständig zu verbessern. Kundenberater 2 bringt durch seine Wortwahl diesen positiven Sachverhalt zum Ausdruck, ohne den Produktnachteil des regelmäßigen Aufladens zu verschweigen.

Kundenberater sind Produktvorteilssucher und Positivformulierer.

Produktvergleich

Häufig werden Kunden ähnliche Produkte in unterschiedlicher Qualität zur Auswahl vorgelegt. Positives Denken und Sprechen sind beim direkten Vergleich besonders wichtig, weil letztlich alle Produkte für den Kunden kaufbar bleiben müssen. Eine qualitativ bessere und damit häufig teurere Ware muss so herausgestellt werden, dass ein Vergleichsprodukt nicht abgewertet wird. Denn sollte der Kunde die bessere Ware z. B. wegen eines deutlich höheren Preises ablehnen, muss ihm der „Rückzug" auf das Vergleichsprodukt offenbleiben.

Kundenberater A	„Lederarmbänder halten allerdings nicht so lange wie Metallarmbänder."	Lederarmbänder werden gegenüber Metallarmbändern herabgesetzt.
Kundenberater B	„Im Vergleich zu Lederarmbändern halten Metallarmbänder länger."	Metallarmbänder werden als hochwertigere Produkte dargestellt, ohne das Vergleichsprodukt ausdrücklich herabzusetzen.
Kundenberater C	„Metallarmbänder zeichnen sich durch eine lange Lebensdauer aus."	Eine besondere Eigenschaft von Metallarmbändern wird hervorgehoben, ohne auf das Vergleichsprodukt einzugehen.

Beim Produktvergleich gilt der Grundsatz:

Das bessere Produkt aufwerten, ohne das Vergleichsprodukt abzuwerten.

Beispiel

Schuhfachgeschäft

Falsch

Kundenberaterin: „Diese Schuhe haben die gleiche Absatzhöhe und beide sind mit einem Fußbett ausgestattet. Die Schuhe von VARIO wirken aber viel klobiger als die von GARBUR."

Richtig

Kundenberaterin: „Diese Schuhe haben die gleiche Absatzhöhe und beide sind mit einem Fußbett ausgestattet. Trotzdem wirken die Schuhe von GARBUR eleganter durch das schmaler geschnittene Vorderteil."

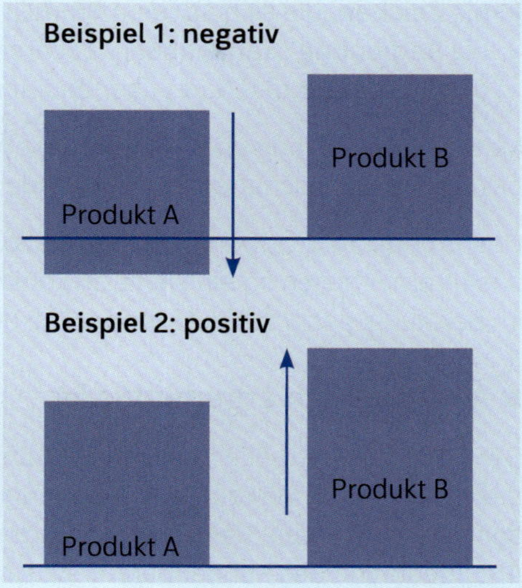

■ Informativ argumentieren

Kunden, die regelmäßig in Schuhgeschäften einkaufen, hören häufig wiederkehrende Fragen und Aussagen von Verkaufsmitarbeitern:

* „Welche Größe brauchen Sie?"
* „Der Schuh ist sehr bequem."
* „Die Farbe ist ganz neutral, die können Sie zu allem tragen."
* „Die Marke trage ich auch."
* „Wollen Sie den Schuh einmal anprobieren?"
* „Passt der Schuh, oder soll ich ihn Ihnen in einer Nummer größer holen?"
* „Ein sehr/besonders schöner Schuh."
* „Das ist jetzt sehr aktuell."
* „Der Schuh steht Ihnen/sitzt gut."
* „Brauchen Sie noch eine Pflege dazu?"

Ähnliche wiederkehrende Aussagen hört man auch in anderen Zweigen des Einzelhandels. Offensichtlich wird ein großer Teil der Verkaufsargumentation mit gleichbleibenden Redewendungen bestritten, die praktisch für jedes Produkt passen:

Alles ist ...	Vieles ...	Manches ...	Mit vielem ...
* schön oder sehr schön, * bequem, preiswert, * neutral, passend, * ausgefallen, * mal etwas anderes, * aktuell, modisch, * schmackhaft, * lecker * und sehr lecker.	* sieht gut aus, * wird gern gekauft, * wird auch vom Kundenberater – getragen, – gegessen und – benutzt.	* ist auch sehr schön, * ist mal etwas ganz anderes, * ist wirklich ein ausgefallenes Stück, * fällt auf.	* sind die Kunden, * die Kundenberaterin, * der Chef, die Chefin bisher sehr zufrieden gewesen.

Kunden vermissen in solchen Fällen die Beratungskompetenz des Kundenberaters.

Sie wünschen konkrete Aussagen über

* das **Material** des Produktes;
* seine **Herstellung**, soweit es für die Verwendung des Produktes von Bedeutung ist;
* **Maße, Größen**, Alternativmaße;
* Besonderheiten im **Aussehen**, im optischen Eindruck, den das Produkt vermittelt;
* die **Zeichen**, die sich auf dem Produkt befinden;
* die **Bedienung** (Handhabung, Zubereitung, Pflege) der Ware;
* den **Hersteller** der Ware, über das Herkunftsland und über die modische Einordnung des Produktes.

Material, Herstellung usw. sind Produktmerkmale, die bei jeder Ware zu finden sind. Aus ihnen ergeben sich bestimmte Eigenschaften, die der Kundenberater dem Kunden zu erläutern hat.

Das Produkt selbst, Herstellerinformationen, Prospekte, Bedienungsanleitungen und heute vor allem auch das Internet bieten oft eine Fülle an konkreten Informationen, die für die Kunden von Bedeutung sind und die im Beratungsgespräch die **Kompetenz** des Kundenberaters sichtbar machen.

Verständlich argumentieren

Der Verkaufsmitarbeiter führt die Produkteigenschaften mit den Ansprüchen des Kunden zusammen. Er beweist in seiner Verkaufsargumentation, dass die Eigenschaften des Produktes den Ansprüchen des Kunden gerecht werden. Seine Beweisführung (Verkaufsargumentation) kann nur gelingen, wenn der Kunde die Argumentation des Kundenberaters auch versteht.

Die Verständlichkeit von Verkaufsargumenten wird erhöht, wenn der Kundenberater

* den Kunden und dessen Ansprüche beachtet;
* schwierige Sachverhalte mit einfachen Worten beschreibt;
* das Produkt in den Verwendungszusammenhang stellt, den der Kunde nennt;
* seine Aussagen mit Beispielen belegt;
* seine Aussagen in eine sinnvolle Reihenfolge bringen.

Beispiel

Beispiel 1

Eine Kundin interessiert sich für ein Uhrenradio, das sie in ihrer Küche aufstellen möchte.

Kundin: „Komme ich denn mit der Technik wohl zurecht?"

Kundenanspruch: einfache Bedienung

Kundenberater: *„Ich zeige Ihnen einmal, wie Sie Ihre Lieblingssender einstellen können.*

Sie starten den Sendersuchlauf mit „UP", länger gedrückt halten, bis das Gerät einen starkem Empfang gefunden hat; bei RDS-fähigen Sendern wird der Sendername angezeigt und nicht die Frequenz. Nun „MEMO SET" drücken und bei blinkender Anzeige innerhalb von 8 Sekunden einen gewünschten Programmplatz von 1–10 wählen, wobei einmal drücken die Plätze 1–5, zweimal drücken die Plätze 6–10 belegt. Ach ja, eingeschaltet habe ich das Gerät mit dem Taster „ON/OFF".

RDS: Radiodatensystem zur Übermittlung von Zusatzinformationen im Rundfunk

Der Kundenberater erwähnt zwar alle Funktionen, aber so knapp und durcheinander, dass die Kundin sich die Information nicht merken kann. Besser ist eine erklärende Vorführung.

Beispiel 2

Kundin: „Komme ich denn mit der Technik wohl zurecht?"

Kundenanspruch: einfache Bedienung

Kundenberater: *„Ich zeige Ihnen einmal, wie Sie Ihre Lieblingssender einstellen können.*

Zuerst schalten Sie das Gerät mit dem Taster ‚ON/OFF' ein.

sinnvolle Reihenfolge beachten

Dann drücken Sie die Taste „UP". Das Gerät sucht nun empfangsstarke Sender. Im Display blinkt es, wenn das Gerät einen starken Sender gefunden hat. Die bekannten Sender übertragen auch den Sendernamen. Sie können also im Regelfall sofort erkennen, ob es einer Ihrer Lieblingssender ist.

schwierige Sachverhalte mit einfachen Worten beschreiben

Hier wird der Deutschlandfunk angezeigt. Sollte es einer Ihrer Favoriten sein, drücken Sie „MEMO SET" und dann eine Zahl zwischen 1 und 5. Die 1 ist Ihr Top-Favorit. Zur Bestätigung noch einmal ‚MEMO SET' drücken.

Aussagen mit Beispielen belegen

Weitere Sender suchen Sie wieder mit „UP". Wunschsender? Mit ‚MEMO SET' auswählen, Programmplatz wählen, z. B. die 2 und mit ‚MEMO SET' bestätigen. Ist es nicht ihr Lieblingssender, suchen Sie mit ‚UP' weiter.

Wenn Sie „MEMO SET" zweimal drücken, stehen Ihnen die Programmplätze 6–10 zur Verfügung.

Zum Schluss haben Sie Ihre 10 Lieblingssender in Ihrer Küche zur Verfügung. Da macht die Arbeit bestimmt mehr Spaß.

Produkt in den Verwendungszusammenhang stellen

■ Kundenbezogen argumentieren

Kunden kaufen keine Produkte, sondern Problemlösungen.

Kunden kommen nicht in ein Geschäft, um eine silberglänzende DVD zu erwerben, sondern sie wollen eine bestimmte Musik in bester Qualität hören. Nicht ein Produkt steht im Mittelpunkt des Kundeninteresses, sondern der Nutzen, den ein Produkt für den Kunden bietet. Im Verkaufsgespräch muss der Kundenberater aus diesem Grund das Kundenproblem, die Ansprüche des Kunden, stets vor Augen haben.

Der Kundenberater hat dann zu entscheiden,

* welches **Produkt** für die Problemlösung am besten geeignet ist und
* welche **Eigenschaften** dieses Produktes das Kundenproblem am besten lösen.

Aus der Fülle der Produkteigenschaften hat der Kundenberater jene auszuwählen, die den Ansprüchen des Kunden gerecht werden. Aus den positiven Eigenschaften des Produktes ist der persönliche Nutzen abzuleiten, den der Kunde mit dem Kauf des Produktes erwirbt.

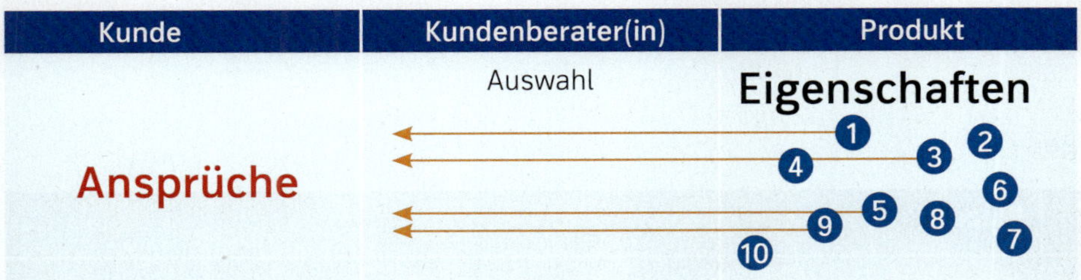

■ Kunden direkt ansprechen (Sie-Stil)

Ein Kunde mit seinen Ansprüchen steht im Mittelpunkt des Kundenberaterinteresses. Folglich wird der Kunde möglichst oft direkt in die Argumentation einbezogen und auf Produktvorteile aufmerksam gemacht.

Beispiel

ungünstig: „Mit diesem Smartphone erhält man 200 Stunden Betriebsbereitschaft, ohne den Akku neu aufladen zu müssen."

günstig: „Mit diesem Smartphone erhalten **Sie** 200 Stunden Betriebsbereitschaft, ohne dass **Sie** den Akku neu aufladen müssen."

In der Verkaufsargumentation sind die Produktvorteile demnach ständig auf den Kunden und sein Einkaufsproblem auszurichten.

Grundsätze der Verkaufsargumentation

- kundenbezogen
- positiv
- verständlich
- informativ

4.6 Informationsquellen

Nur wenn ein Kundenberater seine Produkte kennt, ist es ihm möglich, einem Kunden geeignete Produkte zur Problemlösung anzubieten. Um einen Kunden im Verkaufsgespräch zu überzeugen und so zu einem erfolgreichen Kaufabschluss zu kommen, sind Produktkenntnisse für einen Kundenberater also unerlässlich. Informationen für eine überzeugende Verkaufsargumentation bieten

* das Produkt selbst durch Aufschriften, Bedienungsanleitungen, Pflegehinweise, Verwendungsmöglichkeiten auf Verpackungen und Etiketten;
* Schulungsmaterial der Hersteller, Informationen von Firmenvertretern;
* Kataloge und Prospekte;
* betriebliche Unterweisungen durch Ausbilder und Arbeitskollegen;
* Veröffentlichungen von Warentests in Zeitungen und Zeitschriften, z. B. die Zeitschrift „test" der Stiftung Warentest;
* gesetzliche Vorschriften, z. B. das Textilkennzeichnungsgesetz;
* Kundeneinwände und Reklamationen;
* Fachzeitschriften, Fachbücher;
* das Internet, vor allem
  - Suchmaschinen wie Google;
  - Produkt- und Preisvergleichsportale wie guenstiger.de;
  - Webseiten der Hersteller. (Produktbeschreibungen, Kundenbewertungen)

4.7 Warenbeschreibungsbogen

Produktinformationen zum Ranzen siehe Seite 113

Merkmale und Eigenschaften eines Produktes können systematisch gesammelt und in einem Warenbeschreibungsbogen zusammengestellt werden. Vielfach stellt der Handel den Kunden solche Informationen auch eigenständig zur Verfügung (Produktinformation).

Warenbeschreibungsbogen: systematische Zusammenstellung von Merkmalen und Eigenschaften eines Produkts

Beispiel

Warenbeschreibungsbogen

Produkt	Blazer
Basis-Informationen	
Preis	149,00 €
Saison	Sommer
Produktmerkmale	**Produkteigenschaften**
Material: * 70 % Baumwolle * 27 % Polyester * 3 % Elastan	 * pflegleicht * knitterarm * leicht

Herstellung		* erstklassige Verarbeitung
Optik	**Farbe: business-grau**	* Farbe wirkt sehr edel; durch Kombination mit bunten Farben lassen sich Farbakzente setzen
	Form	* schmal, tailliert, leichte Schulterbetonung * schmale eingesetzte Ärmel, Reverskragen * 2-Knopf-Verschluss * 2 Taschen * klassische Blazerform, * jugendliche Silhouette aufgrund der leichten Taillierung
	Oberfläche	* dezentes Fischgrätmuster
Bedienung		* bei 40° im Normalwaschgang waschen, aber separat * bügeln bei mittlerer Einstellung * feucht aufhängen, um das Bügeln zu erleichtern * chemische Reinigung möglich
Maße, Größen **Größe 38**		* optimale Kombilänge von ca. 68 cm * Armaußenlänge ca. 62 cm * jugendliche Größe, zierlich
Zeichen **Warenzeichen ZERO**		* garantiert beste Qualität und urbane Modelinie
Herkunft		* Hersteller „ZERO“, deutscher Hersteller, verarbeitet vorzugsweise Natur-, aber auch Kunstfasern, hoher Qualitätsstandard
zusätzliche Informationen		
Sortierung		38, 40, 42
Längen		ab Größe 42 in 72 cm Länge
Formen		ab Größe 42 gerade Form

4.8 Vom Kundenanspruch zur Verkaufsargumentation

Sind die Ansprüche eines Kunden ermittelt und liegen Produktinformationen vor, können die passenden Produkteigenschaften in Verkaufsargumente umgewandelt werden. Insbesondere ist dem Kunden der Nutzen deutlich zu machen, der sich aus den Produkteigenschaften für ihn ergibt.

Warenbeschreibungsbogen zum Blazer siehe oben

Beispiel

Eine Kundin von etwa 25 Jahren betritt ein Textilfachgeschäft. Die Kundenberaterin spricht die Kundin an.

Kundenberaterin: „Guten Tag, wie kann ich Ihnen helfen?“

Kundin: „Guten Tag, ich suche einen Business-Blazer, passend zu einer schwarzen Hose.“

Kundenberaterin: „Ich kann Ihnen hier einen Blazer in edlem Grau empfehlen. Farblich setzt sich der Blazer leicht von Ihrer schwarzen Hose ab. Sie könnten ihn gut mit einer weißen oder farbigen Bluse kombinieren.“

Kundin: „Ja, das entspricht schon meinen Vorstellungen.“

Kundenberaterin: „Der Blazer ist schmal geschnitten. Durch die Taillierung und die leichte Schulterbetonung bekommt der Blazer eine jugendliche Erscheinung. Die schmalen eingesetzten Ärmel und der 2-Knopf-Verschluss betonen die klassische Blazer-Form.“

In Größe 38 wirkt der Blazer zudem sehr zierlich.“

Kundin: „Haben Sie auch die Größe 40?“

Kundenberaterin: „Hier kann ich Ihnen das gleiche Modell in Größe 40 zeigen. Sie sehen auch hier die betont jugendliche Silhouette. Sie würde sehr gut zu Ihnen passen.“

Kundin: *„Kann ich den Blazer selbst waschen?"*

Kundenberaterin: „Ja, ganz bequem bei 40 Grad, separat im Normalwaschgang. Sie können den Blazer aber auch in die Reinigung geben. Das Material – wie Sie hier im Etikett sehen – besteht überwiegend aus Baumwolle und Polyester. Es ist pflegeleicht und knitterarm. Wenn Sie den Blazer einmal in die Hand nehmen, spüren Sie, wie leicht das Material ist – sehr bequem für Ihre Arbeit im Büro."

Kundin: *„Welche Marke ist das?"*

Kundenberaterin: „Der Blazer ist von ZERO, einem deutschen Markenhersteller. Ein hoher Qualitätsstandard und erstklassige Verarbeitung zeichnen seine Produkte aus. Sie werden den Blazer lange tragen können."

Kundin: *„Wie teuer ist der Blazer?" usw.*

Verkaufsargumentation im Onlinehandel

Im Onlinehandel muss der Kunde durch eine gelungene Produktbeschreibung (und ansprechendes Bildmaterial) davon überzeugt werden, dass das vorgestellte Produkt seinen Ansprüchen gerecht wird. Die Beschreibung sollte den Kunden direkt ansprechen (Sie-Stil, im Internet häufig auch Du-Stil)) und den Kundennutzen deutlich machen.

Beispiel

Eine Kundin sucht einen Esstisch für ihre 5-köpfige Familie im Internet. Der Anbieter „Online-Möbelhaus" stellt in seinem Warenkatalog einen Esstisch aus Massivholz mit folgendem Produkttext vor:

Natürlich schön – der Esstisch Family
Der Esstisch Family von Natura besteht aus massivem Buchenholz und besticht durch seine aufwendige Parkett-Optik. Das naturbelassene Holz ist geölt und weist eine wundervolle, individuelle und lebendige Maserung auf. Du erhältst daher ein echtes Einzelstück.
Der Tisch bietet mit 90 x 140 cm genug Platz für Deine ganze Familie.
Natura verwendet bei den massiven Holzmöbeln ausschließlich Hölzer aus kontrollierter Forstwirtschaft. Das bedeutet: ein Naturprodukt in Tischlerqualität. Zaubere Dir mit diesem Esstisch eine wunderschöne Atmosphäre zum Wohlfühlen in Deine Wohnung.

Mit diesem Text werden Produkteigenschaften anschaulich beschrieben und der Nutzen für den Kunden verdeutlicht.
Ergebnis: Eine Produktbeschreibung im Onlinehandel ist Verkaufsargumentation in Schriftform.

Zusammenfassung

Verkaufsargumentation			
Definition:	Beweis des Verkaufsmitarbeiters, dass die Eigenschaften eines Produktes den Ansprüchen des Kunden gerecht werden		
Eigenschaften:	vorzugsweise Vorteile, die ein Produkt bietet		
Nutzen:	konkreter Vorteil, den ein Produkt einem bestimmten Kunden in einer bestimmten Verwendungssituation verschafft		
Produktmerkmale:	* Material * Herstellung * Optik	* Bedienung * Zeichen * Maße, Größen	* Herkunft
Grundsätze:	* positiv * informativ	* verständlich * kundenbezogen	
Produktvergleich:	Werte das bessere Produkt auf, ohne das Vergleichsprodukt abzuwerten.		

Informationsquellen:	* Produkt * Hersteller * Kataloge, Prospekte	* Betrieb, Mitarbeiter * Warentests * Fachzeitschriften	* gesetzliche Vorschriften * Kundeneinwände * Internet
Warenbeschreibungsbogen:	systematische Zusammenstellung von Merkmalen und Eigenschaften eines Produkts		
Onlinehandel:	Verkaufsargumentation in Schriftform		

5 Preisnennung

5.1 Preisbewusstsein

Vielfach steht der Preis im Mittelpunkt des Kundeninteresses; nur der Preis der Ware scheint für diese **Schnäppchenjäger** noch bedeutsam zu sein. Besonders schwierig wird die Situation des Einzelhandels durch das Internet. Es ermöglicht Preisvergleiche auf besonders einfache Weise. Was kann der Einzelhandel unternehmen? Die Qualität der Produkte, die Serviceleistungen des Geschäftes und die Freude am Einkaufen durch eine anregende Einkaufsatmosphäre im Geschäft müssen stärker herausgestellt werden.

Grundsätzlich gilt daher:

Die Qualität der angebotenen Produkte und die Leistungsfähigkeit des Geschäftes heraus stellen.
Den Preis der Produkte in den Hintergrund drängen.

■ Kunden mit unterschiedlichem Preisbewusstsein

Nicht für jeden Kunden steht der Preis eines Produktes im Vordergrund. Es gibt auch Kunden, die auf die Qualität der Ware achten **(Qualitätskäufer)**. Daneben kann man eine Kundengruppe ausmachen, der ein ausgewogenes Verhältnis von Preis und Nutzen (Produktleistung) wichtig ist. Diese Kunden nennt man auch **Smart Shopper**.

smart (engl.): klug, geschickt, gerissen

Die Discounter reagieren auf die zunehmende Anzahl von Qualitätskäufern, indem sie ihr Angebot an hochwertigen Markenprodukten erhöhen.

Kundengruppen	Erläuterungen	bevorzugte Einkaufsstätte
Schnäppchenjäger	Der Preis ist für die Kaufentscheidung wesentlich.	Discounter
Qualitätskäufer	Die Qualität der Ware steht im Vordergrund. Der Preis ist zweitrangig.	Facheinzelhandel
Smart Shopper	Der Kunde legt Wert auf ein gutes Verhältnis von Preis und Leistung (Nutzen) der Ware.	Discounter und Facheinzelhandel

5.2 Der Preis als Ausdruck des Produktwertes

Der Preis ist der in Geld ausgedrückte Wert eines Produktes. Der Kunde ist aber erst bereit, eine Ware zu kaufen, wenn er den Eindruck gewonnen hat, dass Produktwert und Preis übereinstimmen oder der Produktwert sogar höher liegt.

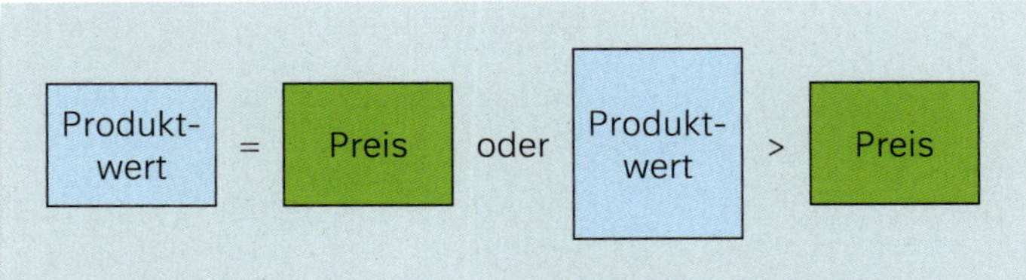

Es gehört zu den wesentlichen Aufgaben eines Kundenberaters, dem Kunden eine Vorstellung vom Produktwert zu vermitteln, ihm also deutlich zu machen, dass die Ware ihren Preis wert ist; dass sie **preiswürdig** ist.

Den Produktwert verdeutlicht man durch eine sorgfältige Behandlung der Ware und vor allem durch die Darstellung der Produktvorteile in der Verkaufsargumentation.

Grundsatz: Den Preis erst nennen, wenn der Produktwert „aufgebaut" ist.

5.3 Sandwich-Methode

So mancher Kunde, der von der Vorteilhaftigkeit einer Ware überzeugt worden ist, schreckt zurück, wenn er den Preis hört. Die Kaufentscheidung des Kunden hängt dann nur noch vom Preis ab. Damit wird die Preisnennung zu einer äußerst „empfindlichen" Stelle im Verkaufsgespräch. Es ist daher verständlich, wenn man nach Wegen sucht, den Preis im Vergleich zum Produktwert etwas in den Hintergrund treten zu lassen. Dies geschieht z. B. mithilfe der Sandwich-Methode. Bei diesem Verfahren wird der Kunde **vor** der Preisnennung zunächst auf Produktvorteile hingewiesen.

Auch **nach** der Preisnennung werden weitere Produktvorteile genannt, damit der Preis nicht als letzte Aussage des Kundenberaters im Raum stehen bleibt; denn was der Kunde zuletzt hört, bleibt besonders gut in seinem Gedächtnis haften.

Im Verkaufsgespräch wird der Preis – wie bei einem Sandwich der Belag – durch voran- und nachgestellte Produktvorteile „eingepackt" und dadurch etwas in den Hintergrund gedrängt.

Ein englisches Sandwich	Preisnennung nach der Sandwich-Methode	
		Produktvorteile Preis Produktvorteile

Beispiel

Kunde:	„Wie teuer ist diese Automatte?"	
Kundenberater:	„Diese Automatte mit einer Spikebeschichtung gegen Verrutschen kostet	Produktvorteil
	24,99 €.	Preis
	Sie ist universell für jedes Auto geeignet."	Produktvorteil

Sandwich-Methode: Den Kunden unmittelbar vor und nach der Preisnennung auf Produktvorteile hinweisen.

Nicht immer muss allerdings der Preis „eingepackt" werden. Bei besonders **preisgünstigen** Angeboten ist der Preis besonders herauszustellen, weil der niedrige Preis zum Produktvorteil wird, der in ein Verkaufsargument eingebracht werden kann.

Das Interesse des Kunden soll nicht auf den Preis, sondern auf die Produktvorteile und den Kundennutzen gelenkt werden.

Weg vom Preis – hin zu den Produktvorteilen!

Zusammenfassung

Preisnennung		
Preisbewusstsein:	Schnäppchenjäger:	hohe Preisorientierung
	Qualitätskäufer:	Produktqualität steht im Vordergrund
	Smart Shopper:	sucht ein gutes Verhältnis von Preis und Leistung (Nutzen)
preiswürdig:	angemessenes Verhältnis von Preis und Leistung; der Produktwert entspricht dem Preis	

Sandwich-Methode:	Produktvorteile – Preis – Produktvorteile
Grundsatz:	Produktwert hervorheben, Preis zurückdrängen

6 Einwandbehandlung

6.1 Kundeneinwände

Einwendungen von Kunden sind vielfältig. Entscheidend ist die Reaktion der Verkaufsmitarbeiter auf Kundeneinwände. Professionelles Verhalten von Verkaufsmitarbeitern zeichnet sich dadurch aus, dass man nicht mit Kunden in Streit gerät, sondern positiv und konfliktdämpfend antwortet.

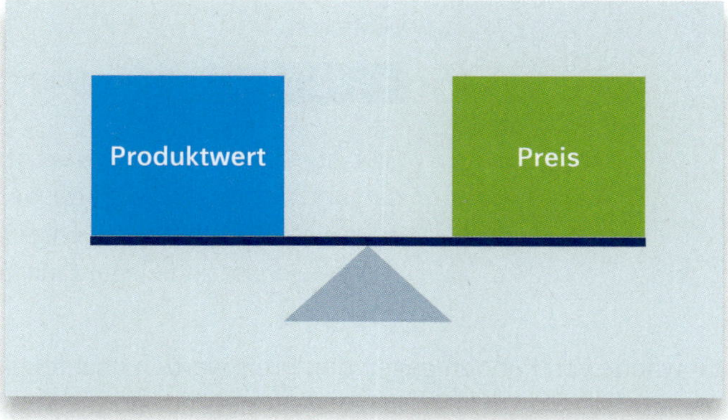

Ein Kundeneinwand ist zunächst als Hinweis des Kunden zu verstehen, dass er beispielsweise vom Nutzen des Produktes noch nicht überzeugt ist. Dann liegt es am Kundenberater, den Kunden vom Produktwert zu überzeugen.

Macht ein Kunde einen Einwand geltend, ist genau hinzuhören, wogegen sich der Einwand des Kunden richtet, um eine angemessene Antwort zu finden. Kundeneinwände lassen sich nach ihrer Zielrichtung in vier Arten einteilen:

* gegen den Preis
* gegen Produkteigenschaften
* gegen das Geschäft
* gegen das Personal

Einwand	Erläuterungen
gegen den Preis	Dies ist ein sehr häufiger Einwand. Die Vorstellung des Kunden vom Produktwert deckt sich nicht mit dem ausgezeichneten Preis. Vielleicht hat der Kundenberater nicht ausreichend Gelegenheit gehabt, den Produktwert aufzubauen oder seine Argumentation hat den Kunden bisher nicht vom Wert des Produktes überzeugen können. Eventuell will der Kunde in der Schlussphase des Verkaufsgespräches, in der er eigentlich zum Kauf entschlossen ist, nur noch um den Preis feilschen. **Beispiele** „Der Drucker ist aber sehr teuer." „Haben Sie nicht etwas Preisgünstigeres?"
gegen Produkteigenschaften	Der Kunde beanstandet bestimmte Eigenschaften eines Produktes, die sich aus den Produktmerkmalen Material, Herstellung, Optik usw. ergeben. **Beispiele** „Die Tasten sind für meine Finger viel zu klein." „Dieses Grün steht mir doch überhaupt nicht."
gegen das Geschäft	Das sind Kundenbeschwerden, die sich auf das Geschäft als Ganzes beziehen, auf das Sortiment, das Serviceangebot, die Personalausstattung usw. **Beispiele** „Sie haben ja nichts mehr für unser Alter." „Bei ... gibt es aber eine großzügigere Umtauschregelung." „Sie schließen Ihr Geschäft aber sehr früh!" „Man findet hier kaum einen Parkplatz." „Früher war hier viel mehr Personal."
gegen das Personal	Einwände gegen das Personal können sehr unterschiedliche Anlässe haben. Vielfach kritisieren Kunden 1. unzulängliche Fachkompetenz,

2. mangelnde Freundlichkeit,

3. fehlende Anwesenheit.

Beispiele zu 1. „Vielleicht holen Sie doch einmal eine Kollegin zu Hilfe."

zu 2. „Sind hier alle Mitarbeiter so schlecht gelaunt?"

zu 3. „Bedient denn hier keiner?"

Diese Einwände werden häufig indirekt formuliert, erfordern daher genaues Hinhören.

Beispiele „Beim letzten Mal hat mich Ihre Kollegin bedient, ist sie heute nicht da?"

Hier ist es ganz besonders wichtig, persönliche Auseinandersetzungen zu vermeiden und die Wogen zu glätten. Auch wenn der Kunde seine Vorwürfe zu Unrecht erhebt, ist Rechthaberei wenig sinnvoll. Ein professioneller Kundenberater kann selbstbewusst und elegant mit Vorwürfen gegenüber seiner Person umgehen.

Einwände von Kunden gegen den Preis werden nachfolgend näher betrachtet.

6.2 Ja-aber-Methode

Diese Methode ist das gebräuchlichste Verfahren, um Einwänden von Kunden zu begegnen. Ziel ist, Überzeugungsarbeit in harmonischer Atmosphäre zu leisten. Der Einwand eines Kunden gegen den Preis wird zunächst einmal als Interesse des Kunden am Produkt gewertet. Lediglich vom Verhältnis des Produktwertes zum Preis ist der Kunde noch nicht überzeugt. Es ist das gute Recht des Kunden, diese Zweifel zu äußern. Der Kundenberater bestätigt daher zunächst die Aussage des Kunden und macht dann durch seine Verkaufsargumentation deutlich, warum der Preis begründet ist.

Die Bestätigung leitet die Einwandbehandlung bereits ein. Die Aussage eines Kunden: „Das ist aber hier ein verdammt teurer Laden!", kann man als Mitarbeiter des Geschäftes in dieser Form nicht bestätigen. Man mildert daher den Kundeneinwand in der Bestätigung ab. Dies sollte in jedem Fall passieren, um die Kundenaussage zu entschärfen.

Beispiel

Kunde: „Das ist aber sehr teuer!"

Kundenberater:

„Ja,	der Preis ist nicht niedrig,	aber ..."
„Sie haben recht,	auf den ersten Blick erscheint der Preis ein wenig hoch,	allerdings ..."
„Natürlich,	gibt es ... , die im Preis niedriger liegen,	bedenken Sie aber, dass ..."
„Es stimmt schon,	dieser ... gehört zur oberen Preisgruppe,	dafür erhalten Sie aber ..."
Es wird eine gemeinsame Basis mit dem Kunden geschaffen.	Der Einwand des Kunden wird aufgegriffen, indem sich der Kundenberater verständnisvoll in die Argumentation des Kunden „einklinkt". Durch Abmildern der Kundenaussage wird die Einwandbehandlung vorbereitet.	Der Kundeneinwand wird mit Hinweisen auf Produktvorteile ausgeräumt.
1. Bestätigen	**2. Abmildern**	**3. Ausräumen**

■ Auf einen Kundeneinwand antworten oder preisgünstigere Ware vorlegen?

Beispiel

Kunde 1: „Das ist aber teuer!"

Kunde 2: „Das ist mir zu teuer!"

Die meisten Kunden haben sich für verschiedene Artikel **Preisobergrenzen** gebildet, welche sie nur ausnahmsweise zu überschreiten geneigt sind. Mit „Nein, das kommt überhaupt nicht infrage!" oder „Das ist mir zu teuer!" bringt ein Kunde zum Ausdruck, dass diese Grenze überschritten ist. Dann ist es ratsam, preisgünstigere Ware vorzulegen, weil ein Eingehen auf den Kundeneinwand vermutlich nicht erfolgreich sein wird.

Achten Sie genau auf die Formulierung!

Auch die Frage eines Kunden, wie viel Rabatt er beim Kauf des vorliegenden Produktes erhält, ist wie ein Einwand gegen die Preishöhe aufzufassen. Der Kunde ist in diesem Fall ebenfalls am Produkt interessiert. Produktwert und Preis müssen lediglich noch deckungsgleich gemacht werden.

■ Ausräumen und Ausgleichen von Kundeneinwänden

Neben der Art des Einwandes ist bedeutend, ob der Kundeneinwand berechtigt oder unberechtigt ist.

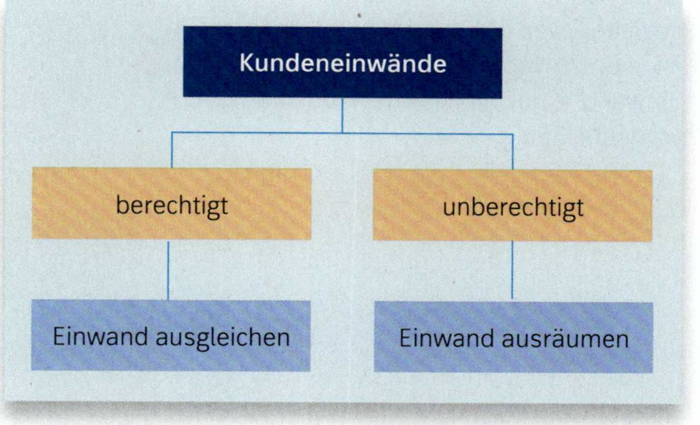

Unberechtigte Einwände von Kunden werden vom Kundenberater **ausgeräumt**. Dabei macht der Verkaufsmitarbeiter dem Kunden deutlich, dass dessen Meinung über das Geschäft, das Verkaufspersonal und vor allem über bestimmte Produkteigenschaften nicht richtig ist. Die „Ja-aber-Methode" bietet eine elegante Möglichkeit, den Kunden von seiner Meinung abzubringen, ohne ihn bloßzustellen oder mit ihm in eine rechthaberische Auseinandersetzung zu geraten.

Besteht ein Kundeneinwand dagegen **zu recht**, kann ihn der Kundenberater nur **ausgleichen**, indem er sich bemüht, den Kunden davon zu überzeugen, dass vorhandene Produktnachteile durch entsprechende Produktvorteile aufgewogen werden.

Bestimmte Produktleistungen sind nur zu erzielen, wenn die damit verbundenen Produktnachteile in Kauf genommen werden.

Beispiele

Ein Kunde, der ein kleines, handliches Smartphone wünscht, muss auch einen kleinen Bildschirm in Kauf nehmen.

Wegen des kleinen Displays hat der Kunde weniger Sehkomfort, dafür aber ein handliches Gerät. Trotzdem wird er sich zum Kauf entschließen, wenn der Produktnachteil durch Produktvorteile ausgeglichen oder überwogen wird.

Unberechtigter Einwand: ausräumen

Beispiele

In einem Motorradfachgeschäft

Kunde: *„Ist dieser Helm mit den vielen Noppen nicht schwer zu pflegen?"*

Kundenberater: „Ja, Sie haben recht, auf den ersten Blick sieht das nicht so einfach aus, aber Sie brauchen den Helm nur mit einem Helm-Spray einzusprühen und danach mit einem Lappen zu putzen. Das ist alles."

Berechtigter Einwand: ausgleichen

Beispiel

In einem Fachgeschäft für Uhren und Schmuck

Kunde: *„Sind die polierten Messingflächen der Uhr nicht sehr empfindlich?"*

Kundenberater: „Sie haben recht, die polierten Flächen sind ein wenig empfindlicher als mattierte. Aber eine hochglanzpolierte Uhr kommt um vieles eleganter auf Ihrem Kaminsims zur Geltung."

Preiseinwände wird der Kundenberater im Allgemeinen nur ausgleichen können, es sei denn, ein Kunde befindet sich im Irrtum. Der Ausgleich geschieht durch Gegenüberstellen von Preis und Produktvorteilen durch den Kundenberater, der so den Preis begründet. Im Verkaufsgespräch ist es Aufgabe des Verkaufsmitarbeiters, dem Kunden diesen Ausgleich oder sogar das Überwiegen der Produktvorteile deutlich zu machen.

Einwände zeigen das Interesse des Kunden am vorgelegten Produkt.
Er ist nur noch nicht davon überzeugt, dass die Produktvorteile den Preis aufwiegen.

6.3 Gegenfrage-Methode

Die Gegenfrage-Methode wird angewendet, wenn ein Kunde ungenaue Einwände macht: „Das gefällt mir nicht." „Das mag ich nicht leiden." Durch eine gezielte Frage des Kundenberaters kann er jedoch veranlasst werden, seinen Einwand und damit seine Wünsche zu verdeutlichen.

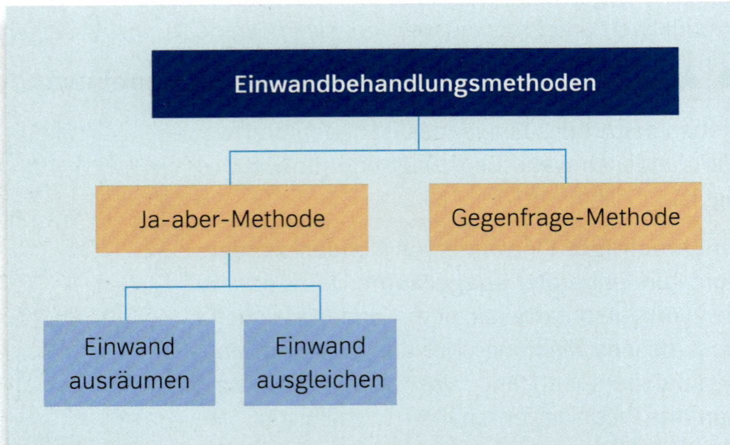

Beispiel

In einem Fachgeschäft für Uhren und Schmuck wurden einer Kundin mehrere Ringe vorgelegt und ausführlich erläutert. Zu jedem Ringe hatte sich Kundin in allgemeiner Form ablehnend geäußert: „Nein, das ist nicht das Richtige für mich." Nach dem fünften Ring hakt der Kundeberater mit einer Gegenfrage nach.

Kundin: *„Irgendwie gefallen sie mir alle nicht."*

Kundenberater: „Würden Sie mir bitte sagen, wie Sie sich Ihren Ring vorgestellt haben?"

6.4 Serviceleistungen herausstellen

Serviceleistungen siehe auch Seite 283

Viele mittelständische Einzelhandelsgeschäfte stecken in einer schwierigen Lage, weil sie mit preisaggressiven Großbetriebsformen, Filialsystemen (Discountern) und der Internetkonkurrenz nicht mithalten können. Aufgrund größerer Bestellmengen und der damit verbundenen Marktmacht bekommen die Großbetriebsformen erheblich bessere Einkaufsbedingungen als der kleine und mittelgroße Facheinzelhändler geboten. Die Discounter können sich in ihrer Kalkulation auch mit einer geringeren Gewinnspanne zufriedengeben, weil ein höherer Umsatz für Ausgleich sorgt.

Der Facheinzelhandel kann sich daher nicht auf einen **Preiswettbewerb** mit den Discountern einlassen. Er muss vielmehr seine Stärken besonders herausstellen, die im Bereich von Service und kundenindividueller Behandlung liegen (**Leistungswettbewerb**).

Beispiel

Ein Elektrofachgeschäft könnte eine eigene Werkstatt unterhalten, in dem qualifiziertes Servicepersonal Reparaturen durchführt. Auch die Lieferung von Geräten bis in die Wohnung des Kunden, das Anschließen und die Inbetriebnahme können von diesen Mitarbeitern erledigt werden. Während der Reparatur könnte einem Kunden ein Leihgerät zur Verfügung gestellt werden.

Diese **Serviceleistungen** können bei der Einwandbehandlung eingesetzt werden, damit Kunden die höheren Preise eines Fachgeschäftes akzeptieren.

Fachgeschäfte sind auch in besonderer Weise dazu in der Lage, sich individuell um ihre Stammkunden zu kümmern. Eine hohe **Servicebereitschaft** schafft eine enge Kundenbindung. Auf diese Weise kann die Bedeutung des Preises für den Kunden vermindert werden.

Zusammenfassung

Einwandbehandlung			
Kundeneinwände:	* Preis * Produkteigenschaften	* Geschäft * Personal	
Ja-aber-Methode:	1. bestätigen	2. abmildern	3. ausräumen

berechtigte Einwände:	ausgleichen
unberechtigte Einwände:	ausräumen
Gegenfrage-Methode:	* allgemeine Einwände * durch Gegenfrage konkretisieren lassen
Serviceleistungen:	* für die Einwandbehandlung nutzen; Preisakzeptanz erhöhen

7 Ergänzungsangebote

7.1 Aufgaben von Ergänzungsangeboten

Ein Kundenproblem ist häufig nicht allein mit einem Produkt, dem Hauptartikel, zu lösen. Oft sind weitere Produkte, die Ergänzungsartikel, erforderlich, damit der Kunde zufrieden ist. Diese Ergänzungsartikel verkaufen sich nicht von selbst, sondern sind von Verkaufsmitarbeitern aktiv zu unterbreiten; dem Kunden sind **Ergänzungsangebote** zu machen. Ergänzungsangebote können unterschiedliche Aufgaben erfüllen:

* notwendige Ergänzung zum Hauptartikel

Beispiele

- Batterie zum elektrischen Kinderspielzeug
- Betriebssystem für einen Computer
- Toner für einen Drucker

* sinnvolle, nützliche Ergänzung zum Hauptartikel, sodass ein Zusatznutzen für den Kunden entsteht

Beispiele

- passende Hemden und farblich abgestimmte Krawatten zum Anzug (siehe Abbildung)
- Pflegemittel zu Lederprodukten
- Navigationssystem zum Auto

Ein Ergänzungsangebot ist ein Ergänzungsartikel zu einem Hauptartikel, der für die Nutzung des Hauptartikels notwendig ist oder einen Zusatznutzen bewirkt.

Wesentliches Merkmal eines Ergänzungsangebotes ist die Verbindung des Ergänzungsartikels mit dem Hauptartikel. Daher ist zu beachten, dass der Preis des Ergänzungsartikels (deutlich) unter dem Preis des Hauptartikels liegt.

7.2 Zeitpunkt für ein Ergänzungsangebot

Ein Ergänzungsangebot (auch Zuempfehlung genannt) kann während des Hauptkaufes oder nach der Kaufentscheidung eines Kunden unterbreitet werden.

Eine **Zuempfehlung** wird **während des Hauptkaufs** gemacht. Hier besteht die Chance, die Bedeutung des Ergänzungsproduktes für den Hauptartikel in die Argumentation einfließen zu lassen und die Vorteile des Ergänzungsproduktes mit den Produkteigenschaften des Hauptproduktes zu verbinden. Auch kann oft viel eleganter auf den Ergänzungsartikel verwiesen werden.

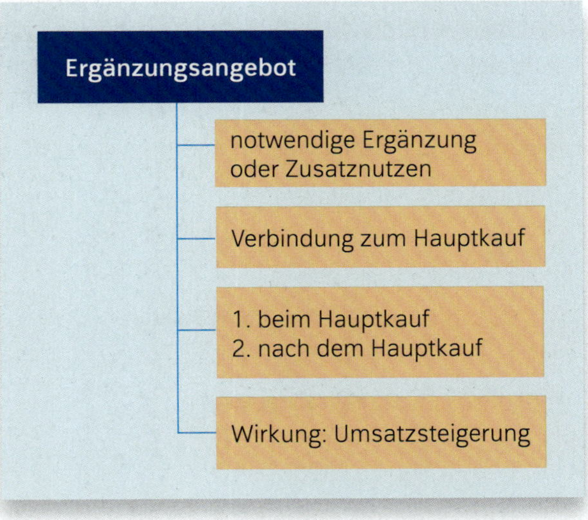

Beispiel Eine lange Perlenkette lässt sich durch einen Perlenclip zusätzlich in eine eng anliegende Halskette verwandeln.

Nach dem Hauptkauf ist dem Kunden dieser Vorteil oft nur noch schwer deutlich zu machen. Wird der Kunde aber während des Verkaufsgespräches darauf hingewiesen, dass der Gebrauchswert des Hauptartikels durch den Ergänzungsartikel deutlich gesteigert werden kann, leuchten ihm die Vorteile des Ergänzungsartikels viel eher ein. Dadurch wird auch der Eindruck vermieden, dass ein Ergänzungsprodukt aufgedrängt werden soll.

Gelegentlich ist sogar ein Ergänzungsangebot ohne Worte besonders wirksam.

Beispiel Eine Kundenberaterin stellt zu einem Tafelservice für festliche Zwecke stillschweigend passende Gläser hinzu, womit sie eine festliche Atmosphäre schafft.

Ein **Ergänzungsartikel** wird **nach dem Hauptkauf** empfohlen. Jetzt kann der Kunde oft nur noch gefragt werden, ob er den Zusatzartikel haben möchte. Plumpe Fragen haben dabei wenig Chancen.

Beispiel Kundenberaterin: „Brauchen Sie noch eine Pflege für Ihren Schuh?“

Verbundplatzierung siehe Seite 214

Zusatzangebote an der Kasse siehe Seite 155

Ergänzungsangebote nützen nicht nur dem Kunden. Auch den Einzelhändler erfreut es, wenn über Ergänzungsartikel der Umsatz gesteigert werden kann. Vielfach wird dieser Umstand daher bei der Verkaufsraumgestaltung und der Warenpräsentation berücksichtigt, indem Ergänzungsartikeln in der Nähe des Hauptartikels platziert werden. Der Kundenberater hat es leichter, während des Hauptkaufs auf das Ergänzungsangebot zu verweisen.

Beispiel In einem Schuhfachgeschäft werden die Pflegartikel an der Kasse angeboten, aber auch zusätzlich in jeder Abteilung des Hauses.

Ergänzungsangebote im Onlinehandel

Im Onlinehandel besteht gewöhnlich kein direkter Kontakt zwischen einem Kunden und dem Anbieter (allenfalls z. B. telefonisch über eine Telefon-Hotline). Daher kann dem Kunden auch kein persönliches Ergänzungsangebot unterbreitet werden. Der Kunde kann aber auf Artikel hingewiesen werden, die andere Kunden zusammen mit dem betrachteten Produkt gekauft haben.

Dies geschieht im Onlineshop z. B. durch Textformulierungen wie

* „Kunden, die diesen Artikel angesehen haben, kauften auch (mit entsprechenden Produktabbildungen)“ oder
* „Kunden kauften auch“.

Auf diese Weise werden andere Kunden benutzt, um auf Ergänzungsangebote aufmerksam zu machen. Der Kunde erhält dadurch Kaufanregungen in wenig aufdringlicher Form.

Zusammenfassung

Ergänzungsangebote		
Aufgaben:	* notwendige Ergänzung zum Hauptartikel * Sinnvolle Ergänzung als Zusatznutzen	
Merkmal:	Verbindung des Ergänzungsartikels zum Hauptartikel	
Zeitpunkt:	* während des Hauptkaufs:	* leichtere Verknüpfung von Haupt- und Ergänzungsartikel * wenig aufdringlich * auch stillschweigend möglich
	* nach dem Hauptkauf:	* kann aufdringlich wirken * schwierige Verbindung zum Hauptkauf
Wirkung:	Umsatzsteigerung	

8 Kaufabschluss

8.1 Kaufsignale

Die Aussage eines Kunden: „Ich nehme das Smartphone" macht eindeutig sichtbar, dass der Kunde das Produkt kaufen will. Häufig gibt es aber schon viel früher Hinweise, die die Kaufbereitschaft des Kunden andeuten. Das sind **Kaufsignale** (auch Kaufbereitschaftssignale). Sie sagen dem Verkaufsmitarbeiter, dass der Kunde genug Informationen erhalten hat, um sich zu entscheiden.

Man kann die Kaufsignale in sprachliche (verbale) und nichtsprachliche (nonverbale) Signale unterscheiden.

■ Sprachliche Kaufsignale

Sprachliche Kaufsignale werden vom Kunden direkt ausgesprochen. Das können Worte der Zustimmung sein. Kaufsignale liegen auch vor, wenn der Kunde nach den Lieferungs- und Zahlungsbedingungen fragt. In seiner Vorstellung hat er dann den Kauf bereits realisiert und er denkt einen Schritt weiter.

Beispiele

* offene Zustimmung: „Das gefällt mir!", „Ja, genau so habe ich mir das vorgestellt."
* eigene gedankliche Auseinandersetzung mit dem Produkt: „Kann ich den Drucker in mein häusliches Netz einbinden?"
* zukunftsbezogene Fragen: „Ist das Gerät verfügbar?", „Wie lang ist die Lieferzeit?", „Kann ich mit meiner Kreditkarte bezahlen?"

■ Nichtsprachliche Kaufsignale

Nichtsprachliche Signale sind an der Gestik, Mimik oder Körperhaltung des Kunden zu erkennen.

Beispiele

* zustimmendes Nicken
* freudiger Gesichtsausdruck
* Ein Kunde kommt dem Verkaufsmitarbeiter näher, beugt sich z. B. über die Verkaufstheke.
* Ein Kunde nimmt die Ware immer wieder in die Hand.

Kaufsignale sind sprachliche und nichtsprachliche Hinweise des Kunden, dass er zum Kauf bereit ist.

8.2 Abschlusstechniken

Steht ein Kunde vor der Kaufentscheidung, indem er z. B. ein Kaufsignal gibt, kann der Verkaufsmitarbeiter den Kaufabschluss aktiv unterstützen.

■ Wesentliche Produkteigenschaften zusammenfassen

Im Verkaufsgespräch werden regelmäßig die wichtigsten Ansprüche des Kunden sichtbar. In der Phase der Kaufentscheidung kann der Verkaufsmitarbeiter diese Ansprüche noch einmal hervorheben.

Beispiel

Kundenberater: „Sie sagten, dass Sie eine kompakte Mikrowelle in Edelstahl mit automatischen Programmen und Grillvorrichtung suchen. Die Zentus-Mikrowelle erfüllt genau diese Ansprüche."

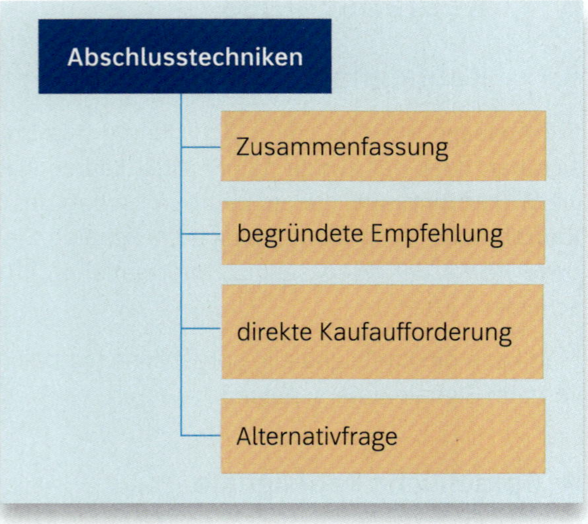

Begründete Empfehlung

Auch eine Empfehlung des Verkaufsmitarbeiters kann die Kaufentscheidung des Kunden fördern, vor allem dann, wenn die Empfehlung begründet wird. Die Begründung sollte sich an den Ansprüchen des Kunden orientieren.

Beispiel Kundenberater: „Ich empfehle Ihnen, sich für die Zentus-Mikrowelle zu entscheiden. Es handelt sich um eine kompakte Mikrowelle in Edelstahl mit automatischen Programmen und Grillvorrichtung."

Direkte Kaufaufforderung

Steht der Kunde kurz vor der Kaufentscheidung und fehlt ihm vielleicht noch ein kleiner Anstoß, damit er sich zu einem Entschluss durchringt, ist auch eine direkte Aufforderung durch den Verkaufsmitarbeiter möglich.

Beispiel Kundenberater: „Soll ich die Zentus-Mikrowelle dann aufschreiben?"
„Soll ich Ihnen die geblümte Vase als Geschenk einpacken?"
„Die Original-DVD erhalten Sie an der Kasse."

Alternativfrage

Manchmal kann auch eine Alternativfrage die Entscheidung des Kunden herbeiführen, indem ein gewisser Entscheidungsdruck aufgebaut wird.

Beispiel Kundenberater: „Möchten Sie die Krawatte mit Querstreifen oder die rote?"

Die direkte Kaufaufforderung und die Alternativfrage sind mit Vorsicht einzusetzen, weil sie den Kunden unter Druck setzen. Es muss sichergestellt sein, dass der Kunde wirklich nur noch einen kleinen Anstoß benötigt, damit er sich für das Produkt entscheidet, von dem er am Ende des Verkaufsgespräches auch innerlich überzeugt ist.

8.3 Kaufbeschleunigung

Verkaufsmitarbeiter haben darauf zu achten, dass bei der Warenvorlage und der Verkaufsargumentation die Auswahl für den Kunden überschaubar bleibt. Wenn zusätzliche Produkte vorgelegt werden, sind gleichzeitig andere auszusondern.

Kann sich der Kunde nicht entscheiden, ist die Hilfe des Kundenberaters erforderlich, um den Kaufabschluss zu beschleunigen.

Produktauswahl begrenzen

Vorgehensweise: Der Kundenberater engt die Auswahl anspruchs- und verwendungsgerecht ein und gibt am Schluss eine begründete Empfehlung.

Der Verkaufsmitarbeiter kennt aus dem Verkaufsgespräch die Ansprüche der Kunden und vielleicht auch den Verwendungszweck. Eventuell konnte der Kundenberater auch feststellen, dass der Kunde von den angebotenen Produkten eines besonders oft anschaute, anprobierte oder in die Hand nahm.

Der Grundsatz lautet:

Die Auswahl ist dadurch zu verkleinern, dass man die Vorzüge eines Produktes gegenüber den anderen hervorhebt, ohne dabei das Vergleichsprodukt schlecht zu reden.

Nur so kann man zu einem der aussortierten Produkte zurückkehren, falls dem Kunden am Ende das verbleibende Produkt doch nicht zusagt.

Beispiel

Ein Kunde hat für seine Berufstätigkeit ein Sakko erworben. Der Kundenberater hat als Ergänzungsartikel zwei passende Hemden empfohlen und einige farblich abgestimmte Krawatten hinzugelegt (siehe Abbildung rechts). Der Kunde kann sich nicht entscheiden, welche Krawatte er nehmen soll.

Kundenberater: „Sie haben bisher das Streifenmuster bevorzugt. Ich schlage deshalb vor, die Krawatte mit dem floralen Design einmal zur Seite zu legen."

Kunde: *„Einverstanden."*

Kundenberater: „Das dunkle Grau des Sakkos verträgt einen etwas kräftigeren Farbton. Konzentrieren wir uns daher auf die Krawatte mit den lebhaften Querstreifen und die rote mit dem Rechteckmuster."

Kunde: *„Okay."*

Kundenberater: „Wenn ich Ihnen eine Empfehlung geben darf: Die quergestreifte Krawatte mit den lebhaften hellblauen Streifen passt farblich zu allen drei blauen Hemden. Hemd und Krawatte bilden somit einen sehr schönen, aber immer noch dezenten Kontrast zum dunkelgrauen Sakko – die ideale Berufskleidung, bei der Sie aber trotzdem Mut zur Farbe zeigen."

Kunde: *„Gut, ich nehme die gestreifte, aber die rote packen Sie mir bitte auch noch ein."*

Weitere Möglichkeiten, die Entscheidung des Kunden zu beschleunigen, sind:

* **Auswahlsendung**
  Man bietet eine Auswahlsendung an, damit der Kunde sich zu Hause in Ruhe entscheiden kann.
* **Reservierung**
  Der Verkaufsmitarbeiter bietet an, die Ware für den Kunden zurücklegen. Diese Reservierung sichert dem Kunden den Zugriff auf die Ware; er kann die endgültige Kaufentscheidung aber noch überdenken.
* **Umtausch**
  Die Kaufentscheidung wird erleichtert, wenn der Kunde weiß, dass er seine Entscheidung durch einen Umtausch rückgängig machen kann. Der Hinweis auf Umtauschmöglichkeiten beschleunigt daher die Kaufentscheidung.

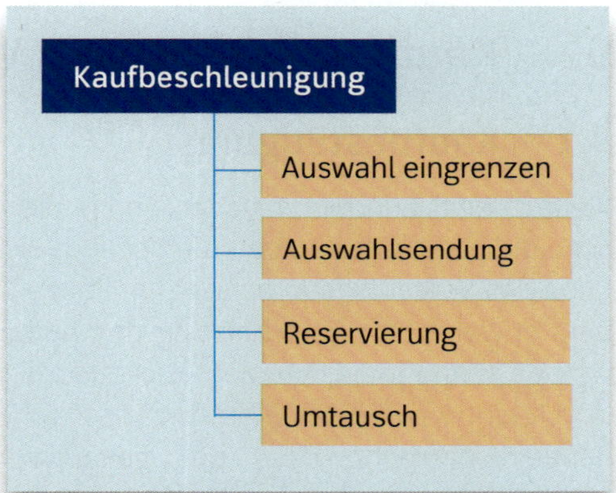

Sollte sich der Kunde allerdings gegen den Kauf entscheiden: „Ich muss mir das noch einmal überlegen.", nimmt der Kundenberater die Entscheidung des Kunden zunächst gelassen hin.

Beispiel

Kundenberater: „Gerne, überlegen Sie sich Ihre Entscheidung in Ruhe."

Der Verkaufsmitarbeiter wird dann aber überlegen, wie er dem Kunden Entscheidungshilfen geben und ihn weiterhin an das Geschäft binden kann.

* Dem Kunden wird zusätzliches Prospektmaterial übergeben.
* Man lädt den Partner, der an der Kaufentscheidung beteiligt werden soll, in das Geschäft ein.

Außerdem ist es sinnvoll, die oben beschriebenen Möglichkeiten zur Kaufbeschleunigung anzuwenden:

* Man bietet dem Kunden an, die Ware für eine bestimmte Zeit zurückzulegen.
* Man gibt dem Kunden die Ware zur Auswahl mit nach Hause.

Zusammenfassung

Kaufabschluss		
Kaufsignale:	sprachliche:	* offene Zustimmung
		* gedankliche Auseinandersetzung mit dem Produkt
		* zukunftsbezogene Fragen
	nichtsprachliche:	* zustimmendes Nicken
		* freudiger Gesichtsausdruck
		* Nähe zum Verkaufsmitarbeiter
		* Berühren der Ware
Abschlusstechniken:	* Zusammenfassung	* direkte Kaufaufforderung
	* begründete Empfehlung	* Alternativfrage
Kaufbeschleunigung:	* Auswahl eingrenzen	* Reservierung
	* Auswahlsendung	* Umtausch
Bei Ablehnung:	* Prospektmaterial mitgeben	* Auswahl, Reservierung, Umtausch
	* Entscheidungspartner einladen	

9 Kaufbestätigung und Verabschiedung

9.1 Kaufbestätigung

Vielfach sind Kunden unsicher, ob sie die richtige Kaufentscheidung getroffen haben. Entschließt sich der Kunde am Ende des Verkaufsgespräches zum Kauf, sollte der Kundenberater daher die Entscheidung des Kunden nicht einfach wortlos hinnehmen, sondern sie ausdrücklich bestätigen. Durch eine Kaufbestätigung wird dem Kunden noch einmal deutlich gemacht, dass das gekaufte Produkt seinen Ansprüchen gerecht wird. Damit gewinnt der Kunde Entscheidungssicherheit. Vielfach hört man im Einzelhandel Floskeln:

Sie werden Ihre Entscheidung bestimmt nicht bereuen.

Mit der wertvollen Bleikristallvase haben Sie das passende Geschenk für Ihre Bekannte gefunden.

* „Da haben Sie eine gute Wahl getroffen."
* „Sie werden Ihre Entscheidung bestimmt nicht bereuen."

Diese allgemeine Formulierungen sind allerdings wenig wirksam, vor allem nicht, wenn sie auch noch einen negativen Klang bekommen: „... bestimmt nicht bereuen."

Ein Verkaufsmitarbeiter kennt die speziellen Ansprüche des Kunden aus dem Verkaufsgespräch und eventuell auch den Verwendungszweck der Ware. Er kann daher die Kaufentscheidung individuell sehr anspruchs- und verwendungsnah bestätigen.

Beispiel

* Eine ältere Dame sucht ein Geschenk für eine Bekannte. Sie hat sich für eine Kugelvase aus Bleikristall entschieden.

Kundenberaterin: „**Ihre Bekannte** wird sich bestimmt über die reizende Kugelvase freuen. Sie können sicher sein, dass Sie mit dieser **wertvollen Bleikristallvase das passende Geschenk** gefunden haben."

Nach der Kaufbestätigung begleitet man den Kunden gewöhnlich zur Kasse und übergibt ihn dem Kassenpersonal – es sei denn, man kassiert selbst. Das Interesse am Kunden bleibt aber weiterhin bestehen. Welche zusätzlichen Serviceleistungen können dem Kunden noch angeboten werden?

Zusatzangebote siehe Seite 155

Beispiele

* Zusatzverkäufe an der Kasse
* Einpacken der Ware
* Zahlungserleichterungen (Kartenzahlung, Zahlung gegen Rechnung)
* Zustellservice usw.

9.2 Verabschiedung des Kunden

Sobald der Kunde den Kaufpreis bezahlt hat, wird ihm die Ware mit einem freundlichen Lächeln übergeben und die letzte Phase des Verkaufsgespräches eingeleitet, die Verabschiedung. Grundsätzlich darf nach dem Bezahlen nicht der Eindruck beim Kunden aufkommen, dass er nun für das Geschäft nicht mehr interessant ist. Freundlichkeit sollte ihm für die gesamte Dauer seines Aufenthalts im Geschäft entgegengebracht werden. Für die eigentliche Verabschiedung ist in Abhängigkeit von der Verkaufsform folgende Vorgehensweise angebracht:

1. Man bedankt sich beim Kunden für den Einkauf: „Vielen Dank für Ihren Besuch."
2. Man verabschiedet sich mit einem freundlichen „Auf Wiedersehen" (oder einer regional üblichen Verabschiedungsformel); bei jüngeren Kunden oder Stammkunden darf es auch salopper sein: "Tschüs!"
3. Man beobachtet den Kunden weiterhin, ob noch irgendwelche Serviceleistungen sinnvoll sind:
   * Findet der Kunde zum Ausgang, zum Fahrstuhl, zur Treppe oder ist noch ein kurzer Hinweis notwendig?
   * Kann der Kunde die Ausgangstür allein öffnen (oder ist er vielleicht mit Ware vollgepackt, älter oder behindert?)
   * Sollte man dem Kunden wegen der aktuellen Wetterlage den vorhandenen Leihschirm anbieten?

Situation im SB-Geschäft

Bei Selbstbedienung kommt der Kunde eventuell an der Kasse zum ersten Mal mit Verkaufspersonal in Kontakt. Wesentliche Erwartungen des Kunden wie Wahrnehmung und Gruß lassen sich daher erst an der Kasse verwirklichen.

Grundlegende Verhaltensweisen sind – unabhängig von den betriebsinternen Bestimmungen der Kassieranweisung:

* durch Blickkontakt Servicebereitschaft signalisieren,
* den Kunden begrüßen,
* Produkte einscannen,
* Kaufbetrag nennen,
* sich für das angenommene Geld bedanken,
* Rückgeld mit einem freundlichen „Bitteschön" übergeben,
* immer, wenn die Zeit es zulässt, nach Anlässen für freundliche Worte zu den eingekauften Produkten suchen, um ein stummes „Abkassieren" zu vermeiden,
* sich vom Kunden verabschieden.

■ Der Ablauf eines Verkaufsgespräches

Die nachstehenden verkaufskundlichen Themen sind vielfach in einem Verkaufsgespräch anzutreffen. Die Reihenfolge ist allerdings nicht zwingend, sondern von der jeweiligen Verkaufssituation abhängig. Es ist z. B. nicht ungewöhnlich, dass ein Verkaufsgespräch mit der Frage des Kunden nach dem Preis beginnt.

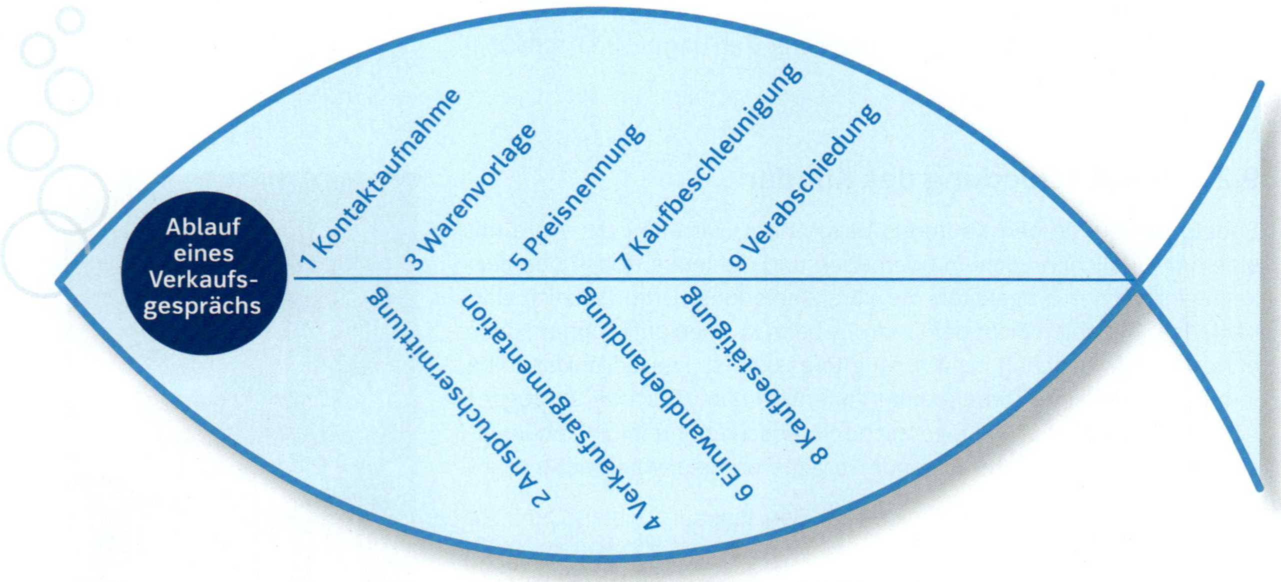

Zusammenfassung

Kaufbestätigung und Verabschiedung		
Kaufbestätigung:	individuell: anspruchsgerecht und verwendungsbezogen	
	weitere Dienstleistungen anbieten: Einpack- und Zustellservice, Zahlungserleichterungen	
Verabschiedung:	1. Dank	3. Kunden weiterhin beobachten, ob Hilfe erforderlich ist
	2. Gruß	
SB-Geschäft, an der Kasse:	1. Blickkontakt und Gruß	4. falls möglich: freundliche Worte mit dem Kunden
	2. Scannen, Betrag nennen	5. verabschieden
	3. Rückgeld	

10 Alternativangebote

Ein Alternativangebot wird unterbreitet, wenn der von einem Kunden gewünschte Artikel nicht angeboten werden kann.

Ein Kunde sucht eine Spiegelreflexkamera von Minolta. Das Geschäft führt keine Artikel dieses Herstellers, kann aber vergleichbare Produkte anbieten. Um ein geeignetes Alternativangebot unterbreiten zu können, sind zunächst genauere Informationen über die Ansprüche des Kunden erforderlich.

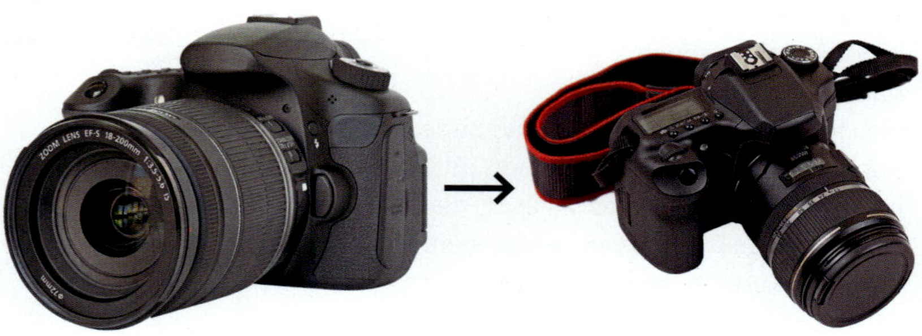

Beispiel

Kunde: „Guten Tag, ich interessiere mich für eine Spiegelreflexkamera von Minolta."

Verkäufer: *„Guten Tag, Sie suchen also eine gute Spiegelreflexkamera. Welche Aufnahmen möchten Sie damit machen?"*

Kunde: „Ich möchte meine Familie fotografieren, vor allem aber Tieraufnahmen machen. Ich züchte Hunde und da brauche ich von jedem Tier ein gelungenes Porträt."

Verkäufer: *„Für Ihre anspruchsvollen Aufnahmen kann ich Ihnen diese Kamera von Canon empfehlen. Canon-Kameras sind bekannt für ..."*

Weil die Produkte beider Hersteller in hohem Maße vergleichbar sind, dürfte es einem Kundenberater nicht schwerfallen, den Kunden von der Vorteilhaftigkeit des Alternativangebotes zu überzeugen.

Vorgehensweise

Zunächst ist festzuhalten, dass das Alternativangebot kein magerer Ersatz für den eigentlichen Kundenwunsch ist, sondern vielmehr ein gleichwertiges Produkt. Herabsetzende Bemerkungen sind daher bei der Warenvorlage zu vermeiden:

Beispiele

* „... führen wir leider nicht."
* „Wir haben nur ..."
* „Ich kann Ihnen höchstens eine ... von ... empfehlen."

Grundsätzlich bestehen zwei Möglichkeiten, auf das Alternativprodukt einzugehen:

1. Möglichkeit	2. Möglichkeit
Der Kundenberater zeigt dem Kunden erst das Alternativangebot und erwähnt beiläufig, dass der Kundenwunsch in einem Punkt, z. B. beim Herstellernamen, nicht erfüllt werden kann (wenn es überhaupt noch erforderlich ist).	Der Kundenberater bekennt offen, dass der Artikel des gewünschten Herstellers nicht geführt wird oder im Augenblick nicht zur Verfügung steht und versucht, den Kunden vom Alternativangebot zu überzeugen.

Bei der Argumentation werden möglichst solche Produkteigenschaften eines Alternativangebots hervorgehoben, die sich mit dem **Kundenwunsch** decken.

Beispiel

Eine Kundin wünscht Schuhe von einem italienischen Hersteller, der bekannt ist für hochmodisches Schuhwerk. Wird der Kundin der Schuh eines deutschen Herstellers als Alternativangebot vorgelegt, muss der Schuh modisch ausgerichtet sein, wenn er das Interesse der Kundin wecken soll. Ein Schuh mag noch so preiswert und gut verarbeitet sein; trifft er nicht den Hauptwunsch der Kundin nach einem modischen Schuhwerk, ist das Alternativangebot verfehlt.

Kundenberater müssen die typischen Eigenschaften der Produkte verschiedener Hersteller besonders deshalb kennen, damit sie vergleichbare Produkte anbieten können. Die Beantwortung folgender Fragen kann dabei Hinweise geben:

* Werden besondere Materialien verwendet?
* Zeichnen sich die Produkte durch eine besondere Verarbeitung aus?
* Sind die Artikel besonders lange haltbar?
* Wird den Artikeln eine bestimmte Note (im Design oder in der technischen Ausstattung) gegeben?
* Liegen die Produkte auf einem bestimmten Preisniveau?

Beispiel

Eine Kundin sucht ein Kaffeeservice als dauerhafte und hochwertige Anschaffung. Sie wünscht ein Service von Rosenthal. Das Geschäft führt keine Artikel dieses Herstellers.

Kundenberaterin: „Darf ich Ihnen einmal unsere Auswahl an Kaffeeservice in der Porzellanabteilung zeigen?"

Kundin: „Bitte."

Kundenberaterin: „Wenn Sie mir bitte folgen wollen?"

Beide begeben sich in die Porzellanabteilung vor das Regal.

Kundenberaterin: „Hier sehen Sie ein Kaffeeservice von Hutschenreuther. Hutschenreuther ist ein **Traditionsunternehmen**, das schon seit Jahrzehnten Porzellanwaren herstellt. Es fertigt traditionelle Service, bei denen die alten Formen **stilecht** nachempfunden sind, und modernes Geschirr, das zum Teil von bekannten Designern entworfen wurde.
Dieses Kaffeeservice in der bauchigen Form mit dem verzierten Henkel und dem **geschwungenen Fuß** ist zum Beispiel an **überlieferten Mustern** ausgerichtet. Es hat den Namen Maria-Theresia. Die traditionelle Form und das zurückhaltende Dekor machen das Geschirr **zeitlos**. Bei diesem Hutschenreuther-Geschirr können Sie daher sicher sein, dass es Ihnen auch in vielen Jahren noch gefallen wird."

So könnten die Verkaufsgespräche fortgesetzt werden:

Kundin: „Können Sie mir auch einmal ein modernes Porzellan zeigen?"

Kundenberaterin: „Gerne, hier sehen Sie ein Kaffeeservice, das von einem bekannten Designer entworfen wurde."

Zusatzangebote siehe Seite 155

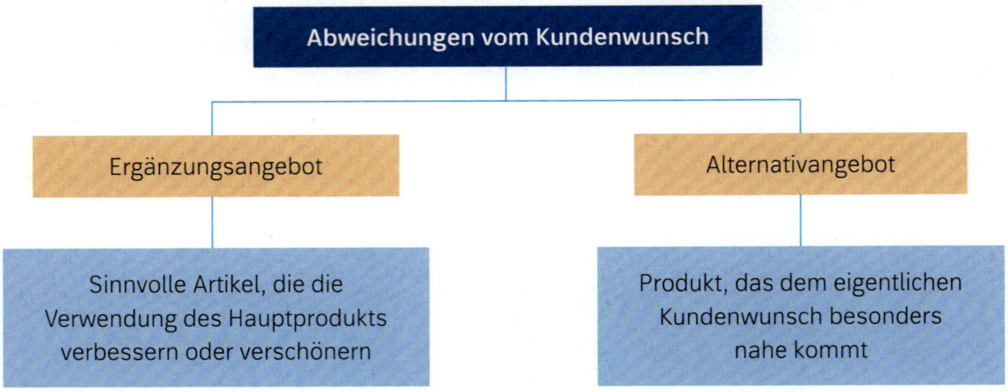

Zusammenfassung

Alternativangebot	
Definition:	Produkt, das dem eigentlichen Kundenwunsch besonders nahe kommt
Vermeiden:	herabsetzende Bemerkungen: leider, nur, höchstens
Möglichkeiten:	1. Alternativangebot vorstellen, Aufklärung des Kunden 2. Kunden aufklären, Alternativangebot vorstellen
Übereinstimmung:	typische Eigenschaften: * Material * Verarbeitung * Preis * Qualität * Gestaltung

Kunden im Servicebereich Kasse betreuen

1 Rechtsgrundlagen

Um das Zusammenleben der Menschen in einer Staatsgemeinschaft wie der Bundesrepublik Deutschland zu regeln, gibt sich eine Gemeinschaft eine **Rechtsordnung**, eine Sammlung von **Rechtsnormen** wie **Gesetze** und **Verordnungen**. Die Gesetze werden durch demokratisch legitimierte Gesetzgeber, das sind die Parlamente des Bundes und der Länder, beschlossen. Durch Gesetz können Bundes- und Landesregierungen zum Erlass von Verordnungen ermächtigt werden. Zu den Rechtsnormen zählen Gesetze wie das Berufsbildungsgesetz und Verordnungen wie die Ausbildungsordnung. Aus der Anwendung der Rechtsordnung folgen **Gewohnheitsrechte** wie regelmäßige freiwillige Leistungen des Arbeitgebers.

1.1 Rechtsfähigkeit

Rechtsfähig zu sein bedeutet, Träger von Rechten und Pflichten zu sein. Man unterscheidet natürliche und juristische Personen. Menschen sind **natürliche Personen**. Die Rechtsfähigkeit beim Menschen beginnt mit Vollendung der Geburt.

Beispiele

Rechte und Pflichten

* Recht auf körperliche Unversehrtheit (vom Grundgesetz garantiert)
* allgemeine Schulpflicht

Juristische Personen sind künstlich geschaffene rechtliche Gebilde, die wie natürliche Personen selbstständig Träger von Rechten und Pflichten sein können. Man unterscheidet

* juristische Personen des **privaten Rechts**, z. B. eingetragener Fußballverein, Aktiengesellschaft, und
* juristische Personen des **öffentlichen Rechts**, z. B. Stadt oder Gemeinde.

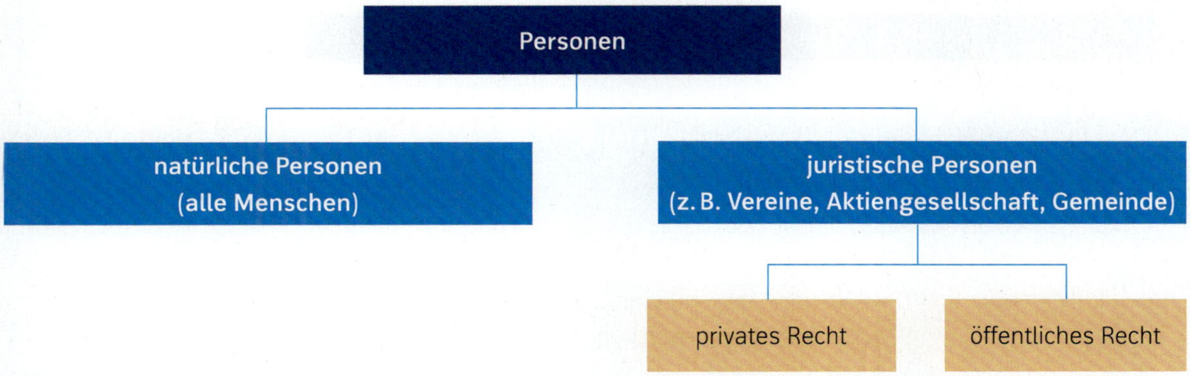

Rechtsfähigkeit ist die Fähigkeit einer Person, Träger von Rechten und Pflichten zu sein.

1.2 Geschäftsfähigkeit

Wenn Kinder in einem Einzelhandelsgeschäft einkaufen wollen, ist zu prüfen, ob sie berechtigt sind, Kaufverträge abzuschließen, denn Kaufverträge sind Rechtsgeschäfte. Um Rechtsgeschäfte wirksam abschließen zu können, muss man geschäftsfähig sein. Die **Geschäftsfähigkeit** ist vom Alter eines Menschen abhängig.

* Bis zum 7. Lebensjahr ist ein Mensch **geschäftsunfähig**. Er kann keine Kaufverträge abschließen, weil seine Willenserklärungen von vornherein ungültig (nichtig) sind.
* Vom 7. Geburtstag an, wenn „das 7. Lebensjahr vollendet" ist, wird man **beschränkt geschäftsfähig**. Das bedeutet, Kinder und Jugendliche dürfen rechtswirksam
  - im Rahmen ihres Taschengeldes einkaufen (Taschengeldparagraf),
  - im Rahmen ihres Ausbildungs- oder Arbeitsverhältnisses Geschäfte abschließen,
  - Geschäfte abschließen, die nur Vorteile bringen.
* Mit Vollendung des 18. Lebensjahres, also ab dem 18. Geburtstag, ist man **voll geschäftsfähig.**

Geschäftsfähigkeit ist die Fähigkeit, Rechtsgeschäfte wirksam vorzunehmen zu können.

Geistig behinderte Menschen sind je nach Schwere ihrer Behinderung in ihrer Geschäftsfähigkeit eingeschränkt oder geschäftsunfähig. Ähnliches gilt für Menschen, die von Fremden betreut werden müssen. Auch eine vorübergehende Störung der Geistestätigkeit, z. B. durch Alkohol oder Medikamente, kann zur Geschäftsunfähigkeit führen, sodass Willenserklärungen nichtig sind. Ein Einzelhändler trägt das Risiko von Waren- oder Geldverlust, wenn er eingeschränkt geschäftsfähigen oder geschäftsunfähigen Menschen etwas verkauft.

Kaufverträge mit beschränkt Geschäftsfähigen, die über das **Taschengeld** hinausgehen, sind **schwebend unwirksam**, sie werden erst durch die Zustimmung der Erziehungsberechtigten rechtswirksam.

Bei der Frage, ob ein Kauf sich im Rahmen des Taschengeldes bewegt, ist zu prüfen, wie alt das Kind oder ein Jugendlicher ist und aus welchem familiären Umfeld sie stammen. Bestimmte Geldbeträge können nicht genannt werden, weil sich die Auffassung über die Höhe des Taschengeldes ändert. Für die Beurteilung ist nur die **Höhe des Kaufbetrages** entscheidend. So dürfen beschränkt Geschäftsfähige auch nicht über höhere Geldbeträge frei verfügen, die sie aus dem Taschengeld **angespart** haben, es sei denn, das Taschengeld ist ihnen **zur freien Verfügung** gestellt worden.

Erziehungsberechtigte, die zusammen mit ihrem minderjährigen Kind einen Ausbildungsvertrag oder Arbeitsvertrag abschließen, stimmen durch ihre Unterschrift allen Geschäften zu, die im Rahmen der Ausbildung oder der Arbeit anfallen.

Kinder können auch als **Boten** eingesetzt werden, indem sie z. B. die Willenserklärung der Mutter in Form eines Einkaufszettels übermitteln. Der Kaufvertrag kommt dann zwischen der Mutter und dem Verkäufer zustande. Ausnahmen sind gesetzliche Verbote, z. B. keine Abgabe von Alkohol an Kinder.

Geschäftsfähigkeit

Geschäftsunfähig	Beschränkt geschäftsfähig	Voll geschäftsfähig
Kinder bis zur Vollendung des 7. Lebensjahres	Minderjährige ab vollendetem 7. Lebensjahr	Alle Volljährigen
Willenserklärungen sind unwirksam (nichtig)	Die Willenserklärung bedarf der Zustimmung der gesetzlichen Vertreter	Willenserklärungen sind wirksam
	Ausnahmen	**Ausnahmen**
	Auch ohne Zustimmung wirksam: – Lediglich rechtlicher Vorteil – Taschengeld – Arbeits- bzw. Ausbildungsverhältnis	– Geistige Behinderung – Störungen der Geistestätigkeit (z. B. Alkohol, Medikamente)

1.3 Die wichtigsten Vertragsarten

Die verschiedenen Vertragsarten lassen sich einteilen in:

Kaufvertrag	Veräußerung von Sachen oder Rechten gegen Entgelt **Beispiel** * Eine Kundin kauft in einem Schuhgeschäft ein Paar Sommer-Sandaletten. * Ein Kunde erwirbt mit dem Kauf einer DVD das Recht, die darauf befindliche Musik abzuspielen.
Mietvertrag	Überlassung einer Sache zum Gebrauch gegen Zahlung der vereinbarten Miete **Beispiel** Für 60,00 € pro Tag darf Herr Sommer einen Mietwagen ohne Kilometerbegrenzung fahren.
Pachtvertrag	Überlassung einer Sache zum Gebrauch gegen Zahlung der vereinbarten Pacht Der Pächter darf aus der Sache Erträge erzielen und für sich verwenden. **Beispiel** Ein großes Warenhaus verpachtet ein Grundstück an einen Landwirt, der die Fläche bewirtschaftet. Das Grundstück war vorsorglich für eine zukünftige Erweiterung des Warenhauses gekauft worden.
Leihvertrag	Überlassung einer Sache zum Gebrauch ohne Entgelt **Beispiel** Klaus leiht seiner Freundin Petra sein Auto, damit Petra pünktlich zur Abschlussprüfung in der Nachbarstadt erscheinen kann.
Darlehensvertrag	Überlassung von Geld oder anderen vertretbaren Sachen zum Verbrauch Der Darlehensnehmer ist verpflichtet, gleichartige Sachen nach Vertragsablauf zurückzugeben. **Beispiel** Ein Einzelhändler nimmt einen Bankkredit auf, verwendet das Geld für den Umbau seines Geschäftes und zahlt den Kredit zum vereinbarten Zeitpunkt aus laufenden Einnahmen wieder zurück.
Dienstvertrag	Leistung von Diensten gegen Entgelt ohne garantierten Erfolg Leistungsinhalt ist eine vertraglich näher beschriebene Tätigkeit. Die Leistungspflicht ist erfüllt, wenn der Betroffene tätig geworden ist. **Beispiel** Die Berufsschullehrerin Frau Thomes hat mit einem Großunternehmen vereinbart, dass sie einmal in der Woche die innerbetriebliche Schulung der Auszubildenden übernimmt.
Werkvertrag	Herstellung eines Werkes gegen Bezahlung Leistungsinhalt ist die Herstellung des versprochenen Werkes. Die Leistungspflicht ist erfüllt, wenn das Werk tatsächlich erstellt worden ist. **Beispiel** Ein Möbelhaus bezieht im Auftrag einer Kundin den Stuhl einer Essgruppe mit Bezugstoff, der von der Kundin stammt.

Miete: befristeter Gebrauch einer Sache und deren Rückgabe

Darlehen: Verbrauch von Geld oder Sachen und Rückgabe gleichartiger Gegenstände

1.4 Vertragsfreiheit

In der Bundesrepublik Deutschland hat jeder Bürger das Recht, seine Rechtsbeziehungen nach eigenen Vorstellungen zu gestalten. Diese **Vertragsfreiheit** umfasst:

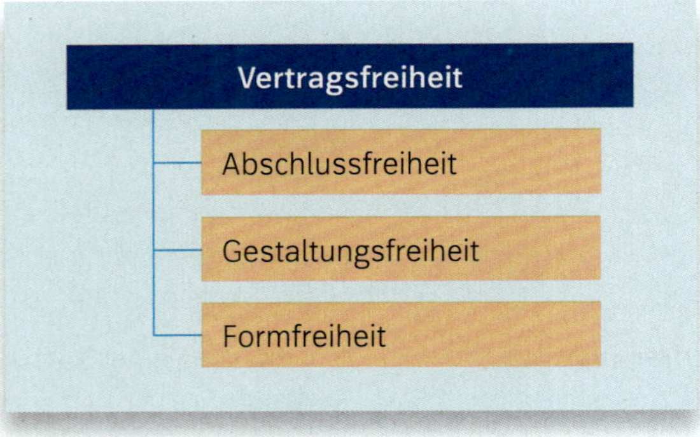

* **Abschlussfreiheit**: Es ist jedem freigestellt, mit wem er einen Vertrag abschließt. So kann ein Einzelhändler nicht gezwungen werden, mit einem Kunden, der sein Geschäft betritt, einen Kaufvertrag abzuschließen. Umgekehrt gilt diese Freiheit auch für den Kunden.
* **Gestaltungsfreiheit**: Auch der Inhalt eines Vertrages kann von den Vertragspartnern nach eigenen Vorstellungen festgelegt werden. Der Gesetzgeber hat allerdings in einigen Fällen Regelungen erlassen, die vor allem den wirtschaftlich schwächeren Vertragspartner schützen sollen. So muss dem Käufer bei Haustürgeschäften das Recht eingeräumt werden, den z. B. in seiner Wohnung abgeschlossenen Vertrag innerhalb von 14 Tagen schriftlich zu widerrufen.
* **Formfreiheit**: Grundsätzlich ist es den Vertragspartnern freigestellt, ob sie einen Vertrag schriftlich, mündlich oder durch schlüssiges Handeln wirksam werden lassen. Auch hier hat der Gesetzgeber in bestimmten Fällen Ausnahmen festgelegt. Für den Kauf eines Grundstücks ist z. B. die Schriftform erforderlich.

Schlüssiges Handeln siehe Seite 143

Zusammenfassung

Rechtsgrundlagen		
Rechtsfähigkeit:	Fähigkeit einer Person, Träger von Rechten und Pflichten zu sein.	
Personen:	* natürliche Personen	* juristische Personen
Geschäftsfähigkeit:	Fähigkeit, Rechtsgeschäfte wirksam vornehmen zu können.	
Stufen:	* geschäftsunfähig (0–6 Jahre) * beschränkt geschäftsfähig (7–17 Jahre)	* voll geschäftsfähig (ab 18 Jahre)
Ausnahmen:	beschränkt geschäftsfähig:	* lediglich rechtlicher Vorteil * Taschengeld * Arbeits- und Ausbildungsverhältnis
	voll geschäftsfähig:	* geistige Behinderung * Störungen der Geistestätigkeit
Vertragsarten:	* Kaufvertrag * Pachtvertrag * Mietvertrag * Leihvertrag	* Darlehensvertrag * Werkvertrag * Dienstvertrag
Vertragsfreiheit:	* Abschlussfreiheit * Gestaltungsfreiheit	* Formfreiheit

2 Kaufvertrag beim Warenverkauf

2.1 Zustandekommen von Kaufverträgen

Beispiel

Fachgeschäft für Bürobedarf

Kunde:	„Haben Sie diese Trennblätter aus Karton für DIN-A-4-Ordner?“	Anfrage
Kundenberaterin:	*„Ja, ich kann Sie Ihnen farbig und in einheitlichem Grau anbieten.“*	Angebot
Kunde:	„Unterscheiden sie sich im Preis?“	
Kundenberaterin:	*Eine Packung mit 100 Stück kostet 9,95 €, farbig sortiert 11,55 €.“*	
Kunde:	„Ich nehme eine Packung von den grauen.“	Bestellung

Eine **Anfrage** ist die Aufforderung an den Verkäufer einer Ware, ein Angebot abzugeben. Für den Anfragenden hat sie keine rechtliche Wirkung.

Das **Angebot** ist eine an eine bestimmte Person gerichtete Willenserklärung, Ware zu verkaufen. Der Anbieter ist an den Inhalt seines Angebotes gebunden.

Mit einer **Bestellung** erklärt der Käufer, dass er eine Ware zu bestimmten Bedingungen, nämlich Produkteigenschaften und Preis, kaufen will. Die Bestellung ist eine Willenserklärung, an die der Käufer gebunden ist.

Eine **Willenserklärung** ist eine rechtlich wirksame Äußerung. Eine Person, die eine Willenserklärung abgibt, weiß um die damit verbundenen Rechtsfolgen Annehmen und Bezahlen der Ware.

Willenserklärungen können auf verschiedene Weise abgegeben werden:

- **mündlich** in einem (Verkaufs-)Gespräch oder am Telefon („fernmündlich")
- **schriftlich** als Brief, E-Mail

Beispiel

Ein Einzelhändler bietet einem Unternehmen in einem schriftlichen Angebot (Brief) eine komplette Büroausstattung an.

- durch **schlüssiges Handeln**, aus dem der Wille des Erklärenden abzuleiten ist

Beispiel

Wenn in einem Selbstbedienungsgeschäft ein Kunde seinen Einkaufswagen mit Produkten füllt und sie an der Kasse wortlos auf das Band lädt, ist das eine Bestellung des Kunden.

Liegen zwei übereinstimmende Willenserklärungen vor, handelt es sich um einen **Vertrag**. Ein **Kaufvertrag** kommt zustande, wenn sich die Willenserklärungen von Verkäufer und Käufer decken:

* Willenserklärung des Verkäufers: Eine Ware mit bestimmten Eigenschaften zu einem genau bezeichneten Preis will ich verkaufen.
* Willenserklärung des Käufers: Die angebotene Ware mit den genannten Eigenschaften und zu dem angebotenen Preis will ich kaufen.

1. Willenserklärung
Angebot des Verkäufers

2. Willenserklärung
Bestellung des Kunden

Zwei **übereinstimmende Willenserklärungen** ergeben einen Kaufvertrag.

Willenserklärung ist die rechtlich wirksame Äußerung einer Person.

Anfrage ist die unverbindliche Aufforderung an den Verkäufer einer Ware, ein Angebot abzugeben.

Angebot ist die an eine bestimmte Person gerichtete verbindliche Willenserklärung, Ware zu verkaufen.

Bestellung ist die verbindliche Erklärung des Käufers, eine Ware zu bestimmten Bedingungen kaufen zu wollen.

Beispiel

In einem Fachgeschäft für Bürobedarf klingelt das Telefon.

Kundenberaterin:	„Guten Tag, Bürobedarf Neumann, Siebert, was kann ich für Sie tun?"	
Kunde:	*„Guten Tag, Bauunternehmen Möller, Reichenberg, ich benötige dringend 1.000 Trennblätter für DIN-A4-Ordner aus Karton in grau zum Preis von 9,95 € pro 100 Stück. Unser Auszubildender holt sie gleich bei Ihnen ab."*	1. Willenserklärung: Bestellung
Kundenberaterin:	„Sehr gerne. Ich mache alles soweit fertig."	2. Willenserklärung: Bestellungsannahme

Der erste Schritt beim Zustandekommen eines Kaufvertrages, der Antrag, kann auch eine **Bestellung** sein. Die zweite Willenserklärung besteht dann in der Annahme der Bestellung durch den Verkäufer (**Bestellungsannahme, Auftragsannahme**).

1. Willenserklärung
Bestellung des Käufers

2. Willenserklärung
Bestellungsannahme des Verkäufers

Zwei **übereinstimmende Willenserklärungen** ergeben einen Kaufvertrag.

Allgemein gilt für das Entstehen eines Vertrages:

Antrag

Annahme

Zwei **übereinstimmende Willenserklärungen** ergeben einen Vertrag.

Angebot an bestimmte Person; **Anpreisung** an Allgemeinheit

Von Angeboten sind **Anpreisungen** von Waren in Zeitungsanzeigen, Rundschreiben, Preislisten, im Schaufenster oder auch in Onlineshops zu unterscheiden. Anpreisungen richten sich an die **Allgemeinheit**. Sie sind keine Angebote im rechtlichen Sinne, sondern fordern einen Betrachter auf, selbst einen Kaufantrag abzugeben, der noch durch den Einzelhändler angenommen werden muss.

Vertragsfreiheit siehe Seite 142

Für den Einzelhändler besteht **Vertragsfreiheit**. Er kann selbst bestimmen, ob und an wen er seine Waren verkauft. Gibt er jedoch ein rechtswirksames Angebot ab, ist er daran auch gebunden.

Im Vertragsrecht gilt der Grundsatz: Verträge sind einzuhalten.

Anpreisung ist das unverbindliche Angebot von Waren an die Allgemeinheit.

Bestellungsannahme ist die verbindliche Annahme einer Bestellung durch den Verkäufer (Auftragsannahme).

2.2 Kaufvertragsarten nach der Rechtsstellung der Vertragspartner

■ Bürgerlicher Kauf (Privatkauf)

Beide Vertragspartner handeln als Nichtkaufleute (Privatpersonen).

Verbraucher ist eine natürliche Person, die einen Kaufvertrag für private Zwecke und nicht etwa für gewerbliche Zwecke abschließt.

■ Verbrauchsgüterkauf

Ein Verbrauchsgüterkauf liegt vor, wenn ein **Verbraucher** von einem Unternehmen eine **bewegliche Sache** kauft. Das ist in der Regel gegeben, sobald ein Kunde (der nicht selbst Unternehmer ist) in einem Unternehmen (z. B. im Supermarkt) Waren einkauft.

Verbraucher werden durch den Gesetzgeber in besonderer Weise geschützt.

Beispiel

Bestellt ein Kunde telefonisch Waren bei einem Unternehmen und übersendet dieser die Ware zum Kunden, so trägt der Verkäufer das **Risiko des Versandes**. Geht die Ware also unterwegs verloren, muss der Verkäufer den Schaden tragen und eine Neulieferung veranlassen.

Der Verbrauchsgüterkauf ist eine Sonderform des **einseitigen Handelskaufs**. Er liegt vor, wenn einer der Vertragsbeteiligten ein Unternehmen ist.

Zweiseitiger Handelskauf

Beide Vertragspartner handeln als Kaufleute, die Kaufverträge in Zusammenhang mit ihrem Handelsgewerbe abschließen.

2.3 Kaufvertragsarten nach dem Zeitpunkt der Zahlung

Kaufverträge lassen sich nach verschiedenen Gesichtspunkten einteilen. Betrachtet man sie danach, welcher Zahlungszeitpunkt vereinbart worden ist, ergibt sich folgende Unterscheidung:

* **Kauf gegen Anzahlung oder Vorauszahlung**: Der Käufer zahlt einen Teil oder den gesamten Kaufpreis vor der Lieferung.
* **Barkauf**: Der Käufer zahlt den Kaufpreis bei der Übergabe der Ware (Zug-um-Zug-Geschäft).
* **Zielkauf**: Verkäufer und Käufer vereinbaren eine Zahlungsfrist (Zahlungsziel).
* **Ratenkauf**: Die Vertragspartner einigen sich, dass der Käufer den Kaufpreis in mehreren, meist gleich hohen Raten bezahlt.

2.4 Kaufverträge – Verkaufsformen

Im Regelfall entstehen Kaufverträge in den unterschiedlichen Verkaufsformen des Einzelhandels nach wiederkehrenden Mustern:

* **Bedienungsgeschäft**
  Der Anfrage des Kunden folgt das Angebot des Einzelhändlers. Sagt dem Kunden die Ware zu, wird der Kaufvertrag durch eine Bestellung abgeschlossen.
* **Vorwahlgeschäft**
  Nachdem der Kunde vorgewählt hat, unterbreitet der Einzelhändler ein Angebot. Der Kunde bestellt.

Bericht einer Auszubildenden — *Beispiel*

Auszubildende: „Bei uns begeben sich die Kunden, nachdem sie das Geschäft betreten haben, zunächst zur Vorwahl. Wenn ich sehe, dass der Kunde an einer Ware interessiert ist, gehe ich zu ihm hin, begrüße ihn und spreche ihn über die Ware an. Der Kunde nennt dann seinen Wunsch genauer, und ich zeige ihm geeignete Ware. Damit unterbreite ich ihm ein Angebot (Antrag). Wenn dem Kunden die Ware gefällt, entscheidet es sich am Ende der Beratung für das Produkt, er macht eine Bestellung (Annahme). Damit ist der Kaufvertrag zustande gekommen, weil zwei übereinstimmende Willenserklärungen vorliegen."

* **Selbstwahlgeschäft**
  Die vorhandenen Waren im Geschäft sind kein Angebot des Einzelhändlers, sondern eine Anpreisung, weil sich das Sortiment an die Allgemeinheit richtet. Erst wenn der Kunde die ausgewählten Produkte an der Kasse übergibt, liegt eine Bestellung vor. Durch die Registrierung der Waren in der Kasse nimmt der Einzelhändler die Bestellung an.

2.5 Rechte und Pflichten aus dem Kaufvertrag

Ein verbindliches Angebot durch den Einzelhändler oder ein rechtswirksamer Kaufvertrag verpflichtet den Einzelhändler, gegebene Zusagen einzuhalten. Ob eine Ware auch schon bezahlt worden ist, spielt dabei zunächst keine Rolle. Im Vertragsrecht unterscheidet man zwischen dem **Versprechen** und dem **Erfüllen** von Verpflichtungen.

Im Kaufvertrag verpflichtet sich der **Verkäufer**, dem Kunden eine bestimmte Ware rechtzeitig und ohne Mängel zu übergeben. Der **Kunde** verpflichtet sich, die bestellte Ware auch anzunehmen und zu bezahlen. Beide Vertragspartner sind an ihre Versprechen gebunden und müssen sich bemühen, diese Verpflichtungen zu erfüllen.

Verpflichtungsgeschäft:	Der Schuldner, hier der Einzelhändler, verspricht, eine bestimmte Leistung zu erbringen.
Erfüllungsgeschäft:	Der Schuldner erfüllt sein Versprechen, z. B. indem der Einzelhändler die versprochene Ware liefert.

Weitere Pflicht des Verkäufers: dem Käufer das Eigentum an der Ware verschaffen siehe Seite 149

Pflichten	
des Verkäufers	**des Käufers**
* rechtzeitige und * mangelfreie Lieferung der Ware	* bestellte Ware annehmen und * bezahlen

Kaufverträge im Onlinehandel

Rechtlich gelten grundsätzlich für den Onlinekauf die gleichen Regeln wie für das herkömmliche Einkaufen.

* Die Internetseite des Anbieters stellt eine Anpreisung dar, denn das Angebot richtet sich an die Allgemeinheit.
* Die Bestellung des Onlinekäufers ist die erste Willenserklärung (Antrag).
* Bei der Bestellung über einen Bestell-Button muss der Käufer darüber informiert werden, dass mit der Bestellung Kosten entstehen (Textbeispiel: „kostenpflichtig bestellen").
* Durch die Auftragsbestätigung des Anbieters kommt der Kaufvertrag zustande (Annahme). Anstelle einer schriftlichen Bestätigung kann auch die Lieferung der Ware treten (schlüssiges Handeln).
* Der Käufer kann eine Online-Bestellung innerhalb von 14 Tagen ab Erhalt der Ware ohne Angabe von Gründen widerrufen.

Zusammenfassung

Kaufvertrag beim Warenverkauf

Kaufvertrag:	zwei übereinstimmende Willenserklärungen (Antrag – Annahme)	
Willenserklärung:	rechtlich wirksame Äußerung einer Person	
Abgabe:	* mündlich * schriftlich * durch schlüssiges Handeln	
Anfrage:	unverbindliche Aufforderung zur Abgabe eines Angebotes	
Angebot:	verbindliche Willenserklärung an eine Person über den Verkauf einer Ware	
Bestellung:	verbindliche Willenserklärung des Käufers, eine Ware zu kaufen	
Bestellungsannahme:	verbindliche Annahme einer Bestellung durch den Verkäufer	
Anpreisung:	unverbindliches Angebot von Waren an die Allgemeinheit	
Kaufverträge:	nach dem Zeitpunkt der Zahlung: * Anzahlung oder Vorauszahlung * Barkauf * Zielkauf * Ratenkauf	nach der Rechtsstellung der Vertragspartner * bürgerlicher Kauf (Privatkauf) * Verbrauchsgüterkauf * einseitiger Handelskauf * zweiseitiger Handelskauf
	nach Verkaufsformen: * Bedienung: Anfrage – Angebot – Bestellung * Vorwahl: Angebot – Bestellung * Selbstwahl: Anpreisung – Bestellung – Bestellungsannahme	
Rechte und Pflichten:	Verpflichtungsgeschäft – Erfüllungsgeschäft Verkäufer: rechtzeitige und mangelfreie Lieferung der Ware Käufer: bestellte Ware annehmen und bezahlen	
Internet:	* Zustandekommen des Kaufvertrages wie in einem Geschäft * Internetangebot ist eine Anpreisung * Anpreisung – Bestellung – Bestellungsannahme * Widerrufsrecht des Käufers	

3 Nichtige und anfechtbare Rechtsgeschäfte

3.1 Nichtigkeit

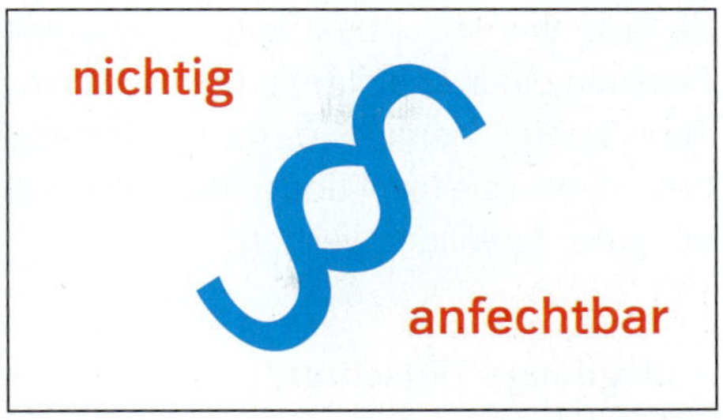

Bestimmte Rechtsgeschäfte sind von vornherein ungültig, sie sind nichtig.

Dazu gehören:

* Verträge mit Geschäftsunfähigen oder mit beschränkt Geschäftsfähigen ohne Zustimmung der Eltern

Beispiel

Ein Einzelhändler verkauft einem fünfjährigen Mädchen Süßigkeiten.

Die Eltern eines beschränkt Geschäftsfähigen verweigern die Zustimmung zu einem Kauf ihres Sohnes. Der Kaufbetrag übersteigt das Taschengeld des Jugendlichen.

* Verträge, die im Zustand der Bewusstlosigkeit oder vorübergehenden Störung der Geistestätigkeit abgeschlossen wurden (z. B. Käufe eines Betrunkenen)
* Schein- und Scherzgeschäfte (Willenserklärungen, die nicht ernst gemeint sind)

Beispiele

Scheingeschäft: Um Grunderwerbssteuer zu sparen, wird der offizielle Preis eines Grundstücks niedriger angesetzt als der tatsächlich gezahlte.

Scherzgeschäft oder Scherzerklärung: Stefan tönt auf einer Party: „Sollte ich die Abschlussprüfung doch noch bestehen, lade ich ganze Schule zu einer Riesensause ein!“

* Verträge, die gegen ein gesetzliches Verbot verstoßen, z. B. Handel mit Rauschgift
* Verträge, die gegen die guten Sitten verstoßen, z. B. ein unerfahrener Kunde wird zu einem Ratenkauf mit völlig überhöhten Bedingungen überredet
* Verträge, bei denen festgelegte Formvorschriften nicht eingehalten werden, z. B. bei einem Grundstückskauf ohne Notar

Nichtige Rechtsgeschäfte haben keinerlei Rechtswirkung. Sie werden so behandelt, als ob sie niemals abgeschlossen worden wären.

Nichtige Rechtsgeschäfte sind vornherein nicht wirksame Rechtsgeschäfte.

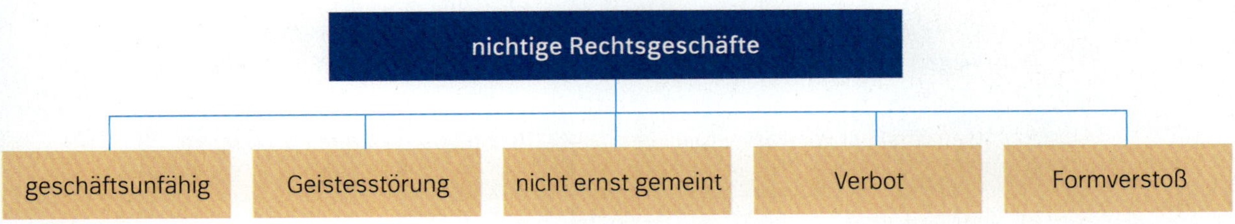

3.2 Anfechtbarkeit

Unter bestimmten Umständen kann ein rechtswirksam zustande gekommener Kaufvertrag **rückwirkend** durch eine **Anfechtung** außer Kraft gesetzt werden.

Es gibt fünf Anfechtungsgründe.

* **Irrtum in der Erklärung**

Beispiel

Die Äußerung eines Vertragspartners enthält nicht, was er eigentlich ausdrücken wollte. Die Anfechtung muss unverzüglich nach Entdeckung des Irrtums vorgenommen werden.

* **Falsche Übermittlung**

Beispiel

Ein Übertragungsfehler bei einer E-Mail übermittelt einen Preis falsch. Auch in diesem Fall muss die Anfechtung unverzüglich erklärt werden.

* **Irrtum in wesentlichen Eigenschaften** einer Person oder Sache

Beispiel

Es wird eine Sachbearbeiterin eingestellt, die auch die Funktion einer Ausbilderin übernehmen soll. Es stellt sich aber später heraus, dass sie keine Ausbildereignung besitzt, weil sie nicht über einen AdA-Schein (AdA: Ausbildung der Ausbilder) verfügt.

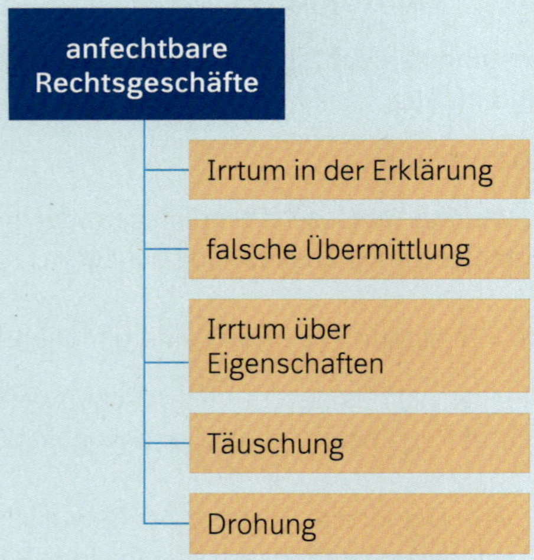

* **Arglistige Täuschung**

Beispiel

Ein Autohändler verkauft einen gebrauchten Pkw als unfallfrei, obwohl ihm bekannt ist, dass das Fahrzeug einen Unfallschaden hatte.

* **Widerrechtliche Drohung**

Beispiel

Eine Rentnerin wird eingeschüchtert und dadurch zum Kauf von wertvollem Schmuck gedrängt.

Anfechtbare Rechtsgeschäfte sind zunächst gültig, aber werden rückwirkend außer Kraft gesetzt.

3.3 Motivirrtum

Viele Kaufverträge sind mit bestimmten Erwartungen, Absichten oder Motiven verbunden. Beispielsweise kaufen Eltern ihrer Tochter ein Fahrrad zum Geburtstag, weil sie glauben, dass sie sich darüber freut. Ist das nicht der Fall, kann der Fahrradhändler dafür nicht verantwortlich gemacht werden. Der Kaufvertrag bleibt gültig, weil die Erklärung der Eltern zum Kauf des Fahrrades eindeutig war und ihrem damaligen Willen entsprach. Es liegt lediglich ein **Motivirrtum** vor, aber das Rechtsgeschäft bleibt gültig.

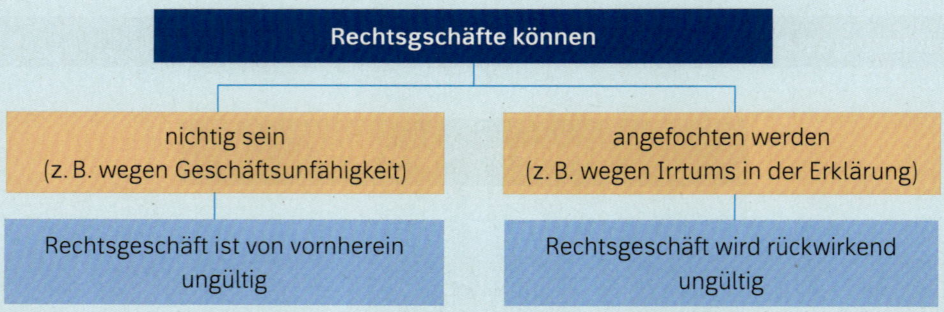

Zusammenfassung

Nichtige und anfechtbare Rechtsgeschäfte		
nichtig:	von vornherein nicht wirksames Rechtsgeschäft	
Ursachen:	* Geschäftsunfähigkeit * Geistesstörung * nicht ernst gemeint	* Verbot * Formverstoß
anfechtbar:	zunächst gültiges Rechtsgeschäft; rückwirkend außer Kraft gesetzt	
Ursachen:	* Irrtum in der Erklärung * falsche Übermittlung * Irrtum über Eigenschaften	* Täuschung * Drohung
Motivirrtum:	rechtsgültige Willenserklärung; lediglich Erwartungen wurden nicht erfüllt	

4 Eigentum und Besitz

4.1 Eigentumserwerb

Im Kaufvertragsrecht wird zwischen Besitz und Eigentum unterschieden. Der Eigentümer eines Gegenstandes hat das Recht, über ihn verfügen, z. B. kann er ihn verkaufen. Daher wird Eigentum als die rechtliche Herrschaft über eine Sache bezeichnet. Gewöhnlich ist der Eigentümer auch der Besitzer einer Sache. Es kann jedoch jemand einen Gegenstand besitzen, ohne dessen Eigentümer zu sein. Der Besitzer verfügt im Augenblick über eine Sache. Besitz ist die tatsächliche Herrschaft über einen Gegenstand.

Beispiele

Eine Kundin hat in einem Textilgeschäft einen Mantel zur Auswahl mit nach Hause genommen, um ihn ihrem Partner zu zeigen und sich dann zu entscheiden.

* Die Kundin ist Besitzerin des Mantels, weil sie im Augenblick über das Produkt verfügt.
* Der Einzelhändler bleibt aber weiterhin Eigentümer des Mantels, weil er ihn von seinem Lieferanten rechtmäßig erworben hat. Der Einzelhändler kann den Mantel jederzeit von der Kundin zurückfordern und nach Belieben über ihn verfügen, z. B. auch an eine andere Kundin verkaufen.

Eigentum ist die rechtliche Herrschaft über eine Sache.

Besitz ist die tatsächliche Herrschaft über eine Sache.

Durch einen Kaufvertrag vereinbaren Verkäufer und Käufer, dass der Käufer Eigentümer der Ware werden soll. Diese Vereinbarung und die anschließende Übergabe der Ware machen den Käufer zum Eigentümer. In der Praxis erfolgt die Einigung über den Eigentumsübertrag gewöhnlich stillschweigend.

Das Eigentum an einem Gegenstand erwirbt man durch Einigung und Übergabe.

Beispiel

In einem Lebensmittelsupermarkt legt eine Kundin die Waren aus ihrem Einkaufswagen auf das Band an der Kasse (1. Willenserklärung: Bestellung oder Antrag).

Die Mitarbeiterin an der Kasse scannt die Artikel ein (2. Willenserklärung: Bestellungsannahme oder Annahme).

Die Mitarbeiterin schiebt die eingescannten Artikel in einen Behälter am Ende des Bandes, damit die Kundin die Ware einpacken kann (Übergabe der Ware), damit ist das Eigentum an den gekauften Produkten vom Einzelhändler auf die Kundin übergegangen.

4.2 Pflichten der Kaufvertragspartner

In Kapitel 2 ist eine Übersicht zu den Pflichten der Kaufvertragspartner abgebildet. Diese Abbildung ist noch um eine weitere Pflicht für den Verkäufer zu ergänzen, die Pflicht zur Übertragung des Eigentums auf den Käufer.

Kaufvertragspflichten siehe Seite 146

4.3 Eigentumsvorbehalt

Bislang fielen Bezahlung und Eigentumsübergang zeitlich zusammen. Einigen sich Verkäufer und Käufer, den Kauf in Raten zu bezahlen, wird regelmäßig vereinbart, dass erst mit vollständiger Bezahlung der Ware das Eigentum übergehen soll (Verkauf unter Eigentumsvorbehalt). So wird der Käufer automatisch Eigentümer, sobald er die letzte Rate beglichen hat. Bis zu diesem Zeitpunkt ist der Käufer lediglich Besitzer. Der Eigentumsvorbehalt muss ausdrücklich vereinbart werden, wegen der Beweissicherung geschieht es gewöhnlich schriftlich (Ratenkaufvertrag).

4.4 Gutgläubiger Eigentumserwerb

Wer einen Gegenstand kauft, weiß gewöhnlich nicht, ob der Verkäufer überhaupt der verfügungsberechtigte Eigentümer oder nur Besitzer ist. Damit dem Käufer aufwendige Prüfungen erspart bleiben, bestimmt das Bürgerliche Gesetzbuch (BGB), dass ein Käufer das Eigentum einer Ware erwirbt, wenn er den Verkäufer den Umständen gemäß für den Eigentümer halten darf, auch wenn das tatsächlich nicht der Fall ist.

Beispiel

Ein Einzelhändler verkauft Ware, die ihm von seinem Lieferanten unter Eigentumsvorbehalt geliefert wurde. Der Kunde des Einzelhändlers erwirbt trotzdem das Eigentum an der Ware, weil jeder Kunde davon ausgehen kann, dass der Einzelhändler Ware verkauft, die ihm auch gehört (gutgläubiger Eigentumserwerb).

An **gestohlenen Gegenständen** kann nicht gutgläubig Eigentum erworben werden. Wer über gestohlene Gegenstände verfügt, ist Besitzer, aber niemals Eigentümer der Gegenstände.

Zusammenfassung

Eigentum und Besitz		
Eigentum:	rechtliche Herrschaft über eine Sache	
Besitz:	tatsächliche Herrschaft über eine Sache	
Eigentumsübertragung:	durch Einigung und Übergabe	
Vertragspflichten:	Verkäufer * rechtzeitige und * mangelfreie Lieferung der Ware * dem Käufer das Eigentum an der Ware übertragen	Käufer * bestellte Ware annehmen und * bezahlen
Eigentumsvorbehalt:	Vereinbarung: Käufer wird Eigentümer einer Ware nach vollständiger Bezahlung	
gutgläubiger Eigentumserwerb:	Der Käufer muss nicht prüfen, ob der Verkäufer Eigentümer der Ware ist.	
Diebstahl:	An gestohlenen Gegenständen kann man kein Eigentum erwerben.	

5 Allgemeine Geschäftsbedingungen (AGB)

Allgemeine Geschäftsbedingungen sind **vorformulierte Vertragsbedingungen**, die für eine Vielzahl von Verträgen gelten.

Wenn ein Automobilhändler seinen Kunden Fahrzeuge verkauft, gibt es Fragen, die für jeden Kunden bedeutend sind:

* Wie lange garantiert der Verkäufer die Fehlerfreiheit des Produktes?
* Wer trägt die Überführungskosten vom Herstellerwerk?
* Innerhalb welcher Zeit wird das Fahrzeug geliefert?
* Wie muss das Fahrzeug bezahlt werden?
* Wo muss in Streitfällen geklagt werden (Ort des Gerichts, Gerichtsstand)?

Es ist daher vernünftig, diese Fragen einheitlich in Allgemeinen Geschäftsbedingungen (AGB) festzuhalten und sie nicht mit jedem Kunden neu auszuhandeln. Daher druckt ein Kfz-Händler seine Allgemeinen Geschäftsbedingungen auf die Rückseite seiner Kaufvertragsformulare.

AGB dienen der Erleichterung der Vertragsgestaltung.

Typische Inhalte von AGB

* **Liefer- und Zahlungsbedingungen**
* **Eigentumsvorbehalt**
* **Erfüllungsort und Gerichtsstand**
* **Verpackungs- und Versandkosten**
* **Garantiebedingungen**

Beispiel

Auszug aus den AGB eines Internetanbieters

1. Die Angaben in unseren Angeboten sind freibleibend. Der verbindliche Kaufvertrag kommt erst dadurch zustande, dass wir Ihre Bestellung annehmen.
2. Die Ware bleibt bis zur vollständigen Bezahlung unser Eigentum.
3. 30 Tage Testgarantie: 14 Tage Widerrufsrecht (Rücksendungen bis 40,00 € Bestellwert bitte ausreichend frankieren), anschließend 16 Tage Rückgaberecht, soweit die Rücknahme in unserem Angebot nicht ausdrücklich ausgeschlossen ist.

Allgemeine Geschäftsbedingungen sind vorformulierte Vertragsbedingungen für eine Vielzahl von Verträgen.

Da Kunden durch dieses „Kleingedruckte" in der Vergangenheit häufig übervorteilt wurden, hat der Gesetzgeber Regeln erlassen, wie Allgemeine Geschäftsbedingungen Bestandteil eines Kaufvertrages werden:

* Der Einzelhändler muss seinen Kunden **ausdrücklich** auf die Allgemeinen Geschäftsbedingungen **hinweisen**. Dies muss vor oder spätestens beim Vertragsabschluss geschehen. Wird der Hinweis z. B. erst bei der Lieferung oder Bezahlung der Ware gegeben, sind die AGB ungültig.
* Der **Käufer** muss vom Inhalt der AGB **in zumutbarer Weise Kenntnis nehmen** können. Dies ist gegeben, wenn der Text der AGB auf der Rückseite des Kaufvertrages abgedruckt ist. Allerdings muss auf der Vorderseite des Vertrages auf die abgedruckten AGB durch einen deutlichen Hinweis aufmerksam gemacht werden.

Beispiel

„Es gelten unsere umseitigen AGB!"

In Einzelhandelsgeschäften, in denen Massenartikel verkauft werden und kaum persönlicher Kontakt zum Kunden besteht, genügen auch deutlich sichtbare Aushänge.

* Der Käufer muss sich ausdrücklich mit dem Inhalt der AGB **einverstanden erklären**.

Wie werden AGB rechtswirksam?

* **ausdrücklicher Hinweis**
* **Kenntnisnahme durch den Kunden**
* **Einverständnis des Kunden**

* **Persönliche Absprachen** haben Vorrang vor den AGB.

Beispiel

Wenn in den AGB festgelegt ist, dass der Kaufpreis sofort fällig wird, Einzelhändler und Käufer aber eine Zahlungsfrist von drei Monaten vereinbarten, so gilt die vereinbarte Frist.

* Der Käufer darf nicht **unangemessen benachteiligt** werden.

Außerdem sind einige Bestimmungen **unwirksam**.

* **überraschende Klauseln**, mit denen der Kunde gewöhnlich nicht rechnen muss,

Beispiel Ein Möbelgeschäft formuliert in seinen AGB, dass es nicht für Schäden haftet, die die eigenen Mitarbeiter beim Aufstellen von Möbeln im Kundenhaushalt verursachen.

Gewährleistung ist eine gesetzliche Verpflichtung des Verkäufers, für Mängel zu haften.

* **nachträgliche Preiserhöhungen** für Waren, die innerhalb von vier Monaten nach Vertragsabschluss geliefert werden,
* **Verkürzung** der gesetzlichen **Gewährleistungsfrist** von zwei Jahren,
* **Beschränkung** der Haftung auf Nachbesserung (Reparatur).

Unwirksame Klauseln

* überraschende Klauseln
* nachträgliche Preiserhöhungen
* Verkürzung der Gewährleistungsfrist
* Beschränkung der Haftung auf Reparatur

Die gesetzlichen Regelungen zu den Allgemeinen Geschäftsbedingungen sind vor allem für Verbraucher von Bedeutung, weil sie durch das Gesetz vor Übervorteilung geschützt werden. Aber auch Kaufleute verwenden Allgemeine Geschäftsbedingungen, um ihre Vertragsbeziehungen zu vereinfachen. Für Unternehmer ist nach Meinung des Gesetzgebers der umfassende gesetzliche Schutz aber nicht erforderlich. Für sie gelten daher weniger strenge Regelungen. So genügt es unter Kaufleuten z. B., dass der Verwender von AGB im Vertragsangebot auf seine Allgemeinen Geschäftsbedingungen verweist. Nimmt der Vertragspartner das Angebot an und widerspricht er den AGB nicht, so sind die AGB Vertragsbestandteil geworden.

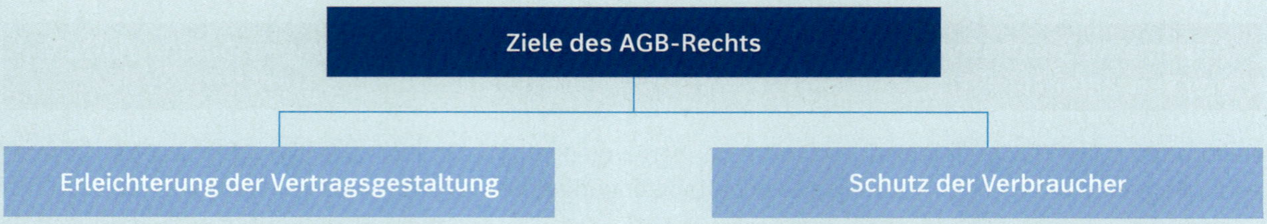

AGB im Onlinehandel

Im Regelfall wird der Kunde im Onlineshop aufgefordert, die AGB zur Kenntnis zu nehmen, bevor er kostenpflichtig bestellt. An geeigneter Stelle im Shop kann der Kunde einen Link zu den AGB anklicken und den Text lesen. Außerdem erhält der Kunde nach dem Abschicken seiner Bestellung gewöhnlich noch eine Bestelleingangsbestätigung mit angehängten AGB, z. B. in Form einer PDF-Datei. Dadurch wird sichergestellt, dass der Kunde **vor Vertragsabschluss** über die AGB informiert worden ist.
Dieses Verfahren gilt auch für die Widerrufsbelehrung des Kunden.

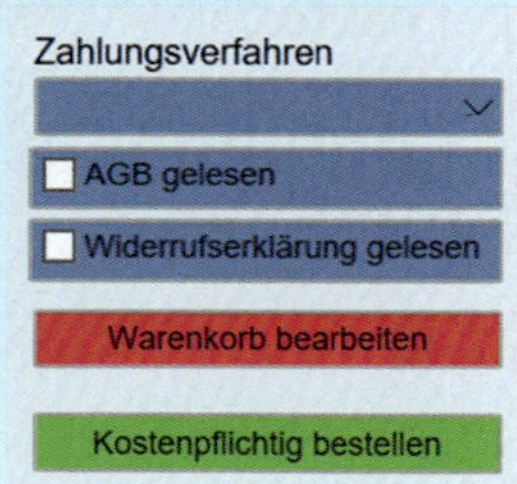

Zusammenfassung

Allgemeine Geschäftsbedingungen (AGB)	
AGB:	Vorformulierte Vertragsbedingungen, die für eine Vielzahl von Verträgen gelten.
typische Inhalte:	* Liefer- und Zahlungsbedingungen * Eigentumsvorbehalt * Erfüllungsort und Gerichtsstand * Verpackungs- und Versandkosten * Garantiebedingungen
Wirksamwerden:	* ausdrücklicher Hinweis * Kenntnisnahme durch den Kunden * Einverständnis des Kunden
gesetzliche Vorgabe:	* Vorrang von persönlichen Absprachen vor den AGB * Käufer darf nicht unangemessen benachteiligt werden
unwirksame Klauseln:	* überraschende Klauseln * nachträgliche Preiserhöhungen * Verkürzung der Gewährleistungsfrist * Beschränkung der Haftung
Anwendung:	gegenüber Verbrauchern, aber auch zwischen Unternehmen
Ziele des AGB-Rechts:	* Erleichterung der Vertragsgestaltung * Schutz der Verbraucher

6 Arbeiten an der Kasse

6.1 Serviceangebote an der Kasse

In vielen Einzelhandelsgeschäften des Nicht-Lebensmittelbereichs ist die Kasse zentraler Anlaufpunkt für viele kundenbezogene Aktivitäten. Hier wird nicht nur Ware eingepackt und bezahlt. Kunden wenden sich mit unterschiedlichen Problemen an das Kassenpersonal, z. B. reklamieren sie fehlerhafte Produkte, verhandeln über Preisnachlässe und holen reparierte oder geänderte Artikel ab.

Es kommen aber auch Schüler und fragen, ob sie ein Praktikum machen dürfen, andere möchten gerne ein Plakat aufhängen, führen eine Sammlung durch und vieles andere mehr. Die Kasse ist dann schon fast mit der Rezeption eines Hotels zu vergleichen.

Häufig ist die Kasse der einzige Ort, an dem das Verkaufspersonal mit dem Kunden in Kontakt tritt. Dies gilt besonders für SB-Geschäfte.

Deshalb ist es notwendig, den Kunden an der Kasse auf die Service-Leistungen des Einzelhändlers aufmerksam zu machen. Dies geschieht noch am ehesten durch ein kurzes Gespräch, kann aber auch die Auslage von Service-Broschüren oder Informationsschilder wie Deckenhänger erfolgen.

■ Mögliche Angebote

Transportsicheres Verpacken	Vielfach werden Produkte vom Kassenpersonal so eingepackt, dass der Kunde die eingekaufte Ware sicher nach Hause transportieren kann. Oft liegt noch der Originalkarton vor, in dem die Ware in besonderer Weise geschützt ist.
Geschenkverpackung	Auf Wunsch verpacken die meisten Geschäfte Waren als Geschenk.
Einpackhilfen	Vor allem im Lebensmitteleinzelhandel ist es im Regelfall unumgänglich, die Menge der eingekauften Produkte in einem Behälter zusammenzufassen. Dazu eignen sich z. B. Papiertüten, Stofftaschen oder Kartons. Angesichts der Umweltbelastungen, die durch **Plastiktüten** entstehen, ist die Verwendung leichter Einweg-Plastiktüten im Einzelhandel verboten worden. Zugelassen sind sehr dünne Plastiktüten zum Einpacken von Obst und Gemüse.
Warenzustellung	Bei größeren Produkten wie Haushaltsgeräten oder Möbeln bietet der Einzelhändler regelmäßig eine Zustellung der Ware bis zur Wohnung des Kunden an. Die Zustellung kann noch ausgeweitet werden, wenn z. B. Elektrogeräte in der Wohnung des Kunden aufgestellt und angeschlossen werden. Für Großmöbel ist es fast selbstverständlich, dass spezialisierte Mitarbeiter des Einzelhändlers die Möbel fachkundig aufbauen.
Auswahlsendung	Kann sich ein Kunde noch nicht endgültig zum Kauf entscheiden oder möchte er einen Partner in die Kaufentscheidung einbeziehen, bieten viele Einzelhändler ihren Kunden an, Produkte als Auswahlsendung nach Hause mitzunehmen. Häufig ist die Auswahlsendung an eine zeitliche Frist gebunden.
Bestellungen für Kunden	Ist eine Ware nicht mehr vorrätig oder möchte ein Kunde gerne ein spezielles Produkt haben, bieten Einzelhändler regelmäßig an, es für den Kunden zu besorgen.
Nachbearbeitung von Waren	Vor allem im Textileinzelhandel müssten gekaufte Produkte häufig noch auf die Maße der Kunden zugeschnitten werden. Damit kann der Kunde eine Schneiderin beauftragen. Einfacher ist es aber für ihn, wenn der Einzelhändler die Kürzung eine Hose für den Kunden organisiert. Er kann dafür eine Mitarbeiterin einstellen oder mit diesen Aufträgen eine Schneiderin beauftragen.
Leihgeräte	Wenn der Rasen nur einmal im Frühjahr belüftet (vertikutiert) werden muss, lohnt es sich gewöhnlich nicht, ein Spezialgerät zu kaufen, das dann für den Rest des Jahres in der Garage steht. Einzelhändler bieten solche Geräte daher zur Ausleihe an. Ähnliches gilt für Pkw-Anhänger, Hochdruckreiniger oder Hebebühnen. Für schlechtes Wetter stellen viele Einzelhändler Leih-Regenschirme zur Verfügung.

■ Kostenloser oder kostenpflichtiger Service?

Preise berechnet der Einzelhändler häufig dann, wenn die Erfüllung der Dienstleistung für ihn hohe Kosten verursacht. Für den Einzelhändler ist es jedoch oft schwierig, dem Kunden die Kosten für Service-Leistungen zu berechnen, weil viele Kunden erwarten, dass Dienstleistungen kostenlos angeboten werden. Die Chance zur Durchsetzung der Service-Kosten besteht für den Einzelhändler darin, die besondere Qualität der Service-Leistung (z. B. fachgerechte Installation, sorgfältiger und fachgerechter Transport) herauszustellen und den Zusatznutzen für den Kunden deutlich zu machen.

6.2 Problemsituationen

Vom Kassenpersonal sind häufig schwierige Situationen zu meistern, die stets Freundlichkeit und Einfühlungsvermögen erfordern.

Ja-aber-Methode siehe Seite 126

■ Kundenbeschwerden über Wartezeiten

Beispiele „Ist hier denn keiner, bei dem ich bezahlen kann?“, „Wie lange dauert das denn hier!“

Solche Aussagen von Kunden sind häufig im Einzelhandel zu hören, wenn plötzlich sehr viele Kunden im Geschäft sind und das Stammpersonal durch Krankheit, Urlaub, Berufsschulbesuch oder andere Gründe unterbesetzt ist. In solchen Situationen gilt es, die Ruhe zu bewahren und den Kunden freundlich Auskunft zu geben. Die Ja-aber-Methode ist hier sehr gut einsetzbar.

Beispiel Kundenberaterin: „Ich verstehe, dass die Wartezeit für Sie unangenehm ist. Aber zwei Kolleginnen sind plötzlich krank geworden, sodass wir heute leider unterbesetzt sind. Ich bemühe mich aber, die Verkäufe so schnell wie möglich zu erfassen.“

■ Kassierverhalten bei großem Kundenandrang

Die wichtigste Aufgabe der Kassierkraft ist, zügig und korrekt zu kassieren, damit es im Betriebsablauf keine Verzögerungen gibt und die Kunden zufrieden sind. Dennoch kann es in Stoßzeiten durch starkes Kundenaufkommen zu langen Schlangen an den Kassen kommen. In solchen Fällen empfiehlt sich, rechtzeitig eine weitere Kasse öffnen zu lassen, um die Warteschlangen zu verkürzen und den Kassierfluss in Gang zu halten.

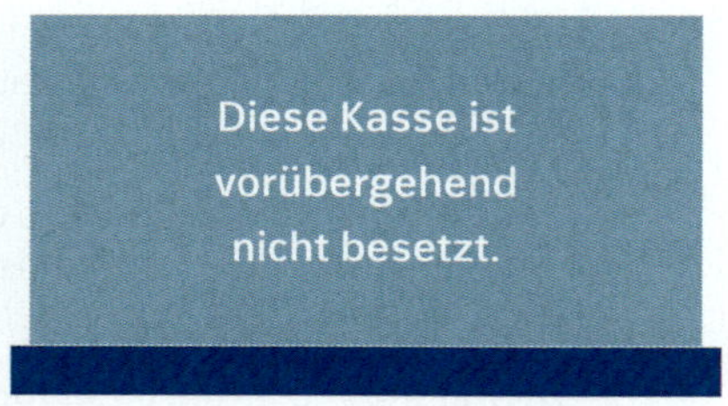

Einige Geschäfte garantieren kurze Wartezeiten und haben eine Klingel für Kunden, um die Öffnung weiterer Kassen anzustoßen. Manche Einzelhändler geben ihren Kassenmitarbeitern einen Orientierungspunkt in Kassennähe, bei dessen Erreichen eine weitere Kasse geöffnet werden soll. Dazu jedoch müssen die Kassenmitarbeiter die Warteschlange zwischen zwei Kassiervorgängen im Auge behalten.

■ Verkauf von Alkohol und Tabak nach dem Jugendschutzgesetz

In Geschäften mit Selbstwahl entscheidet sich erst an der Kasse, ob der Verkauf von Alkohol oder Tabak an einen Kunden nach dem Jugendschutzgesetz zulässig ist. Kassenmitarbeiter müssen daher die gesetzlichen Vorgaben kennen.

Abgabebedingungen für Alkohol

Die Abgabe (Verkauf oder Weitergabe) von alkoholischen Getränken im Einzelhandel ist an Altersgrenzen gebunden, die das **Jugendschutzgesetz** vorgibt.

* **Branntweinhaltige Produkte** dürfen an Jugendliche unter 18 Jahren nicht verkauft werden.
  Diese gemeinhin Spirituosen genannten branntweinhaltigen Produkte sind z. B. Weinbrand, Korn, Rum, Whisky und Likör. Mischgetränke mit Branntwein, die **Alkopops**, sind ebenfalls verboten, obwohl sie nur einen geringen Anteil Branntwein enthalten. Es spielt keine Rolle, wie hoch der Branntweingehalt ist, nur die Art des Alkohols ist entscheidend.
* **Andere alkoholische Getränke** dürfen an Jugendliche unter 16 Jahren nicht verkauft werden.
  Andere alkoholische Getränke sind z. B. Bier, Wein und Sekt, sofern sie mehr als 1,2 % Alkohol enthalten, aber keinen Branntwein.

Diese Regelungen gelten auch für Kinder und Jugendliche, die Alkohol im Auftrag ihrer Eltern oder anderer Erwachsener kaufen wollen.

Abgabebedingungen für Tabak

Die Abgabe (Verkauf oder Weitergabe) von Tabakwaren an Kinder und Jugendliche **unter 18 Jahren** ist verboten.

Einzelhändler dürfen auch nicht dulden, dass Jugendliche in genannten Altersgrenzen im Verantwortungsbereich des Einzelhändlers, z. B. im Eingangsbereich eines großen Lebensmittel-Fachmarktes, Alkohol und Tabak konsumieren.

Der Einzelhändler ist verpflichtet, in Zweifelsfällen das Alter der Kunden z. B. durch den **Personalausweis** zu überprüfen. Verstöße gegen das Jugendschutzgesetz können mit Geldstrafen bis zu 50 000,00 € geahndet werden.

Verkauf von Alkohol und Tabak

keine Abgabe von **Spirituosen** an Kinder und Jugendliche **unter 18 Jahren.**	keine Abgabe von anderen alkoholischen Getränken wie **Bier**, **Wein** oder **Sekt** an Kinder und Jugendliche **unter 16 Jahren.**	keine Abgabe von **Tabakwaren** an Kinder und Jugendliche **unter 18 Jahren.**

6.3 Zusatzangebote

Ergänzungsangebote siehe Seite 129

Während Ergänzungsangebote eine sinnvolle Zuempfehlung zum Hauptprodukt darstellen, sind **Zusatzangebote** gesonderte Kaufanreize, die mit dem Hauptkauf nicht in Verbindung stehen und die der Umsatzerhöhung dienen. Im Lebensmitteleinzelhandel wird die Wartezeit an der Kasse und vor Bedienungstheken genutzt, um die Kleinigkeiten des täglichen Bedarfs wie Zigaretten, Süßigkeiten oder auch Sonderangebote und Saisonartikel anzubieten.

Der Kassenbereich ist auch gut geeignet, neue Produkte vorzustellen oder auf Trendprodukte aufmerksam zu machen, z. B. die DVD, das Buch oder das bedruckte T-Shirt zur aktuellen Fernsehserie.

Für Eltern mit Kindern wird der Aufenthalt an der Kasse oft zur Geduldsprobe, weil Kinder in besonderer Weise auf diese Zusatzangebote reagieren. Die Begriffe **Quengelzone** und **Quengelprodukte** für Artikel in Kassennähe, der Quengelzone, verdeutlichen die Situation. Manche Einzelhändler, die kundenorientiert denken, verzichten daher auf Zusatzangebote im Kassenbereich oder bieten Kassen ohne Quengelprodukte für Eltern mit Kindern an.

Zusatzangebote werden in der Regel passiv dargeboten, man wartet darauf, dass sie dem Kunden ins Auge fallen und er sich spontan zum Kauf entschließt. Aus diesem Grunde werden an der Kasse auch Hauszeitschriften und Prospekte ausgelegt, damit sie das Interesse des Kunden finden.

Sollen Kunden aktiv auf diese Angebote aufmerksam gemacht werden, sind allgemeine Aussagen zu vermeiden („Brauchen Sie noch eine ...“, „Darf ich Sie auf unsere neue .... aufmerksam machen?“), weil sie von Kunden als aufdringlich empfunden werden. Ergeben sich jedoch Anhaltspunkte aus dem Hauptkauf oder aus einem Gespräch an der Kasse, ist ein Hinweis auf Zusatzangebote angebracht.

Beispiel

Kundenberaterin:	„Das Kaffeeservice wird Ihrer Mutter bestimmt gut gefallen.“
Kundin:	*„Ja, das denke ich auch. Es wird allerdings immer schwieriger, ihr etwas Originelles zu schenken. Sie hat einfach alles.“*
Kundenberaterin:	„Wir haben seit Neuestem die ungarische Traditionsmarke Herend im Sortiment. Da werden Sie sicher wunderschönes Porzellan für Ihre Mutter finden. Neben Ihnen im Ständer liegt der Prospekt des Herstellers.“
Kundin:	*„Das ist eine gute Idee. Das nehme ich mit und schaue es mir zu Hause an. Vielen Dank.“*

Angebotserweiterung

Ergänzungsangebote	Zusatzangebote
Ein (sinnvoller) Ergänzungsartikel wird zu einem Hauptartikel angeboten.	Zusätzliche Kaufanreize ohne Verbindung mit dem Hauptkauf dienen der Umsatzsteigerung.

Zusatzangebote beim Onlinekauf

Für den Onlinehändler ist es – verglichen mit dem stationären Handel – besonders einfach, dem Kunden im Shop Zusatzangebote zu unterbreiten. Besonders geeignet ist die Startseite, auf der der Kunde sich ohnehin orientieren muss, z. B.

* brandneue Produkte
* aktuelle Trends im Bereich Mode, Technik, Wohnen, Küche usw.
* Saisonprodukte
* besondere Preisaktionen
* spezielle Empfehlungen, die den Eindruck eines persönlichen Angebotes erwecken („Empfehlungen für dich“)

Aber auch jede andere Seite im Shop bietet Gelegenheit, neben der Beschreibung eines speziellen Produktes, z. B. im Randbereich, auf zusätzliche Angebote hinzuweisen.

Zusammenfassung

Arbeiten an der Kasse

Serviceangebote:	* transportsicheres Verpacken * Geschenkverpackung * Einpackhilfen * Warenzustellung	* Auswahlsendung * Bestellungen für Kunden * Nachbearbeitung von Waren * Leihgeräte
Kosten:	Kundenerwartungen gehen in Richtung „kostenlos“.	
Problemsituationen:	Wartezeiten: Kunden freundlich aufklären	
	hoher Kundenandrang: rechtzeitig weitere Kasse eröffnen	
	Alkohol oder Tabak:	* Spirituosen: ab 18 Jahre * Bier, Wein, Sekt: ab 16 Jahre * Tabak: ab 18 Jahre
Zusatzangebote:	* Kaufanreize, die mit dem Hauptkauf nicht in Verbindung stehen * regelmäßig passive Angebote an der Kasse	

7 Kassenorganisation

Die Kasse ist der Ort, an dem Kunden die eingekauften Produkte bezahlen. Rechtlich gesehen wird in Geschäften mit Bedienung und Vorwahl der Kaufvertrag an der Kasse durch Übergabe der Ware und Bezahlung erfüllt. In SB-Geschäften wird durch Auflegen der Waren auf das Band die erste Willenserklärung und durch die Registrierung der Waren die zweite Willenserklärung abgegeben, die zum Abschluss des Kaufvertrages führt.

Abschluss und Erfüllung des Kaufvertrages siehe Seite 145

7.1 Kassentechnik

■ Anforderungen an Kassen

Wartezeiten an der Kasse sind bei Kunden äußerst unbeliebt. Neben einer ausreichenden Zahl von geöffneten Kassen muss auch die Kasse selbst bestimmte Anforderungen erfüllen, damit ein reibungsloser Geschäftsablauf gesichert ist.

Stornierung: Eine falsche Registrierung (Buchung) wird rückgängig gemacht.

* Die Kasse muss **bedienerfreundlich** sein, damit schnell und fehlerfrei kassiert werden kann. Auch Sonderfälle wie Stornierung, Warenrückgabe, Fremdwährung, elektronische Zahlung u. Ä. dürfen keine Warteschlangen hervorrufen, weil die Kassenbedienung mit der Technik nicht fertig wird.
  Es ist Aufgabe des Kassenherstellers, die Bedienungsabläufe überschaubar und logisch nachvollziehbar zu gestalten. Der Einzelhändler muss das Kassenpersonal ausreichend schulen, damit genügend Sicherheit in der Bedienung der Technik vorhanden ist.
* Aufgrund rechtlicher Vorgaben (**Kassensicherungsverordnung**) müssen elektronische Kassensysteme alle Kassenvorgänge einzeln, vollständig, sofort (zeitgerecht) und richtig aufzeichnen. Die Daten müssen durch eine Zertifizierung vor Manipulationen **geschützt** sein. Außerdem sind sie auf einem Speichermedium zu sichern und für Kontrollen verfügbar zu halten.
  Besonders wichtig ist die **Belegpflicht**, d. h., jedem Kunden muss für den Einkauf ein Beleg in Papierform (Kassenbon) oder elektronisch (z. B. auf seinem Smartphone) zur Verfügung gestellt werden. Der Kunde muss den Beleg aber nicht mitnehmen.
  Finanzbehörden können zur Prüfung unangekündigt Kassen-Nachschauen durchführen.
* Ebenso wichtig ist, eine **kundenfreundliche** Kasse im Geschäft einzusetzen. Dazu gehört eine gut lesbare Kundenanzeige, die es dem Kunden ermöglicht, den Kassiervorgang zu überschauen. Außerdem muss der Kassenbon für den Kunden leicht verständlich und einfach zu kontrollieren sein.

■ Bestandteile einer Kasse

Trotz äußerst großer Typenvielfalt auf dem Markt für Kassen lassen sich bestimmte Bauteile einer Kasse immer wieder feststellen. Die Abbildung unten gibt diese Standard-Bauteile wieder.

Zusatzgeräte sind für den elektronischen Zahlungsverkehr, Scannen von Artikeldaten oder Abwiegen von Artikeln erforderlich (siehe untenstehende Abbildungen).

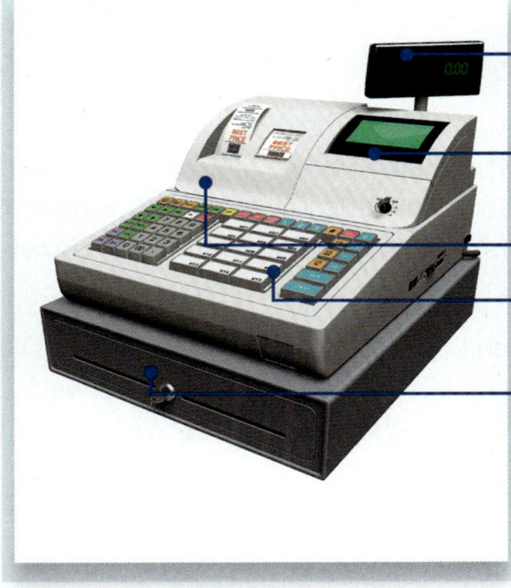

Kundenanzeige: Informiert den Kunden über den Kassiervorgang

Bedieneranzeige: Ermöglicht dem Kassenpersonal eine Kontrolle der eingegebenen Daten

Drucker: Er gibt den Bon und die Berichte aus.

Tastatur: Mit ihr werden die Daten in die Kasse eingegeben.

Kassenschublade: Sie nimmt das Geld (Wechselgeld und Kundenzahlungen) auf.

Im Inneren: Zentraleinheit mit der Mechanik und Elektronik der Kasse.

Steckkartenleser für girocards im Lastschriftverfahren, Kreditkarten und Kundenkarten

Handscanner für das Erfassen von Artikeldaten über einen Barcode

Barcode: maschinenlesbare Verschlüsselung von Artikelnummern u. a. in Strichmustern (engl. bar = Strich) siehe Seite 160

Eine **Scannerwaage** vereint die Funktionen Waage und Scanner. Beim Wiegen von losem Obst und Gemüse muss eventuell eine Artikelnummer eingegeben werden, weil kein Barcode angebracht ist. Die abgebildete Scannerwaage liest Barcodes an der unteren und hinteren Seite eines Artikels; die Ware muss nicht mehr gezielt ausgerichtet werden.

Kassenarten

Kassen unterliegen dem technischen Wandel. Während in der Vergangenheit mechanische Registrierkassen die Regel waren, bevorzugt der Handel heute Computerkassen. Die Entwicklung lässt sich in drei Schritte gliedern.

Mechanische und elektromechanische Registrierkassen

Der Preis wird in die Kasse eingegeben und im Speicher der Kasse festgehalten. Auf dem Kassenbon werden Preise und Umsatzsteuersatz ausgedruckt. Auswertungen sind bei diesen Kassen kaum möglich.

Auswertungen elektronischer Registrierkassen siehe Seite 195

Elektronische Registrierkassen

Elektronische Registrierkassen sind in der Lage, die gespeicherten Verkäufe nach verschiedenen Gesichtspunkten wie Warengruppen, Zahlungsarten, Verkäufer zusammenzufassen.

Datenkassen

Warenwirtschaftssystem siehe Seite 299

Datenkassen sind Computer. Sie erfassen die Verkaufsdaten in Form von Artikelnummern und Mengen und verarbeiten sie. Von der eingesetzten Software ist abhängig, welche Auswertungen möglich sind. Eventuell werden an den Datenkassen lediglich die Verkäufe erfasst und in das Warenwirtschaftssystem des Einzelhandelsgeschäftes eingespeist.

Einzelkassen – Verbundkassen

In kleineren Einzelhandelsgeschäften ist oft nur eine einzige Kasse vorhanden, über die alle Verkäufe abgewickelt werden. Aber auch in größeren Geschäften mit mehreren Kassen kann jede Kasse für sich arbeiten, ohne mit anderen Geräten verbunden zu sein. Am Ende des Geschäftstages werden die Daten der **Einzelkassen** gesammelt und in der Verwaltung des Betriebes ausgewertet.

Von **Verbundkassen** spricht man, wenn alle Kassen mit einem zentralen Datenspeicher verbunden sind. Die Zentraleinheit ist heute gewöhnlich ein Computer, der alle Artikeldaten für alle Kassen gemeinsam verwaltet. Im Regelfall verfügt der zentrale Rechner auch über geeignete Sicherungssysteme wie Batteriepuffer für Stromausfall und ein elektronisches Journal, das alle Abläufe doppelt aufzeichnet.

Datenkassen

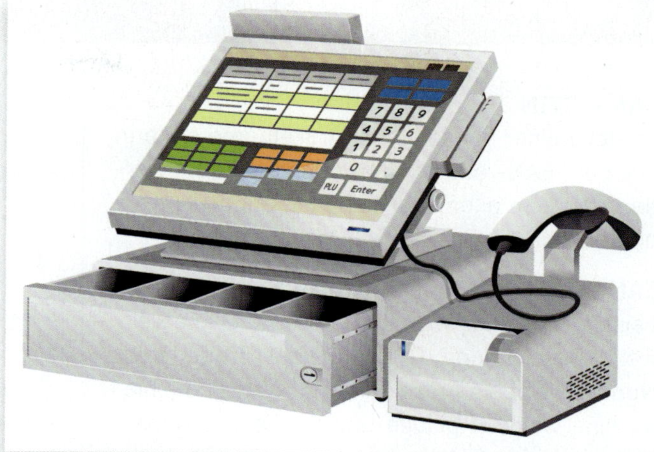

Erst die modernen Datenkassen lassen eine artikelgenaue Betrachtung zu. Dies ist möglich, weil Datenkassen vernetzte Computer mit Prozessor, Arbeitsspeicher und Laufwerken sind. Die Speichermöglichkeiten sind von der Kapazität der eingebauten Festplatte abhängig. Die Auswertungen richten sich nach der verwendeten Software, die nicht vom Hersteller der Kasse (Hardwarehersteller) kommen muss.

Ein Einzelhandelsgeschäft mit z. B. 100 000 Artikeln kann den gesamten Warenbestand in der Kasse speichern. In einem Verbundsystem würde ein zentraler Server die Artikeldaten aufnehmen. Die angeschlossenen Kassen wären dann ausschließlich für die Erfassung der Verkaufsdaten zuständig. Die Artikel werden in einer Datenbank gespeichert, die alle wichtigen Informationen über das Produkt enthält.

Datenfluss bei modernen Datenkassen

Wichtiger als die zuvor dargestellte Einteilung von Kassen in mechanische, elektronische und Datenkassen ist die Frage, ob eine Kasse systemfähig ist. Systemfähig bedeutet, dass die Kasse in ein Computernetz eingebunden werden kann.

Microsoft Access

Datei Bearbeiten Ansicht Einfügen Format Datensätze Extras Fenster ?

Artikel : Tabelle

Artikel-Nr	Artikelname	Warengruppe	Lagerbestand	Mindestbestand	Bezugspreis	Verkaufspreis
01234487	Milch 3,5 %	01	88	20	0,40	0,54
01234488	Milch 1,5 %	01	37	15	0,38	0,48
01234489	Sahne 28 %	01	46	15	0,39	0,63

Datensatz: 1

Datenblattansicht

Beispiel für eine Artikeldatenbank

Während bei mechanischen und elektronischen Kassen der Preis der Ware und die Warengruppennummer eingegeben werden müssen, verlangen Datenkassen eine Artikelnummer. Sie ist der „Schlüssel", mit dem auf den Datensatz eines Artikels in der Datenbank eines Warenwirtschaftssystems zugegriffen wird.

Wird ein Artikel wie **01234487 Milch, 3,5 %** an der Kasse durch Scanner, Lesepistole oder Tastatur erfasst, werden die Artikeldaten verändert, z. B. wird der Bestand um ein Stück verringert.

Auf dem Bon erscheinen für den Kunden lesbare Daten.

Weil Preis und Bezeichnung des Artikels aus der Datenbank abgerufen werden (engl.: look up), nennt man dieses Verfahren auch **Price-Look-Up-Verfahren (PLU)**. Maßgebend für den Bon ist demnach der im Computer gespeicherte Preis. Möchte man beispielsweise einen Artikel für eine Sonderangebotsaktion herabzeichnen, muss dies nicht nur am Produkt oder Regal geschehen, sondern unbedingt auch in der Datenbank, weil sonst der ursprüngliche Preis auf dem Bon erschiene.

City-Warenhaus Bauer
Oberstraße 17
40878 Ratingen

	€
Toast	0,89
Milch 3,5 %	0,54
Kochschinken	0,88
Salat	1,10
Summe	3,41
Bar	3,41

Kasse 003/005 Bon 0256
Dat. 06.05.20(0) Zeit: 10:27:23

Price-Look-Up-Verfahren bezeichnet Abruf der Artikeldaten durch die Kasse aus einer Datenbank.

EAN – GTIN

Anstelle einer hauseigenen Artikelnummer kann auch ein EAN- oder GTIN-Code verwendet werden, der vor allem bei Lebensmitteln weitverbreitet ist.

EAN bedeutet **European Article Number,** Europäische Artikelnummer, und wurde durch die weltweite Bezeichnung **GTIN**, **Global Trade Item Number**, globale Artikelnummer, ersetzt. Sie bietet eine weltweit gültige und verfügbare Artikelnummerierung. EAN ist eine noch immer gebräuchliche Bezeichnung für GTIN-Codes auf Waren.

Vorteil dieser Strichcodes sind schnelle Registrierung an der Kasse, eindeutige Artikelbezeichnung und Preiszuordnung, Wegfall von Irrtum, Tippfehlern und Auszeichnung an jedem einzelnen Artikel.

Die Hersteller von Lebensmitteln drucken diesen Code auf die Packungen ihrer Produkte. Der Code wird von Industrie und Handel zur Kennzeichnung von Produkten verwendet, um die Warenwirtschaft zu erleichtern. Der gebräuchliche EAN- und GTIN-Code besteht aus **13 Ziffern**, die jeweils als Kombination aus einem weißen und schwarzen Balken unterschiedlicher Stärke dargestellt werden. Die Balkencodierung ist in beiden Richtungen lesbar.

Es gibt auch Codes mit **8 Ziffern**, die vor allem für kleine Artikel sinnvoll sind (EAN-8 oder GTIN-Kurznummer).

Aufbau der EAN- und GTIN-Codes

Ziffer	Ziffern im Beispiel oben	Bedeutung
0–1	40	Kennzeichnen das Herkunftsland, z. B. 40–44 für Deutschland
3–7	06512	Diese 5 Ziffern kennzeichnen den Hersteller.
8–12	00006	Artikelnummer des Herstellers
13	0	Prüfziffer zum sicheren Lesen der EAN. Es handelt sich um eine mathematische Kombination der vorhergehenden 12 Ziffern. Dadurch wird eine fast 100 %ige Lesesicherheit erreicht.

Barcode ist eine maschinenlesbare Verschlüsselung einer Artikelnummer durch Striche.

EAN- oder GTIN-Code ist die europa- und weltweit gültige Codierung von Artikelnummern.

7.2 Kassieranweisung

Für den Kunden sieht es in der Regel einfach aus, wenn die Mitarbeiterin an der Kasse einen Artikel über den Scanner zieht, den Preis nennt, kassiert und Wechselgeld heraus gibt. Dass dies nicht so ist, wissen alle Kassenmitarbeiter aus eigener Erfahrung, weil sie bei Arbeitsantritt eine Kassieranweisung mit umfangreichen Verhaltensregeln bekommen, durchgelesen und unterschrieben haben. Natürlich hat jedes Einzelhandelsunternehmen eigene Regeln, doch gleichen sich einige wichtige Verhaltensregeln für ein Selbstbedienungsgeschäft mit Scannerkassen.

Tätigkeiten vor Kassierbeginn

* Zuerst muss die Kassierkraft den Wechselgeldbestand übernehmen, prüfen und bestätigen.
* Anschließend legt sie die Kassenschublade ein und meldet sich an der Kasse an.
* Die Bonrolle muss ordnungsgemäß eingelegt werden. Anschließend sollte man durch einen Bondruck prüfen, ob der Bon leserlich ist.
* Generell gilt, dass jeder Kassenplatz in Ordnung gebracht werden muss:
  - Ist das Lesefeld des Scanners sauber?
  - Ist das Transportband richtig eingestellt?
  - Ist der Kassenbereich sauber?
  - Ist das Geldscheinfach ordnungsgemäß abgedeckt?

Tätigkeiten beim Kassieren

* Begrüßen Sie jeden Kunden freundlich. Damit zeigen Sie ihm, dass Sie ihn wahrgenommen haben.
* Bevor man damit beginnt zu kassieren, müssen die Kunden alle Waren auf das Band gelegt haben.
* Die Kassierkraft muss auf jeden Fall in den Einkaufswagen blicken, ob auch tatsächlich die gesamte Ware auf dem Band liegt.
* Alle Einkäufe sind nun zum Verkaufswert zu erfassen.
* Die meisten Artikel werden über den EAN-/GTIN-Code gescannt.
* Manche Warengruppen sind auf der Tastatur festgelegt und werden über die Festtaste registriert.
* Versehentlich nicht erfasste oder nachgekaufte Artikel sind getrennt zu registrieren.
* Kann man einen EAN-/GTIN-Code nicht lesen, so muss der Preis bei der Filialleitung erfragt werden.
* Preisrückfragen bei Kunden sind nicht zulässig.
* Nach der Registrierung den Kaufbetrag deutlich nennen.
* Das Geld des Kunden wird unter Nennung des Betrags auf das Zahlbrett gelegt und der Betrag in die Kasse eingegeben.
* Das Rückgeld wird der Schublade entnommen und dem Kunden ausgehändigt (Rückbetrag nennen).
* Das vom Kunden abgegebene Geld wird nun in die Kassenschublade einsortiert und die Geldschublade sofort verschlossen.
* Dem Kunden den Kassenbon aushändigen.
* Der Kunde wird verabschiedet.

PLU: Price-Look-Up-Verfahren siehe Seite 159

Tipps

* Häufig werden Banknoten mit den Werten 50,00 € und 100,00 € gefälscht.
* Prüfen Sie mindestens jeden 50-Euro-Schein auf Echtheit.
* Nehmen Sie große Geldscheine im Nennwert von 200,00 € nur in Gegenwart des Abteilungsleiters oder Filialleiters an, sofern die Annahme nicht durch Aushang ausgeschlossen wurde, z. B. an Tankstellen.

Kassieranweisung: Sammlung von Verhaltensregeln für die Bedienung der Kasse.

7.3 Geldscheinprüfung

Obwohl heutzutage immer mehr Kunden ihre Einkäufe mit einer Karte bezahlen, hat das Bargeld weiterhin eine große Bedeutung für den Zahlungsverkehr an der Kasse. Die meisten Kunden sind es immer noch gewohnt, bar mit Geldmünzen oder Geldscheinen zu bezahlen. Es besteht jedoch die Gefahr, dass Falschgeld in Umlauf ist. Wer mit Geld arbeitet, braucht die Gewissheit, dass er kein falsches Geld annimmt. Deshalb muss eine Kassierkraft unbedingt darauf achten, dass eingenommenes Bargeld echt ist. Da eine Mitarbeiterin an der Kasse jedoch nicht endlos Zeit hat, jeden einzelnen Geldschein genau zu prüfen, muss man echte Banknoten ganz leicht von falschen Banknoten unterscheiden können.

Der Euro

In 19 Ländern der Europäischen Union ist der Euro gesetzliches Zahlungsmittel. Der Euro wird mit dem Symbol € oder dem ISO-Code EUR abgekürzt. Die Deutsche Bundesbank ist für die Versorgung Deutschlands mit Banknoten und Münzen zuständig.

ISO = (engl.) International Organization for Standardization, Internationale Organisation für Normung

Die 500-Euro-Banknote wird nach Beschluss der Europäischen Zentralbank (EZB) abgeschafft. Neue 500-Euro-Scheine werden ab Ende 2018 nicht mehr herausgegeben, aber im Umlauf befindliche Scheine bleiben gültig.

Fälschungsschutz

Geldscheine werden heute mit immer raffinierteren Möglichkeiten zum Fälschungsschutz versehen. Auf der anderen Seite nehmen aber auch die technischen Möglichkeiten zu, Banknoten zu fälschen.

Wertstufen Euro (Stückelung, Nennwert) der Banknoten

5,00 € 100,00 €
10,00 € 200,00 €
20,00 € [500,00 €]
50,00 €

Allgemeine Sicherheitsmerkmale

Generell empfiehlt die Deutsche Bundesbank bei der Überprüfung der Echtheit von Banknoten eine Prüfung in drei Schritten:

* Fühlen
* Sehen
* Kippen

Für jeden dieser drei Prüfschritte gibt es bei den einzelnen Geldscheinen eigene und auch gemeinsame Sicherheitsmerkmale. Am Beispiel des 50-Euro-Scheins sollen die Prüfschritte dargestellt werden. Die Sicherheitsmerkmale der 50-Euro-Banknoten entsprechen weitgehend den übrigen Euro-Scheinen. Es handelt sich dabei um die zweite Banknotenserie, die Europa-Serie. Zurzeit sind Banknoten der ersten und der zweiten Serie gleichzeitig in Umlauf. Die erste Serie wird aber nach und nach ersetzt.

Sicherheitsmerkmale einer 50-Euro-Banknote

Fühlen

1	Am linken und rechten Rand der Vorderseite kann man jeweils erhabene Linien ertasten, die Blinden den Wert der Note anzeigen. Auch das Hauptmotiv in der Mitte, das Portal, das große Wertzeichen 50 oben und die senkrechte Schrift EZB in verschiedenen Sprachen sind erhaben, sie haben ein spürbares Relief. Generell muss sich das Papier der Banknote griffig und fest anfühlen.

Sehen

2	Auf der Vorder- und Rückseite ist bei Gegenlicht ein Wasserzeichen zu sehen, das den Kopf der Europa und das Wertzeichen 50 zeigt.
3	Der Sicherheitsfaden ist im Gegenlicht erkennbar als kleiner Streifen. In ihm sind das €-Symbol und das Wertzeichen 50 abgebildet.
4	Im silbernen Streifen auf der Vorderseite, einem Hologramm, wird das €-Symbol, das Wertzeichen 50 und das Motiv, das Portal aus der Mitte, sichtbar.

Die neuen 100,00- und 200,00-Euro-Scheine haben zwei weitere Merkmale:

* Satelliten-Hologramm rechts oben auf der Vorderseite. Beim Neigen der Banknote bewegen sich kleine Euro-Symbole um die Wertzahl.
* Die Smaragdzahl besitzt zusätzliche Euro-Symbole

Kippen

5	Auf der glänzenden Zahl auf der Vorderseite aus Smaragdtinte bewegt sich ein Lichtbalken auf und ab, wenn man die Banknote kippt. Gleichzeitig verändert sich die Farbe von smaragdgrün nach hellblau.
6	Kippt man den Schein auf der Rückseite, erscheint mehrfach das Wertzeichen 50 in Regenbogenfarben.
7	Im Glanzstreifen erscheinen beim Kippen das €-Symbol und das Wertzeichen 50. Farblich ist es ein Goldton, der auch als kaum sichtbarer Schatten erscheint.

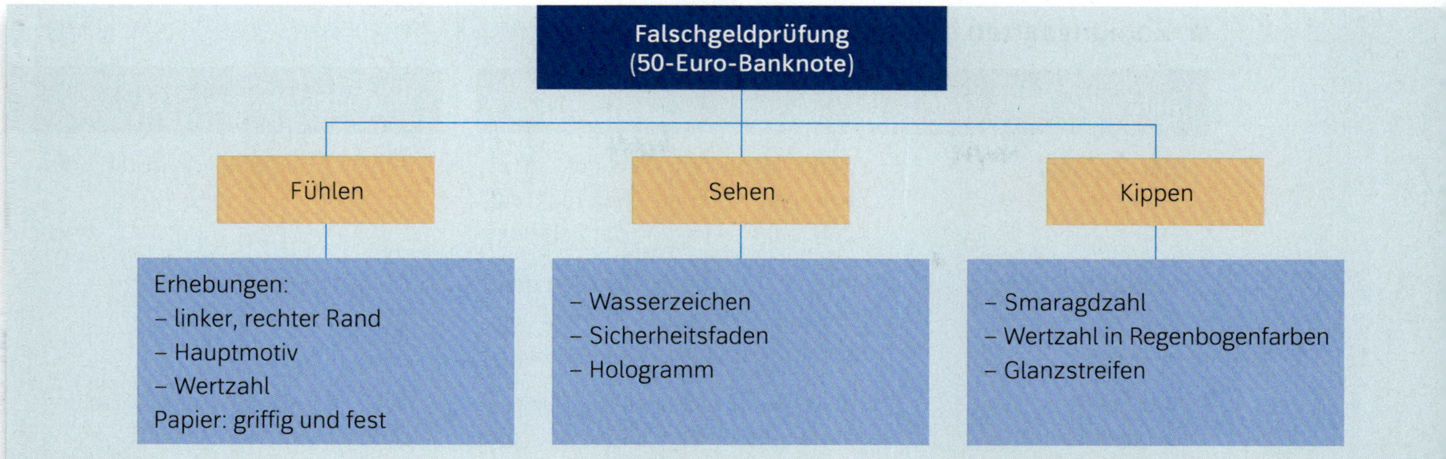

Banknoten können auch durch **Prüfgeräte** auf Echtheit getestet werden. Die Geräte beleuchten die Geldscheine regelmäßig mit ultraviolettem Licht (UV-Licht), die Fasern bunt aufleuchten lassen.

Hat man Falschgeld entdeckt, ist sofort die Polizei zu benachrichtigen und die Annahme zu verweigern, denn Falschgeld wird ersatzlos eingezogen. Die Weitergabe von Falschgeld ist eine Straftat. Eine Kassierkraft wird also die Annahme verweigern, weil sie den Kunden nicht zu einer Straftat verleiten möchte und einen Gegenwert für die Ware erhalten muss.

Zusammenfassung

Kassenorganisation		
Kassen-Anforderungen:	bedienerfreundlich – manipulationssicher – kundenfreundlich – Belegpflicht	
Kassenarten:	* mechanische Registrierkasse * elektronische Registrierkasse	* Datenkassen
Price-Look-Up-Verfahren:	Abruf von Artikeldaten an der Kasse aus einer Datenbank	
EAN- oder GTIN-Code:	europa- und weltweit gültige Codierung von Artikelnummern	
Kassieranweisung:	Sammlung von Verhaltensregeln für die Bedienung der Kasse	
Geldscheinprüfung Beispiel 50-Euro-Note	* fühlen:	erhabene Linien am linken und rechten Rand Erhebungen bei Hauptmotiv und Wertzeichen Papierqualität: griffig und fest
	* sehen:	Wasserzeichen bei Gegenlicht mit Frauenkopf, Wert Sicherheitsfaden Hologramm mit Hauptmotiv, Wert
	* kippen:	Smaragdzahl mit Lichtbalken und Farbänderung Wertzahl in Regenbogenfarben (Rückseite) Glanzstreifen mit € und Wert mit Farbwechsel

8 Zahlungsarten

Als **Zahlungsarten** bezeichnet man die verschiedenen Möglichkeiten, Geldschulden zu begleichen. Unterschieden wird nach dem Grad der Kontonutzung in Barzahlung, halbbare und bargeldlose Zahlung.

Innerhalb der Zahlungsarten bestehen wiederum unterschiedliche Verfahren, um eine Zahlung durchzuführen, z. B. kann man eine halbbare Zahlung mit einem Zahlschein abwickeln. Diese unterschiedlichen Verfahren heißen **Zahlungsformen**.

■ Zahlungsarten im Überblick

Zahlungsarten		Zahlungsformen
Barzahlung	Weder Zahlungspflichtiger noch Zahlungsempfänger nutzen ein Konto zur Abwicklung der Zahlung.	direkte Übergabe von Noten oder Münzen
halbbare Zahlung	Entweder Zahlungspflichtiger oder Zahlungsempfänger nutzen ein Konto zur Abwicklung der Zahlung.	Zahlschein, Guthabenkarte
bargeldlose oder unbare Zahlung	Zahlungspflichtiger und Zahlungsempfänger nutzen ein Konto zur Abwicklung der Zahlung	Überweisung, Lastschrift, Zahlungsdienstleister

Um einen Zahlungsvorgang bargeldlos abwickeln zu können, benötigen die Beteiligten ein Girokonto bei einer Bank (Kontokorrentkonto oder Konto in laufender Rechnung). Über die Umsätze wird ein Kontoinhaber von der Bank durch Kontoauszüge unterrichtet.

Durch zunehmenden Internethandel treten bei unbaren Zahlungen neben das klassische Bankkonto Zahlungsdienstleister wie Paypal oder bei halbbaren Zahlungen Guthabenkarten für Mobiltelefone oder App-Stores, die in Ladengeschäften bar erworben werden können.

8.1 Barzahlung

Barzahlung bedeutet, ein Geldbetrag geht in Scheinen oder Münzen von Hand zu Hand. Privatleute und Kunden im Einzelhandel wickeln ihre Geldgeschäfte häufig mit Bargeld ab.

8.2 Halbbare Zahlung

Bestellt ein Kunde Waren bei einem Einzelhändler beispielsweise über das Internet, liegt der Warenlieferung häufig ein Formular bei, das man als Überweisungs- oder als Zahlscheinformular verwenden kann.

Nutzt der Kunde das Formular als Zahlschein, muss er das Formular ausfüllen und den Betrag bei einer Bank einzahlen, dabei bleibt die Kontoverbindung des Zahlers frei. Der eingezahlte Betrag wird dem Konto des Zahlungsempfängers gutgeschrieben. Da heute praktisch jeder ein Bankkonto hat, wird der Zahlschein nur noch wenig genutzt. Die Banken nehmen mittlerweile Gebühren für diese Zahlungsart, weil sie einen hohen Aufwand mit der Abwicklung haben.

8.3 Bargeldlose Zahlung

■ Banküberweisung

Überweisungen im Euro-Zahlungsverkehrsraum SEPA siehe nächste Seite

Bei einer Banküberweisung wird ein Geldbetrag bargeldlos vom Konto des Zahlungspflichtigen, des Auftraggebers, auf das Konto des Zahlungsempfängers übertragen.

IBAN: International Bank Account Number, internationale Bankkontonummer; BIC: Bank Identification Code, internationale Bankleitzahl

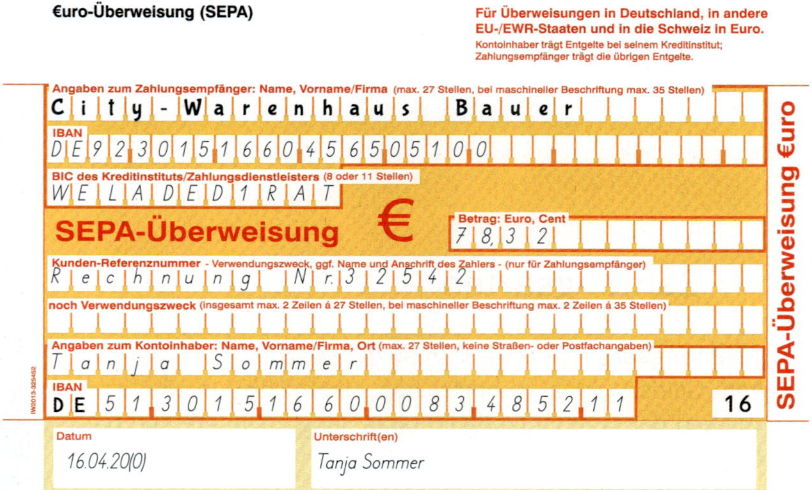
€uro-Überweisung (SEPA)

Für Überweisungen in Deutschland, in andere EU-/EWR-Staaten und in die Schweiz in Euro.
Kontoinhaber trägt Entgelte bei seinem Kreditinstitut; Zahlungsempfänger trägt die übrigen Entgelte.

Angaben zum Zahlungsempfänger: Name, Vorname/Firma (max. 27 Stellen, bei maschineller Beschriftung max. 35 Stellen)
City-Warenhaus Bauer
IBAN
DE92301516604565051000
BIC des Kreditinstituts/Zahlungsdienstleisters (8 oder 11 Stellen)
WELADED1RAT
SEPA-Überweisung €
Betrag: Euro, Cent
78,32
Kunden-Referenznummer - Verwendungszweck, ggf. Name und Anschrift des Zahlers - (nur für Zahlungsempfänger)
Rechnung Nr.32542
noch Verwendungszweck (insgesamt max. 2 Zeilen á 27 Stellen, bei maschineller Beschriftung max. 2 Zeilen á 35 Stellen)
Angaben zum Kontoinhaber: Name, Vorname/Firma, Ort (max. 27 Stellen, keine Straßen- oder Postfachangaben)
Tanja Sommer
IBAN
DE51301516600083485211
16
IW2013-325452
SEPA-Überweisung €uro
Datum
16.04.20(0)
Unterschrift(en)
Tanja Sommer

Ein **Überweisungsauftrag** muss enthalten:

* **Namen und Vornamen** oder **Firmenname** des Zahlungsempfängers
* **Kontonummer** des Zahlungsempfängers in Form einer internationalen Bankkonto-Nummer (**IBAN**)
* **Bankleitzahl** als Bank Identification Code (**BIC**) und Kreditinstitut des Zahlungsempfängers
* **Verwendungszweck**

* **Überweisungsbetrag**
* **Kontonummer** und **Name** des Auftraggebers
* **Ausstellungsdatum** und **Unterschrift** des Auftraggebers

Die weitere Abwicklung des Überweisungsverkehrs erfolgt beleglos.

SEPA – Einheitlicher Euro Zahlungsverkehrsraum

Ziel der Europäischen Union ist, einen einheitlichen Binnenmarkt mit freiem Waren-, Personen- Dienstleistungs- und Kapitalverkehr zu schaffen. Dazu gehört auch, die verschiedenen europäischen Zahlungssysteme unter einem gemeinsamen Dach zusammenzufassen. Dies geschieht durch **SEPA**, den einheitlichen Euro-Zahlungsverkehrsraum. Dazu gehören:

SEPA Single Euro Payments Area Einheitlicher Euro-Zahlungsverkehrsraum

SEPA (engl.): Single Euro Payments Area

* SEPA-Überweisungen
* SEPA-Lastschriften
* SEPA-Kartenzahlungen

SEPA-Lastschriftverfahren SLV, Siehe Seite 169

Bedienung von Geldautomaten, girocard siehe Seite 174

Die Identifizierung der beteiligten Banken und Konten im SEPA-System stützt sich auf zwei Codes.

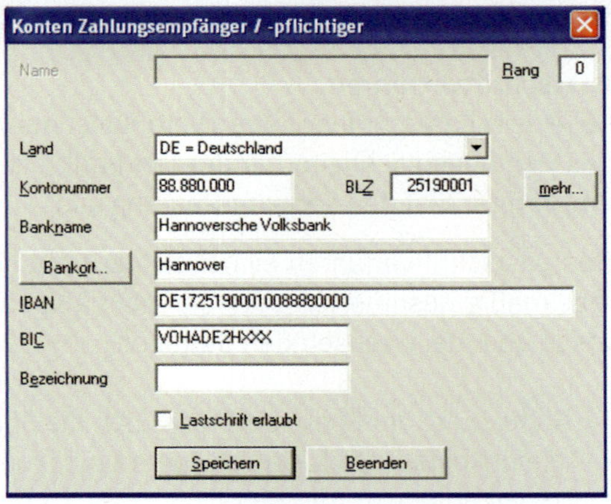

* **IBAN**: internationale Bankkontonummer. Sie enthält das Länderkennzeichen für Deutschland (DE), zwei Prüfziffern (17), die 8-stellige Bankleitzahl der Empfängerbank (25190001) und die 10-stellige Kontonummer des Zahlungsempfängers mit führenden Nullen (00 88 880 000) ergeben zusammen **22 Stellen bei deutschen IBAN**.
* **BIC**: internationale Bankleitzahl. Mit dem **11-stelligen BIC** lassen sich die Partner am internationalen Zahlungsverkehr weltweit eindeutig identifizieren.
  - Ziffer 1–4: VOHA für Hannoversche Volksbank
  - Ziffer 5–6: DE als Ländercode Deutschland
  - Ziffer 7–8: 2H als Codierung des Ortes
  - Ziffer 9–11: XXX als Filialkennzeichnung, hier nicht verwendet

Mit IBAN und BIC lassen sich Kontoinhaber im internationalen Zahlungsverkehr eindeutig bestimmen.

Aufbau der IBAN

Deutschland: D E

Prüfziffer: 2 Stellen: 4 0

Bankleitzahl: 8 Stellen: 7 0 0 2 0 2 7 0

Kontonummer: 10 Stellen: 0 0 1 2 3 4 5 6 7 8

IBAN = DE40 7002 0270 0012 3456 78

Vorteile des europäischen Zahlungsraums SEPA

* Unternehmen können ihren gesamten Euro-Zahlungsverkehr über ein Konto bei einer beliebigen Bank in Europa abwickeln.
* Verbraucher können ihre girocard (siehe Seite 167) europaweit verwenden, um damit Geld abzuheben oder unbar zu zahlen.
* Eine elektronisch erteilter Überweisungsauftrag darf maximal einen Bankgeschäftstag dauern, schriftliche Überweisungen dürfen mehr Zeit erfordern.

SEPA ist die Abkürzung für Single Euro Payments Area und beschreibt einen einheitlichen Euro-Zahlungsverkehrsraum.

Sonderformen der Überweisung

Dauerauftrag

Ein Einzelhändler, der seine Geschäftsmiete mit einer Einzelüberweisung bezahlt, muss jeden Monat einen eigenen Überweisungsauftrag für die Bezahlung der Miete erteilen. Dies ist sehr zeitaufwendig und teuer.

Daueraufträge für

* Mietverträge
* Versicherungsbeiträge
* Sparverträge usw.

Daher kann der Einzelhändler seinem Kreditinstitut den Auftrag erteilen, einen Betrag in **immer gleicher Höhe regelmäßig** zu einem **bestimmten Termin**, z. B. am Monatsanfang, an **denselben Zahlungsempfänger** zu überweisen.

Ein Dauerauftrag verlangt nur eine einmalige Anweisung an das Kreditinstitut. Ein Dauerauftrag wird dann so lange ausgeführt, bis der Zahler seinem Kreditinstitut eine Änderung mitteilt (Betrag, Ausführungstag oder Beendigung). Da der Geldbetrag vom Konto des Zahlers abgebucht und per Überweisung dem Zahlungsempfänger gutgeschrieben wird, spricht man auch von einem Dauerüberweisungsauftrag.

Dauerauftrag bezeichnet eine Sonderform der Überweisung, durch die der Kontoinhaber seine Bank anweist, einen gleichbleibenden Betrag zugunsten desselben Zahlungsempfängers zu bestimmten, regelmäßigen Terminen vom Konto des Zahlungspflichtigen abzubuchen.

Lastschriftverfahren

Bei einem Lastschriftverfahren veranlasst der Zahlungsempfänger seine Bank als Inkassostelle, vom Konto des Zahlungspflichtigen bei dessen Bank als Zahlstelle fällige Forderungen abzubuchen. Der **Zahlungsempfänger** löst den Zahlungsvorgang aus.

Das Lastschriftverfahren eignet sich zur Abbuchung von einmalig oder **laufend** anfallenden Zahlungen zu regelmäßig bestimmten oder unregelmäßigen Zeitpunkten in gleicher oder **wechselnder Höhe**, vorzugsweise aber bei wechselnden Beträgen.

Beispiele

* Abbuchung der Energiekosten durch die Stadtwerke
* Telefonkosten durch ein Telekommunikationsunternehmen
* Steuerzahlungen, die das Finanzamt zu den Steuerterminen vom Konto des Einzelhändlers abbuchen lässt.
* Kosten für ein Zeitschriftenabonnement

Für die Arbeit an der Kasse ist das SEPA-Lastschriftverfahren SLV mit einer girocard des Kunden von besonderer Bedeutung.

Lastschriftverfahren: Ein vom Zahlungsempfänger ausgelöster Zahlungsvorgang zulasten des Kontos des Kunden (des Zahlungspflichtigen); häufig zu regelmäßigen Terminen, aber mit wechselnden Beträgen.

8.4 Kontaktbasierte Kartenzahlungen

Durch die rasante Entwicklung neuer Technologien hat sich auch der Zahlungsverkehr stark verändert. Er wird heute weitgehend beleglos und elektronisch durchgeführt. Nicht nur große Unternehmen wickeln ihren Zahlungsverkehr durch Datenaustausch mit der Bank ab, auch der normale Kontoinhaber wird heute ermuntert, seine Geldgeschäfte mit Kartensystemen oder zu Hause vom PC aus abzuwickeln.

Einzelhandelsgeschäfte, die den Zahlungsverkehr ihrer Kunden elektronisch durchführen möchten, benötigen ein Zahlungsterminal, das mit der Geschäftskasse verbunden wird. In das Terminal wird die Karte (Giro-, Kreditkarte) eingesteckt (oder durchgezogen), damit die Zahlungsdaten des Kunden ausgelesen werden können.

Kontaktbasierte Kartenzahlung ist ein Bezahlverfahren, bei dem die Karte in das Kartenlesegerät eingeführt wird.

■ girocard – Girokarte, EC-Karte, Bankkarte

Eine girocard oder Bankkarte ist eine Kunststoffkarte mit einem eingebauten Magnetstreifen und einem Mikrochip. Sie wird von Banken und Sparkassen an Kunden herausgegeben, damit diese leicht über ihr Girokonto verfügen können.

Über die Abhebung per girocard wird das eigene Konto direkt belastet, deshalb nennt man diese Karten auch **Debitkarten**. Obwohl der Begriff veraltet ist, wird die girocard häufig noch EC-Karte genannt.

debit (engl.): belasten

ec: euro-cheque Ursprünglich ein Scheck, der mit einer besonderen Bankgarantie ausgestattet war.

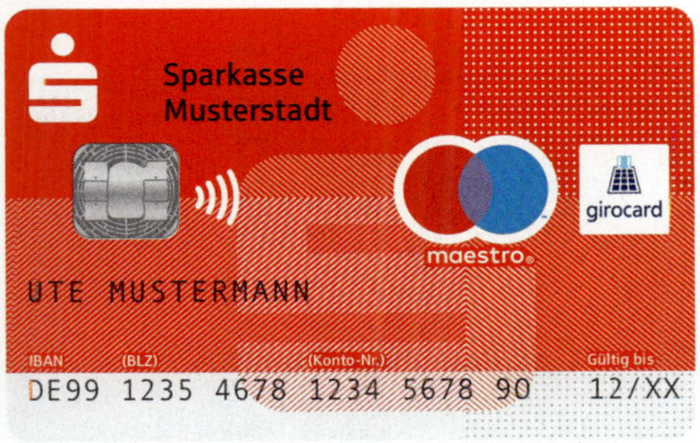

Die Symbole auf der Vorderseite einer girocard geben kurzgefasst Aufschluss über deren Funktion.

maestro	Das Maestro-Zeichen zeigt weltweit Geschäfte und Geldautomaten an, wo man mit einer Karte mit Maestro-Funktion bezahlen und an Geldautomaten Geld abheben kann. Beim Maestro-System handelt es sich um ein weltweites Debitkarten-System.
girocard	Am girocard-Symbol erkennt man, dass man als Kunde im Einzelhandel bezahlen und an deutschen Geldautomaten Geld abheben kann. Das Zeichen steht ferner für sicheren Zahlungsverkehr in Verbindung mit PIN (Persönliche Identifikations-Nummer) und ist ein Oberbegriff für das Bezahlen und Geld Abheben im girocard-System.

Die girocard eignet sich auch für das kontaktlose Bezahlen (**girocard kontaktlos**). Dabei müssen Kunden ihre girocard nur sehr nah vor das kontaktlosfähige Bezahlterminal des Händlers halten. Für Bezahlbeträge bis 50,00 Euro entfällt in der Regel die PIN-Eingabe. Die Abläufe beim Bezahlen ähneln im Weiteren sehr stark denen, die Kunden bereits vom kontaktbehafteten Zahlen mit der girocard kennen. Eine kontaktlosfähige girocard erkennt man an dem Wellensymbol auf der Karte.

Kontaktlose Kartenzahlung siehe Seite 174

Zahlung im girocard-System

Wenn man in einem Geschäft das Zeichen girocard entdeckt, kann man hier mit der eigenen Girokarte (Debitkarte) bargeldlos bezahlen, ohne dass man einen Beleg unterschreiben muss. Wenn der Kaufpreis an der Kasse ermittelt ist, kann ein Kunde statt Barzahlung die girocard wählen:

girocard

PIN = **P**ersönliche **I**dentifikations **N**ummer

POS mit Zahlungsgarantie der Bank

1. Der Betrag wird dem Kunden auf dem Display des Kartenlesegerätes angezeigt und von der Kassiererin deutlich genannt.
2. Die Girokarte wird in das Lesegerät gesteckt.
3. Die Kassenmitarbeiterin bittet den Kunden, seine vierstellige PIN – die Persönliche Identifikationsnummer – in das Lesegerät einzugeben.
4. Über das Datennetz einer Verrechnungszentrale, der Autorisierungsstelle, wird geprüft, ob die Zahlung durchgeführt werden kann.
5. Fällt die Prüfung positiv aus, wird das Konto des Kunden mit dem Betrag belastet und auf dem Display erscheint der Hinweis „Zahlung erfolgt“. Anschließend erhält der Kunde einen Bon und seine Karte zurück. Der Bezahlungsvorgang ist damit abgeschlossen. Die Zahlung wird durch die Karten ausgebende Bank **garantiert**.

Mit girocard kann ein Kunde täglich Waren bis zu einem Verfügungslimit einkaufen, das vom Karten ausgebenden Kreditinstitut festgelegt ist, z. B. bis zu 2 000,00 €.

Vorteile und Nachteile des girocard-Systems

Kunde	**Vorteile**	* Er kann weniger Bargeld mitnehmen. * Das Diebstahlrisiko ist geringer.
Einzel-händler	**Vorteile**	* weniger Kassendifferenzen (weniger Bargeldbestand) * kein Zahlungsrisiko durch die Garantie der Bank. * geringeres Diebstahlrisiko („Griff in die Kasse“) * mehr Spontankäufe durch Kunden. * mehr Service für den Kunden durch eine moderne, bargeldlose Zahlungsform. * schnelle Verfügbarkeit über Geld durch tägliche Überweisung. * weniger Aufwand und mehr Sicherheit durch die elektronische Abwicklung.
	Nachteile	* Der Einzelhändler muss für jeden Umsatz mit girocard Gebühren bezahlen. Diese Gebühren können zwischen dem Einzelhändler und der Bank, die die Karte ausgibt, frei vereinbart werden. Die Europäische Union hat allerdings eine Obergrenze von 0,2 % vom Kaufbetrag festgelegt. * Die technische Ausstattung muss angeschafft werden.

Probleme bei der Zahlung mit girocard

Eine Zahlung mit girocard kann aus zahlreichen Gründen Probleme bereiten.

Möglicher Fehler	Mögliches Mitarbeiterverhalten
Wurde eine falsche PIN eingegeben?	Den Karteninhaber bitten, die PIN erneut einzugeben.
Ist die Girokarte beschädigt oder zerkratzt?	Den Karteninhaber bitten, es noch einmal zu probieren.
Ist die Girokarte nicht mehr gültig?	Den Karteninhaber bitten, sich an seine Bank zu wenden.
Weist die Girokarte nicht genügend Deckung auf?	Den Karteninhaber bitten, sich an seine Bank zu wenden oder eine andere Zahlungsart zu nutzen.
Ist das Datennetz überlastet?	In solchen Fällen, häufig in Stoßzeiten, reicht meistens schon ein zweiter Versuch

girocard ist bargeldloses Bezahlen mit Zahlungsgarantie der kartenausgebenden Stelle durch Vorlage einer girocard und Eingabe einer PIN.

■ SEPA-Lastschriftverfahren (SLV)

Das SLV ist eine spezielle Form des Lastschriftverfahrens. Es wird vor allem im Einzelhandel verwendet, um an der Kasse mit der Girokarte zu bezahlen.

Man spricht auch vom elektronischen Lastschriftverfahren, ELV.

Lastschriftverfahren siehe Seite 166

Das Kassensystem erstellt aufgrund der Girokarte und der Verkaufsdaten eine Einzugsermächtigung, ein Lastschriftmandat, die der Karteninhaber unterschreibt. Dieses Mandat ist oft ein Vordruck auf der Bon-Rückseite. Der Verkäufer kann den Kaufbetrag aufgrund der Einzugsermächtigung vom Konto des Karteninhabers per Lastschrift einziehen.

Der Betrag wird aber von der Bank **nicht garantiert**. Wird die Lastschrift nicht eingelöst, ist die Bank durch die Einzugsermächtigung verpflichtet, dem Gläubiger Namen und Adresse des Schuldners mitzuteilen. Der Verkäufer als Gläubiger muss dann beim Schuldner, seinem Kunden, den Geldbetrag einfordern oder beauftragt ein anderes Unternehmen mit der Eintreibung.

Ablauf des Zahlungsverkehrs mit SLV

* Die Kasse und das Lesegerät werden auf die SLV-Zahlung vorbereitet.
* Die Girokarte wird durch den Kartenleser gezogen oder eingesteckt.
* Die Kasse druckt zunächst den Kassenbon aus.
* Der Kassenbon wird dem Kunden ausgehändigt.
* Der Lastschriftbeleg wird ausgedruckt und dem Kunden gegeben.
* Der Lastschriftbeleg wird vom Kunden unterschrieben.
* Nun prüft der Kassenmitarbeiter die Girokarte:
  - Stimmt die **Unterschrift** auf dem Beleg mit der Unterschrift auf der Karte überein?
  - Ist die Karte noch **gültig**?
    Erst nach dem Prüfvorgang darf die Girokarte dem Karteninhaber wieder ausgehändigt werden.
* Stimmen die Unterschriften auf Lastschriftbeleg und Karte nicht überein, wird die Zahlung abgelehnt.

Für den Zahlungsempfänger entstehen – außer den üblichen Buchungsgebühren – keine Kosten, deshalb ist das Verfahren beim Einzelhandel beliebt und verbreitet.

Für den **Karteninhaber** gilt der unterschriebene Lastschriftbeleg als Einzugsermächtigung für den Zahlungsempfänger. Nachdem der Betrag vom Konto des Karteninhabers abgebucht worden ist, kann er der Abbuchung innerhalb von **8 Wochen nach Buchungsdatum widersprechen** und die Zahlung rückgängig machen.

SEPA-Lastschriftverfahren (SLV) bezeichnet eine Form bargeldlosen Bezahlens **ohne Zahlungsgarantie** der kartenausgebenden Stelle durch Vorlage einer girocard, wobei das Kassensystem eine Einzugsermächtigung, das Lastschriftmandat, erstellt, die der Kunde unterschreibt.

Kontaktlos bezahlen siehe Seite 174

Merkmale	girocard	SEPA-Lastschriftverfahren
Legitimation des Zahlungspflichtigen	* Eingabe und Prüfung der PIN erfolgen während des Bezahlvorgangs. * Onlineprüfung oder Chip-offline-Prüfung (Sicherheit und Zahlungsfähigkeit) des Karteninhabers ermöglicht eine Zahlungsgarantie durch die kartenausgebende Bank.	* Der Bezahlbeleg wird an der Kasse oder am Lesegerät gedruckt, es erfolgt keine Onlineprüfung des Karteninhabers. * keine Zahlungsgarantie seitens der kartenausgebenden Bank * Der Bezahlbeleg wird von Karteninhaber unterschrieben und gilt als Einzugsermächtigung, der innerhalb von 8 Wochen nach Buchungsdatum widersprochen werden kann.
Zahlungseingänge	Beträge werden dem Konto des Einzelhändlers automatisch gutgeschrieben.	* Der Zahlungsempfänger muss Zahlungseingänge überwachen und prüfen. * Der Zahlungsempfänger muss Adressdaten bei kartenausgebenden Instituten erfragen, um seine Forderungen gegenüber den Kunden geltend machen zu können.
Kosten für den Zahlungsempfänger	zwischen der Bank und dem Einzelhändler frei vereinbar; höchstens 0,2 % vom Umsatz	keine außer den Buchungsgebühren der Bank, die für jeden Zahlungsvorgang entstehen
Sicherheit	hoher Sicherheitsstandard	keine Sicherheit
Verfügungsrahmen	durch jeweiliges Kreditinstitut festgelegtes maximales Tages- und Wochenauszahlungslimit	kein Verfügungslimit
kontaktloses Bezahlen möglich?	ja, für Kleinbeträge bis rund 50,00 €	nein
Prüfung	* Zahlungsfähigkeit und eventuelle Kartensperre werden online geprüft * Es erfolgt eine Ablehnung der Zahlung bei Kartensperre oder mangelnder Kontodeckung sowie Überschreitung des Tages- oder Wochenlimits der Karte	* keine Onlineprüfungen möglich * Es erfolgt lediglich ein Abgleich der Unterschrift auf der Kartenrückseite und dem Beleg
Zahlungsgarantie für den Zahlungsempfänger	kartenausgebende Bank	keine
Missbrauchsquote	sehr gering	hoch durch gefälschte Unterschriften sowie betrügerischen Einsatz der Karte durch den Karteninhaber
Ergebnis		
	Die Transaktionsgebühren sind höher als beim SLV, allerdings entstehen keine Folgekosten, girocard ist ein sicheres Verfahren.	Transaktionsgebühren sind günstig, allerdings entstehen bei Rücklastschriften hohe Folgekosten durch den Bearbeitungsaufwand für Buchhaltung, Mahnwesen, den Forderungsausfall und Bankgebühren, die für Rückgabe der Lastschriften und Auskunftsersuchen anfallen.

Girokarte auf dem Vormarsch

Im deutschen Einzelhandel wird zwar immer noch gern mit Bargeld bezahlt, die Zahl der Kartenzahlungen übersteigt aber mittlerweile die Barzahlungen (56,3 % zu 40,9 %).

Stark zurückgegangen (auf 6,2 %) ist die Zahlung per Lastschrift. girocard ist im Handel und bei Kunden beliebt, weil es auch das kontaktlose Bezahlen von Kleinbeträgen bis ca. 50,00 € ermöglicht.

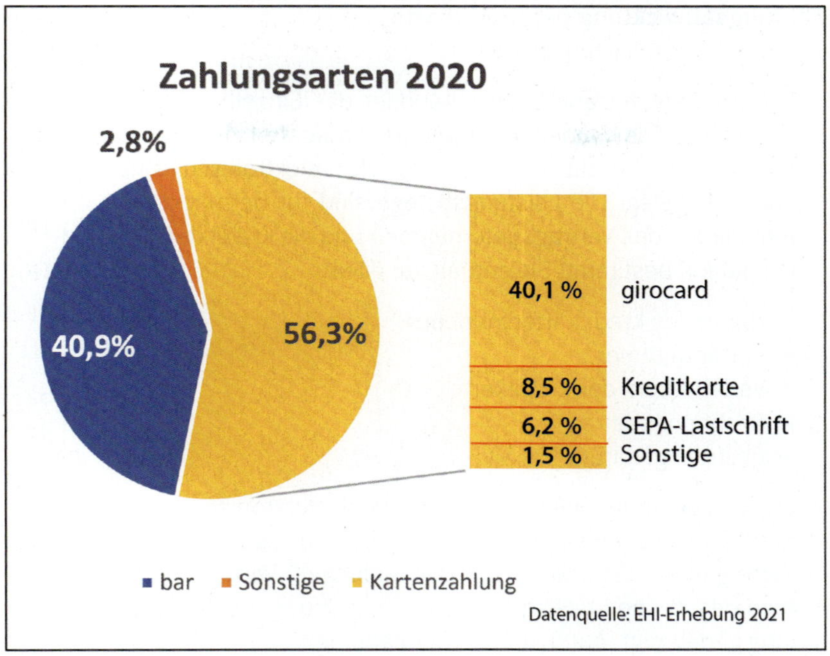

Mehr Sicherheit durch KUNO

KUNO ist ein Bürgerservice der Polizeibehörden und der Wirtschaft mit dem Ziel, Betrugsfälle im Elektronischen Lastschriftverfahren zu reduzieren. Im girocard-Verfahren werden die PIN und der Verfügungsrahmen auf dem Bankkonto des Karteninhabers elektronisch geprüft. Beim SEPA-Lastschriftverfahren gibt es diesen Schutz für den Unternehmer nicht.

Auch ein Karteninhaber profitiert von KUNO, weil die Nutzung einer Girokarte durch Unbefugte deutlich erschwert wird.

KUNO: Kriminalitätsbekämpfung im unbaren Zahlungsverkehr unter Nutzung nichtpolizeilicher Organisationsstrukturen

EHI Retail Institute: wissenschaftliches Institut des Handels

Was hat ein Karteninhaber zu tun, wenn er feststellt, dass er seine Girokarte verloren hat oder sie ihm gestohlen wurde?

1. Meldung des Verlustes oder Diebstahls bei der Polizei, die Kontendaten IBAN und BIC erfasst.
2. Die Kontendaten werden unmittelbar der KUNO-Plattform weitergeleitet, die vom EHI Retail Institute verwaltet wird. Dort wird eine Sperrliste von den eingegangenen Meldungen erstellt.
3. Unternehmen, die an KUNO angeschlossen sind, werden regelmäßig mit der aktuellen Sperrliste versorgt, um diese in ihrem Warenwirtschaftssystem zu hinterlegen.
4. Die Karte ist dann in den Kassen der Unternehmen für Zahlungen im Elektronischen Lastschriftverfahren gesperrt.

In einem ersten Schritt wird das gesamte Konto des Karteninhabers möglichst schnell gesperrt. Mithilfe der kartenausgebenden Bank, die ohnehin über den Verlust informiert werden sollte, kann aber eine sogenannte Kartenfolgenummer nachgemeldet werden. Das ist eine interne Nummer der Girokarte. Dann lässt sich die Zahlungseinschränkung auf die verlorene oder gestohlene Karten begrenzen. Der Kunde kann mit einer neuen Karte wieder über sein Konto verfügen.

■ Kreditkarte

Kreditkarten ermöglichen den Erwerb von Waren und die Inanspruchnahme von Dienstleistungen bei Vertragsunternehmen der Kreditkartenorganisationen ohne Bargeld. Vertragsunternehmen sind z. B. Einzelhändler, Fluggesellschaften und Hotels.

Die bekanntesten Kreditkartenorganisationen auf dem deutschen Markt sind Mastercard, Visa, Diners Club und American Express. Die Kreditkarten erhalten die Kunden entweder von den Organisationen selbst oder über Banken. Allerdings bekommt man eine Kreditkarte nur auf Antrag und bei entsprechend ausreichender Zahlungsfähigkeit des Kunden.

Die Kreditkartenorganisationen schließen Verträge mit den Vertragsunternehmen und vereinbaren, dass ein Kunde, der im Besitz einer entsprechenden Kreditkarte ist, dort problemlos bezahlen kann.

Zahlungsabwicklung per Kreditkarte

1. Erstellen des Leistungsbelegs

   Für die Zahlungsabwicklung benötigt der Einzelhändler die Kreditkarte des Kunden. Aufgrund der Kaufdaten und der Kartenangaben erstellt der Einzelhändler elektronisch einen Leistungsbeleg. Die Leistungsbelege sind für den Kreditkarteninhaber, das Vertragsunternehmen und die Kreditkartenorganisation bestimmt. Sie enthält vor allem:

   * Name des Kreditkarteninhabers
   * Kartennummer
   * Verfalldatum der Kreditkarte
   * Rechnungsbetrag
   * Rechnungsdatum

2. Der Einzelhändler setzt sich in der Regel elektronisch mit der Kreditkartenorganisation in Verbindung, die feststellt, ob die Karte gesperrt ist und ob sich die Zahlung im Verfügungsrahmen des Kunden bewegt. Ist alles in Ordnung, wird die Zahlung genehmigt (Autorisierung der Zahlung).

3. Der Karteninhaber überprüft den Leistungsbeleg und unterschreibt ihn.

4. Der Kontakt mit dem Kunden wird abgeschlossen, indem der Kunde eine Kopie des Leistungsbeleges, seine Karte und die Ware erhält.

Zunehmend wird die Eingabe einer PIN verlangt.

Leistungsbeleg

MASTERCARD GZS GmbH	
Elektro Steiner, Bergstraße 17	
92878 Eisenbach	
VU-Nr.	1528198874
TERMINAL-IO	433588717
TRANS-ART	00 013 01
BELEG-NR	745
MASTERCARD	
5233434322384	MAN
REFERENZ-NR	285503
KARTE GÜLTIG BIS	09/20(+2)
BEZAHLUNG	
BETRAG	€ 226,00
POS-NR	1002756
REFERENZ-NR	368504
GENEHMIGUNGS-NR	304493
Bitte Beleg aufbewahren und die Kopie an den Kunden aushändigen.	
Unterschrift:	
14.12.20(0) 0075	14:09

Kreditkartenabrechnung

Die Kartengesellschaften zahlen normalerweise **wöchentlich**, sodass der Unternehmer alle Leistungsbelege einer Woche sammelt und sie an die Kartenorganisation sendet. Über die Gesamtsumme der Leistungsbelege, abzüglich der vereinbarten Provision, erhält der Händler von der Organisation rund eine Woche später eine Gutschrift.

Für ihre Leistungen berechnet die Kartenorganisation dem Einzelhändler eine Provision. Diese ist frei verhandelbar, darf aber höchstens 0,3 % vom Umsatz betragen.

Der Karteninhaber erhält gewöhnlich einmal im **Monat** eine Abrechnung von der Kreditkartenorganisation und sein Bankkonto wird mit dem aufgelaufenen Betrag belastet.

Der Karteninhaber zahlt einmal im Jahr seine **Gebühr** an die Kartenorganisation.

Kreditkarten sind eine bargeldlose Zahlungsform für Waren und Dienstleistungen bei Vertragsunternehmen der Kreditkartenorganisationen.

Wirtschaftliche Bedeutung der Kreditkarte

	Karteninhaber	Unternehmer
Vorteile	* **Ansehen:** Nur solche Personen, die von den Kartenorganisationen als zahlungskräftig eingeschätzt werden, erhalten Kreditkarten. * **Flexibilität:** Kreditkarten großer Organisationen werden in der ganzen Welt anerkannt und sind betragsmäßig nicht begrenzt (allenfalls durch den Verfügungsrahmen, den die Kreditkartenorganisation ihrem Kunden einräumt).	* **Umsatzsteigerung:** Karteninhaber gehören eher zu den besonders ausgabefreudigen Kunden. * **Sicherheit:** Wenn das Vertragsunternehmen die vorgeschriebenen Prüfungen durchgeführt hat, bekommt er von der Kartenorganisation sein Geld, auch wenn die Karte missbräuchlich verwendet wurde.

	Karteninhaber	Unternehmer
	* **Liquidität:** Rechnungen werden einmal monatlich zusammengefasst und dann erst belastet. Dadurch entstehen Zinsvorteile. * **Sicherheit:** Bei Verlust oder Diebstahl der Kreditkarte haftet der Kunde nicht oder nur in geringem Umfang. * **Sonderleistungen:** Häufig enthalten Kreditkarten auch den Anspruch auf Versicherungsschutz, z. B. Reisegepäckversicherung, Auslands-Reise-Krankenversicherung.	
Nachteile	* **Kosten:** Er muss eine Jahresgebühr bezahlen, unter Umständen Sondergebühren bei bestimmten Leistungen, z. B. Bargeldauszahlungen oder Begleichen von Rechnungen in ausländischer Währung.	* **Kosten:** Vom Rechnungsbetrag wird die Provision abgezogen. * **Arbeitsaufwand:** Der Verwaltungsaufwand für die Kreditkartenzahlung ist größer als bei Barzahlung.

Sichere Zahlung durch 2-Faktoren-Beglaubigung (Authentifizierung)

Der Verlust einer girocard oder Kreditkarte konnte in der Vergangenheit ein großes Problem für den Karteninhaber bedeuten, weil Fremde mit der (oft gestohlenen) Karte Zahlungsvorgänge zulasten des Karteninhabers durchführen konnten, bis die Karte gesperrt war.

Grundlage ist die zweite Zahlungsdiensterichtlinie (Payment Service Direktive 2, PSD2) der EU.

Dies soll durch eine 2-Faktoren-Beglaubigung (**2-Faktoren-Authentifizierung** oder **starke Kundenauthentifizierung**) verhindert werden. Dabei wird jede Zahlung am Kassenterminal im Geschäft oder auch im Onlineshop mit zwei der folgenden Faktoren bestätigt:

* **Wissen** (etwas, was nur der Nutzer weiß, z. B. ein Passwort oder eine PIN [**P**ersönliche **I**dentifikations-**N**ummer])
* **Besitz** (etwas, was nur der Nutzer besitzt, z. B. die girocard, die Kreditkarte oder ein Smartphone)
* **Zugehörigkeit** (Inhärenz) = etwas, das im Nutzer innewohnt, zu seiner Person gehört, z. B. sein Fingerabdruck, seine Stimme)

Das Verfahren gilt für elektronische Zahlungsvorgänge innerhalb der EU. Für Zahlungen an der Kasse in stationären Geschäften ist die Bezahlung mit zwei Sicherheitsmerkmalen auch heute schon weitgehend die Regel.

Beispiel

Ein Kunde zahlt an der Kasse mit seiner girocard. Dann benötigt er die Karte (Merkmal Besitz) und seine PIN (Merkmal Wissen).

Bei einer Zahlung im Onlineshop genügt es aber häufig, die Kreditkartennummer, das Ablaufdatum und die Prüfziffer anzugeben. Dies sind alles Daten der Kreditkarte (Merkmal Besitz). Die Zahlungsdiensterichtlinie verlangt in diesem Fall einen zweiten Faktor, z. B. eine Transaktionsnummer (TAN = Freischaltnummer), die dem Kunden auf sein Smartphone übermittelt wird und die nur er kennt (Merkmal Wissen).

Ausnahmen

Nicht für jede Zahlung an der Kasse oder im Onlineshop ist es erforderlich, dass zwei von drei Faktoren vorliegen. Ausgenommen sind:

Beispiel

* Zahlungen mit dem Lastschriftverfahren (SLV)
* Zahlbetrag unter ca. 50,00 € (im Onlinehandel 30,00 €)
* kontaktlose Kartenzahlungen (siehe unten)
* Zahlungen gegen Rechnung, Vorkasse oder Nachnahme

In der Einzelhandelspraxis gilt für kontaktloses Bezahlen an der Kasse häufig folgende Regel: Bis zu einem Betrag von ca. 50,00 € genügt die Karte (Faktor Besitz), höhere Beträge erfordern zusätzlich die PIN (2. Faktor Wissen).

Geldautomat

Chip: elektronischer Baustein, hier Datenspeicher

SEPA siehe Seite 165

Banken und Sparkassen werben für das System der Geldausgabeautomaten. Sie ermöglichen es jedem Kunden, der über eine mit einem Magnetstreifen oder Chip ausgestattete Bankkarte verfügt, mittels Eingabe einer **PIN** Bargeld von seinem Girokonto abzuheben, ohne dass er sich an einem Bankschalter ausweisen muss. Der Karteninhaber kann rund um die Uhr Bargeld abholen und ist nicht auf geöffnete Bankschalter angewiesen.

Das System der Geldautomaten ist eingebettet in den einheitlichen Euro-Zahlungsverkehrsraum **SEPA**. Es soll aus Sicht der Kunden im Vergleich mit dem nationalen Zahlungsverkehr keine sichtbaren Unterschiede mehr geben, wenn sie im europäischen Ausland Geld von einem Geldautomaten abheben.

8.5 Kontaktlose Kartenzahlungen

Bei der kontaktlosen Kartenzahlung erfolgt der Bezahlvorgang, ohne dass die Karte in das Kartenlesegerät gesteckt werden muss. Möglich wird dies durch die Near Field Communication (NFC), was mit Nahfeldkommunikation übersetzt werden kann. Mithilfe dieser Technik können die relevanten Zahlungsdaten kontaktlos zwischen der Karte und dem Lesegerät ausgetauscht werden. Voraussetzung ist, dass die Karte und das Zahlungsterminal NFC-fähig sind. Die Karte muss dazu mit einem Mikrochip (NFC-Chip) ausgestattet sein, der Zahlungsdaten speichern und an das Lesegerät übermitteln kann. Über einen Abstand von wenigen Zentimetern lassen sich dann kleinere Datenmengen zur Zahlungsabwicklung verschicken.

Kontaktlose Kartenzahlung: Bezahlverfahren, bei dem die Karte in einem Abstand von wenigen Zentimetern an das Zahlungsterminal gehalten wird.

Ablauf einer kontaktlosen Kartenzahlung

1. Der zu zahlende Betrag erscheint auf dem Display des Zahlungsterminals.
2. Die Karte muss in einem Abstand von wenigen Zentimetern an das Terminal gehalten werden.
3. Ein optisches und akustisches Signal bestätigt die erfolgreiche Durchführung der Zahlung.

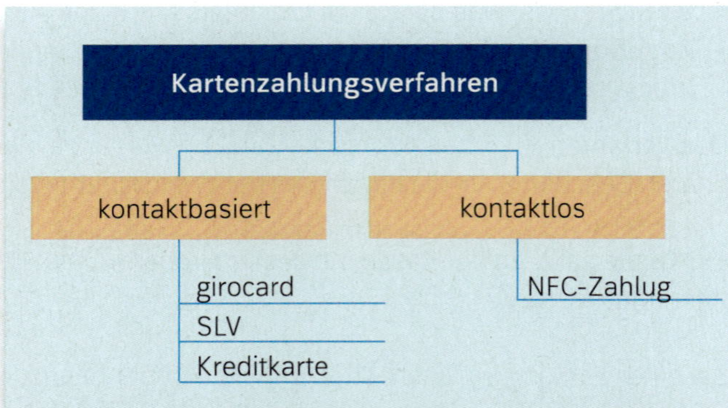

Der gesamte Bezahlvorgang kann somit grundsätzlich sehr schnell und bequem für den Kunden abgewickelt werden. Von Nennung des Betrags bis zur Ausgabe des Kassenbons vergehen durchschnittlich elf Sekunden. Um die Zahlung sicherer zu machen, werden allerdings oftmals Vorkehrungen getroffen, die auf Kosten der Schnelligkeit gehen. So kann der Kunde ab einem bestimmten Betrag, in der Regel über 50,00€, aufgefordert werden, zusätzlich noch seine PIN am Terminal einzugeben. Oder die PIN-Eingabe wird erforderlich, wenn der Kunde die Karte bereits fünfmal hintereinander kontaktlos eingesetzt hat bzw. eine kontaktlos bezahlte Gesamtsumme von 150,00€ erreicht ist. Teilweise ist es auch notwendig, die Karte vorab mit einem begrenzten Betrag aufzuladen, um dann im Handel damit kontaktlos zu bezahlen.

8.6 Mobile Payment (Mobiles Bezahlen)

Der Einzelhandel hat ein großes Interesse daran, seinen Kunden bequeme und moderne Zahlungsmöglichkeiten anzubieten. Das mobile Bezahlen (Mobile Payment) wird dabei in der Zukunft eine wichtige Rolle spielen. Mobile Endgeräte, wie Smartphones oder Tablets, gehören längst zum Alltag. Über das Internet informieren sich die Kunden unterwegs oder im Laden über das Warenangebot. Zunehmend sehen die Kunden das Bezahlen per App als schnelle und bequeme Alternative zur Bargeld- oder Kartenzahlung. Da liegt es nahe, dass auch mobile Bezahlsysteme im Geschäft angeboten werden, die die neuen Kommunikationstechniken nutzen.

Mobile Payment: **Nutzung einer App auf dem mobilen Endgerät zur bargeldlosen Bezahlung im stationären Handel.**

Bei der kontaktlosen Datenübertragung zwischen mobilem Endgerät und dem Kassenterminal kommen unterschiedliche Techniken zum Einsatz. Der Bezahlvorgang wird in der Regel mittels Near Field Communication (NFC), Quick-Response-Code (QR-Code) oder Magnetic Secure Transmission (MST) abgewickelt.

■ Mobiles Bezahlen mittels Near Field Communication (NFC)

Smartphones sind standardmäßig mit einem NFC-Chip ausgestattet, der es ihnen erlaubt, Daten über kurze Strecken per Funktechnik zu übertragen.

Ablauf der Bezahlung

1. Die Bezahl-App im Smartphone des Kunden wird aktiviert.
2. Das Smartphone wird in die Nähe des NFC-fähigen Kassenterminals gehalten, das eine Verbindungsanfrage sendet.
3. Ist die Verbindung hergestellt, werden alle Zahlungsdaten verschlüsselt zwischen den beiden Geräten übermittelt.
4. Der Bezahlvorgang wird automatisch autorisiert, das heißt, es wird geprüft, ob die Zahlung durchgeführt werden kann.
5. Je nach verwendeter Bezahl-App wird der Zahlungsbetrag mittels Lastschrift vom Bankkonto des Kunden oder einem aufladbaren Guthaben-Konto innerhalb der App abgebucht.
6. Die erfolgte Zahlung wird im Smartphone und am Kassenterminal bestätigt.

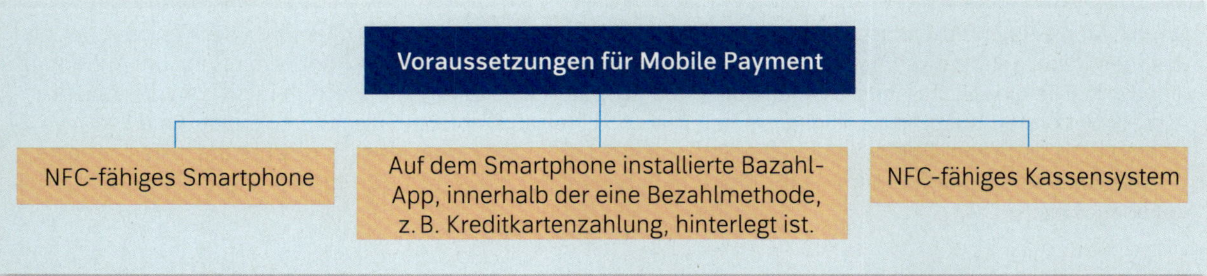

Sicherheit beim Bezahlen

* Die NFC-Schnittstelle muss vom Benutzer aktiviert werden. Dazu muss er persönlich sein Smartphone einschalten und eventuell per PIN oder biometrisch, z. B. über seinen Fingerabdruck, entsperren.
* Das Smartphone muss immer nahe an das Kassenterminal gehalten werden. Diese geringe Reichweite erschwert es Betrügern, Daten abzufangen.
* Bei höheren Zahlungsbeträgen, häufig ab 50,00 €, kommt es in der Regel zu einer zusätzlichen Sicherheitsabfrage. Der Kunde muss sich dann über die Eingabe einer PIN identifizieren.
* Üblicherweise werden beim Zahlungsvorgang nicht die Bankdaten, sondern eine verschlüsselte Nummer (ein Token) an den Händler übertragen. Ein Abgreifen sensibler Daten durch Unbefugte wird dadurch zusätzlich erschwert.
* Bei Verlust oder Diebstahl des Smartphones sollte die in der Bezahl-App hinterlegte Bankkarte umgehend beim entsprechenden Kreditinstitut deaktiviert und gesperrt werden.

■ Mobiles Bezahlen mittels Quick-Response-Code (QR-Code)

Andere Bezahlverfahren nutzen die sogenannte QR-Technik (Quick Response). Dabei wird ein QR-Code am Kassenterminal angezeigt oder auf den Kassenbeleg gedruckt. Der Kunde scannt diesen mit seinem Smartphone und seine Bezahl-App zeigt ihm anschließend den zu zahlenden Betrag und andere Rechnungsdaten an. Durch Eingabe einer PIN am Smartphone bestätigt der Kunde die Zahlung und der Geldbetrag wird vom Konto abgebucht.
Auch der umgekehrte Weg ist möglich. Hierbei wird ein QR- oder Barcode auf dem Display des Smartphones dargestellt und anschließend vom Einzelhändler mithilfe eines Barcodescanners ausgelesen.

■ Mobiles Bezahlen mittels Magnetic Secure Transmission (MST)

Ist das Smartphone mit einer speziellen Hardware ausgestattet, kann es magnetische Signale aussenden, die das Durchziehen eines Magnetstreifens einer herkömmlichen Bankkarte simulieren. Auf kurze Distanz werden so zwischen Smartphone und Kassenterminal kontaktlos Daten ausgetauscht, um eine Zahlung zu autorisieren und auszulösen.

■ Anbieter von Mobile-Payment-Diensten

Auf dem Markt für Mobile-Payment-Dienste gibt es eine Reihe von Anbietern, die sich hinsichtlich der zum Einsatz kommenden Technik bei der Datenübertragung und der innerhalb der App hinterlegten Bezahlmethode unterscheiden.
Als internationale Schwergewichte gelten **Apple, Google** und **Samsung**, die ihre Bezahl-Apps standardmäßig in die Betriebssysteme ihrer Smartphones (Android oder IOS) integriert haben. Apple Pay, Google Pay und Samsung Pay gelangen so zu einer großen Verbreitung.
Payback wird von vielen Kunden schon seit Jahren genutzt, um bei ihrem Einkauf Bonuspunkte zu sammeln. Mithilfe der Payback App auf dem Smartphone ist es nicht nur möglich, am Bonusprogramm teilzunehmen, sondern der komplette Bezahlvorgang lässt sich nun so abwickeln.
Manche **Einzelhändler**, wie z.B. EDEKA, Netto und REWE, bieten bargeldloses Bezahlen über eigene Apps an. In die gleiche Richtung gehen **Banken** und **Sparkassen**, die ihre Mobile-Payment-Dienste in die von ihnen angebotenen Onlinebanking-Apps integrieren. Mit **Alipay** und **WeChat Pay** drängen auch die zwei in China meistgenutzten Bezahlverfahren auf den deutschen Markt. Außerdem gibt es noch einige weitere Anbieter. Wie die Entwicklung weitergeht und welche Anbieter sich etablieren werden, ist zurzeit noch offen.

Registrierung

Um die Mobil-Payment-Dienste bestimmter Einzelhändler nutzen zu können, muss sich der Kunde vorab für das mobile Bezahlen registrieren. Dazu gibt er persönliche Daten sowie seine Bankverbindung an. Außerdem legt der Kunde eine Sicherheits-PIN fest, die er beim späteren Bezahlen im Geschäft nutzt. Um die Bezahl-App vor der ersten Nutzung zu aktivieren, müssen noch Freischaltcodes eingegeben werden. An diese gelangt der Kunde zum Beispiel über eine SMS auf seinem Smartphone. Möglich ist aber auch, dass er eine 1-Cent-Überweisung auf seinem Bankkonto erhält, bei der der Freischaltcode im Verwendungszweck angeben wird.

Bezahlen im Onlinehandel

Kunden erwarten, dass sie in einem Onlineshop mit unterschiedlichen Verfahren bezahlen können – sie wollen eine Auswahl. Drei bis fünf Zahlungsarten werden gewöhnlich als Pflicht angesehen, damit Kunden den Shop nicht vorzeitig verlassen. Der Shop-Betreiber entscheidet, welche Verfahren er anbietet. Häufig sind anzutreffen:

- Vorkasse (der Kunde zahlt, bevor er die Ware erhält)
- Kauf gegen Rechnung
- Lastschrift (SLV)
- Nachnahme (dem Kunden wird an der Haustür die Sendung gegen Barzahlung übergeben)
- moderne elektronische Verfahren wie Sofortüberweisung, PayPal, Amazon Pay, Giropay, Paydirekt u. a.

Zusammenfassung

Zahlungsarten		
Einteilung:	Barzahlung:	direkte Übergabe von Banknoten und Münzen
	halbbare Zahlung:	ein Beteiligter nutzt sein Konto, z. B. Zahlschein
	bargeldlose Zahlung:	Zahlung von Konto zu Konto, z. B. Banküberweisung
SEPA:	Single Euro Payments Area: Einheitlicher Euro Zahlungsverkehrsraum	
	IBAN: Internationale Bank-Kontonummer (22 Stellen)	
	BIC: Bank Identifikationscode (11 Stellen)	
Sonderformen:	Dauerauftrag: gleicher Betrag, regelmäßiger Termin	
	Lastschriftverfahren: häufig regelmäßiger Termin, wechselnde Beträge	
Kontaktbasierte Kartenzahlungen:	Die Karte wird in das Zahlungsterminal eingeführt.	
* girocard	* Zahlung durch die ausgebende Bank garantiert * Bei höheren Beträgen: Eingabe einer PIN erforderlich * Autorisierungsstelle prüft Kontodeckung und Sperrvermerke	* Verfügungsrahmen durch die Bank gesetzt * Kosten: frei vereinbar, maximal 0,2 % vom Umsatz,
* SLV	* keine Zahlungsgarantie durch die Bank * keine Kosten für den Zahlungsempfänger (nur Buchungsgebühren) * Unterschrift durch den Karteninhaber erforderlich	* Betrag wird vom Konto des Karteninhabers eingezogen * Widerrufsrecht des Karteninhabers innerhalb von 8 Wochen nach Gutschrift. * Prüfung einer Sperrliste möglich (KUNO)
* Kreditkarte	* Kartenausgabe durch Kreditkartenorganisationen (z. B. Visa, Mastercard) * Zahlungsabwicklung mit girocard vergleichbar (+ Unterschrift) * Kosten: frei vereinbar, maximal 0,3 % des Umsatzes	* Abrechnung: – mit dem Zahlungsempfänger, regelmäßig wöchentlich – mit dem Karteninhaber i. d. R. monatlich * Karteninhaber zahlt Jahresgebühr
Kontaktlose Kartenzahlung:	Die Karte wird in die Nähe des Zahlungsterminals gehalten.	
* **NFC-Zahlungen**	* Die Zahlung läuft über Near Field Communication (NFC). * Die Zahlungsdaten werden kontaktlos ausgetauscht.	
Mobile Payment:	Zahlung mittels einer App auf mobilen Endgeräten (z. B. Smartphone oder Tablet)	
* **Angewandte Technik beim Bezahlverfahren**	* Near Field Communication (NFC): Daten werden über kurze Strecken per Funktechnik übertragen. * Quick-Response-Code (QR-Code): Zahlungsdaten werden als QR-Code gescannt und so zwischen Kassenterminal und Smartphone übertragen. * Magnetic Secure Transmission (MST): Über magnetische Signale werden zwischen Kassenterminal und Smartphone Informationen ausgetauscht.	

* **Sicherheit**	* NFC-Schnittstelle am Smartphone muss aktiviert sein. * Smartphone muss nah an das Kassenterminal gehalten werden. * PIN-Eingabe bei höheren Zahlungsbeträgen erforderlich. * Bankdaten werden verschlüsselt übermittelt. * Bei Diebstahl des Smartphones kann die in der Bezahl-App hinterlegte Bankkarte gesperrt werden.

9 Kundenkarten und Gutscheine

9.1 Kundenkarten

Viele Einzelhändler versuchen, ihre Stammkunden durch Kundenkarten an sich zu binden. Dadurch soll dem Kunden das Gefühl vermittelt werden, sehr wichtig zu sein. Ein Kunde, der eine Kundenkarte besitzt, ist etwas Besonderes, er wird gern gesehen. Für den Kunden bedeutet die Kundenkarte eine Art Mitgliedschaft. Als Mitglied fühlt er sich bevorzugt.

Über Kundenkarten können Einzelhändler aber auch Informationen über ihre Kunden gewinnen, z. B. die Adresse, das Geburtsdatum und auch Daten über das Einkaufsverhalten.

■ Grundprinzip einer Zahlung mit Kundenkarte

1. Die Einkäufe eines Kunden werden an der Kasse erfasst.
2. Der Kunde wird gefragt, ob er eine Kundenkarte besitzt.
3. Ist das der Fall, wird die Kundenkarte in der Kasse oder in einem Lesegerät eingelesen. Dadurch werden die Käufe einem bestimmten Kunden zugeordnet.
4. Der Kunde erhält für die Einkaufssumme einen Bonus, z. B. 3 %, angerechnet, häufig in Form von Punkten.
5. Diese Punkte werden elektronisch einem Konto des Kunden gutgeschrieben.
6. Der Kunde erhält nach einer bestimmten Zeit oder ab einem bestimmten Punktestand eine Vergünstigung.

Beispiele

* Der Kunde erhält einen Einkaufsgutschein oder ein Geschenk, sobald er 1.000 Punkte erreicht hat.
* Am Monatsende übersendet man dem Kunden einen Gutschein über den angesammelten Bonus.
* Wenn ein bestimmter Wert auf dem Kundenkonto erreicht ist, erhalten die Kunden einen Sonderrabatt.

■ Weitere Leistungen

Anstelle eines Gutscheins oder auch zusätzlich zur finanziellen Vergünstigung sind auch weitere Leistungen üblich.

Geld-zurück-Garantie:	Besitzer einer Kundenkarte können die erworbene Ware häufig anstandslos umtauschen und erhalten den bereits gezahlten Kaufpreis problemlos wieder zurück.
Info-Service:	Mit einem regelmäßigen Info-Service werden Besitzer einer Kundenkarte häufig bevorzugt über Top-Angebote oder Sonderaktionen informiert, sodass sie zeitlich vor der übrigen Kundschaft profitieren können.
Gewinnspiele:	Als Kundenkarten-Besitzer nimmt man häufig automatisch an Glücksverlosungen oder Gewinnspielen teil. Darüber hinaus halten Einzelhändler auch Überraschungs-Geschenke bereit.

■ Auswertung der gespeicherten Daten

Moderne EDV-Programme sind heute in der Lage, die gespeicherten Adressen nach verschiedenen Gesichtspunkten auszuwerten, z. B. nach Alter, eingekauften Artikeln, Bon-Datum, Postleitzahl und Straße. Bonus-Gutscheine können von diesen Programmen völlig automatisch erstellt und abgewickelt werden.

Die regelmäßig gekauften Produkte in Kombination mit den persönlichen Daten des Kunden zeigen ein genaues Bild von den Ansprüchen des jeweiligen Kunden.

Kundenkarten sind Instrument des Einzelhandels zur Kundenbindung und Informationsgewinnen über Kunden.

Bonusprogramm

Die Ausstellung von Kundenkarten, die Verwaltung der Kundendaten und die Ausgabe von Gutscheinen oder anderen Vergünstigungen nennt man **Bonusprogramm** oder auch **Kundenbindungsprogramm**.

Einzelhändler können sich für die Verwaltung von Kundenkarten auch einer Organisation anschließen, die die organisatorischen Arbeiten für den Einzelhändler übernimmt.

Beispiel

Mehrere hundert Einzelhandelsunternehmen sind dem Payback-Bonusprogramm angeschlossen. Die Kunden sammeln durch ihre Einkäufe in den beteiligten Unternehmen Punkte, die zu Sachprämien, Einkaufsgutscheinen, aber auch zu Spenden an gemeinnützige Organisationen führen.

9.2 Gutscheine

Mit Gutscheinen wird im Einzelhandel geworben, um Kunden in das Geschäft zu locken oder Kunden an das Geschäft zu binden.

Beispiel

Für Einkäufe im Internet erhalten Kunden einen Neukundenrabatt, der über einen Gutschein-Code angeboten wird.

Drei **Anlässe** überwiegen bei der Ausgabe von Gutscheinen:

* Der Einzelhändler nutzt Gutscheine in der **Werbung**.
* Kunden finden kein passendes Geschenk oder sind sich unsicher, was dem zu Beschenkenden gefallen könnte. Für solche Fälle hält der Einzelhandel **Geschenkgutscheine** bereit.
* Kunden, die Ware **umtauschen**, aber nicht sofort ein Ersatzprodukt finden, wird häufig ein Gutschein angeboten.

Durch einen Gutschein überträgt der Einzelhändler der Kunden das Recht, Waren oder Dienstleistungen aus dem Sortiment des Einzelhändlers auszusuchen, die dem angegebenen Wert im Gutschein entsprechen.

Ein Gutschein berechtigt einen Kunden, sich Waren oder Dienstleistungen aus dem Sortiment des Ausstellers in Höhe des Gutscheinwertes auszusuchen oder einen Rabatt in Anspruch zu nehmen.

Gutscheinformen

Gutscheine finden sich in der Zeitungswerbung, in Prospekten und auf Handzetteln. Manchmal werden sie vom Hersteller auf die Packung aufgedruckt oder aufgeklebt. Außerdem können sie als persönlich adressierte Werbebriefe verschickt werden. Auch per E-Mail oder auf ihrer Webseite können Einzelhändler Gutscheine als E-Coupons anbieten.

Digitale Gutscheine (E-Coupons)

Heute werden Gutscheine vielfach in digitaler Form angeboten:

* Der Kunde erhält einen Gutscheincode, mit dem er im **Onlineshop** des Einzelhändlers vergünstigt einkaufen kann. Man spricht dann auch von **Onlinecouponing** oder **E-Coupons**.
* Coupons können außerdem auf das **Smartphone** eines Kunden gesendet werden (z. B. per SMS) oder der Kunde ruft den Coupon auf der Webseite des Einzelhändlers ab (**Mobile-Couponing**). Dies setzt in der

Regel voraus, dass der Kunde eine App des Einzelhändlers heruntergeladen hat. Diese Coupons auf dem Smartphone lassen sich gewöhnlich im Onlineshop des Einzelhändlers oder auch im stationären Geschäft einlösen.

Vielfach wird das Bezahlen an der Kasse per Smartphone mit einem **Punkteprogramm** gekoppelt: In Abhängigkeit vom Einkaufswert erhält der Kunde Punkte auf seinem Punktekonto gutgeschrieben. Diese Punkte kann er für die Bezahlung an der Kasse nutzen oder sammeln und Prämien in Anspruch nehmen.

■ Befristung

Im Normalfall sind Gutscheine nur für einen bestimmten Zeitraum gültig. Es empfiehlt sich, diesen Zeitraum nicht zu knapp zu bemessen, weil Kunden sonst die Einlösung gerichtlich erzwingen könnten.

Beispiel

Ein Kunde erwirbt einen Geschenkgutschein über 50,00 € für seinen Neffen. Der Gutschein ist innerhalb von 2 Jahren nach Ausstellungsdatum einzulösen.

Ausstellungsdatum 14.05.20(0), Fristablauf: 14.05.20(+2)

Enthält der Gutschein **keine Einlösefrist**, ist er spätestens **drei Jahren** ab Ausstellungsdatum einzulösen. Dies setzt aber voraus, dass der Gutschein auch ein Ausstellungsdatum enthält, um die Frist berechnen zu können. Die Frist beginnt ab 31.12. des Ausstellungsjahres zu laufen (regelmäßige Verjährung nach § 195 BGB).

Beispiel

Ausstellungsdatum: 14.05.20(0)

Fristbeginn: 31.12.20(0)

Fristende: 31.12.20(+3)

Fristablauf

Wenn die Frist abgelaufen ist, dann sind befristete und unbefristete Gutscheine zu unterscheiden.

Betrag: *40,00* €   Ausstellungsdatum: *14.05.20(0)*

City-Passage Einkaufscenter

Herzlichen Glückwunsch zu Ihrem
Center-Einkaufsgutschein!
Sie können diesen Gutschein in einem Geschäft Ihrer Wahl im Einkaufscenter City-Passage einlösen

www.city-passage-einkaufscenter.de
Öffnungszeiten: Mo. bis Sa. 09:30 Uhr – 20:00 Uhr

* **Der Gutschein ist befristet**: Nach Ablauf der Frist kann der Einzelhändler die Einlösung des Gutscheins gegen Waren oder Dienstleistungen verweigern. Da der Einzelhändler aber den Gegenwert vom „Käufer" des Gutscheins in Form von Geld erhalten hat, hätte er sich nach Meinung der Rechtsprechung ungerechtfertigt bereichert. Daher muss der Einzelhändler dem Gutscheininhaber den Geldwert erstatten. Der Einzelhändler darf lediglich den entgangenen Gewinn einbehalten, den er erzielt hätte, wenn er den Umsatz aus dem Verkauf realisiert hätte. Über die Höhe des Erstattungsbetrages müssen sich Kunde und Einzelhändler daher einigen.
* **Der Gutschein ist nicht befristet**: Nach Ablauf von 3 Jahren darf der Einzelhändler die Einlösung verweigern. Auch den Geldwert braucht er nicht zu erstatten.

Das ist aber eine rein rechtliche Betrachtung. Der Einzelhändler muss sich fragen, ob er den Kunden verärgern und ihn dadurch verlieren will. In der **Praxis** wird daher nach Wegen gesucht, dem Kunden im Wege der **Kulanz** entgegenzukommen.

■ Geld anstelle von Waren?

Manchmal kommt es vor, dass dem Gutscheininhaber das Warenangebot des Einzelhändlers überhaupt nicht gefällt, daher verlangt er die Auszahlung des Gutscheingegenwertes. Da sich ein Gutschein aber auf Waren und Dienstleistungen bezieht, ist der Einzelhändler nicht verpflichtet, den Geldwert auszubezahlen.

■ Teileinlösung

Wenn Kunden den Wert eines Geschenkgutscheins nicht in voller Höhe einlösen, wollen sie die Differenz häufig bar ausgezahlt bekommen. Dies widerspricht aber dem Geist eines Gutscheines, der auf Waren und Dienstleistungen ausgerichtet ist. Dem Einzelhändler stehen zwei Möglichkeiten zur Verfügung.

* Er reduziert den Gutscheinbetrag auf den Restwert oder er stellt einen **neuen Gutschein** über den **Restwert** aus.
* Er zahlt dem Kunden den Restwert aus, obwohl er dazu nicht verpflichtet ist. Gerade bei niedrigen Restwerten wird er eher **auszahlen**.

Auch hier gilt es, das wesentliche Ziel von Gutscheinen nicht aus den Augen zu verlieren, nämlich Kunden an das Geschäft zu binden.

■ Inhaberpapier

Gutscheine, vor allem Geschenkgutscheine, enthalten zwar häufig einen Namen. Trotzdem können sie von jedem eingelöst werden, der den Gutschein vorlegen kann. Insofern verhält sich ein Gutschein wie Geld. Die Angabe eines Namens hat nur den Grund, dem Gutschein eine persönliche Note zu geben.

Zusammenfassung

Kundenkarten und Gutscheine		
Kundenkarten:	Instrument zur Kundenbindung und Informationsgewinnung über Kunden	
Kassenarbeiten:	Personalisierung der Einkäufe und Speicherung der Einkaufsdaten	
Vergünstigungen:	* Rabatte oder Punkte * Gutscheine, z. B. am Monatsende * Geschenke	* erleichterter Umtausch * bevorzugte Information * Gewinnspiele
Gutschein:	Recht, sich Waren oder Dienstleistungen aus dem Sortiment des Ausstellers in Höhe des Gutscheinwertes auszusuchen.	
Einsatz:	* in der Werbung * Geschenkgutschein	* Umtauschgutschein
Befristung:	Regelfall, aber nicht notwendig	
Einlösefrist:	* mit Fristangabe:	* spätestens mit Ablauf der Frist
	* ohne Fristangabe:	* innerhalb von 3 Jahren * Fristbeginn: 31.12. des Ausstellungsjahres
Auszahlung:	keine Verpflichtung für den Einzelhändler	
Teileinlösung:	* keine Verpflichtung des Einzelhändlers * neuer Gutschein (Restwert) oder * Auszahlung des Differenzbetrages, regelmäßig Kulanzregelung	
Namensnennung:	keine Bindung des Gutscheins an eine bestimmte Person	
Bonusprogramm:	Organisatorischer Rahmen für Kundenkarten und die damit verbundenen Vergünstigungen.	

10 Belege

Nach dem Handelsgesetzbuch sind Kaufleute zur Buchführung verpflichtet. Sie haben alle Geschäftsvorfälle im Unternehmen wie Einkauf und Verkauf von Waren und Dienstleistungen, Nutzung von Gebäuden und Betriebseinrichtungen aufzuzeichnen. Grundlage dieser Aufzeichnungen sind **Belege**, z. B. Rechnungen über eingekaufte Produkte und Dienstleistungen, Kassenberichte über die Barverkäufe, Rechnungen an Kunden.
Der Einzelhändler muss demnach für alle Geschäftsvorfälle Belege erstellen. Umgekehrt verlangen Kaufleute, die bei einem Einzelhändler einkaufen, Belege für ihre eigene Buchführung. Aber auch Privatpersonen sind häufig an einem Beleg, z. B. an einer Rechnung, interessiert.

An dieser Stelle sollen Belege vorgestellt werden, die gewöhnlich an der Kasse erstellt oder von Kunden gewünscht werden.

10.1 Quittung

Die Quittung ist ein Beleg über eine empfangene Leistung, z. B. eine Barzahlung.

Nr. 1324 ①　　　　**Quittung**

Nettobetrag		40,00	€ ②
+ Umsatzsteuer	19 %	7,60	€ ③
Bruttobetrag		47,60	€ ④

von *Zweiradcenter Breuer* ⑤

für *Fensterreinigung* ⑥

dankend erhalten.

Düsseldorf ⑧ den *3. Juni 20(0)*

Römer

⑦ Gebäudeservice GmbH
Nordstraße 108
40223 Düsseldorf

Buchungsvermerk:　　Unterschrift des Empfängers

Umsatzsteuer bei Kleinbeträgen

In Rechnungen ist die Umsatzsteuer stets gesondert auszuweisen. Bei kleineren Beträgen bis 250,00 € einschließlich Umsatzsteuer genügt der Hinweis, dass Umsatzsteuer mit einem bestimmten Prozentsatz im Endbetrag enthalten ist.

Moderne Kassensysteme sind heute in der Lage, die Umsatzsteuer auf dem Kassenbon getrennt auszuweisen.

① Laufende Nummerierung des Belegs
② Nettobetrag ohne Umsatzsteuer
③ Umsatzsteuer, hier zum Satz von 19 %
④ Bruttobetrag einschließlich Umsatzsteuer
⑤ Zahler des Geldbetrages
⑥ Anlass der Zahlung
⑦ Empfänger des Geldbetrages, z. B. Stempel
⑧ Ort, Datum, Unterschrift des Empfängers

Auch der Kassenbon ist letztlich eine Quittung über eine Zahlung. Der Bon wird allerdings von der Kasse automatisch erstellt und enthält daher keine Unterschrift.

Quittung heißt eine Empfangsbestätigung über eine erhaltene Leistung, z. B. eine Zahlung.

Sandra Sandmann
Schreibwaren – Bürobedarf – Spielwaren
Steinstraße 16
40212 Düsseldorf

Packpapier	14,50	
Packband	4,80	
Deko-Etiketten	9,70	
Bruttobetrag	**29,00**	
Enthaltene Umsatzsteuer	4,63	19 %
Datum: 21.06.20(0)	Zeit:	10:32

10.2 Lieferschein

Der Lieferschein ist ein Begleitpapier für eine Warenlieferung. Er enthält gewöhnlich die Adressen des Absenders und des Empfängers sowie eine Beschreibung der Ware nach Anzahl und Art. Weitere Angaben, die für die Beteiligten von Interesse sind, können zusätzlich enthalten sein, z. B. Bestelldatum, Liefertag oder besondere Vereinbarungen. Auf dem Lieferschein wird die Übergabe der Ware vom Empfänger quittiert.

Rosen Bürobedarf ①	40489 Düsseldorf Burgallee 34 Tel.: 0211 288 47-0 info@rosen.de
Rechtsanwaltsbüro Gerd Arnold Dreherstraße 24 ② 40625 Düsseldorf	③ Datum: 07.10.20(0) Bestellung vom: 07.10.20(0)
Lieferschein-Nr. 2036/20(0) ④	**Kunden-Nr.** 108 ⑤

Menge	Artikel-Nr.	Bezeichnung
20	10475	Kopierpapier Copystar 205 zu je 500 Blatt ⑥

		⑦
gepackt am	durch	Unterschrift des Empfängers

① Absender-Adresse
② Empfänger-Adresse
③ Ausstellungsdatum und Datum der Bestellung
④ Lieferschein-Nummer (laufende Nummer/Jahr)
⑤ Nummer, mit der ein Kunde beim Einzelhändler geführt wird.
⑥ Produktbeschreibung
⑦ Felder für Unterschriften

Lieferschein bezeichnet ein Dokument, das über eine Warenlieferung Auskunft gibt und die Lieferung begleitet.

10.3 Rechnung

Mit einer Rechnung macht der Verkäufer von Waren und Dienstleistungen seinen Anspruch auf Zahlung gegenüber dem Käufer geltend.

Die Rechnung enthält im Wesentlichen die Angaben des Lieferscheins. Sie gibt dem Kunden außerdem Auskunft über die Zusammensetzung des Preises und in welchem Zeitraum der Rechnungsbetrag zu bezahlen ist. Rechnungen sind notwendige Belege für das Rechnungswesen; sie dienen aber auch gegenüber dem Finanzamt als Nachweise über erbrachte Leistungen.

Darüber hinaus kann eine Rechnung noch zahlreiche andere Informationen enthalten, die mit dem Verkauf der Ware oder Dienstleistung in Verbindung stehen, z. B. eine Kundennummer, ein Bestelldatum, Hinweise zu den Zahlungsbedingungen u. Ä.

Rechnungen, die ein Unternehmen einem Kunden übergibt oder zusendet, nennt man **Ausgangsrechnungen**, da sie aus dem Unternehmen herausgehen. Ausgangsrechnungen erhalten zur organisatorischen Bearbeitung und zur Überwachung der Zahlungseingänge eine fortlaufende Rechnungsnummer.

Rechnungen, die ein Einzelhändler von seinen Lieferanten erhält, bezeichnet man als **Eingangsrechnungen**, da sie beim Einzelhändler eingehen.

Rosen Bürobedarf ①	40489 Düsseldorf Burgallee 34 Tel.: 0211 288 47-0 info@rosen.de
Rechtsanwaltsbüro Gerd Arnold Dreherstraße 24 ② 40625 Düsseldorf	③ Datum: 08.10.20(0) Bestellung vom: 07.10.20(0)
Rechnungs-Nr. 2245/20(0) ④	**Kunden-Nr.** 108 ⑤

Menge	Art.-Nr	Bezeichnung	Einzelpreis/€	Gesamtpreis/€
20	10475	Kopierpapier Copystar 205, 500 Blatt ⑥	5,00 €	⑦ 100,00
			⑧ 19 % Umsatzsteuer	19,00
			Bruttobetrag	119,00

Die Rechnung ist zahlbar innerhalb von 30 Tagen ohne Abzug oder innerhalb von 10 Tagen mit 2 % Skonto. ⑨
Bankverbindung: Stadtsparkasse Düsseldorf IBAN: DE02 3005 0110 0012 8445 30 ⑩
Umsatzsteuer-Identifikationsnummer DE 234519642 ⑪

① vollständiger Name und Adresse des leistenden Unternehmens*
② vollständiger Name und Adresse des Leistungsempfängers*
③ Ausstellungsdatum der Rechnung*
④ fortlaufende Rechnungs-Nummer* (laufende Nummer/Jahr)
⑤ Nummer, mit der ein Kunde beim Einzelhändler geführt wird
⑥ Menge und Bezeichnung der Ware*
⑦ Einzel- und Gesamtpreis der Ware (Nettobetrag*, Umsatzsteuerbetrag*, Bruttobetrag)
⑧ Umsatzsteuersatz*
⑨ Zahlungsbedingungen*
⑩ Bankverbindung des Einzelhändlers
⑪ Umsatzsteuer-Identifikationsnummer* oder Steuernummer*
* Pflichtangaben auf Rechnungen

Mit der Steuernummer wird ein Steuerpflichtiger beim Finanzamt geführt.

Lieferscheine und Rechnungen können von modernen Computerkassen maschinell erstellt werden. Mit einer festgelegten Tastenkombination wird anstelle eines Kassenbons ein Lieferschein oder eine Rechnung ausgedruckt. Die Daten des Kunden erhält man über die Eingabe seiner Kundennummer. Wird er nicht mit einer Nummer geführt, muss man das Anschriftenfeld per Hand oder Tastatureingabe ausfüllen.

Eine Rechnung ist ein Dokument, mit dem der Verkäufer von Waren und Dienstleistungen seinen Anspruch auf Zahlung gegenüber dem Käufer geltend macht.

10.4 Auswahlschein

Ein Auswahlschein wird ausgestellt, wenn ein Kunde eine Ware mit nach Hause nehmen will, um sie z. B. dem Partner zu zeigen oder sie auszuprobieren. Vom Aufbau her gleicht der Auswahlschein häufig einem Lieferschein, der die Ware begleitet. Eine Durchschrift verbleibt im Geschäft, damit die Auswahl überwacht werden kann. Kauft der Kunde die Ware, wird aus dem Auswahlschein eine Rechnung erstellt oder es wird nach einer Barzahlung ein Kassenbon angefertigt.

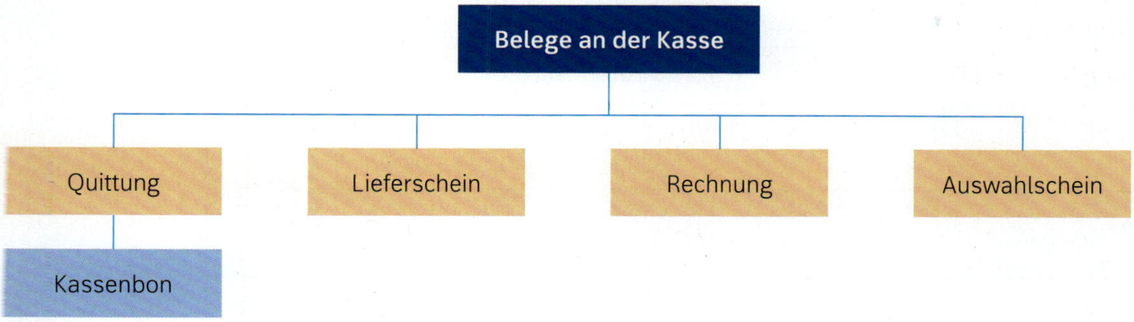

10.5 Vom Lieferschein zur Rechnung

Barverkäufe bilden in vielen Branchen des Einzelhandels, vor allem im Lebensmittelhandel, immer noch einen erheblichen Teil des Umsatzes.

Es kommt aber immer wieder vor, dass Kunden über ihren Einkauf eine Rechnung wünschen. In manchen Branchen, z. B. im Bürofachhandel oder auch im Möbelhandel ist es üblich, Waren gegen Rechnung zu verkaufen. Vor allem gewerbliche Kunden, freiberuflich Tätige wie Rechtsanwälte, Ärzte sowie Behörden benötigen für ihre eigene Buchführung einen Beleg über eingekaufte Produkte in Form einer Rechnung.

Beispiel

Wenn die Büroleiterin im Rechtsanwaltsbüro Arnold feststellt, dass der Vorrat an Kopierpapier zur Neige geht, ruft sie gewöhnlich im Bürofachgeschäft Rosen an und bestellt 10 000 Blatt Kopierpapier. Der Kundenberater des Bürofachgeschäftes sagt die Lieferung für den nächsten Tag zu. Das Papier wird am folgenden Tag mit dem eigenen Kundendienstfahrzeug des Geschäftes zum Kunden gebracht. Der Fahrer übergibt das Papier und lässt sich vom Kunden auf einem **Lieferschein** quittieren, dass die Ware ordnungsgemäß geliefert worden ist. Den quittierten Lieferschein gibt der Fahrer an einen Mitarbeiter des Bürofachgeschäftes zurück, der daraufhin eine **Rechnung** ausstellt und sie dem Kunden per Post zusendet.

10.6 Umsatzsteuer

Auf Waren und Dienstleistungen, die ein Unternehmer in Rechnung stellt, muss er die gesetzliche Umsatzsteuer aufschlagen. Sie beträgt im Regelfall 19 % des Nettobetrages der Ware, für einige Waren wie Lebensmittel, Bücher, Zeitschriften u. a. ist der Umsatzsteuersatz auf 7 % reduziert. Im nachfolgend beschriebenen Fall hat die Tiemann Import und Export GmbH fünf Mountainbikes an das Zweirad-Center Breuer geliefert.

	Tiemann Import und Export GmbH	Postfach 3647 22525 Hamburg Telefon: 040 510-0 Telefax: 040 511200

Zweirad-Center Breuer
Steinstrasse 24
40212 Düsseldorf

Rechnung Nr.: 012788		03.11.20(0)
Kunden-Nr: 0102	Auftrag vom 02.11.20(0)	Versand: Lkw-Stückgut/frei Haus Lieferung: 02.11.20(0)

Menge, Stück	Artikel-Nr.	Bezeichnung	Einzelpreis: €	Gesamtpreis €
5	FS 2012	Mountainbike	1 000,00	5 000,00
			Nettobetrag	**5 000,00**
			19 % USt.	**950,00**
			Rechnungsbetrag	**5 950,00**

Zahlungsziel: 30 Tage ab Rechnungsdatum netto Kasse
Bankverbindung: Stadtsparkasse Hamburg BIC: GENODEF1S11,
IBAN: DE42 2069 0500 0032 0875 54

Ein Rechnungsbetrag setzt sich aus drei Bestandteilen zusammen:

①	Nettobetrag	5 000,00 €	der Warenwert
②	19 % USt.	950,00 €	Umsatzsteuer, die der Einzelhändler ebenfalls an den Lieferanten zu bezahlen hat
③	Rechnungsbetrag	5 950,00 €	Brutto-Betrag als Gesamtbetrag, den der Einzelhändler letztlich dem Lieferanten bezahlen muss

Umsatzsteuer und Vorsteuer

Die Umsatzsteuer ist vom **Endverbraucher** zu tragen, also vom Kunden des Einzelhändlers. Unternehmen müssen ihren Kunden diese Steuer berechnen und an das Finanzamt abführen. Aus Sicht des Einzelhändlers tritt die Umsatzsteuer an zwei Stellen auf, beim Wareneinkauf und beim Warenverkauf.

* **Wareneinkauf**: Kauft der Einzelhändler Ware ein, wird ihm Umsatzsteuer berechnet, die er aber nur vorläufig bezahlt.
* **Warenverkauf**: Verkauft der Einzelhändler Waren an seine Kunden, berechnet er dem Endverbraucher Umsatzsteuer. Die Preise auf den Produkten und die Rechnungen, die der Einzelhändler ausstellt, enthalten demnach 19 % oder 7 % Umsatzsteuer.

Die vom Kunden erhaltene Umsatzsteuer gehört dem Finanzamt. Weil der Einzelhändler aber seinerseits Umsatzsteuer an seine Lieferanten bezahlt hat, darf er diese selbst bezahlte Umsatzsteuer von der eingenommenen Umsatzsteuer abziehen.

Die Umsatzsteuer, die der Einzelhändler dem Lieferanten bezahlt oder vorlegt, bezeichnet man zur besseren Unterscheidung als **Vorsteuer**. Die vom Kunden eingenommene **Umsatzsteuer** wird auch so bezeichnet.

Vorsteuer ist die Umsatzsteuer auf Eingangsrechnungen von Lieferanten.

Umsatzsteuer ist in Ausgangsrechnungen ausgewiesene Umsatzsteuer für Lieferungen und Leistungen eines Unternehmens.

Beispiel

Umsatzsteuer am Beispiel eines einzelnen Produktes

Einkauf von Waren

Nettobetrag	1 000,00		Forderung an das Finanzamt	
19 % Umsatzsteuer	190,00	=	Vorsteuer	190,00 €
Rechnungsbetrag	1 190,00			

Verkauf von Waren

Nettobetrag	2 000,00		Verbindlichkeit gegenüber dem Finanzamt	
19 % Umsatzsteuer	380,00	=	Umsatzsteuer	380,00 €
Rechnungsbetrag	2 380,00			

Überweisung an das Finanzamt (Zahllast): 380,00 € – 190,00 € | 190,00 €

Im Beispiel bezahlt der Einzelhändler 190,00 € Vorsteuer an seinen Lieferanten. Diesen Betrag legt der Einzelhändler nur vor, weil nicht er, sondern der Endverbraucher die Umsatzsteuer tragen soll. Der Einzelhändler kann die 190,00 € daher vom Finanzamt zurückverlangen.

Ermittlung der Zahllast

Zum 10. eines jeden Monats hat der Einzelhändler dem Finanzamt zu melden, wie viel **Vorsteuer** er an seine Lieferanten bezahlt und wie viel **Umsatzsteuer** er von seinen Kunden eingenommen hat. Den Unterschied, die **Zahllast**, hat er an das Finanzamt zu überweisen.

Als Zahllast bezeichnet man die Differenz zwischen eingenommener Umsatzsteuer und vorausbezahlter Vorsteuer:

von Kunden eingenommene Umsatzsteuer	12 000,00 €
– an Lieferanten vorausbezahlte Vorsteuer	5 000,00 €
= Zahllast	**7 000,00 €**

Zahllast ist die Differenz zwischen eingenommener Umsatzsteuer und vorausbezahlter Vorsteuer.

Berechnung des Nettoverkaufspreises

Da im Einzelhandel die Waren brutto ausgezeichnet werden, muss die Umsatzsteuer von einem vermehrten Grundwert (119 % oder 107 %) berechnet werden. Der Nettobetrag entspricht dann 100 %.

Vor der Preisauszeichnung der Ware

				€
Nettobetrag der Ware	100 %	=	Grundwert	2,93
+ 19 % Umsatzsteuer	19 %	=	Prozentwert	0,56
Bruttobetrag der Ware	119 %	=	vermehrter Grundwert	3,49

Um den Nettobetrag zu erhalten, wenn nur der Bruttobetrag bekannt ist, muss „rückwärts" gerechnet werden.

Der Nettobetrag kann mit einem Dreisatz berechnet werden:

Bruttobetrag	119 %	=	3,49 €
Nettobetrag	100 %	=	x €

$$x = \frac{3{,}49\ € \cdot 100}{119} = \textbf{2,93 € Nettobetrag}$$

Zusammenfassung

Belege	
Quittung:	Empfangsbestätigung über eine erhaltene Barzahlung
Lieferschein:	Dokument, das über eine Warenlieferung Auskunft gibt und die Lieferung begleitet
Rechnung:	Dokument, mit dem der Verkäufer von Waren und Dienstleistungen seinen Anspruch auf Zahlung gegenüber dem Käufer geltend macht.
Auswahlschein:	Nachweis über eine dem Kunden vorübergehend überlassene Ware
Vorsteuer:	Umsatzsteuer auf der Eingangsrechnung von Lieferanten
Umsatzsteuer:	In Ausgangsrechnungen ausgewiesene Steuer für Lieferungen und Leistungen eines Unternehmens.
Zahllast:	Differenz zwischen eingenommener Umsatzsteuer und vorausbezahlter Vorsteuer

11 Kassenbericht

■ Traditioneller Kassenbericht

Die Abgabenordnung, die der korrekten Ermittlung der Steuern dient, schreibt vor, dass **Kasseneinnahmen und Kassenausausgaben täglich** aufgezeichnet werden sollen. Kleinere Einzelhandelsbetriebe kommen dieser Aufforderung nach, indem sie am Ende eines Geschäftstages einen **Kassenbericht** erstellen. Darin werden alle Verkäufe des Tages, aber auch sonstige Einnahmen und Ausgaben festgehalten, die über die Kasse abgewickelt wurden.

Kassenbericht: Feststellung aller Barverkäufe eines Tages unter Berücksichtigung sonstiger Einnahmen und Ausgaben

■ Aufbau eines Kassenberichts

Der Kassenbericht hat die Aufgabe, die **Barverkäufe** eines Tages zu ermitteln.

Barverkäufe

Alle Verkäufe von Waren und Dienstleistungen gegen Bargeld, die an einem Geschäftstag an der Kasse registriert werden, stellen die Barverkäufe eines Tages dar. Einnahmen aus Dienstleistungen sind z. B. Reparaturen, die gegen Bezahlung durchgeführt werden. Die Barverkäufe des Tages werden auch als **Tageslosung** bezeichnet.

Die Barverkäufe eines Tages werden schematisch berechnet. Ausgehend vom Kassen-Schlussbestand am Ende des Geschäftstages werden die aus der Kasse getätigten Ausgaben hinzugerechnet, alle Einnahmen des Tages, die nicht aus Warenverkäufen entstanden sind, werden abgezogen.

Kassenbericht	€
Kassenschlussbestand	2 500,00
+ **Ausgaben**	
* für Wareneinkäufe	200,00
* für Geschäftsausgaben	100,00
* Privatentnahmen	100,00
* sonstige Ausgaben	2 000,00
– **Wechselgeld**	200,00
= **Kasseneingang**	4 700,00
– **sonstige Einnahmen**	100,00
= **Barverkäufe des Tages**	**4 600,00**

* **Kassenschlussbestand** ist das Bargeld in der Kasse zum Geschäftsschluss.
* **Ausgaben** sind aus der Kasse bezahlt worden. Sie müssen rechnerisch rückgängig gemacht werden (durch Hinzurechnung), weil die Barverkäufe des Tages ermittelt werden sollen.
* **Privatentnahmen** sind Entnahmen des Geschäftsinhabers aus der Kasse. Sie mindern den Kassenbestand, sind also zur Berechnung der Barverkäufe wieder hinzuzurechnen.
* **Kassenabschöpfungen sind** Beträge, die im Laufe des Tages der Kasse entnommen werden, damit der Bargeldbestand in der Kasse nicht zu hoch wird. Sie müssen wieder hinzugerechnet werden (als sonstige Ausgaben).
* **Wechselgeld** stammt vom Vortag, daher muss es vom heutigen Bestand abgezogen werden.
* **Kasseneingang** ist der im Laufe des Tages in die Kasse geflossene Betrag.
* **Sonstige Einnahmen** sind keine Einnahmen aus Barverkäufen, daher müssen sie vom Kasseneingang abgezogen werden.

Kassenschlussbestand
\+ Ausgaben
− Wechselgeld
− sonstige Einnahmen
= Barverkäufe des Tages

Fasst man die Übersicht weiter zusammen, erhält man die Barverkäufe des Tages durch oben stehende Rechnung:

Barverkäufe des Tages sind alle Verkäufe von Waren und Dienstleistungen eines Tages gegen Bargeld.

■ Kassenberichts-Formular

Es gibt keine Vorschriften, wie Kassenberichte aufgebaut sein müssen. Im Bürofachhandel werden zweckmäßige Formulare für Kassenberichte angeboten.

Kassenbericht	**vom 24.07.20(0)**	**Nr. 175**
		€
Kassen-Schlussbestand		2 500,00
	€	
Ausgaben		
1. Zahlungen für Wareneinkäufe		
Wareneinkauf per Nachnahme	200,00	
Zwischensumme:	200,00	→ 200,00
2. Geschäftsausgaben		
Bürobedarf	18,00	
Frachtkosten	38,00	
Briefmarken	44,00	
Zwischensumme:	100,00	→ 100,00
3. Privatentnahmen	100,00	
Zwischensumme:	100,00	→ 100,00
4. Sonstige Ausgaben (z. B. Bankeinzahlungen)		
Bankeinzahlung	2 000,00	

Kassenbericht	vom 24.07.20(0)	Nr. 175
Zwischensumme:	2 000,00 →	2 000,00
Summe		4 900,00
abzüglich Anfangsbestand (Wechselgeld)		200,00
= Kasseneingang		4 700,00
abzüglich sonstige Einnahmen		100,00
= Barverkäufe		4 600,00

Summenspalte im Kassenberichtsformular

Kaufleute bevorzugen den Ausweis von Teilbeträgen einer Summe in einer Vorspalte, um die Übersichtlichkeit von Zahlenkolonnen zu erhöhen.

	Vorspalte	Hauptspalte
Bürobedarf	18,00	
Frachtkosten	38,00	
Briefmarken	44,00	
Zwischensumme:	100,00	100,00

oder

Vorspalte	Hauptspalte
18,00	
38,00	
44,00	100,00

Kassenberichte mit elektronischen Registrierkassen

Mit einer elektronischen Kasse oder Datenkasse lässt sich der Kassenbericht automatisch erstellen, z. B. in Form eines Finanzberichts. Man kann aber auch einen handschriftlichen Kassenbericht anfertigen oder automatische und handschriftliche Aufzeichnungen miteinander kombinieren.

Am Ende des Geschäftstages geht man bei der **Kassenabrechnung** in zwei Schritten vor:

1. Das vorhandene Bargeld wird gezählt, die Ausgaben des Tages werden hinzugerechnet, das Wechselgeld sowie sonstige Einnahmen werden abgezogen und man erhält so die tatsächlichen Barverkäufe des Tages (**Ist-Barverkäufe**).
2. Der elektronische Kassenbericht wird ausgedruckt. Das Ergebnis sind die Barverkäufe, wie sie in die Kasse eingegeben oder eingescannt worden sind (**Soll-Barverkäufe**).

Der Vergleich der Ist- und Sollzahlen macht Unregelmäßigkeiten beim Kassieren sichtbar.

Kassendifferenzen

Trotz sorgsamster Kassenführung können Kassendifferenzen auftreten. Stimmen Soll-Bestand und Ist-Bestand bei der Kassenaufnahme nicht überein, liegt eine Unregelmäßigkeit beim Kassieren vor. Dabei kann es sich entweder um einen Kassenüberschuss oder um einen Kassenfehlbetrag handeln.

Ein **Kassenüberschuss** liegt vor, wenn die Ist-Zahl höher liegt als die Soll-Zahl, weil einem Kunden zum Beispiel zu wenig Wechselgeld zurückgegeben wurde. Dann weist die Kasse höhere Barverkäufe aus, als tatsächlich in der Kasse registriert wurden.

Bei einem **Kassenfehlbetrag** ist einem Kunden z. B. zu viel Wechselgeld zurückgegeben worden. In diesem Falle sind die Ist-Barverkäufe, ermittelt durch Zählen des Bargeldbestandes und Berücksichtigung weiterer Einnahmen und Ausgaben, niedriger als die im automatischen Bericht der Kasse ausgewiesenen Soll-Barverkäufe.

Beispiel

Ist-Barverkäufe (gezählt)	3 500,00 €
Soll-Barverkäufe (Kassenausdruck)	3 520,00 €
Kassenfehlbetrag	**20,00 €**

Ist-Barverkäufe (gezählt)	3 500,00 €
Soll-Barverkäufe (Kassenausdruck)	3 470,00 €
Kassenüberschuss	**30,00 €**

Kassendifferenz ist der Unterschied zwischen dem Ist- und Soll-Kassenbestand.

Kassenabschöpfung

Aus Sicherheitsgründen wird der Bargeldbestand in den Kassen immer niedrig gehalten. Deshalb entnimmt der Einzelhändler der Kasse in gewissen Abständen die meisten der eingenommenen Geldscheine, sodass in etwa nur noch das Wechselgeld verbleibt. Über den entnommenen Geldbetrag stellt man an der Kasse eine Quittung aus, die der abendlichen Kassenabrechnung beigefügt wird.

Kassenentnahme – Einzahlungsbeleg Bank	
Kassenbedienung:	02
Filiale:	Zweirad-Center Breuer Steinstraße 24, 40212 Düsseldorf
Kreditinstitut:	Commerzbank Düsseldorf, Konto-Nr. 4865051 000
Betrag	3000,00 €
Datum:	25.06.20(0) 15:47 Uhr

Kassenabschöpfung ist eine Bargeldentnahme, die zur Bank gebracht wird, um den Geldbestand niedrig zu halten.

Kassensturz

Ein Kassensturz ist die häufig unangemeldete Zählung des tatsächlich vorhandenen Kassenbestandes außerhalb der normalen Kassenabrechnung. Ein Kassensturz dient

* der Überprüfung des Kassenpersonals zwecks Feststellung von Kassendifferenzen z. B. wegen vermuteten Diebstahls oder falschen Kassierens;
* der Aufklärung bei Rückgeldbeanstandungen von Kunden, weil z. B. die Kassenmitarbeiterin 50,00 € eingegeben hat, aber der Kunde behauptet, 100,00 € ausgehändigt zu haben.

Beim Kassensturz wird der Ist-Kassenbestand durch Zählen mit dem Soll-Kassenbestand durch einen Kassenausdruck verglichen.

Kassensturz ist eine ungeplante Kassenkontrolle zur Überprüfung des Kassenpersonals oder zur Klärung von Kundenreklamationen.

Zusammenfassung

Kassenbericht	
Definition:	Feststellung aller Barverkäufe eines Tages unter Berücksichtigung sonstiger Einnahmen und Ausgaben.
Aufbau:	Kassenschlussbestand + Ausgaben – Wechselgeld – sonstige Einnahmen = Barverkäufe des Tages
elektronischen Registrierkassen oder Datenkassen:	1. Ermittlung der Barverkäufe des Tages (Ist-Barverkäufe) 2. Vergleich mit dem Ausdruck der elektronischen Kasse oder Datenkasse (Soll-Barverkäufe)
Kassendifferenz:	Unterschiede zwischen dem Ist- und Soll-Kassenbestand
Kassenabschöpfung:	Bargeldentnahmen, um den Geldbestand niedrig zu halten
Kassensturz:	Ungeplante Kassenkontrolle zur Überprüfung des Kassenpersonals oder zur Klärung von Kundenreklamationen

12 Kassenauswertungen

12.1 Berichte

Leistungsfähige Kassen sind in der Lage, eine Vielzahl von Auswertungen automatisch zu erstellen und auszudrucken. Auswertungen sind aufbereitete Daten aus einem Datenverarbeitungsprogramm. Sie werden auch **Berichte** genannt. Hier sollen einige wichtige Berichte näher betrachtet werden.

* **Finanzbericht**
  Der Finanzbericht gibt an, welcher Umsatz, unterteilt nach Brutto- und Nettoumsatz, am Berichtstag erzielt worden ist. Außerdem werden die Anzahl der Artikel und der Kunden sowie die Zahlungsart Bar- oder Kartenzahlung ausgewiesen.
* **Verkäuferbericht**
  Er macht die Leistung der Verkaufsmitarbeiter für den Abrechnungszeitraum sichtbar, aufgeteilt nach Umsatz in Euro und nach der Zahl der verkauften Produkte.
* **Warengruppenbericht**
  Die Kasse fasst im Warengruppenbericht die Umsätze und die Anzahl der verkauften Artikel für jede Warengruppe zusammen. Gleichzeitig gibt sie den Anteil der Warengruppe am Gesamtumsatz in Prozent aus.
* **Stundenfrequenz**
  Für einen gewählten Zeitraum, z. B. eine Stunde, gibt die Kasse den Umsatz, die Artikelzahl und die Kundenzahl an.

City-Warenhaus Bauer
Oberstraße 17
40878 Ratingen

Finanzbericht

Von: 01.03. FRE Bis: 31.03. SON

Gesamtbetrag brutto	27 433,65 €
Gesamtbetrag netto	23 053,76 €
Gesamtbetrag Ust.	4 379,89 €
Preisänderungen	0,00 €
Preisänderungen.	0,00 % der Brutto-Umsätze
Anzahl Artikel	2 227
Anzahl Kunden	591
Artikelzahl pro Kunde	3,77
Bruttoumsatz pro Kunde	46,42 €
Bruttoumsatz bar	5 937,35 €
Kundenzahl	459
Bruttoumsatz Kartenzahlung	6 446,30 €
Kundenzahl	51
Bruttoumsatz Lastschriftzahlung	15 050,00 €
Kundenzahl	81
Nr.	26
Zeit	10:40

Die hier beschriebenen Berichte geben nur einen Ausschnitt der Möglichkeiten einer modernen Datenkasse wieder. Weitere Leistungen sind:

Beispiel

* Pfandabrechnung
* Gutscheinzahlungen
* Warenrücknahme
* Stornierungen
* Fremdwährung
* Umsatzsteuerbefreiung

Beispiel

Überblick über die Berichte, zum Teil als Auszug

Bericht		Erläuterungen
Foto Sander		
Oberstraße 17, 40878 Ratingen		Einzelhandelsunternehmen
Tel. 02102 45362		
11.09.20(0) MON		Datum, Wochentag
Finanzbericht		Art des Berichts
Gesamtbetrag brutto	1 511,10 €	Bruttoumsatz des Tages
Gesamtbetrag netto	1 269,83 €	Nettoumsatz des Tages
Gesamtbetrag Ust.	241,27 €	Umsatzsteuer
Anzahl Artikel	84	Zahl der verkauften Artikel
Anzahl Kunden	32	Zahl der Käufer
Artikelzahl pro Kunde	2,6	gekaufte Artikel pro Kunde
Nettoumsatz pro Kunde	47,22 €	Umsatz (ohne Ust.) pro Kunde
Barumsatz	1 126,47 €	Verkäufe gegen Barzahlung
Kundenzahl	23	Barzahler
Kartenzahlung	384,63 €	Umsatz mit Giro- und Kreditkarte
Kundenzahl	9	Kartenzahler
Nr.	0213	Nr. Finanzbericht
Zeit	19:05	Erstellungszeit
Verkäuferbericht		Art des Berichts
01 Sander		Verkäufer/-in, Nr., Name
Gesamtbetrag brutto	558,59 €	Umsatz Verkäufer/-in
Anzahl Artikel	14	verkaufte Artikel
Gesamtbetrag netto	469,40 €	Nettoumsatz
Warengruppenbericht		Art des Berichts
WG 1 Fotokameras		Warengruppen-Bezeichnung
Anzahl Artikel	13	verkaufte Produkte in Stück
Umsatz	617,88 €	Umsatz der Warengruppe
Umsatz %	40,9	Umsatzanteil am Gesamtumsatz
Stundenfrequenz		Art des Berichts
09:00–10:00		betrachtete Zeit (09:00–10:00 Uhr)
Umsatz 88,10 €, Artikel 4, Kunden 1		Umsatzhöhe, Artikelzahl, Kundenzahl im betrachteten Zeitraum

12.2 Beurteilung von Kassenberichten

Die wesentliche Größe bei der Auswertung von Kassenberichten ist ohne Zweifel der erzielte Tagesumsatz. Nicht nur die Höhe an sich ist ein Erfolgsfaktor, sondern auch der Vergleich im Zeitablauf, z. B. mit dem Wochentag des Vorjahres.

Die Zahlen der Kassenberichte können zu Wochen-, Monats- und Jahresumsätzen zusammengefasst werden, die weitere Vergleiche ermöglichen. Es ist auch sinnvoll, Beziehungen zu Werten herzustellen, die von der Kasse nicht verwaltet werden. So lässt sich der Umsatz auf die Verkaufs- oder Geschäftsfläche und auf die Zahl der Mitarbeiter beziehen. Dadurch erhält man Werte, die wiederum mit überbetrieblichen Kennzahlen aus Fachzeitschriften des Einzelhandels verglichen werden können. Darüber hinaus lassen sich die Kassenberichte gezielt für die Absatzbemühungen des Einzelhändlers verwenden.

City-Warenhaus Bauer
Oberstraße 17
40878 Ratingen

Leistungskennzahlen

Von: 01.03. SON Bis: 31.03. DIE

1. Umsatz	27 433,65 €
2. Personalleistung	
– pro Person	13 716,83 €
– Susanne Möller	8 478,10 €
– Ayse Özdemir	18 955,55 €
3. Flächenleistung	
3. Schreibwaren/Büro	182,89 €/m²

■ Sortimentszusammensetzung

Aus dem **Warengruppenbericht** wird deutlich, welche Warengruppen die Umsatzträger darstellen und welche Warengruppen sortimentspolitisch überprüft werden müssen. Warengruppen, die von Kunden besonders stark oder mit deutlich steigender Tendenz nachgefragt werden, sollte der Einzelhändler erweitern. Schlecht laufende Warengruppen sollten verringert oder umstrukturiert werden.

Auch die **Artikelzahl** und der **Umsatz pro Kunde** sind für den Einzelhändler wichtige Zahlen. Sinken diese beiden Werte oder sind sie im Vergleich zu Mitbewerbern deutlich niedriger, entspricht die Zusammensetzung des Sortiments offensichtlich nicht den Ansprüchen der Kunden. Sie kaufen vorwiegend gezielt ein, ohne sich vom Gesamtsortiment des Geschäftes zu Impulskäufen bewegen zu lassen.

Wird den **Sonderangeboten** eine eigene Warengruppennummer zugewiesen, kann der Abverkauf dieser Produkte mithilfe der Kasse verfolgt werden. Wichtig ist in diesem Zusammenhang auch eine **Bonauswertung**. Dabei wird neben Artikelzahl und Umsatz ermittelt, in welcher Kombination der Kunde Waren einkauft. Eine typische Fragestellung ist, ob nur die Sonderangebote auf dem Kassenbon erscheinen oder der Kunde auch normal kalkulierte Produkte erworben hat.

Bonauswertungen machen auch Verbundwirkungen sichtbar, die bei der Warenpräsentation berücksichtigt werden können.

Beispiel

Ein Einzelhändler stellt bei der Bonauswertung fest, dass 25 % der Kunden, die Knabbereien wie Erdnüsse, Kartoffelchips, Salzgebäck usw. einkaufen, auch Süßigkeiten erwerben. Die Süßigkeiten – bisher ein gutes Stück von den Knabbereien entfernt – werden nun in unmittelbarer Nähe der Knabbereien platziert. Ihr Abverkauf wird durch den Warengruppenbericht und durch weitere Bonauswertungen verfolgt, um festzustellen, ob die Umplatzierung den Verkauf von Süßigkeiten gesteigert hat.

■ Personaleinsatz

Aus dem Bericht über die Stundenfrequenz ist erkennbar, wie sich der Kundenzulauf im Geschäft zeitlich verteilt. Dementsprechend sollte der Personaleinsatz im Laufe des Tages geplant werden. Durch den Verkäuferbericht kann zusätzlich die Leistungsfähigkeit der Verkaufsmitarbeiter überwacht und verglichen werden. Der Vergleich ist innerbetrieblich und über eine Zusammenfassung der Tageszahlen zu Jahreswerten mit Branchenzahlen möglich, die regelmäßig veröffentlicht werden.

Eventuell wird ein Betrieb aufgrund der Stundenfrequenzauswertung auch seine Ladenöffnungszeiten verändern.

Zahlungsarten

Interessant für den Einzelhändler ist besonders das Verhältnis von Barzahlung zu Kartenzahlung. Möchten die Kunden verstärkt mit Karte zahlen, sollte der Einzelhändler auch entsprechende Zahlungsmöglichkeiten anbieten (z. B. girocard, Lastschriftverfahren, Kreditkarte).

Grenzen der Auswertung

Elektronische Registrierkassen sind in den letzten Jahren immer leistungsfähiger geworden. Vor allem, weil sie für den Einzelhändler nicht nur die Verkäufe erfassen, sondern zahlreiche weitere Informationen liefern. Letztlich sind die Auswertungsmöglichkeiten aber begrenzt, weil sich die Betrachtung im Wesentlichen auf die Warengruppenebene bezieht. Einzelne Artikel – auch bis zu 1 000 Stück – können durchaus verfolgt werden; es ist aber sehr aufwendig, die Kasse entsprechend zu programmieren und eine artikelgenaue Betrachtung aufrechtzuerhalten.

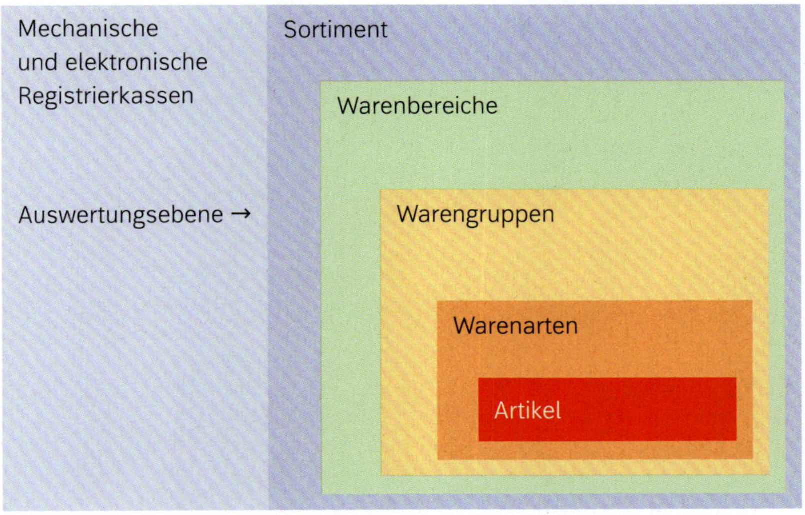

Sortimentsbaum siehe Seite 51

Auswertungen mit Datenkassen

Datenkassen sind erheblich leistungsfähiger als Registrierkassen. Der große Datenbestand im Speicher lässt alle Auswertungen zu, die eine Software bewältigen kann. Vor allem aber ist eine artikelgenaue Verfolgung der Warenbewegungen möglich. Dies eröffnet völlig andere Möglichkeiten, die Verkäuflichkeit eines Artikels zu beurteilen. Ganz allgemein kann der Einzelhändler seine Absatzbemühungen, z. B. bei Sonderangebotsware, viel besser in ihrer Wirkung einschätzen.

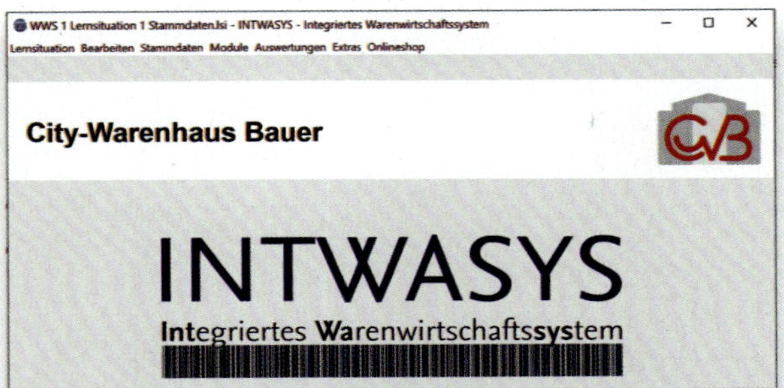

Warenwirtschaftssystem siehe Seite 299

Er bedient sich dazu gewöhnlich eines Warenwirtschaftssystems. Dabei handelt es sich um ein Datenbankprogramm, das die gesamten Warenbewegungen eines Einzelhandelsgeschäftes aufnimmt und auswertet. Die Datenkasse hat in diesem System die Aufgabe, Verkaufsdaten am Point of Sale (POS) zu erfassen und dem Warenwirtschaftssystem zwecks weiterer Auswertung zur Verfügung zu stellen.

POS: Point of Sale, Ort des Verkaufs/Angebots

Zusammenfassung

Kassenauswertungen	
Auswertungen:	Aufbereitete Daten aus Datenverarbeitungsprogrammen (= Berichte)
Beispiele:	* Finanzbericht * Verkäuferbericht * Warengruppenbericht * Stundenfrequenz * Pfandabrechnung, Gutscheinzahlungen, Warenrücknahmen, Stornierungen usw.
Beurteilung, Nutzung:	* Sortimentszusammensetzung * Personaleinsatz * Kassenwesen
Elektronische Registrierkassen:	nur begrenzte artikelgenaue Betrachtung
Datenkassen:	* artikelgenaue Warenbewegungen * umfangreiche Auswertungen
Warenwirtschaftssystem:	Erfassung und Auswertung der gesamten Warenbewegungen eines Geschäftes Kasse: Erfassung der Verkaufsdaten am POS

LERNFELD 4
Waren präsentieren

1 Außengestaltung des Geschäftes

Der erste Eindruck zählt. Ob ein Kunde ein Geschäft überhaupt betritt, hängt häufig davon ab, wie es von außen aussieht. Wirken die Fassade und das Schaufenster des Ladens einladend, überträgt der Kunde dieses Bild auch auf die Qualität im Verkaufsraum. Ein Geschäft, das ein Kunde sonst vielleicht übersehen hätte, wird zu einer Einkaufsalternative.

Eine außergewöhnliche Außenfront gibt dem Laden ein individuelles Profil. Dies weckt dann nicht nur die spontane Aufmerksamkeit der Kunden, sondern prägt ihre Erinnerung an das Geschäft stärker.

1.1 Gestaltung der Fassade

Die Außenfront sollte die Kunden neugierig machen und zum Betreten des Geschäftes einladen.

Damit dies gelingt, sind beim Einsatz der Gestaltungselemente der Fassade einige Regeln zu beachten.

Gestaltungselement	Gestaltungsregel
Baustil und Bausubstanz	Der Baustil sollte die spezielle Kompetenz des Einzelhändlers betonen. So ist ein renoviertes Fachwerkhaus passend für einen Juwelier. Für einen Discounter steht eher die Zweckmäßigkeit seiner Außenfront im Mittelpunkt.
Vordächer und Markisen	Diese sind so zu gestalten, dass sie den positiven Gesamteindruck der Fassade unterstreichen. Vordächer bieten Sonnen- und Regenschutz, können aber auch als Werbefläche genutzt werden.
Farbe	Die Farbgestaltung der Fassade sollte gut überlegt sein, denn sie sagt manchmal schon etwas über die Branche und Zielgruppe des Geschäftes aus. Gold-, Silber- und Pastellfarben sind z. B. häufig bei Parfümerien zu finden. „Knallige“ Farben sprechen mehr junge Kunden an, gedeckte Farben locken eher konservative Kundentypen an.
Schriftzüge und Logos	Insbesondere der Firmenschriftzug muss schon von Weitem gut erkennbar sein. Dabei sollten Schriftzüge möglichst effektvoll gestaltet sein, sich aber auch harmonisch in die Fassade einfügen und die positive Fassadenwirkung unterstützen.
Beleuchtung	Auch in der Dunkelheit sollte die Fassade wahrgenommen werden. Dazu eignen sich z. B. Leuchtschriften oder Strahler, die die Außenfront in ein vorteilhaftes Licht setzen.

Alle Bemühungen, einen guten Eindruck zu machen, sind allerdings vergebens, wenn der Außenbereich des Geschäftes nicht sauber ist. Dies bezieht sich sowohl auf die gesamte Fassade als auch auf die Gehwege oder eventuelle Parkplätze vor der Tür.

1.2 Fassade als Werbefläche

Kein anderer Werbeträger steht jeden Tag so stark im Blickfeld der Öffentlichkeit wie die Geschäftsfassade. Ihre besondere Werbekraft gewinnt sie dabei durch mehrere Aspekte:

* Geschäftsfassaden sind in der Regel groß. Bei entsprechend auffälliger Gestaltung kann sich kein Kunde ihrer Werbewirkung entziehen.
* Schon ein kurzer Blickkontakt, z. B. aus einem fahrenden Auto, kann eine Werbebotschaft übermitteln.
* Bei ausreichender Beleuchtung werben Fassaden 24 Stunden am Tag.
* Dem Anblick einer Fassade kann sich keiner entziehen. Es lassen sich so auch Verbraucher erreichen, die bisher noch nicht Kunden des Geschäftes sind.
* Durch die unmittelbare Nähe zum Verkaufsraum lassen sich Spontankäufe auslösen.

Die Werbewirkung der Außengestaltung kann durch **Passantenstopper** noch gesteigert werden. Dazu zählen alle Werbeträger, die im Außenbereich in unmittelbarer Nähe des Geschäftes aufgestellt werden. Ihre Aufgabe ist, die Aufmerksamkeit der Laufkundschaft zu gewinnen, sie auf ihrem Weg zu stoppen und bestenfalls in das Geschäft zu führen. Häufig werden hierzu ein- oder zweiseitige **Werbetafeln** eingesetzt, die auf das Leistungsangebot des Geschäftes hinweisen. Durchgesetzt haben sich hier Aufsteller mit Aluminium-Rahmen, in denen Poster und Plakate gut zur Geltung kommen und die auch leicht auszuwechseln sind. Zu sehen sind aber auch immer wieder Werbetafeln, die mit Kreide beschriftet werden.

Wegen ihrer leichten Handhabung beim Auf- und Abbau haben sich **Beachflags** (Werbesegel) als Passantenstopper bewährt. Diese Werbefahnen gibt es in verschiedenen Größen und Formen mit unterschiedlichen Varianten zur Befestigung. Durch die Möglichkeit, sie beidseitig individuell zu bedrucken, sorgen sie für eine werbewirksame Aufmerksamkeit beim Betrachter.

Passantenstopper sind Werbeträger, mit denen im unmittelbaren Außenbereich auf das Geschäft aufmerksam gemacht wird.

1.3 Schaufenstergestaltung

Das Schaufenster, als wesentlicher Teil der Fassade, ist **das Gesicht des Einzelhandelsgeschäftes**. Die Kunden können die ausgestellten Waren ungestört, unbeeinflusst und beliebig oft betrachten und sich über das Warenangebot und die Leistungsfähigkeit des Unternehmens unverbindlich informieren. Übersichtliche Anordnung, richtige Raumaufteilung, geschmackvolle Dekoration, saubere Scheiben und wirkungsvolle Beleuchtung rücken die Ware ins rechte Licht.

Darüber hinaus sollte die Schaufensterauslage stets in einem einwandfreien Zustand sein und regelmäßig erneuert werden.

Grundtypen der Schaufenstergestaltung

Schaufenster können auf verschiedene Weise dekoriert werden.

* Das **Übersichtsfenster** stellt das gesamte Sortiment des Geschäftes vor.
* Das **Stapelfenster** zeigt die ganze Fülle einer Warengruppe. Menge und Preis der dargebotenen Ware wie Kaffee, Konserven, Flaschen, Waschmittel, Haushaltsartikel sollen die Aufmerksamkeit der Passanten erregen.

Sonderfenster „Weihnachten“

- Das **Themenfenster** oder Fantasiefenster soll durch Anlehnung an bestimmte Motive wie „Alles für den Urlaub“, „Silvesterparty“ besondere Stimmung erzeugen.
- **Qualitätsfenster** zeigen wenige erlesene Stücke, **Markenartikelfenster** präsentieren die Erzeugnisse eines namhaften Herstellers.
- **Sonderfenster** werden zu besonderen Anlässen gestaltet. Solche Anlässe können besondere Tage wie Feiertage, Valentinstag, Karneval, lokale Ereignisse wie Stadtjubiläum, Kirmes oder sportliche Großereignisse wie Olympische Spiele, Fußballweltmeisterschaft sein.

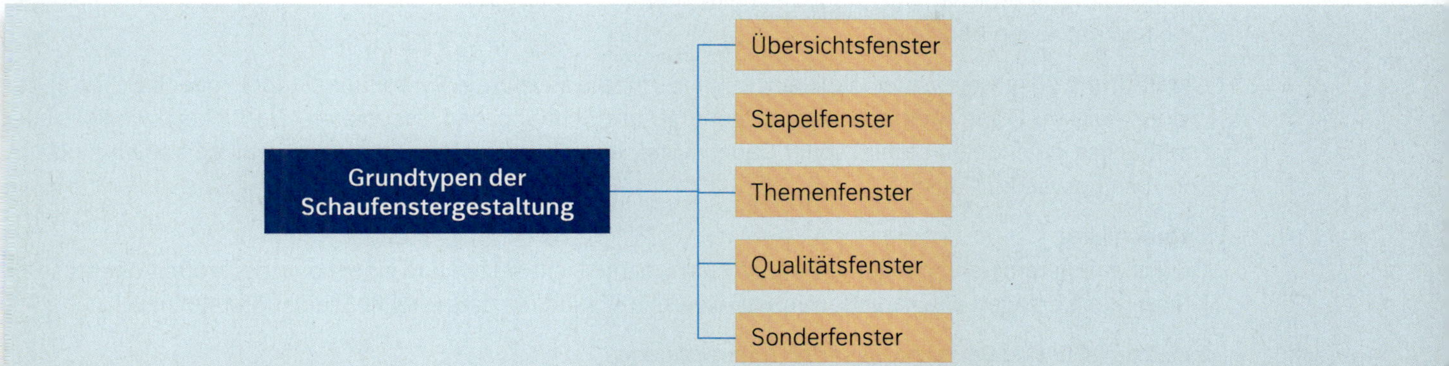

Grundsätze der Schaufenstergestaltung

Blickfang

Ein noch so perfekt gestaltetes Schaufenster verfehlt seine Wirkung, wenn die Passanten achtlos daran vorübergehen. Ein geeignetes Mittel, die Aufmerksamkeit auf das Schaufenster zu lenken, ist ein **Blickfang in Augenhöhe** des Kunden. Dabei handelt es sich häufig um verschiedenartige Dekorationsrequisiten, aber auch Farben oder Lichteffekte können den Betrachter für einen kurzen Augenblick fesseln.

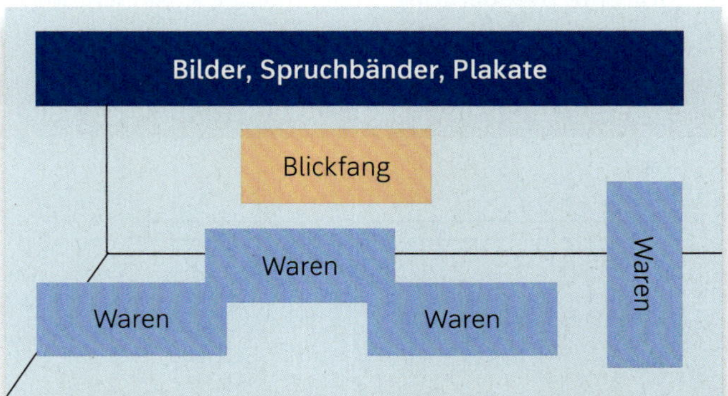

Produkterlebnis

Hat der Blickfang seine Wirkung erzielt, muss nun die Aufmerksamkeit des Kunden zur Ware geführt werden. Dies gelingt in der Regel nur, wenn die Schaufenstergestaltung über das reine Darbieten der Waren hinausgeht. Insbesondere bei Themenfenstern wird deshalb versucht, das Produkt in eine **Szene** einzubetten. Die Kunden verbinden mit jedem Produkt bestimmte Vorstellungen, z. B. lässt der Anblick von Bademode in uns das Bild von Sonne, Strand und Meer erscheinen. Häufig sind mit diesen Vorstellungen auch **Wünsche und Sehnsüchte** verbunden, z. B. nach Urlaub, Erholung und Spaß. Gelingt es nun durch die Schaufenstergestaltung entsprechende Szenen darzustellen, z. B. eine Poolparty, betrachten die Kunden das Produkt nicht nur, sondern erleben es in ihren Vorstellungswelten. Durch die Auswahl passender Farben, Materialien und Requisiten sprechen die Szenen die Fantasie des Betrachters an. Der **Kaufanreiz** wird somit gesteigert.

Requisiten: Zubehör

Das Produkt in Szene setzen	
Produkt/e	Bademode
Vorstellungswelt der Kunden	Sonne, Strand, Meer, Urlaub, Erholung, Spaß
Szene	Poolparty
Farben	blau, grün, gelb
Materialien und Requisiten	Planschbecken, Wasser, Sand, Luftmatratze, Liegestuhl, Sonnencreme, Cocktail, Hängematte, Schwimmring, Badehandtuch, farbige Stoffe

Anordnung der Ware

In der Regel wird die Ware in den Schaufenstern in einer von drei Variationen räumlich angeordnet.

Am häufigsten findet sich in den Fenstern eine **Gruppenbildung**. Dazu wird etwa in der Mitte der Dekoration ein Schwerpunkt gesetzt, rechts und links davon stehen einzelne Gruppen. Um beim Beispiel Poolparty zu bleiben, könnten zwei Schaufensterpuppen in Badekleidung den Mittelpunkt bilden. Rechts davon steht ein Liegestuhl, auf dem Badetücher oder -mäntel, darunter Flip-Flops platziert werden. Die linke Gruppe könnte ein Tischchen sein, auf dem zwei Badetaschen stehen, aus denen rein zufällig weitere Badeanzüge schauen. Dazu ein Tablett mit Cocktails etc.

Die Waren können auch in **Reihen** und damit optisch gleichwertig präsentiert werden. Bei Bademode würde sich da etwa anbieten, mehrere Schaufensterpuppen in Absprungposition nebeneinanderzustellen. Interessante Hintergrundflächen oder Podeste, beim Thema Poolparty würde sich ein Sprungbrett anbieten, sorgen für einen optischen Ausgleich.

Die **Häufung** zeigt viele Waren auf kleinem Raum, indem sie etwa in Pyramiden, Stapeln oder Blöcken angeordnet werden. Diese Methode wird oft genutzt, um Schnäppchen anzubieten. Ein Einkaufswagen voller Handtücher, eine Kleiderstange voller Bademäntel, eine Pyramide aus Badeschuhen lösen einen Eindruck von „Schlussverkauf" aus.

Beleuchtung

Die Schaufensterbeleuchtung muss die Ware ins rechte Licht setzen und eine möglichst große Aufmerksamkeitswirkung erzielen. Sie kann Stimmungen vermitteln und die dargestellte Szene unterstützen.

Es lassen sich drei Beleuchtungsarten unterscheiden:

* **Direkte Beleuchtung**: Bestimmte Teile des Schaufensters werden gesondert angestrahlt, um ihnen eine auffallende Wirkung zu verschaffen.
* **Indirekte Beleuchtung**: gleichmäßige Ausleuchtung des gesamten Schaufensterraumes
* **Kombinierte Beleuchtung**: Direkte und indirekte Beleuchtung werden miteinander kombiniert.

→ Grundsätzlich gilt: Akzentbeleuchtung statt Lichtsoße

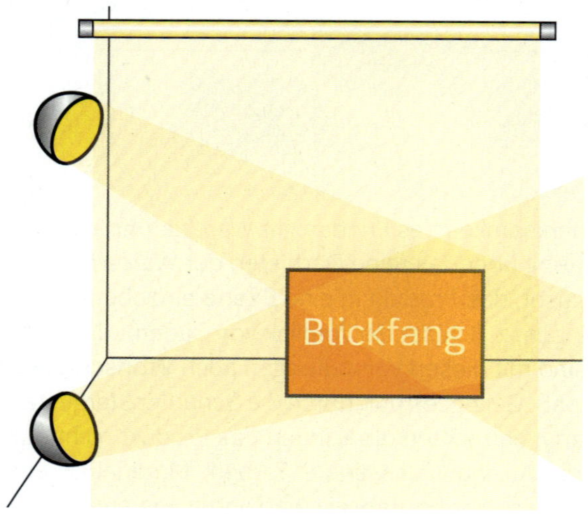

Direkt/Indirekt

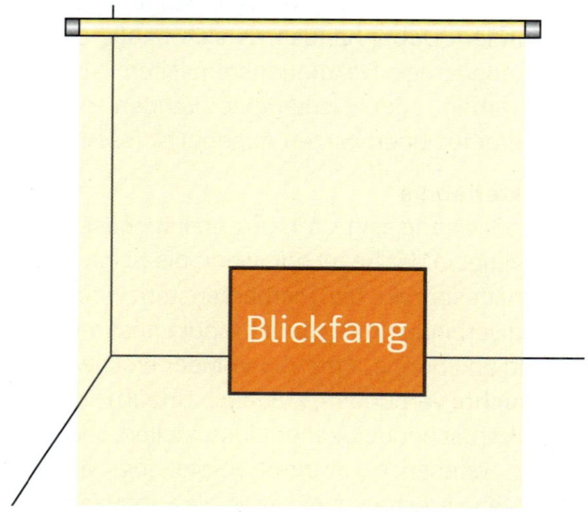

Indirekt

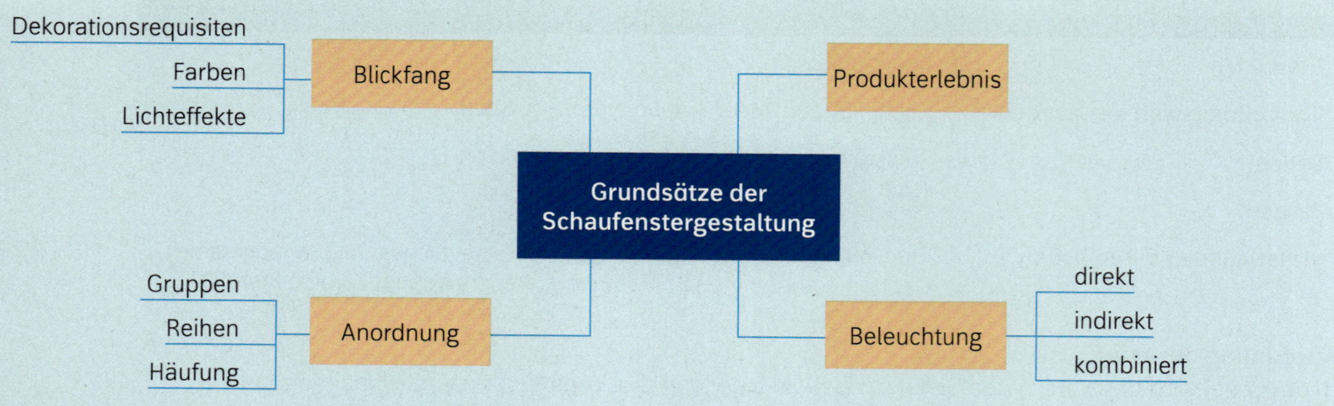

Zusammenfassung

Außengestaltung		
Gestaltungselemente:	* Baustil und Bausubstanz * Vordächer und Markisen * Farbe	* Schriftzüge und Logos * Beleuchtung
Werbewirkung der Fassade:	* große Werbefläche * kurzer Blickkontakt reicht * 24 Stunden täglich	* erreicht alle Passanten * löst Spontankäufe aus
Passantenstopper:	Werbeträger unmittelbar vor dem Laden:	* Werbetafeln * Beachflags (Werbesegel)
Schaufenstertypen:	* Übersichtsfenster * Stapelfenster * Themenfenster	* Qualitätsfenster * Sonderfenster
Schaufenstergestaltung:	* Blickfang in Augenhöhe * Produkt in Szene setzen und „erleben“ * Warenanordnung in Gruppen, Reihen oder Häufungen * Direkte, indirekte oder kombinierte Beleuchtung	

2 Verkaufsraumgestaltung in der Verkaufsform Bedienung

2.1 Kundenansprüche an die Warenplatzierung

Ein Kunde, der ein Einzelhandelsgeschäft betritt, erwartet in der Regel einen sauberen Verkaufsraum mit ansprechender Raumatmosphäre vorzufinden.

Er wünscht, von freundlichem Personal empfangen zu werden und Waren zu bekommen, die seinen Wünschen in Preis und Qualität entsprechen.

Betrachtet man speziell die Ansprüche von Kunden an die Warenplatzierung, so sind vier Ansprüche zu nennen.

1. **Geringer Suchaufwand**
   Der Kunde möchte nicht lange überlegen, wo er die von ihm gewünschte Ware finden kann, und er möchte auch keinen langen Weg dorthin zurücklegen.
2. **Einfache Vergleichbarkeit**
   Dem Suchprozess folgt der Entscheidungsprozess, bei dem der Kunde das infrage kommende Warenangebot vergleicht und eine Auswahl trifft. Der Kunde wünscht eine gute Vergleichbarkeit der Produkte, die z. B. unmittelbar nebeneinanderstehen, weil das den Zeitaufwand für seine Entscheidung gering hält.

Erlebniseinkäufe siehe Seite 207

3. **Kaufanregung**
   Vielen Kunden macht das Einkaufen Freude, vor allem bei den Erlebniseinkäufen, im Gegensatz zu den Versorgungseinkäufen. Sie möchten daher durch die Warenplatzierung (und natürlich im Beratungsgespräch) auf weitere Kaufalternativen aufmerksam gemacht werden.
4. **Ansprechendes optisches Erscheinungsbild des Geschäftes oder der Abteilung**
   Kunden möchten sich in einem Geschäft wohlfühlen. Das Wohlgefühl steigt, wenn sich die Kunden in einem Geschäft mit ansprechender Einkaufsatmosphäre bewegen können.

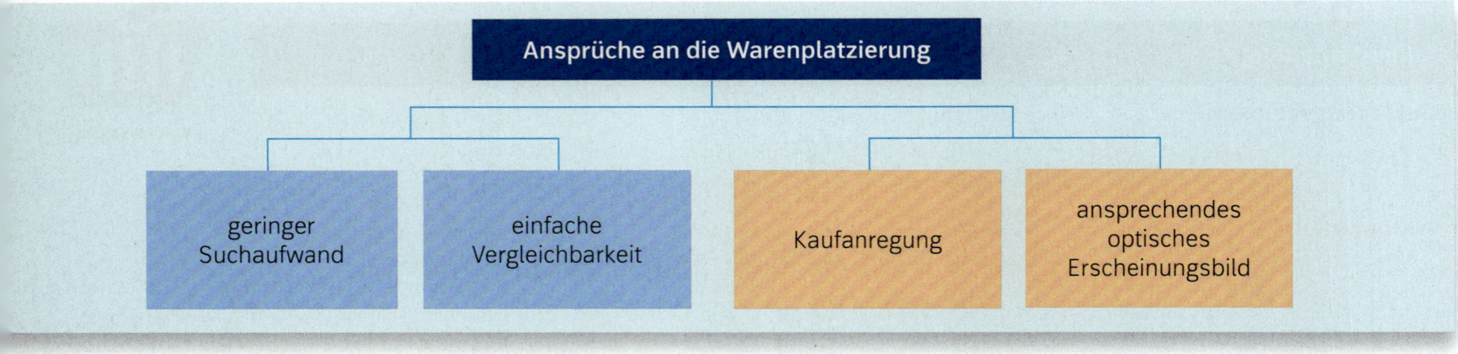

■ Plankauf – Impulskauf

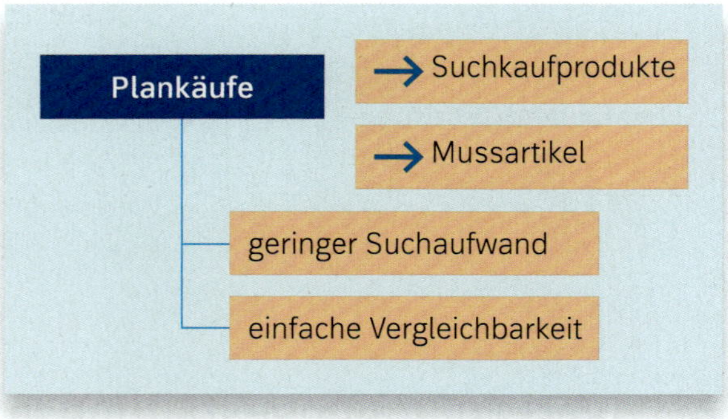

Entscheidet der Kunde außerhalb des Geschäftes, welche Produkte er einkaufen möchte, handelt es sich um einen **Plankauf**. Für Plankäufe wünscht der Kunde einen geringen Suchaufwand und einen einfachen Entscheidungsprozess, z. B. gute Vergleichbarkeit mit alternativen Produkten. Für typische Plankaufprodukte, auch **Suchkaufprodukte** oder **Mussartikel** genannt, sollte der Einzelhändler daher das Auffinden der Produkte durch Orientierungs- und Informationshilfen unterstützt.

Entschließt sich der Kunde erst im Geschäft zum Kauf, liegt ein ungeplanter Kauf, ein **Impulskauf**, vor. Bei typischen Impulskaufprodukten ist der Kunde offen für Kaufanregungen und eine attraktive Einkaufsatmosphäre.

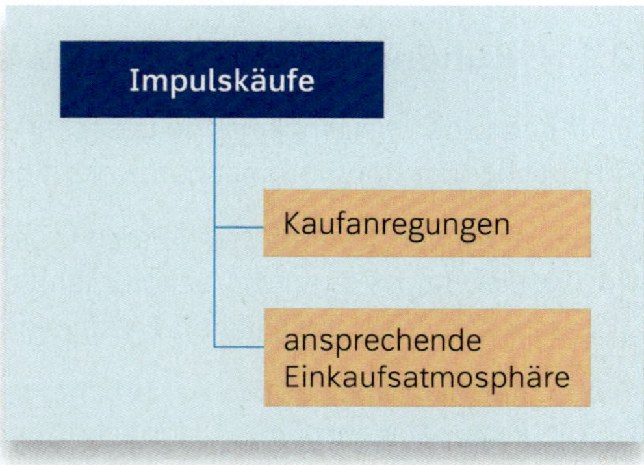

■ Kundenorientierte Warenplatzierung

Kundenorientierung siehe Seite 14

Werden die Ansprüche des Kunden beim Einkauf erfüllt, steigt seine Zufriedenheit mit dem Geschäft. Das verbessert die Chance auf eine langfristige **Kundenbindung**. Ein Einzelhandelsgeschäft, das die Ansprüche der Kunden an die Darbietung der Waren beachtet, erfüllt die Forderungen an eine **kundenorientierte Warenplatzierung**.

Sie ist durch Entlastung der Kunden in ihren Such- und Entscheidungsprozessen und zusätzliches Anbieten erlebnisfördernder Einkaufssituationen gekennzeichnet.

Die gängige Praxis, Muss- oder Suchartikel in abgelegene Bereiche des Verkaufsraumes oder an den unbequemen Stellen des Verkaufsregals zu platzieren, widerspricht daher den Grundsätzen einer kundenorientierten Warenplatzierung.

2.2 Verteilung von Flächen- und Regalkapazitäten

Im Rahmen der Warenplatzierung ist die Frage zu beantworten, an welchem Ort, in welchem Umfang und in welcher Form Warengruppen und einzelne Produkte im Verkaufsraum und im Regal (Warenträger) platziert werden.

Warenpräsentation siehe Seite 227

Die **Verkaufsraumgestaltung** geht dabei der Frage nach, wie die Warengruppen und Warenträger im Verkaufsraum verteilt werden. Die **Warenpräsentation** betrachtet die Unterbringung der einzelnen Produkte im Regal. Man spricht in diesem Zusammenhang auch von Flächen- und Regalmanagement.

Warenplatzierung

- **Verkaufsraumgestaltung**
  Verteilung der Warenträger und Warengruppen im Verkaufsraum
- **Warenpräsentation**
  Darbietung der Waren in Warenträgern

Ein Verkaufsraum lässt sich allgemein in drei Funktionsflächen aufteilen:

* **Warenfläche:** Flächen, auf denen Waren auf Warenträgern präsentiert werden
* **Kundenfläche:** Flächen für den Kundenlauf, z. B. Eingänge, Laufwege, Treppen
* **Übrige Verkaufsfläche:** z. B. Kassenzonen, Umkleidekabinen usw.

Warenträger

Warenträger sind Teil der Ladeneinrichtung. Sie dienen dazu, einen Verkaufsraum zu gestalten und gleichzeitig die Waren verkaufswirksam zu präsentieren. Warenträger sind wesentlich für den Eindruck, den ein Kunde von einem Verkaufsraum erhält.

Als Warenträger stehen vielfältige Modelle zur Verfügung (siehe nachfolgende Abbildungen).

Wandregal

Mittenregal

Ständer

Beispiele

Weitere Beispiele:
* Vitrinen
* Tische
* Podeste
* Schütten
* Schaufensterpuppen

2.3 Gestaltungsgrundsätze

Laufgewohnheiten siehe Seite 212

Abhängig von den Laufgewohnheiten der Kunden werden bestimmte Zonen eines Geschäftes von Kunden häufiger besucht. Diese Zonen gelten als **verkaufsstark**, weil Produkte, die der Kunde sieht, eine bessere Abverkaufschance haben. Es ist verständlich, dass ein Einzelhändler an den besten Plätzen des Verkaufsraumes diejenigen Produkte unterbringt, die für ihn besonders interessant sind, weil sie z. B. mit einer hohen Gewinnspanne kalkuliert wurden.

Einzelhandelsinteressante Produkte sind Waren, die für den Einzelhändler vorteilhaft sind.

Produkte, die vor allem für den Kunden interessant sind und an denen der Einzelhändler häufig wenig oder gar nichts verdient, wird der Einzelhändler eher an den verkaufsschwachen Stellen seines Geschäftes darbieten.

Kundeninteressante Produkte sind Waren, die vom Kunden als vorteilhaft angesehen werden.

Als erster Grundsatz lässt sich formulieren:

Die besten Plätze im Verkaufsraum erhalten die einzelhandelsinteressanten Produkte.

Durch die Anordnung der Warenträger und die Platzierung der Warengruppen kann der Einzelhändler den Kundenlauf beeinflussen. Im Beispiel 1 wird der Kunde stark durch die rechteckige Anordnung der Warenträger durch den Verkaufsraum gelenkt. Im Beispiel 2 hingegen hat der Kunde an vielen Stellen die Freiheit, sich für eine Laufrichtung zu entscheiden.

Beispiel 1

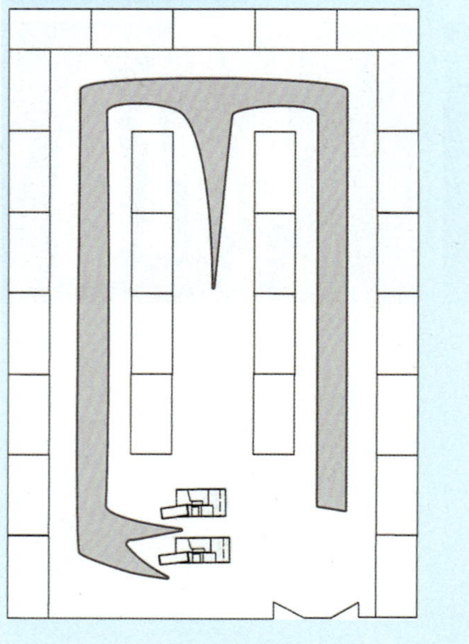

Beispiel 2

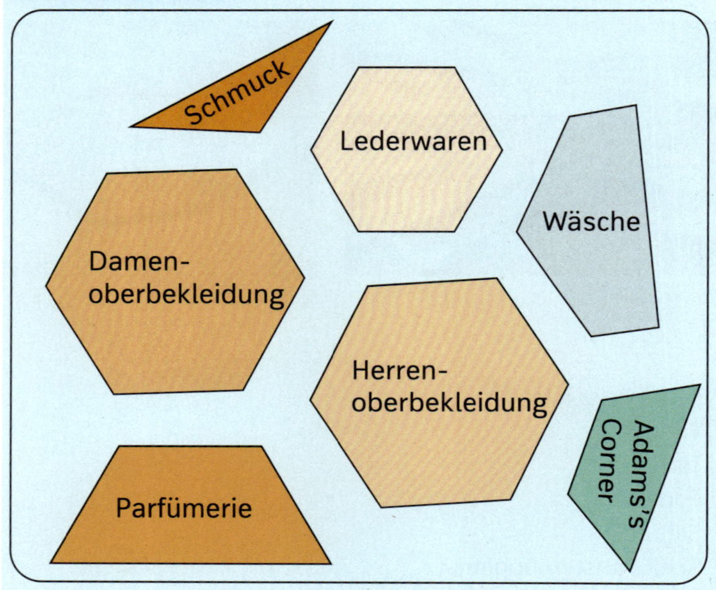

Wenn ein Einzelhändler Produkte des täglichen Bedarfs oder bei Kunden besonders beliebte Waren in den hinteren Bereich seines Verkaufsraumes unterbringt, sind die Kunden gezwungen, diesen Teil des Geschäftes aufzusuchen.

Der Einzelhändler nutzt die Lenkungsmöglichkeiten, die sich aus der Anordnung der Warenträger und der Platzierung der Warengruppen ergeben, um den Kunden in seinem Sinne durch das Geschäft zu führen. Ein zweiter Grundsatz lautet:

Durch eine überlegte Anordnung der Warenträger und eine geschickte Platzierung der Warengruppen wird der Kundenweg im Geschäft beeinflusst.

Dabei soll der Kunde aber ohne Zwang durch den Verkaufsraum geführt werden. Es ist wirksamer, den Kunden in bestimmte Zonen des Verkaufsraumes zu locken, als ihn dort hin zu drängen.

Kundenlaufstudien

Mit Kundenlaufstudien wird der Weg erfasst, den Kunden in einem Geschäft zurücklegen. Ziel ist, die Stellung der Warenträger und die Platzierung der Warengruppen oder auch der Aktionsware zu optimieren, sodass die Kunden einen möglichst großen Teil des Sortiments wahrnehmen. Beobachter, meist als Mitarbeiter gekleidet, registrieren den Laufweg, die Anzahl der Warenkontakte und der tatsächlichen Käufe.

Mögliche Fragen des Beobachters:

- Wie orientieren sich Kunden im Geschäft?
- Wie informieren sich Kunden über die angebotenen Produkte?
- Wie kommt die Kaufentscheidung des Kunden zustande?

Anstelle der Beobachtung können Kundenwege heute auch elektronisch erfasst werden, z. B. durch eine Sendevorrichtung am Einkaufswagen oder wenn Kunden eine App des Einzelhandelsunternehmens auf ihrem Smartphone aktiviert haben. Durch Kundenbefragungen können die erhobenen Daten noch aussagekräftiger gemacht werden.

2.4 Allgemeine Gestaltungsregeln

Grundsätzlich ist jedem Einzelhändler freigestellt, wie er seine Warenträger anordnet und die Warengruppen im Geschäft verteilt. Beachtet er allerdings die Einkaufsgewohnheiten und -vorlieben der Kunden, kann er seinen Geschäftserfolg wirksam beeinflussen.

1. Kunden benötigen Orientierung

Kunden wollen sich in einem Geschäft gut zurechtfinden. Ist dies der Fall, steigt die Stimmung des Konsumenten mit vielen positiven Folgen:

* Einkaufswichtige Informationen werden vom Kunden besser wahrgenommen und besser behalten.
* Die Eigenschaften von Produkten werden positiver beurteilt.
* Die Kauffreude steigt und Kaufentscheidungen werden schneller getroffen. Dies führt zu einer höheren Einkaufssumme pro Kunde.
* Die Zufriedenheit über den Einkauf wird größer.

Wie orientieren sich Kunden in einem Geschäft? Kunden entwickeln in ihrem Kopf einen **gedanklichen Lageplan**. Der Einzelhändler kann die Speicherung dieser „Landkarte“ durch verschiedene Maßnahmen verbessern:

* Ein klar gegliederter Verkaufsraum, in dem der Kunde z. B. die Hauptwege deutlich erkennen kann, lässt sich leichter einprägen.
* Ein **Kundenleitsystem**, z. B. durch Hinweisschilder, hilft dem Kunden, sich zurechtzufinden. Es führt auch dazu, dass Kunden gewohnte Wege verlassen und sich in weniger besuchte Zonen des Geschäftes begeben, ohne die Orientierung zu verlieren.
* Deutlich voneinander **getrennte Warengruppen** kann der Kunde leichter in seinem inneren Lageplan abspeichern, z. B. Damen-, Herren-, Kinderschuhe.
* **Orientierungspunkte** wie Eingangsbereich, Kasse, Kinderspielecke oder ein Kaffeeausschank dienen der optischen Hervorhebung und schaffen Markierungspunkte in dem Bild, das sich der Kunde vom Verkaufsraum macht.
* **Niedrige Warenträger** verbessern die Sicht des Kunden über den Verkaufsraum.
* Eine Anordnung der Warengruppen, die der **Suchlogik des Kunden** entspricht, erleichtert die Orientierung.

Suchlogik siehe Seite 214

Beispiel

Alle Produkte für das Frühstück werden in Folge angeboten: Brot, Brötchen, Kaffee, Dosenmilch, Kaffeefilter, Marmelade, Honig.

Die vielfach diskutierte Frage, ob man die Warenträger und Warengruppen regelmäßig umräumen sollte, damit der Kunde auch bisher nicht wahrgenommene Sortimentsteile aufsucht, ist unter dem Gesichtspunkt der Orientierung im Geschäft eindeutig zu klären. Der gedankliche Lageplan des Kunden verträgt keine schnellen Wechsel, sondern verlangt Beständigkeit und Vertrautheit.

2. Kunden sollen sich in einem Geschäft wohl fühlen

Wenn sich Kunden gerne in einem Geschäft aufhalten, entsteht eine verkaufsfördernde Atmosphäre mit den oben beschriebenen positiven Folgen für das Einkaufsverhalten.

Damit sich Kunden im Geschäft wohlfühlen, sind einige Bedingungen zu beachten, die eine **Verkaufsatmosphäre** beeinflussen.

„Der erste Eindruck bekommt keine zweite Chance."

Nicht nur in der Beziehung zwischen Menschen ist der erste Eindruck oft entscheidend. Ein Kunde bekommt seinen ersten Eindruck von einem Einzelhandelsgeschäft durch die **Fassade**, die **Schaufenster** und den **Eingangsbereich**. Diese drei Elemente stellen die Visitenkarte des Unternehmens dar. Die Fassade sollte zur Größe und Art des Geschäftes passen und sich attraktiv und zeitgemäß darstellen. Die Schaufenster sollten dem Kunden eine erste Orientierung über das Sortiment ermöglichen und ihn anregen, das Geschäft zu betreten.

Der Eingang ist die Übergangszone vom Außen- zum Innenbereich. Eine großzügige, einladende Gestaltung vermindert die Schwellenangst beim Kunden. Stufen und den Weg versperrende Warenträger sind möglichst zu vermeiden. Vielfach gelingt es, den Kunden von der Schaufensterbetrachtung quasi automatisch in den Verkaufsraum zu lenken. Eine Glastüranlage mit einem tiefen Einblick in den Verkaufsraum unterstützt dieses Bemühen.

Im Geschäft sind **Sauberkeit und Ordnung** zentrale Erwartungen von Kunden, die auf keinen Fall missachtet werden dürfen.

Visual Merchandising siehe Seite 222

Kunden zwängen sich nicht gerne durch enge und mit Waren überfüllte Gänge. Die **Gangbreite** zwischen den Warenträgern sollte daher etwa 1,80 bis 2,00 m betragen. Als Faustregel gilt, dass die Gangbreite sich nach der Höhe der umgebenden Warenträger richtet. Warenträger von 1,80 m Höhe erfordern demnach eine Gangbreite von 1,80 m.

Der Einzelhändler kann die **Regalhöhe** maximieren, um besonders viele Produkte unterzubringen. Der Kunde wünscht aber eher niedrige Warenträger mit z. B. 1,60 m Produktoberkante, damit er einen Überblick über das gesamte Geschäft bekommt und er nicht das Gefühl hat, sich in einem Tunnel zu bewegen.

Die **Beleuchtung** im Verkaufsraum muss so beschaffen sein, dass der Kunde die Waren leicht erkennen und prüfen kann. Wichtig ist darüber hinaus ein warmes, freundliches Licht, das zum Verweilen einlädt.

Besondere Sortimentsteile können durch spezielle Lichteffekte hervorgehoben werden.

Sinne des Kunden siehe Seite 109

Die Raumtemperatur trägt ganz entscheidend zur Verkaufsatmosphäre bei. Sie sollte 18 bis 22 °C betragen. Klimaanlagen gehören heute zunehmend zur Standardausrüstung von Einzelhandelsgeschäften.

Eine zurückhaltende **farbliche Gestaltung** des Verkaufsraumes, die das Produkt im Vordergrund belässt, **Hinweisschilder**, die dem Kunden die Orientierung erleichtern und eine **dezente Hintergrundmusik** runden eine gelungene Verkaufsraumgestaltung ab. Immer mehr Einzelhändler gehen dazu über, den Verkauf durch **Duftspender** zu fördern, indem z. B. im Bereich Süßwaren ein leichter Schokoladengeruch die Kaufstimmung hebt. Mit Ausstellungsstücken kann der **Tastsinn** des Kunden angesprochen werden. Es gilt also der Grundsatz, möglichst alle Sinne des Kunden bei der Verkaufsraumgestaltung zu beachten, gleichzeitig aber eine Reizüberflutung zu vermeiden, weil sie zu Stressreaktionen beim Kunden führen kann.

Beispiel In einem Musikfachgeschäft, das vor allem von jugendlichen Kunden besucht wird, gilt eine auffällige Hintergrundmusik als verkaufsfördernd. In einem Lebensmittelsupermarkt würde die gleiche Musik die Verweildauer der Kunden eher verringern.

3. Die Anzahl der Produktkontakte maximieren

Warenträger und Warengruppen sollten so angeordnet werden, dass der Kunde möglichst lange im Geschäft verweilt. Mit einem Anstieg der Verweildauer nimmt auch der Umsatz pro Kunde zu. Eine hohe Verweildauer kann allerdings auch das Ergebnis eines verwirrenden und ergebnislosen Suchprozesses aufgrund fehlender Orientierung sein, bei dem der Kunde am Ende entnervt das Geschäft verlässt. Eine verkaufswirksame Ladengestaltung sollte daher nicht nur die Verweildauer, sondern vermehrt die Steigerung der **Produktkontakte** im Auge behalten.

Eine orientierungsfreundliche Ladenumwelt und eine Geschäftsatmosphäre, in der sich der Kunde wohlfühlt, fördern die Bereitschaft des Kunden, sich längere Zeit im Verkaufsraum aufzuhalten. Hinzu treten sollten aber **Einkaufserlebnisse**, die den Kunden dazu bringen, sich aktiv mit dem Warenangebot auseinanderzusetzen. Über die Verkaufsfläche verteilte Warenträger mit speziellen preislichen, saisonalen oder anlassbezogenen Angeboten, z. B. Sonderangebote, Saisonerzeugnisse, Fußballweltmeisterschaf, stoppen immer wieder den Kundenlauf und laden zum Betrachten, Ausprobieren und Prüfen der Angebote ein.

Man spricht in diesem Zusammenhang auch von **Erlebnisinseln**.

Danach müssen aber wieder Ruhephasen mit dem gewohnten Raumbild kommen, damit der Kunde nicht durch zu viele Einkaufsanreize überfordert wird.

Eine Vermehrung der Produktkontakte lässt sich auch durch eine **Verbundplatzierung** erreichen. Zusammengehörende Produkte, z. B. „Alles zum Frühstück", verknüpft der Kunde mit dem Verwendungsereignis, sodass er auch Produkte einkauft, die nicht zu seinem Einkaufsplan gehören. Über die Vorstellung von der Verwendung der Produkte in einer konkreten Lebenssituation entsteht für den Kunden gleichzeitig ein Einkaufserlebnis, das seine Einkaufsfreude steigert und seine Ausgabebereitschaft erhöht.

Arten von Warenplatzierung siehe Seite 214
Aussagen zur Suchlogik siehe Seite 214

Convenience-Einrichtungen wie Sitzgelegenheiten, Kunden-Café und Kinderspielbereiche erleichtern den Kunden den Einkauf, stärken damit deren Geduld und führen auf diese Weise zu weiteren Produktkontakten. Letztlich wird wieder die Einkaufsfreude erhöht mit der bekannten positiven Wirkung für den Einzelhändler.

convenience (engl.): Bequemlichkeit

4. Laufgewohnheiten der Kunden beachten

In einem Verkaufsraum zeigen Kunden bestimmte Verhaltensweisen, die ihnen offensichtlich von der Natur mitgegeben worden sind:

* Kunden bevorzugen den **Linkslauf** gegen den Uhrzeigersinn, sind aber mit Blick und Griff vorzugsweise nach **rechts orientiert**.
* Sie durchwandern den Verkaufsraum vor allem im **Randbereich**, meiden also die Mitte des Geschäftes.
* Der **Bewegungsrhythmus** des Kunden im Geschäft lautet: schnell – langsam – schnell. Das heißt, er betritt das Geschäft mit schnellen Schritten, so wie er es von der Straße gewohnt ist. Danach verlangsamt sich sein Gang und er nimmt sich Zeit für die Betrachtung der Warenauswahl. Auf dem Weg zur Kasse nimmt das Schritttempo wieder zu.

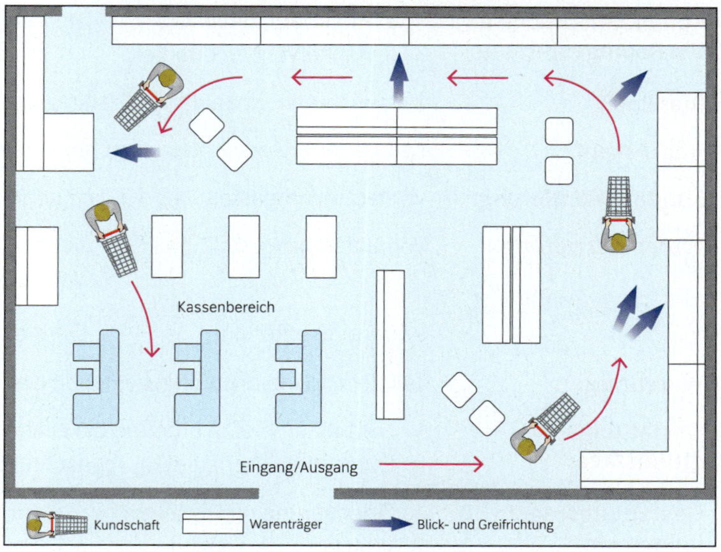

* Die meisten Kaufentscheidungen fallen bei langsamem Schritttempo.
* Der Kunde meidet **Kehrtwendungen** und **Ladenecken**.

Beachtet man diese Laufgewohnheiten von Kunden, kann der Einzelhändler den Kundenweg durch die Anordnung der Warenträger und die Verteilung der Warengruppen im Geschäft steuern.

Allgemeine Gestaltungsregeln

1. Orientierung ermöglichen
2. Wohlgefühl erzeugen
3. Produktkontakte maximieren
4. Laufgewohnheiten beachten

2.5 Verkaufsraumgestaltung bei Bedienung

Verkaufsformen siehe Seite 57

In einem Bedienungsgeschäft wird ein Kunde, der das Geschäft betritt, sofort angesprochen und bedient. Neben dem attraktiven Sortiment entscheidet auch eine verkaufsaktive Gestaltung des Geschäftsraumes über den Erfolg des Einzelhändlers. Die Verkaufsraumgestaltung hängt nicht nur von der Art des Sortiments, sondern auch von den Kaufgewohnheiten der Kunden und den räumlichen Besonderheiten ab. Für ein Bedienungsgeschäft gelten allgemein folgende Grundsätze:

* Warenträger und Warengruppen sind so anzuordnen, dass weder der Eindruck gähnender Leere noch drangvoller Enge entsteht.
* Für Produkte, die eine ausgiebige Beratung erfordern, sollen die Warenträger so angeordnet sein, dass **Beratungszonen** entstehen. Diese sind aus dem normalen Kundenlauf (Kundenstrom) auszugliedern.
* Eine Geschäftseinrichtung ist verkaufsaktiv, wenn sie eine angenehme Verkaufsatmosphäre schafft, die den Kunden zum Verweilen einlädt.

Verkaufszonen siehe nächste Seite

Beratungszonen sind Verkaufsraumbereiche, die aus dem normalen Kundenlauf ausgegliedert sind und in denen stark erklärungsbedürftige Artikel angeboten werden.

Zusammenfassung

Regeln zur Raumgestaltung – Verkaufsraumgestaltung „Bedienung“		
Kundenansprüche an die Raumgestaltung:	* geringer Suchaufwand * einfache Vergleichbarkeit * Kaufanregung * ansprechendes optisches Erscheinungsbild	
Plankauf:	zielgerichteter Einkauf mit vorangegangener Einkaufsplanung	
Impulskauf:	spontaner Erwerb vorher nicht geplanter Produkte	
Kundenorientierung:	Verkaufsraumgestaltung, die die Kundenansprüche an die Raumgestaltung beachtet	
Warenplatzierung:	Verkaufsraumgestaltung:	Verteilung von Warenträgern und Warengruppen im Verkaufsraum
	Warenpräsentation:	Darbietung der Waren in Warenträgern
Warenträger:	Teil der Ladeneinrichtung; gestalten den Raum; präsentieren Waren verkaufswirksam	
Gestaltungsgrundsätze:	* Die besten Plätze erhalten die einzelhandelsinteressanten Produkte. * Durch eine überlegte Raumgestaltung lässt sich der Kundenweg beeinflussen.	
Gestaltungsregeln (allgemein):	1. Orientierung ermöglichen 2. Wohlgefühl erzeugen 3. Produktkontakte maximieren 4. Laufgewohnheiten beachten	
Raumgestaltung bei Bedienung:	* gähnende Leere, aber auch drangvolle Enge vermeiden * Beratungszonen für erklärungsbedürftige Produkte * angenehme Verkaufsatmosphäre erzeugen	

3 Verkaufsraumgestaltung bei Vorwahl

3.1 Vorwahl – das Prinzip

In einem Geschäft mit Vorwahl sucht ein Kunde die Warengruppe selbst auf, aus der er etwas zu kaufen wünscht. Erst nachdem er eine gewisse Auswahl getroffen hat und durch Gestik, Mimik oder Worte zum Ausdruck bringt, dass er sich für einen bestimmten Artikel interessiert, tritt ein Kundenberater hinzu. Auf diese Weise wird eine Entlastung des Personals erreicht, weil

* Sehkunden den Laden durchwandern können, ohne das Personal in Anspruch zu nehmen, und
* der Verkaufsvorgang um den ersten Teil, nämlich die Eingrenzung des Kundenwunsches, verkürzt wird.

Durch Aufstellung der Warenträger wird dem Kunden die Vorwahl erleichtert. Außerdem wird der Kundenstrom mit dem Ziel durch das Geschäft gelenkt, Kunden einen möglichst großen Teil des Sortiments zu zeigen. Bei der Kundenführung ist zu beachten, dass Kunden den Linkslauf gegen den Uhrzeigersinn bevorzugen, aber mit Blick und Griff vorzugsweise nach rechts orientiert sind.

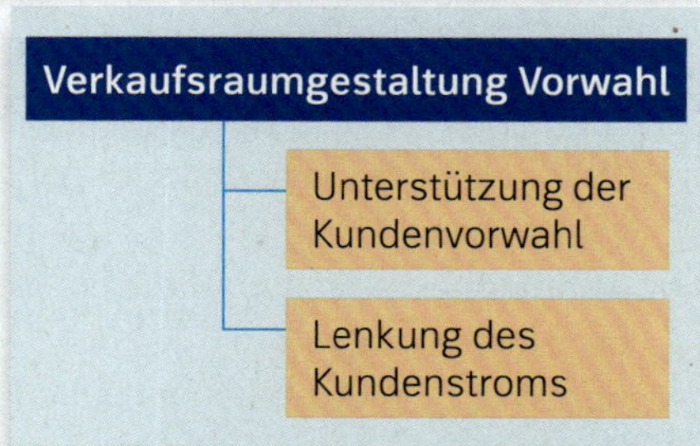

■ Starre Warenträger- und Warengruppenanordnung oder regelmäßige Veränderung?

Jeder Einzelhändler muss sich entscheiden, ob er seine Warenträger und Warengruppen regelmäßig umräumen will, damit der Kunde auch bisher nicht wahrgenommene Sortimentsteile aufsucht. Aus Sicht des Kunden ist eine gleichbleibende Verkaufsraumgestaltung sinnvoller, weil er sich dann leichter orientieren und seinen gedanklichen Lageplan behalten kann.

gedanklicher Lageplan siehe Seite 205

3.2 Verkaufszonen

Aus der Anordnung der Warenträger und Warengruppen ergeben sich **Verkaufszonen**, die sich vorzugsweise für den Verkauf verschiedener Sortimentsteile eignen. Die wichtigsten Verkaufszonen in einem Einzelhandelsgeschäft sind:

Eingangszone	Verkaufsfläche im Eingangsbereich eines Geschäftes
Bremszone	Zone im Eingangsbereich, in der der Schritt des Kunden durch interessante Produkte oder durch Hindernisse verlangsamt wird
verkaufsstarke Zone	Zone, die von vielen Kunden aufgesucht wird
verkaufsschwache Zone	Zone mit geringer Kundenfrequenz
Beratungszone	aus dem normalen Kundenlauf ausgegliederter Bereich, in dem erklärungsbedürftige Artikel angeboten werden
Bedienungszone	Bereich, in dem Waren angeboten werden, die dem Kunden nicht frei zugänglich sind
Auflaufzone	Zone im Bereich der Theken und Kassen mit wartenden Kunden
Kassenzone	Verkaufsfläche im Bereich der Kasse

Bei der Frage, ob eine Warengruppe in einer verkaufsstarken oder in einer verkaufsschwachen Zone unterzubringen ist, kann man von einer Grundüberlegung zu **Plankauf** und **Impulskauf** ausgehen. Wird der Kauf vom Kunden eher außerhalb des Geschäftes geplant, verträgt die Warengruppe eine verkaufsschwache Zone. Trifft der Kunde die Kaufentscheidung im Geschäft aus einem Impuls heraus, ist die Unterbringung in einer verkaufsstarken Zone erforderlich.

Plan- und Impulskauf siehe Seite 202

Verkaufszonen sind Bereiche innerhalb der Verkaufsfläche, die sich durch die Anordnung der Warenträger und Warengruppen ergeben und sich für die Darbietung der Sortimentsteile verschieden gut eignen.

Click & Collect im Onlinehandel

Einzelhandelsunternehmen mit vielen Filialen bieten häufig den Service **Click & Collect** (Klicken und Abholen) an. Dabei bestellt und bezahlt der Kunde eine Ware über das Internet in einem Onlineshop, holt sie aber im stationären Geschäft des Onlinehändlers ab. Die Einzelhändler möchten den Abholprozess in der Regel dazu benutzen, um den Kunden an das stationäre Geschäft zu binden und ein Vertrauensverhältnis aufzubauen oder zu verstärken. Der persönliche Besuch des Kunden schafft auch die Möglichkeit, weiteren Umsatz mit diesem zu erzielen.

Wenn aber ein intensiver Kontakt mit dem Kunden herbeigeführt werden soll, erfordert das eine spezielle Zone im Verkaufsraum, in der der Abholprozess und die Kontaktpflege mit dem Kunden umgesetzt werden können. Der Kunde kann die Ware so auch leichter finden. Ein langer Suchprozess und Warten in der Schlange sind für Kunden große Ärgernisse.

Dem Einzelhändler stehen mehrere Möglichkeiten zur Verfügung:

* Abholung in der **Kassenzone**. Dort ist immer Personal, das den Online-Kunden die bestellten Waren übergeben kann.
* **Abholzone** im Eingangsbereich. Die Waren werden dort deponiert; Personal, das in der Nähe einsetzt ist, betreut den Stand.
* Abholzone zentral in der Verkaufsfläche mit sorgfältiger Beschilderung
* Die Produkte werden im **Lager** deponiert. Jeder Mitarbeiter kann von den Kunden angesprochen werden. Die Mitarbeiter holen die bestellten Produkte aus dem Lager.
* **Drive-in-Schalter**. Der Verkaufsraum erhält einen Schalter in der Außenwand. Autofahrer können die Ware aus ihrem Auto heraus übernehmen.

3.3 Besondere Sortimentsteile

Sortimente werden gewöhnlich nach Warengruppen gegliedert, eventuell zusätzlich nach Verwendungszusammenhängen gebündelt (Verbundplatzierung). Für die Darbietung von Waren im Geschäft sind aber weitere Gesichtspunkte sinnvoll, um bestimmte Sortimentsteile an speziellen Stellen im Geschäftsraum unterzubringen.

Beispiele

* Diebstahlgefährdete Produkte gehören in Raumzonen, in denen sich üblicherweise ständig Personal aufhält, z. B. in der Nähe von Kassen, Beratungs- oder Bedienungszonen.
* „Magnetangebote" können ihre anziehende Wirkung gewöhnlich nur entfalten, wenn sie vor dem Geschäft platziert werden.

erklärungsbedürftige Produkte	Waren, die sich nicht allein durch die Darbietung im Geschäft verkaufen lassen, sondern die Beratungsleistung des Verkaufsmitarbeiters erfordern
diebstahlgefährdete Produkte	Produkte, die wegen ihres Wertes oder ihrer Größe einer besonderen Diebstahlsgefahr unterliegen
Suchkaufprodukte	Produkte, die der Kunde auch selbstständig sucht, weil er sie dringend benötigt (Muss-Artikel)
Impulskaufprodukte	Waren, die der Kunde beim Gang in ein Geschäft nicht zu kaufen beabsichtigt, jedoch spontan erwirbt, weil sie ihm ins Auge fallen
Plankaufprodukte	Produkte, die der Kunden zielgerichtet einkaufen möchte und wegen der er ein Geschäft aufsucht
Sonderangebote	Produkte, die zu besonders günstigen Preisen angeboten werden und die dadurch für den Kunden besonders interessant sind
Magnetangebote	Produkte, die den Kunden in das Geschäft locken sollen und sich deshalb oft auf Sonderständen vor dem Geschäft befinden
empfindliche Produkte	Waren, die aufgrund ihrer Beschaffenheit eine besonders sorgfältige Behandlung erfordern und daher häufig dem Kunden nicht zugänglich gemacht werden dürfen
Neuheiten	Produkte, die neu entwickelt worden sind, oder die ein Geschäft neu ins Sortiment aufgenommen hat

Diese speziellen Sortimentsteile erfordern auch eine besondere Darbietung im Geschäft. Die nachfolgende Tabelle zeigt beispielhaft, welchen Verkaufszonen diese Sortimentsteile sinnvoll zugeordnet werden können.

Zuteilung besonderer Sortimentsteile zu Verkaufszonen

besondere Sortimentsteile	Verkaufszonen					
	Eingangszone	**Beratungszone**	**Bedienungszone**	**verkaufsstarke Zone**	**verkaufsschwache Zone**	**Kassenzone**
erklärungsbedürftige Produkte		x	x			
diebstahlgefährdete Produkte			x			x
Suchkaufprodukte					x	
Impulskaufprodukte	x			x		x
Sonderangebote	x				x	
Magnetangebote	x					
empfindliche Produkte		x	x			
Neuheiten	x					x

Je nach Art des Geschäftes sind weitere Besonderheiten möglich. So gibt es Waren, die sich wegen des leichteren Nachräumens in der Nähe des Lagers befinden sollten, z. B. schwere oder unhandliche Artikel.

Onlineshop-Produkte

Betreibt ein Einzelhändler einen Onlineshop, in dem nicht das gesamte stationäre Sortiment angeboten wird, stellt das Onlineangebot einen besonderen Teil des Sortiments dar. Dies gilt auch, wenn das Online-Sortiment größer ist als das Offline-Sortiment., dann gibt es spezielle Sortimentsteile, die nur im Internet angeboten werden.

Produkte des Online-Sortiments sind im Internet durch verkaufsfördernde Produktbeschreibungen und attraktive Abbildungen kundenfreundlich zu präsentieren.

Siehe Online-/Offline-Sortiment Seite 53

Zusammenfassung

Verkaufsraumgestaltung bei Vorwahl			
Vorwahl:	Der Kunde trifft eine Vorauswahl, bevor er vom Verkaufsmitarbeiter angesprochen wird		
Verkaufsraum:	* Unterstützung der Vorwahl durch die Verkaufsraumgestaltung * verkaufswirksame Lenkung des Kundenstroms		
Verkaufszonen:	* Eingangszone * Bremszone	* verkaufsstarke/-schwache Zone * Beratungszone	* Bedienungszone * Auflaufzone * Kassenzone
Sortimentsteile (Produkte):	* erklärungsbedürftige P. * diebstahlgefährdete P. * Suchkaufprodukte	* Impulskaufprodukte * Plankaufprodukte * Sonderangebote	* Magnetangebote * empfindliche P. * Neuheiten
Gestaltungsregel:	* bestimmte Sortimentsteile sind in speziellen Verkaufszonen zu platzieren		

4 Verkaufsraumgestaltung bei Selbstwahl

4.1 Kundenwegplanung

In Geschäften mit Selbstwahl sucht der Kunde die gewünschten Produkte selbstständig aus. Der Einzelhändler ist aber bemüht, den Weg des Kunden durch das Geschäft über eine durchdachte **Kundenwegplanung** zu beeinflussen.

Ziele der Kundenwegplanung

Der Kunde soll möglichst den ganzen Laden durchwandern und an einen großen Teil des Sortiments herangeführt werden (**langer Kundenweg**). Je mehr Produkte der Kunde sieht, desto stärker sind die Verkaufschancen. Insbesondere wird er zu **Impulskäufen** angeregt.

Impulskäufe siehe Seite 202

Planungsregeln

* Die **Laufgewohnheiten** der Kunden sind zu beachten:
  - Kunden bevorzugen den Linkslauf gegen den Uhrzeigersinn,
  - blicken und greifen aber eher nach rechts,
  - bewegen sich vorzugsweise entlang der Außenwand.
  - Kunden meiden Kehrtwendungen und Ecken.
  - Der Bewegungsrhythmus ist schnell beim Eingang – Schritt wird verlangsamt – schnell am Ende
* Durch **Stopper** kann der Schritt des Kunden im Eingangsbereich verlangsamt werden.

Beispiele

* Sonderangebote
* Saisonprodukte
* Warenträger im Gang

* Wenig verkaufswirksame Stellen des Verkaufsraumes, (linke Seiten, Ecken, Mitte) sollten durch kundeninteressante Artikel **aufgewertet** werden, um den Kunden zu veranlassen, z. B. die Mitte des Verkaufsraumes aufzusuchen oder den Blick nach links zu wenden.
* **„Tote" Raumzonen** wie Ecken sollten vermieden werden.
* Der Kunde läuft nicht gerne zurück, daher ist ein **fortschreitender Kundenweg** vom Eingang bis zur Kasse oder Ausgang zu planen.

Verkaufsstarke Zonen	Verkaufsschwache Zonen
* Verkaufsflächen, die in Kundenlaufrichtung rechts liegen * Flächen an der Außenwand * Auflaufflächen, auf die der Kundenstrom gelenkt wird * Kassen- und Bedienungszonen	* Verkaufsflächen, die links vom Kundenstrom liegen * Flächen in der Mitte des Geschäftes * der Eingangsbereich * Ecken und andere „tote" Raumzonen (z. B. Sackgassen)

* Auch im Selbstbedienungsgeschäft können **Beratungszonen** erforderlich sein, vor allem für beratungsintensive Produkte wie Wein und Käse.
* Der Kunde erwartet, dass die Warenträger und Warengruppen so angeordnet sind, dass er sich leicht zurechtfindet. Das bedeutet, dass die Warengruppen nach der **Suchlogik** des Kunden anzuordnen sind.
* Die **Kasse** sollte am Endpunkt des Kundenweges liegen. Durch die Platzierung kundeninteressanter Artikel können Wartezeiten beim Bezahlen zu Kaufanregungen (Impulskäufe) genutzt werden. Das Gleiche gilt für Theken, an denen die Kunden bei Hochbetrieb warten müssen.
* Die **Wege des Personals** sollten kurz sein, z. B. für das Nachräumen der Ware.

Suchlogik siehe Seite 214

Bei der Planung des Kundenweges sind häufig auch **baurechtliche Vorschriften** zu beachten, die sich nach Bundesland und Gebäudeart unterscheiden.

Beispiele

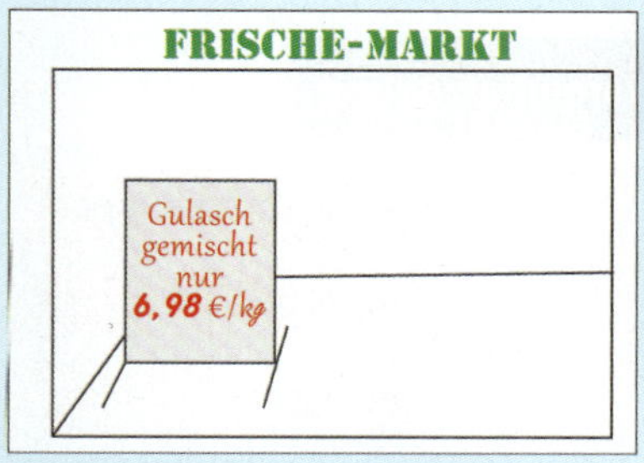

Sonderangebote im Eingangsbereich verlangsamen den Schritt des Kunden.

Sonderangebote auf der linken Seite des Ganges sorgen für einen Linksblick.

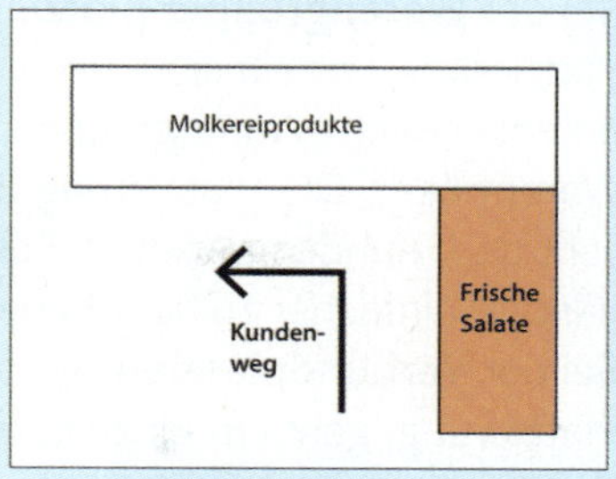

Frische Salate in der „toten" Ecke werten diese Stelle des Verkaufsraumes auf.

Richtig platzierte kundenattraktive Artikel können den Kunden veranlassen, langsamer zu gehen und verkaufsschwache Zonen aufzusuchen. Der Kunde bekommt dadurch ein größeres Warenangebot zu sehen und erhält mehr Gelegenheit zu Impulskäufen.

Beratungszone für Wein

Bedienungszone Brotshop

Kundenwegplanung

- **Ziele**
  - langer Kundenweg
  - viele Impulskäufe
- **Regeln**
  - Laufgewohnheiten beachten
    - Linkslauf
    - Rechtsorientierung
    - Randbereich bevorzugt
    - Kehrtwendungen und Ecken vermeiden
  - Kundenlauf verlangsamen (Stopper)
  - verkaufsschwache Zonen aufwerten; tote Raumzonen vermeiden
  - fortschrteitender Kundenweg; Suchlogik beachten; Kasse am Endpunkt
  - kurze Personalwege

4.2 Arten von Warenplatzierungen

Bei der Verteilung des Sortiments auf die Verkaufsfläche kann sich der Einzelhändler von verschiedenen Gesichtspunkten leiten lassen.

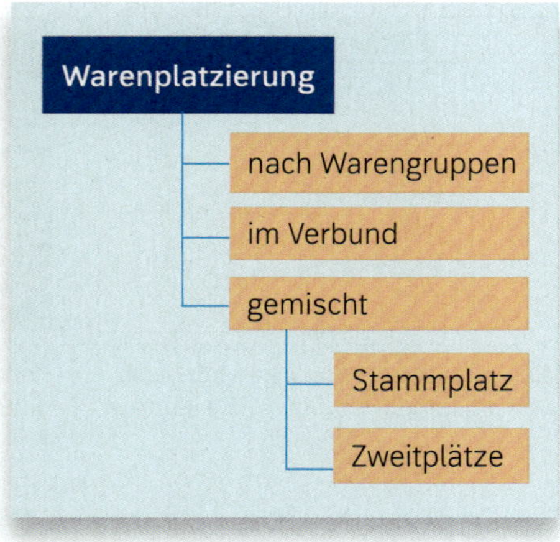

* Bei der **Warengruppenplatzierung**, der warenorientierten Platzierung, verteilt ein Einzelhändler Produkte seines Sortiments nach Warengruppen und Warenarten auf die Warenträger. Die Platzierung nach Warengruppen ermöglicht dem Kunden gezieltes Suchen und ist für den Einzelhändler einfacher zu handhaben.
* Bei der **Verbundplatzierung**, der verwendungsorientierten Platzierung, geht ein Einzelhändler von den Wünschen der Kunden aus. Er bietet Produkte für bestimmte Verwendungszwecke zusammenhängend dar. Diese Art der Platzierung ist für den Kunden bequemer, da alle Produkte eines Verwendungszwecks an einem Ort sind. Sie verlangt aber vom Einzelhändler, dass er sich in die Lage des Kunden versetzt und die Verwendungsmöglichkeiten aller Waren kennt. Dadurch ergibt sich unter Umständen eine dauernde Veränderung der Warenpräsentation. Andererseits schafft die Verbundplatzierung Kaufanregungen, sodass die Chance des Mehrverkaufs besteht. Die Verbundplatzierung wird daher heute als ein wichtiges Mittel angesehen, den Absatz zu fördern.
* Bei der **gemischten Platzierung** geben Einzelhändler den Waren eine nach Warengruppen gebildete **Stammplatzierung** und, wenn es sinnvoll ist, eine **Zweitplatzierung**, die sich an der Verwendung des Produkts orientiert.

Beispiel Batterien werden in der Elektroabteilung, Warengruppe Elektroartikel, Warenart Batterien tief sortiert dargeboten. Zusätzlich erhalten Batterien überall einen Zweitplatz, wo sie für den Betrieb eines Produkts erforderlich sind.

Zusammenfassung

Verkaufsraumgestaltung bei Selbstwahl		
Kundenwegplanung:	Beeinflussung des Kundenweges im Verkaufsraum	
Ziele:	* langer Kundenweg	* viele Impulskäufe
Regeln:	* Laufgewohnheiten beachten:	* Linkslauf * Rechtsorientierung * Randbereiche bevorzugt * Kehrtwendungen/Ecken vermeiden
	* Stopper einsetzen * verkaufsschwache Zonen aufwerten * Suchlogik beachten * Kasse am Endpunkt	* tote Raumzonen vermeiden * fortschreitender Kundenweg * kurze Personalwege
Warengruppenplatzierung:	* nach Warengruppen	* Verbundplatzierung
	* gemischt	* Stammplatz
		* Zweitplatzierungen

5 Flächenplanung im Lebensmittelhandel

5.1 Suchlogik

Grundsätzlich kann jeder Einzelhändler seine Verkaufsfläche nach eigenen Vorstellungen gestalten. Es ist aber sinnvoll, die Einkaufsgewohnheiten der Kunden zu beobachten und sich mit der Suchlogik des Kunden auseinanderzusetzen, damit sich ein Kunde im Geschäft wohlfühlt und möglichst viel einkauft.

Suchlogik beschreibt die Erwartungen der Kunden an eine folgerichtige räumliche Anordnung der Warenträger und Warengruppen im Verkaufsraum.

Die nachfolgenden Besonderheiten in der Verkaufsraumgestaltung sind in Lebensmittelgeschäften häufig zu finden.

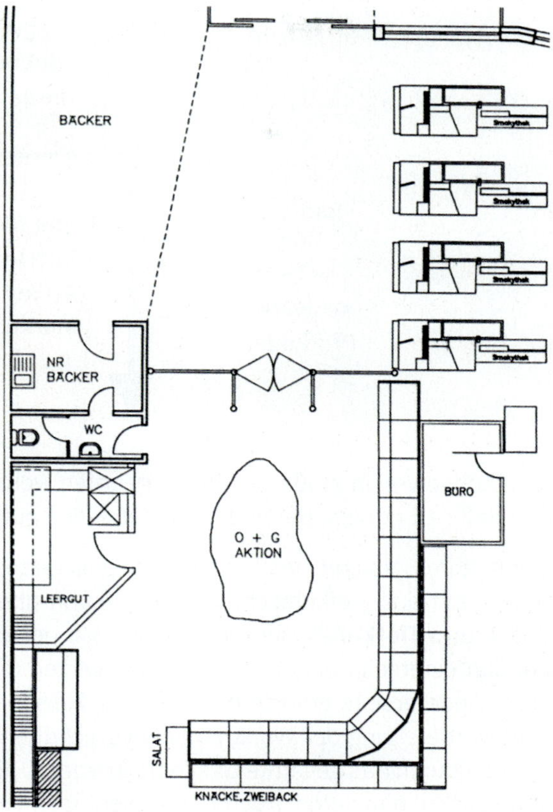

O + G: Obst und Gemüse

Gewöhnlich befindet sich im Eingangsbereich eines Lebensmittelgeschäftes eine Verkaufsfläche für **frisches Brot und Kuchen**. Das erste Signal an einen eintretenden Kunden lautet: „Hier wird Frische angeboten". In größeren Märkten wird die Bäckerei, Backshop o. Ä. oft als selbstständige Abteilung mit eigenen Öffnungszeiten geführt, damit Kunden diesen Bereich unabhängig vom geöffneten Lebensmittelgeschäft, z. B. sonntags, aufsuchen können. Aus der Empfindlichkeit der Produkte, vor allem beim Kuchen, ergibt sich eigentlich die Forderung, Brot und Backwaren an das Ende des Kundenweges zu legen. Das Frischesignal hat aber aus Sicht des Einzelhändlers Vorrang.

Auch die gewöhnlich folgende Warengruppe **Obst und Gemüse** signalisiert Frische. Darüber hinaus entscheidet sich an dieser Stelle der weitere Einkauf, weil Kunden bestimmte Mahlzeitenmuster im Kopf haben. Zur Entscheidung für eine bestimmte Gemüsesorte gehören Ergänzungen wie Fleisch, weitere Beilagen und Nachtisch zur Komplettierung einer Mahlzeit. Daher werden Obst und Gemüse gewöhnlich am Anfang des Kundenweges angeboten. Eigentlich müsste das empfindliche Obst und Gemüse zum Schluss in den Einkaufswagen.

Außerdem ist es sinnvoll, den Kunden frühzeitig von Leergut zu befreien, da es für ihn sehr lästig ist und Platz im Einkaufswagen beansprucht.

Wegen des Linkslaufs und der Rechtsorientierung des Kunden sind die Wandflächen besonders verkaufsstark. Es darf aber nicht der Eindruck einer Rennstrecke entstehen, weil der Kunde möglichst lange im Verkaufsraum verweilen soll. Attraktive Gondelköpfe, Displaymaterial, Verkostungen u. Ä. verlangsamen den Kundenlauf, verlängern die Einkaufszeit und erhöhen die Zahl der Produktkontakte.

Weinverkostung

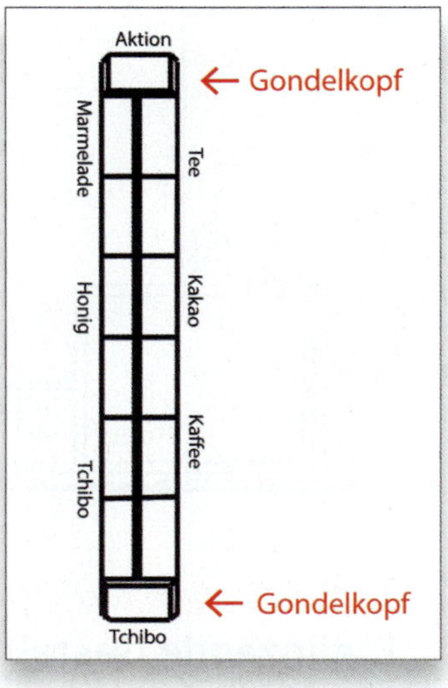

Die weitere Abfolge der Warengruppen orientiert sich an den Abläufen im Haushalt. Grundsätzlich lässt sich sagen:

von der Mahlzeitenzubereitung zur Wohnungsreinigung oder von der Küche, beginnend mit dem Frühstück, zum Bad

Nach Brot und Kuchen sieht der Kunde demnach Kaffee, Kakao, Marmelade und weitere Frühstücksprodukte. Konserven wie Gemüse, Obst und Fertiggerichte als schnelle Alternative zur aufwändigen Zubereitung frischer Produkte folgen gewöhnlich anschließend.

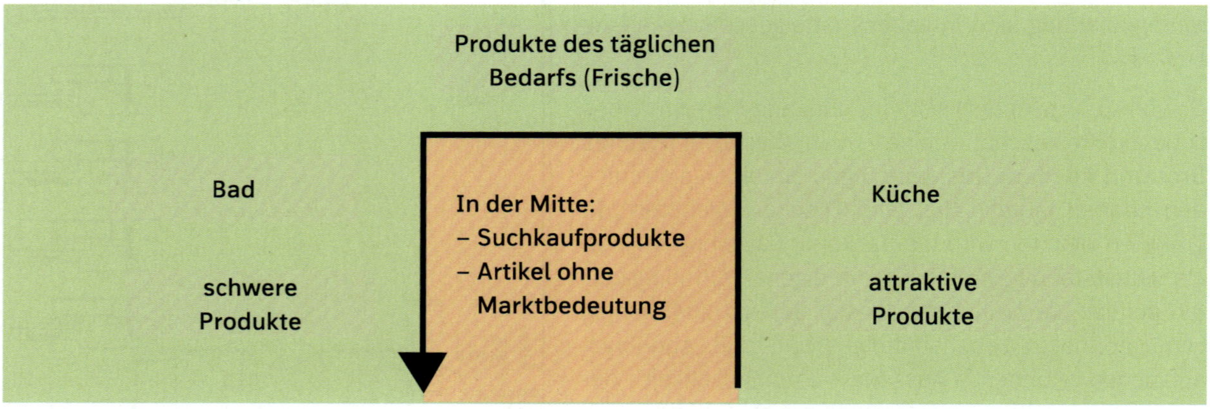

Weil Konserven in großer Vielfalt angeboten werden, ist es oft sinnvoll, die Warenträger an den Außenwänden dafür zu nutzen, damit der Kunden einen guten Überblick bekommt.

Der hintere Bereich eines Lebensmittelgeschäftes ist wieder vom Prinzip-Frische geprägt. Ein Frischegürtel, bestehend aus Tiefkühlschränken, Tiefkühltruhen und Kühltheken, nimmt **Wurst, Fleisch, Molkereiprodukte und Tiefkühlfertiggerichte** auf. Mit der Verlagerung in den hinteren Teil des Geschäftes sollen die Kunden einerseits angehalten werden, wegen dieser Suchkaufprodukte den ganzen Laden zu durchwandern. Andererseits erfordern Theken für Fleisch, Fisch oder Käse Nebenräume für die Lagerung und Verkaufsvorbereitung der Ware. Hygienevorschriften verbieten, die nicht abgepackten Frischwaren zum Nachräumen durch das gesamte Geschäft zu tragen. Also ist es sinnvoll, diese Frischetheken an ihre Nebenräume grenzend zu platzieren. Auch die notwendigen Versorgungsleitungen für die Kühlung verlangen aus Kostengründen eine Bündelung dieser Warengruppen an einer Stelle des Verkaufsraumes.

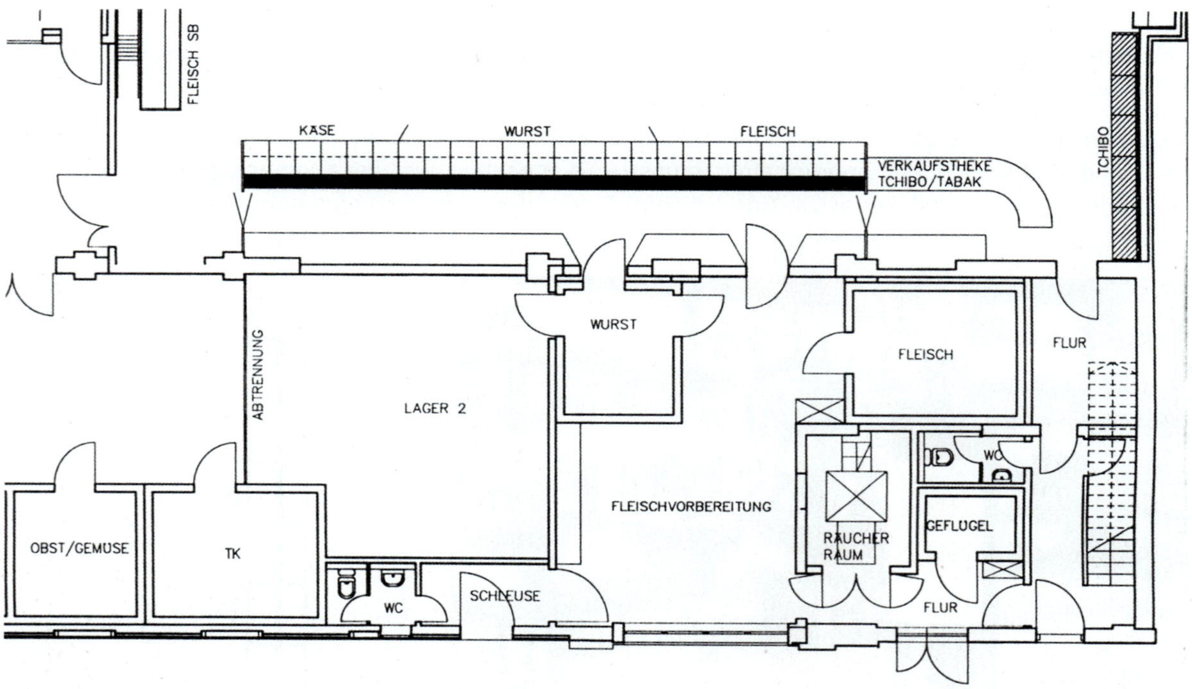

5.2 Ergänzende Gestaltungsregeln

Im Einzelnen sind aber noch weitere Überlegungen zu beachten.

* **Schwere Produkte** wie Mehrweggetränke gehören grundsätzlich an das Ende des Kundenweges, damit der Kunde mit dem Warentransport durch das Geschäft nicht unnötig belastet wird.
* Auch **Genussmittel** gehören an den Schluss des Kundenweges, weil es sich um Impulskaufprodukte handelt, die am Ende des Einkaufs noch zusätzlich erworben werden.

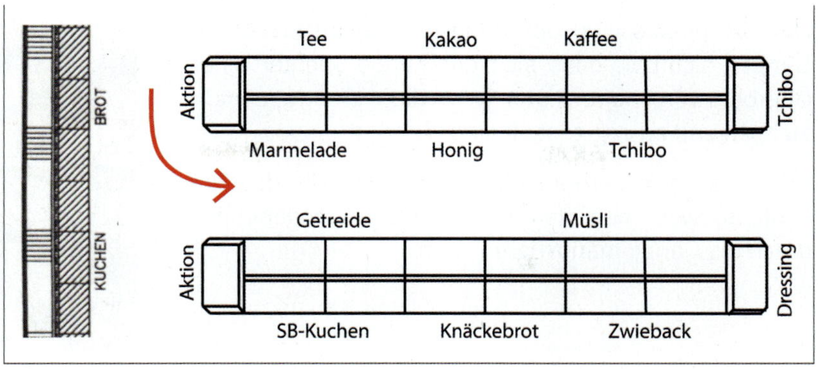

* Generell sollten **Impulskaufprodukte** und **Aktionsware** über die gesamte Ladenfläche verteilt werden. Auch an der Kasse sollten diese Produkte dargeboten werden, um die Wartezeit des Kunden zu nutzen.
* Für die **Mitte** des Verkaufsraumes sind Suchkaufprodukte wie Tiernahrung geeignet oder Produkte, die für das Geschäft keine große Bedeutung haben.
* **Zeitschriften** sind aus dem Hauptlauf herauszunehmen, weil der Kunde in ihnen ungestört blättern will.
* Es ist nicht nur der Hauptkundenlauf in den Außengängen zu beachten, sondern auch der Weg von Kunden in die Regalreihen. Sind Getreideprodukte z. B. gut kalkuliert, während süße Aufstriche wie Marmelade und Honig nur mäßigen Gewinn erbringen, sollten die Getreideprodukte auf einer **Auflauffläche** untergebracht werden (siehe Abbildung oben). Dort werden die Getreideprodukte von Kunden besser wahrgenommen. Für süße Aufstriche muss sich der Kunde umwenden.

Aktionswaren sind Orientierungspunkte und Erlebnisinseln für den Kunden, siehe allgemeine Regeln zur Verkaufsraumgestaltung auf Seite 205

■ Längs- oder Queranordnung der Warenträger?

Die Vorgehensweise ist im Lebensmittelhandel nicht einheitlich. Die querstehenden Warenträger auf der Innenseite (siehe Abbildung unten links) verlangen vom Kunden, dass er sich in die Regalreihen hinein bewegt. Damit sieht er einen größeren Teil des Sortiments. Andererseits betrachtet er im Hauptlauf hauptsächlich nur die Regalköpfe.

Stehen die Warenträger längs zur Laufrichtung (siehe Abbildung unten rechts), ergibt sich leicht ein Tunneleffekt. Der Kunde durchwandert schnell die Hauptstrecke und missachtet die weiter innen liegenden Regale weitgehend.

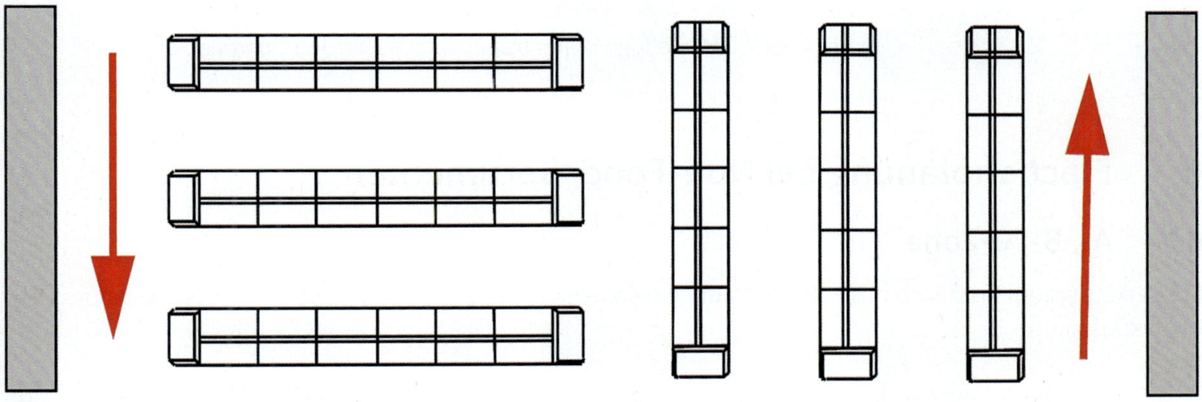

■ Orientierungshilfen

Kunden wollen bequem einkaufen. Daher möchten sie die gesuchten Produkte schnell finden und ihre Einkaufszeit kurz halten. Der Einzelhändler kommt diesem Wunsch entgegen, indem er die Stammplatzierung der Waren längerfristig beibehält und dem Kunden zusätzliche Orientierungshilfen gibt, z. B. durch Hinweisschilder, Deckenabhänger oder Lautsprecherdurchsagen.

Kundenwegplanung siehe Seite 212

Auch Hinweise auf Sonderangebote, Angebotsware oder Saisonprodukte helfen dem Kunden, sich im Geschäft zurechtzufinden und führen den Kunden auch in Verkaufszonen, die er nicht aufsuchen wollte.

Die Abbildung zeigt Orientierungshilfen, die an der Decke angebracht sind. Eine Faustregel lautet, dass dem Kunden etwa alle **zehn Meter** solch eine Hilfe geboten werden sollte.

Darüber hinaus wird durch die großzügige Breite des Ganges sichtbar, dass sich der Kunde leichter einen Überblick verschaffen kann, wenn die Warenträger nicht zu hoch und zu eng gestellt sind.

Breite Gänge fördern auch die Bequemlichkeit des Einkaufens, weil man den Einkaufswagen angenehmer durch die Gänge manövrieren kann.

Zusammenfassung

Flächenplanung im Lebensmitteleinzelhandel		
Suchlogik:	* Flächenplanung an der Suchlogik der Kunden ausrichten * von der Mahlzeitenzubereitung zur Wohnungseinrichtung oder Küche ⟶ Bad * Frischesignale am Eingang (Brot, Kuchen, Obst, Gemüse) * Frischegürtel auch im hinteren Bereich des Geschäftes mit Milch, Käse, Fleisch u. a.	
ergänzende Gestaltungsregeln:	* Suchkaufprodukte und weniger wichtige Produkte in der Mitte * schwere Produkte an das Ende des Kundenweges zur Kundenentlastung * Genussmittel als Impulskaufprodukte an das Ende * Ruhezone für Zeitschriften * gut kalkulierte Produkte in die Auflaufflächen	
längs oder quer?	quer: Kunde erfasst einen größeren Teil des Sortiments längs: Gefahr des Tunneleffekts, innere Regale werden übersehen	
Orientierungshilfen:	* Stammplatzierung beibehalten * Hinweisschilder, z. B. auf Warengruppen	* Hinweis auf Sonderangebote * Regel: ca. alle 10 m ein Hinweis
	* breite Gänge und niedrige Warenträger verbessern den Überblick	

6 Flächenplanung bei Non-Food-Sortimenten

6.1 A-, B-, C-Zone

Verkaufszoneneinteilung siehe Seite 209

Ein Verkaufsraum lässt sich nach der Verkaufswirksamkeit in Zonen einteilen. Die A-Zone ist besonders verkaufsstark.

A-Zone

Die Außenwände und alle aus der Sicht des Kunden rechten Seiten sind verkaufsstark, weil sich die Kunden bevorzugt im Randbereich des Geschäftes bewegen und sich nach rechts orientieren. Die Außenwände gehören daher zu A-Zone.

Auch der Kassenbereich ist eine A-Zone, weil die Wartezeit des Kunden für Impulskäufe genutzt werden kann.

B-Zone

Der Mittelraum gehört zur B-Zone, weil Kunden diesen Bereich vorerst meiden. Sie können aber durch kundeninteressante Warengruppen und attraktive Warenpräsentationen auf diese Zone aufmerksam gemacht werden.

Aus einer B-Zone kann also durchaus eine A-Zone entstehen.

C-Zone

Wenig verkaufswirksam ist z. B. der Eingangsbereich. Die Kunden müssen hier vor allem abgebremst und in Kaufstimmung versetzt werden.

Auch Ecken, die von Kunden nicht wahrgenommen werden, gehören zur C-Zone.

A-, B-, C-Zonen sind im Einzelhandelsgeschäft Verkaufsflächen mit absteigender Verkaufswirkung.

6.2 Kunden-Suchlogik

Suchlogik siehe auch Seite 214

Die Warengruppen müssen so angeordnet werden, dass sie aus der Sicht des Kunden eine logische Abfolge bilden. In einem Sportfachgeschäft mit Sportbekleidung, Sportgeräten und Schuhen steht im Winter die Warengruppe Schnee & Eis im Mittelpunkt. Sie bildet den Anfang des Kundenweges und ist besonders tief sortiert. Nach den Produkten für den Wintersport folgen die Outdoor-Sportarten, der Radsport usw.

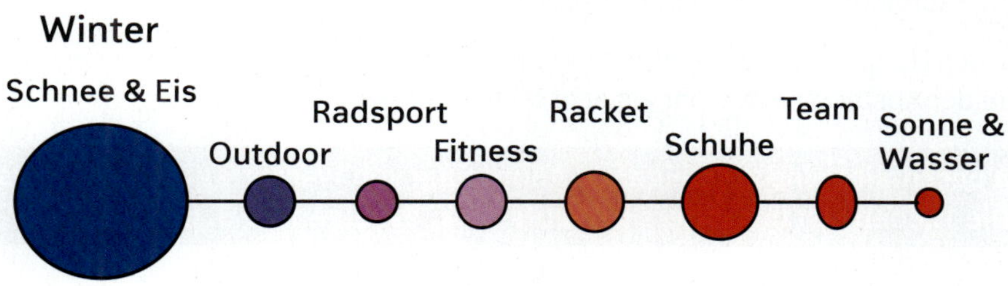

6.3 Stellung der Warenträger zum Kundenlauf

Kunden werden vielfach nicht an der Außenwand entlang geführt, sondern auf einem Innenweg. Der Raum zwischen dem Hauptkundenlauf und der Außenwand bietet Platz für attraktive Warenträger und Warengruppen.

Durch die Anordnung der Warenträger zum Hauptkundenlauf sollen den Kunden Anreize geboten werden, den Hauptweg zu verlassen, sich in die Mittelräume zu begeben und auch die Produkte an der Außenwand zu betrachten. Vielfach ist es sinnvoll, die Warenträger nicht rechtwinklig, sondern schräg zum Hauptlauf anzuordnen. Dies lädt Kunden ein, den Hauptlauf zu verlassen und die Mittelräume zu betreten.

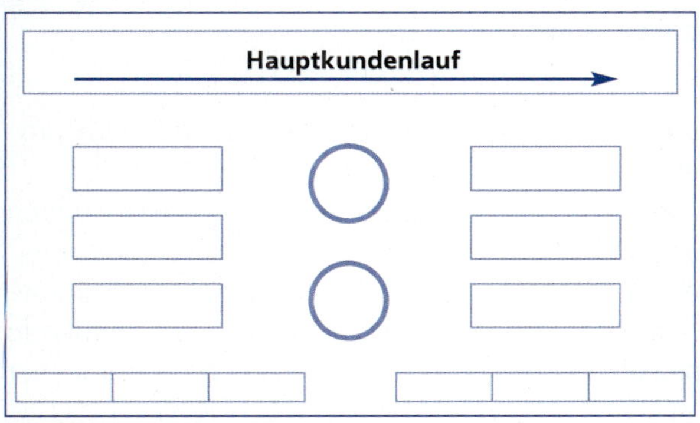

Warenträger rechtwinklig zum Hauptkundenlauf

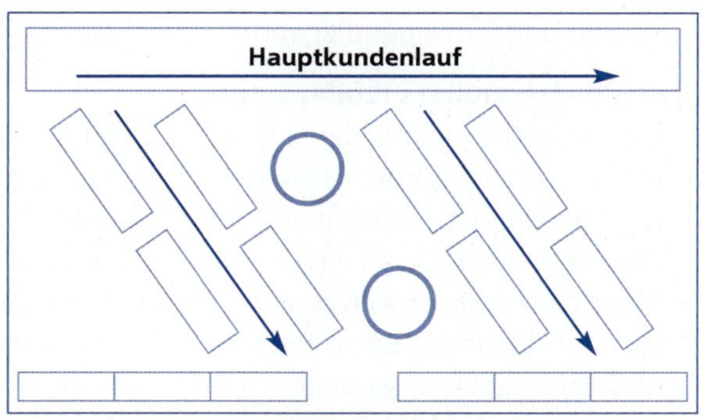

Warenträger schräg zum Hauptkundenlauf

6.4 Arenaprinzip

Damit der Kunde vom Hauptlauf aus einen ungehinderten Blick bis auf die Wanddekoration hat, wird für den Zwischenraum das Arenaprinzip angewendet. Dabei werden Warenträger wie die Sitzreihen in einer Sportarena in zunehmender Höhe angeordnet. Üblich sind drei Ebenen.

* **1. Ebene**
  Das ist die niedrigste Ebene, vorzugsweise mit flachen Tischen, Schütten oder Podesten gestaltet. Sie befindet sich unmittelbar am Hauptgang, in dem sich viele Kunden bewegen. Die 1. Ebene ist daher verkaufsstark.

Verkaufsstärke
1. Ebene
↓
3. Ebene
↓
2. Ebene

* **2. Ebene**
  In der zweiten Ebene überragen die Warenträger die erste Ebene. Es werden vor allem Ständer eingesetzt. Hier sollten jene Produkte attraktiv dargeboten werden, auf die der Kunde durch die dritte Ebene aufmerksam gemacht worden ist. Auch kundeninteressante Produkte gehören in die Ebene, um Kunden in den Mittelraum zu „ziehen".
* **3. Ebene**
  Ein Kunde, der durch den Hauptgang wandert, sieht die dritte Ebene als oberen Streifen der Rückwand. Interessante Fotos und aktuelle Modethemen, unterstützt durch intensive Beleuchtung, machen den Kunden auf die Rückwand aufmerksam. Diese Ebene ist daher verkaufsstärker als die zweite Ebene. In der zweiten Ebene und im unteren Bereich der Rückwand findet der Kunde die zugehörigen Produkte.

Wendet man das Arenaprinzip im gesamten Geschäft an, wird der Kunde regelmäßig angehalten, in die Mittelräume zwischen Hauptlauf und Rückwand zu gehen.

Der Abstand zwischen Hauptlaufgang und der Rückwand sollte acht Meter nicht übersteigen. Auch zwischen zwei Gängen sollte der Abstand nicht mehr als acht Meter betragen.

Arena-Prinzip beschreibt eine aufsteigende Anordnung von Warenträgern mit unterschiedlichen Höhen. Die 1. Ebene ist besonders verkaufsstark; es folgen die 3. und dann die 2. Ebene.

6.5 Flächenkonzepte

■ Grundüberlegung

Zunehmend bietet der Einzelhandel der Industrie partnerschaftliche Vertragsflächen an. Darunter versteht man optisch abgegrenzte Verkaufsflächen, auf denen ein Hersteller seine Produkte gebündelt präsentiert und verkauft. Oftmals wird die Fläche durch spezielle Ladenbauelemente ergänzt, die den Wiedererkennungswert der Herstellermarke verstärken.

Hersteller und Einzelhändler verfolgen mit diesen Flächenkonzepten eigene Ziele.

POS, Point of Sale (engl.): Ort des Verkaufs

Ziele des Herstellers (Lieferanten)

* Ein Hersteller möchte seine Marke aus der Masse der Anbieter hervorheben und das eigene Produktprogramm verkaufsfördernd am Ort des Verkaufs anbieten.
* Er ist an einem einheitlichen Auftritt seiner Marke im Handel interessiert und verfolgt das Ziel, einen hohen Bekanntheitsgrad und ein positives Image beim Verbraucher zu schaffen.
* Außerdem stellt er sich dem Einzelhändler als kompetenter Partner dar und sichert sich eine bestimmte Verkaufsfläche für seine Produkte. Je nach Konzept kann der Hersteller auch direkt mit den Kunden in Kontakt treten und so weitere Vorteile wie Informationen über die Konsumgewohnten der Endverbraucher erlangen
* Letztendlich erhofft er sich durch die Nutzung des Standortes und des Ansehens des Einzelhändlers bessere Verkaufszahlen.

Ziele des Einzelhändlers

* Einzelhändler hoffen auf eine **größere Kundenzahl**, einen höheren und schnelleren Absatz der Produkte und einen Imagegewinn für ihr Geschäft.
* Durch die besondere Beziehung zum Hersteller versprechen sie sich außerdem eine Vorzugsbehandlung bei den **Lieferungs- und Zahlungsbedingungen**, z. B. pünktliche und vollständige Lieferung der Ware, große Kulanz bei Reklamationen und Rücknahmen.

* Die Reservierung eines Teils der Verkaufsfläche für einen Lieferanten ist häufig mit einer **Umsatz- oder Gewinn-Garantie** des Lieferanten verbunden. Dadurch mindert sich das wirtschaftliche Risiko des Einzelhändlers.
* Schließlich übernimmt der Hersteller Teilaufgaben des Einzelhändlers, indem er z. B. die Ladenrichtung auf seiner Fläche bereitstellt und betreut. In der Regel unterstützt der Lieferant den Einzelhändler bei seinen Absatzbemühungen durch **Werbung und Verkaufsförderung**.

Werbung siehe Seite 243
Verkaufsförderung siehe Seite 267

Ein **Flächenkonzept** stellt für einen Händler auf der anderen Seite ein Risiko dar, weil er für eine bestimmte Mindestlaufzeit an die jeweilige Markenfläche gebunden ist und sich zu bestimmten Rahmenbedingungen, z. B. Bestellmenge, verpflichten muss. In der Regel legen Händler und Hersteller den Lieferrhythmus sowie die Umsatzplanung gemeinsam fest. Gegebenenfalls übergibt der Einzelhändler einige Aufgaben, die im Rahmen der Flächenbewirtschaftung anfallen, an seinen Lieferanten, z. B. die Bestückung der Warenträger mit Waren.

Die Vielzahl von **Flächenvereinbarungen** – die Mehrzahl der Lieferanten ist an eigenen Flächen in den Einzelhandelsgeschäften sehr interessiert – führt aus Sicht des Kunden zu einer gewissen Gleichförmigkeit in der Ausstattung der Einzelhandelsgeschäfte. Beim Verbraucher macht sich zunehmend der Eindruck breit, in den Innenstädten weitgehend das gleiche Angebot der bekannten Marken vorzufinden.

Aber Kunden profitieren von Flächenkonzepten, weil die Bündelung von Produkten einzelner Hersteller auf der Verkaufsfläche zu mehr Übersichtlichkeit und Einheitlichkeit in der Produktpräsentation führt. Außerdem sind diese Flächen Orientierungspunkte für Kunden, die sich dadurch im Verkaufsraum besser zurechtfinden.

allgemeine Regeln zur Verkaufsraumgestaltung siehe Seite 205

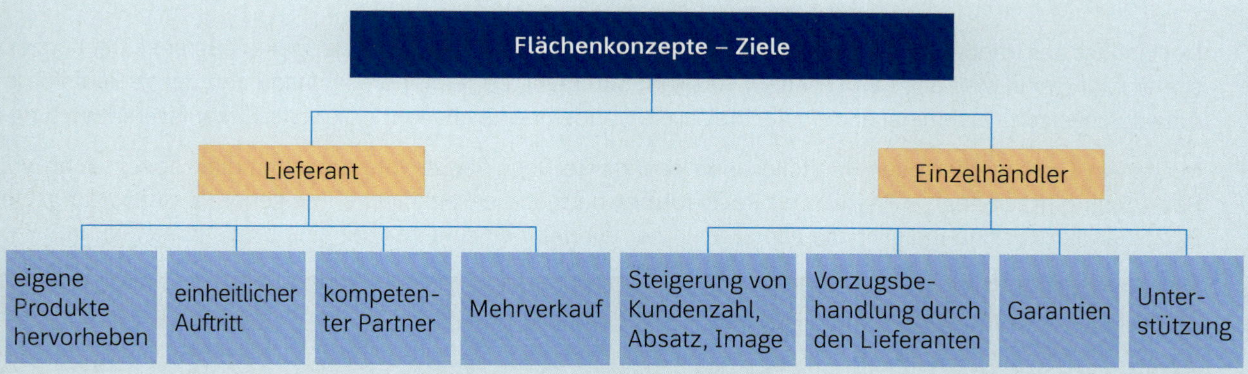

■ Shop-in-Shop

Ein **Shop-in-Shop** ist eine vom übrigen Geschäft optisch abgegrenzte Fläche, auf der eine spezielle Marke präsentiert und verkauft wird. Die Größe der Fläche liegt z. B. bei Textilien häufig zwischen 40 und 100 m². Charakteristisch ist, dass eine Shop-in-Shop-Fläche mit speziellen Ladenbauelementen des Herstellers ausgestattet wird, z. B. Fußboden, Regale, Theke, Tische, Schränke.

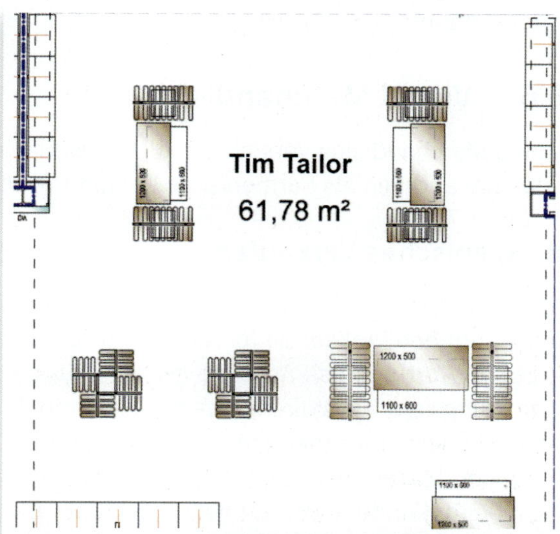

Häufig wird ein Shop-in-Shop in räumlicher Nähe zur entsprechenden Stammabteilung präsentiert und stellt zu ihr einen Gegenpol dar, der die Stammabteilung aufwerten kann. Da ein Shop-in-Shop dem Konsumenten Fachkompetenz verspricht, sind hohe Erwartungen hinsichtlich eines vollständigen und optisch ansprechend dargebotenen Sortiments zu erfüllen. Auch die Qualifikation des Verkaufspersonals stellt einen wichtigen Erfolgsfaktor dar.

Angestrebt wird auf Shop-in-Shop-Flächen ein höherer Umsatz als auf Stammabteilungsflächen. Ebenso sollten die Waren im Shop schneller als in Stammabteilungen umgeschlagen werden.

Die Zusammenarbeit zwischen Einzelhändler und Lieferant wird individuell vertraglich geregelt. Häufig werden die Bestückung der Regale mit Waren, Lieferzeiten und Umsätze gemeinsam geplant. Werbung und Verkaufsförderung liegen weiterhin in der Hoheit des Einzelhändlers. Typischerweise muss sich der Einzelhändler bei Shops aber verpflichten, eine bestimmte Warenmenge vom Lieferanten der Vertragsfläche zu beziehen. Im Extremfall ist es auch möglich, dem Hersteller die Warenbestückung der Regale innerhalb vereinbarter Grenzen zu überlassen.

corner (engl.): Ecke

Hat ein Shop lediglich eine Größe von ca. 5 bis 40 m², spricht man auch von **„Corner"**. Es werden lediglich Ausschnitte aus dem Herstellerprogramm gebündelt präsentiert.

Shop-in-Shop bezeichnet ein Flächenkonzept, bei dem auf einer optisch abgegrenzten Fläche des Verkaufsraumes eine spezielle Marke präsentiert und verkauft wird.

Concession-Shop

concession (engl.): Konzession, Genehmigung

Von einem **Concession-Shop** spricht man, wenn ein Händler seinem Lieferanten gegen Entrichtung einer meist umsatzabhängigen Miete eine bestimmte Fläche seines Geschäfts überlässt. Der Lieferant verkauft die Ware auf einer mit eigenen Ladenbauelementen ausgestatteten Fläche mit eigenem Personal und auf eigene Rechnung. Das Personal kann bei entsprechender Vereinbarung aber auch vom Händler gestellt werden.

Beispiel

Im Eingangsbereich eines SB-Warenhauses bietet ein selbstständiger Feinkosthändler, der Konzessionär, seine Waren an. Er hat eigene Warenträger, eigenes Personal und verkauft die Waren auf eigene Rechnung.

Der Einfluss des Händlers auf das Management seiner Fläche ist bei dieser Regelung sehr begrenzt. Der Konzessionär kann seine Marken-Handschrift zu 100% im Sortiment, der Warenpräsentation und der Verkaufsförderung durchsetzen. Zudem hat er die volle Preishoheit, andererseits aber auch die volle Verkaufsverantwortung.

Mietet ein Großhändler oder Hersteller eine bestimmte Regalfläche vom Einzelhändler, spricht man von Rackjobbing (Rack engl. = Regal). Der **Rack-Jobber** betreut die Regalfläche in eigener Verantwortung. Der Einzelhändler kassiert lediglich die Verkäufe und erhält dafür eine Miete oder eine Umsatzbeteiligung.

Concession-Shop beschreibt ein Flächenkonzept, bei dem ein Einzelhändler einem Lieferanten eine bestimmte Verkaufsfläche in eigener Verantwortung überlässt. Der Einzelhändler erhält für die Überlassung eine Miete.

Shop-in-Shop:	Grundsätzlich bleibt die Verantwortung für die Fläche beim Einzelhändler.
Concession-Shop:	Dem Lieferanten wird eine Fläche in eigener Verantwortung überlassen.
Rackjobbing:	Vermietung von Regalflächen an einen Lieferanten

6.6 Visual Merchandising

Visual Merchandising versteht man in zweierlei Weise; zum einen als Konzept des szenischen Verkaufens und zum anderen als harmonische Gestaltung des Verkaufsraumes.

Szenisches Verkaufen

Szenisches Verkaufen ist die bildhafte Information über Produkte, um den Verkauf zu fördern, denn „ein Bild sagt mehr als tausend Worte". Diese Aussage gilt auch für die Verkaufsraumgestaltung und die Warenpräsentation. Produkte, die in ihrem Verwendungszusammenhang gezeigt werden (z. B. Basketballprodukte zusammen mit einer Dekofigur als Spieler), prägen sich beim Kunden viel schneller ein und bleiben länger im

Gedächtnis haften. Außerdem entwickeln sich bei Kunden während der Betrachtung von Warenbildern gefühlsmäßige Erlebniswerte, die ihre Kauflust steigern. Der Einzelhandel bemüht sich daher heute vermehrt darum, Waren nicht einfach nur im Geschäft zum Kauf bereitzuhalten, sondern er setzt Produkte auf **Erlebnisinseln** in Szene, umgibt sie mit passendem Zubehör und schafft dadurch Kaufanreize.

Szenisches Verkaufen ist die bildhafte Darstellung von Produkten im Verwendungszusammenhang, eine Form des Visual Merchandisings.

■ Harmonische Gestaltung des gesamten Verkaufsraumes

Visual Merchandising wird auch als ein Konzept aufgefasst, den gesamten Verkaufsraum für die Kunden attraktiv darzustellen.

Da die meisten Kaufentscheidungen im Verkaufsraum getroffen werden, ist wichtig, die Kunden im Geschäft über alle Sinne anzusprechen. Neben dem Sortiment wird die Gestaltung des Verkaufsraumes damit zu einem wesentlichen Erfolgsfaktor.

Neben der Aufteilung der Verkaufsfläche spielt die Raumeinrichtung, z. B. die Art der Warenträger eine Rolle. Im Beispiel sind Shops verschiedener Hersteller gebildet worden. Wichtig ist auch, durch welche Mittel eine verkaufsfreundliche Atmosphäre, eine Wohlfühlatmosphäre, erzeugt wird.

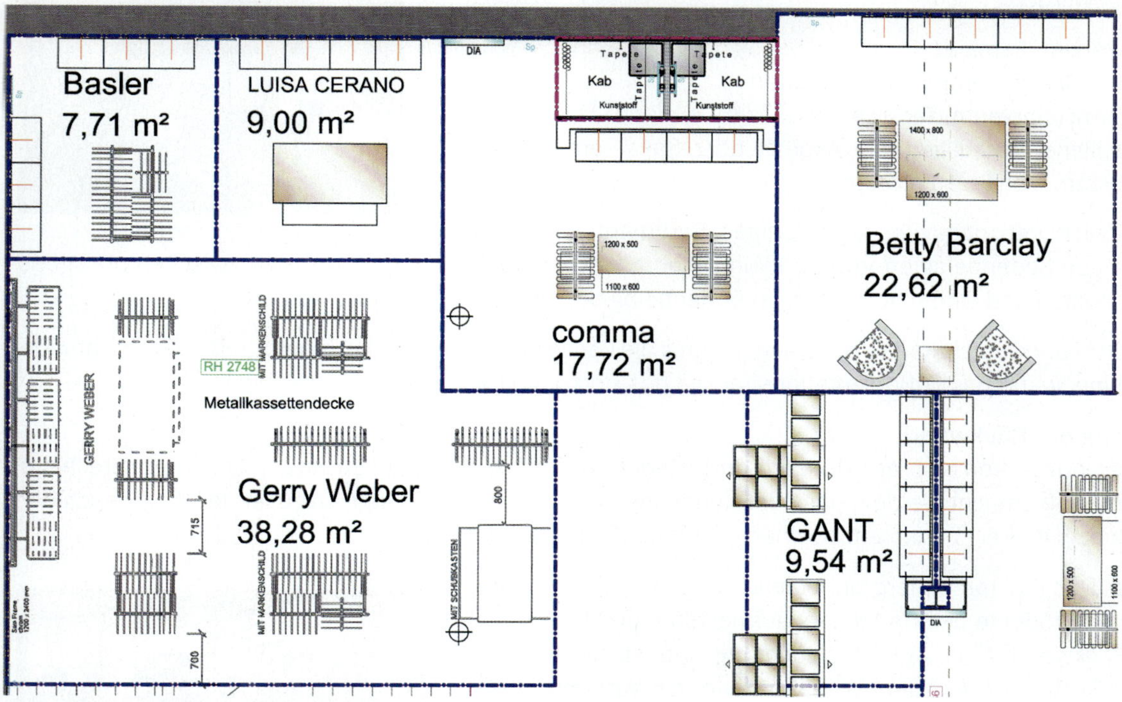

Raumplanung eines Textilfachgeschäftes (Ausschnitt)

Wegeführung

Gänge begrenzen Sortimentsteile und geben dem Kunden eine ganz wesentliche Orientierung. Die Wegführung sollte den natürlichen Bewegungsabläufen des Menschen angepasst werden, d. h., der Kundenweg sollte möglichst in einer Linksschleife gegen den Uhrzeigersinn verlaufen. Die Aufmerksamkeit des Kunden ist überwiegend nach rechts gerichtet.

Orientierungshilfen siehe Seite 224

Bei größeren Verkaufsflächen ist eine bewusste Kundenwegplanung unumgänglich. Kleinere Geschäfte können jedoch auf eine Wegführung verzichten und eine Orientierung über die Gestaltung der Warengruppen erreichen.

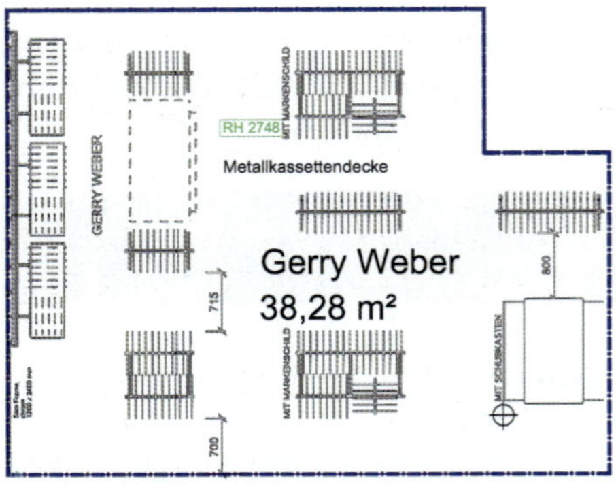

Flächenplanung siehe Seite 218

Im Beispiel mit Gerry Weber wird bei durchgehender Verkaufsfläche ohne Wege für diesen Hersteller eine optisch abgegrenzte Fläche bereitgestellt. Ebenso verfährt man mit den anderen Herstellern, sodass der Raum über die Anordnung der Hersteller aufgeteilt und für den Kunden übersichtlich gemacht wird.

Entscheidet man sich für eine bewusste Wegführung, gibt es neben der rechtwinkligen Anordnung (siehe Lebensmittelmarkt oben rechts) auch andere Lösungen:

* Kundenwegführung in einer Ellipse oder im Kreis wie beim Fahrradfachmarkt unten,
* aufgelockerte Wegeführung mit Abzweigungsmöglichkeiten für den Kunden wie in Beispiel 2 auf Seite 204.

Bodengestaltung

Der Boden eines Verkaufsraumes kann mit verschiedenen Materialien belegt werden:

* Holz, Parkett, Laminat
* Marmor, Granit, Keramik, Betonplatten
* Kunststoff, Linoleum, Teppich
* ausgefallene Materialien wie Asphalt oder Sand, um z. B. eine Urlaubsatmosphäre zu erzeugen

Grundsätzlich gilt, dass ein hochwertiges Sortiment auch einen hochwertigen Bodenbelag erfordert und umgekehrt. Es kann aber auch ein Gegensatz zwischen preisgünstigen Produkten und einem hochwertigen Bodenbelag und umgekehrt gebildet werden.

Im Bild des Fahrradfachmarkts ist zu sehen, dass die Laufwege für die Kunden einer Straße nachempfunden worden sind, während die Präsentationsflächen aus Holz-Laminat bestehen.

Gestaltung der Rückwand

Arenaprinzip siehe Seite 219

Menschen orientieren sich am Horizont und gliedern auf diese Weise einen Raum. Durch ansprechende Gestaltung soll erreicht werden, dass der Kunde bis zur Rückwand vordringt. Dazu ist der Raum nach dem Arena-Prinzip in drei Ebenen anzuordnen (siehe Abbildung rechts).

3. Ebene: Das Bild mit Hintergrundbeleuchtung machen den Kunden auf die Produkte des Herstellers aufmerksam und locken ihn an die Rückwand. Eine Akzentbeleuchtung unterstützt die Wirkung der Rückwand. Auf dem Weg dorthin durchläuft der Kunde die 1. und 2. Ebene mit dem dort aufgebauten Warenangebot. Letztlich beschreibt die Rückwand die davor präsentierten Produkte.

2. Ebene: Hier werden Waren in mittlerer Höhe angeboten, im Bild sind es Ständer mit Bügelware, auf die der Kunde durch die Rückwand aufmerksam gemacht worden ist.

1. Ebene: Hier werden die Produkte vorzugsweise auf flachen Tischen oder Podesten angeboten, die im Vordergrund abgebildet sind. Durch den ansteigenden Aufbau der Warenträger kann der Kunde das gesamte Warenangebot überschauen.

Orientierungshilfen

Kunden wollen sich im Geschäft zurechtfinden und nicht lange suchen. Die Verkaufsraumgestaltung muss den Kunden in dieser Hinsicht mit Navigationshilfen unterstützen.

Regeln

* Die Markierungen sollten einfach und leicht verständlich sein.
* Sie müssen auch auf Distanz erkennbar und wiedererkennbar sein.

Beispiele

Lebensmittelgeschäft: Regalbeschriftungen für die Warengruppen, eventuell mit Bildern unterstützt; unterschiedliche Lichtfarben, z. B. Molkereiprodukte in Blau, Obst und Gemüse in Gelb, Fleisch- und Wursttheke in Rot

Textilfachgeschäft: Dekofiguren machen auf das Abteilungssortiment aufmerksam, z. B. weibliche Figuren mit entsprechenden Damenbekleidungen, Bilder und Schriften für die einzelnen Warengruppen oder Hersteller

Schrift

Dekofiguren

Verkaufsatmosphäre

Sehen und Beleuchtung

Die meisten Sinneseindrücke werden über das Auge aufgenommen, damit erhält die Beleuchtung eines Geschäftes eine herausragende Bedeutung. Wichtig ist auch die Erkenntnis, dass Licht Kunden anzieht, während Dunkelheit von ihnen gemieden wird. Grundsätzlich hat die Beleuchtung zwei Aufgaben.

Grundbeleuchtung verschafft dem Kunden Sicht, damit er die Gegenstände im Geschäft einwandfrei erkennen kann und einen Überblick erhält. Die Grundbeleuchtung ist häufig flächig angelegt, das heißt durchgehende Lichtbänder durchfluten den Verkaufsraum gleichmäßig.

Akzentbeleuchtung schafft für den Kunden Anreize und hebt bestimmte Sortimentsteile optisch hervor. Auf diese Weise lassen sich auch Lichtzonen mit unterschiedlicher Lichtstärke erzeugen.

Eine **intensive Grundbeleuchtung** findet man häufig im Zusammenhang von niedrigem Preisniveau, hoher Kundenfrequenz und hohem Selbstbedienungsanteil.

Akzentbeleuchtung findet man häufig in Geschäften mit den Eigenschaften hohes Preisniveau, niedrige Kundenfrequenz und hoher Bedienungsanteil.

Grund- und Akzentbeleuchtung können miteinander kombiniert werden. Es ist aber auch ein Verzicht auf die Grundbeleuchtung möglich, indem z. B. Verkaufsfläche, Rückwände und Produkte ausschließlich mit Strahlern beleuchtet werden.

Über die Wahl der Leuchtmittel lässt sich auch die Farbe eines Raumes beeinflussen. Neonlicht (von Leuchtstofflampen) wirkt oft sehr hell und kalt, während andere Leuchtmittel „wärmere“ Lichtfarben („warmweiß“) zulassen.

Sehen und Farbgebung
Zum Sinneseindruck Sehen gehören auch die Farben der Wände, der Decken und des Fußbodens. Hier gilt der Grundsatz, dass die Wand-, Decken und Fußbodenfarben zurückhaltend gewählt werden sollen, weil die Produkte im Mittelpunkt stehen.

Hören und Akustik
Ein Kunde soll sich im Geschäft wohlfühlen und dort möglichst lange verbleiben, denn eine längere Verweildauer erhöht den Umsatz des Kunden. Eine dezente Hintergrundmusik wird von vielen Kunden als angenehm empfunden. Der Einzelhändler kann eine Musikanlage installieren lassen und Musikprogramme abspielen, die zum Charakter des Geschäftes passen. Außerdem kann er die Musikanlage nutzen, um die Kunden durch Sprachmitteilungen zu informieren. Dabei ist allerdings Vorsicht geboten, dass aus der angenehmen Untermalung mit Musik nicht eine nervende Störung mit Werbung wird.

Riechen und Duft
Auch der Riechsinn des Menschen kann beim Visual Merchandising angesprochen werden.

Beispiel

In einem Lebensmittel-Supermarkt ist die Obst- und Gemüseabteilung marktähnlich aufgebaut. Aus einer Duftsäule strömen Fruchtaroma und Nebelfrische.

Über die Klimaanlage lässt sich auch ein ganzes Geschäft mit einem bestimmten Duft versorgen. Zurückhaltung ist allerdings geboten. Als natürlich wird vielfach ein Zitrus-Duft empfunden.

Visual Merchandising ist die harmonische Gestaltung des Verkaufsraumes durch Wegführung, Boden- und Rückwandgestaltung, Bereitstellung von Orientierungshilfen und die Schaffung einer angenehmen Verkaufsatmosphäre.

Zusammenfassung

Flächenplanung bei Non-Food-Sortimenten	
A-, B-, C-Zone:	Verkaufsflächen im Einzelhandelsgeschäft mit unterschiedlichen Verkaufswirksamkeiten
Suchlogik:	folgerichtige räumliche Anordnung von Warenträgern und Warengruppen nach den Erwartungen der Kunden
Warenträgerstellung:	Die schräge Anordnung der Warenträger führt Kunden in die Mittelräume.
Arenaprinzip:	aufsteigende Anordnung von Warenträgern mit unterschiedlichen Höhen
Flächenkonzepte:	abgegrenzte Verkaufsflächen für die Produkte einzelner Hersteller oder Lieferanten
Ziele der Lieferanten:	* eigene Produkte herausstellen * einheitlicher Auftritt * Kompetenz zeigen * Mehrverkauf
Ziele der Einzelhändler:	* Steigerung von Kundenzahl, Absatz und Image * Vorzugsbehandlung * Garantien (Umsatz-, Gewinn) * Unterstützung (Absatzbemühungen)
Shop-in-Shop:	Produkte eines Lieferanten auf optisch abgegrenzten Flächen. Verantwortung bleibt beim Einzelhändler
Concession-Shop:	Überlassen einer Verkaufsfläche in eigener Verantwortung des Lieferanten
Rack-Jobber:	Miete einer Regalfläche durch Großhändler oder Hersteller
Szenisches Verkaufen:	bildhafte Darstellung von Produkten im Verwendungszusammenhang
Visual Merchandising:	* Konzept des szenischen Verkaufens * harmonische Gestaltung des gesamten Verkaufsraumes durch – Wegführung – Boden- und Rückwandgestaltung – Orientierungshilfen – Verkaufsatmosphäre

7 Warenpräsentation

7.1 Grundsätze

In Übereinstimmung mit den Grundsätzen zur Verkaufsraumgestaltung wird auch bei der Warenpräsentation einzelner Artikel im Warenträger davon ausgegangen, dass der Einzelhändler

* die besten Regalplätze mit den einzelhandelsinteressanten Produkten bestückt,
* die Suchgewohnheiten der Kunden nutzt, um deren Kaufentscheidung zu beeinflussen.

Grundsätze der Verkaufsraumgestaltung siehe Seite 204

Der Einzelhändler kann spezielle Marketingziele verfolgen, die er auch durch eine entsprechende Warenpräsentation unterstützt:

Beispiele

* Bestimmte Artikel müssen unbedingt abgesetzt werden, z. B. wegen drohender Überschreitung des Mindesthaltbarkeitsdatums. Diese Waren erhalten dann eine besondere Platzierung.
* Hersteller zahlen dem Einzelhändler Werbekostenzuschüsse, damit dessen Produkte an bevorzugter Stelle platziert werden.
* Saisonartikel und Produkte, die neu eingeführt werden sollen, verlangen eine Präsentation an den verkaufsstarken Plätzen eines Regals.
* Ein Einzelhändler ist vor allem an hohen Umsätzen interessiert, z. B. in der Anfangsphase einer Geschäfts- oder Filialgründung. Umsatzstarke Produkte werden daher bevorzugt präsentiert.

Die weiteren Überlegungen gehen davon aus, dass Waren vor allem in Vor- und Selbstwahl präsentiert werden. In beiden Verkaufsformen ist eine für den Kunden übersichtliche Warenpräsentation erforderlich.

Bei **Vorwahl** muss ein der Kunde auch tatsächlich eine Vorauswahl treffen können, bevor der Kundenberater hinzutritt. Bei **Selbstwahl** ist die Übersichtlichkeit der Produkte eine wesentliche Voraussetzung für die Selbstwahl durch den Kunden.

Warenpräsentation ist die Darbietung der Waren in Warenträgern.

7.2 Kundenansprüche an die Warenpräsentation

Im Kapitel 2.1 wurden die Kundenansprüche an die Warenplatzierung durch Verkaufsraumgestaltung und Warenpräsentation näher betrachtet. Diese Überlegungen kann man auf die Warenpräsentation ausweiten und darstellen, wann die Unterbringung von Waren im Warenträger als kundenfreundlich anzusehen ist. Ausgangspunkt sind die vier Platzierungsansprüche der Kunden:

Kundenansprüche an die Warenplatzierung siehe Seite 201

1. **Geringer Suchaufwand**: Dieser Anspruch wird erfüllt, wenn die Anordnung der Waren dem Suchverhalten des Kunden entspricht. Untersuchungen, die das Blickverhalten von Kunden vor einem Regal näher betrachten, hatten zum Ergebnis, dass sich Kunden in der Senkrechten (Vertikalen) orientieren, ihr Blick geht von oben nach unten. Waren, die in **senkrechten Blöcken** gegliedert sind, entsprechen demnach dem Suchverhalten der Kunden am besten. Der Suchaufwand wird weiterhin verringert, wenn der Kunde Artikel, die er häufig gemeinsam einkauft, auch in räumlicher Nähe zueinander findet. Dies spricht für eine Stärkung der **Verbundpräsentation**.
2. **Einfache Vergleichbarkeit**: Kunden wünschen, dass Produkte, die sie vor der Kaufentscheidung miteinander vergleichen möchten, möglichst nahe beieinander finden. Dies verlangt eine **waagerechte** oder horizontale Darbietung von **Vergleichs- oder Alternativprodukten**.
3. **Kaufanregung**: Wenn Kunden für Kaufanregungen offen sind, kann diesem Wunsch entsprochen werden, indem Waren im **Verbund** präsentiert werden, z. B. die Soße zu den Nudeln oder Filtertüten, Milch, Zucker und Gebäck zum Kaffee. Der Kunde wird dadurch an den Kauf der Verbundartikel erinnert oder auf zusätzliche Kaufmöglichkeiten aufmerksam gemacht.
4. **Ansprechendes optisches Erscheinungsbild**: Diesem Kundenwunsch wird entsprochen, wenn die Verbundpräsentation durch **zusätzliche Gestaltungselemente** aufgewertet wird.

Verbundpräsentation: Bündelung von Waren, die der Kunde häufig gemeinsam einkauft

Alternativprodukte: Waren, deren Kauf ein Kunde wechselseitig in Erwägung zieht siehe Seite 136

Beispiel Zu den italienischen Nudeln wird nicht nur eine Auswahl italienischer Soßen präsentiert, sondern dekorative Fähnchen, das Foto eines Kochs und Bilder von Italien erzeugen zusätzlich eine Urlaubsstimmung, die natürlich auch die Kaufentscheidungen der Kunden beeinflusst.

Zu beachten ist, dass Kunden vorzugsweise auf die ersten beiden Ansprüche geringer Suchaufwand und einfache Vergleichbarkeit Wert legen. Kaufanregung und optische Verschönerungen werden mehr als zusätzliche Anreize hingenommen.

Betrachtet man die Präsentationsgrundsätze des Einzelhändlers und die Präsentationsansprüche der Kunden, so wird ein Gegensatz sichtbar. Der Einzelhändler möchte mit der Präsentation der Waren seinen Erfolg maximieren, indem er z. B. die gut kalkulierten Produkte in der Sichtzone platziert. Der Kunde legt vor allem Wert auf die leichte Suche und die gute Vergleichbarkeit von Produkten. Die Erfolgsorientierung des Einzelhändlers steht demnach schnell im Widerspruch zu einer kundenorientierten Warenpräsentation. Der Einzelhändler muss sich entscheiden, ob er eine langfristig hohe Kundenzufriedenheit und damit Kundentreue anstrebt oder ob ihm eine kurz- bis mittelfristige Maximierung seines Geschäftserfolges wichtiger ist.

Erfolgsorientierung	↔	Kundenorientierung
* hohe Verweildauer des Kunden im Geschäft * möglichst viele (ungeplante) Impulskäufe		* geringer Suchaufwand und damit kurze Verweildauer * schnelle Kaufentscheidung

Warenpräsentation im Onlinehandel

Die oben aufgeführten Ansprüche der Kunden an die Warenpräsentation werden vom Onlinehandel in besonders deutlicher Weise umgesetzt:

* Der **Suchaufwand** für ein Produkt ist im Internet für gewöhnlich sehr gering. Über eine Vorauswahl bei Google oder z. B. Amazon gelangt man zu einer Vielzahl von Anbietern (Google) oder direkt zu einem Produktangebot (Amazon).
* Der **Vergleich** unterschiedlicher Produktangebote ist besonders einfach. Entweder wird auf der Webseite eines Anbieters (z. B. Amazon, Otto) bereits eine große Produktauswahl angeboten oder man nutzt spezielle Vergleichsportale (z. B. IDEALO, billiger.de, Geizhals.de).
* Auch **Kaufanregungen** können im Internet in vielfältiger Weise gegeben werden, z. B. durch attraktive Beschreibungen der Produktvorteile, gelungene Produktabbildungen, Erklärvideos und positive Kundenbewertungen.

7.3 Ordnungsregeln

Ein geordneter und sauberer Verkaufsraum hat für Kunden allergrößte Bedeutung. Das Gleiche gilt für das einzelne Regal. Auch dort wünscht der Kunde eine übersichtliche und geordnete Warendarbietung.

Der Kunde erwartet außerdem gut gefüllte Regale, weil sie ihm ausreichende Auswahl signalisieren. Eine kleine **Grifflücke** ist normal. Sie zeigt dem Kunden, dass sich andere hier bedienen – ein positives Zeichen.

Die **Produktbeschriftung** muss von der Zugriffsseite gut lesbar sein. Kleinere Produkte gehören in Laufrichtung vor die größeren.

Produkte, die nach Art, Größe und Farbe zusammengehören, sollten nicht getrennt präsentiert werden. Kunden und Mitarbeiter erhalten dadurch einen besseren Überblick. Mehrfachplatzierungen innerhalb eines Regals irritieren den Kunden. Produkte immer mit der attraktivsten Seite, der **Schauseite**, präsentieren.

Gleiche Behältergrößen und -farben wie im Bild sorgen außerdem für ein ruhiges Warenbild. Die Waren sollten auch in klar gegliederten Blöcken angeordnet werden. Beides erleichtert dem Kunden die Orientierung.

Diagonale (schräge) und überlappende (aus dem Block überstehende) Präsentationen hingegen erschweren den Überblick.

Verbreitete Präsentationsfehler sind zu vermeiden:

* Unordnung
* zu große Grifflücken
* Mehrfachplatzierung innerhalb des Regals
* unruhige Darbietung
* diagonale Warenpräsentation
* überlappender Aufbau
* zu hoher Aufbau

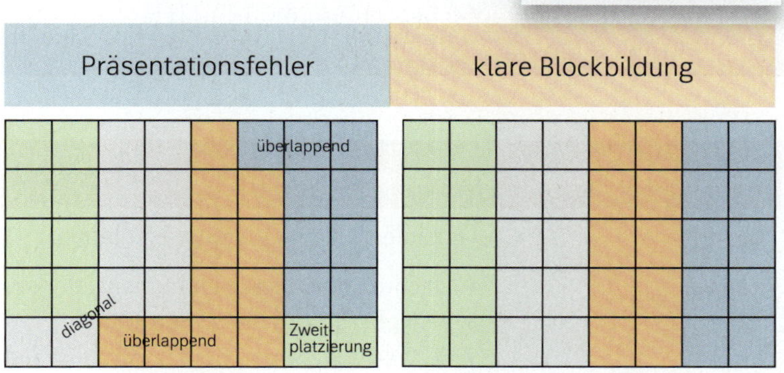

Zusammenfassung

Warenpräsentation – Grundsätze – Kundenansprüche - Ordnungsregeln	
Grundsätze:	* Einzelhandelsinteressante Produkte erhalten die besten Plätze. * Die Suchgewohnheiten der Kunden werden genutzt, um ihre Kaufentscheidung zu beeinflussen. * Die Warenpräsentation unterstützt spezielle Ziele des Einzelhändlers. * Übersichtliche Warenpräsentation ist notwendig.
Kundenansprüche:	* geringer Suchaufwand * einfache Vergleichbarkeit * Kaufanregung * ansprechendes optisches Erscheinungsbild Gegensatz: Erfolgsorientierung – Kundenorientierung
Ordnungsregeln:	* Ordnung und Sauberkeit * Grifflücken regen zum Kauf an * Produktbeschriftung nach vorn * Schauseite zum Kunden * Zusammengehöriges bündeln * ruhiges Warenbild * klar gegliederte Blöcke
Präsentationsfehler:	* Unordnung * zu große Grifflücken * Mehrfachplatzierung im Regal * Unruhe * diagonale Präsentation * überlappender Aufbau * zu hoher Aufbau

8 Warenpräsentation in Geschäften mit Bedienung

Verkaufsformen siehe Seite 57

Die Anordnung der Waren in den Warenträgern ist als **verkäufergerechte Warenpräsentation** auf die Ansprüche des Kundenberaters auszurichten. Die Ware muss für die Verkaufsmitarbeiter leicht erreichbar sein. Allerdings werden die Waren heute nicht mehr vor dem Kunden in Schubladen und Schränken versteckt, sondern dem Kunden zumindest optisch zugänglich gemacht. Daher ist eine attraktive Darbietung der Waren ebenfalls bedeutsam.

Regeln

Warenvorlage siehe Seite Seite 109

* Die Waren werden verkäufergerecht präsentiert.
* Die Waren sind so in den Warenträgern unterzubringen, dass umsatzstarke Sortimentsteile leicht zu erreichen sind.
* Bei der Unterbringung der Artikel ist die Reihenfolge der Warenvorlage im Verkaufsgespräch zu beachten.
* Vom Grundsatz verkäufergerechter Darbietung wird abgewichen, wenn der Kunde auf Ware aufmerksam gemacht werden soll.

Verkäufergerechte Warenpräsentation bezeichnet die Platzierung von Waren in Warenträgern nach den Ansprüchen des Verkaufsmitarbeiters: leichte Erreichbarkeit, Orientierung an der Reihenfolge der Warenvorlage.

Warenpräsentation in Geschäften mit Bedienung	
Grundsatz:	verkäufergerechte Warenpräsentation
Regeln:	* leichte Erreichbarkeit für umsatzstarke Artikel * Orientierung an der Warenvorlage * Abweichung, wenn der Kunde auf Ware aufmerksam gemacht werden soll

9 Warenpräsentation bei Vorwahl

Vorwahl siehe Seite 57

In Geschäften mit Vorwahl wird den Kunden Gelegenheit gegeben, sich zuerst selbst im Geschäft umzusehen und die Produktauswahl einzugrenzen. Neben der Verkaufsraumgestaltung, die der Groborientierung eines Kunden dient, kann auch die Warenpräsentation die Vorauswahl des Kunden unterstützen.

Dazu sind die Waren so auf den Warenträgern zu verteilen, dass einem Kunden die Suche nach seinem Wunschprodukt erleichtert wird.

In einem Schuhfachgeschäft unterstützt die Warenpräsentation die Produktsuche des Kunden oft dadurch, dass Schuhe nach Größen sortiert innerhalb einer Marke dargeboten werden. In den einzelnen Regalen kann die Vorauswahl dann noch verfeinert werden, indem wesentliche Überlegungen des Kunden zur Kaufentscheidung beachtet und in der Warenanordnung umgesetzt werden.

Beispiel

Geht man davon aus, dass sich männliche Kunden beim Schuhkauf zuerst an der Schuhgröße und der Marke orientieren, folgt in ihrem Entscheidungsprozess die Frage nach der Schuhfarbe. Eine Warenpräsentation, die innerhalb der Schuhgröße deutliche Farbblöcke bildet, unterstützt den Kunden in seiner Vorauswahl, weil der größte Teil seines Kaufentscheidungsprozesses bereits durch die Warenpräsentation nach Größe – Marke – Farbe abgebildet wird.

Selbstwahl siehe Seite 57

Grundsätzlich erleichtern klar gegliederte Produktblöcke die Vorauswahl des Kunden, weil sie ihm die Orientierung erleichtern. Die gilt nicht nur für die Vorwahl, sondern auch für Geschäft mit Selbstwahl.

■ Käufer-Entscheidungsbaum

Kundenbefragungen zeigen, dass Kaufentscheidungsprozesse bestimmte Reihenfolgen durchlaufen, die sich an den Vorlieben (Präferenzen) des Kunden ausrichten.

Käufer-Entscheidungsbaum beim Kauf von Zahncreme

1. Präferenz	Format (Tube, Spender)
2. Präferenz	Grundnutzen (Kariesschutz, Zahnfleischschutz u. a.)
3. Präferenz	Marke
4. Präferenz	Geschmack

Ein Kunde, der seine bisher gekaufte Zahncreme nicht findet oder ein neues Produkt ausprobieren möchte, sucht also zuerst das von ihm bevorzugte Format, vor allem Zahncreme in der Tube. Danach bemüht er sich, eine Zahncreme zu finden, die den für ihn wichtigsten Grundnutzen sicherstellt, z. B. Schutz vor Karies, Zahnfleischschwund. Danach sind für ihn die Marke und der Geschmack von Interesse.

Die Wahl des Kunden wird erleichtert, wenn er im Regal mit Zahncreme eine Anordnung vorfindet, die sich an der Abfolge seines Entscheidungsprozesses orientiert.

Warenpräsentation bei Vorwahl ist die Anordnung der Waren in den Warenträgern nach dem Such- und Entscheidungsverhalten des Kunden

Zusammenfassung

Warenpräsentation bei Vorwahl	
Grundsatz:	Das Such- und Entscheidungsverhalten des Kunden ist maßgebend.
Käufer-Entscheidungsbaum:	* häufig erkennbare Reihenfolge beim Kaufentscheidungsprozess * von der Groborientierung zur verfeinerten Vorauswahl
Warenpräsentation:	entlang des Kaufentscheidungsprozesses

10 Warenpräsentation bei Selbstwahl

Selbstwahl siehe Seite 57

In Geschäften mit Selbstwahl kommt der Kundenwegplanung im Rahmen der Verkaufsraumgestaltung und der selbstwahlgerechten Warenpräsentation eine besondere Bedeutung zu. Schließlich müssen die Produkte auch so angeordnet sein, dass ein Kunde sich selbst zurechtfindet, denn andernfalls müsste er ständig beim Personal nachfragen.

Dem Kunden wird Orientierung gegeben, wenn er im Regal eine überschaubare Ordnung vorfindet. Das geschieht vor allem durch Blockbildung. Darüber hinaus sind Regeln zu beachten, die sich aus den Verhaltensweisen der Kunden wie Blickfolge vor einem Regal ergeben.

10.1 Regalzonen

Regalzonen entstehen zuerst durch die Unterteilung eines Regals mit Regalböden. Darüber hinaus werden die Bereiche eines Regals von Kunden unterschiedlich stark beachtet. Dadurch ergeben sich verkaufsstarke und verkaufsschwache Zonen innerhalb eines Regals.

Senkrechte Betrachtung

Teilt man ein Regal in senkrechte oder vertikale Blöcke, wird der Kundenlauf gestoppt und das Interesse eines Kunden auf den jeweiligen Regalausschnitt gelenkt. Bei **waagerechter** Blockbildung würde der Blick eines Kunden hingegen entlang des Blocks weiter geführt. Zeigt ein Kunde nun für den Inhalt eines weiteren horizontalen Blocks dieses Regals Interesse, müsste er sich wieder zurück an den Ausgangspunkt des Regals begeben. Dazu sind Kunden aber in der Regel nicht bereit. Daher herrscht im Einzelhandel die senkrechte Blockbildung vor.

Blockbreite		
über 160 cm	3. Reckzone	
120–160 cm	1. Sichtzone	
80–120 cm	2. Greifzone	
0–80 cm	4 Bückzone	

Werden innerhalb eines Blocks auch Alternativprodukte angeboten, kann sich ein Kunde nicht nur leicht orientieren, sondern er kann auch eine einfache Kaufentscheidung treffen. Seine Ansprüche auf geringen Suchaufwand und einfache Vergleichbarkeit erfüllt der senkrechte Block besonders gut.

Die **Blockbreite** sollte bei ca. einem Meter liegen, weil dieses Maß dem Blickfeld eines Menschen entspricht, der vor einem Regal steht. In der Praxis sind aber auch kleinere und größere Breiten üblich. Vielfach entspricht die Blockbreite der Regalbreite, weil – gerade in größeren Einzelhandelsgeschäften – standardisierte Regale von z. B. 1,20 m Breite verwendet werden.

Der **oberste Boden** eines Regals sollte nicht höher als 1,60 m liegen, weil dann die darauf befindlichen Produkte für die meisten Menschen noch erreichbar sind. Die Produktoberkante liegt dann häufig im Bereich von 1,80 m.

Sehgewohnheiten

Ein Kunde, der vor einem Regal steht, betrachtet erst die Produkte in Sichthöhe. Anschließend wandert sein Blick nach unten. Weil sich der Kunde zuerst in Sichthöhe orientiert, ist diese Zone des Regals auch für die Warenpräsentation besonders wichtig; Artikel, die dort platziert sind, werden von den Kunden am häufigsten betrachtet. Damit ist die Wahrscheinlichkeit besonders groß, dass diese Produkte auch gekauft werden.

Verkaufswirksamkeiten (Regalwertigkeiten)

Aus den Sehgewohnheiten ergeben sich die unterschiedlichen Verkaufswirksamkeiten oder Regalwertigkeiten, eine Unterteilung in verkaufsstarke und verkaufsschwache Regalflächen.

Die größte Verkaufswirksamkeit hat die **Sichtzone** (1.). Der zweitbeste Regalplatz ist die **Greifzone** (2.), gefolgt von der **Reckzone** (3.). Die **Bückzone** (4.) ist bei den Kunden wenig beliebt und damit verkaufsschwach.

Waagerechte Betrachtung

Kundenlaufstudien zeigen, dass Kunden lange Regale ohne optische Trennlinien meiden und nach den ersten Metern wieder zum Hauptweg zurückkehren.

Steht ein Kunde vor einem senkrechten Block, orientiert er sich in senkrechter Betrachtung. Für die Kaufentscheidung sucht er nach Alternativprodukten in waagerechter oder horizontaler Sicht. Dabei zeigt sich, dass die besten Regalplätze in Form einer bauchigen, liegenden Flasche verlaufen, die aus der Rechtsorientierung der Kunden folgen.

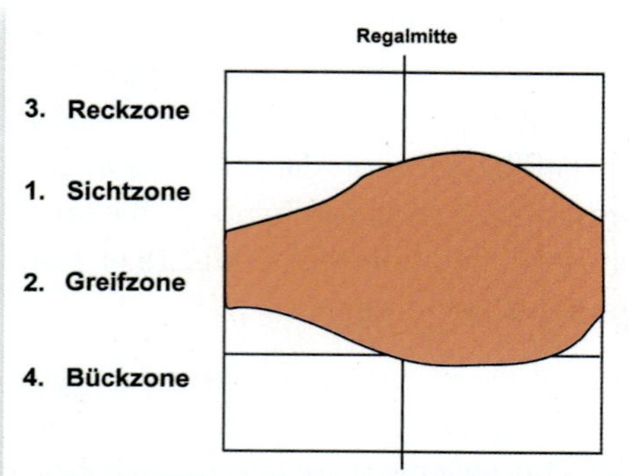

10.2 Regeln für die Regalbelegung

Wenn man weiß, wie sich Kunden vor einem Verkaufsregal verhalten und welche Ansprüche sie vor allem an die Suchabläufe und Entscheidungsprozesse bei ihrem Einkauf haben, kann ein Einzelhändler mit entsprechender Präsentation seiner Waren reagieren. Drei Verhaltensweisen eines Einzelhändlers sind möglich.

* Er beachtet ausschließlich die Kundenansprüche, um eine möglichst kundenorientierte Warenpräsentation mit dem Ziel langfristiger Kundenbindung und langfristiger Gewinnmaximierung zu erreichen.

* Er benutzt die Verhaltensvorlieben der Kunden, um allein seine Ertragsziele kurzfristig umzusetzen.
* Er wählt eine Mischform, bei der die Kundenansprüche zwar im Vordergrund stehen, das Ertragsinteresse des Einzelhändlers aber auch kurz- und mittelfristig nicht aus den Augen verloren wird.

Die nachfolgenden Präsentationsregeln sind vorzugsweise aus der Interessenslage des Einzelhändlers formuliert worden. Wird eine hohe Kundenorientierung angestrebt, sind die Regeln im Einzelfall zu überprüfen.

Präsentationsregeln

Ordnungsregeln siehe Seite 228

Verhaltensweisen und Einstellungen der Kunden	Präsentationsregeln
Das Blickfeld des Kunden, der im üblichen Abstand vor einem Regal steht, erstreckt sich horizontal über rund einen Meter. Die Augenhöhe eines Menschen liegt durchschnittlich bei ca. 160 cm.	* Senkrechte Blöcke sollten ca. 1 m breit sein. * Der oberste Regalboden sollte höchstens auf einer Höhe von 160 cm liegen. Niedrige Regale sind für den Kunden besser zu überschauen. Auch für das Personal sind niedrige Regale günstig, weil sie leichter einzuräumen und zu überwachen sind.
Die obere Regalmitte mit Sicht- und Greifzone wird von den Kunden stark beachtet.	* Die Sicht- und Greifzone sind hochwertige Plätze. * Hochwertige Produkte gehören auch an hochwertige Plätze. * Preiswerte Waren können auch in Zonen mit geringer Wertigkeit angeboten werden.
Ein Kunde schaut zuerst in die Sichtzone, von dort in die Greifzone; Produkte aus der Reckzone zu holen, ist mühsam, Bücken empfindet er als störend.	* Gut kalkulierte Waren sind dort zu platzieren, wo sie leicht gesehen und für einen bequemen Zugriff zur Verfügung stehen. * Um den Vorteil eines günstigen Preises mit niedriger Gewinnspanne für den Einzelhändler zu erhalten, ist den Kunden zuzumuten, sich zu recken und zu bücken. * Lebensmittel nicht unmittelbar auf dem Fußboden platzieren, denn der Boden gilt für Kunden als unsauber.
Ein Kunde, der vor einem Regal steht, schaut und greift eher nach rechts als nach links.	* Werden ähnliche Produkte nebeneinander angeboten, sollte das teurere oder besser kalkulierte Produkt nach rechts gestellt werden.
Der Kunde orientiert sich durch senkrechten Blickverlauf. Bevor er sich entscheidet, vergleicht er die waagerecht angebotenen Produkte, also sind Blöcke für den Kunden auffälliger als Bänder.	* Zusammengehörende Produkte zu senkrechten Blöcken anordnen und in der Waagerechten Alternativangebote präsentieren. * Auch innerhalb der Blöcke sind die Waren zusammengehörig darzubieten, z. B. nach Farben oder Formen. * Sollen Waren als zusammengehörige Serien erkannt werden, ist eine waagerechte Präsentation als Band angebracht, z. B. eine Topf- oder Porzellanserie. * Der Kunde muss die Ware aus seiner Laufrichtung erkennen können. Bei verpackten Waren muss eventuell ein Musterexemplar ausgepackt präsentiert werden.

Topfserien werden im Band präsentiert

Verhaltensweisen und Einstellungen der Kunden	Präsentationsregeln
Kunden suchen kundeninteressante Produkte wie Saisonwaren, Neuheiten, Sonderangebote sowie Suchkauf- und Plankaufprodukte.	* Mit kundeninteressanten Artikeln können schwache Regelplätze aufgewertet werden, weil sie den Kundenzustrom erhöhen. * Mussartikel sollen mit Impulsartikeln kombiniert werden.
Das Suchverhalten des Kunden kann durch auffälliges Dekorationsmaterial, Informationen u. Ä. beeinflusst werden.	* Verkaufsschwache Regalzonen können durch zusätzliche Gestaltungselemente aufgewertet und damit für höherwertige Produkte geöffnet werden.
Kunden wünschen reichhaltige Auswahl.	* Volle Regale sind verkaufsaktiv * Leere Regale sofort wieder auffüllen, nicht den Eindruck eines Ausverkaufs entstehen lassen. 
Waren in Mengen bedeutet für den Kunden preisgünstige Ware; Einzelstücke signalisieren Kostbarkeit. Aber Reste wie übrig gebliebene Einzelstücke schrecken den Kunden ab.	* Wertvolle Produkte erfordern auch eine den Wert demonstrierende Präsentation, z. B. als Einzelstück und im oberen Regalbereich. * Preisgünstige Ware sollte in großer Menge angeboten werden, z. B. in einer Schütte. * Schwere und große Artikel gehören in den unteren Regalbereich; kleine und zerbrechliche nach oben, aber nicht über Kopfhöhe.

Belegungsregeln

Blockbildung
- ca. 1 m Breite
- Höhe bis 1,60 m
- zusammengehörige Produkte: senkrecht
- Auswahl: waagerecht (Band)
- Ware muss aus der Laufrichtung erkennbar sein

Wertigkeit
- obere Böden: hoch
- untere Böden: niedrig
- Fußboden: vermeiden
- rechts stärker als links

Einfluss nehmen
- schwache Regalteile aufwerten (kundeninteressante Produkte/Dekoration)
- Muss- und Impulsartikel kombinieren
- Regale gut füllen
- wertvolle Produkte: als Einzelstück
- preisgünstige Produkte: Menge
- schwere Produkte: unten
- kleine/empfindliche Produkte: oben
- hochwertige Produkte: hochwertige Plätze

■ Optimierung der Bück- und Reckzone

Da die Sicht- und Greifzone ohnehin verkaufsstark sind, muss der Bück- und Reckzone besondere Aufmerksamkeit gewidmet werden. Dem Einzelhändler stehen dafür verschiedene Möglichkeiten zur Verfügung.

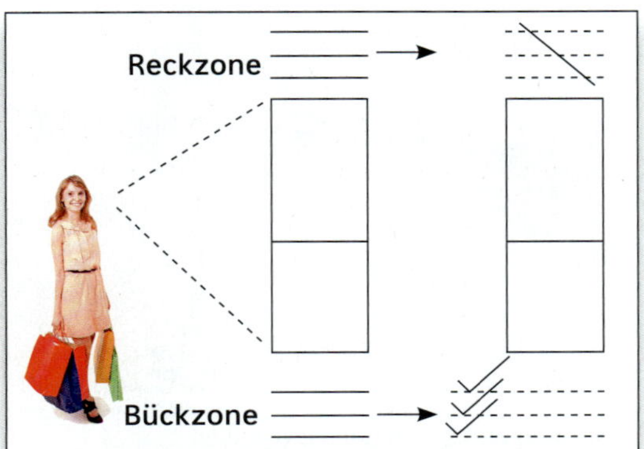

* Man kann die Reckzone z. B. von der Warenplatzierung aussparen und die Regale niedriger machen, um den Kunden eine bessere Übersicht über die gesamte Verkaufsfläche zu geben.
* Bei den Regalen an der Außenwand lässt sich die Reckzone für Kundeninformationen und für Kaufanregungen nutzen.

* Die Bückzone kann insbesondere für Schüttware verwendet werden. Sinnvollerweise vergrößert man die Tiefe des Regals und sorgt für eine Draufsicht. Letztlich wird über breitere Böden im unteren Regalbereich das Arenaprinzip auch bei der Warenpräsentation angewandt.

Arenaprinzip siehe Seite 219

■ Warenpräsentation in Seitengängen

Die Kunden bewegen sich gewöhnlich entlang des Hauptweges.

Positionen 1 bis 6: Der Kunde macht einen Schritt in den Gang, dadurch wird die Regalzone 6 übergangen. Damit die Kunden angehalten werden, dem Gang weiter zu folgen, sollten die Positionen 3 bis 5 mit kundeninteressanten Waren aufgewertet werden.

Position 7: Am Ende des Seitengangs muss ein Blickpunkt geschaffen werden, damit der Kunde in den Gang hinein läuft.

Die Verkaufswirksamkeit der Regalplätze nimmt von 1 bis 7 ab.

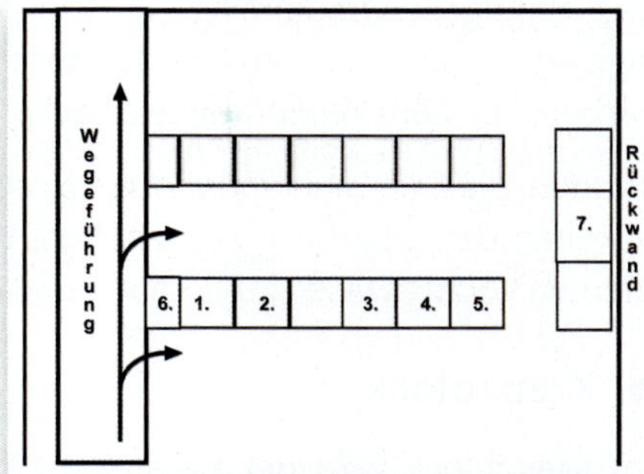

■ Warenträger frontal

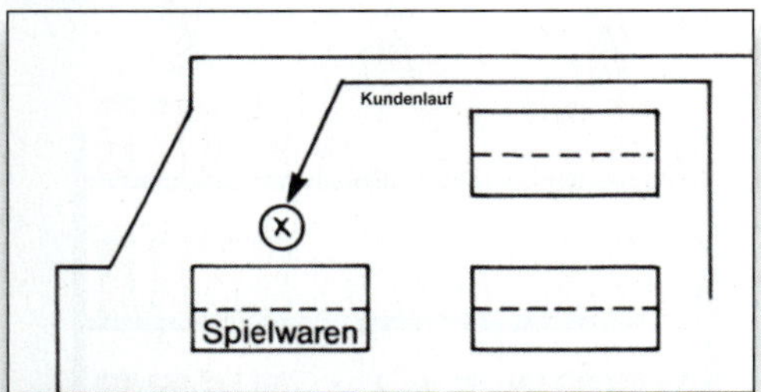

Abbildung 1: verkaufsstarke Mitte

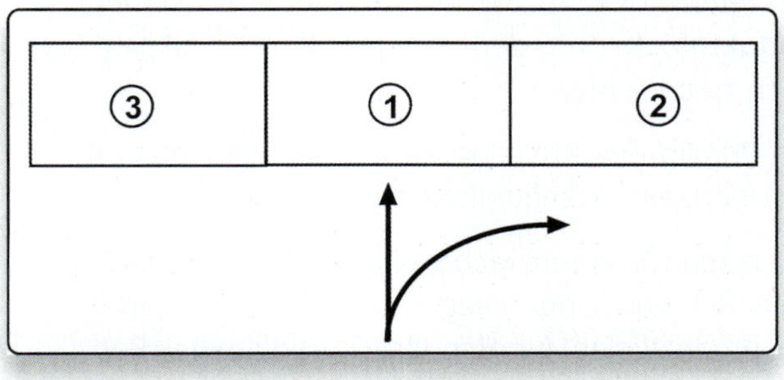

Abbildung 2: verkaufsschwache Regalenden ② und ③

Geht der Kunde auf die Längsseite eines freistehenden Regals zu, ist die Mitte verkaufsstärker als die Seiten. Die Regalenden, vor allem auf der linken Seite, müssen daher durch kundeninteressante Produkte aufgewertet werden, damit der Kunde möglichst das gesamte Warenangebot ansieht.

10.3 Blockbildung

Dem Einzelhändler stehen im Wesentlichen drei Möglichkeiten zur Verfügung, vertikale Blöcke im Regal zusammenzustellen.

Handgeschirrspülmittel

Herstellerblock	
Hersteller (Marke) A	
Produktlinien	Balsam
	Citrus
	Duft
	Standard

■ Herstellerblock

In der Vergangenheit wurden vielfach Produkte eines Herstellers im Regal als Block dargeboten. Oft war der Außendienst des Herstellers an der Einrichtung und Betreuung dieses Blocks beteiligt.

Beispiele

Spülmittel von Henkel, Suppen von Maggi- oder Knorr, Backzutaten von Dr. Oetker

Der Vorteil des Herstellerblocks liegt in der Übersichtlichkeit im Regal. Der Kunde findet die Produkte eines Herstellers zu einer Warenart in verschiedenen Variationen. Gleichzeitig demonstriert der Einzelhändler Markenkompetenz, weil er diese Marke führt. Die Marke ist im Regelfall gut sortiert.

Ein Hersteller-Block von Henkel könnte aber neben Handgeschirrspülmitteln auch Haarpflegeprodukte, Duschgels u. a. enthalten. Die Bündelung verschiedener Warenarten verschlechtert die Übersicht für den Kunden. Vor allem wird ihm ein Preis- und Artikelvergleich erschwert.

Handelsmarken: eigene Marken großer Handelsunternehmen wie Aldi, REWE, Edeka

■ Produktblock

Mit zunehmendem Wettbewerb entwickelt der Handel eigene Konzepte und orientiert sich mehr am Verbraucher. Im Produktblock werden zusammengehörige Artikel unterschiedlicher Hersteller in vertikalen Blöcken zusammengefasst, z. B. Handgeschirrspülmittel verschiedener Hersteller, darunter vor allem die eigenen Handelsmarken. Produktblöcke können nach Preislagen, Materialien, Farben, Formen, Verwendungszwecken u. Ä. gebildet werden.

Kunden, die eher markenorientiert sind, haben in diesem Fall aber mehr Schwierigkeiten den Überblick zu behalten, vor allem, wenn der Handel den Konsumenten vorzugsweise zum Kauf der Handelsmarke anhalten will.

Handgeschirrspülmittel

Produktblock
Handgeschirrspülmittel Balsam
Hersteller, Marke A
Hersteller, Marke B
Hersteller, Marke C
Handelsmarke D

■ Kreuzblock

Im Kreuzblock wird der Hersteller- mit dem Produktblock kombiniert. In der Senkrechten befindet sich zur Orientierung des Kunden der **Marken- oder Herstellerblock**. In der Waagerechten entstehen **Produktblöcke**, um dem Kunden den Produktvergleich zu erleichtern.

Das Prinzip des Kreuzblocks bei der Präsentation von Handgeschirrspülmitteln zeigt die Abbildung.

Man erkennt drei senkrechte Markenblöcke der Marken A, B, C und in der Waagerechten die verschiedenen Produktlinien für Handgeschirrspülmittel Balsam, Citrus, Duft, Standard als Produktblöcke.

Die Markenblöcke schaffen durch ihr einheitliches Verpackungsbild Übersicht.

Kreuzblock am Beispiel von Handgeschirrspülmitteln

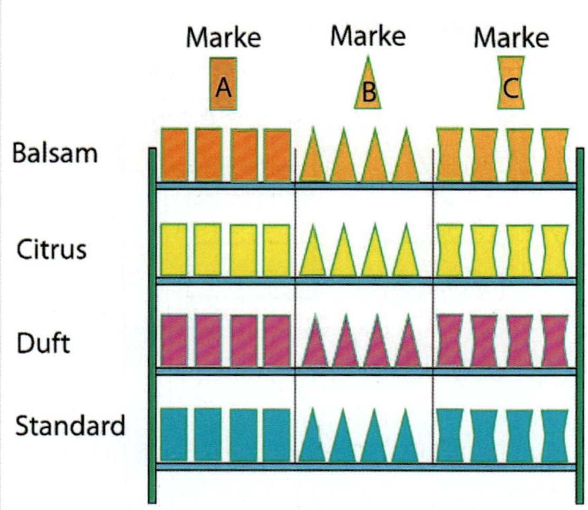

Der Kunde orientiert sich zuerst anhand des Markenblocks und kann z. B. dann in der Waagerechten einen Preisvergleich anstellen oder auch die Inhaltsstoffe der verschiedenen Produkte überprüfen.

Nicht markenorientierte Kunden wenden sich gleich dem horizontalen Produktblock zu.

Damit verbindet der Kreuzblock die wichtigsten Ansprüche der Kunden an die Warenpräsentation, die einfache Suche und den geringen Entscheidungsaufwand.

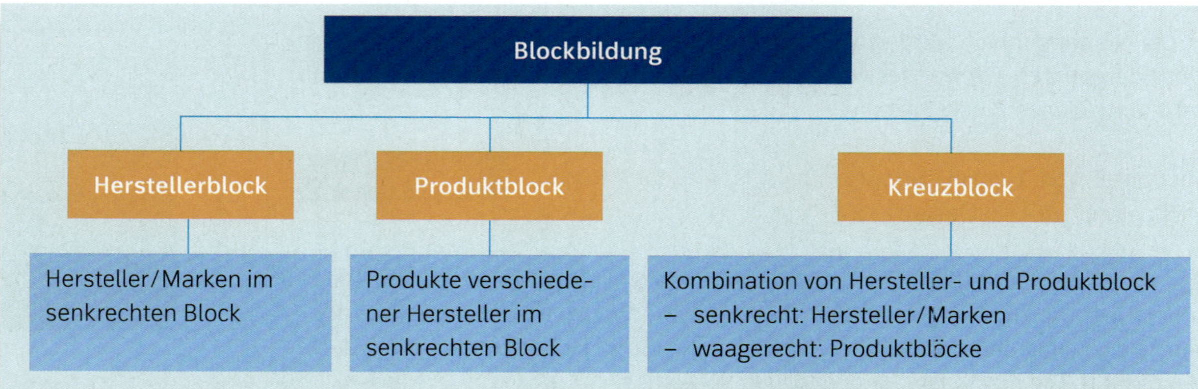

Zusammenfassung

Warenpräsentation bei Selbstwahl		
Regalzonen:	* senkrechte Betrachtung	* waagerechte Betrachtung
Verkaufsstärke:	senkrecht: 1. Sichtzone, 2. Greifzone, 3. Reckzone, 4. Bückzone	
Regeln der Blockbildung:	* ca. 1 m breit, bis 1,6 m hoch * zusammengehörige Waren im senkrechten Block	* Auswahl im waagerechten Band * Ware in Laufrichtung erkennbar

Regeln der Wertigkeit:	* obere Böden hochwertig, untere niederwertig * Fußboden vermeiden	* rechte Seite stärker als linke Seite
Regeln der Einflussnahme:	* schwache Regalteile aufwerten * Muss- mit Impulsartikeln kombinieren * Regale gut füllen * wertvolle Produkte als Einzelstücke	* preisgünstige Ware: Menge * schwere Produkte nach unten * kleine oder empfindliche Produkte nach oben * hochwertige Produkte auf hochwertige Plätze
Reck- und Bückzone:	* Reckzone vermeiden * Reckzone für Informationen nutzen	* Bückzone für Schüttware verwenden * Arena-Prinzip anwenden
Seitengänge:	Verkaufsstärke nimmt mit der Tiefe ab.	
Warenträger frontal:	Mitte verkaufsstark, dann rechte Seite, dann linke	
Blockbildung:	* Herstellerblock: Marken im senkrechten Block * Produktblock: Produkte verschiedener Herstelle im senkrechten Block * Kreuzblock: Kombination aus senkrechtem Hersteller- und waagerechtem Produktblock	

11 Warenkennzeichnung und Preisauszeichnung

Wer Waren an Endverbraucher verkaufen möchte, hat eine Fülle von Vorschriften zu beachten. Es handelt sich zum Teil um nationale Vorschriften, aber zunehmend werden durch die Europäischen Union Regelungen erlassen, die einheitlich für alle EU-Staaten gelten. Die Vorschriften dienen vor allem dem Schutz der Verbraucher.

11.1 Lebensmittelrecht

Der Lebensmitteleinzelhandel ist besonders strengen Vorschriften unterworfen. So schreibt die **Lebensmittel-Hygieneverordnung** vor, dass Warenträger und Boden sauber sein müssen und dass die persönliche Hygiene der Mitarbeiter gewährleistet sein muss.

Fertigpackungen: Packungen, die beim Hersteller statt im Geschäft gefüllt und verschlossen werden

Die **Lebensmittel-Informationsverordnung** (LMIV) verpflichtet Hersteller europaweit, Lebensmittel mit bestimmten Angaben zu kennzeichnen:

① Bezeichnung des Lebensmittels
② Name und die Anschrift des Herstellers
③ Verzeichnis der Zutaten als Aufzählung der Stoffe, die dem Produkt zugegeben wurden, einschließlich der wichtigsten Stoffe, die Allergien oder Unverträglichkeiten auslösen können und in der Zutatenliste optische (z. B. durch **Fettdruck**) hervorgehoben werden müssen; evtl. Anweisungen für Aufbewahrung oder Verwendung, z. B. „Vor Wärme schützen."
④ Mindesthaltbarkeitsdatum oder Verbrauchsdatum
⑤ Nettofüllmenge
⑥ Nährwertkennzeichnung

Die Nährwertkennzeichnung in Tabellenform soll durch ein einfacheres Modell ersetzt werden z. B. durch Nutri-Score, siehe Seite 241.

Auch die Kennzeichnung von **Hühnereiern** ist europaweit geregelt. Aus der Kennzeichnung lassen sich die Haltungsform und das Erzeugerland ermitteln. Die Betriebsnummer lässt zusätzlich auf das Bundesland, z. B. Niedersachsen, und letztlich den Erzeugerbetrieb bis zur Stallnummer schließen.

Informationen
* zur Herkunft: http://das-ist-drin.de/glossar/betriebsnummern/
* zu Kennzeichnungsverstößen: www.lebensmittelklarheit.de
* zur Codierung der Eier: www.was-steht-auf-dem-ei.de

Für unverarbeitetes **Rindfleisch** besteht eine EU-Verordnung, die den Erzeugerbetrieb zu einer Kennzeichnung verpflichtet. Dadurch lässt sich feststellen, wo das Rind geboren, gemästet und geschlachtet wurde. Diese Rückverfolgbarkeit erreicht man anhand von Betriebsnummern, die Teil der Kennzeichnung sind, z. B. BY 70944.

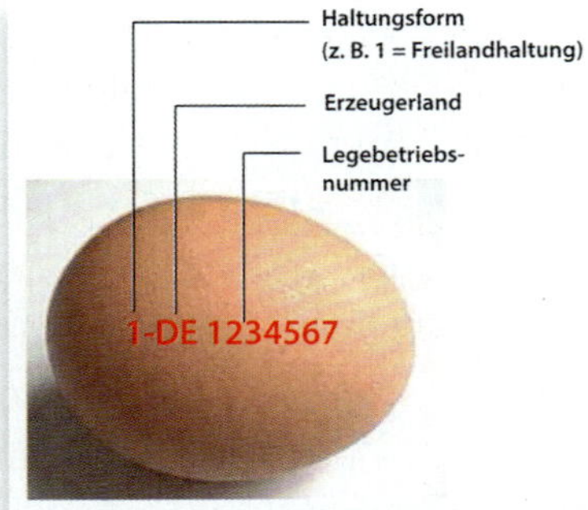

Ähnliches gilt auch für **Schweine-, Schaf-, Ziegen- und Geflügelfleisch**. Hier sind der Aufzucht- und Schlachtort des Tieres nachzuweisen.

Weitere Vorschriften gelten z. B. für Honig, Olivenöl, Brotaufstrich aus Früchten und Fischereierzeugnissen.

11.2 Textilkennzeichnungsgesetz

Bei Textilerzeugnissen, die für Endverbraucher bestimmt sind, muss der Hersteller eines Produkts dessen Faserrohstoffe in absteigender Reihenfolge anteilig angeben.

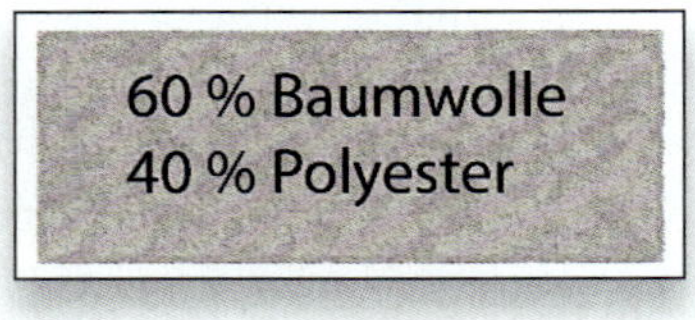

11.3 Preisangabenverordnung

Wer Endverbrauchern Waren oder Dienstleistungen sichtbar anbietet (im Geschäft, im Schaufenster, in Schaukästen, in der Werbung), hat diese nach der Preisangabenverordnung wie folgt auszuzeichnen:

* mit dem **Bruttoverkaufspreis**,
* mit dem **Grundpreis**
  Der Grundpreis ist als Preis für 1 Kilogramm, 1 Liter, 1 Kubikmeter oder 1 Quadratmeter der Ware anzugeben. Der Grundpreis muss verständlich, klar erkennbar und gut lesbar ausgezeichnet werden.

Soweit üblich, ist die Ware

* mit der **Gütebezeichnung** (z. B. Handelsklasse A) und
* mit der **Verkaufseinheit** (z. B. 1 kg, pro Meter, 0,7 l) auszuzeichnen.

Der Grundpreis ist anzugeben, wenn Ware nach Gewicht, Volumen, Länge oder Fläche angeboten wird. Bei loser Ware genügt die Angabe des Grundpreises.

Pfand siehe Seite 290

Auch weitere Preisbestandteile wie **Pfand** sind bei der Preisangabe zu berücksichtigen. Es ist der Preis anzugeben, den der Kunde letztlich zahlen muss.

Beispiel

Bruttoverkaufspreis:	0,59 €
Grundpreis:	1 Liter = 0,40 €
Verkaufseinheit:	1,5-Liter-Flasche
Weiterer Preisbestandteil	Pfand = 0,25 €

Ausnahmen

* Bei zeitlich begrenzten **Rabattaktionen** mit generellen Preisnachlässen, die zudem werblich herausgestellt werden, ist keine Umzeichnung jedes einzelnen Artikels erforderlich. Auf dem Preisschild verbleibt vielmehr der ursprüngliche Preis und an der Kasse wird der angekündigte Rabatt berücksichtigt. Von generellen Preisnachlässen spricht man, wenn ein bestimmter Kundenkreis diesen Preisnachlass erhält, z. B. die Inhaber von Kundenkarten, oder jeder Kunde ihn bekommt. Eine Werbung, in der „Vom 1. bis 15. August auf alle Artikel 20 % Rabatt" verkündet wird, erfordert demnach keine Neuauszeichnung der Artikel.
* **Kunstgegenstände**, Sammlerstücke, Antiquitäten sowie Blumen und Pflanzen im Freiland oder Treibhaus müssen nicht ausgezeichnet werden.

Die Angaben müssen den Grundsätzen von Preisklarheit und Preiswahrheit entsprechen. Sie müssen dem Produkt eindeutig zuzuordnen, leicht erkennbar und deutlich lesbar sein. Preise für Dienstleistungen sind z. B. durch einen Aushang an der Kasse sichtbar zu machen.

■ Werbung mit Preisnachlässen

In diesem Fall ist der niedrigste Preis zu nennen, der innerhalb der letzten 30 Tage vor der Preisermäßigung verlangt worden ist.

Durch die Preisangabenverordnung soll den Kunden der Preisvergleich erleichtert werden.

Preisangaben im Onlinehandel

Die Preisangabenverordnung gilt auch für den Onlinehandel, weil in einem Onlineshop Endverbrauchern Waren oder Dienstleistungen angeboten werden. Ein Warenangebot muss daher enthalten:

* den Bruttopreis (hier sogar mit dem ausdrücklichen Hinweis, dass der Preis die Umsatzsteuer enthält),
* evtl. den Grundpreis und
* evtl. weitere Preisbestandteile.

Außerdem muss der Kunde rechtzeitig, d. h. bevor er die Ware in den Warenkorb des Shops einlegt, über die Höhe der Versandkosten informiert werden.

11.4 Freiwillige Angaben

Hersteller versehen ihre Produkte nicht nur mit den gesetzlich vorgeschriebenen Angaben. Sie verweisen in den Produktaufschriften auch häufig auf besondere Eigenschaften ihrer Ware.

Beispiel

Lebensmittel werden mit den Aussagen „Fettarm“, „zuckerfrei“, „gesundheitsfördernd“ versehen, die sich auf die Nährstoffe oder die gesundheitliche Auswirkung eines Produktes beziehen. Sie sind laut EU-Verordnung nur erlaubt, wenn sie ein geprüftes Zulassungsverfahren durchlaufen haben.

Die meisten Produkte weisen Zeichen auf, die den Kunden eine bestimmte Information nahebringen wollen.

Aus der Vielfalt unterschiedlicher Produktzeichen wird nachfolgend eine kleine Auswahl näher vorgestellt.

■ Warenzeichen

Marken- und Warenzeichen sind Wort- oder Bildzeichen eines Herstellers zur Kennzeichnung seiner Produkte oder Verpackungen. Im Regelfall ist es der gute Ruf des Herstellernamens, der den Wert dieses Zeichens ausmacht. Der Verbraucher verbindet mit dem Zeichen bestimmte Produkteigenschaften.

Beispiel

Markenzeichen Frosch für Haushaltsreiniger der Werner & Mertz GmbH

■ Informationszeichen

Das Testlogo der Stiftung Warentest kennzeichnet Produkte und Dienstleistungen, die im Auftrag der Stiftung von neutralen Institutionen geprüft wurden. Die Produkte werden anonym im Handel eingekauft und Dienstleistungen verdeckt in Anspruch genommen. Die vergleichenden Tests sollen dem Verbraucher Orientierung bei Kaufentscheidungen bieten. Das Label darf erst zu Werbezwecken genutzt werden, wenn die Hersteller oder Anbieter eine Lizenz erworben haben. Anhand der Lizenznummer kann online überprüft werden, ob eine Lizenz besteht und ob diese noch gültig ist.

Gütezeichen

Gütezeichen gewährleisten alle wichtigen Anforderungen an besondere Qualitätseigenschaften eines Produktes oder einer Dienstleistung. Die zuverlässige Einhaltung des hohen Qualitätsanspruchs wird durch eine dichtes Netzt stetiger Eigen- und neutraler Fremdüberwachungen gesichert, dem sich Hersteller oder Anbieter freiwillig unterwerfen. Das Zeichen wird von Gütegemeinschaften verliehen, die auch die ordnungsgemäße Verwendung überwachen. Gütezeichen haben somit im Vergleich zu einem Warenzeichen eine viel größere Aussagekraft und Glaubwürdigkeit.

Beispiel Das RAL Gütezeichen Tapeten stellt z. B. die gesundheitliche und ökologische Unbedenklichkeit von Tapeten sicher.

Für den Handel und die Verbraucher sind Gütezeichen von besonderer Bedeutung, weil sie nicht vom Hersteller, sondern von einer unabhängigen Stelle aufgrund eines Prüfungsprozesses verliehen werden.

Geografische Herkunftsgewährzeichen der EU

Geografische Herkunftsgewährzeichen bescheinigen die geografische Herkunft eines Produktes:

* **Geschützte Ursprungsbezeichnung, g. U.** Das Zeichen garantiert, dass der gesamte Herstellungsprozess nach festgelegtem Produktionsverfahren im Herkunftsgebiet stattgefunden hat.

Beispiel Allgäuer Emmentaler g. U.

* **Geschützte geografische Angabe, g. g. A.** Die Angabe dokumentiert die Verbindung eines Produktes mit dem Herkunftsgebiet. Nur eine der Produktionsstufen, z. B. die Verarbeitung, muss im Herkunftsgebiet durchlaufen worden sein. Die Rohstoffe können aus einem anderen Gebiet stammen.

Beispiel Nürnberger Lebkuchen g. g. A.

Das dritte EU-Zeichen garantiert eine traditionelle Zusammensetzung oder Herstellungohne spezielle Herkunft.

* **Garantiert traditionelle Spezialität, g. t. S.** Das Zeichen garantiert die traditionellen Produktionsmethoden und Rezepte des Produkts. Die Herkunft der Rohstoffe und der Herstellungsprozess sind an kein Gebiet gebunden.

Beispiel Mozzarella g. t. S.

Bedienungszeichen

Wort- oder Bildzeichen auf Produkten oder Verpackungen geben den Kunden Warnungen vor Gefahren bei der Handhabung und Hinweise für Transport oder Pflege des Produktes.

Vorsicht ätzender Stoff

nicht bügeln

■ EU-Bio-Logo – Bio-Siegel

Bio-Produkte werden für den Einzelhandel immer bedeutsamer, weil Kunden zunehmend solche Produkte verlangen. Die EU hat ein Logo geschaffen, das auf allen vorverpackten Bio-Lebensmitteln aufgebracht sein muss, die einen Verarbeitungsschritt in der Europäischen Union erfahren.

Diese Produkte können zusätzlich mit dem staatlichen sechseckigen Bio-Siegel versehen werden.

Das EU-Bio-Logo und das deutsche Bio-Siegel haben die gleiche Bedeutung: Sie kennzeichnen die Einhaltung der EU-Rechtsvorschriften für den ökologischen Landbau.

Daneben existieren weitere Bio-Kennzeichen, die vor allem von Anbauverbänden vergeben werden, z. B. Bioland, Naturland.

EU-Bio-Logo

deutsches Bio-Siegel

■ Regionalfenster

Hersteller können die regionale Herkunft von Lebensmitteln mit einem Regionalfenster dokumentieren.

Das Fenster wird auf der Verpackung abgebildet und enthält Aussagen zur Herkunft der eingesetzten landwirtschaftlichen Zutaten sowie zum Ort der Verarbeitung. Dies geschieht freiwillig, aber unter unabhängiger Kontrolle. Der Verbraucher soll beim Einkauf mithilfe der Abbildung regionale Produkte besser erkennen können.

Wegen der unabhängigen Kontrolle handelt es sich beim Regionalfenster um ein Gütezeichen.

■ Nutri-Score

Score (engl.): Punktzahl, Punktwert

Nutri-Score ist eine fünfstufige Farb- und Buchstabenskala zur Nährwertkennzeichnung von Lebensmitteln. Sie soll Käufern eine Orientierung über die Nährwertqualität von Produkten geben. Die Scala reicht vom grünen A = positiv bis zum roten E = negativ.

In die Bewertung geht der Gehalte bestimmter Inhaltsstoffe ein:

* Fett, Zucker und Salz werden z. B. negativ gewichtet,
* Obst-/Gemüsebestandteile und Ballaststoffe positiv.

Die Kennzeichnung durch die Hersteller von Produkten ist freiwillig.

Die Kennzeichnungspflichten nach dem Lebensmittelrecht bleiben weiterhin bestehen.

Zeichen

- Warenzeichen
- Bedienungszeichen
- Gütezeichen
  - EU-Gütezeichen
  - EU-Bio-Logo/Bio-Siegel
  - Regionalfenster
  - u. a.

Zusammenfassung

Warenkennzeichnung und Preisauszeichnung		
Lebensmittelrecht:	* Lebensmittelhygiene-Verordnung * Lebensmittel-Kennzeichnungsverordnung * Lebensmittel-Informationsverordnung	
Informationspflicht:	* Bezeichnung * Hersteller * Zutaten	* Mindestaltbarkeitsdatum * Nettofüllmenge * Nährwertkennzeichnung
Rückverfolgung, Herkunft:	* Hühnereier * unverarbeitetes Rindfleisch	* weitere Fleischsorten * Honig, Olivenöl u. a.
Textilkennzeichnungsgesetz:	* Zusammensetzung der Rohstoffe	
Preisangabenverordnung:	* Bruttoverkaufspreis * Grundpreis * Gütebezeichnung * Verkaufseinheit	* weitere Preisbestandteile wie Pfand * Ausnahmen: Rabattaktionen, Kunstgegenstände, Freilandpflanzen
Zeichen:	Waren-, Bedienungs-, Gütezeichen	
Gütezeichen (Beispiele):	* Geschützte Ursprungsbezeichnung * Geschützte geografische Angabe * Garantiert traditionelle Spezialität	* EU-Bio-Logo * Bio-Siegel * Regionalfenster

LERNFELD 5

Werben und den Verkauf fördern

1 Zielorientierter Werbeprozess

Die Situation des deutschen Einzelhandels ist durch äußerst starken Wettbewerb geprägt, wie die rasante Zunahme der Verkaufsfläche im stationären Handel in den letzten Jahrzehnten zeigt. Dabei ist die Flächenexpansion vor allem den preisaggressiven Großbetriebsformen zuzuschreiben. Hinzu kommt, dass die Sortimente immer ähnlicher werden.

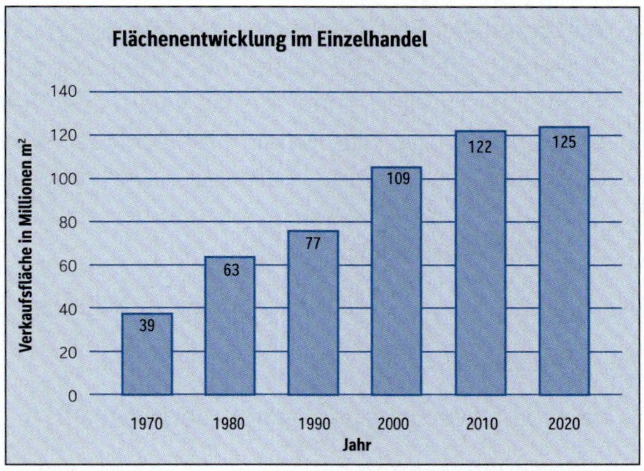

eigene Darstellung, Zahlen nach Handelsverband Deutschland HDE, HDE-Zahlenspiegel 2021, https://einzelhandel.de/publikationen-hde/zahlenspiegel 14.06.2022.

Stationärer Handel: Verkauf innerhalb eines festen Ladenlokals

Noch rasanter ist das Wachstum des Onlinehandels. Im **Internet** kann sich der Verbraucher heute sehr leicht einen Überblick verschaffen und jederzeit bei unterschiedlichen Anbietern einkaufen.

Einzelhändler, die unter solchen Marktbedingungen erfolgreich sein wollen, müssen sich von ihren Mitbewerbern unterscheiden und die kritischen, preisempfindlichen Kunden bewegen, im eigenen Geschäft oder Onlineshop zu kaufen – eine zunehmend schwierigere Aufgabe.

Ein Einzelhändler muss einen Kunden von der Vorteilhaftigkeit seines Sortiments überzeugen. Dazu stehen ihm verschiedene **Kommunikationsmittel** zur Verfügung. Er kann sich z. B. klassisch über Anzeigen, Prospekte und Kinospots an seine Kunden wenden. Immer wichtiger wird aber auch der digitale Kontakt zum Kunden, z. B. über Newsletter, Banner-Werbung, Blogs und soziale Medien wie Facebook, Twitter und YouTube.

Spricht ein Einzelhändler seine Kunden mit Kommunikationsmitteln vorzugsweise außerhalb des Geschäftes an, nennt man es **Werbung**. Versucht er einen Kunden innerhalb des Geschäftes von den Vorteilen seiner Produkte zu überzeugen, handelt es sich um **Verkaufsförderung**. Jedes **Verkaufsgespräch** gehört ebenfalls zu den Kommunikationsmitteln eines Einzelhändlers.

kommunizieren: mitteilen, besprechen, miteinander in Verbindung stehen

Kommunikationsmittel sind alle Möglichkeiten, mit den Kunden in Verbindung zu treten.

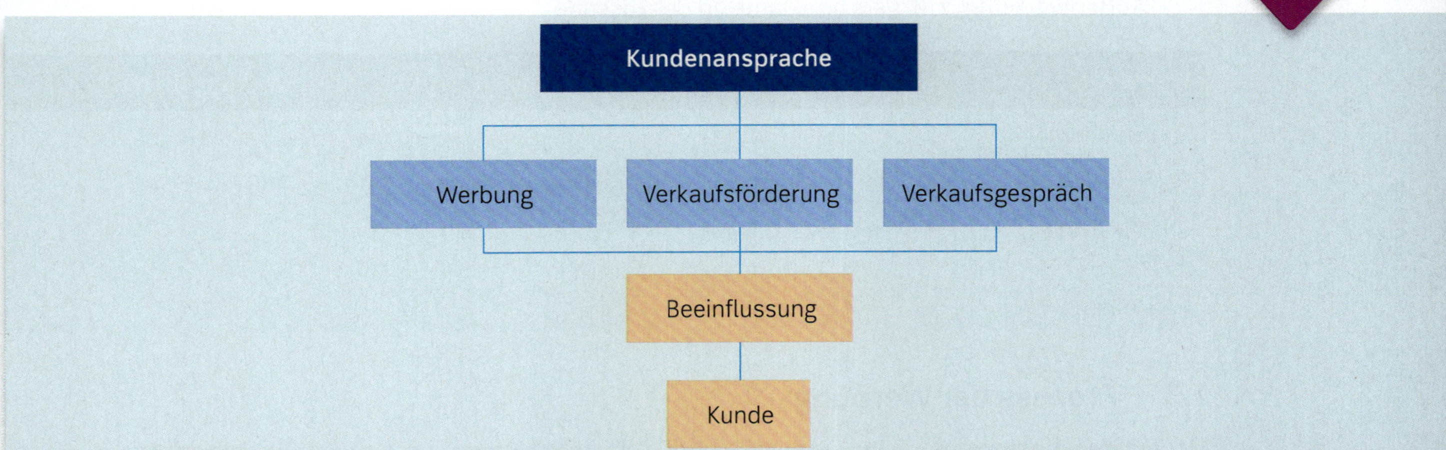

1.1 Anforderungen an Werbung

Werbung soll Kunden beeinflussen, darf sie aber nicht unmäßig manipulieren. Aus diesem Grund stellen sowohl Einzelhändler als auch Kunden teils gegensätzliche Anforderungen an die Werbung.

Wettbewerbsrecht siehe Seite 277

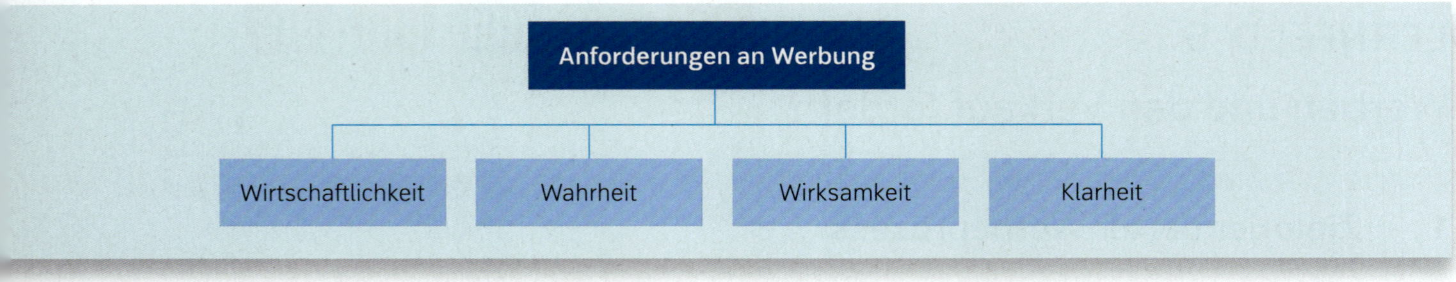

* **Wirtschaftlichkeit**: Die Kosten der Werbung müssen im richtigen Verhältnis zur Absatzsteigerung stehen.
* **Wahrheit**: Die Werbeaussage muss der Wahrheit entsprechen, unwahre Werbebotschaften verärgern die Kunden und stellen einen Verstoß gegen das Wettbewerbsrecht dar.
* **Wirksamkeit**: Die Werbemaßnahme soll den geplanten Erfolg bringen.
* **Klarheit**: Die Werbebotschaft muss für Kunden verständlich sein.

1.2 Werbearten

Werbearten beschreiben die verschiedenen Erscheinungsformen der Werbung.

Man unterscheidet sie

* nach dem **Werbegegenstand (Werbeobjekt)** in
  - **Produktwerbung** für ein einzelnes Produkt;
  - **Sortimentswerbung** für ein Sortiment oder auch für einzelne Warengruppen;
  - **Firmenwerbung** für einen Betrieb als Ganzes;
* nach dem **Werbenden** in
  - **Einzelwerbung** für ein Geschäft allein;
  - **Sammelwerbung** für Geschäfte verschiedener Branchen, z. B. gemeinsame Werbung in einem Stadtteil oder einer Straße, wobei aber jeder namentlich erwähnt wird;
  - **Gemeinschaftswerbung** für Geschäfte der gleichen Branche ohne Nennung einzelner Unternehmen;
  - **Herstellerwerbung** vom Hersteller direkt an die Verbraucher;
* nach der **Häufigkeit** in
  - **Gelegenheitswerbung**, z. B. Weihnachtswerbung;
  - **Dauerwerbung**, z. B. Anzeigenserie über einen längeren Zeitraum;
* nach dem **Wirkungsbereich** in
  - **Innenwerbung**, z. B. Verkaufsraumgestaltung;
  - **Außenwerbung**, z. B. Leuchtreklame an der Fassade.

Wer wirbt	Wofür	Häufigkeit	Wirkungsbereich
Einzelwerbung	Produktwerbung	Gelegenheitswerbung	Innenwerbung
Sammelwerbung	Sortimentswerbung	Dauerwerbung	Außenwerbung
Gemeinschafts-werbung	Firmenwerbung		
Herstellerwerbung			

1.3 Prozess der Werbung

Moderne Werbestrategien zielen auf eine möglichst starke Beeinflussung des Verbrauchers ab. Werbewirkung ist in einem gewissen Maß steuerbar, sodass eine sorgfältige **Werbeplanung** erforderlich ist. Um nicht willkürlich vorzugehen, sind zuerst die **Werbeziele** zu bestimmen. Alle weiteren Aktivitäten sind anschließend daran auszurichten. Die gesetzten Werbeziele sind nur zu erreichen, wenn ausreichend finanzielle Mittel für die geplanten Werbemaßnahmen zur Verfügung stehen. Ein **Werbeetat** steckt den finanziellen Rahmen ab.

Sind die **Werbeobjekte** ausgewählt, das sind die Waren, die beworben werden sollen, müssen im nächsten Schritt die **Werbesubjekte** bestimmt werden, die Zielgruppe, die durch die Werbung angesprochen werden soll. Auch bei der Ansprache der Zielgruppe wird nichts dem Zufall überlassen. Es ist eine Werbebotschaft zu formulieren, die genau zur Zielgruppe passt. Die Art der **Werbebotschaft** sowie der Einsatz von **Werbemitteln** und **Werbeträgern** zur Übermittlung der Botschaft an die Zielgruppe werden in einem Werbeplan festgehalten.

An die Planung schließt sich die Phase der **Werbedurchführung** an. Die Werbemittel werden gestaltet, produziert und gestreut, das heißt an die Adressaten herangetragen.

Wie wirksam die Werbemaßnahmen letztendlich waren, zeigt sich im Nachhinein bei einer **Werbeerfolgskontrolle**. Mittels spezieller Verfahren wird gemessen, inwieweit die vorab festgelegten Werbeziele erreicht wurden.

Prozess der Werbung	am Beispiel eines Baucenters (Fliesenabteilung)
Werbeziele	Was soll die Werbung bewirken? Gewinnung von Neukunden – Kunden sollen erstmals bei uns ihre Waren kaufen (Kleber, Estriche, Fugenmaterial usw.)
↓ Werbeetat	Wie viel finanzielle Mittel stehen zur Verfügung? Festlegung eines Werbeetats in Höhe 10 000,00 €.
↓ Werbeobjekt	Was soll beworben werden? Gegenstand der Werbung sind Produkte der Marke PCI. Das sind Baustoffe, um Fliesen und Platten zu verlegen und zu verfugen.
↓ Werbesubjekt	Welche Zielgruppe soll umworben werden? Mit der Werbung sollen selbstständige Handwerker, insbesondere Fliesenleger, angesprochen werden.
↓ Werbebotschaft	Was soll der Zielgruppe mitgeteilt werden? Information über Neu- und Weiterentwicklungen im Bereich der PCI-Produkte
↓ Werbemittel	In welcher Form soll geworben werden? In einem Text mit Abbildungen sollen die Neuheiten der PCI-Produkte angepriesen werden.
↓ Werbeträger	Welche Medien sollen genutzt werden? Die ausgewählten Kunden sollen einen Werbebrief zugeschickt bekommen, dem ein Flyer beigelegt wird.
↓ Werbedurchführung	Wie sind die Werbemaßnahmen umzusetzen? Grafische Gestaltung eines Flyers, der die Aufmerksamkeit des Betrachters erregt. Anschließend wird der Flyer mit dem begleitenden Werbebrief per Post während eines festen Zeitraumes **(Streuzeit)** innerhalb einer bestimmten Region **(Streugebiet)** verschickt.
↓ Werbeerfolgskontrolle	**Wie wirksam war die Werbung tatsächlich?** Prüfung, wie viele Neukunden gewonnen wurden. Dazu wird der Flyer mit einem Gutschein ausgestattet. Die Anzahl der eingelösten Gutscheine gibt dann Auskunft über den Erfolg der Werbemaßnahme.

Streuzeit, Streugebiet siehe Seite 259

Werbeziele

ökonomisch: wirtschaftlich

Werbung hat einen grundsätzlichen Zweck, sie soll bei Kunden den Kaufwunsch wecken und somit die Nachfrage steigern. Dabei wird zwischen ökonomischen und nichtökonomischen Werbezielen unterschieden.

Nichtökonomische Ziele	Ökonomische Ziele
* Bekanntheit steigern: Die Kenntnis eines Produktes bei den Kunden soll erhöht werden. * Einstellung ändern: Kunden sollen ein Produkt positiver bewerten. * Image verbessern: Das Vorstellungsbild eines Produkts soll absatzfördernd beeinflusst werden. * Anspruchsweckung: Verbraucher sollen sich für neue Produkte oder Trends interessieren. * Anspruchssteigerung: Kunden sollen höherwertige Produkte erwerben. * Einkaufsstättentreue fördern: Verbraucher sollen wiederholt in demselben Geschäft einkaufen.	* Umsatz steigern * Gewinn erhöhen * Marktanteil sichern oder vergrößern (vorhandene Kunden erhalten oder neue dazugewinnen) * Einkaufsbetrag pro Kundenkontakt erhöhen

Nur die nichtökonomischen Ziele sind durch Werbung **direkt** zu beeinflussen.

Beispiel: Ein Kosmetikkonzern setzt mit peppiger Werbung eine neue Haarstyling-Serie in Szene.

Erst wenn die Kunden auf das Produkt aufmerksam werden, es besitzen wollen und dann auch tatsächlich kaufen, ist das ökonomische Werbeziel Umsatzsteigerung erreicht. Die Werbung kann also nur **indirekt** auf die ökonomischen Werbeziele einwirken.

Bei den nichtökonomischen Werbezielen spielt das Image, ein festes Vorstellungsbild der Kunden von einem Produkt, einer Verkaufsstelle oder Dienstleistung, eine immer größere Rolle. Grund ist die Austauschbarkeit der Produkte, auch Gleichförmigkeit oder Homogenität genannt. Die Kunden haben beim Hairstyling eine große Auswahl an Artikeln, mit denen sie ihre Frisur in Form bringen können. Das Produkt muss sich also vorteilhaft von der Konkurrenz abheben und ein eigenes Profil haben, damit die Verbraucher gezielt danach greifen.

Werbeziel ist der Zustand, der durch die Werbung erreicht werden soll.

Zielformulierung

Um festzustellen, ob die gesetzten Ziele durch die Werbung tatsächlich erreicht werden, sind sie präzise und messbar zu formulieren. Dazu muss die Zielformulierung aus drei Teilen bestehen.

Zielformulierung

Zielinhalt **Was soll erreicht werden?**	Erhöhung des durchschnittlichen Einkaufsbetrags pro Kundenkontakt (ökonomisches Ziel)
Zielausmaß **Wie viel soll erreicht werden?**	von derzeit 9,75 € auf 11,00 €
Zielzeitraum **Wann soll das Ziel erreicht sein?**	nach Ablauf des folgenden Halbjahres

Werbeetat

Erfolgreiche Werbung kostet Geld. Der **Werbeetat** fasst die finanziellen Mittel zusammen, die in einem festgelegten Zeitraum für die Durchführung der Werbemaßnahmen zur Verfügung stehen. Um den Werbeetat festzulegen, gibt es verschiedene Methoden.

* **Erfolgsorientierte Methode**: Der Werbeetat wird als Prozentwert vom vergangenen oder des für das kommende Jahr geplanten Umsatzes oder Gewinns errechnet.

Beispiel

Ein Einzelhändler aus der Spielwarenbranche legt fest, dass er 2,5 % des Vorjahresumsatzes für Werbung ausgeben möchte.

* **Ausgabeorientierte Methode**: Die zur Verfügung stehenden finanziellen Mittel bestimmen die Höhe des Werbeetats. Ausgangspunkt ist die Frage: „Was können wir uns überhaupt leisten?"

Beispiel

Für Werbezwecke stehen einem Einzelhändler im kommenden Jahr maximal 45 000,00 € zur Verfügung.

Festlegung des Werbeetats
- erfolgsorientiert
- ausgabeorientiert
- konkurrenzorientiert
- zielorientiert

* **Konkurrenzorientierte Methode**: Die Höhe des eigenen Werbeetats orientiert sich am Werbeetat der Konkurrenzunternehmen oder des Branchendurchschnitts.

Beispiel

Die Werbekosten eines Drogeriemarktes liegen bei 60 000,00 € und entsprechen damit dem Durchschnittswert in der Drogeriebranche.

* **Zielorientierte Methode**: Nachdem die Werbeziele festgelegt sind, werden die finanziellen Mittel bestimmt, um diese Ziele zu erreichen. Dazu müssen die geplanten Werbemaßnahmen und deren Kosten genau errechnet werden.

Beispiel

Der Einzelhändler errechnet die Gesamtkosten für sämtliche geplante Werbemaßnahmen und setzt diese als Werbeetat fest.

Der Werbeetat enthält die finanziellen Mittel für die Werbung.

Zusammenfassung

Werbung		
Kommunikationspolitik:	* Werbung * Verkaufsförderung	* Verkaufsgespräch * Public Relations (Öffentlichkeitsarbeit)
Werbegrundsätze:	* Wirtschaftlichkeit * Wahrheit	* Wirksamkeit * Klarheit
Werbearten:	1. nach dem Werbegegenstand: * Produktwerbung * Sortimentswerbung * Firmenwerbung 3. nach der Häufigkeit: * Gelegenheitswerbung * Dauerwerbung	2. nach dem Werbenden: * Einzelwerbung * Sammelwerbung * Gemeinschaftswerbung * Herstellerwerbung 4. nach dem Wirkungsbereich: * Innenwerbung * Außenwerbung
Prozess der Werbung:	Aneinanderreihung von Entscheidungen und Aktivitäten, um eine optimale Werbewirkung zu erzielen.	
Werbeziele:	Festlegung, was mit der Werbung erreicht werden soll. Eine präzise und messbare Zielformulierung besteht aus: * Zielinhalt * Zielausmaß * Zielzeitraum	
Werbeetat:	Bestimmung, wie viel Geld für die Werbung zur Verfügung steht. Dies kann erfolgen * erfolgsorientiert * ausgabeorientiert * konkurrenzorientiert oder * zielorientiert erfolgen.	

2 Passende Werbebotschaft

Werbeobjekte und Werbesubjekte

Die Werbeobjekte sind die beworbenen Gegenstände oder Dienstleistungen. Bei einem Handelsbetrieb können dies das Unternehmen selbst, seine Dienstleistungen, Sortimentsteile oder einzelne Artikel sein.

Werbeobjekte sind Waren oder Dienstleistungen, für die geworben werden soll.

Werbearten siehe Seite 244

Je nach Werbeobjekt lassen sich verschiedene **Werbearten** unterscheiden. Die **Firmenwerbung** rückt den gesamten Handelsbetrieb in den Vordergrund. Das Ziel ist, den Bekanntheitsgrad der Firma zu steigern und den umworbenen Kunden das gesamte Leistungsspektrum des Betriebes zu verdeutlichen.

Die **Sortimentswerbung** stellt das komplette Produktangebot oder einzelne Warengruppen heraus. Beschränkt sich die Werbung auf einzelne Artikel, liegt **Produktwerbung** vor. Häufig tritt diese in Form einer Sonderangebotswerbung auf, bei der bestimmte Markenartikel für kurze Zeit im Preis herabgesetzt werden.

Werbesubjekte sind die Personen, auf die Werbeaktivitäten zielen. Um hier erfolgreich zu sein und bestenfalls einen Kaufwunsch zu wecken, ist es sinnvoll, die Werbemaßnahmen zielgruppenspezifisch zu gestalten. Nur so ist es möglich, auf bestehende Ansprüche beim Käufer zu stoßen.

Werbesubjekt ist eine Zielgruppe, auf die die Werbung ausgerichtet ist.

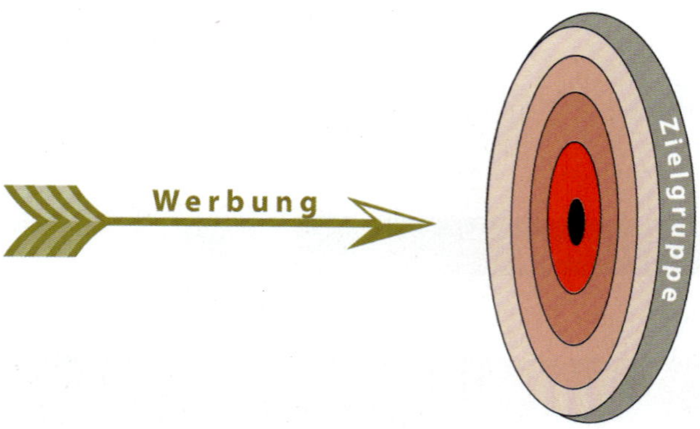

Eine **Zielgruppe** kann anhand unterschiedlicher Merkmale beschrieben werden. Allgemeine Merkmale wie Alter, Geschlecht, Familienstand, Beruf und Einkommen sorgen für eine erste grobe Einteilung der Kunden. Persönlichkeitsmerkmale wie Freizeitinteressen und Lebensstil beschreiben mehr die individuellen Eigenschaften der Kunden. Von besonderem Interesse für den Einzelhändler sind die Merkmale zum Kaufverhalten, die einen Kunden als Konsumenten charakterisieren. Alle Informationen zusammen zeichnen ein relativ genaues Bild von einer Zielgruppe, die mit der Werbung erreicht werden soll.

Je genauer die Zielgruppe bekannt ist, desto wirkungsvoller kann die Werbung gestaltet werden.

Ein Problem im Einzelhandel besteht allerdings darin, dass die Kunden häufig aus allen Bevölkerungsgruppen stammen und oftmals anonym bleiben. Eine exakte Charakterisierung der Zielgruppe ist so nur sehr schwer möglich. Die Werbung kann sich dann nur in Form einer **Massenwerbung** an die Allgemeinheit richten und verliert an Treffsicherheit.

Werbebotschaft

Die Werbebotschaft ist die Aussage, die in der Werbung über das Werbeobjekt gemacht wird. Damit die Kunden die Werbebotschaft auch wahrnehmen, wird sie häufig kurz und einprägsam als **Slogan** formuliert. Auch hierbei spielt die Zielgruppe eine zentrale Rolle.

Slogan: Werbeparole

Beispiel

Haarstyling-Werbung für Jugendliche soll oft ein flippiges und modernes Lebensgefühl transportieren. Für Käufer, die ein paar Jahre älter sind, werden eher die Pflegewirksamkeit eines Produktes oder der Erhalt der Jugendlichkeit in Szene gesetzt.

Die Werbebotschaft soll die Zielgruppe von der Qualität eines bestimmten Werbeobjekts überzeugen. Dabei kommt auch wieder das Image ins

Spiel, denn es hat erheblichen Einfluss auf das Konsumentenverhalten. Weil es die bei den Werbezielen bereits beschriebene Homogenität der Produkte oft schwer macht, eine besondere Leistung hervorzuheben, treten emotionale Aspekte in den Vordergrund.

Homogenität: Gleichheit

Werbebotschaft ist die Aussage, die Werbung vermitteln soll.

Die Werbebotschaft setzt sich deshalb oft aus zwei Teilen zusammen, die in der Regel kombiniert werden. Der verstandesmäßige, **rationale Teil** transportiert sachliche Informationen, die beim Kunden ein bewusstes Verhalten bewirken. Der gefühlsmäßige, **emotionale Teil** soll die Aufmerksamkeit steigern und eine innere Erregung auslösen.

Werbebotschaft
- rational verstandsmäßig
- emotional gefühlsmäßig

Die Wirkung, die die Werbebotschaft erzielen soll, lässt sich durch die **AIDA-Formel** darstellen:

Attention	Aufmerksamkeit erregen! Die Werbebotschaft soll die Aufmerksamkeit des Kunden finden.
Interest	Interesse wecken! Die flüchtige Wahrnehmung einer Werbebotschaft erzielt keine Wirkung. Erst wenn das Interesse des Kunden sich auf den Inhalt der Werbung konzentriert, besteht eine Chance zum Kauf.
Desire	Drang zum Kauf schaffen! Der Kunde muss den Wunsch verspüren, das Produkt zu besitzen, weil es seinen Ansprüchen gerecht wird.
Action	Abschluss herbeiführen! Der Kunde kauft das Produkt. Das Ziel der Werbemaßnahme ist erreicht.

Zusammenfassung

Werbung		
Werbeobjekt:	beworbene Ware oder Dienstleistung	
Werbesubjekt:	Zielgruppe, die mit der Werbung erreicht werden soll	
Werbebotschaft:	Beschreibung, was durch die Werbung vermittelt werden soll	
AIDA-Formel:	Erfolgreiche Werbung durchläuft die Stufen	
	Attention	Aufmerksamkeit erregen
	Interest	Interesse wecken
	Desire	Kaufwunsch hervorrufen
	Action	Kauf bewirken

3 Werbeplanung

Werbemittel und Werbeträger

Es gibt verschiedene Möglichkeiten, um für etwas zu werben, z. B. Filme, Anzeigen oder Spots. Diese Möglichkeiten werden **Werbemittel** genannt. Die Werbung muss den möglichen Kunden aber auch präsentiert werden, z. B. durch Filme im TV, Anzeigen in Zeitungen, Spots im Radio. Die Medien, mit denen Werbung transportiert wird, sind **Werbeträger**.

<table>
<tr><th>Werbemittel</th><th>Werbeträger</th></tr>
<tr><td colspan="2">klassisch</td></tr>
<tr><td>Anzeigen, Beilagen</td><td>Tageszeitungen, Anzeigenblätter, Zeitschriften</td></tr>
<tr><td>Plakate</td><td>Litfaßsäule, Plakatwände, Hausfassaden, Schaufenster</td></tr>
<tr><td>Werbeschriftzüge</td><td>Lkw, Pkw, Bahn und Bus, Einkaufstaschen, Menschen, Verpackungen</td></tr>
<tr><td>Spot (Bild und Ton)</td><td>Radio, Lautsprecher, Fernseher, Kino</td></tr>
<tr><td>Dekoration, Display</td><td>Schaufenster, Vitrine, Verkaufsraum</td></tr>
<tr><td colspan="2">digital (online)</td></tr>
<tr><td>E-Mails, Newsletter</td><td rowspan="4">Internet über Computer, Tablets oder Smartphones.</td></tr>
<tr><td>Banner</td></tr>
<tr><td>Pop-up-Fenster</td></tr>
<tr><td>Bilder, Videos, Animationen</td></tr>
</table>

Pop-up-Fenster sind Browser-Fenster, die sich beim Laden einer Website automatisch zusätzlich öffnen.

Werbemittel benennt die Form, in der die Werbebotschaft dargestellt wird.
Werbeträger ist das Medium, mit dem die Werbebotschaft zum Kunden übertragen wird.

■ Beschreibung klassischer Werbemittel

Gestaltung von Anzeigen siehe Seite 256

Werbemittel Anzeige

Eine Anzeige oder ein **Inserat** ist eine Werbung, die in gedruckten Medien wie Zeitungen, Zeitschriften, Anzeigenblättern, aber auch Vereinsschriften und Programmheften erscheint.

Für den Einzelhandel zählt die Anzeige in der Tageszeitung zu den wichtigsten Werbemitteln, weil sie eine große Leserschaft vor Ort erreicht und auch sehr kurzfristig einsetzbar ist. Zu berücksichtigen ist dabei allerdings, dass die Leser auch zur Zielgruppe des Inserenten gehören sollten.

ausführlich zu Anzeigenkosten siehe Seite 254

Die **Kosten** für die Veröffentlichung von Anzeigen hängen von der Anzeigengröße und dem Millimeterpreis ab. Der Millimeterpreis gibt an, wie teuer ein Anzeigenmillimeter ist. Ab einem bestimmten Umfang der Veröffentlichung werden in der Regel Preisnachlässe gewährt. Diese beziehen sich bei der **Malstaffel** auf die Anzahl der geschalteten Anzeigen. Bei der **Mengenstaffel** richtet sich der Nachlass nach der Anzeigengröße.

Werbemittel Beilage

Beilagen sind mehrseitige, oft farbige **Prospekte**. Sie haben ihren Namen bekommen, weil sie Zeitungen, Zeitschriften oder Anzeigenblättern beiliegen. Prospekte können aber auch an die Haushalte verteilt, als Rundschreiben verschickt oder vor und in Geschäften ausgelegt werden. Die Beilage bietet die Möglichkeit, ausführlich über Neuheiten, z. B. aktuelle Saisonmode, oder Sonderangebote und Aktionen zu informieren.

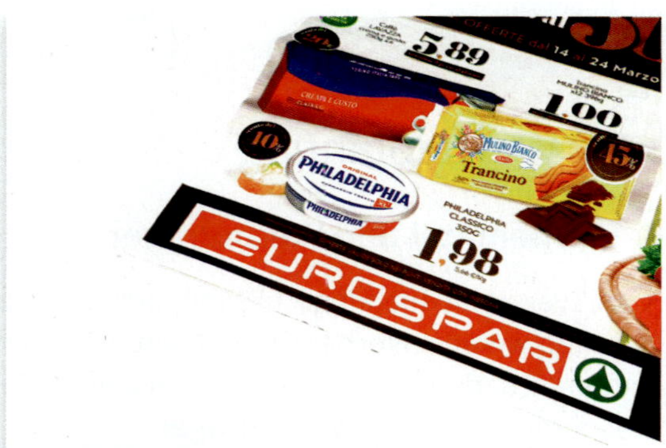

Eine Zeitungsbeilage wird nach ähnlichen Gesichtspunkten gestaltet wie eine Anzeige. Dabei ist der erste Eindruck entscheidend. Somit sollte die **Titelseite** besonders sorgfältig gestaltet werden. Diese Schokoladenseite muss klar gegliedert sein und sollte durch die Darstellung weniger, ausgesuchter Angebote den Einstieg in den Prospekt erleichtern und einen Überblick verschaffen. Hinweise oder Symbole machen den Leser auf die Innenseiten aufmerksam.

Bewährt hat sich vor allem die **Hervorhebung** eines einzelnen Angebotes auf der Titelseite als Eye Catcher oder Aufreißangebot. Auch hier gilt, dass Bilder leichter zu erfassen sind als Texte, die lediglich als Erklärungszusatz sinnvoll sind. Zur **Auflockerung** der Seiten dient auch eine Leitfigur, z. B. Mitarbeiter, Kunde, Prominenter, Tier- oder Fantasiefigur, die nüchterner Sachlichkeit und Unpersönlichkeit entgegenwirkt.

Bei den **Kosten** für die Veröffentlichung von Beilagen spielt das Gewicht der einzelnen Beilagenexemplare eine entscheidende Rolle. Je schwerer die Beilage ist, desto teurer wird es.

Beispiel

Gewicht pro Exemplar	bis 20 g	bis 30 g	bis 40 g	bis 50 g	bis 60 g	bis 70 g
Preis pro 1 000 Exemplare in €	83,00	96,00	109,00	132,00	156,00	181,00

Gestaltungs- und Druckkosten: 84,00 € pro 1 000 Stück

Die Kosten für 12 000 Beilagen mit einem Gewicht von 46 g je Exemplar betragen:

Gestaltungs- und Druckkosten:	84,00 € • 12 =	1 008,00 €
Verbreitungskosten:	132,00 € • 12 =	1 584,00 €
Gesamtkosten:		2 592,00 €

Werbemittel Plakate

Plakate zählen zur Außenwerbung. Sie können in sehr großen Formaten auf Plakatwänden oder Litfaßsäulen angebracht werden, in etwas kleinerer Form an Werbefenstern von Bushaltestellen oder auf Infotafeln im Stadtgebiet. Auch direkt in den Geschäften, an Schaufenstern oder auf Passantenstoppern können Einzelhändler mit Plakaten werben. Das Plakat kann gezielt an bestimmten Flächen eingesetzt werden. Da sich mehr als 90 % der Menschen täglich außer Haus bewegen, haben Plakate je nach Standort eine große Reichweite. Die Streuverluste sind jedoch hoch, da auch Plakate meist nur eine bestimmte Zielgruppe ansprechen und nicht von allen Passanten wahrgenommen werden.

Die **Kosten** der Plakatierung bemessen sich nach der Anzahl der Plakate und der Dauer der Veröffentlichung.

Beispiel

Menge	€ pro Tag je Stück
bis 100 Plakate	31,10
bis 200 Plakate	29,50
bis 300 Plakate	28,40
ab 300 Plakaten	27,60

Das Angebot umfasst die Kosten für den Entwurf und Druck der Plakate. Eine siebentägige Plakatwerbung mit 150 Plakaten kostet:

Gestaltungs- und Druckkosten:	Inklusive	
Verbreitungskosten:	29,50 € • 7 Tage • 150 Stück =	30 975,00 €
Gesamtkosten:		30 975,00 €

Werbemittel Radio- oder Fernsehspot

Werbung in Radio und Fernsehen wird als **Rundfunkwerbung** bezeichnet.

Während ein Fernsehspot sehr kostenintensiv ist und vor allem von großen, überregionalen Unternehmen eingesetzt wird, ist ein Radiospot im Lokalfunk auch für einen Einzelhändler am Ort erschwinglich. Da Zuhörer eine hohe Aufnahmebereitschaft für Werbespots zeigen, sind die Streuverluste gering. Die Rundfunkwerbung kann gezielt in Programmen und zu Sendezeiten platziert werden, die von der gewünschten Zielgruppe gehört werden. Allerdings ist nur ein wiederholter Einsatz der Spots werbewirksam. Die Gestaltungselemente Musik, Text und Geräusche müssen so angeordnet werden, dass die Hörgewohnheiten durchbrochen werden und der Spot beim Hörer für Aufmerksamkeit sorgt, denn das Radio läuft häufig nur im Hintergrund.

Die Dauer des Werbespots und die Häufigkeit, mit der er wiederholt wird, bestimmen die **Kosten** für dieses Werbemittel.

Beispiel

Die durchschnittlichen Produktionskosten eines Radiospots betragen 500,00€. Der Sendepreis liegt bei 6,60€ pro Sekunde.

Mengenrabatt

ab 500 Sekunden	2,5%
ab 1 000 Sekunden	5,0%

Ein 20-sekündiger Radiospot, der 14 Tage zehnmal täglich gesendet wird, kostet:

Gestaltungskosten:		500,00€
Verbreitungskosten:	6,60€ • 20 Sekunden • 10 tägl. Ausstrahlungen • 14 Tage =	18 480,00€
Rabatt auf 2 800 Sekunden	18 480,00€ • 5,0%	924,00€
Gesamtkosten:		18 056,00€

Werbemittel Handzettel, Flyer

Der Handzettel oder Flyer ist ein Direktwerbemittel. Meist einseitig bedruckt, leicht selbst herzustellen und zu vervielfältigen, ist der Handzettel gerade für kleine Einzelhändler ein günstiges Werbemittel.

Sein Vorteil ist auch sein Nachteil. Er kann den Kunden direkt in die Hand gedrückt oder in den Briefkasten geworfen werden. Ebenso schnell können die Kunden die Botschaft aber auch ungelesen wegwerfen. Damit dies nicht geschieht, sollten bei der Verteilung und Gestaltung von Handzetteln einige Aspekte beachtet werden.

Die **Verteilung**, etwa in der Fußgängerzone an Passanten, muss zu günstigen Zeitpunkten erfolgen. Der Einkaufsrhythmus der Zielpersonen ist dabei zu beachten. Sehr gern werden Flugblätter aber auch bei Neueröffnungen oder zu besonderen Anlässen verteilt.

Bei der **Gestaltung** der Flyer gelten ähnliche Grundsätze wie bei Anzeigen und Beilagen. Damit aus dem häufig flüchtigen ersten Blick ein längeres und aufmerksames Betrachten des Flyers wird, sollten auffallende Farben und Bilder sowie knappe und eingängige Texte gewählt werden. Besondere Bedeutung kommt dem Einsatz von Wegwerfstoppern zu. Dabei kann es sich um Preisausschreiben, Kreuzworträtsel oder Gutscheine handeln, die ein sofortiges Wegwerfen des Handzettels verhindern.

Die **Kosten** für dieses Werbemittel werden wesentlich dadurch bestimmt, ob man die Erstellung und Verbreitung selbst übernimmt oder in professionelle Hände gibt.

Beispiel

	schwarz/weiß	zweifarbig	vierfarbig
Druckkosten pro Stück	0,10€	0,16€	0,26€

Die Gestaltung des Flyers durch eine professionelle Werbeagentur kostet 90,00€ pro Entwurf. Ein von einer Werbeagentur entworfener vierfarbiger Flyer wird 3000-mal gedruckt und von den Mitarbeitern des Einzelhandelsunternehmens in der Fußgängerzone verteilt.

Gestaltungskosten:		90,00€
Druckkosten	0,26€ • 3000 Stück =	780,00€
Verbreitungskosten:	keine, da durch Mitarbeiter	
Gesamtkosten:		870,00€

Verkehrsmittelwerbung

Auch auf und in öffentlichen Verkehrsmitteln wie Bus, U-Bahn, S-Bahn und Taxi ist Werbung allgegenwärtig. Durch die Begrenzung der Verkehrsunternehmen auf ein bestimmtes Flächennetz ist die Verkehrsmittelwerbung auch für Einzelhändler interessant, die ein regional abgegrenztes Einzugsgebiet haben und etwa Kunden aus Nachbarstädten anlocken möchten. Wie bei der Plakatwerbung sind die Streuverluste jedoch sehr hoch.

Bei der Berechnung der **Kosten** für die Verkehrsmittelwerbung spielen das Format und der Ort der angebrachten Plakate eine wesentliche Rolle. So ist zum Beispiel ein Werbeaufkleber in einem Seitenfenster eines Busses günstiger als im Heckfenster.

Beispiel

Folienplakat	PVC-Aufkleber, Format 80 cm x 20 cm, inklusive Folienerstellung	monatlich pro Plakat pro Bus
	Seitenfenster	8,00€
	Heckfenster	11,00€

Vier Aufkleber an Seitenfenstern und ein Aufkleber am Heckfenster eines Busses kosten für ein halbes Jahr:

Gestaltungs- und Druckkosten:	inklusive	
Verbreitungskosten:	(8,00€ • 4 Stück + 11,00€ • 1 Stück) • 6 Monate =	258,00€
Gesamtkosten:		258,00€

■ Auswahl der Werbemittel

Die Auswahl der Werbemittel hängt maßgeblich von den Entscheidungen ab, die im Rahmen der Werbeplanung bisher getroffen wurden.

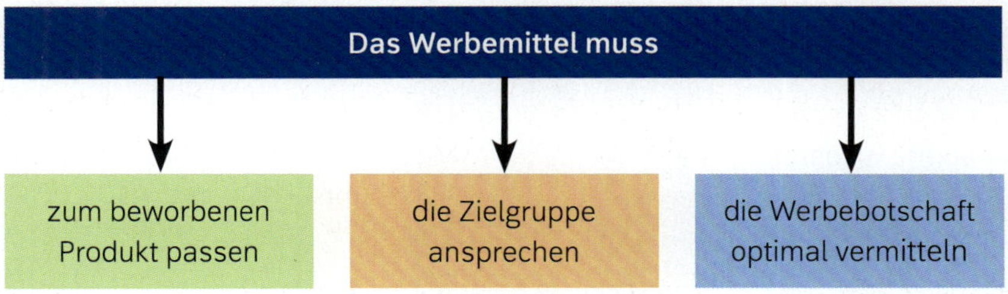

Sind diese Voraussetzungen für mehrere Werbemittel erfüllt, so fällt die endgültige Wahl häufig auf das kostengünstigste Werbemittel.

Kostenvergleich von Werbemitteln

Steht man vor der Entscheidung, ob eine Anzeige in der Tageszeitung oder einem Anzeigenblatt geschaltet werden soll, berechnet man den Preis pro 1 000 erreichte Leser, den **Tausend-Leser-Preis**. Diese Kennzahl beantwortet die Frage, mit welcher Zeitung 1 000 Leserkontakte mit den geringeren Kosten herzustellen sind. In die Berechnung des Tausend-Leser-Preises fließen folgende Faktoren ein:

Anzeigenpreis
Der Anzeigenpreis ist abhängig von der Größe der Anzeige und dem Millimeterpreis.

Wie berechnet sich die Größe einer gestalteten Anzeige?

Die Breite einer gestalteten Anzeige wird in Spalten angegeben, die Höhe in Millimeter. Beides miteinander multipliziert ergibt die Gesamtgröße.

Beispiel

Eine Anzeige ist zwei Spalten breit und 50 mm hoch.
Das ergibt eine Gesamtgröße von: 2 • 50 = 100 mm

Wie berechnet sich der Preis einer gestalteten Anzeige?

Zur Berechnung des Preises multipliziert man die Anzeigenmillimeter mit dem Millimeterpreis.

Beispiel

Eine Anzeige hat eine Größe von 100 mm, der Millimeterpreis beträgt 0,50 €:
100 mm • 0,50 €/mm = 50,00 €

Auflagenzahl
Die Auflagenzahl ist die Anzahl der Zeitungsexemplare, welche täglich gedruckt und verkauft werden.

Fehlstreuung
Unter Fehlstreuung versteht man die Tatsache, dass ein Teil der Zeitungen nicht in den vorgesehenen Haushalten ankommt. Entsprechende Studien haben gezeigt, dass bei der Verteilung eines Anzeigenblattes die durchschnittliche Fehlstreuung etwa 10 % beträgt.

Leserkontakte
Tageszeitung und Anzeigenblatt unterscheiden sich in der Zahl ihrer Leserkontakte. Bei Tageszeitungen ist üblich, von drei Lesern pro Exemplar (LpE-Wert) auszugehen. Der LpE-Wert beträgt hier 3. Anzeigenblätter erreichen nur einen Durchschnittswert von 1,5 Lesern pro Exemplar.

Beispiel

Kostenvergleich eines Anzeigenblattes mit einer Tageszeitung auf Basis des Tausend-Leser-Preises

Anzeigenblatt A	Tageszeitung B
Größe der Anzeige	
2 Spalten breit, 50 mm hoch ⇒ Gesamtgröße 2 • 50 mm = 100 mm	
Angaben zum Werbeträger	
Anzeigenpreis (Millimeterpreis): 1,40 €/mm Auflage: 117 000 Stück Fehlstreuung: 10 % Leser pro Exemplar (LpE-Wert): 1,5	Anzeigenpreis (Millimeterpreis): 1,37 €/mm Auflage: 48 400 Stück Fehlstreuung: 0 % Leser pro Exemplar (LpE-Wert): 3,0
Kosten für eine Anzeige	
Millimeterpreis • Größe = Kosten 1,40 €/mm • 100 mm = 140,00 €	Millimeterpreis • Größe = Kosten 1,37 €/mm • 100 mm = 137,00 €

Anzahl der erreichten Leser	
Auflage – Fehlstreuung = gelesene Exemplare 117 000 – 11 700 = 105 300	Auflage – Fehlstreuung = gelesene Exemplare 48 400 – 0 = 48 400
gelesene Exemplare · LpE-Wert = Zahl der Leser 105 300 · 1,5 = 157 950	gelesene Exemplare · LpE-Wert = Zahl der Leser 48 400 · 3,0 = 145 200
Tausend-Leser-Preis (Kosten, um mit der Anzeige 1 000 Leser zu erreichen.)	
Für 140,00 € erreicht man 157 950 Leser Für x € erreicht man 1 000 Leser $x = \frac{140{,}00\,€ \cdot 1\,000}{157\,900} = 0{,}89\,€$	Für 137,00 € erreicht man 145 200 Leser Für x € erreicht man 1.000 Leser $x = \frac{137{,}00\,€ \cdot 1\,000}{145\,200} = 0{,}94\,€$

In Bezug auf den Tausend-Leser-Preis ist das Anzeigenblatt A mit 0,89 € kostengünstiger als die Tageszeitung B mit 0,94 €.

Werbeplan

Um bei der Auswahl der Werbemittel die Übersicht zu behalten, empfiehlt es sich, einen Werbeplan zu erstellen. In einer Übersicht wird der geplante Einsatz aller ausgewählten Werbemittel eingetragen und anschließend die gesamten Werbekosten ermittelt.

Die **Erstellung des Werbeplans** erfolgt zweckmäßigerweise in sechs Schritten:

1. Bestimmung des Werbezeitraumes
2. Festlegung der einzusetzenden Werbemittel. Hierbei steht eine Vielzahl von Alternativen zur Auswahl, die hinsichtlich ihrer Gestaltung und Menge zu beschreiben ist.
3. Ermittlung der Herstellungs- und Gestaltungskosten für die einzelnen Werbemittel, z. B. Druckkosten
4. Bestimmung der Verbreitungskosten der Werbemittel, z. B. Sendepreis für einen Werbespot im Radio. Preisnachlässe sind in diesem Zusammenhang zu berücksichtigen.
5. Berechnung der Gesamtkosten je Werbemittel
6. Berechnung der gesamten Werbekosten, wobei diese den vorab festgelegten Werbeetat nicht überschreiten sollten

Werbeplan für den Zeitraum: ______						
Nr.	Beschreibung des Werbemittels: Format, Umfang, Menge, Farbe/-n	Kosten für die Herstellung und Gestaltung ①	Kosten für die Vorbereitung des Werbemittels			Gesamtkosten ① + ②
			Einzelkosten	Werbehäufigkeit, Werbedauer	Verbreitungskosten, ggf. abzgl. Rabatten ②	
1.	Anzeigen Name der Zeitung oder des Anzeigenblattes					
1.1						
1.2						
2.	Beilagen Name der Zeitung oder des Anzeigenblattes					
2.1						
…	…	…	…	…	…	…
6.2						
					Werbekosten (Werbeetat)	

Online-Werbung

Online-Werbung

Werbung über den Werbeträger Internet wird als **Online-Werbung** bezeichnet. In den letzten Jahren hat diese Form der Werbung stark an Bedeutung gewonnen, da die Kunden über ihr Smartphone oder ihren Tablet-Computer jederzeit online zu erreichen sind. Die Möglichkeit zur Interaktion zwischen Kunden und Einzelhändler macht Online-Werbung für beide Seiten zusätzlich interessant.

Formen der Online-Werbung:

* **Bannerwerbung:**
  Grafisches Element auf der Webseite. Die Werbebotschaft wird als Text, Bild oder Video dargestellt.
* **E-Mail:**
  Kunden, die zuvor ihre Einwilligung gegeben haben, bekommen eine elektronische Nachricht mit Informationen und Werbeinhalten zugeschickt. Geschieht dies regelmäßig spricht man von einem Newsletter.
* **Suchmaschinenwerbung:**
  Auf der Trefferliste von Suchmaschinen, wie zum Beispiel Google, erscheinen Werbeanzeigen, die der Betrachter anklicken kann.
* **Affiliate-Marketing:**
  Auf der Webseite eines anderen Webseitenbetreibers, zum Beispiel eines Einzelhandels-Fachportals, wird ein Werbelink platziert. Wird dieser angeklickt und führt zum Erfolg, ist eine Vermittlungsprovision zu zahlen.
* **Social-Media-Marketing:**
  Werbebotschaften werden über soziale Netzwerke, wie zum Beispiel Facebook, Instagram, YouTube, Snapchat und Xing, durch Weiterempfehlungen der Nutzer verbreitet. Eine besondere Rolle können hier bestimmte Meinungsmacher, sogenannte Influencer spielen, über die sehr viele potenzielle Kunden erreicht werden können.

Zusammenfassung

Werbung	
Werbemittel:	Festlegung, in welcher Form geworben werden soll.
Kostenvergleich von Werbemitteln:	Der Tausend-Leser-Preis gibt den Preis des Werbemittels pro 1.000 erreichte Leser an.
Werbeträger:	Entscheidung, welche Medien eingesetzt werden sollen.
Werbeplan:	Beschreibung und Kostenübersicht der ausgewählten Werbemittel.

4 Werbedurchführung

Nachdem die Werbeplanung abgeschlossen ist, werden die geplanten Werbemaßnahmen durchgeführt. Hier kann das Unternehmen selbst tätig werden oder die Aufgabe an eine externe Werbeagentur übertragen. Die wesentlichen Tätigkeiten in dieser Phase sind die **Werbemittelgestaltung** und **Werbemittelstreuung**.

Werbedurchführung umfasst alle Tätigkeiten von der Gestaltung bis zur Streuung (Verbreitung) der Werbemittel.

Werbemittelgestaltung

Von der Art und Weise, wie die Werbemittel gestaltet werden, hängt im hohen Maße die spätere Werbewirkung ab. Bei der Werbemittelgestaltung soll es bestmöglich gelingen, die Werbebotschaft in das Bewusstsein der Konsumenten zu transportieren und dort günstigenfalls einen Kaufwunsch zu wecken. In der Praxis ist dieser Weg häufig sehr schwierig. Schon der erste Schritt, die Gewinnung von Aufmerksamkeit durch die Werbung, ist bei der enormen Informationsflut, der jeder ausgesetzt ist, ein schwieriges Unterfangen.

Der Erfolg hängt wesentlich davon ab, ob ein Kunde durch die Werbung nachhaltig erreicht wird.

Grundsätze für die Gestaltung von Anzeigen

Es gibt wenige Anzeigen, die in der Erinnerung des Betrachters bleiben, und sehr viele, die trotz ihrer Veröffentlichung nicht einmal gesehen werden. Warum die Wirkung so unterschiedlich ist, kann mithilfe eines Modells untersucht werden. Werbeforscher haben dazu ein **Wirkungsmodell** entwickelt.

Bei der Gestaltung einer Anzeige ist Schritt für Schritt zu prüfen, ob bestimmte Erfolgskriterien erfüllt sind. Grundsätzlich gilt:

Damit eine Anzeige wirken kann, muss sie ...

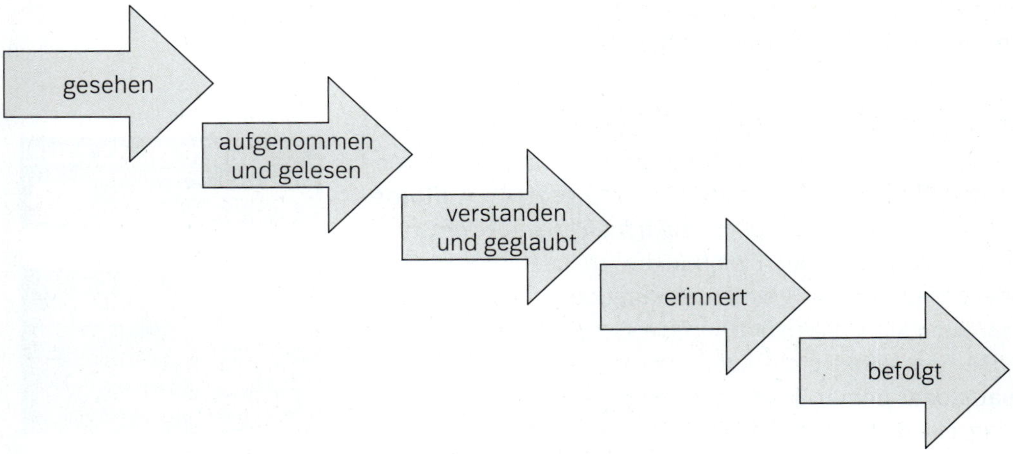

... werden

Gesehen

Bilder sind Eyecatcher. Eine Anzeige mit Fotos oder Grafiken erregt in der Regel eine größere Aufmerksamkeit als eine reine Textanzeige. Ein weiterer Vorteil ist, dass ein Bild eine komplizierte, wortreiche Produktbeschreibung spart: „Ein Bild sagt mehr als tausend Worte."

Eyecatcher (engl.): Blickfang, Hingucker

Es gilt der Grundsatz „weniger ist mehr". Werden zu viele Bildmotive verwendet, wird die Aufmerksamkeit des Betrachters abgelenkt und das Interesse kann schnell verloren gehen. Die Reduzierung der Bildmotive führt zu einer Konzentration auf das umworbene Produkt.

Farbe ist ein wichtiges Gestaltungsmittel, allerdings sind farbige Anzeigen teurer als schwarz-weiße. Außerdem muss die gewählte Farbe zum Thema und zu den anderen Farben passen. So muss die Farbe des eigentlich umworbenen Produktes mit der Farbe des Hintergrundes harmonieren. In diesem Fall spricht man von harmonischen Kontrasten. Setzt sich die Farbe des Produktes negativ von der Farbe des Hintergrundes ab, so wird die Betrachtung gestört

Aufgenommen und gelesen

Bilder nimmt der Leser auf, **Text** liest er. Zusammen bilden beide eine Einheit, die **Stimmungen** wie Spannung, Eleganz, Sportlichkeit oder Frische vermitteln. Der Text muss leicht verständliche, interessante Informationen transportieren, z. B.: „Alles zum halben Preis!" Lange, komplizierte Texte langweilen und überfordern den Leser. Die Sprache muss zur Zielgruppe passen. Es sind kurze, oft unvollständige Sätze zu bilden.

Eine herausragende Stellung nimmt die **Headline** ein. Sie muss einprägsam sein und die wichtigste Werbeaussage tragen. Darüber hinaus soll sie Neugier erregen, um Türöffner zum eigentlichen Werbetext zu sein.

Headline (engl.): Kopfzeile, Überschrift einer Anzeige

Große Bedeutung liegt auch auf der gewählten **Schriftart**. Als Faustregel gilt: gut lesbar, nicht zu klein, nicht mehr als zwei Schriftarten verwenden. Zudem sollte sich der Anzeigentext auf eine **Satzart** beschränken, also mittig, links- oder rechtsbündig oder als Block gesetzt sein.

Verstanden und geglaubt

Damit eine Anzeige verstanden wird, muss sie informieren und darf nicht überfrachtet sein. Dazu benötigt sie eine dominierende, **klare Aussage**. Wird eine interessante Aussage um einen langen Zusatz wie „Wir sind die Besten, dennoch immer günstig, bieten einen tollen Service und wollen immer für sie da sein." ergänzt, fühlt sich der Leser überfordert und zweifelt vielleicht auch an der Glaubwürdigkeit der Anzeige: „Die können mir viel erzählen."

Erinnert

Wie ein Schüler lernt auch ein Kunde durch Wiederholung. Während eine einmalige Werbung kaum in Erinnerung bleibt, prägt sich eine Anzeigenserie gut ein. Der Betrachter erkennt sie wieder, erinnert sich an die Firma oder deren Produkte und Dienstleistungen. Deshalb sollte die **Gestaltung** einer Anzeige **gleichbleibend** sein. Das gilt für Hoch- oder Querformat, Schrift- und Satzart, Farben und Umrandung. Um den Wiedererkennungseffekt zu garantieren, muss auch der Text eine Linie aufweisen, also immer lustig, informativ, frech oder ernst sein.

Eine deutliche Abbildung des **Firmennamens oder Logos** prägt sich nachhaltig in das Bewusstsein eines Kunden ein. In die gleiche Richtung zielt auch die Darstellung **prominenter Personen** wie Schauspieler, Sportler oder Musiker. Der Anblick der abgebildeten Person reicht dann häufig schon aus, um beim Betrachter eine Verbindung zum beworbenen Produkt herzustellen.

Befolgt

Es gibt zwei Möglichkeiten, damit Kunden einer Anzeige folgen und ins Geschäft kommen. Die eine ist die **Wiederholung**: Im Bedarfsfall erinnert sich ein Kunde („Da habe ich doch was gelesen ..."). Die **gezielte Aufforderung** ist die zweite Möglichkeit. Mit Coupons, etwa für Rabatte oder Gratisbeigaben, befristeten Angeboten und Einladungen zu bestimmten Gelegenheiten wie Modenschauen oder Produktpräsentationen wird ein Kunde angelockt. Diese Handlungsauslöser sprechen die Gefühle der Kunden an: das Besitzstreben, die Sparsamkeit, die Angst, etwas zu verpassen. Darum sollten **Handlungsauslöser** immer besonders hervorgehoben werden oder auch direkt als Schlagzeile der Anzeige dienen.

■ Wirkungsmodell aus der Werbeforschung

An einem Beispiel soll die Analyse einer Werbeanzeige mithilfe des Wirkungsmodells deutlich werden. Dazu ist die Anzeige in dem 5-Schritte-Raster auf ihre Wirkung zu prüfen.

Damit eine Anzeige wirksam wird, muss sie ...	Anzeige des Wohnstudios Wolf
gesehen,	Das Rot in der Anzeige ist ein guter Blickfänger. Das Haus „leuchtet", fällt dem Betrachter sofort auf und erregt seine Aufmerksamkeit.
aufgenommen und gelesen,	„Der neue Wolf" ist eine pfiffige Headline, die durch die andersfarbige Ergänzung „mit 1 000 und einer Wohnidee" optimal komplettiert wird. Die nur in Farbe und Größe variierende Schrift und sachliche Gestaltung der Anzeige vermitteln eine Stimmung von moderner Eleganz. Die Anzeige kommt mit wenig Text aus, transportiert dennoch die entscheidenden Informationen. Die beiden Bilder geben einen ersten Einblick, welche Art Möbel angeboten werden.

Damit eine Anzeige wirksam wird, muss sie ...	Anzeige des Wohnstudios Wolf
verstanden und geglaubt,	Der Betrachter erfasst sofort, dass es sich hier um ein neu gestaltetes Möbelhaus handelt. Das Wort Wohnstudio, die schicke Gestaltung der Anzeige und die auf den Produktfotos präsentierte Modellauswahl sprechen die Zielgruppe direkt an. Ein Kunde glaubt, dass er bei Wolf hochwertige, besondere Möbel bekommt.
erinnert und	Das Schlagwort „Der Wolf" und das rote Haus als Firmenlogo sind Merkmale, die sich gut einprägen. Auch bei früheren Anzeigen tauchten diese Aspekte auf.
befolgt werden.	Durch die gezielte Aufforderung „Osteraktion, Sa., 1. April, 10:00 – 18:00 Uhr" lockt diese Anzeige Kunden an. Der Begriff Osteraktion dient als Handlungsauslöser, macht neugierig, was das Wohnstudio wohl an diesem Tag Besonderes zu bieten hat.

■ Werbemittelstreuung

Nachdem die Werbemittel gestaltet sind, müssen zwei Fragen beantwortet werden:

* Wo soll geworben werden?
* Wann und wie lange soll geworben werden?

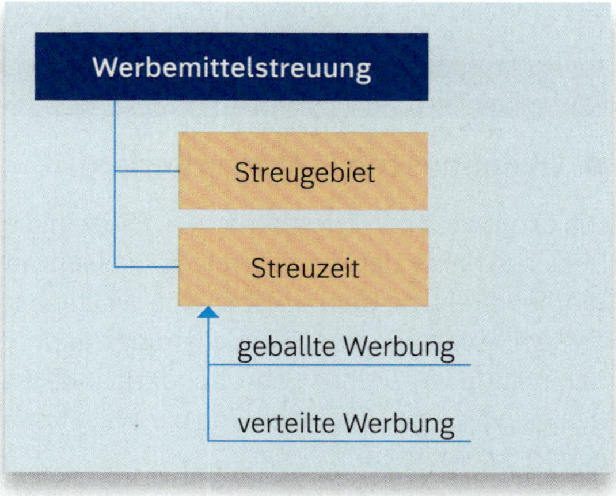

Das **Streugebiet** ist das Gebiet, in dem die Werbemaßnahmen stattfinden und später die Waren abgesetzt werden sollen. Es ist auf die Zielgruppe abzustimmen, die erreicht werden soll.

Die **Streuzeit** ist der Zeitpunkt oder der Zeitraum, in dem die Werbeaktivitäten erfolgen sollen. Innerhalb der Streuzeit muss ein großer Werbedruck aufgebaut werden, der die potenziellen Kunden zum Kauf veranlasst. Zwei Strategien haben sich als erfolgreich erwiesen: geballte Werbung und verteilte Werbung

Streugebiet ist das Gebiet der Werbung.

Streuzeit ist der Zeitpunkt oder Zeitraum der Werbung.

Bei der Neueinführung oder Umgestaltung eines Produktes empfiehlt sich eine **geballte Werbung**, um die Neuerung bekannt zu machen. Innerhalb kurzer Zeit wird hierbei das Produkt massiv beworben und in das Bewusstsein der Konsumenten gebracht. Langfristig sollte eine **verteilte Werbung** eingesetzt werden, damit das Produkt dauerhaft in der Erinnerung der Konsumenten bleibt.

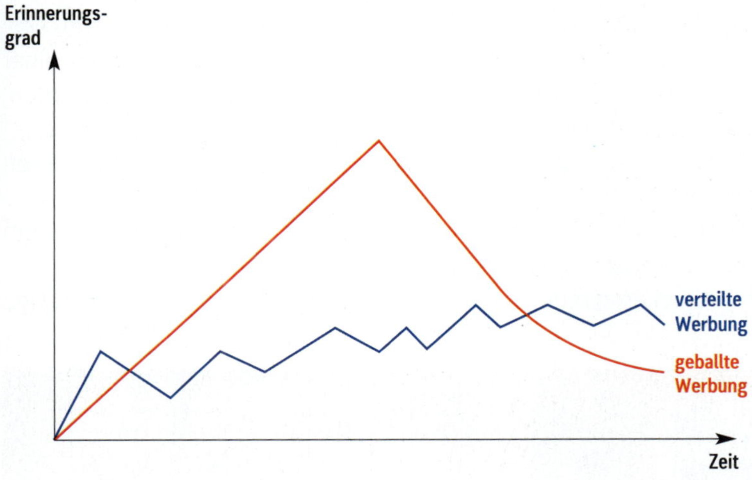

Zusammenfassung

Werbung	
Werbedurchführung:	Planung, wie, wo und wann die Werbemaßnahmen konkret umgesetzt werden sollen.
Werbemittelgestaltung:	Wirkungsvoll ist Werbung, wenn sie gesehen, aufgenommen, verstanden und geglaubt, erinnert sowie befolgt wird.
Streugebiet:	Gebiet, in dem die Werbemaßnahmen stattfinden.
Streuzeit:	Zeitpunkt oder Zeitraum, in dem geworben wird.

5 Werbeerfolgskontrolle

ökonomisch: wirtschaftlich

Die abschließende Phase des Werbeprozesses ist die Werbeerfolgskontrolle. Dabei wird geprüft, ob und wie die Werbemaßnahmen gewirkt haben und die Werbeziele erreicht werden konnten. Der Werbeerfolg lässt sich anhand von ökonomischen und nichtökonomischen Erfolgskriterien bestimmen.

Werbeerfolgskontrolle heißt, die Wirkung einer Werbung zu prüfen.

Ökonomische Erfolgskriterien

Die ökonomischen Erfolgskriterien spiegeln die **direkte**, eher **kurzfristige Wirkung** der Werbung wider. Zum Beispiel könnte der Werbeerfolg gemessen werden, indem der Umsatz in der Woche vor dem Einsatz eines Werbemittels mit dem Umsatz eine Woche nach dem Erscheinungstermin verglichen wird. Das Problem bei dieser Erfolgsermittlung liegt allerdings darin, dass eine Umsatzsteigerung nicht nur durch eine Werbemaßnahme erreicht werden kann, sondern andere Ursachen wie eine Preisveränderung, ein neues Verpackungsdesign oder eine Umplatzierung der Ware haben kann. Der Anteil, den die Werbung daran hat, ist somit nicht genau zu ermitteln.

Nichtökonomische Erfolgskriterien

Die **indirekte, mittel- bis langfristige Werbewirkung** kommt durch die nichtökonomischen Erfolgskriterien zum Ausdruck. Werbung ist immer dann erfolgreich, wenn es nachhaltig gelingt, den Bekanntheits- und Erinnerungsgrad des Werbeobjektes zu erhöhen, ein positives Image zu transportieren und beim Konsumenten ein Kaufinteresse zu wecken.

Methoden zur Werbeerfolgskontrolle

Trotz der Schwierigkeiten bei der genauen Bestimmung des Gesamterfolgs der Werbung gibt es einige Methoden, die Werbewirkung zu überprüfen.

- **Kundenzählung**: Die Kunden vor, während und nach einer Aktion zählen, z. B. durch Strichlisten oder Kassenbonzählung, und festhalten, ob ein Kunde das entsprechende Werbemittel erwähnt hat.
- **Eingrenzung**: Nur bestimmte Artikel werden im Werbeangebot herausgestellt. Mithilfe des Warenwirtschaftssystems kann der Abverkauf dieser Produkte ermittelt werden. Wenn andere Ursachen einer Umsatzsteigerung wie ein neues Verpackungsdesign oder eine Umplatzierung ausgeschlossen werden, lässt sich so die Wirkung des Werbeeinsatzes bestimmen.

Kassenauswertung siehe Seite 192

- **Bonauswertung**: Den Durchschnittswert der Kassenbons vor, während und nach einer Aktion feststellen und mit früheren Zeitabschnitten vergleichen.
- **Vergleich der Umsätze**: Die Durchschnittsumsätze pro Tag in der Woche vor, während und nach dem Einsatz eines Werbemittels festhalten und die prozentualen Veränderungen bestimmen.
- **Werberendite**: Die nach Abschluss der Werbekampagne erzielte Umsatzsteigerung ins Verhältnis zu den Kosten der Werbeaktion setzen.

$$\text{Werberendite} = \frac{\text{Umsatzsteigergung}}{\text{Kosten der Werbeaktion}}$$

Beispiel

Ein Einzelhandelsunternehmen hat im vergangenen Geschäftsjahr 80 000,00 € für Werbung ausgegeben und im selben Zeitraum seinen Umsatz um 180 000,00 € steigern können.

$$\text{Werberendite} = \frac{180\,000{,}00\,€}{80\,000{,}00\,€} = 2{,}25$$

Die Werbung war erfolgreich. Die erreichte Umsatzsteigerung ist 2,25-mal so groß wie die anfallenden Werbekosten.

Werberendite ist das Verhältnis von Umsatzsteigerung zu Kosten einer Werbeaktion.

* **Rücklaufquotenermittlung**: Nummerierte Handzettel werden mit einem Gutschein für ein interessantes Angebot versehen und bestimmten Verteilbezirken oder -straßen zugeordnet. Bei der Einlösung der Gutscheine stellt man dann anhand der Nummer fest, in welchen Gebieten die Aktion den größten Erfolg hatte. Die gleiche Möglichkeit besteht bei Zeitungsbeilagen, da auch diese für bestimmte begrenzte Gebiete beigelegt werden können. Gutscheinaktionen können ebenfalls bei Zeitungsanzeigen und Werbebriefen durchgeführt und durch Strichlisten überprüft werden.
* **Befragungen:** Kunden-, Passanten- oder Haushaltsbefragungen sind besonders geeignet, um durch gezielte Fragen die Wirksamkeit verschiedener Werbemittel zu erkunden. Die Befragungen können entweder direkt am Verkaufsort durch Interviewer oder durch Fragebogen erfolgen. Um den Einkauf der Kunden nicht zu stören und objektivere Ergebnisse zu erhalten, bietet sich ein Fragebogen an, den die Kunden anonym zu Hause ausfüllen und anschließend z. B. in eine im Verkaufsraum aufgestellte Rückgabebox werfen. Um die Rücklaufquote zu erhöhen, ist es sinnvoll, die Kunden durch ein kleines Dankeschön-Geschenk zu motivieren.

Grundsätze für den Aufbau eines Fragebogens

* Der Fragebogen muss übersichtlich gestaltet sein.
* Der Inhalt darf nicht mehr als ein einseitig bedrucktes DIN-A4-Blatt umfassen.
* Stellen Sie den Kunden klare Fragen und beschränken Sie sich dabei auf die wichtigen Sachverhalte.
* Die Beantwortung sollte möglichst per Ankreuzen vorgegebener Antworten möglich sein, z. B. ja und nein, Bewertungen etwa durch Schulnoten oder Varianten von sehr zufrieden bis unzufrieden etc.

Mögliche Fragen

* nach Alter und Geschlecht eines Kunden
* ob sie die Werbemaßnahmen bemerkt haben
* ob sich dadurch ihre Einstellung zum Produkt verändert hat (Fragen nach den Imagemerkmalen)
* ob und warum sie auch in anderen Geschäften der Branche einkaufen

Zusammenfassung

Werbung		
Werbeerfolgskontrolle:	Prüfung, wie erfolgreich die Werbung tatsächlich war.	
Erfolgskriterien:	1. ökonomische Kriterien: direkte, kurzfristige Werbewirkung	2. nichtökonomische Kriterien: indirekte, mittel- bis langfristige Werbewirkung
Methoden der Erfolgskontrolle:	* Zählen der Kunden * Kassenbonauswertung * Analyse der Absatzzahlen aus dem Warenwirtschaftssystem * Bestimmung der Durchschnittsumsätze und Werberendite * Rücklaufquotenermittlung bei Gutscheinen * Kundenbefragungen	

6 Bewertung von Werbemaßnahmen

6.1 Anzeigenwerbung

Werbung ist teuer – besonders wenn in Massenmedien mit einem großen Streugebiet geworben wird. Vor allem Werbeagenturen prüfen daher geplante Werbemaßnahmen häufig in **Pretests** bei einer ausgewählten Zahl von Personen, die als Zielgruppe infrage kommt.

Erzielt die Werbung bei diesen Testpersonen nicht die beabsichtigte Wirkung, sind so vor der endgültigen Schaltung noch Korrekturen möglich.

Pretest (Vortest) ist ein Test vor der endgültigen Veröffentlichung des Werbemittels an einem kleinen Kreis von Testpersonen, um den möglichen Werbeerfolg im Voraus zu erkennen. Die Testpersonen müssen der späteren Zielgruppe entsprechen (repräsentative Stichprobe).

Der Fragenkatalog wird Testlesern von Zeitungsanzeigen vorgelegt, um die Wirksamkeit einer Anzeigenwerbung zu prüfen. Die Fragen können auch auf andere Werbemittel übertragen werden.

■ Fragen an die Betrachter von Werbeanzeigen

Weckt die Anzeige meine Aufmerksamkeit?	Ein normaler Leser liest sehr flüchtig, in Bruchteilen von Sekunden entscheidet sich, ob er eine Werbeanzeige wahrnimmt oder nicht. Eine Anzeige benötigt daher einen Ankerpunkt für den Blick des Lesers, einen Blickfang oder Eye-Catcher. Bilder erfüllen diese Aufgabe besonders gut.
Fällt die Anzeige auf?	Hier sind vor allem Größe, Farbgebung und Platzierung angesprochen. Die kleine, schwarzweiße und am Zeitungsrand platzierte Anzeige hat geringere Chancen wahrgenommen zu werden als die große, farbige und zentral platzierte.
Wirkt sie freundlich und sympathisch?	Menschen schätzen freundliche Bilder und den sympathischen Anblick.
Ist sie informativ?	Ein Einzelhändler möchte den Umsatz seiner Produkte steigern. Folglich muss er mit seiner Anzeige die richtigen Kunden mit ihren Ansprüchen erreichen und sie über die Vorteilhaftigkeit seiner Ware informieren. Werbung kann aber auch einen Kunden neugierig machen. *Beispiel* In regelmäßigen Abständen werden die Leser in ganzseitigen Anzeigen auf ein nahes Ereignis hingewiesen.
Vermittelt sie etwas Neues?	„Neu" und „modern" sind Schlüsselwörter der Werbesprache. Der Mensch ist an Neuem interessiert. Die Werbung sollte dem Wunsch des Lesers entgegen kommen und die Neuerungen in der Werbung herausstellen.
Weckt die Anzeige Vertrauen?	Niemand möchte „übers Ohr gehauen" werden oder hinter jedem Angebot eine Falle wittern. Eine faire Information des Lesers, bei der die Versprechungen auch eingehalten werden, schafft beim Kunden ein Gefühl des Vertrauens.  *Beispiel* 100 % oder 10 % Rabatt
Passt sie zum Image des Werbenden?	Wer immer die neuste Technik im Angebot hat, wird Begriffe wie „neu", „Spitzentechnik", „zukunftsweisend" u. Ä. vielfältig variieren. Ein Möbelhaus mit hochwertigen Stilmöbeln wird weniger marktschreierisch werben, damit es Erfolg hat.
Passt die Werbung zum dargestellten Produkt?	Ein Geschäft, das für junge Mode wirbt, sollte seine Anzeigen auch frisch und locker texten und bebildern. Angebote, die sich an ein älteres Publikum richten, wirken seriöser, wenn sie eher den Verstand ansprechen und in der Aufmachung zurückhaltender sind.

Hebt sich die Werbung von anderen Anzeigen ab?	Eine teure Vier-Farben-Anzeige an zentraler Stelle auf einer Zeitungsseite platziert, hat gute Chancen auch gelesen zu werden. Wenn aber viele attraktive Anzeigen auf einer Seite stehen, geht dieser Vorteil verloren. Trotzdem lohnt es sich oft, beim Anzeigenpreis nicht zu sparsam zu sein und mehr Aufmerksamkeit zu erhalten, weil eine nicht gelesene Werbung wirklich eine Geldverschwendung darstellt.
Ist sie originell und einzigartig?	„Geiz ist geil" war das Motto eines Anbieters von Unterhaltungselektronik. Dieser Slogan traf die Einstellung der deutschen Konsumenten in der Zeit der Euro-Umstellung und in einer wirtschaftlichen Krisenzeit besonders gut. Entsprechend erfolgreich war die Werbung. Überraschende, witzige, interessante Texte und Abbildungen steigern die Wirkung einer Anzeige sehr.

6.2 Grenzen der Werbung

Zunehmender Wettbewerb führt dazu, dass Unternehmen sich unlauterer Mittel bedienen, um durch Werbung auf ihre Produkte aufmerksam zu machen. Dadurch werden leicht die Grenzen des Anstands und Respekts überschritten.

Aus diesem Grund wurde der **Deutsche Werberat** gegründet. Es handelt sich um eine Organisation des Zentralverbandes der deutschen Werbewirtschaft (ZAW), deren Aufgabe ist, Beschwerden der Öffentlichkeit über Missstände in der Werbung nachzugehen und zu untersuchen, ob man an einer Werbung Anstoß nehmen kann. Die strafrechtliche Verfolgung von Rechtsverstößen in der Werbung durch den Deutschen Werberat hat nur eine untergeordnete Bedeutung.

In gemeinsamer Arbeit mit Werbetreibenden und Werbeagenturen entwickelt der Deutsche Werberat Grundsätze und Verhaltensregeln, an denen er eine zur Beschwerde vorgebrachte Werbung misst.

www.werberat.de

Grundsätze des Deutschen Werberates

In seinen Grundsätzen verlangt der Deutsche Werberat z. B., dass Werbung fair und in Verantwortung gegenüber der Gesellschaft durchgeführt werden muss. Auch darf das Vertrauen der Verbraucher aufgrund mangelnder Erfahrung nicht ausgenutzt werden. Kinder und Jugendliche dürfen weder körperlich noch seelisch Schaden nehmen. Werbung darf darüber hinaus keine Form der Diskriminierung anregen oder dulden.

Verhaltensregeln zur Werbung für alkoholische Getränke (Beispiele)

* Kinder und Jugendliche dürfen weder zum Trinken alkoholischer Getränke aufgefordert, noch beim Konsum gezeigt werden.
* keine Trikot-Werbung für alkoholische Getränke mit Kindern und Jugendlichen
* keine Alkoholwerbung in Medien, die sich vorzugsweise an Kinder und Jugendliche richten
* Werbung für alkoholhaltige Getränke soll keine trinkenden oder zum Trinken auffordernden Leistungssportler darstellen.

Kommt der Deutsche Werberat zu dem Schluss, dass die Beschwerde berechtigt ist, so kann der Werbetreibende durch eine Rüge öffentlich kritisiert werden. Verhindern kann der Werberat die Werbung jedoch nicht. Der Werbetreibende muss selbst entscheiden, ob er die Werbung absetzt oder beibehält.

Dabei ist der Werberat auf die **freiwillige Selbstkontrolle** der Unternehmen angewiesen, sich an die Grundsätze des Werberates zu halten. Setzt ein Unternehmen eine anstößige Werbung jedoch nicht ab, so kann der Imageschaden in der Öffentlichkeit sehr groß sein.

Beispiel

Der Werberat hat ein Unternehmen wegen diskriminierender Werbung öffentlich gerügt.

> [...] Auf einem Plakat wirbt das Unternehmen für Haustüren mit der Gegenüberstellung einer alten Frau, die eine Grimasse zieht, und einer jungen, freundlich in die Kamera lächelnden Frau mit dem Slogan „Endlich!!! Die Alte ist weg... ...die Neue ist da!“ Der Werberat teilte die Kritik aus der Bevölkerung, die abgebildeten Frauen würden mit den beworbenen Haustüren gleichgesetzt und als austauschbare Objekte vorgeführt. Zudem würden insbesondere ältere Frauen herabgewürdigt. [...]
>
> Quelle: Deutscher Werberat: Alters- und frauendiskriminierende Werbung - Werberat rügt Pizzadienst, Tischlerei, Fliesenleger und Teppichverkäufer. In: www.werberat.de/content/alters-und-frauendiskriminierende-werbung-werberat-ruegt-pizzadienst-tischlereifliesenleger [29.10.2016].

Zusammenfassung

Bewertung von Werbemaßnahmen	
Pretest	Test eines Werbemittels vor ihrem endgültigen Einsatz
Fragen an eine Werbeanzeige	* Wird Aufmerksamkeit geweckt? * Fällt sie auf? * Wirkt sie freundlich und sympathisch? * Ist sie informativ? * Vermittelt sie Neues? * Weckt sie Vertrauen? * Passt sie zum Image des Werbenden? * Passt die Werbung zum dargestellten Produkt? * Hebt sie sich von anderen Anzeigen ab? * Ist sie originell und einzigartig?
Grenzen der Werbung	Deutscher Werberat: Selbstkontrolleinrichtung der deutschen Werbewirtschaft Grundsätze des Werberates: * Fairness * Verantwortung gegenüber der Gesellschaft * Schutz des Vertrauens der Verbraucher * Schutz von Kindern und Jugendlichen * keine Diskriminierung
	Verhaltensregeln, z. B. für Alkoholwerbung

7 Direktwerbung

Direktwerbung ist ein Marketinginstrument, bei dem Kunden ohne Zwischenschaltung von Massenmedien individuell angesprochen und zu einer Reaktion veranlasst werden sollen. Häufigste Form der Direktwerbung ist das **Direct Mailing**. Hierbei wird schriftliche Werbung, meistens als Werbebrief, an die Zielperson adressiert und auf dem Postweg zugestellt.

7.1 Kundendatenerfassung

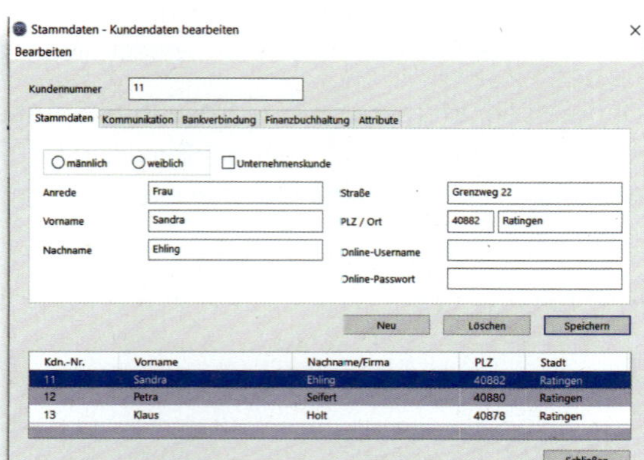

Um Direktwerbung wirkungsvoll durchführen zu können, ist es ratsam, Dateien über die **Stammkunden** anzulegen. Durch Verlosungen oder Preisausschreiben, bei denen man Adresskarten auslegt und die Kunden bittet, ihre Anschrift zu hinterlassen, lässt sich leicht eine solche Kundendatei erstellen. Besondere Vorteile bietet heute ein **Warenwirtschaftssystem**, das eine **Kundenverwaltung** enthält, weil damit die Einrichtung und Verwaltung einer Kundendatei erleichtert wird. Neben der reinen **Adressdatei** sollte man versuchen, möglichst viel über

Warenwirtschaftssystem siehe Seite 299

Wettbewerbsrecht beachten! Seite 277

einen Kunden zu erfahren, z. B. während eines Verkaufsgespräches, ohne ihn jedoch mit einer Fragenlawine zu überrollen.

Je mehr Auskünfte man über die Kunden sammelt, umso gezielter kann man sie umwerben.

7.2 Gestaltungsgrundsätze für einen Werbebrief

Um den persönlichen Charakter der Werbung auch tatsächlich zu vermitteln, kommt es insbesondere bei Stammkunden entscheidend auf die individuelle Form der Direktwerbung an.

Direktwerbung ist individuelle Kommunikation mit den Kunden in meist schriftlicher Form.

Dies erreicht man durch **persönliche Anrede**, aktuelle Datierung und handschriftliche, gut leserliche Unterschrift. Diese Mittel wirken dem negativen Eindruck der Massenwerbung entgegen. Außerdem ist aus verschiedenen Untersuchungen bekannt, dass ein **Postskriptum (PS)** sinnvoll ist, weil es oft zuerst gelesen wird.

Von besonderer Wichtigkeit ist natürlich die **Eröffnung** des Briefes, denn sie muss die Aufmerksamkeit erwecken, wobei sich der Werbebrief auch im weiteren Verlauf an der **AIDA-Formel** orientieren sollte.

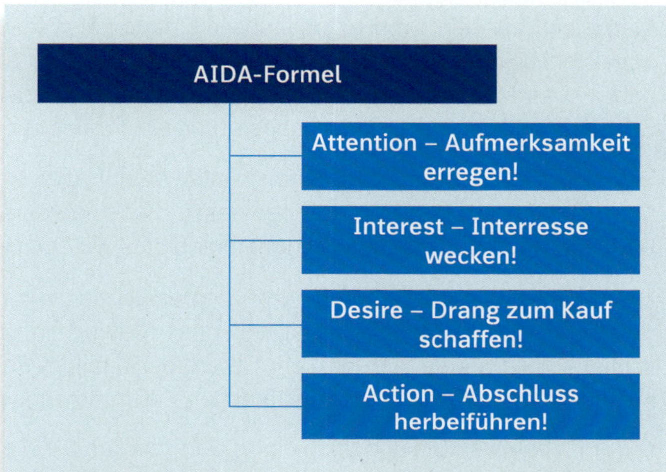

AIDA-Formel siehe Seite 249

Für den Brieftext gilt die grundsätzliche Empfehlung, ihn so zu gestalten, dass ein zwölfjähriges Kind beim Lesen des Briefes keine Verständnisprobleme hat. Die Zielgruppe ist allerdings zu beachten. Mehrzeilige Absätze wirken auflockernd. Dabei sollten insbesondere die letzten Worte vor einem Absatz optisch am ehesten auffallen und darum einen positiven Inhalt haben, z. B.: „Ihr Vorteil", „... können Sie profitieren" u. Ä.

■ Inhalt und Sprache von Werbebriefen

* Positiv schreiben, z. B. „preisgünstig" statt „nicht teuer".
* Nutzen für einen Kunden nennen: sparen, gewinnen, gratis, sofort, neu, individuell, Erfolg, einfach, schnell, Service, Leistung usw.
* Nicht über sich selbst im Wir-Stil schreiben: „Wir können ...", „Wir sind ...", „Wir machen ...", „Wir schicken ...", sondern im Sie-Stil den Leser ansprechen: „Sie erhalten ...", „Sie können ...", „Sie brauchen nur ..."
* Kurze Sätze schreiben. Vor allem der erste Satz nach der Anrede muss kurz sein, weil der Leser vom ersten Satz auf den gesamten Brieftext schließt. Lange verschachtelte Sätze führen zum Leseabbruch. Kurze Sätze regen außerdem stärker zum Nachdenken an.
* Pro Satz ein Gedanke, wenige Nebensätze, keine dass-Sätze

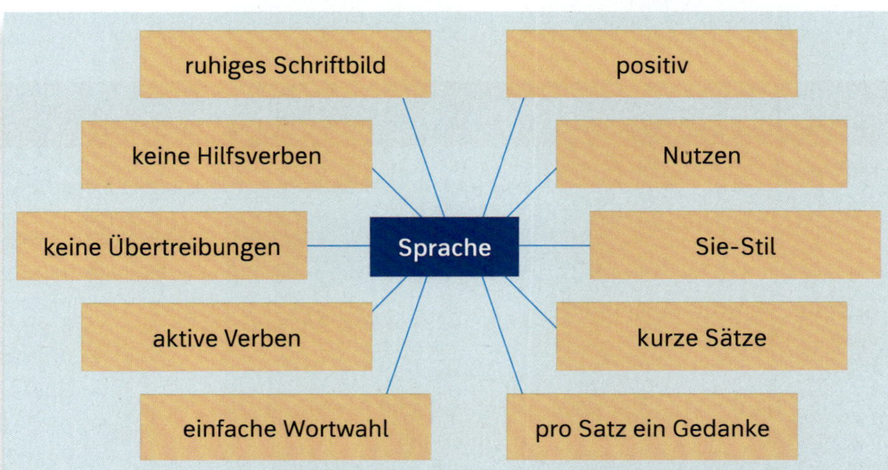

* Einfache Wörter verwenden, z. B. statt „Besuch abstatten" besser „besuchen". Das Motto für erfolgreiche Werbebriefe lautet: Einfach und kurz.
* Aktive Verben benutzen und diese möglichst an den Satzanfang stellen: „Kommen Sie ...", „Nutzen Sie ...", „Probieren Sie ..."

* Übertreibende Eigenschaftswörter wie super, spitze oder unerreichbar und abgedroschene Phrasen vermeiden.
* Hilfsverben wie „möchten“, „können“, „dürfen“ sparsam verwenden; nicht: „Darf ich Sie bitten ...?“, sondern: „Probieren Sie bitte ...!“)

Am Briefschluss ist es sinnvoll, einen Kunden zu einem Geschäftsbesuch einzuladen. Diese Einladung erhält mehr Nachdruck, wenn man einem Kunden ein Vorzugsangebot reserviert und dies mit einer Antwortkarte verbindet. Der Empfänger wird zu einer Reaktion aktiviert und näher an den Kaufabschluss herangeführt.

■ Muster für einen Werbebrieftext

Überschrift oder Betreff	**Wir wissen, wie Sie auch an heißen Tagen eine perfekte Figur machen!**
Anrede	Sehr geehrter Herr Spieß,
Einleitung	Sie gehören zu einem markenbewussten Kundenkreis, der, wie wir wissen, bei Mode auf Qualität und Preis achtet.
Angebot	Bei jeder Gelegenheit die perfekte Figur machen – vor allem, wenn das Thermometer wieder die 30-Grad-Marke knackt! Kein Problem mit unserer neuen Herren-Sommerkollektion. Gewiss werden Sie ebenso begeistert sein von unseren Business-Anzügen, die wir auf der Mailänder Modemesse für Sie entdeckt haben. Das Material aus hochwertigem Cotton-Coolwool-Mix ist auch an warmen Tagen angenehm. Die Schnitte sind von einer lässigen Eleganz und gleichzeitig bequem. Der Sommer darf also wieder heiß werden!
Kundenvorteil	Selbstverständlich bieten wir Ihnen in allen Modefragen kompetenten Rat. Unser Team berät sie gerne bei der Auswahl der Mode, die zu Ihnen passt. Und sollte der Wunschanzug nicht zu 100 Prozent sitzen, kein Problem. Anders als andere Modehäuser bieten wir auch weiterhin einen sehr guten Änderungsservice.
Beweis	Dabei setzen wir auf die Kompetenz unseres Schneidermeisters. Hier hat sich unser Qualitätsstandpunkt durchgesetzt. Wie wichtig das ist, erkennen Sie auch in unserem vielseitigen Sortiment. Wir führen ausschließlich namhafte Top-Marken. Ob professionell im Beruf, lässig-bequem in der Freizeit oder elegant bei festlichen Anlässen – mit uns machen Sie immer eine perfekte Figur!
Kaufaufforderung	Darum: Besuchen Sie uns doch einfach! Entdecken Sie die aktuelle Sommermode bei Lebing, Ihrem Herrenausstatter. Wir freuen uns auf Sie!
Schluss	Mit freundlichen Grüßen
Persönliche Unterschrift	Bernd Lebing
Postskriptum (Nachschrift)	PS: Zum Sommer gehören Cocktails. Vom 1. bis 15. April macht die mobile Cocktailbar „High Piranha“ bei uns Station. Wir laden Sie und Ihre Begleitung auf einen natürlich nach Ihren Wünschen gemixten Cocktail ein – mit oder ohne Alkohol. Bitte bringen Sie dieses Schreiben einfach als Gutschein mit.

Zusammenfassung

Direktwerbung		
Kundendatenerfassung:	Kundendatensammlung für eine gezielte Werbeansprache. Mithilfe eines Warenwirtschaftssystems können die Informationen in einer Kundendatei gesammelt und verwaltet werden.	
Gestaltungsgrundsätze für Werbebriefe:	Aufbau des Werbebriefs: * Überschrift * Persönliche Anrede * Einleitung * vorteilhaftes Angebot * Beweis Die Werbebotschaft sollte: positiv, kurz, verständlich, persönlich und vorteilhaft für einen Kunden sein.	* Aufforderung zum Kauf * Briefschluss * persönliche Unterschrift * Postskriptum

8 Verkaufsförderung

Untersuchungen haben ergeben, dass mehr als die Hälfte aller Kaufentscheidungen im Geschäft fallen. Für den Einzelhändler ist daher eine entscheidende Frage, wie er die Kaufentscheidung eines Kunden im Geschäft beeinflussen kann. Unterstützend zur klassischen Werbung können dazu direkt am Verkaufsort zusätzliche Kaufanreize für bestimmte Artikel oder Warenarten erzeugt werden. Alle zeitlich befristeten Aktivitäten zur Unterstützung der Absatzbemühungen im Geschäft bezeichnet man als **Verkaufsförderung** oder **Sales Promotion**.

promotion (engl.): Förderung

sale (engl.): Verkauf

Die Notwendigkeit zur Verkaufsförderung hat in letzter Zeit stark zugenommen. Als Ursachen sind die überwiegende Selbstbedienung, das gewachsene Preisbewusstsein der Verbraucher und vor allem die abnehmende Wirkung der klassischen Werbung über die Massenmedien zu nennen. Weil auf den Konsumenten Werbebotschaften in großer Zahl einwirken, gewinnt die unmittelbare Ansprache eines Kunden am Ort des Verkaufs oder **Point of Sale** immer größere Bedeutung.

Verkaufsförderung oder Sales Promotion sind Maßnahmen am Verkaufsort zur kurzfristigen Erhöhung des Absatzes.

Nach dem Adressat (Empfänger) wird zwischen verbraucherorientierter, handelsorientierter und verkäuferorientierter Verkaufsförderung unterschieden. Diese Aktivitäten richten sich direkt an die Verbraucher oder unterstützen Händler oder Verkäufer.

■ Verbraucherorientierte Verkaufsförderung

Diese Formen der Verkaufsförderung wenden sich direkt an einen Kunden mit dem Ziel, den Abverkauf von Produkten unmittelbar zu steigern. Sie existieren in großer Zahl und sind sehr vielfältig.

Die bekanntesten Formen der Verbraucherverkaufsförderung sind:

* **Probenverteilung oder Verkostung:**
  Der Hersteller schickt eigene Mitarbeiter, die Propagandisten, in das Einzelhandelsgeschäft und lässt durch sie Proben seiner Produkte an Kunden verteilen. Die Initiative kann sowohl vom Hersteller als auch vom Einzelhändler ausgehen. Der unmittelbare Kontakt zum Endverbraucher ist für den Hersteller vorteilhaft, weil ein Kunde das dargebotene Produkt intensiv kennenlernt. Für den Einzelhändler sind diese Stände attraktive Inseln auf seiner Verkaufsfläche, die seine Warenpräsentation auflockern.

* **Vorführungen**:
  Der Hersteller zeigt einem Kunden die Verwendung seiner Produkte. Dies geschieht im Regelfall durch digitale Darstellungen. Interaktive Displays helfen dem Nutzer bei der gezielten Suche nach Produktinformationen oder ermöglichen sogar das Testen eines Produktes durch virtuelle Simulation. Vor allem im Non-Food-Bereich und bei erklärungsbedürftigen Produkten werden solche digitalen Darstellungsformen eingesetzt. Die Vorführung kann aber auch von Mitarbeitern des Herstellers durchgeführt werden. Hierbei erhält ein Kunde einen noch besseren Eindruck von der Ware und bekommt sofort ausführliche Auskünfte auf seine Fragen.

* **Sonderverpackungen mit Zugaben:**
  Der Hersteller präsentiert seine Produkte in besonderer Aufmachung und eventuell mit Abweichungen beim Gewicht oder der Stückzahl, sodass sich für einen Kunden besondere Kaufvorteile ergeben. Häufig ist

On-Pack: als Pack

die Sonderverpackung auch noch mit einer kleinen Zugabe wie Dosierlöffel zum Kaffee, ein Spielzeug zu den Cornflakes usw. verbunden (On-Pack-Promotion) oder einem Kunden wird angeboten, nur einen Teil der gekauften Produkte zu bezahlen (Multibuy), z. B. „5 kaufen, 4 bezahlen".

Wettbewerbsrecht siehe Seite 277

* **Gutscheine und Gewinnspiele**:
  Den Kunden werden Gutscheine angeboten, die zum Einkauf spezieller Produkte zu besonderen Bedingungen berechtigen. Diese liegen z. B. der Tageszeitung oder Prospekten bei, können aber auch als Handzettel direkt verteilt werden. Manchmal wird dem Kunden die Teilnahme an einen Gewinnspiel ermöglicht. Ein Kunde soll sich auf diese Weise mit dem geförderten Produkt näher auseinandersetzen, um es besser kennenzulernen.
* **Prominentenaktionen**:
  Hersteller oder Einzelhändler engagieren Prominente und lassen sie vor Ort die Ware vorstellen, Autogramme geben oder künstlerische Darbietungen aufführen. Für Kunden ist es äußerst attraktiv, bekannte Künstler oder Sportler persönlich zu erleben. Der Einzelhändler erhofft sich von diesen Aktionen, dass das positive Image des Prominenten auf sein Geschäft übertragen wird.

■ Handelsorientierte Verkaufsförderung

display (engl.): zur Schau stellen

Hierbei handelt es sich um einzelhandelsbezogene Verkaufsförderung. Ein Einzelhändler erhält vom Hersteller Unterstützung bei Verkauf seiner Produkte, z. B. durch die Überlassung von Werbematerial in Form von Displays, Deckenhänger oder Plakaten. Vielfach gewähren Hersteller auch **Werbekostenzuschüsse**, wenn ein Einzelhändler Waren des Herstellers ins Sortiment aufnimmt und auf seinen Warenträgern präsentiert. Zur Verkaufsförderung zählen aber auch zeitlich begrenzte **Einkaufsvergünstigungen** wie Rabatte, kostenlose Zurverfügungstellung von Produkten, **Kundendienstinformationen**, **Zeitschriften** sowie Unterstützung bei der **Regalpflege**. Diese Maßnahmen des Herstellers haben zum Ziel, Produkte in das Sortiment des Einzelhändlers hineinzubringen („Reinverkauf").

■ Verkäuferorientierte Verkaufsförderung

Bei dieser Form der Verkaufsförderung steht die Steigerung der Verkaufsleistung des Personals im Mittelpunkt. Dies kann zum einen durch eine bessere Information des Verkaufspersonals erreicht werden. **Schulungen**, der **Erfahrungsaustausch** mit anderen Verkäufern sowie die Bereitstellung von **Verkaufshilfen**, z. B. Handbücher oder Musterstücke, wirken absatzfördernd. Zum anderen können motivierende Anreize gesetzt werden. Belohnungen für besondere Verkaufsleistungen können im Rahmen eines **Verkaufswettbewerbs** unter den Mitarbeitern in Aussicht gestellt werden. Bei Erreichen eines festgelegten Umsatzes wird ein **Bonus** ausgezahlt oder eine besondere Verkaufsleistung wird durch eine **Auszeichnung** anderer Art gewürdigt.

Interessenunterschiede

Hersteller und Handel haben bei der Verkaufsförderung oft unterschiedliche Interessen. Der Hersteller hat vor allem sein Produkt im Auge, das er bei Kunden bekannt machen und dessen Verkauf er beschleunigen möchte.

Der Einzelhändler hingegen betrachtet mehr sein Sortiment als Ganzes und das Image seines Geschäftes. Verkaufsförderaktionen sollen das Geschäft für Kunden interessant machen und alte wie neue Kunden durch einen hohen Erinnerungswert langfristig an das Unternehmen binden. Eine kurzfristige Umsatzerhöhung wird natürlich gern gesehen. Der Handel betrachtet aber auch die langfristige, imagefördernde Wirkung von gelungenen Verkaufsfördermaßnahmen. Daher sind diese Aktionen oder Events auch oft gar nicht mit einem Warenangebot verbunden, sondern reine Kundenunterhaltung, wenn z. B. eine Hüpfburg für Kinder auf dem Kundenparkplatz aufgestellt wird. Allerdings sind viele Verkaufsförderaktivitäten des Handels auch reine „Rausverkaufsaktionen“, um Waren abzuverkaufen, die zu veralten drohen, oder um das Sortiment zu bereinigen. Trotzdem sind gerade gemeinsame Verkaufsfördermaßnahmen der Hersteller und Einzelhändler von großer Wirkung. Ideal ist **Cross-Promotion**, wenn z. B. Fernsehwerbung des Herstellers mit einer Verkostung oder Probenverteilung in den Einzelhandelsgeschäften kombiniert wird.

Cross-Promotion: Überkreuz-Verkaufsförderung

Es kommt auch vor, dass Hersteller in den Massenmedien werben und auf eine bestimmte Handelskette verweisen: „Dieses Produkt erhalten Sie in allen Filialen von ...“.

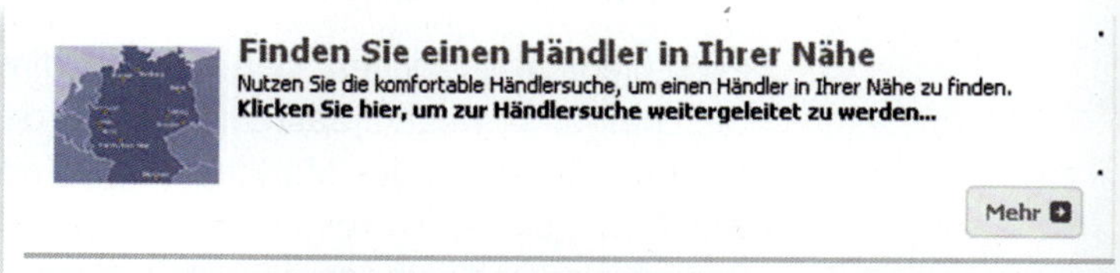

Erfolgsmessung

Verkaufsförderung kostet Geld. Daher sollten die Maßnahmen auf ihre Wirksamkeit überprüft werden. Der Erfolg von Verkaufsförderungsaktionen lässt sich an den gleichen Größen wie in der Werbung rechnerisch ermitteln:

* **Absatz**: Wie stellt sich der Abverkauf der geförderten Artikel in Stückzahlen dar?
* **Umsatz**: Welcher Umsatz wurde mit den geförderten Produkten erzielt, welche Auswirkungen hat die Maßnahme auf den Umsatz des gesamten Geschäftes?
* **Kundenfrequenz**: Wie viele Kunden besuchten das Geschäft an den Tagen der Verkaufsfördermaßnahme?
* **Durchschnittsbon**: Welchen Betrag hat jeder Kunde im Durchschnitt während der Aktionszeit ausgegeben?

Durch Vergleiche mit den Tageszahlen des Vorjahres ergibt sich für den Einzelhändler ein Bild vom Aktionserfolg. Nicht unmittelbar messbar sind die Auswirkungen der Verkaufsförderung auf das Image des Geschäftes. Dazu müssten aufwendige Kundenbefragungen durchgeführt werden. Die oben genannten Größen können jederzeit aus dem Warenwirtschaftssystem ermittelt werden.

Zusammenfassung

Verkaufsförderung	
Verkaufsförderung:	Förderung des Absatzes direkt am Verkaufsort.
Formen der Verkaufsförderung:	verbraucherorientiert: richtet sich direkt an den Kunden handelsorientiert: unterstützt den Einzelhändler bei seinen Aktivitäten verkäuferorientiert: steigert die Verkaufsleistungen des Personals
Cross-Promotion:	Einzelhändler und Hersteller führen gemeinsam aufeinander abgestimmte Verkaufsfördermaßnahmen durch.
Erfolgsmessung:	Mithilfe der folgenden Größen lässt sich der Erfolg einer Verkaufsförderung bestimmen:
	* Absatz * Umsatz * Kundenfrequenz * Durchschnittsbon

9 POS-Medien

Point of Sale: Verkaufsort

Egal, wie ausführlich der vorab geschriebene Einkaufszettel ist, viele Kaufentscheidungen trifft ein Kunde erst im Geschäft. Werbung unmittelbar am **Point of Sale (POS)** gibt häufig den letzten Kaufimpuls, bevor der Verbraucher zu einem bestimmten Produkt greift. Von besonderer Bedeutung sind deshalb **POS-Medien**. Das sind Medien wie elektronische Displays, die unmittelbar am Verkaufsort eingesetzt werden und über Produkteigenschaften informieren oder auf Sonderangebote hinweisen. Durch den geschickten Einsatz der POS-Medien ist es möglich, dass die Werbebotschaft einen Kunden direkt dort erreicht, wo er sie mit einem Griff ins Regal umsetzen kann.

POS-Medien sind Medien, die direkt am Verkaufsort einen Kaufimpuls erzeugen.

Unterscheidung klassischer Werbemittel von POS-Medien

POS-Medien versuchen, den Kunden direkt zum Kauf eines bestimmten Produktes in einem konkreten Geschäft zu bewegen. Bestenfalls nutzt der Einzelhändler dabei alle Kunden-Kontakt-Punkte vom Betreten bis zum Verlassen des Marktes. POS-Medien zielen auf eine kurzfristige Wirkung. Klassische Werbemittel wie Anzeigen oder Prospekte in Tageszeitungen gestalten Marken- und Unternehmensimages, wecken Bedürfnisse und verändern Einstellungen, um sich so in der Wahrnehmung eines Kunden mittel- bis langfristig zu profilieren. Der eigentliche Kauf des Produktes ist bei klassischen Werbemitteln der zweite Schritt. Anders ist es bei POS-Medien, sie liefern den letzten Anstoß zum Kauf.

Konventionelle POS-Medien

Bei den konventionellen POS-Medien handelt es sich um Werbeträger, die traditionell im Markt eingesetzt werden. Hierbei kommen keine digitalen Technologien zum Einsatz.

Einkaufswagenwerbung

Sehr einfach funktioniert die Werbung am Einkaufswagen. Sie kann am Griff und an der Stirnseite des Einkaufswagens angebracht werden. Da sie häufig beidseitig lesbar ist, begleitet die Werbebotschaft nicht nur den Kunden während seines Einkaufs. Entgegenkommende Personen werden ebenfalls auf die Werbung aufmerksam.

Floor Graphics (Bodenaufkleber)

Die Werbeträger aus rutsch- und abriebfester Folie werden direkt auf den Boden geklebt. Praktischerweise geschieht das im Eingangsbereich oder in direkter Nähe des beworbenen Produktes, damit der Kunde im positiven Sinne darüber „stolpert“ und darauf aufmerksam wird.

Aufsteller

Die „Pappkameraden“ gibt es in vielen Größen und Formen. Aufsteller setzen ein bestimmtes Produkt in Szene und machen oft auf Neuheiten aufmerksam. Statt der typischen, stabilen Pappkonstruktionen gibt es vermehrt auch aufblasbare Kunststoffvarianten, die Markenlogos oder Maskottchen darstellen.

Kassenband/Kundentrenner

Der Kauf ist dann zwar schon beendet. Aber Aufkleber auf dem Kassenband und gestaltete Balken zur Trennung der Einkäufe bieten die Möglichkeit, dem Kunden Botschaften und Informationen auf den Weg mitzugeben und ihn einzuladen, wiederzukommen.

Kassenbonwerbung/Couponing

Auch der Bon kann als kleine Werbefläche dienen. Immer beliebter wird es, den Kassenzettel mit Aktionsangeboten aufzuwerten. So können Kunden etwa beim nächsten Einkauf bei Vorlage des Coupons zum Beispiel Rabatte oder bei Anschluss an ein Bonussystem mehrfache Punkte bekommen. Ein weiterer Anreiz für die Verbraucher, auch künftig diesen POS zu nutzen.

Bon-Drucker

City-Warenhaus Bauer
Oberstraße 17
40878 Ratingen

10	x PLANA Jet	39,50 €
1	x Füllfederhalter Faktor	21,45 €
	* Summe	60,95 €
	* Bar	65,00 €
	* Rückgeld	4,05 €
	MwSt 1 19%	9,73 €

Kassierer(in): Ayse Özdemir
Bon-Nr. 53
08.04.20. 11:38:21

Ab 15.04.20(0):
Auf alle Osterartikel
20 % Rabatt!

Coupon = Gutschein

■ Digitale POS-Medien

Beeinflusst durch die Erfahrungen im Onlinehandel haben die Kunden auch an den stationären Handel höhere Erwartungen. Bei ihren Käufen über das Internet sind sie an eine große Produktauswahl, umfangreiche Produktinformationen und bequeme Bestellmöglichkeiten gewöhnt. Digitale Technologien ermöglichen es dem Einzelhändler, vieles davon den Kunden auch im Ladengeschäft zu bieten. Durch vielfältige Anwendungen liefern digitale POS-Medien häufig nicht nur aktuelle Werbeinformationen, sondern machen den persönlichen Einkauf auch komfortabler. Mehr Bequemlichkeit und Zeitersparnis sind hierbei Vorteile, die viele Konsumenten in einer digitalen Einkaufswelt zu schätzen wissen.
Erkennen sie so einen deutlichen Mehrwert für sich, kann sich die verkaufsfördernde Wirkung digitaler Lösungen voll entfalten.

Instore-Radio/Ladenfunk

Vor allem größere Unternehmen, etwa Warenhausketten, nutzen dieses Medium. Das hauseigene Programm informiert mit einem Mix aus Werbespots, Musik und Verbraucherinformationen. So werden die Kunden direkt angesprochen und können gut auf spezielle Aktionen und Angebote hingewiesen werden. Beispiel: „Sehr verehrte Kunden, auf unserer Sonderverkaufsfläche im Erdgeschoss bekommen Sie heute in der Zeit von 14:00 bis 15:00 Uhr 10 % Rabatt auf die ausgewiesenen Artikel.“ Aber aufgepasst: Das Instore-Radio muss professionell und mit Niveau gemacht sein, sonst nervt es den Kunden.

Instore-TV

Ein jeder kennt die eher billig wirkenden Werbefilmchen für Wunderpolituren, Putzschwämme oder Hilfsgeräte, die vor allem in Baumärkten in Endlosschleifen auf angestaubten Bildschirmen flimmern. Ein Negativbeispiel für Instore-TV, das den Kunden meist eher belustigt, schlimmstenfalls richtig stört. Auch beim Instore-TV kommt es auf Qualität an. Je nachdem, ob der Film zur Imagepflege, Absatzsteigerung, Produkterklärung oder Bekanntmachung einer Marke eingesetzt werden soll, muss er anders gestaltet sein. Neben informierenden und beratenden Inhalten werden in den Spots häufig auch unterhaltende Elemente gezeigt. So lässt sich die Aufmerksamkeit bestimmter Zielgruppen besser gewinnen. Ein zusätzlicher Service ist die Übertragung von Nachrichten oder wichtigen Sportereignissen, um zum Beispiel die Wartezeiten an der Kasse angenehm zu gestalten. Besonders raffiniert ist das Impuls-TV: Durch technische Finessen, etwa einen Chip am Einkaufswagen, wird ein Werbespot erst dann gespielt, wenn der Kunde sich dem Bildschirm nähert.

Mobiler Assistent

Tablet-Computer können im Verkauf als mobile Assistenten eingesetzt werden. Sie unterstützen und entlasten dabei nicht nur das Personal, sondern können auch zu einem ganzheitlichen Einkaufserlebnis für den Kunden beitragen. In unterschiedlichen Beratungssituationen bieten sie eine Vielzahl von Anwendungsmöglichkeiten:

* Zugriff auf Produktinformationen, die zum Teil auch mittels Videos oder Animationen erlebnisorientiert dargeboten werden
* Qualitäts- und Preisvergleich von Konkurrenzangeboten, um anschließend darauf entsprechend reagieren zu können
* Prüfung der Warenverfügbarkeit im Lager sowie in anderen Filialen
* Erweiterung des Ladensortiments, indem auf den Onlineshop des Händlers zugegriffen werden kann (virtuelle Regalverlängerung)
* Gestaltung (Konfiguration) eines Produktes aus unterschiedlichen Komponenten
* Abwicklung des Bezahlvorgangs unmittelbar nach der Beratung

Und so könnte eine Beratungssituation ablaufen: Der Kundenberater eines Fahrradgeschäftes nutzt das Tablet, um dem Kunden dessen Wunschfahrrad aus unterschiedlichen Bausteinen zusammenzustellen. Zu jedem einzelnen Teil finden sich Produktinformationen, gleichzeitig werden die Preise mit Angeboten der Konkurrenz verglichen. Nachdem der Kundenberater über das Tablet geprüft hat, ob die Komponenten auch verfügbar sind, wird der Entwurf des Fahrrads gespeichert. So kann der Kunde zuhause online noch Änderungen vornehmen. Ist alles nach seinen Wünschen, kann er das Fahrrad im Onlineshop bestellen. Das Fahrradgeschäft bestätigt per E-Mail die Bestellung und nennt gleich einen Abholtermin im Laden. Damit der Kunde dann aber möglichst schnell zu seiner ersten Tour mit dem neuen Fahrrad aufbrechen kann und nicht lange an der Kasse warten muss, kann der Kundenberater die Bezahlung direkt an seinem Tablet abwickeln.

Digital Signage/Elektronisches Display

Elektronische Displays sind die moderne Variante von klassischen Plakaten, Werbetafeln oder Preisschildern. Sie können im Verkaufsraum oder direkt an Regalen angebracht sein. Ihr Vorteil: Informationen können schnell und automatisch auf vielen Geräten gleichzeitig an den Kunden gebracht werden. Sie transportieren aber nicht nur Informationen, sondern können beim Betrachten auch positive Gefühle wecken. Zum Beispiel eine große Monitorwand, die am Treppenaufgang steht, kann dem Kunden den Weg zeigen, aber auch der atmosphärischen Gestaltung des Ladens dienen. Kommt 3D-Technik zum Einsatz, ist sogar der Eindruck zu erzeugen, dass ein Produkt vor den Augen des Kunden direkt im Raum zu schweben scheint. Wird Digital Signage in Verbindung mit einer Kamera und einer Gesichtserkennungssoftware eingesetzt, ist eine noch umfangreichere Nutzung möglich. Die Kamera erfasst die Gesichter der Kunden und die Software erkennt Geschlecht, Alter und sogar den aktuellen Gemütszustand der Personen. Die Inhalte des digitalen Plakates werden dann sofort angepasst. Der Betrachter hat das Gefühl, dass das Display individuell auf ihn reagiert und schenkt dem Gezeigten eine größere Aufmerksamkeit. Ein noch größeres Maß an Interaktion ist zu erreichen, wenn das Display auf die Gestensteuerung der Kunden reagiert. Optische Sensoren erkennen Bewegungen des Betrachters und setzen sie dann in Steuersignale auf dem Bildschirm um.

Virtual Shopping Shelf/Virtuelles Produktregal

Virtuelle Produktregale stehen meist in Fachabteilungen oder an zentralen Stellen im Geschäft. Im Unterschied zu elektronischen Plakaten (Digital Signage), die lediglich betrachtet werden können, haben die Kunden hier die Möglichkeit, selbst aktiv zu werden. Über die Touchfunktion auf der Nutzeroberfläche können sie Informationen abrufen, Serviceleistungen in Anspruch nehmen oder Transaktionen durchführen.

Mittels einer Suchfunktion lassen sich die gewünschten Artikel anzeigen. Weitergehende Informationen zum Produkt sind sofort abrufbar, teilweise als Video. Möchte der Kunde sich anschließend den Artikel vor Ort anschauen, zeigt ihm das Virtual Shopping Shelf den Weg durch den Laden dorthin. Ist die gesuchte Ware nicht vorrätig, ist das auch kein Problem. Sind die Produkte auf dem Display mit einem QR-Code versehen, kann der Kunde diese scannen und wird direkt zum Online Shop weitergeleitet. Dort kann er bestellen und bekommt die Ware dann entweder nach Hause oder zum Abholen in den Markt geliefert. Der Einzelhändler kann so sein Sortiment vergrößern und sicherstellen, dass die Produkte immer verfügbar sind.

Beacons/Leuchtfeuer

Beacons sind kleine Sender in der Größe einer Streichholzschachtel, die in Verkaufsräumen angebracht werden können. Wie ein Leuchtfeuer senden die Beacons dann in regelmäßigen Abständen über mehrere Meter Funksignale. Dazu wird die Bluetooth-Technik eingesetzt. Kommt ein Kunde in die Nähe, kann er das Signal über sein Smartphone empfangen. Voraussetzung ist allerdings, dass auf dem Smartphone eine entsprechende App installiert ist, die im Hintergrund läuft.

Bluetooth = Technik zur Funkübertragung von Daten

Die Technologie ermöglicht es, den Standort des Kunden innerhalb des Geschäftes zu bestimmen. Ein Gang durch den Verkaufsraum könnte dann so aussehen: Betritt der Kunde den Laden und hat sein Smartphone das erste Beacon erkannt, startet im Hintergrund die entsprechende App. Über eine Push-Nachricht könnte er zum Beispiel begrüßt werden und erste Informationen über aktuelle Sonderangebote erhalten. Bewegt er sich dann weiter durch das Geschäft und bleibt vor einem Regal mit Hosen stehen, liefert ihm das System über sein Smartphone Produktinformationen. Anschließend wird der Kunde darauf hingewiesen, dass er beim zusätzlichen Kauf eines Gürtels extra Bonuspunkte erhält.

Push-Nachrichten = Mitteilung, die ohne Öffnen der App auf dem Startbildschirm des Smartphones erscheint

Bis auf das Funksignal zur Standorterkennung schicken die Beacons keine weiteren Daten. Damit der Kunde die vielfältigen Informationen erhält, müssen die Inhalte über eine Internetverbindung auf sein Smartphone geladen werden.

Möchte ein Konsument nicht, dass sein Weg durch den Laden verfolgt wird, verzichtet er darauf, die entsprechende App auf seinem Smartphone zu installieren. Die Beacon-Signale gehen dann ins Leere.

Interaktive und virtuelle Umkleidekabinen

Betritt der Kunde die interaktive Umkleidekabine, werden an den Kleidungsstücken befindliche RFID-Etiketten gescannt. Dadurch wird automatisch erkannt, welche Artikel der Kunde anprobieren möchte. Über einen Bildschirm liefert die Umkleidekabine Informationen zu den ausgewählten Teilen und macht dazu Kombinationsvorschläge. Passend zu den Textilien können Videos abgespielt werden, die das Einkaufserlebnis steigern: Strandszenen zu Badekleidung, modernes Leben in der City zum lässigen Alltagslook usw. Sollte ein Stück nicht passen, erfährt der Kunde auch sofort, ob es in seiner Größe im Laden vorhanden ist oder aus einer Filiale besorgt werden kann.

RFID = Radio Frequency Identification („Identifizierung per Funk“)

Sechs Hosen mit in die Kabine nehmen und dann nach einem Anprobe-Marathon feststellen, dass doch keine sitzt? Diesen Einkaufsfrust soll die virtuelle Umkleidekabine ersparen. Ein 3-D-Scanner vermisst den Körper des Kunden, bestimmt seine Kleidergröße und erstellt ein 3-D-Abbild für den Computer. So kann der Kunde Kleidungsstücke anprobieren und kombinieren, ohne sich umziehen zu müssen.

Ist der Kunde noch unentschlossen, macht er mithilfe eines vor Ort befestigten Tablets ein Foto von sich mit den „anprobierten“ Sachen. Dieses kann er über die Sozialen Netzwerke mit Familienangehörigen und Freunden teilen und sich so umgehend eine Meinung einholen.

Virtual Reality (VR)

Setzt der Kunde eine Virtual-Reality-Brille (VR-Brille) auf, betritt er schlagartig eine dreidimensionale virtuelle Welt. In dieser simulierten Wirklichkeit kann er sich wie in einem Computerspiel frei bewegen und nach seinen Wünschen agieren. Möglich wird dies durch jeweils ein Display vor jedem Auge, die Bilder aus unterschiedlichen Perspektiven zeigen und somit einen 3-D-Effekt erzeugen.

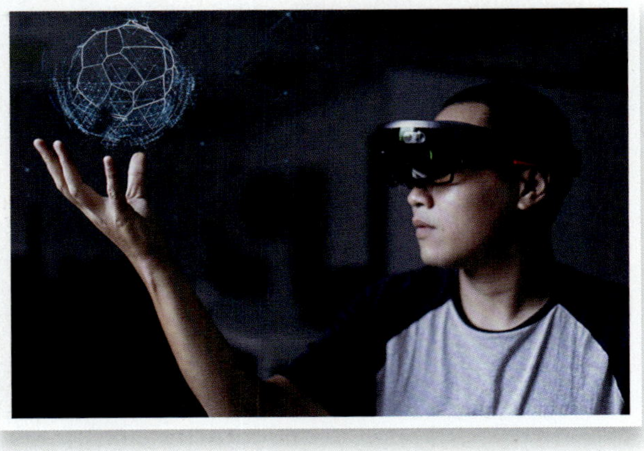

Auf einem virtuellen Rundgang lassen sich dann Produkte auf vielfältige Weise im Raum erleben. Hat der Kunde Fragen, kann er sich an einen Einkaufsberater in Gestalt eines Avatars wenden. Dies alles ist zum Beispiel in einem eigens eingerichteten VR-Store möglich, der einem Einkaufszentrum gleicht. Will man dem Kunden aber ein außergewöhnliches Erlebnis bieten, lässt man ihn live an einer Modenschau in Paris teilnehmen oder bietet ihm Waren im Weltraum an.
Die Qualität der virtuellen Inhalte (VR-Content), die dem Kunden geboten werden, bestimmen den Erfolg. Je besser die Simulation ist, desto mehr verschmilzt der Betrachter mit der virtuellen Welt. Kann er dann noch aktiv in das Geschehen eingreifen, wird das Shoppen zu einem Erlebnis.

Beispiele

* Ein Einrichtungshaus ermöglicht seinen Kunden einen virtuellen Rundgang mit 360-Grad-Ansichten durch seinen Design-Store.
* Ein Elektrofachgeschäft lässt die Kunden ein Soundsystem zusammenstellen und im virtuell dargestellten Wohnzimmer anhören.
* Ein Möbelhändler bietet seinen Kunden einen virtuellen Warenkatalog an, aus dem sie verschiedene Produkte auswählen können, um die Zusammenstellung anschließend bei unterschiedlichen Lichtverhältnissen zu begutachten.
* Ein Outdoortextil-Hersteller lädt seine Kunden zu einer Wanderung in Wanderstiefeln über einen virtuellen Bergpfad ein.

Augmented Reality (AR)

Augmented Reality erweitert die bestehende Wirklichkeit um dreidimensionale virtuelle Elemente. Diese werden dem Nutzer über VR-Brillen, Tablets oder eine App auf dem Smartphone so dargestellt, als seien sie Teil der realen Welt. Erhält der Kunde auf diese Weise im Laden computergenerierte Zusatzinformationen in Form von Texten, Bildern, Animationen, Videos oder virtuellen Objekten, steigert dies nicht nur seinen Wissensstand, sondern auch das Einkaufserlebnis vor Ort.

Beispiele

* Mit dem Smartphone können sich Kunden Kleidungsstücke, für die sie sich im Geschäft interessieren, von einem virtuellen Modell vorführen lassen.
* Mit der entsprechenden App wird das Smartphone zu einem Spiegel, vor dem sich Produkte digital am eigenen Körper ausprobieren lassen können. Virtuell sind so verschiedenen Makeup-Töne schnell auf dem eigenen Gesicht aufgetragen und mit unterschiedlichen Haarfarben zu kombinieren.
* Zur Produktpräsentation werden Artikel als 3D-Hologramme am Smartphone dargestellt. Durch die dreidimensionale Projektion hat der Kunde einen realistischen Eindruck vom Produkt aus allen Perspektiven.

Unterscheidung Virtual-Reality/Augmented Reality

- Virtual-Reality: Der Nutzer taucht in eine komplett virtuelle Welt ein, die Realität wird dabei ausgeblendet.
- Augmented-Reality: Der Nutzer erlebt eine um virtuelle Elemente erweiterte Welt. Die Realität wird dabei weiterhin wahrgenommen.

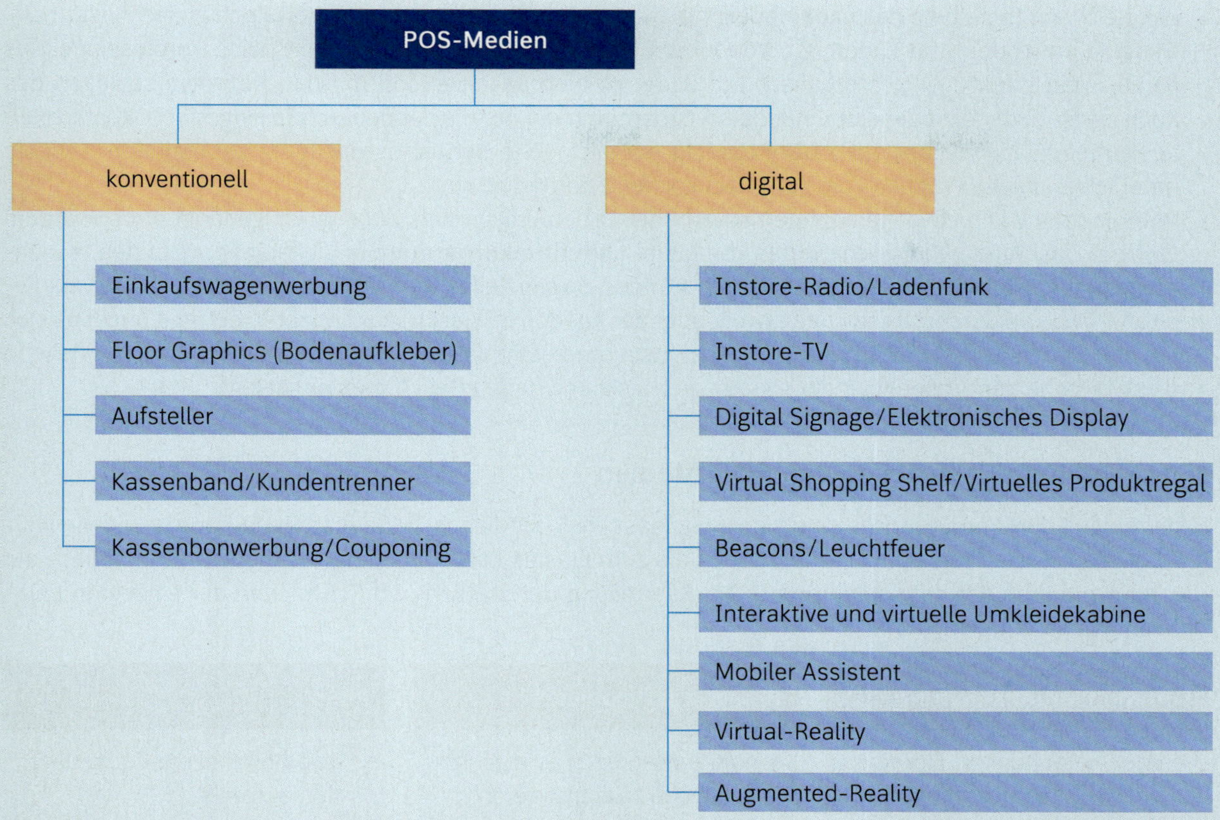

■ Kombination von POS-Medien, Verkaufsförderung und klassischer Werbung

Am erfolgreichsten wirkt die Werbung am Point of Sale, wenn sie mit klassischen Werbe- und Verkaufsförderungsmaßnahmen kombiniert wird. Eine Werbebotschaft, die der Konsument bereits über Rundfunk- oder Zeitungswerbung kennt, wird durch die POS-Medien reaktiviert und löst bei ihm die endgültige Kaufentscheidung aus. Der Einzelhandel macht sich so zunutze, dass mit zunehmender Nähe zum Verkaufsort die Empfänglichkeit für Werbung steigt. Ein schon vorgeprägter Kunde betritt das Geschäft, wird zum Zeitpunkt seiner größten Aufnahmebereitschaft mit Werbung konfrontiert und befindet sich dann auch noch in unmittelbarer Nähe zu den beworbenen Produkten. Dass dies alles häufig zu einem ungeplanten Kauf einzelner Produkte führt, überrascht dann nicht mehr. Besonders erfolgreich sind POS-Medien im Lebensmittelbereich wie bei Süßwaren. Ihr Kauf wird selten oder nur vage geplant, dennoch finden sie sich fast bei jedem Einkauf im Einkaufswagen wieder.

Das Zusammenspiel zwischen POS-Medien, Verkaufsförderungsmaßnahmen und dem Einsatz klassischer Werbung wird am Beispiel einer **Aktionswoche im Lebensmitteleinzelhandel** illustriert.

Beispiel

Ablauf der Aktionswoche Fingerfood

* **In der zentralen Marketingabteilung** der Einzelhandelsgruppe wird die Idee der Aktionswoche entwickelt und das passende Motto formuliert: „Fingerfood: Klein, aber oho!“
* Die **Texterin** in der Marketingabteilung schreibt einige Wochen vor der geplanten Aktion einen Text für einen Werbespot zum vorgegebenen Motto. Der Text wird in ein **Aufnahmestudio** geschickt und dort von einem professionellen Sprecher aufgenommen. Eventuell werden noch passende Hintergrundgeräusche, z. B. einer Party, zugemischt.
* Die Texterin bekommt den Spot vom Aufnahmestudio zugeschickt und kontrolliert die Aufnahme. Manchmal sind einzelne Wörter falsch ausgesprochen, z. B. die Namen französischer Käsesorten. Dann muss die Aufnahme korrigiert werden.
* Der fertige Spot wird zum Sendestudio geschickt und dort in ein Musikprogramm eingebettet. Eventuell werden neben der Musik noch weitere Informationsblöcke, wie Sportnews, Wetterbericht, Kino-, Fernseh- oder Reisetipps, eingebunden.

* Zeitgleich zur Erstellung des Ladenfunkspots werden von einem professionellen **Koch** einige Fingerfood-Gerichte entworfen und zubereitet. Von einem **Food-Fotografen** werden die Speisen professionell ins rechte Licht gerückt und fotografiert. Die Bilder werden anschließend mit den Rezeptvorschlägen des Kochs in ein Prospekt oder einen Handzettel übernommen, der die Kunden auf die Fingerfood-Köstlichkeiten aufmerksam machen soll. Der Prospekt enthält neben den Fotos der fertig zubereiteten Gerichte natürlich auch alle Produkte, die zum Nachkochen erforderlich sind.
* Während der Aktionswoche kommen sowohl der Ladenfunkspot als auch der zugehörige Prospekt zum Einsatz. Das Sendestudio schickt das komplette **Ladenfunkprogramm** in digitaler Form zu den teilnehmenden Einzelhandelsfilialen. Dort werden sie über ein spezielles Gerät empfangen und im Laden ausgestrahlt. Weil die durchschnittliche Verweildauer der Kunden im Geschäft 30 Minuten beträgt, bietet es sich an, den Spot zweimal pro Stunde im Abstand von rund einer halben Stunde zu spielen. Zeitgleich wird in dieser Woche der Prospekt an die Kunden geschickt und in den Geschäften ausgelegt.

Stärken und Schwächen von POS-Medien

Experten aus der Werbebranche sind sich einig, dass POS-Medien in Zukunft an Bedeutung gewinnen werden. Welche Medien tatsächlich am Point of Sale zum Einsatz kommen, hängt wesentlich vom Einfluss auf das Kaufverhalten der Konsumenten ab. Zur Beurteilung der Stärken und Schwächen der einzelnen POS-Medien gibt es Kriterien.

Tausend-Leser-Preis siehe Seite 254

Kommunikationsleistung

* Wie viele Kunden kommen mit den Medien in Kontakt?
* Welche Aufmerksamkeit erzielen sie bei den Kunden?

Belegungsflexibilität

* Wie aufwendig ist es, die Informationen zu aktualisieren?
* Wie schnell können Inhalte verändert werden?

Preis

* Wie hoch ist der Tausenderkontaktpreis?

Die Tabelle zeigt die Vor- und Nachteile einzelner POS-Medien.

	Kommunikationsleistung	Belegungsflexibilität	Preis
Instore-Radio	mittel	hoch	mittel
Instore-TV	mittel	hoch	hoch
Einkaufswagen	mittel	gering	gering
Floor Graphics	mittel	gering	mittel
Kassenbereich	gering	gering	mittel

Ausprägung: hoch (rot) mittel (grün) gering (orange)

Regeln für den Einsatz von POS-Medien

1. POS-Medien müssen zum gesamten Kommunikationsmix passen.

Nur durch ein optimales Zusammenspiel aller Kommunikationsmaßnahmen kann der gewünschte Erfolg erzielt werden. Erst wenn alle POS-Maßnahmen untereinander sowie mit den Aktivitäten der klassischen Werbung und Verkaufsförderung abgestimmt werden, entfalten sie ihre ganze absatzfördernde Wirkung.

Beispiel

Durch den gezielten Einsatz des Instore-Radios werden die Kunden an die in der Tageszeitung geschaltete Anzeige erinnert und auf eine entsprechende Sonderplatzierung im Geschäft hingewiesen. Angebrachte Floor Graphics und Aufsteller verstärken ihr Interesse und weisen den Weg dorthin.

2. Eine ausgewogene Mischung von Information und Werbung ist notwendig.

Die planlose Aneinanderreihung von zusammenhanglosen Markenspots überfordert einen Kunden und er wendet sich schnell ab. Besser ist es, über die Präsentation interessanter Inhalte die Aufmerksamkeit zu gewinnen, den Mehrwert für einen Kunden herauszustellen und so die Werbebotschaft gezielt zu vermitteln.

Beispiel

Im Kassenbereich werden den wartenden Kunden auf elektronischen Displays Unterhaltung und Werbung geboten. Zwischen aktuellen Nachrichten aus der Region und der Wettervorhersage werden Produkte vorgestellt und beworben.

Zusammenfassung

POS-Medien		
POS-Medien	Medien direkt am Verkaufsort (Point of Sale)	
Unterscheidung zu klassischer Werbung:	Klassische Werbung * indirekter Kaufimpuls * im und außerhalb des Geschäftes * mittel- bis langfristige Wirkung	Einsatz von POS-Medien * direkter Kaufimpuls * im oder in unmittelbarer Umgebung des Geschäftes * kurzfristige Wirkung
Arten:	Konventionelle POS-Medien * Einkaufswagenwerbung * Floor Graphics (Bodenaufkleber) * Aufsteller * Kassenband/Kundentrenner * Kassenbonwerbung/Couponing	Digitale POS-Medien * Instore-Radio/Ladenfunk * Instore-TV * Digital Signage/Elektronisches Display * Virtual Shopping Shelf/Virtuelles Produktregal * Beacons/Leuchtfeuer * Interaktive und virtuelle Umkleidekabine * Mobiler Assistent * Virtual-Reality * Augmented-Reality
Stärken und Schwächen einzelner POS-Medien:	Beurteilung hinsichtlich: * der Kommunikationsleistung * der Belegungsflexibilität * des Preises	
Regeln für den Einsatz:	1. Abstimmung mit den Werbe- und Verkaufsförderungsmaßnahmen 2. Präsentation interessanter Inhalte mit hohem Kundennutzen	

10 Wettbewerbsrecht

10.1 Gesetz gegen den unlauteren Wettbewerb (UWG)

Nach dem Leitbild des deutschen Wettbewerbsrechts sollen Einzelhändler mit der Qualität und dem Preis ihrer Produkte um Kunden werben. Damit dies nach fairen Regeln geschieht, hat der Gesetzgeber Wettbewerbsvorschriften erlassen. Das wichtigste Regelwerk ist **das Gesetz gegen den unlauteren Wettbewerb (UWG)**. Es hat eine Schutzaufgabe gegenüber

* den **Mitbewerbern** wie anderen Einzelhändlern, die sich mit ihrem Warenangebot an die gleichen Kunden richten;

lauter: ehrlich, fair, klar, aufrichtig

* den **Verbrauchern** als den Adressaten der Werbung und Käufern der Produkte;
* **sonstigen Marktteilnehmern**, die bei unverfälschtem Wettbewerb von einem reichhaltigen Warenangebot bei niedrigen Preisen profitieren.

Nach § 13 BGB ist Verbraucher, wer Rechtsgeschäfte wie einen Kaufvertrag für private Zwecke und nicht für gewerbliche Zwecke abschließt.

Das UWG verbietet unlautere geschäftliche Handlungen, die geeignet sind, den Wettbewerb zum Nachteil von Mitbewerbern, Verbrauchern und sonstigen Marktteilnehmern zu verfälschen.

10.2 Unlautere geschäftliche Handlungen

Geschäftliche Handlungen, die sich an Verbraucher richten, sind unlauter, wenn sie

* nicht mit unternehmerischer Sorgfalt erbracht werden und
* das wirtschaftliche Verhalten der Verbraucher wesentlich beeinflussen.

Als unlauter sind z. B. folgende Handlungen anzusehen:

■ Beeinträchtigen der Entscheidungsfreiheit von Verbrauchern

Ein Konsument muss frei entscheiden können, ob er ein Produkt kaufen will. Einzelhändler dürfen keinen psychologischen Druck, einen Kaufzwang, auf einen Kunden ausüben. Gefühlsbetonte, befristete Aktionen und Vorratswerbung sind aber immer mit einem gewissen Kaufdruck verbunden.

Beispiel „Ihrer Familie zuliebe“, „Nur in dieser Woche“, „Nur solange der Vorrat reicht“

■ Ausnutzen geschäftlicher Unerfahrenheit von Verbrauchern

Werbung darf nicht die geschäftliche Unerfahrenheit, insbesondere von Kindern und Jugendlichen, ausnutzen sowie Leichtgläubigkeit, Angst oder eine Zwangslage von Kunden missbrauchen.

Beispiel Es ist nicht gestattet, in Kinder- und Jugendzeitschriften für Downloads zu werben, die über eine kostenpflichtige 0190-Nummer herunterzuladen sind. Weil die Dauer des Herunterladens und damit die Kosten für die Nutzer nicht abschätzbar sind, handelt es sich um eine Werbung, die eine geschäftliche Unerfahrenheit von Kindern und Jugendlichen ausnutzt. Zulässig ist hingegen die Bestellung einer solchen Datei per SMS.

■ Unzureichende Information von Verbrauchern

Werden den Kunden Preisnachlässe, Zugaben oder Geschenke gewährt oder Preisausschreiben sowie Gewinnspiele angeboten, sind die Teilnahmebedingungen klar und eindeutig anzugeben. Es ist auch verboten, die Teilnahme an einem Preisausschreiben oder Gewinnspiel vom Kauf einer Ware oder Dienstleistung abhängig zu machen.

Beispiele

* In der Werbung wird ein besonders günstiges Angebot herausgestellt: „Fernseher für nur 1 €“. Erst bei genauerem Hinsehen kann ein Kunde allerdings feststellen, dass mit dem Kauf ein langfristiger Stromliefervertrag kombiniert ist.
* Um an einem Preisausschreiben teilnehmen zu können, muss ein Kassenbon des Geschäftes über einen Kauf vorgelegt werden.

■ Herabsetzen von Mitbewerbern

Über Mitbewerber und dessen Waren, Dienstleistungen, Mitglieder der Unternehmensleitung oder das Unternehmen selbst, dürfen keine unwahren Behauptungen ehrverletzend verbreitet werden.

Unlautere geschäftliche Handlungen sind Handlungen, die ohne unternehmerische Sorgfalt getroffen werden oder das wirtschaftliche Verhalten der Verbraucher zu deren Nachteil wesentlich beeinflussen.

Unlautere geschäftliche Handlungen

- Entscheidungsfreiheit beinträchtigt
- Unerfahrenheit ausgenutzt
- unzureichende Information
- Mitbewerber herabgesetzt

10.3 Irreführende geschäftliche Handlungen

Irreführende geschäftlichen Handlungen liegen vor, wenn unwahre oder zur Täuschung geeignete Angaben gemacht werden. Das UWG nennt z. B. falsche oder missbräuchliche Angaben und unzureichende Bevorratung.

■ Falsche Angaben über Waren und Dienstleistungen

Wenn ein Einzelhändler für seine Produkte wirbt, müssen die Angaben über den Preis, die Produktmerkmale wie Material, Herstellung, geografische Herkunft usw., den Verwendungszweck, die Liefermöglichkeiten usw. den Tatsachen entsprechen.

Beispiele

* Ein Einzelhändler darf nicht mit dem Begriff Discount-Preise werben, wenn das Preisniveau seines Sortiments nicht deutlich unter dem der Mitbewerber liegt.
* Werbung für ein Schlankheitsmittel: „Garantiert in 16 Wochen 16 Kilogramm abnehmen."
  Diese Werbung ist irreführend und damit unzulässig, weil dieser Erfolg nicht garantiert werden kann.

Grundsätzlich ist bei gesundheitsbezogener Werbung besondere Vorsicht geboten, weil Gerichte im Streitfall hier sehr strenge Maßstäbe an die Werbeaussage stellen.

■ Missbräuchliche Werbung mit Preissenkungen

Dem Einzelhändler ist es untersagt, mit einer Preissenkung zu werben, wenn der ursprüngliche Preis nur für eine kurze Zeit gefordert wurde oder ein überhöhter **Mondpreis** war.

Beispiel

Ein Einzelhändler wirbt mit einer Halbierung des Preises: „Alle Sommerhosen zum halben Preis!" Aber er hatte die Preise für Sommerhosen kurz zuvor verdoppelt.

Er darf seinen Preis mit der unverbindlichen Preisempfehlung des Herstellers vergleichen. Er muss dies in der Preisgegenüberstellung deutlich machen.

unverbindliche Preisempfehlung des Herstellers: 499,00

398,00

Ein durchgestrichener Preis bedeutet für den Kunden, dass dieser Preis auch tatsächlich vorher gefordert worden ist.

~~499,00~~

398,00

Nach der Preisangabenverordnung muss ein Einzelhändler bei Preisnachlässen angeben, welchen niedrigsten Preis er in den letzten 30 Tagen für das Produkt genommen hat.

siehe Preisangabenverordnung Seite 238

■ Unzureichende Bevorratung von Werbeware

Wirbt ein Einzelhändler für den Verkauf einer bestimmten Ware, so muss der Verbraucher davon ausgehen können, dass die beworbene Ware angemessen lange vorrätig ist. Andernfalls handelt es sich um ein **Lockvogelangebot**.

Was ein **angemessener Warenvorrat** ist, hängt vom Einzelfall ab. Grundsätzlich orientiert man sich daran, was ein durchschnittlicher Kunde als angemessen erwarten kann.

Alle Preise Abholpreise. Keine Mitnahmegarantie.

Beispiel

Kunden wissen, dass Non-Food-Sonderangebote von Lebensmitteldiscountern meistens schnell vergriffen sind. Bei einem Sondergebot für Milch erwartet der Kunde hingegen nicht, dass der Artikel nach wenigen Stunden ausverkauft ist.

Für den Einzelhändler ist es oft sinnvoll, von vornherein auf einen begrenzten Warenvorrat aufmerksam zu machen, z. B. mit dem Hinweis „Solange der Vorrat reicht."

Im Einzelfall kann der Einzelhändler den Nachweis erbringen, dass diese Bevorratung nicht möglich war, z. B. wegen einer unerwarteten außergewöhnlich hohen Nachfrage oder aufgrund von Lieferschwierigkeiten, die der Einzelhändler nicht zu vertreten hat. Wird einem Einzelhändler hinsichtlich der Bevorratung ein Wettbewerbsverstoß vorgeworfen, sollte er die Einkaufsmengen und Umsätze vergleichbarer Sonderangebotsaktionen als Beweis vorlegen können.

Irreführende geschäftliche Handlungen machen unwahre oder zur Täuschung geeignete Angaben.

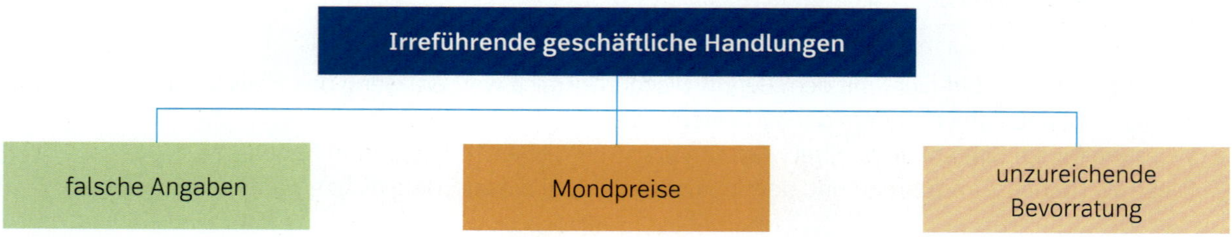

10.4 Vergleichende Werbung

Werbung, die einen Mitbewerber oder die von ihm angebotenen Waren oder Dienstleistungen erkennbar macht, wird vergleichende Werbung genannt.

Direkte Werbevergleiche mit dem Konkurrenten sind in Grenzen erlaubt:

* Der vergleichenden Aussagen müssen **nachprüfbar** sein. Die Behauptung „Unsere Mitarbeiter sind freundlicher als die Mitarbeiter des Einrichtungshauses xy" ist nicht beweisbar und damit unzulässig.
* Preisvergleiche müssen sich auf dieselbe **Maßeinheit**, z. B. Preis pro Kilogramm, beziehen. Eventuelle Zusatzkosten müssen erwähnt werden.

Beispiele

* Zulässige vergleichende Werbung: „Bei Vogt kostet die 100 g Milka-Nuss 0,65 € – bei uns aber nur 0,55 €"
* Ein etwas versteckter Vergleich: „Lidl lohnt sich. ALDI anderen sind teurer."

* Bezieht sich der Vergleich auf ein **Sonderangebot**, müssen Zeitpunkt und Ende des Angebotes genannt werden.
* Grundsätzlich gilt, dass pauschale **Herabsetzungen** und **Verunglimpfungen** fremder Waren, Dienstleistungen oder gar des Mitbewerbers persönlich verboten sind.

Diese Grenzen lassen nur einen geringen Spielraum für vergleichende Werbung.

Vergleichende Werbung macht einen Mitbewerber oder die von ihm angebotenen Waren oder Dienstleistungen erkennbar.

10.5 Unzumutbare Belästigungen

Werden den Empfängern Werbehandlungen aufgedrängt, spricht das UWG von **unzumutbaren Belästigungen**. Dazu gehören unerwünschte Werbung und unzulässige Verwendung von Adressen

Unerwünschte Werbung

Werbung per Telefon, SMS, Newsletter oder E-Mail gilt als unerwünscht, wenn der Empfänger nicht zuvor eingewilligt hat. Im Falle elektronischer Nachrichten muss der Absender seine gültige Adresse angeben und dem Empfänger Gelegenheit geben, die Werbemitteilung abzubestellen. Für die Übermittlung dieser Abbestellung dürfen nur Kosten in Höhe eines Basistarifs, z. B. normales Telefongespräch, anfallen, nicht höheren Gebühren von Mehrwertdienst-Rufnummern (0900er-Nummern).

Als aufdringlich wird auch die Ansprache von Kunden außerhalb der Geschäftsräume angesehen.

Beispiel

Ein Einzelhändler spricht einen Kunden an, der vor seinem Schaufenster steht oder gar vor einem Schaufenster eines Mitbewerbers, und fordert ihn auf, in sein Geschäft zu kommen.

Unzulässige Verwendung von Empfängeradressen

Hat ein Einzelhändler die elektronische Adresse eines Kunden im Zusammenhang mit dem Verkauf einer Ware oder Dienstleistung erhalten, z. B. dessen E-Mail-Adresse, kann er diese Adresse nur für die Abwicklung der Kundenbestellung verwenden. Eine darüber hinaus gehende Nutzung der Daten, z. B. für Werbung, erfordert die ausdrückliche Zustimmung des Betroffenen.

Unzumutbare Belästigungen sind Werbehandlungen, die Marktteilnehmer aufgedrängt werden.

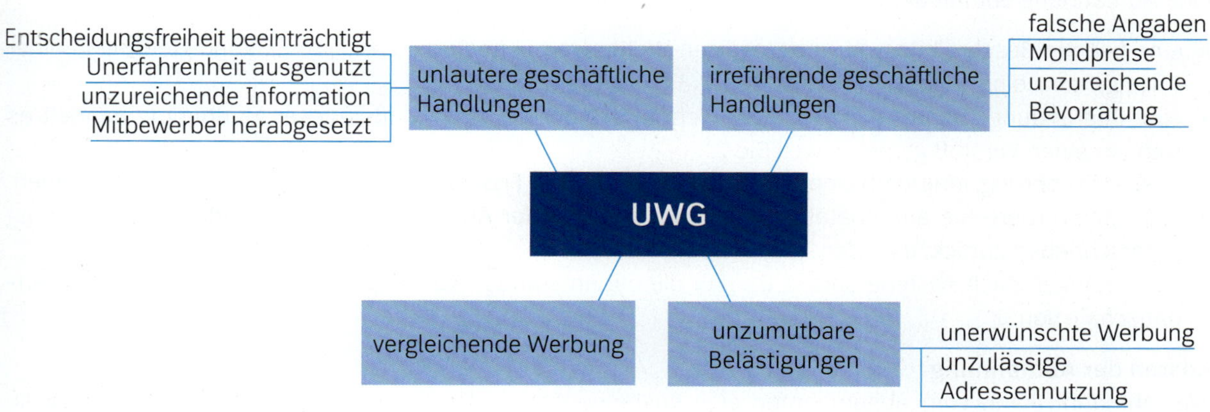

10.6 Maßnahmen bei Wettbewerbsverstößen

Akteure, Betroffene und Ansprüche

Ein Einzelhändler, der gegen Wettbewerbsvorschriften verstößt, kann verpflichtet werden,

* seine wettbewerbswidrigen **Handlungen zu unterlassen** und
* den Mitbewerbern einen **entstanden Schaden zu ersetzen**.

Den Anspruch auf Unterlassung hat nach UWG

* jeder **Mitbewerber**, der von dem Wettbewerbsverstoß betroffen ist;
* rechtsfähige Verbände wie **Wettbewerbszentralen**;
* qualifizierte Einrichtungen wie **Verbraucherzentralen**, die zum Schutz der Verbraucher tätig werden, oder
* **Industrie- und Handelskammern (IHK)** oder **Handwerkskammern**, die sich im Interesse ihrer Mitglieder für einen fairen Wettbewerb einsetzen.

Förderung des lauteren Wettbewerbs

Die Wettbewerbszentrale ist die größte und einflussreichste bundesweit und grenzüberschreitend tätige Selbstkontrollinstitution zur Durchsetzung des Rechts gegen den unlauteren Wettbewerb. Grundlage ihrer Tätigkeit ist die Verbandsklagebefugnis gemäß § 8 Abs. 3 Nr. 2 UWG (Gesetz gegen unlauteren Wettbewerb) und § 33 Abs. 2 GWB (Gesetz gegen Wettbewerbsbeschränkungen). Es ist ihr Auftrag, durch Rechtsforschung, Rechtsberatung, Information und Rechtsdurchsetzung zur Förderung eines lauteren Geschäftsverkehrs und eines fairen wirtschaftlichen Wettbewerbs beizutragen.

Quelle: Zentrale zur Bekämpfung des unlauteren Wettbewerbs e. V. (Hrsg.): Förderung des lauteren Wettbewerbs. In: www.wettbewerbszentrale.de/de/institution/profil/auftrag/ [29.07.2019].

Bevor gerichtliche Schritte ergriffen werden, ist das wettbewerbswidrige Verhalten abzumahnen.

Abmahnung

Verstößt ein Einzelhändler nach Meinung eines Mitbewerbers oder anderen Berechtigten gegen Wettbewerbsvorschriften, so kann der Einzelhändler aufgefordert werden, diesen tatsächlichen oder nur vermuteten Wettbewerbsverstoß zu unterlassen. Diese Aufforderung nennt man Abmahnung.

Abmahnung heißt die formale Aufforderung einer Person an eine andere Person, eine bestimmte Handlungsweise zu unterlassen.

Reagiert der Abgemahnte nicht, so wird gewöhnlich die Hilfe von Gerichten in Anspruch genommen, damit der Wettbewerbsverstoß abgestellt wird.

Eine Abmahnung enthält unbedingt

* eine genaue Beschreibung der unzulässigen Wettbewerbshandlung, z. B.: „Am ... kündigten Sie in einer Anzeige im ... eine ... an.“;
* eine Begründung, warum das Verhalten wettbewerbswidrig ist, z. B. „Bei dieser Maßnahme handelt es sich um einen Verstoß gegen ..., weil Sie ...“;
* eine Aufforderung, innerhalb einer gewöhnlich sehr kurzen Frist eine Unterlassungserklärung abzugeben, z. B.: „Ich fordere Sie auf, spätestens bis zum ... die in der Anlage beigefügte Unterlassungserklärung unterschrieben zurückzusenden.“;
* ein Verlangen nach Kostenersatz, z. B.: „Für die mir entstanden Kosten berechne ich Ihnen eine Kostenpauschale von ...“

Kosten der Abmahnung

Wer abmahnt, kann vom Abgemahnten eine Kostenpauschale als Aufwendungsersatz verlangen. Diese Pauschale beträgt zurzeit etwa 200,00 €. Der Mitbewerber kann aber auch einen Rechtsanwalt beauftragen, den Wettbewerbsverstoß abzumahnen. Ein Rechtsanwalt berechnet etwa 500,00 €. Treffen mehrere Abmahnungen zu demselben Verstoß ein, hat nur der erste Abmahnende Anspruch auf Kostenersatz.

Unterlassungserklärung

In einer Unterlassungserklärung verpflichtet sich der Betroffene, im Wiederholungsfall eine Vertragsstrafe von in der Regel ca. 5 000,00 € an den Abmahnenden zu zahlen. Bei mehreren Abmahnungen zu demselben Verstoß hat nur der erste Anspruch auf die Unterlassungserklärung.

Unterlassungserklärung

Hiermit erkenne ich an, dass ich am ... gegen (hier wird das Gesetz genannt, gegen das verstoßen worden ist, eventuell auch der Paragraf) verstoßen zu haben.

Ich verspreche dem/der ..., zukünftig bei jeder Zuwiderhandlung sofort eine Vertragsstrafe in Höhe von ... € an ... zu zahlen.

Ort, Datum Unterschrift

Ein Einzelhändler, der eine Abmahnung erhält, muss sehr besonnen reagieren. Er prüft zunächst, ob der Absender überhaupt berechtigt ist abzumahnen. Wenn der Einzelhändler erkennt, dass er gegen Wettbewerbsrecht verstoßen hat, sollte er die Unterlassungserklärung abgeben und die Kostenpauschale zahlen. Andernfalls muss er mit einem gerichtlichen Nachspiel rechnen, das gewöhnlich höhere Kosten verursacht.

Auch nach Abgabe der Unterlassungserklärung drohen erhebliche finanzielle Gefahren: Wird der Wettbewerbsverstoß nicht abgestellt, ist die Vertragsstrafe zu zahlen. Außerdem muss mit einer weiteren Abmahnung gerechnet werden, in der dann fünf- bis sechsstellige Vertragsstrafen angedroht werden können.

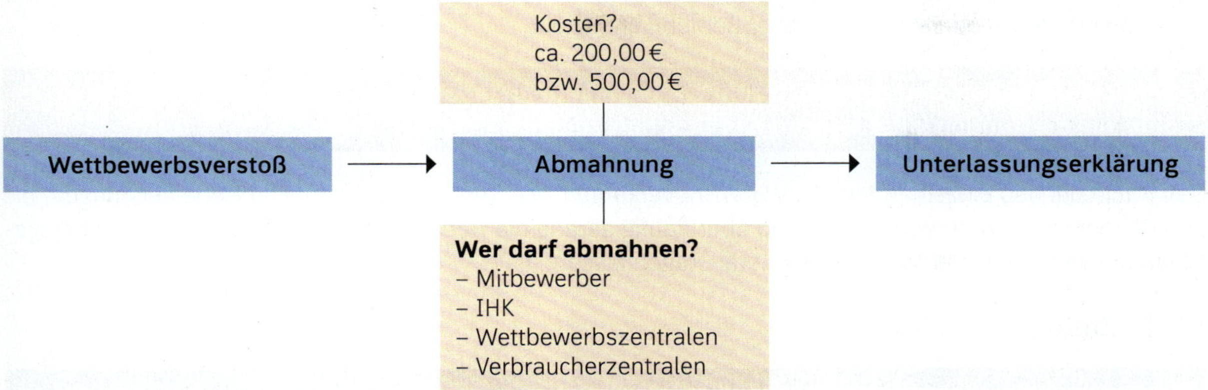

Zusammenfassung

Wettbewerbsrecht		
UWG:	Unlautere geschäftliche Handlungen	
	* Entscheidungsfreiheit beeinträchtigt	* unzureichende Information
	* Unerfahrenheit ausgenutzt	* Mitbewerber herabgesetzt
	Irreführende geschäftliche Handlungen	
	* falsche Angaben	* unzureichend Bevorratung
	* Mondpreise	
	Vergleichende Werbung	
	Unzumutbare Belästigungen	
	* unerwünschte Werbung	* unzulässige Adressennutzung
Wettbewerbsverstoß:	→ Abmahnung → Unterlassungserklärung	

11 Serviceleistungen

11.1 Notwendigkeit

Im Einzelhandel steht der Kunde im Mittelpunkt. Alle Aktivitäten des Handels sind daher letztlich Serviceleistungen für Kunden.

In der Praxis werden Serviceleistungen aber als Dienstleistungen verstanden, die zusätzlich zum Warenverkauf angeboten werden. Ein Kunde erhält diesen Service auf Wunsch, und er bringt ihm einen Nutzen.

Im deutschen Einzelhandel **herrscht intensiver Preiswettbewerb**. Vor allem der mittelständische Facheinzelhandel hat es schwer, sich gegenüber den Großbetriebsformen und Filialsystemen zu behaupten.

Geradezu bedrohlich ist das **Internet** mit seinem riesigen Warenangebot für den stationären Einzelhandel geworden.

Die Antwort auf Preiswettbewerb ist **Leistungswettbewerb**. Mit einer Vielzahl von Serviceleistungen gelingt es Einzelhandelsgeschäften, Kunden **langfristig** an sich zu **binden** und ein eigenständiges Profil gegenüber den Mitbewerbern schaffen. Jeder Einzelhändler sollte ein Paket von kundenfreundlichen Dienstleistungen anbieten. Es ist abhängig von der Kundenzielgruppe, die angesprochen werden soll, von den Ansprüchen dieser Kunden und auch von den betrieblichen Gegebenheiten wie Betriebsform, Verkaufsform, Branche, finanzielle Möglichkeiten. Letztlich ist eine bestimmte Denkweise, die Kundenorientierung, entscheidend, die einen Kunden in den Mittelpunkt aller Bemühungen stellt.

Serviceleistungen sind zusätzlich zum Warenverkauf angebotene Dienstleistungen des Handels, um die Kunden langfristig an das Geschäft zu binden.

Das Hauptziel des Einzelhandels ist, Waren zu verkaufen. Die Serviceleistungen sind Nebenleistungen, die den Warenverkauf unterstützen. Es sind aber häufig gerade die Nebenleistungen, die ein Einzelhandelsgeschäft aus dem Kreis der Mitbewerber herausragen lassen.

11.2 Ziele

Serviceangebote: Was will der Einzelhändler erreichen?	
Kunden dauerhaft erhalten:	Kunden kaufen oft nicht einfach nur Produkte, sondern Problemlösungen. Produkt und zugehörige Dienstleistungen gehen eine enge Verbindung miteinander ein.
Umsatz mit bestehenden Kunden erhöhen:	Wer nicht nur ein Einzelprodukt verkauft, sondern einem Kunden umfassende Problemlösungen bietet, erhöht das Einkaufsvolumen der Kunden.
zu Wiederholungskäufen anregen:	Kunden schätzen Geschäfte, in denen sie hochwertige Produkte und guten Service erlebt haben. Sie kommen gerne wieder, um ein positives Einkaufserlebnis zu wiederholen.
Neue Kunden gewinnen:	Spezielle Serviceleistungen geben einem Kunden das Gefühl, etwas Besonderes zu sein. Service schafft Bequemlichkeit. Beides spricht einen Kunden an. Ein servicestarkes Unternehmen hat eine größere Chance, neue Kunden zu gewinnen.
den Preiswettbewerb umgehen:	Insbesondere Fachgeschäfte wollen sich durch Dienstleistungen gegenüber den preisaggressiven Großbetriebsformen des Einzelhandels behaupten.
die Leistungsfähigkeit herausstellen:	Durch umfassende Dienstleistungen gelingt es, die Leistungsfähigkeit und damit das Profil des Unternehmens unverwechselbar darzustellen.

11.3 Servicearten

Serviceangebote an der Kasse siehe Seite 153

Serviceleistungen lassen sich unterschiedlich einteilen. Eine mögliche Einteilung orientiert sich am Kaufprozess, eine weitere nach der Nähe zur Ware.

■ Orientierung am Kaufprozess

Es wird gefragt, ob die Serviceleistungen vor, während oder nach dem Kauf angeboten werden.

Kaufprozess	Beispiele
1. vor dem Kauf: (pre-sale)	* Ein Kunde kann einen festen Beratungstermin für das Verkaufsgespräch vereinbaren. * Auf der Webseite eines Einzelhändlers kann sich ein Kunde vorab orientieren.
2. während des Kaufs:	* Kunden können ihr Kind im hauseigenen Kinderhort zur Betreuung abgeben. * Rolltreppen und Fahrstühle stehen zur Verfügung. * Kundentoiletten werden angeboten. * Ein Kunde kann den Kaufpreis in Raten zahlen. * Bargeldlose Zahlungsarten sind verfügbar: Kreditkarte, Girokarte usw.
3. nach dem Kauf: (after-sale)	* Warenzustellung * Aufstellen von Möbeln, Anschließen von technischen Geräten * Änderungsdienst, Reparaturdienst * Rücknahme und Entsorgung von Altgeräten

■ Orientierung nach der Nähe zum Produkt

Hier wird gefragt, ob die Serviceleistung eng mit dem Produkt verbunden oder unabhängig davon ist.

Nähe zur Ware	Beispiele
1. **warenabhängige Serviceleistungen**	* technische Kundendienstleistungen: Reparatur, Ersatzteilversorgung, Installation usw. * Kaufmännische Kundendienstleistungen: Zustellung, Geschenkverpackung, Auswahlsendung
2. **warenunabhängige Serviceleistungen**	* Leistungen, die der Bequemlichkeit eines Kunden dienen: Parkplätze, Kinderhort, Gepäckaufbewahrung * selbstständige Dienstleistungen als Angebotsergänzung: Restaurant, Bank, Frisör, Reisebüro

Grundsätzlich besteht in der Kundendienstpolitik eine unüberschaubare Fülle von Möglichkeiten. Geschäfte suchen sich heute in ihrem Dienstleistungsangebot zu übertreffen, um eine möglichst intensive Kundenbindung zu erreichen. Der kreative Einzelhändler wird belohnt.

Grundlegend ist die Frage, ob der Einzelhändler die Serviceleistungen in **eigener Regie** erbringen soll oder ob es besser ist, einen **Fremdunternehmer** mit der Aufgabe zu betrauen. Eine Bäckerei für frisches Brot und Backwaren in einem Verbrauchermarkt wird häufig in fremder Regie betrieben. Reparaturen können in der hauseigenen Werkstatt oder durch selbstständige Unternehmen erledigt werden. Geschenke wird man im eigenen Hause verpacken, weil sie eng mit dem Verkauf verbunden sind. Kundendienstleistungen kosten im Regelfall Geld. Sie können aber auch eine Verdienstquelle sein.

Stationärer Service für den Onlineshop

Einzelhändler, die ein stationäres Geschäft und einen Onlineshop betreiben, bemühen sich, beide Verkaufskanäle miteinander zu verbinden, um den Service für den Kunden zu erhöhen. Mögliche Serviceleistungen sind z. B.:

* Kunden wird ermöglicht, ihre im Onlineshop gekauften Produkte im stationären Geschäft abzuholen (**Click & Collect**).
* Möchte ein Kunde ein Produkt reklamieren, das er im Onlineshop des Einzelhändlers gekauft hat, kann er die **Reklamation** im Geschäft abwickeln und z. B. ein Ersatzprodukt sofort mitnehmen.
* Der Kunde kann im Onlineshop prüfen, ob ein gewünschtes Produkt im stationären Geschäft verfügbar ist. Auf Wunsch wird ihm das Produkt für eine gewisse Zeit **reserviert**.
* Ist ein Artikel im Geschäft nicht vorrätig, kann der Kunde das Produkt über den Tablet-Computer eines Verkaufsmitarbeiters im Onlineshop des Geschäftes bestellen und sich nach Hause oder ins Geschäft liefern lassen.

Zusammenfassung

Serviceleistungen		
Notwendigkeit:	Leistungswettbewerb anstelle von Preiswettbewerb, vor allem im Facheinzelhandel	
Definition:	zusätzlich zum Warenverkauf angebotene Dienstleistungen des Handels, um die Kunden langfristig an das Geschäft zu binden.	
Ziele:	* Kunden binden * Umsatz erhöhen * Wiederholungskäufe	* Neukunden gewinnen * Preiswettbewerb umgehen * Leistungsfähigkeit herausstellen
Servicearten:		
nach dem Kaufprozess:	* vor dem Kauf:	z. B. Vororientierung im Internet
	* während des Kaufs:	z. B. Kinderhort
	* nach dem Kauf:	z. B. Warenzustellen
nach der Nähe zur Ware:	* warenabhängig:	z. B. Installation
	* warenunabhängig:	z. B. Parkplatz

12 Verpackung

12.1 Aufgaben von Verpackung

Ein attraktives Äußeres kann den Verkaufserfolg eines Produktes ganz entscheidend bestimmen. Hersteller wenden daher viel Geld und Kreativität auf, um ein Produkt ansprechend zu verpacken. Hochwertige Produkte verlangen eine entsprechend gestaltete Umhüllung, damit die Wertigkeit der Ware nach außen signalisiert wird.

Die wichtigsten Aufgaben oder Funktionen einer Verpackung sind Schutz, Information und Handhabung.

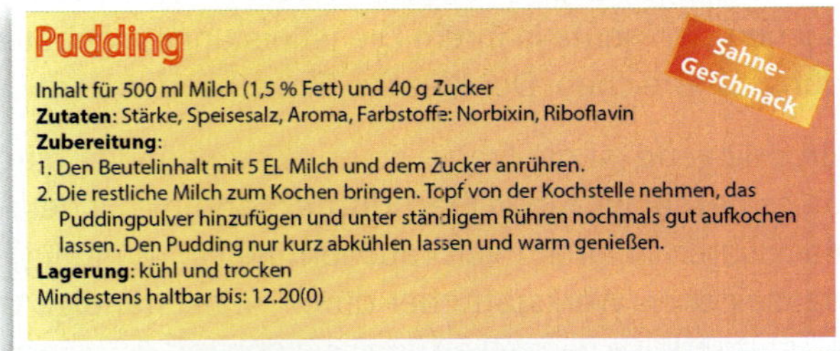

* **Schutzfunktion**: Die Verpackung schützt die Ware vor Transport- und Lagerschäden, vor Fremdeinflüssen wie Feuchtigkeit, Luft oder Licht und vor Berührung durch Kunden.
* **Informationsfunktion**: Die Verpackung trägt Angaben über die Zusammensetzung, den Preis, die Haltbarkeit, die Herkunft und die Bedienung der Ware.
* **Gebrauchsfunktion**: Die Verpackung erleichtert einem Kunden die Handhabung und Lagerung der Ware.
* **Absatzfunktion**: Die Verpackung schafft häufig einen Mengenzwang, der den Verkauf unwirtschaftlicher Kleinstmengen verhindert. Sie ermöglicht auch eine regalgerechte Lagerung und erspart kostenaufwendiges Abpacken durch Abwiegen oder Abzählen. Außerdem können Verpackungen absatzfördernde Werbeaussagen aufnehmen und dem Produkt eine Identität, ein Gesicht verleihen. Viele Produkte werden erst durch eine Verpackung für die Präsentation in Selbstbedienung geeignet.

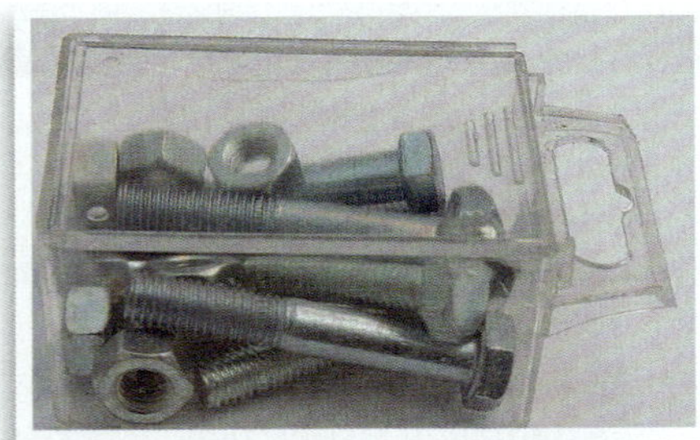

Beispiel Schrauben werden in Haushaltsmengen verpackt angeboten. Ein Kunde erhält so eine anspruchsgerechte Menge in lagerfreundlicher Klarsichtbox.

Aufgaben von Verpackung

- Schutzfunktion
- Informationsfunktion
- Gebrauchsfunktion
- Absatzfunktion

12.2 Kreislaufwirtschafts- und Verpackungsgesetz

■ Kreislaufwirtschaftsgesetz

Abfälle von Erzeugnissen und deren Verpackungen enthalten Rohstoffe und Energie, die wirtschaftlich genutzt werden können. Nicht sachgerecht entsorgter Abfall gefährdet Mensch und Umwelt. Wesentlicher Zweck des Kreislaufwirtschaftsgesetzes ist daher die Förderung der Kreislaufwirtschaft, um Rohstoffe zu schonen sowie Mensch und Umwelt beim Umgang mit Abfällen zu schützen.

Das Kreislaufwirtschaftsgesetz fordert, im Rahmen der Herstellung und des Gebrauchs von Erzeugnissen die Menge der Abfälle möglichst gering zu halten; trotzdem entstandene Abfälle sollen umweltverträglich verwertet oder beseitigt werden.

Daraus ergibt sich eine fünfstufige **Abfallhierarchie:**

1. **Vermeidung:** Die Entstehung von Abfall, insbesondere Verpackungsabfall, soll möglichst von vornherein vermieden werden. So muss z. B. Gemüse im Supermarkt nicht in Plastik verpackt oder eingeschweißt werden. Immer mehr „Unverpackt-Läden“ machen die Abfallvermeidung zum Geschäftsprinzip.

2. **Wiederverwendung:** Durch die mehrfache Verwendung von Verpackungen, z. B. in Pfandsystemen bei Getränkeflaschen, wird Verpackungsabfall reduziert.

3. **Recycling:** Produkte und Verpackungen, die nicht wiederverwendet werden können, sollen der stofflichen Verwertung zugeführt werden. So werden aus Altglas und Altpapier wieder die Rohstoffe Glas bzw. Papier zur industriellen Nutzung.

4. **Sonstige Verwertung:** Hier steht die energetische Verwertung, also vor allem die Energiegewinnung durch Verbrennung von (Verpackungs-)Abfall in Kraftwerken im Vordergrund.

5. **Beseitigung:** Abfälle, die nicht einer der vier vorherigen Stufen zugeführt werden können, sind sicher und umweltfreundlich zu beseitigen, dies erfolgt für gewöhnlich auf Mülldeponien.

■ Verpackungsgesetz

Das Verpackungsgesetz ist die Anwendung des Kreislaufwirtschaftsgesetzes auf Produktverpackungen. Wer Verpackungen erstmals in Verkehr bringt, um seine Produkte vor Außeneinwirkungen zu schützen oder diese Produkte an Endverbraucher zu versenden, muss sich **zuvor** darum kümmern, dass die Verpackungen ordnungsgemäß entsorgt werden. Er trägt die **Produktverantwortung.** Davon betroffen sind:

* **Hersteller** von Produkten; sie bringen Verpackungen erstmals gewerbsmäßig in Verkehr. Wer verpackte Produkte aus dem Ausland einführt, gilt ebenfalls als Hersteller.

Beispiel 1

Der Hersteller von Kosmetikartikeln liefert Duschgel in einer Plastikflasche an einen Einzelhändler, der das Produkt seinen Kunden anbietet. Der Hersteller bringt das verpackte Duschgel erstmalig in Verkehr.

Beispiel 2

Ein Einzelhändler importiert in Schachteln verpackte Akkus aus China und bietet sie seinen Kunden an. Der Einzelhändler trägt die Produktverantwortung, weil er die verpackten Akkus erstmalig in den deutschen Markt bringt.

* **Einzelhändler** als sogenannte Letztvertreiber, wenn sie Produkte in Verkaufsverpackungen erneut verpacken und zum Endverbraucher versenden

Beispiel

Ein Einzelhändler schickt einem Kunden Staubsaugerbeutel, die in einem Plastikbeutel verpackt sind, aufgrund einer telefonischen Bestellung per Post ins Haus. Dazu wird der Plastikbeutel zusätzlich in einen stabileren Karton verpackt. Der Einzelhändler bringt den Karton mit der Ware erstmalig in Verkehr.

Verpackungsarten

Verpackungen sind mit Ware befüllte Erzeugnisse, die nach Gebrauch mehrheitlich beim Endverbraucher als Abfall anfallen.

Art	Beispiele
Verkaufsverpackungen: Sie stellen eine Einheit aus Ware und Verpackung dar. Sie werden dem Endverbraucher als Verkaufseinheit angeboten und fallen bei diesem als Abfall an.	Joghurtbecher, Zahnpastatuben, Getränkeflaschen, Konservendosen, jeweils einschließlich Inhalt
Zu den Verkaufsverpackungen gehören auch * **Versandverpackungen:** Sie werden verwendet, um Waren an Endverbraucher zu versenden.	Ein Einzelhändler schickt einem Kunden bestellte Ware zu. Der Versandkarton, aber auch Füllmaterial, Klebeband oder Folien gehören zur Versandverpackung.

Art	Beispiele
* **Serviceverpackungen:** Sie werden erst bei der Übergabe von Waren an Endverbraucher befüllt.	Kaffeebecher, Fruchtschalen, Tragetaschen, Tüten für Brötchen, Obst und Gemüse, Einschlagpapier (Fleischtheke)
Umverpackungen: Sie umhüllen mehrere Waren und Verkaufsverpackungen, um den Verkauf gebündelter Einheiten an den Endverbraucher zu fördern oder um die Regalbestückung zu erleichtern.	Getränkekisten, Taschentücher im 12er-Pack, Tray mit Joghurtbechern 
Transportverpackungen: Sie erleichtern Transport und Lagerung bei gleichzeitigem Schutz der Ware und gelangen für gewöhnlich nicht bis zum Endverbraucher.	Paletten, Kartons, Kunststoffbehälter, Kisten, Schrumpffolien

Das Verpackungsgesetz verpflichtet den Produktverantwortlichen (Hersteller/Händler, die Verkaufs- und Umverpackungen erstmalig in Verkehr bringen) zu zwei Maßnahmen:

www.verpackungsregister.org/

Online-Datenbank LUCID

1. **Registrierpflicht:** Sie müssen sich bei der Zentralen Stelle Verpackungsregister (**Zentrale Stelle**) registrieren lassen und den voraussichtlichen Umfang des in Verkehr zu bringenden Verpackungsmaterials eines Jahres melden. Das Verpackungsregister ist öffentlich einsehbar, so dass z. B. Mitbewerber jederzeit überprüfen können, ob Unternehmen ihrer Meldepflicht nachgekommen sind. Nur Verpackungsmaterial registrierter Hersteller darf in Deutschland vertrieben werden. Die Zentrale Stelle überwacht die gemeldeten Daten.

Duales System siehe Seite 289

2. **Lizensierungspflicht:** Hersteller/Händler müssen sich bei einem Dualen System anmelden. Das System hat dafür zu sorgen, dass Verpackungen getrennt gesammelt und die Recyclingvorgaben des Verpackungsgesetzes erfüllt werden.

Serviceverpackungen kauft der Einzelhändler zusammen mit der „Systembeteiligung“ ein, d. h., der Hersteller der Serviceverpackungen hat sich bereits bei der zentralen Stelle registriert und ist einem Dualen System beigetreten, kümmert sich also schon um die Entsorgung. Für den Einzelhändler gibt es in diesem Fall keine Verpflichtungen.

Umverpackungen sind beteiligungspflichtig, wenn Sie dem Endverbraucher zusammen mit den Verkaufseinheiten angeboten werden und beim Endverbraucher als Abfall anfallen.

Beispiel Sechs Wasserflaschen werden in einer Tragepackung zusammengefasst. Der Kunde nimmt die Tragepackung (gewöhnlich) mit nach Hause.

Dienen Umverpackung lediglich zur Bestückung der Verkaufsregale, sind sie nicht registrierungs- und lizensierungspflichtig, weil sie im Geschäft verbleiben.

Beispiel Kondensmilchflaschen werden im Regal in einem Halbkarton dargeboten, aus dem Kunden bequem einzelne Flaschen entnehmen können.

Transportverpackungen werden der Zentralen Stelle nicht gemeldet; sie müssen vom Hersteller zurückgenommen werden.

Grundsatz: Registrierungs- und lizensierungspflichtig (beteiligungspflichtig) sind nur Verpackungen, die beim Endverbraucher als Abfall übrigbleiben.

Onlinehandel: Einzelhändler, die einen eigenen Onlineshop betreiben, versenden verpackte Ware an Endverbraucher. Damit bringen Onlinehändler befüllte Verpackungen erstmals in Verkehr. Sie werden folglich wie ein Hersteller behandelt und sind beteiligungspflichtig.

Merkmale von Erstinverkehrbringern
* **Sie sind gewerblich tätig,**
* **bringen verpackte Ware erstmals in Verkehr und**
* **die Verpackung fällt beim privaten Endverbraucher als Abfall an.**

Auch **stationäre Einzelhändler**, die verpackte Ware an Kunden versenden, sind beteiligungspflichtig, weil sie – wie im Onlinehandel – als **Erstinverkehrbringer** angesehen werden.

Ausnahmen von der Beteiligungspflicht:	* Transportverpackungen * Umverpackungen zur Regalbestückung (die im Geschäft verbleiben) * Mehrwegverpackungen * pfandpflichtige Einwegverpackungen

Mehrweg-/ Einwegflaschen siehe Seite 290

Duale Systeme

Unternehmen des Dualen Systems organisieren die Sammlung, Sortierung und Verwertung von Verkaufs- und Umverpackungen nach den Vorgaben des Verpackungsgesetzes.

Im Dualen System sind z. B. folgende Unternehmen tätig:

Beispiele

* BellandVision GmbH
* Der Grüne Punkt – Duales System Deutschland GmbH
* Interzero Circular Solutions Germany GmbH
* Landbell AG für Rückhol-Systeme
* NOVENTIZ Dual GmbH
* Reclay Group
* Recycling Dual GmbH
* Veolia Umweltservice GmbH
* Zentek GmbH & Co. KG

Der Begriff „Duales System" steht für ein zweites Abfallentsorgungssystem neben der kommunalen Abfallentsorgung.

Es gibt verschiedene Sammelsysteme:

* **Glasverpackungen:** farbgetrennte Sammlung in Containern (Bringsystem)
* **Papier**, **Pappe**, **Karton:** Papiercontainer (Bringsystem), Bündelsammlungen oder Blaue Tonne (Holsystem)
* **Leichtverpackungen** aus Kunststoffen, Verbundstoffen, Weißblech oder Aluminium: gelbe Sammelbehälter (Holsystem mit Säcken, Tonnen, Containern)

Die gesammelten Verpackungen werden von spezialisierten Recyclingunternehmen nach Materialien wie Glas, Papier/Karton, Kunststoff usw. sortiert und anschließend verwertet. Das Ergebnis des Recyclingprozesses sind Sekundärrohstoffe, die wieder in den Produktionsprozess zurückgeführt werden.

Sekundärrohstoffe: Rohstoffe, die durch Recycling ein zweites Mal gewonnen werden

Beispiel

Altglas lässt sich sehr leicht wieder für Glasverpackungen verwerten. Aluminium kann als vollwertiger Rohstoff in der Industrie verwendet werden, um daraus Autoteile u. Ä. herzustellen, wobei Aluminium-Recycling viel günstiger ist als Aluminiumgewinnung aus Erz.

Recycling-Vorgaben des Verpackungsgesetzes

Das Verpackungsgesetz verpflichtet die dualen Systeme, Verpackungen zu einem möglichst hohen Prozentsatz zu recyceln. Folgende Mindestquoten müssen eingehalten werden:

Material	ab 2022
Glas	90 %
Pappe, Papier, Karton	90 %
Eisenmetalle	90 %
Aluminium	90 %
Getränkekartonverpackungen	80 %
sonstige Verbundverpackungen	70 %
Kunststoffe	70 %

Getränkeverpackungen

Getränkeverpackungen, die mit Pfand belegt sind, sind nicht beteiligungspflichtig. Dies gilt für Einweg- und für Mehrwegverpackungen.

Das Verpackungsgesetz verpflichtet die Einzelhändler, **Einwegverpackungen** (Flaschen, Dosen) für Getränke mit einem Pfand von 25 Cent zu belegen. Ausgenommen sind z. B. Weinflaschen, Getränkeverpackungen für Milch und Fruchtsäfte sowie bestimmte Getränke in Kartonverpackungen und Schlauchbeuteln.

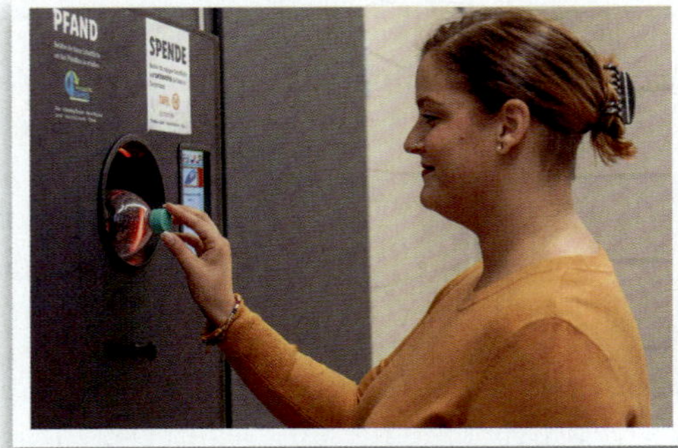

Kunden können sämtliche mit Pfand belegten Getränkeeinwegverpackungen in jedem beliebigen Geschäft zurückgeben, sofern dieses Geschäft Einweggetränkeverpackungen dieser Materialart auch in seinem Sortiment führt.

Ausnahmen gelten für Geschäfte mit weniger als 200 m² Verkaufsfläche. Diese müssen nur die Einweggetränkeverpackungen der Marken zurücknehmen, die sie vertreiben.

Das **Mehrwegpfand** beträgt 8 Cent für Bierflaschen mit Kronenkorken und Saftflaschen mit 0,5 l, 15 Cent für Bügelbierflaschen, Mineralwasserflaschen, Fruchtsäfte, Milch, Kunststoff-Mehrwegflaschen und Joghurtgläser. Das Pfand für einen Plastikkasten ohne Flaschen beläuft sich auf 1,50 €, leere Holzkisten können bis zu 5,00 € Pfand kosten. Der Einzelhändler muss die Kunden in unmittelbarer Nähe zur Getränkeverpackung darauf hinweisen, dass es sich um Einweg- bzw. Mehrwegverpackungen handelt (Schriftzug: EINWEG oder MEHRWEG).

Das Pfand muss zusätzlich zum Bruttoverkaufspreis auf dem Preisetikett ausgewiesen werden. Siehe Verpackungsgesetz Seite 287.

Pfand

1. Mehrwegflaschen
- **leere Kiste: 1,50 € Plastik, Holz bis 5,00 €**
- **Bierflaschen mit Kronenkorken: 0,08 €**
- **Mineralwasserflaschen, PET-Mehrwegflaschen, Bügelbierflaschen, Limonadenflaschen, Joghurtgläser und Milchflaschen: 0,15 €**

2. Einwegflaschen und Dosen einheitlich 0,25 €
Pfandfrei sind Weinflaschen, Flaschen mit Frucht- und Gemüsesäften; Getränke in bestimmten Einwegverpackungen (z. B. Karton, Schlauchbeutel).

Entsorgung von Verpackungen

Verpackung	Entsorgung
Verkaufsverpackung	Duales System
Versandverpackung	Duales System
Umverpackung	Duales System
Serviceverpackung	vom Lieferanten veranlasst
Transportverpackung	Rücknahme
Getränkeverpackung	Rücknahme

Lizenzentgelte

Hersteller und Händler, die bei der Zentralen Stelle registriert und bei einem Dualen System lizensiert sind, müssen die Kosten der Entsorgung (Lizenzentgelte) tragen. Die Lizenzentgelte sollen dabei so gestaltet werden, dass gut recycelbare Verpackungen begünstigt werden. Auf diese Weise will man die Verpackungshersteller dazu bewegen, möglichst umweltfreundliche Verpackungen zu entwickeln.

Mülltrennung

Die Verwertung von Verpackungen kann jeder Mensch im Betrieb und privat fördern, indem Verpackungen und Abfälle sorgfältig getrennt und in die entsprechenden Sammelbehälter gegeben werden.

Die kommunalen Abfallbetriebe informieren, welche Abfälle sie in welchen Tonnen sammeln.

Sammelsysteme	typische Verpackungen und Abfälle
Papier, Pappe, Karton: blaue oder grüne Tonne	Zeitungen, Kataloge, Prospekte, Kartons, Bücher, Hefte
Wertstoffe: gelbe Tonne, gelber Sack	Kunststoffe: Folien, Spülmittelflaschen, Kunststoffe wie CDs, DVDs Metalle: Konserven-, Getränkedosen, Aluminiumdeckel
Glas: Container für Weiß-, Braun- und Grünglas	Einwegflaschen von Wein und Spirituosen, Glasverpackungen wie Gurken- und Marmeladengläser, Arzneiflaschen
biologische Abfälle: braune Tonne	Speisereste, Küchenabfälle, Gartenabfälle
Restmüll: graue Tonne, grauer Sack	Frittierfett, Glühlampen, Katzenstreu, Keramik, Spiegel, Windeln, Lumpen

Sondermüllentsorgung

Viele Produkte enthalten umweltgefährdende Stoffe.

Farben, Lacke, Säuren, Lösungsmittel, Batterien, Energiesparlampen sowie Reinigungs- und Putzmittel **Beispiele**

Vielfach kann man sie am **UN-Gefahrensymbolen** erkennen, einer rot umrandeten Raute mit einem schwarzen Symbol.

ätzend, reizend

Ihre Entsorgung erfordert besondere Sorgfalt. Sondermüll gehört auf keinen Fall in den Restmüll oder in die übrigen Müllbehälter. Er muss in einem speziellen Behälter gesammelt werden. Die Kommunen bieten gewöhnlich Termine an, zu denen man den Sondermüll abgeben kann.

Weitere Rücknahmepflichten

Durch EU-Verordnungen oder nationale Gesetze werden weitere Rücknahmepflichten geschaffen, z. B. für Elektro-/Elektronikgeräte und Batterien.

Elektro- und Elektronikgeräte

Nach dem Elektro- und Elektronikgeräte-Gesetz müssen Einzelhändler alte Elektro- und Elektronikgeräte unter bestimmten Bedingungen kostenlos zurücknehmen und für das Recycling (oder die Verwertung/Beseitigung) sorgen

Die Regelung gilt auch für den Versandhandel.

* Das Geschäft muss eine Verkaufsfläche für Elektro- und Elektronikgeräte von mindestens 400 m^2 haben. Anbieter von Lebensmitteln verfügen über eine Verkaufsfläche von mindestens 800 m^2 und bieten Elektro-/Elektronikgeräte mehrmals im Jahr oder dauerhaft an.

  Die Rücknahmepflicht besteht auch gegenüber Nichtkunden und ist auf maximal drei Geräte beschränkt. Eine Pflicht zum Neukauf besteht nicht (0:1-Rückgabe).

* Großgeräte mit einer Kantenlänge über 25 cm müssen nur dann kostenlos zurückgenommen werden, wenn ein Kunde im Geschäft gleichzeitig ein neues Gerät der gleichen Art kauft (1:1-Rückgabe).

Batterien

Aufgrund des Batteriegesetzes muss der Handel gebrauchte Batterien vom Kunden kostenlos zurücknehmen. Die Stiftung GRS Batterien sammelt und entsorgt die Batterien.
Die Kunden sind außerdem durch gut erkennbare Hinweise darüber zu informieren,

* dass die Rückgabemöglichkeit besteht, z. B. in einer Sammelbox, und
* dass ein Kunde als Endnutzer zur Rückgabe von Altbatterien gesetzlich verpflichtet ist.

12.3 Umweltzeichen

Es gibt heute eine Fülle von Zeichen, die mit Umwelt und Ökologie zu tun haben. Zur besseren Unterscheidung soll zunächst eine generelle Unterteilung von Zeichen für Produkte und Dienstleistungen vorgestellt werden.

Gütezeichen siehe Seite 240

* **Warenzeichen** sind Wort- oder Bildzeichen eines Herstellers zur Kennzeichnung seiner Produkte oder Verpackungen.
* **Gütezeichen** sind Wort- oder Bildzeichen als Garantie für eine bestimmte Produkteigenschaft. Ein Gütezeichen wird von überbetrieblichen Stellen verliehen, die auch die ordnungsgemäße Verwendung überwachen.
* **Bedienungszeichen** sind Wort- oder Bildzeichen auf Produkten oder Verpackungen, die einem Kunden Hinweise für den Transport, die Handhabung oder die Pflege des Produktes geben.

Umweltzeichen sollen den Käufer auf die Umweltverträglichkeit des Produktes aufmerksam machen. Es geht also darum, umweltschonende Eigenschaften des Produktes zu garantieren. Wichtig für ihre Glaubwürdigkeit ist, dass sie von einer unabhängigen Organisation vergeben werden und nicht vom Hersteller selbst. Deshalb ist ein Umweltzeichen als **Gütezeichen** anzusehen.

Ausgewählte Umweltzeichen

* Der **Blaue Engel** soll Produkte fördern, die über deutlich bessere Umwelteigenschaften als vergleichbare herkömmliche Waren verfügen. Zeicheninhaber ist das Bundesumweltministerium und für die Entwicklung der Kriterien ist das Umweltbundesamt verantwortlich. Beschlossen werden diese durch die unabhängige Jury Umweltzeichen. Vergeben wird das Zeichen durch die RAL gGmbH.

BLAUER ENGEL DAS UMWELTZEICHEN

* **Produktlabel für Textilien**: Verschiedene Prüfzeichen dokumentieren, dass die damit ausgelobten Textilien gesundheitlich unbedenklich sind. Hier beispielhaft das Label „Textiles Vertrauen". Ein freiwilliges und unabhängiges Zertifizierungssystem nach Öko-Tex-Standard 100, bei dem Textilien aller Art auf möglicherweise enthaltene Schadstoffe überprüft werden.

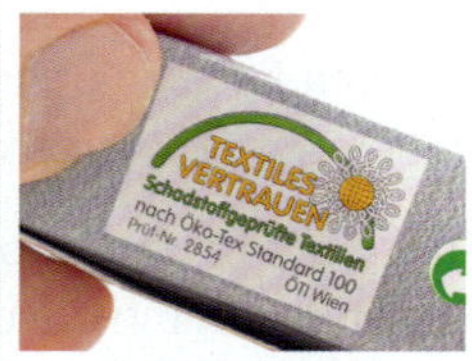

* Der **Recycling-Code** kennzeichnet das Material eines Produkts oder seiner Verpackung oder generelle Wiederverwendbarkeit.

Materialkennzeichnung 05 für Polypropylen, kurz PP

allgemeines Recycling-Symbol

Zusammenfassung

Verpackung		
Aufgaben:	* Schutzfunktion * Informationsfunktion	* Gebrauchsfunktion * Absatzfunktion
Kreislaufwirtschaftsgesetz:	* Abfallhierarchie	Vermeidung – Wiederverwendung – Recycling – sonstige Verwertung – Beseitigung
Verpackungsgesetz:		
* Produktverantwortung:	Hersteller und Händler (Vertreiber)	
* Verpackungsarten:	Verkaufsverpackung: Mit Ware befüllte Verpackung für den Endverbraucher * Versandverpackung: Versendung von befüllter Verpackung zum Endverbraucher * Serviceverpackung: Erleichtert die Übergabe von Waren an den Verbraucher	
	Umverpackung: umhüllen mehrere Verkaufsverpackungen	
	Transportverpackung: schützen die Ware und erleichtern ihren Transport	
* Registrierpflicht:	Hersteller/Händler, die Verkaufs- und Umverpackungen erstmalig in Verkehr bringen	
* Lizensierungspflicht:	Anmeldung bei einem Dualen System durch Hersteller/Händler	
* Duale Systeme:	Organisieren die Sammlung, Sortierung und Verwertung von Verkaufs- und Umverpackungen * Sammlung durch Bring- und Holsysteme * Pflicht zu hoher Recyclingrate (Vorgaben des Verpackungsgesetzes) * umweltfördernde Gestaltung der Lizenzentgelte	
Pfand:	Einweg: 25 Cent pro Flasche; Rückgabe in jedem Geschäft (Ausnahmen!)	
	Mehrweg: von 8 bis 15 Cent (Ausnahmen: Weinflaschen u. a.)	
Sammelsysteme:	* Glasverpackungen: farbgetrennte Containersammlung * Papier/Pappe/Karton: Papiercontainer am Straßenrand, Bündelsammlungen oder die Blaue Tonne * Leichtverpackungen aus Kunststoffen, Verbundstoffen, Weißblech und Aluminium: gelbe Sammelbehälter	
Mülltrennung:	blaue oder grüne Tonne (Papier), gelbe Tonne oder gelber Sack (Wertstoffe), Glascontainer, braune Tonne (Biomüll), graue Tonne (Restmüll)	
Umweltzeichen:	Gütezeichen, z. B. * Blauer Engel	* Textiles Vertrauen * Recycling-Code
Elektrogeräte:	Rücknahmepflicht:	* Geschäfte ab 400 m^2 Verkaufsfläche für Elektroartikel (auch gegenüber Nichtkunden), Großgeräte nur bei gleichzeitigem Kauf
Batterien:	Rücknahmepflicht für Altbatterien Information der Kunden, dass er zur Rückgabe gesetzlich verpflichtet ist.	

13 Warenzustellung

13.1 Firmeneigene Warenzustellung

Servicearten siehe Seite 284

Möbel, große Haushaltsgeräte, Fernsehgeräte, Baumaterialien, Teppiche u. Ä. müssen nach dem Kauf zum Kunden befördert werden. Viele Einzelhändler halten einen Zustellservice bereit, um es ihren Kunden so bequem wie möglich zu machen. Vielfach sind neben dem Transport weitere Serviceleistungen wie Aufstellen von Möbeln, Anschließen von Elektrogeräten notwendig. Für einen Einzelhändler stellt sich die Frage, ob er dieses Leistungspaket in eigener Regie durchführen soll, oder ob er Fremdunternehmer mit diesen Aufgaben betraut.

■ Vorteile

Für eine firmeneigene Zustellung von Waren sprechen viele Vorteile:

* Das **Einzugsgebiet** wird erweitert, weil auswärtige Kunden wegen möglicher Transportprobleme andernfalls das Geschäft nicht aufsuchen würden.
* Bestimmte **Produkte**, z. B. Möbel, Elektrogeräte, Teppiche, kaufen viele Kunden nur dort, wo eine Hauszustellung und häufig auch das Aufstellen und Anschließen gesichert sind.
* Der Zustelldienst schafft einen **engeren Kontakt** zwischen Geschäft und Kunden, sodass die Kundentreue verstärkt wird.
* Der Einzelhändler kann über die Kontrolle des eigenen Personals eine sorgfältige **Behandlung der Ware** erreichen.
* Das Zustellen mit dem eigenen Fahrzeug kann mit anderen **Dienstleistungen**, z. B. Reparaturservice, kombiniert werden.
* Der Fahrer kann **zusätzliche Aufgaben** übernehmen, z. B. Kassieren des Kaufpreises, Entgegennahme von Bestellungen.

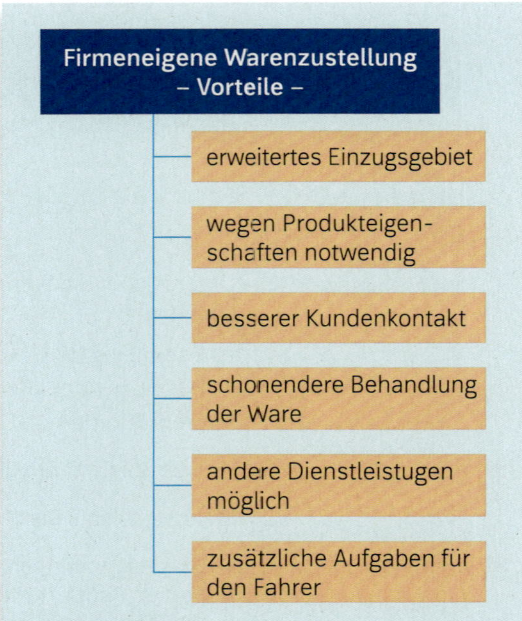

■ Nachteile

Es kostet allerdings auch Geld, ein Firmenfahrzeug einzusetzen. Neben den einmaligen **Anschaffungskosten** gibt es wiederkehrende **Unterhaltskosten**. Das Fahrzeug erfordert einen Fahrer, dem ein monatliches Gehalt zu zahlen ist, und benötigt Treibstoff für die täglichen Fahrten. Es sind Kraftfahrzeugsteuer an das Finanzamt und Haftpflichtversicherungsprämien an die Versicherung jährlich zu überweisen. Wartung, Reparaturen und Wertverlust sind nicht außer Acht zu lassen.

Der Einzelhändler muss sich auch fragen, ob ein Zustellfahrzeug genügend ausgelastet ist.

■ Kostenbeteiligung

Vielfach beteiligen Einzelhändler ihre Kunden pauschal an den Kosten des firmeneigenen Fahrzeugs, indem sie bis zu einem bestimmten Kaufbetrag eine feste Zustellgebühr verlangen.

Beispiel Bis zu einem Kaufbetrag von 150,00 € wird eine feste Zustellgebühr von 10,00 € berechnet.

Gewöhnlich deckt die Pauschale die tatsächlichen Kosten nur zum Teil.

13.2 Firmenfremde Warenzustellung

■ Spediteur und Frachtführer

Spediteure organisieren Güterbeförderungen, sie müssen keine eigenen Fahrzeuge besitzen. Mit dem Transport beauftragen sie **Frachtführer**, die eine Beförderung durchführen.

Vielfach verfügen Spediteure aber über eigene Fahrzeuge. Organisation und Beförderung liegen dann in einer Hand.

Spediteure organisieren Güterbeförderungen.

Frachtführer befördern Güter, häufig im Auftrag eines Spediteurs.

Spediteure übernehmen auch die Versicherung von Sendungen und lagern Güter ein. Zunehmend werden sie als logistische Dienstleister für die Hersteller tätig. Sie übernehmen dann alle Arbeiten, die von der Fertigstellung des Produktes bis zur Auslieferung an den Einzelhandel anfallen, z. B. Abholen der Güter beim Hersteller, Zwischenlagerung, Zusammenstellung von Sendungen für den Einzelhandel und Beförderung durch einen Frachtführer.

■ Anbieter auf dem Transportmarkt

KEP-Dienste
Kurier-, Express- und Paketdienste befördern Kleingut, das sind vor allem Sendungen bis ca. 30 kg.

KEP: Kurier-, Express-, Paketdienste

* Im **Kurierdienst** werden Dokumente, Wertsendungen und sehr eilige Sendungen, z. B. dringend benötigte Ersatzteile, von einem Kurier befördert. Das Gewicht beträgt oft nur wenige Kilogramm.

DHL Express Kurier befördert besonders eilige Sendungen in einer Direktfahrt durch einen Kurier vom Versender zum Empfänger. **Beispiel**

* **Expressdienste** befördern Güter schnell, gewöhnlich in einem eigens entwickelten Express-Netz.

UPS-Express **Beispiele**

* **Paketdienste** befördern Gütern von geringem Gewicht, häufig bis ca. 35 kg.

DHL, DPD, GLS, Hermes **Beispiele**

K = Kurierdienst
E = Expressdienst
P = Paketdienst

Speditionen
Speditionen organisieren eine Güterbeförderung mit einem geeigneten Verkehrsmittel, sei es See- oder Binnenschiff, Flugzeug, Eisenbahn oder Lkw. Für den Einzelhandel organisieren Spediteure häufig komplette Lkw-Ladungen oder Teile davon.

Frachtführer
Man kann sich als Versender statt an einen Spediteur auch direkt an einen Frachtführer wenden und ihm einen Beförderungsauftrag erteilen. Es muss sich dann aber um eine komplette Lkw-Ladung oder zumindest um einen Teil davon handeln, weil ein Frachtführer nicht das Sammeln von kleineren Sendungen übernimmt.

■ Internethandel

Betreibt ein Einzelhändler einen eigenen Onlineshop, wird er KEP-Dienste, vor allem Paketdienste, mit dem Versand beauftragen. Gehören Sendungen über 30 – 35 kg zu seinem Angebot, wird er sich an Speditionen wenden. Spediteure können aber auch den kompletten Vertrieb, also Lagerung, Versand, Retourenabwicklung u. dgl. für einen Onlinehändler übernehmen.

■ Preise

Die Anbieter auf dem Verkehrsmarkt geben Preislisten heraus, mit denen der Preis einer Beförderung im Voraus zu berechnen ist. Bei Spediteuren und Frachtführern kann man Preise anfragen. Das gilt auch für die KEP-Dienste, sofern man ein höheres Sendungsaufkommen hat.

Beispiel

Ein Einzelhändler hat einen eigenen Onlineshop eingerichtet, sodass wöchentlich mehrere Hundert Pakete an Kunden verschickt werden müssen. Mit einem Paketdienstleister wird der Einzelhändler dann einen speziellen Preis aushandeln, der gewöhnlich deutlich niedriger als in der normalen Preisliste liegt.

Beispiel

Die Preislisten von Paketdienstleistern sind bei inländischen Beförderungen häufig allein vom Gewicht abhängig, sofern bestimmte Maße nicht überschritten werden.

Paket (Haus-Haus-Preis)	
bis 10 kg	9,90 €
über 10 bis 20 kg	14,90 €
über 20 bis 30 kg	16,90 €

Der **Haus-Haus-Preis** gilt für die Beförderung vom Haus des Versenders bis zum Haus des Empfängers. Für Sendungen ins Ausland gelten andere Preise, häufig nach Entfernungszonen gestaffelt.

Spediteure und Frachtführer berechnen die Beförderungskosten abhängig von Entfernung und Gewicht, manchmal auch nach Volumen oder Lademeter.

Preisliste Spediteur

Beträge in €	Gewicht in kg							
Entfernung in km	1–50	51–100	101–200	201–300	301–400	401–500	501–600	601–700
1–100	31,50	53,40	75,60	109,60	140,50	167,90	195,60	229,00
101–200	34,10	59,00	86,90	128,30	166,60	201,70	236,60	277,40
201–300	34,70	60,10	88,60	131,40	171,00	207,00	243,50	285,30
usw.								

Der Preis lässt sich als Schnittpunkt von Entfernung und Gewicht ablesen.

Beispiel

Ende Sendung im Gewicht von 240 kg soll über eine Strecke von 280 km befördert werden. Im Schnittpunkt von Entfernungszeile und Gewichtsspalte liest man den Betrag von 131,40 € ab.

Nebenleistungen

Die Transporteure bieten neben der eigentlichen Beförderung der Sendung zahlreiche Nebenleistungen an:

* **Mit einer Vorankündigung** wird dem Empfänger der voraussichtliche Zustelltag der Sendung – häufig per E-Mail – mitgeteilt.
* Der Versender erhält nach erfolgreicher Zustellung der Sendung beim Empfänger auf Wunsch einen **Nachweis über die erfolgreiche Ablieferung**.
* Durch **Sendungsverfolgung** können Versender und Empfänger online verfolgen, wo sich eine Sendung gerade befindet.
* Eine **Zweitzustellung** erfolgt, wenn der Empfänger nicht angetroffen wird.
* Eine **Transportversicherung** ersetzt den Schaden an einer Sendung, der während der Beförderung eingetreten ist (Verlust, Beschädigung).

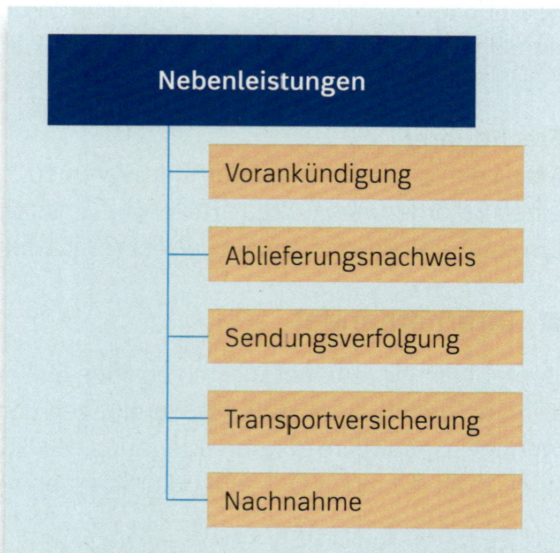

Beispiel

Alle Pakete, die einem Paketdienst zur Beförderung übergeben werden, sind bis zu einem Betrag von 500,00 € gegen Verlust oder Beschädigung versichert.

* Bei **Nachnahmen** hat der Absender das Transportunternehmen beauftragt, dem Empfänger die Sendung nur gegen Zahlung eines bestimmten Betrags auszuhändigen.

■ Umweltbelastung

Nachhaltigkeit siehe Seite 84

Waren werden weit überwiegend mit Lkw oder Lieferwagen zum Einzelhandel befördert. Damit ist automatisch eine Belastung der Umwelt durch den CO_2-Ausstoß verbunden. Die Anbieter von Verkehrsleistungen reagieren, indem vermehrt auf erneuerbare Energien setzen und ihre Zustellfahrzeuge mit Elektroantrieb betreiben, die Strom aus erneuerbaren Quellen verwenden. Viele Verkehrsunternehmen weisen deshalb den Versendern den **CO_2-Fußabdruck** (Carbon Foot Print) ihrer Beförderungen nach. Gegenwärtig sind Gütertransporte i. d. R. mit einer CO_2-Belastung verbunden. Aus diesem Grunde beteiligen sich Verkehrsunternehmen an Projekten zum **CO_2-Ausgleich**. Dabei werden z. B. Baumpflanzaktionen unterstützt, die CO_2 aus der Atmosphäre binden. Die Unternehmen werben mit **klimaneutralen Beförderungen**.

13.3 Auswahlgesichtspunkte für Verkehrsmittel und Versandarten

Bei der Frage, welches Verkehrsmittel und welche Versandart für die Beförderung einer Ware gewählt werden soll, ist häufig der Preis von besonderer Bedeutung. Es gibt aber auch weitere Gesichtspunkt, die bei der Auswahlentscheidung beachtet werden sollten.

Güterart	Die Güterart kann bestimmte Verkehrsmittel von vornherein ausschließen. Kleine, leichte und empfindliche Güter sind ohne schützende Transport-Verpackung auf Paletten nicht für den Lkw-Transport durch einen Spediteur oder Frachtführer geeignet, bei denen große Gütermengen mit Gabelstaplern bewegt und in Lkw verladen werden. Hier ist ein KEPDienst angebracht.
Transportkosten	Eine wesentliche Rolle spielen für Kaufleute die Transportkosten. Dabei sind nicht nur reine Frachtkosten entscheidend, sondern auch Nebenkosten, z. B. für Verpackung und Versicherung.
Schnelligkeit	Immer bedeutsamer wird in jüngster Zeit die Schnelligkeit, mit der Güter befördert werden. Zum einen sind es leicht verderbliche Güter, die kurze Transportzeiten erfordern. Zum anderen haben Kunden immer mehr den Anspruch, dass Waren, die sie heute bestellen, morgen bei ihnen eintreffen. Zunehmend bieten Verkehrsbetriebe daher heute eine Beförderungszeit von 24 Stunden an.
Sicherheit	Bei besonders wertvollen oder empfindlichen Gütern spielt die Transportsicherheit eine wichtige Rolle. Wie groß ist die Gewissheit, dass dringend benötigte Güter auch vollzählig und unversehrt am Bestimmungsort eintreffen? Mit welchen Ersatzleistungen ist zu rechnen, falls Schäden auftreten? Darüber hinaus verlangt die Beförderung gefährlicher Güter, z. B. leicht entzündliche Flüssigkeiten, speziell ausgestattete Fahrzeuge, geschulte Fahrer und besondere Vorkehrungen beim Transport.
Umweltbelastung:	Zunehmend achten Versender auf die CO_2-Belastung, die von ihren Transportaufträgen ausgehen. Wenn Anbieter von Verkehrsleistungen die CO_2-Belastung ihre Transporte nachweisen (Carbon Foot Print), haben die Versender die Möglichkeit, umweltfreundliche Anbieter auszuwählen.

Zusammenfassung

Warenzustellung		
firmeneigen: * Vorteile:	* erweitertes Einzugsgebiet * notwendig wegen Produkteigenschaften * besserer Kundenkontakt	* Schonung der Ware * andere Dienstleistungen sind möglich * zusätzliche Aufgaben für den Fahrer
* Nachteile:	Kosten, eventuell Reduzierung durch Kostenbeteiligung der Kunden	
firmenfremd:	* durch Spediteure, die Güterversendung organisieren * durch Frachtführer, die Güterversendungen ausführen * KEP-Dienste (Kurier-, Express-, Paketdienste)	
Preise:	* Preislisten nach Gewicht bei Paketdiensten, Beförderungen im Inland * Preislisten nach Gewicht und Entfernung bei Spediteuren, Frachtführern	
Nebenleistungen:	* Vorankündigung * Abliefernachweis * Sendungsverfolgung	* Transportversicherung * Nachnahme
Umweltbelastung:	* Einsatz „grüner“ Energie	* Beteiligung an CO_2-Ausgleichsprojekten
Auswahlgesichtspunkte:	* Güterwert * Transportkosten * Schnelligkeit	* Sicherheit * Umweltbelastung

Warenwirtschaftssystem 1: Kassenwesen

1 Warenwirtschaftssystem INTWASYS 4.0

1.1 Warenwirtschaft – Warenwirtschaftssystem

Als **Warenwirtschaft** bezeichnet man die Erfassung der Warenbewegungen in einem Einzelhandelsbetrieb von der Bestellung (Wareneinkauf) bis zum Warenverkauf. Der Begriff **Warenwirtschaftssystem** macht eine Verbundwirkung sichtbar, weil ein Datenbestand in einem umfangreichen Beziehungsnetz verwaltet wird. Werden alle Warenbewegungen vom Bestellvorgang über den Wareneingang und die Lagerhaltung bis zum Warenausgang nach der Stückzahl und nach dem Wert der Waren lückenlos erfasst, spricht man von einem geschlossenen Warenwirtschaftssystem.

Warenbewegungen lassen sich heute

* aktuell (zu jeder Zeit),
* vollständig (für das gesamte Sortiment) und
* detailliert (artikelgenau) verfolgen.

Das Warenwirtschaftssystem macht aber nicht nur die Warenbewegungen sichtbar, sondern liefert in Kombination mit anderen Daten, z. B. über Verkaufsfläche, Mitarbeiterzahl u. Ä., wichtige Informationen zur Führung eines Einzelhandelsbetriebes. Es wertet die anfallenden Daten aus. Ein Warenwirtschaftssystem gibt z. B. Antwort auf folgende Fragen:

* Wie akzeptieren die Kunden einen festgesetzten Preis?
* Welche Verkaufswirksamkeit hat eine bestimmte Art der Warenpräsentation?
* Welche Verkaufsleistung erzielt das Geschäft pro Quadratmeter und pro Verkaufsmitarbeiter?

Das Programm INTWASYS (**Int**egriertes **Wa**ren**wi**rtschafts**sys**tem) ist ein schulisches (pädagogisches) Warenwirtschaftssystem, das die grundlegenden Funktionen eines Warenwirtschaftssystems aus der Praxis nachbildet.

Warenwirtschaftssystem: Computerprogramm, das Warenbewegungen vom Einkauf bis zum Verkauf erfasst und die Daten auswertet.

1.2 Technische Hinweise

Das Programmpaket sollte kopiert und auf den Desktop oder in ein separates Verzeichnis eingefügt werden. Eine Installation ins Betriebssystem ist nicht erforderlich.

Das Programm kann von einer Festplatte oder vom Stick gestartet werden, **nicht aber direkt von einer CD,** weil das Programm temporäre (vorübergehende) Dateien anlegen muss.

Das Programmpaket enthält mehrere Unterverzeichnisse von denen zwei für die Anwendung besonders bedeutsam sind:

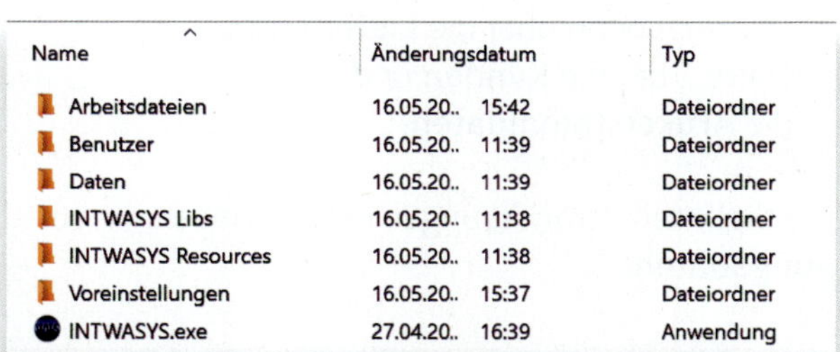

Name	Änderungsdatum	Typ
Arbeitsdateien	16.05.20.. 15:42	Dateiordner
Benutzer	16.05.20.. 11:39	Dateiordner
Daten	16.05.20.. 11:39	Dateiordner
INTWASYS Libs	16.05.20.. 11:38	Dateiordner
INTWASYS Resources	16.05.20.. 11:38	Dateiordner
Voreinstellungen	16.05.20.. 15:37	Dateiordner
INTWASYS.exe	27.04.20.. 16:39	Anwendung

Benutzer	Es nimmt die Daten des Anwenders/Benutzers auf und ist in der Basisversion leer.
Daten	In diesem Verzeichnis befinden sich die Datensätze, die das Datenmaterial für die Bearbeitung der Lernsituationen zur Verfügung stellt. Die Dateibezeichnung **WWS 1 Lernsituation 1 Stammdaten** bedeutet: WWS = Warenwirtschaftssystem 1 = Teil 1 Lernsituation 1 = Lernsituation im Kapitel „Warenwirtschaftssystem" Stammdaten: Stichwort für den Inhalt der Lernsituation

Das eigentliche Programm hat die Dateibezeichnung INTWASYS.EXE. Eventuell wird die Endung „EXE" nicht im Verzeichnis dargestellt.

1.3 Start des Programms

Das Programm muss auf dem Desktop oder in einem Verzeichnis auf dem Computer zur Verfügung stehen.

Das Programm wird durch Doppelklicken der EXE-Datei gestartet. Da das Programm nicht in das Betriebssystem eingebunden ist, kann es nicht gestartet werden, indem man einen Datensatz anklickt.

Startroutine:

1. INTWASYS.EXE anklicken
2. LERNSITUATION – ÖFFNEN
3. Es öffnet sich das Verzeichnis „Daten".
4. Aus dem Verzeichnis den gewünschten Datensatz auswählen, z. B.
   WWS 1 Lernsituation 1 Stammdaten.lsi.
5. Eine Meldung besagt, dass der Datensatz in die Datenbank des Programms kopiert worden ist. Mit „ok" bestätigen.
6. In der Maske erscheinen der Schriftzug und das Logo des City-Warenhauses Bauer. Nun kann man mit dem Programm arbeiten.

Steht keine Maus zur Verfügung, kann die Menüzeile mit F10 aktiviert werden.

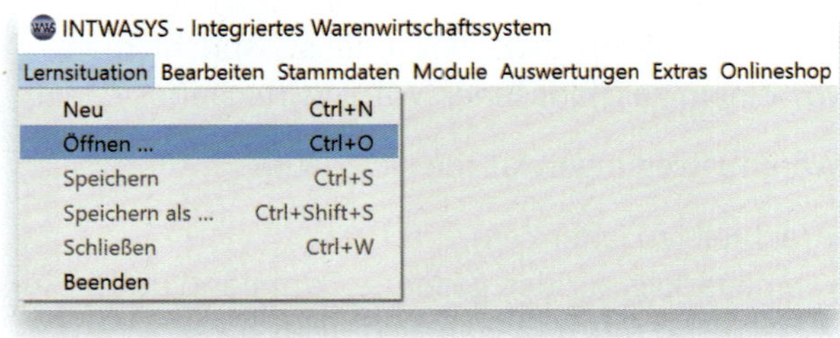

1.4 Menü „Stammdaten"

Daten, die sich im Zeitablauf gar nicht oder nur selten ändern, nennt man **Stammdaten**. In der Lernsituation 1 werden folgende Stammdaten bearbeitet:

* die Daten des **Unternehmens**,
* Informationen über die **Lieferanten**,
* Daten über die **Kunden** und
* die **Artikelstammdaten**.

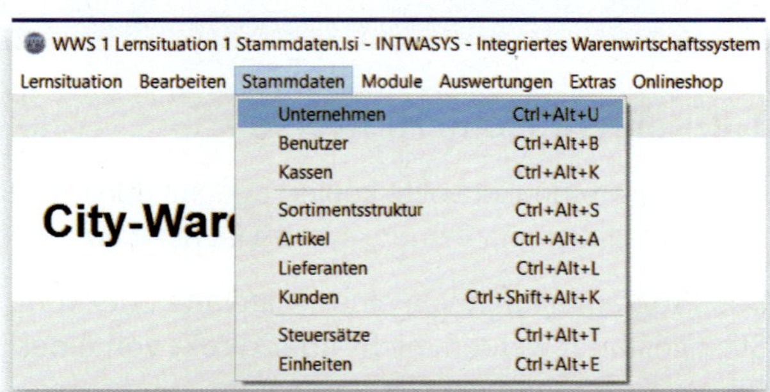

Die täglichen Veränderungen im Datenbestand, vor allem die Warenbewegungen, bezeichnet man als **Bewegungsdaten**.

Stammdaten: Daten, die sich im Zeitablauf nicht oder nur selten ändern.

Bewegungsdaten: Daten, die sich häufig ändern.

■ Stammdaten „Unternehmen"

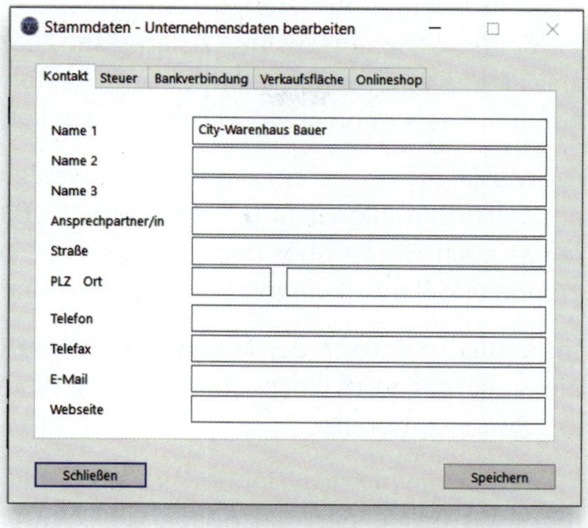

Hier werden die grundlegenden Informationen über das Unternehmen hinterlegt. Das Programm greift auf diese Daten bei verschiedenen Anlässen zu, z. B., wenn aus dem Warenwirtschaftssystem eine Rechnung erstellt oder eine Kassenauswertung erzeugt wird.

Eintragungen oder Korrekturen werden mit dem Button „Speichern" dauerhaft im System festgehalten.

Der Eintrag im Feld „Name 1" (City-Warenhaus Bauer) ist vorgegeben. Beim Start greift das Programm auf dieses Feld zu und weist die Firma des Unternehmens in der Startmaske aus.

■ Stammdaten „Kunden"

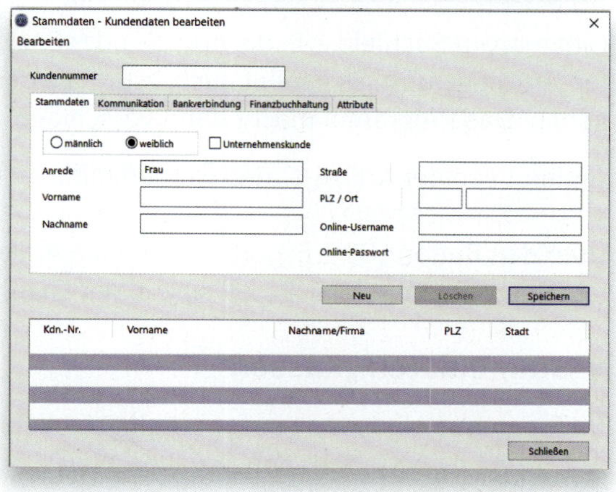

Die Kundendaten werden in den oberen Teil der Maske eingegeben.

1. Button „Neu" anklicken
2. Daten eingeben
3. Button „Speichern" betätigen

Mit der Wahl des Geschlechts (weiblich/männlich) wird im Feld „Anrede" automatisch die entsprechende Anrede ergänzt.

Handelt es sich um einen Unternehmenskunden, verschwinden die ersten beiden Felder (Anrede, Vorname) und aus „Nachname" wird „Firma".

Nach der Speicherung erscheinen die Kundendaten im unteren Teil der Maske.

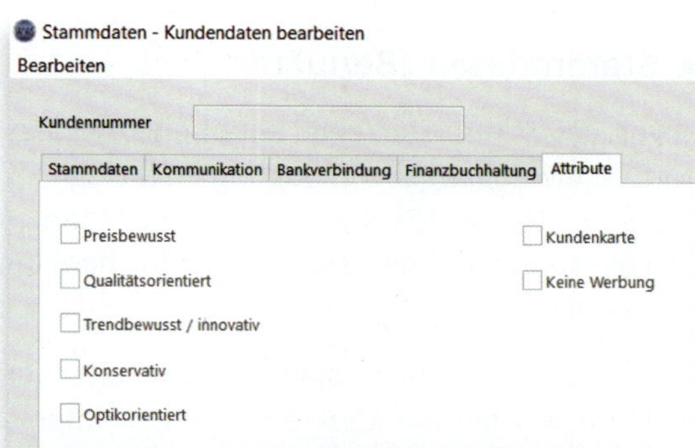

Attribute

Über den Reiter „Attribute" können Kunden nach Ansprüchen, z. B. „preisbewusst" und nach weiteren Besonderheiten eingeteilt werden.

Datenschutz

Der Umgang mit personenbezogenen Daten unterliegt den Bestimmungen der **Datenschutz-Grundverordnung** (DSGVO). **Personenbezogene Daten** sind Einzelangaben über die persönlichen Verhältnisse einer bestimmten natürlichen Person.

Beispiel

Beispiele für personenbezogene Daten:

* Anrede
* Name
* Anschrift
* E-Mail-Adresse
* Telefonnummer
* Bankverbindung
* Kreditkartennummer

Hat ein Einzelhändler diese Daten in seinem Warenwirtschaftssystem gespeichert, kann er sie nur in ganz bestimmten Grenzen verwenden.

* Bestelldaten (Name, Adresse usw.) dürfen ohne Zustimmung des Kunden verwendet werden, aber ausschließlich für die Abwicklung der Bestellung.
* Darüber hinausgehende Verwendungen (z. B. für die Zusendung von Werbematerialien) erfordern ein ausdrückliches Einverständnis des Kunden.

Stammdaten „Artikel“

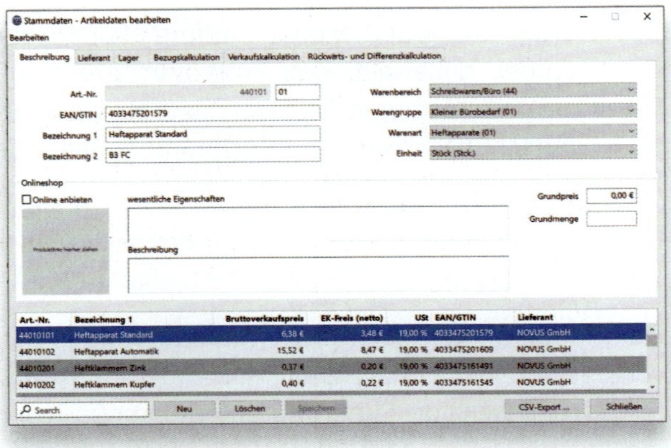

Neue Artikel oder Änderungen der Artikeldaten sind im Warenwirtschaftssystem zu erfassen, damit sie z. B. an der Kasse registriert und die korrekten Daten auf dem Kassenbon ausgewiesen werden können.

Die Maske (siehe rechts) zeigt, dass neben grundlegenden Informationen (z. B. Artikelnummer, Bezeichnung) auch Daten über den Lieferanten, Lagerbestände und die Kalkulation aufzunehmen sind.

Im mittleren Bereich der Maske wird der Artikel für die Präsentation im Onlineshop des City-Warenhauses Bauer vorbereitet.

Man sucht einen Artikel, indem man die unten aufgeführte Artikelliste durchsucht oder die Suchfunktion des Programms („Search“) nutzt.

Gibt man im Suchfeld z. B. die Artikel- oder EAN-/GTIN-Nummer ein, wird man vom Programm zum gesuchten Artikel geführt. Es genügt auch, z. B. Teile der Artikelbezeichnung oder einer EAN-/GTIN-Nummer einzugeben. Das Programm macht dann Vorschläge, welche Artikel der Sucheingabe entsprechen.

Änderungen der Artikel-Daten werden mit dem Button „Speichern“ in das System übernommen.

Über den Button „CSV-Export“ können die Artikeldaten in eine CSV-Datei überführt werden. Tabellenkalkulationsprogramme (z. B. Excel) sind in der Lage, die Daten - nach einer Umformung - weiterzuverarbeiten.

■ Stammdaten „Kassen“

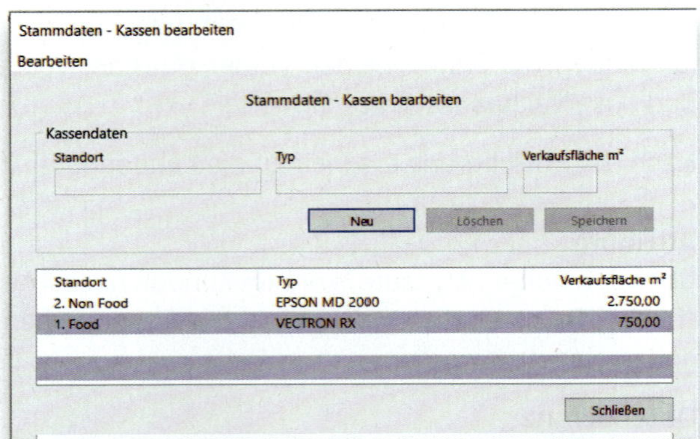

Im Programm sind zwei Kassen voreingestellt (siehe Abbildung rechts). Über den Schalter „Neu“ können weitere Kassen hinzugefügt werden. Nach dem Speichern erscheinen die neuen Kassen in der Übersicht.

■ Stammdaten „Benutzer“

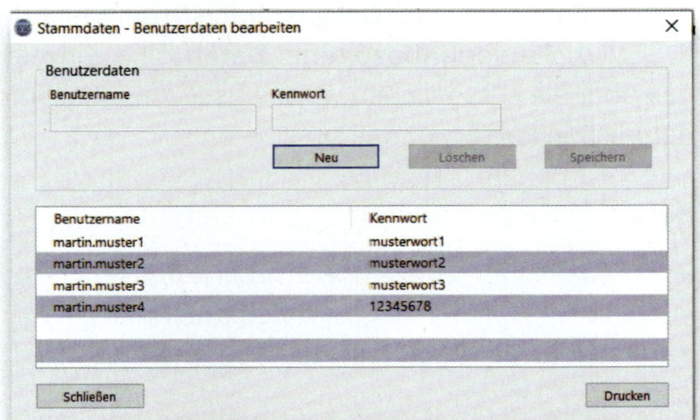

Bevor ein Mitarbeiter/eine Mitarbeiterin kassieren darf, ist die Zugangsberechtigung festzulegen. Dazu muss der Name des Mitarbeiters/der Mitarbeiterin und ein Kennwort (mindestens acht Zeichen) festgelegt werden.

Vier (neutrale) Benutzer sind als Platzhalter vorhanden. Sie werden mit konkreten Namen überschrieben (anschließend abspeichern).

Bei einer Neuanlage ist wie folgt vorzugehen:

1. einen Benutzernamen anklicken (z. B. martin.muster1)
2. Schaltfläche „Neu“ betätigen
3. Daten eingeben (Benutzername, Kennwort)
4. Angaben speichern (die Liste wird ergänzt)

Modul „Kasse“ siehe Seite 305

Der 4. Platzhalter muss bestehen bleiben, weil über ihn der verkürzte Zugang zur Kasse (ohne Kennwort) durchgeführt wird.

1.5 Menü „Extras“

Das Menü „Extras“ bietet vor allem verschiedene Einstellungsmöglichkeiten für das Programm.

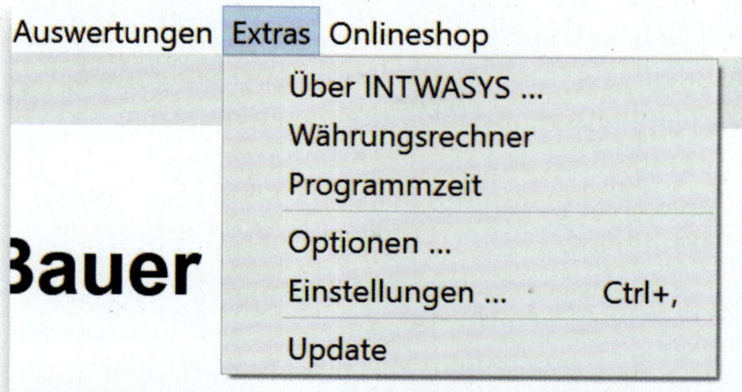

Über den Pfad EXTRAS – PROGRAMMZEIT – kann die Software auf ein bestimmtes Datum eingestellt werden. Dies ist sinnvoll, wenn eine Arbeit zu einem späteren Zeitpunkt fortgesetzt werden soll (z. B. Kassiervorgänge).

Über OPTIONEN lassen sich Belegnummern voreinstellen (Angebote beginnen z. B. mit der Nummer 124, siehe Abbildung unten).

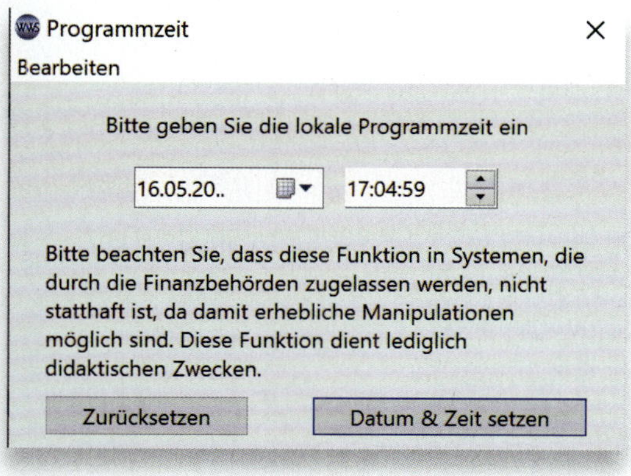

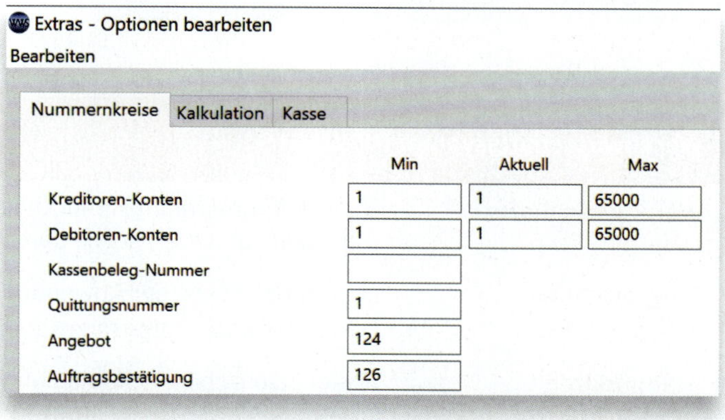

Mit Hilfe des Reiters „Kalkulation“ werden bestimmte Zuschlagssätze für die Kalkulation festgelegt. Diese Zuschläge gelten für alle Produkte.

In der Artikeldatei können diese Zuschlagssätze für jedes Produkt individuell verändert werden.

Der Reiter „Kasse“ bietet die Möglichkeit, Schlusszeilen auf dem Kassenbon zu formulieren, z. B. einen Dank für den Einkauf.

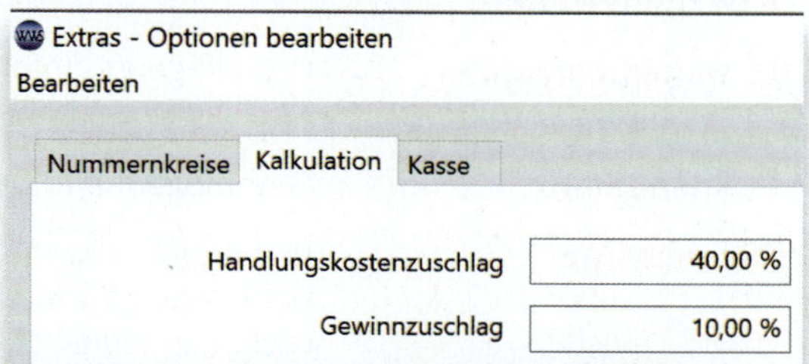

1.6 Daten speichern

INTWASYS verlangt ein zweistufiges Speichern, damit Daten endgültig im System festgehalten werden.

1. Speichern in einem Menü, z. B. bei den Benutzerdaten, siehe Maske oben
2. Speichern des gesamtes Datensatzes mit „Speichern“ oder „Speichern als“.

Es empfiehlt sich, den individuellen Datenstand für eine spätere Bearbeitung zu speichern. Dazu ist der Datensatz unter dem Menüpunkt „LERNSITUATION – **SPEICHERN ALS**“ mit einem eigenen Namen im Unterverzeichnis **„Benutzer“** abzulegen. Beim Befehl SPEICHERN ALS öffnet sich das Unterverzeichnis „Benutzer“ automatisch. Unter „Dateiname“ erscheint zunächst der Name des ursprünglichen Datensatzes, z. B WWS 1 Lernsituation 1 Stammdaten.lsi. Diesen Namen kann man nun mit einer individuellen Kennung ergänzen (zum Beispiel mit einem Vornamen, es ist aber z. B. auch das Bearbeitungsdatum möglich).

Werden die bearbeiteten Datensätze stets mit dem Befehl „Speichern als“ unter „Benutzer“ gespeichert, bleiben die ursprünglichen Datensätze (aus dem Verzeichnis „Daten“) erhalten und man kann jederzeit wieder auf die Ursprungsfassung zugreifen. Daher sollte beim ersten Abspeichern nicht der Menüpunkt „Speichern“ gewählt werden, denn dadurch würde der Ursprungsdatensatz überschrieben.

1.7 Programm beenden

1. Schritt: Datensatz schließen

Bevor das Programm beendet oder ein anderer Datensatz geöffnet werden kann, muss die Bearbeitung des aktuellen Datensatzes geschlossen werden; dies geschieht über den Menüpunkt LERNSITUATION – SCHLIEẞEN.

2. Schritt: Programm beenden

Die Arbeit mit dem Programm wird über den Menüpunkt „LERNSITUATION – BEENDEN“ endgültig abgeschlossen.

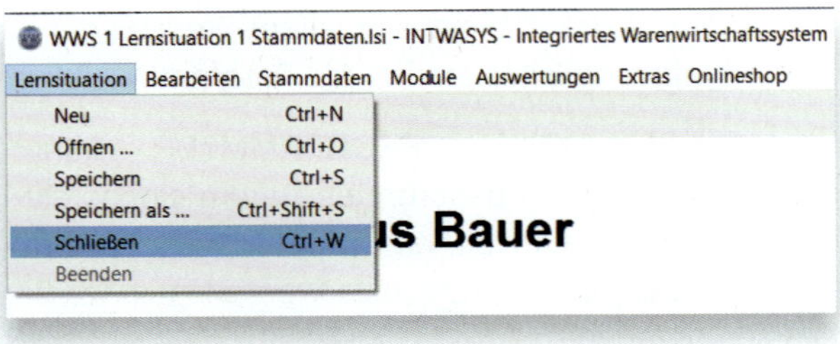

Zusammenfassung

Warenwirtschaftssystem INTWASYS	
Warenwirtschafts-system:	Computerprogramm zur lückenlosen Erfassung aller Warenbewegungen nach Stückzahl und Wert sowie deren Auswertung.
Programmstart:	* Doppelklicken der Anwendung INTWASYS.EXE * Laden eines Datensatzes (Verzeichnis „Daten“)
Stammdaten:	Daten, die sich im Zeitablauf nicht oder nur selten ändern.
Bewegungsdaten:	Daten, die sich häufig ändern.
Unternehmensdaten:	Grundlegende Informationen über das Unternehmen, auf die bei verschiedenen Anlässen zugegriffen wird.
Kundendaten:	Grundlegende Informationen über Kunden
Datenschutz:	Personenbezogene Daten (z. B. Anschrift, E-Mail-Adresse, Telefonnummer, Bankdaten) dürfen nur eingeschränkt verwendet werden, z. B. für die Bestellabwicklung. Weitere Verwendungen erfordern das Einverständnis des Kunden (BDSG).
Artikelstammdaten:	Basisinformationen über jeden Artikel im Sortiment
Kassenstammdaten:	Einrichtungsdaten einer Kasse
Benutzerstammdaten:	Angaben zur Person, die berechtigt ist, die Kasse zu bedienen.
Extras:	Menü, um Einstellungen wie Programmzeit, Nummernkreise und globale Kalkulationsdaten zu verändern.
Datenspeicherung:	Im Verzeichnis „Benutzer“ mit dem Befehl LERNSITUATION – SPEICHERN ALS
Programmende:	1. Beendigung des aktuellen Datensatzes mit LERNSITUATION – SCHLIEẞEN 2. Beendigung des Programms mit LERNSITUATION – BEENDEN

2 Datenkasse

2.1 Modul Kasse

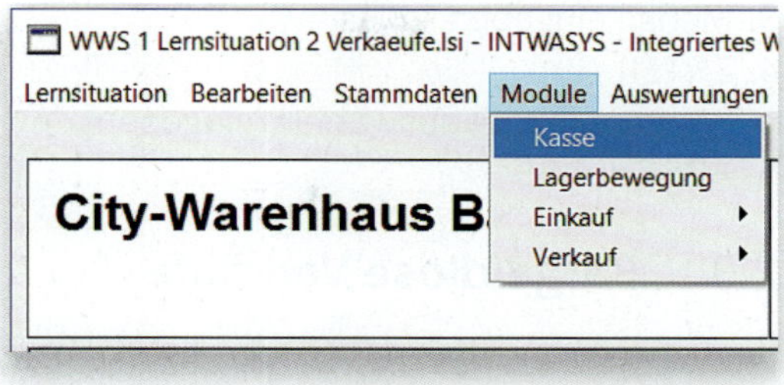

Für Verkäufe des Unternehmens, die über die Kasse abgewickelt werden sollen, steht das Modul „**Kasse**" zur Verfügung.

Grundsätzlich muss der Benutzer vorher in den Stammdaten als zugelassener Benutzer erfasst worden sein (siehe Stammdaten Benutzer).

Nach Eingabe der zu verwendenden Kasse und der Zugangsdaten (Benutzername, Kennwort) erhält man die Zugangsberechtigung zur Kasse über den Button „Anmelden" (nicht durch ENTER auf der Computertastatur).

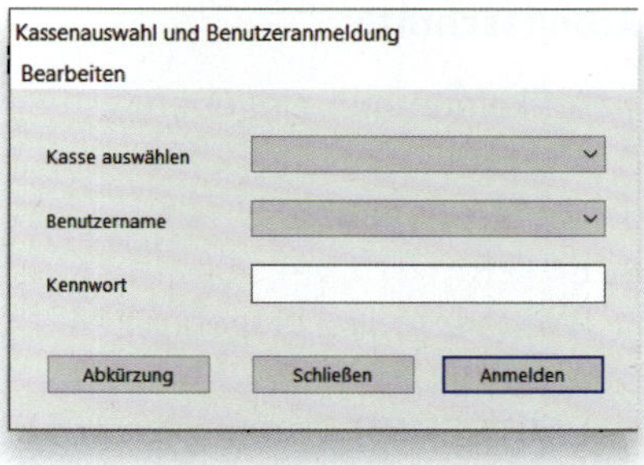

Das Programm lässt es (ausnahmsweise) zu, die Prüfung der Zugangsberechtigung zu umgehen (Taste „Abkürzung"; der Zugang geschieht über den 4. Benutzer mit dem Kennwort 12345678).

Die aktiven Felder (Eingabefelder) sind jeweils gelb unterlegt. Über das Fragezeichen [?] neben der Artikelnummer kann auf das Sortiment zugegriffen werden. Der Artikel kann angeklickt und damit in das Kassenmodul übernommen werden.

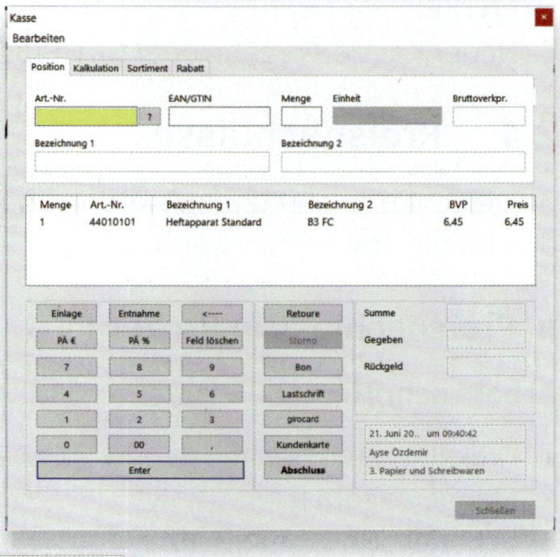

Die Daten können über das Tastaturfeld des **Computers** oder der **Kasse** eingegeben werden. Jeder Arbeitsschritt erfordert aber eine Bestätigung mit „**ENTER**"

Nun ist noch die Menge einzugeben und der Vorgang durch „ENTER" zu bestätigen. Der ausgewählte Artikel erscheint in der Artikelübersicht.

Über die **Suchfunktion** können einzelne Datensätze gezielt ermittelt werden. Dazu ist ein Suchkriterium einzugeben, z. B. die Artikelnummer oder die Produktbezeichnung (bzw. jeweils Teile davon).

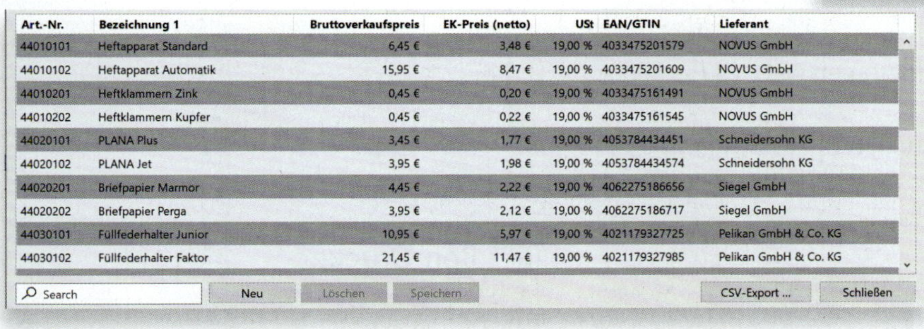

Art.-Nr.	Bezeichnung 1	Bruttoverkaufspreis	EK-Preis (netto)	USt	EAN/GTIN	Lieferant
44010101	Heftapparat Standard	6,45 €	3,48 €	19,00 %	4033475201579	NOVUS GmbH
44010102	Heftapparat Automatik	15,95 €	8,47 €	19,00 %	4033475201609	NOVUS GmbH
44010201	Heftklammern Zink	0,45 €	0,20 €	19,00 %	4033475161491	NOVUS GmbH
44010202	Heftklammern Kupfer	0,45 €	0,22 €	19,00 %	4033475161545	NOVUS GmbH
44020101	PLANA Plus	3,45 €	1,77 €	19,00 %	4053784434451	Schneidersohn KG
44020102	PLANA Jet	3,95 €	1,98 €	19,00 %	4053784434574	Schneidersohn KG
44020201	Briefpapier Marmor	4,45 €	2,22 €	19,00 %	4062275186656	Siegel GmbH
44020202	Briefpapier Perga	3,95 €	2,12 €	19,00 %	4062275186717	Siegel GmbH
44030101	Füllfederhalter Junior	10,95 €	5,97 €	19,00 %	4021179327725	Pelikan GmbH & Co. KG
44030102	Füllfederhalter Faktor	21,45 €	11,47 €	19,00 %	4021179327985	Pelikan GmbH & Co. KG

Search | Neu | Löschen | Speichern | CSV-Export ... | Schließen

2.2 Barverkäufe

Sind alle Artikel eines Kunden an der Kasse erfasst, wird die Artikeleingabe mit dem Button „Abschluss" beendet. Das Feld „Gegeben" wird gelb unterlegt und wartet auf die Eingabe eines sinnvollen Bargeldbetrages. Danach wird das Rückgeld für den Kunden ausgewiesen und der parallel laufende Bon abgeschlossen.

Die Kasse steht nun für den nächsten Kunden bereit.

Arbeitsschritte:

1. Artikelnummer eingeben oder auswählen
2. ENTER (**Kassen- oder PC-Tastatur**)
3. Menge eingeben
4. ENTER
   [Weitere Artikel auswählen/eingeben]
5. ABSCHLUSS
6. Geld des Kunden eintragen
7. ENTER
8. Neuer Kassiervorgang oder SCHLIESSEN
   Der Bon kann ausgedruckt werden („Drucken" im Bon-Drucker), falls ein Drucker aktiviert ist.

2.3 Bargeldlose Verkäufe

Kassiervorgänge, bei denen der Kunde bargeldlos zahlt, werden, mit einer Ausnahme (Schritt 6), genauso abgewickelt wie der oben beschriebene Barverkauf.

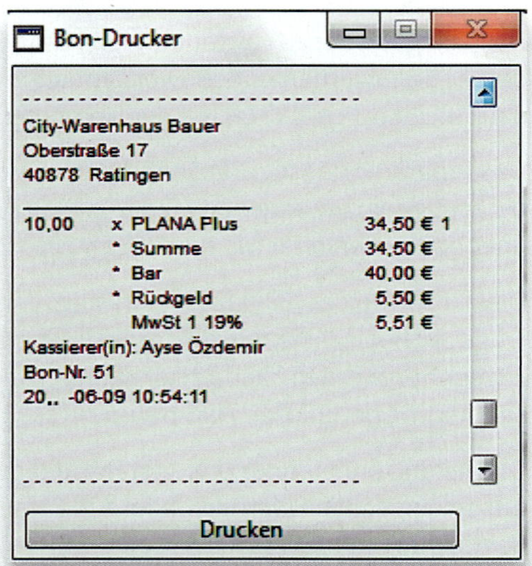

Arbeitsschritte:

1. Artikelnummer eingeben
2. ENTER
3. Menge eingeben
4. ENTER
   [Weitere Artikel eingeben]
5. ABSCHLUSS
6. **LASTSCHRIFT oder girocard oder KUNDENKARTE**
7. ENTER
8. Neuer Kassiervorgang oder SCHLIESSEN

2.4 Preisnachlässe

Preisnachlässe an Kunden werden über die Tasten PÄ (Preisänderung) € und PÄ % erfasst. Man kann auch den Reiter „Rabatt" verwenden.

■ Preisnachlass in Prozent

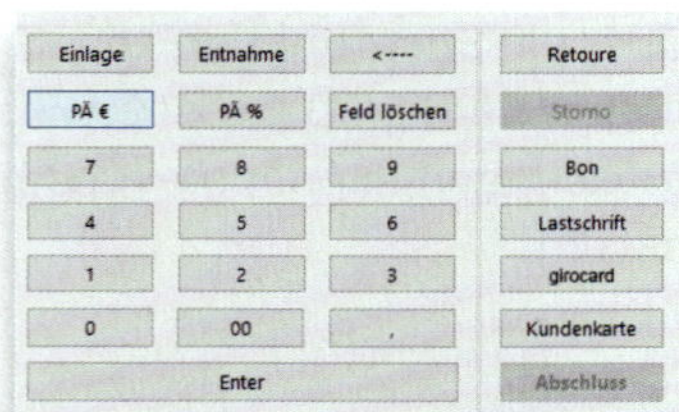

Arbeitsschritte:

1. Artikelnummer eingeben oder auswählen
2. Menge angeben
3. Schalter „PÄ %" aktivieren
4. Es erscheint ein Auswahlfenster, in dem der Prozentsatz in das gelb unterlegte Feld eingetragen wird.
5. Bestätigen mit „ENTER"
6. Der Artikel wird mit dem reduzierten Preis angezeigt.
7. Der Bon-Drucker führt den Ursprungspreis sowie den Preisnachlass in % und in € auf.

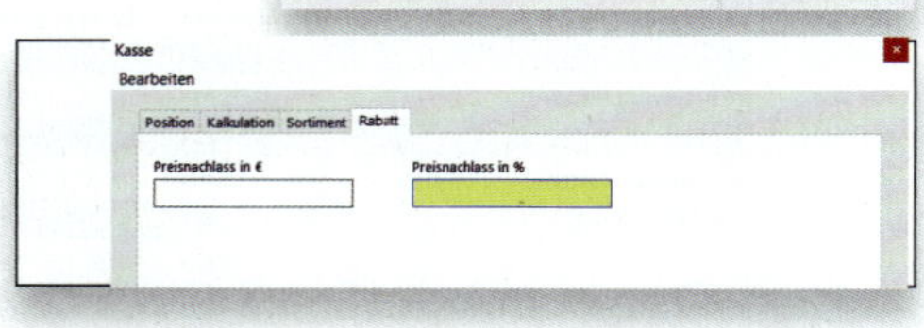

■ Preisnachlass in EURO

PÄ € aktivieren. Im Auswahlfenster ist nun das Feld „Preisnachlass in €" gelb unterlegt. Der Betrag ist einzugeben. Auf dem Bon erscheint der Preisnachlass in €:

2.5 Storno

Die Storno-Funktion macht einen gebuchten Verkauf rückgängig und verhindert damit eine Abbuchung vom Bestand. Storno ist nur möglich, solange der Verkauf noch nicht beendet wurde (durch den Button „Abschluss").

Arbeitsschritte:

1. Verkäufe eingeben
2. Den zu stornierenden Artikel (im Beispiel rechts 5 x PLANA Jet) im Kassendialog anklicken.

3. Taste „Storno" drücken. Der Storno-Artikel wird im Kassendialog wiederholt, allerdings mit einem Minuszeichen und in Kursiv-Schrift.
   Im Warenwirtschaftssystem wird der ursprüngliche Verkauf rückgängig gemacht.
4. Weitere Verkäufe eingeben oder den Bon mit „Abschluss" abschließen.

Storno: Rückgängigmachung eines gebuchten Verkaufs während des Kassiervorgangs.

2.6 Retoure

Gelegentlich wollen Kunden einen Artikel, den sie gekauft haben, zurückgeben. Vielfach gewähren Einzelhändler ein Rückgaberecht innerhalb einer bestimmten Frist, wenn der Artikel nicht den Vorstellungen des Kunden entspricht.

Da der Verkaufsvorgang an der Kasse bereits abgeschlossen ist, muss dieser Artikel über die Funktion „Retoure" in das Warenwirtschaftssystem zurückgeführt werden. Eine Retoure kann aus der Rückgabe eines Artikels bestehen oder in einer Kombination mit einem Neukauf.

■ Reine Rückgabe eines Artikels

Arbeitsschritte

1. Kasse öffnen
2. Button „Retoure" anklicken: das nebenstehende Fenster erscheint.
3. Artikel auswählen [?], der retourniert wird
4. Stückzahl eingeben
5. Preisvorschlag des Programms (laut Stammdaten) akzeptieren oder abändern, falls der Kunde den Artikel zu einem Sonderpreis erworben hat.
6. Die Retoure wird im Kassendialog unterstrichen und mit negativer Menge angezeigt.
7. Vorgang abschließen (Button „Abschluss")
8. Im Feld „Gegeben" 0,00 € eintragen
9. ENTER
10. Im Kassenbon wird das Rückgeld ausgewiesen (im Beispiel 10,95 €).

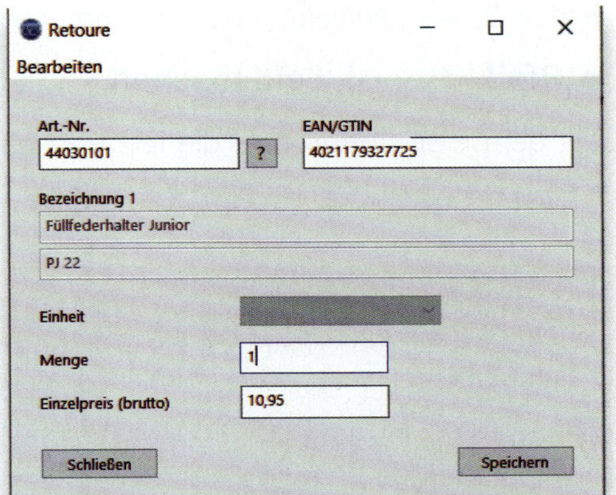

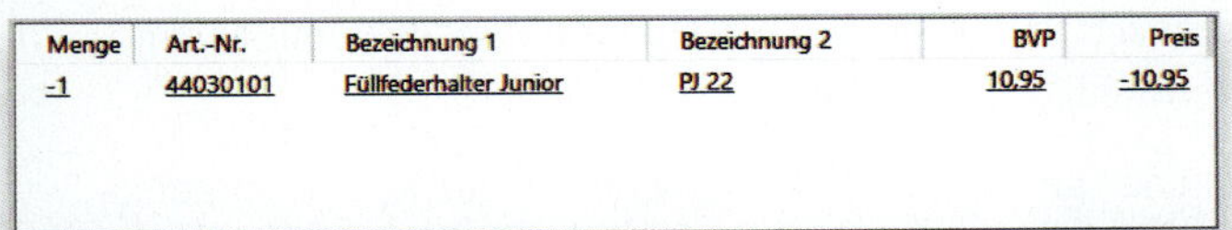

Menge	Art.-Nr.	Bezeichnung 1	Bezeichnung 2	BVP	Preis
-1	44030101	Füllfederhalter Junior	PJ 22	10,95	-10,95

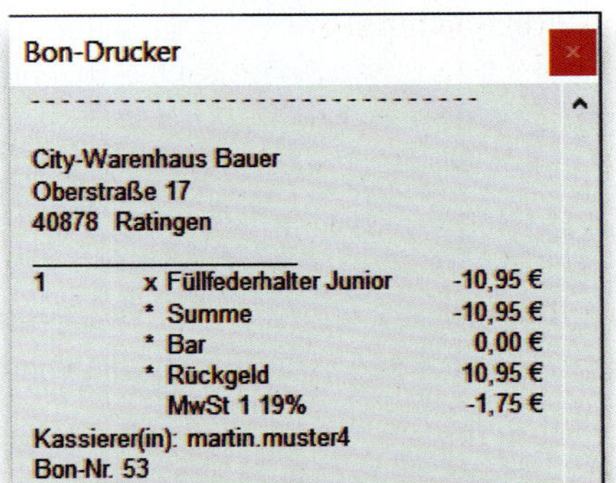

Bon-Drucker

City-Warenhaus Bauer
Oberstraße 17
40878 Ratingen

1	x Füllfederhalter Junior	-10,95 €
	* Summe	-10,95 €
	* Bar	0,00 €
	* Rückgeld	10,95 €
	MwSt 1 19%	-1,75 €

Kassierer(in): martin.muster4
Bon-Nr. 53

■ Retoure mit Kauf eines neuen Produkts

Arbeitsschritte

1. Kasse öffnen
2. Retoure eingeben wie oben
3. Neukauf eingeben
4. Abschluss: Unter- oder Überzahlung wird angezeigt
   Unterzahlung: Eine zusätzliche Zahlung des Kunden ist erforderlich (siehe Kassenbon rechts).
   Überzahlung: Der Kunde erhält den Differenzbetrag ausgezahlt.

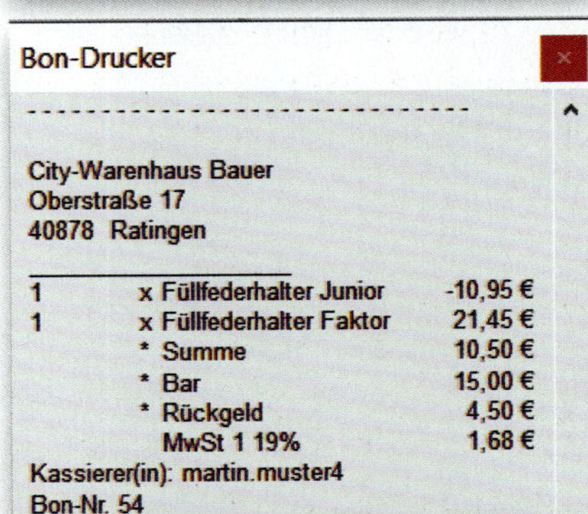

Bon-Drucker

City-Warenhaus Bauer
Oberstraße 17
40878 Ratingen

1	x Füllfederhalter Junior	-10,95 €
1	x Füllfederhalter Faktor	21,45 €
	* Summe	10,50 €
	* Bar	15,00 €
	* Rückgeld	4,50 €
	MwSt 1 19%	1,68 €

Kassierer(in): martin.muster4
Bon-Nr. 54

Retoure: Rückgängigmachung eines gebuchten Verkaufs, nachdem der Verkaufsvorgang abgeschlossen ist.

2.7 Bon-Texte

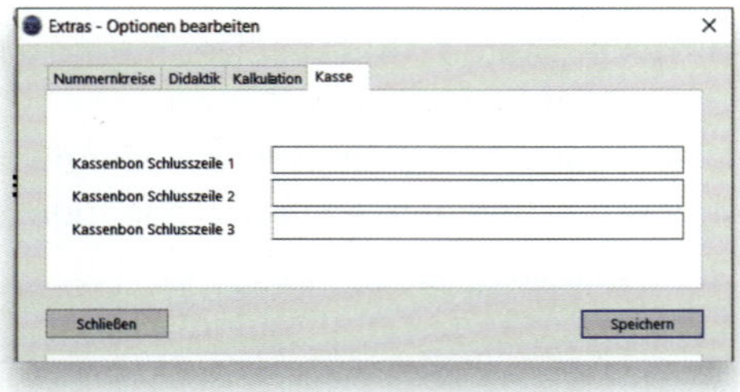

Über den Menüpunkt EXTRAS – OPTIONEN – KASSE können bis zu 3 Zeilen Text erstellt werden, der auf dem Kassenbon erscheint. Die Textlänge wird vom Programm nicht geprüft. Überschreitungen des Eingabefeldes werden „abgeschnitten."

2.8 Weitere Buttons

■ Bon-Ausdruck

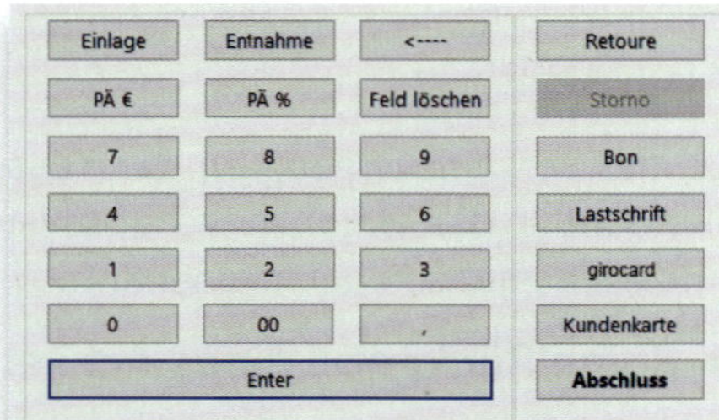

Der Bon kann über den Schalter „Drucken" ausgedruckt werden. Wird der Schalter „Bon" in der Tastatur betätigt, erzeugt das Programm den letzten Bon noch einmal. Diese Funktion ist erst nach Abschluss des Kassiervorgangs möglich. Der Schalter ist in der Praxis von Bedeutung, wenn die Rolle gewechselt werden muss.

■ Einlage – Entnahme

Über diese Funktionen können Bargeldbeträge in die Kasse eingelegt (z. B. Wechselgeld) oder entnommen werden (z. B. Kassenabschöpfungen).

■ Pfeil (< -----), Feld löschen

Mit dem Pfeil-Button wird die letzte Eingabe (Buchstabe oder Zahl) gelöscht. Der Button „Feld löschen" macht den gesamten Eintrag eines Feldes rückgängig.

Zusammenfassung

Datenkasse	
Modul Kasse:	Simulation einer Kasse aus der Praxis mit den Elementen Kassentastatur (Kassendialog), Kundendisplay und Bondrucker.
Barverkäufe:	Nach der Registrierung des Verkaufs durch die Kassentastatur bezahlt der Kunde mit Bargeld.
Bargeldlose Verkäufe:	Zahlung durch Kunden mit Lastschrift, girocard oder Kundenkarte
Preisnachlässe:	Änderung des im Warenwirtschaftssystem hinterlegten Preises durch einen prozentualen oder wertmäßigen Nachlass.
Storno:	Rückgängigmachung eines gebuchten Verkaufs während des Kassiervorgangs. Der stornierte Artikel wird im Kassendialog mit einem Minuszeichen ausgewiesen. Der Bestand wird im Warenwirtschaftssystem wieder erhöht.
Retoure:	Rückgängigmachung eines gebuchten Verkaufs, nachdem der Verkaufsvorgang abgeschlossen ist. Es wird an der Kasse ein neuer Bon eröffnet.
Bon-Texte:	Hinterlegung kundenfreundlicher Texte, die auf dem Kassenbon erscheinen sollen.

3 Kassenauswertungen

3.1 Menü „Auswertungen“

In der Lernsituation werden folgende Auswertungen näher betrachtet:

1. Finanzbericht
2. Warengruppenbericht
3. Verkäuferbericht
4. Stundenfrequenz
5. Leistungskennzahlen
6. Umsatzranking (TOPs und FLOPs)

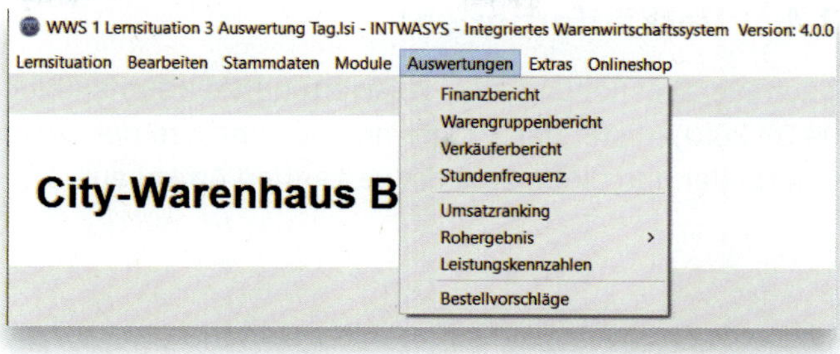

Die Auswertungen „Bestellvorschläge“ und „Rohergebnis“ werden später genutzt.

Alle Auswertungen sind auf einen bestimmten Betrachtungszeitraum (Periode) bezogen, z. B. einen Tag oder einen Monat. Die Auswertungen unterstützen den Inhaber eines Einzelhandelsgeschäftes bei der Führung seines Unternehmens.

Auswertungen: Kombination von Daten aus dem Warenwirtschaftssystem, um Informationen für die Führung eines Einzelhandelsunternehmens zu erhalten.

Vor der Auswertung der Berichte 1–6 ist zunächst der Auswertungszeitraum festzulegen. Im Beispiel rechts liegt eine Tagesauswertung vor.

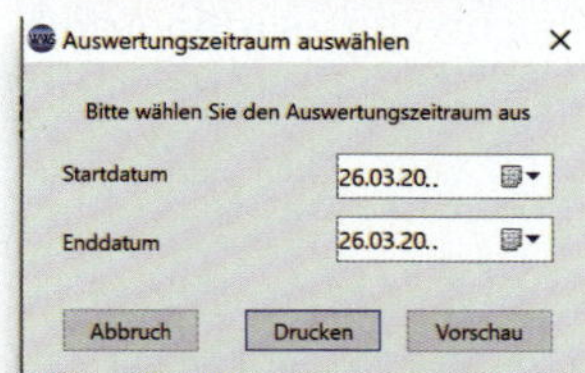

3.2 Finanzbericht

Der Finanzbericht wertet die Umsätze und Absatzzahlen einer bestimmten Periode (z. B. eines Tages) an der Kasse aus.

Auswertungsgesichtspunkte:

* Gesamtumsatz (brutto, netto)
* Preisänderungen durch gewährte Preisnachlässe
* Anzahl der Artikel und Kunden
* Artikelzahl und Umsatz pro Kunde
* Umsatz nach Zahlungsart

Von jedem Bericht lassen sich PDF-Dateien erzeugen. Auch ein Ausdruck ist möglich, sofern ein Drucker angeschlossen und aktiviert ist.

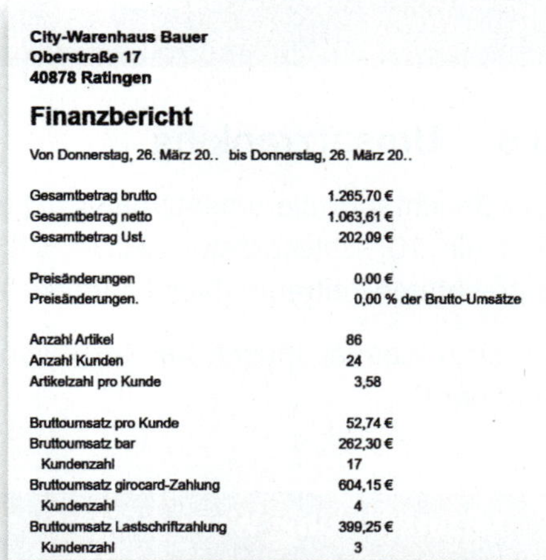

City-Warenhaus Bauer
Oberstraße 17
40878 Ratingen

Finanzbericht

Von Donnerstag, 26. März 20.. bis Donnerstag, 26. März 20..

Gesamtbetrag brutto	1.265,70 €
Gesamtbetrag netto	1.063,61 €
Gesamtbetrag Ust.	202,09 €
Preisänderungen	0,00 €
Preisänderungen.	0,00 % der Brutto-Umsätze
Anzahl Artikel	86
Anzahl Kunden	24
Artikelzahl pro Kunde	3,58
Bruttoumsatz pro Kunde	52,74 €
Bruttoumsatz bar	262,30 €
Kundenzahl	17
Bruttoumsatz girocard-Zahlung	604,15 €
Kundenzahl	4
Bruttoumsatz Lastschriftzahlung	399,25 €
Kundenzahl	3

Finanzbericht: Auswertung der Umsätze und Absatzzahlen an der Kasse für eine bestimmte Periode. Die Daten werden auch auf die Kunden bezogen (Artikelzahl/Umsatz pro Kunde, Wahl des Zahlungsverfahrens).

3.3 Warengruppenbericht

Der Warengruppenbericht gibt Auskunft über folgende Daten:

* Warengruppe
* Anzahl der verkauften Artikel im Auswertungszeitraum
* Umsatz dieser Warengruppe
* Anteil dieser Warengruppe am Gesamtumsatz des Auswertungszeitraums

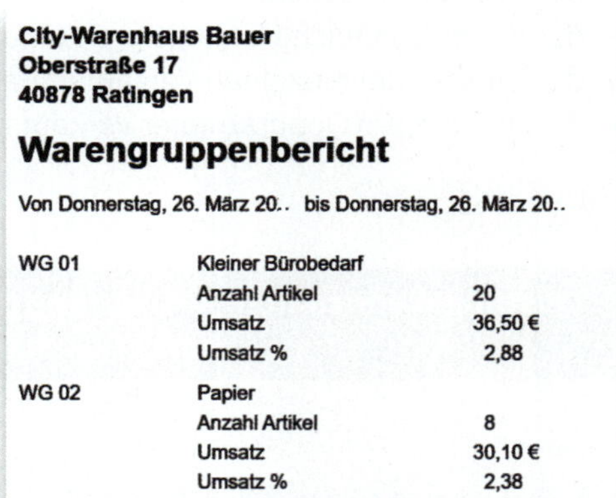

City-Warenhaus Bauer
Oberstraße 17
40878 Ratingen

Warengruppenbericht

Von Donnerstag, 26. März 20.. bis Donnerstag, 26. März 20..

WG 01	Kleiner Bürobedarf	
	Anzahl Artikel	20
	Umsatz	36,50 €
	Umsatz %	2,88
WG 02	Papier	
	Anzahl Artikel	8
	Umsatz	30,10 €
	Umsatz %	2,38

Warengruppenbericht: Auswertung der Warengruppen nach Artikelzahl, Umsatzhöhe und prozentualem Anteil am Gesamtumsatz.

3.4 Verkäuferbericht

Nach der Festlegung des Auswertungszeitraums (hier der 09.03.20(0)), listet das Programm die Umsätze der Verkaufsmitarbeiter und die Anzahl der verkauften Artikel auf.

City-Warenhaus Bauer
Oberstraße 17
40878 Ratingen

Verkäuferbericht

Von Donnerstag, 26. März 20.. bis Donnerstag, 26. März 20..

1	Verkäufer(in)	Susanne Möller
	Gesamtbetrag brutto	471,95 €
	Anzahl Artikel	31
2	Verkäufer(in)	Ayse Özdemir
	Gesamtbetrag brutto	793,75 €
	Anzahl Artikel	55

Verkäuferbericht: Auswertung der Verkaufsmitarbeiterleistungen nach Umsatzhöhe und verkauften Artikeln.

3.5 Stundenfrequenz

Dieser Bericht macht deutlich, wie viel Umsatz jeweils pro Stunde im Verlauf eines Verkaufstages erzielt worden ist. Gleichzeitig werden Artikel- und Kundenanzahl angezeigt.

City-Warenhaus Bauer
Oberstraße 17
40878 Ratingen

Stundenfrequenz

Am Donnerstag, 26. März 20..

Stunde	Umsatz	Artikelanzahl	Kundenanzahl
08:00 – 09:00	0,00 €	0	0
09:00 – 10:00	0,00 €	0	0
10:00 – 11:00	107,30 €	14	4
11:00 – 12:00	36,30 €	4	2

Stundenfrequenz: Auswertung der stündlichen Umsätze über die Verkaufszeiten eines Geschäftes, einschließlich Artikel- und Kundenzahl pro Stunde.

3.6 Umsatzranking

Der Bericht gibt die umsatzmäßig 10 besten (TOP 10) und die 10 schlechtesten (FLOP 10) Artikel für den betrachteten Zeitraum (hier 1 Tag) an.

Im Einzelhandel spricht man auch von „Rennern" und „Pennern".

City-Warenhaus Bauer
Oberstraße 17
40878 Ratingen

Umsatz-Ranking

Von Donnerstag, 26. März 20.. bis Donnerstag, 26. März 20..

Top 10

Pos.	Art.Nr.	Art.Name 1	Umsatz (€)
1	44060101	Kopierer-Toner	404,85
2	44050201	Laser-Faxgerät	242,95
3	44050202	Tintenstrahl-Faxgerät	177,95
4	44060102	Fax-Toner	127,35
5	44030102	Füllfederhalter Faktor	85,80

Umsatzranking: Wertmäßige Auswertung der einzelnen Artikel durch Gliederung nach Umsatzstärke und Umsatzschwäche.

3.7 Leistungskennzahlen

Folgende Leistungszahlen werden in diesem Bericht dargestellt:

* der Umsatz im Berichtszeitraum
* der durchschnittliche Umsatz pro Verkaufsmitarbeiter
* der Umsatz der einzelnen Verkaufsmitarbeiter
* der Umsatz pro Quadratmeter Verkaufsfläche der Abteilung

City-Warenhaus Bauer
Oberstraße 17
40878 Ratingen

Leistungskennzahlen

Von Donnerstag, 26. März 20.. bis Donnerstag, 26. März 20..

1. Umsatz		1.265,70 €
2. Personalleistung		
	- pro Person	632,85 €
	- Susanne Möller	471,95 €
	- Ayse Özdemir	793,75 €
3. Flächenleistung		
	3. Schreibwaren/Büro	8,44 €/m²

Leistungskennzahlen: Auswertung des Umsatzes sowie der Personal- und Flächenleistung eines Geschäftes oder einer Filiale/Abteilung

Zusammenfassung

Kassenauswertungen	
Auswertungen:	Kombination von Daten aus dem Warenwirtschaftssystem, um Informationen für die Führung eines Einzelhandelsunternehmens zu erhalten.
Finanzbericht:	Auswertung der Umsätze und Absatzzahlen an der Kasse für eine bestimmte Periode. Die Daten werden auch auf die Kunden bezogen (Artikelzahl/Umsatz pro Kunde, Wahl des Zahlungsverfahrens).
Warengruppenbericht:	Auswertung der Warengruppen nach Artikelzahl, Umsatzhöhe und prozentualem Anteil am Gesamtumsatz.
Verkäuferbericht:	Auswertung der Verkaufsmitarbeiterleistungen nach Umsatzhöhe und verkauften Artikeln.
Stundenfrequenz:	Auswertung der stündlichen Umsätze über die Verkaufszeiten eines Geschäftes, einschließlich Artikel- und Kundenzahl pro Stunde.
Leistungskennzahlen:	Auswertung des Umsatzes sowie der Personal- und Flächenleistung eines Geschäftes oder einer Filiale/Abteilung.
Umsatzranking:	Wertmäßige Auswertung der einzelnen Artikel durch Gliederung nach Umsatzstärke (Top 10, Renner) und Umsatzschwäche (Flop 10, Penner).

Anhang

1 Lerntechniken

■ Grundhaltung zum Lernen

Beim Lernen sammelt man neue Erfahrungen. Man lernt z. B., wie man sein neues Smartphone bedient, eine Tabelle in Excel erstellt, seine Hemden selbst bügelt, einen Kunden anspricht oder welche Rechte und Pflichten ein Auszubildender hat. Damit ist Lernen eigentlich eine spannende Angelegenheit, bei der man nachher besser dasteht als vorher. Trotzdem empfinden viele Lernen als eine Last.

Erfolgreiche Lerner betrachten das Lernen als etwas Positives. Sie wollen etwas hinzulernen und sind bereit, sich dafür anzustrengen. Sie wissen auch, dass der Lernprozess Zeit erfordert, die man für das Lernen reservieren muss. Wenn ausreichend Zeit zur Verfügung steht, kann man auch sorgfältig arbeiten, denn das fördert das Lernen ganz besonders.

Für den Lernerfolg sind nicht die Lehrerinnen und Lehrer, die Eltern oder Ausbilder verantwortlich, sondern jeder selbst. Lernen ist etwas sehr Individuelles.

Leider gibt es viele schlechte Angewohnheiten, die einem das Leben und das Lernen schwer machen.

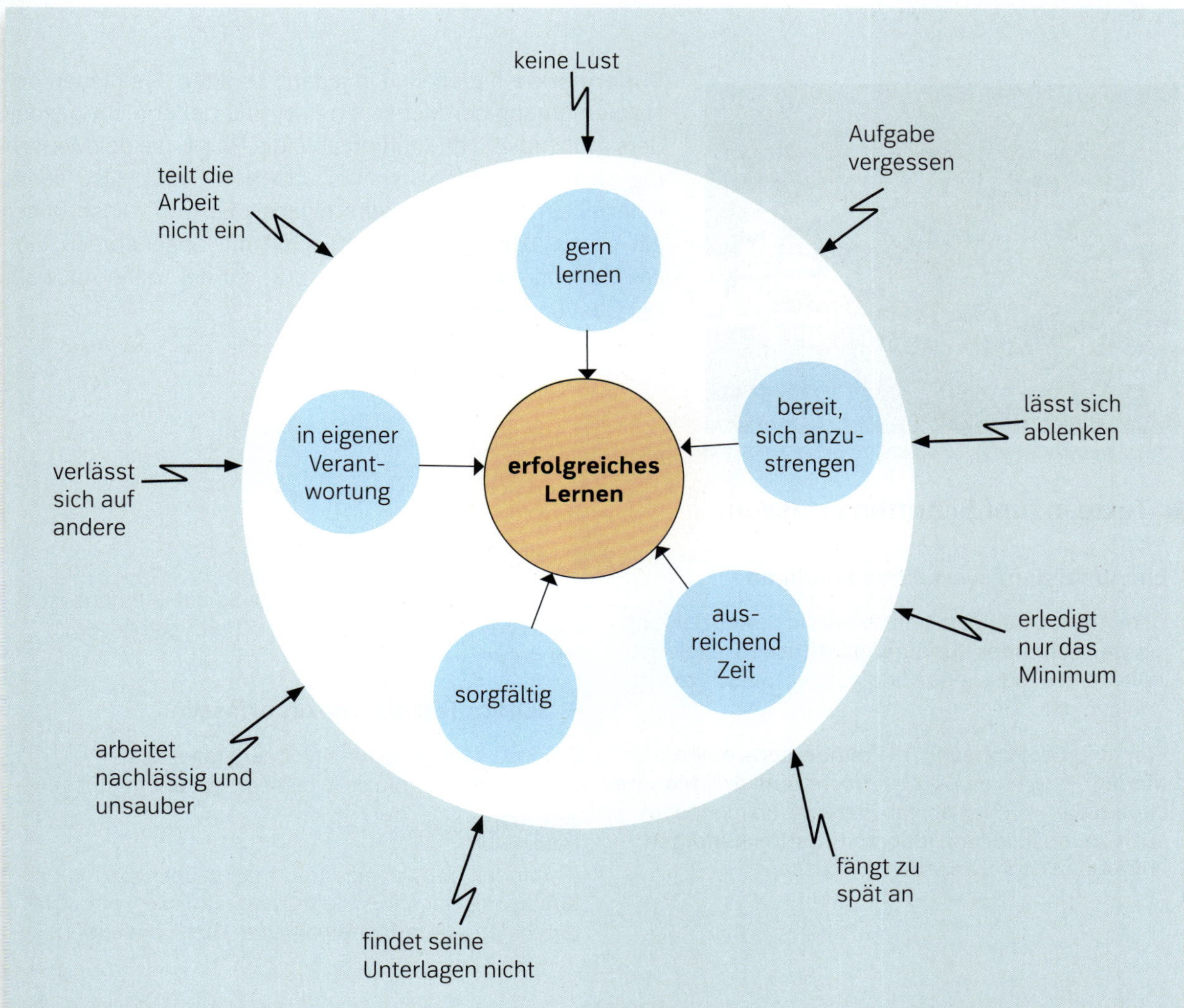

In Bildern denken

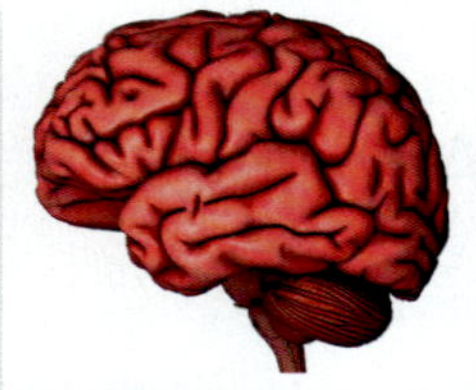

Das menschliche Gehirn besteht aus zwei Hälften. Im linken Teil werden abstrakte, theoretische Dinge gespeichert. Die rechte Hälfte nimmt Bilder auf. Das Lernen gelingt besonders gut, wenn beide Gehirnhälften zur Zusammenarbeit angeregt werden. Das heißt, will man abstrakte Informationen abspeichern, ist es ratsam, sie mit Bildern zu kombinieren.

Beispiel Ein Auszubildender möchte sich die Betriebsformen „Warenhaus“, „Kaufhaus“ und „Supermarkt“ einprägen.

Das Warenhaus ist ein großes Haus voller unterschiedlicher Waren. Jeder hat schon in dieser Betriebsform eingekauft. Das Bild eines solchen Hauses ist nun mit dem Begriff zu verbinden, indem man gedanklich einen Rundgang durch das Haus macht, sich die vielen Abteilungen sowie die zahlreichen Kunden und Mitarbeiter vor Augen führt. Auch der Name des Warenhauses sollte mit diesem Bild verbunden werden.

Mit einem **Kaufhaus** müsste ebenfalls jeder ein Einkaufserlebnis verbinden können. Das Sortiment ist vor allem im textilen Bereich auf ein bis zwei Warengruppen begrenzt. Es sind mittelgroße Häuser mit tiefem Sortiment.

Weitere Merkhilfe: Das berühmteste Kaufhaus Deutschlands, das Kaufhaus des Westens (KaDeWe), ist in Wirklichkeit ein Warenhaus.

Supermärkte finden sich in jedem Stadtteil. Sie dienen der Nahversorgung der Menschen und sind daher nicht besonders groß (ab 400 m^2), führen aber die Dinge, die der Mensch täglich benötigt (Lebensmittel und Non-Food). Also kennt jeder einen Supermarkt vom eigenen Einkauf. Diese Bilder gilt es zu aktivieren und möglichst mit angenehmen Einkaufserlebnissen zu verbinden, z. B. mit der tollen Auswahl bei Obst und Gemüse.

Texte in fünf Schritten erfassen

Ein Ausbildungsverhältnis kündigen

Dem Auszubildenden steht während der Ausbildung ein **weitgehender Kündigungsschutz** zu. Dabei ist zu beachten, dass jede Kündigung schriftlich zu erfolgen hat.

Während der **Probezeit**, die **mindestens einen Monat** betragen muss, aber **höchstens drei Monate** dauern darf, können sowohl der Auszubildende als auch der Ausbildende **jederzeit fristlos kündigen**, ohne einen Grund angeben zu müssen.

In einem kaufmännischen Beruf ist es sehr wichtig, Texte korrekt zu erfassen. Die 5-Schritt-Methode ist dabei behilflich, einen theoretischen Text besser zu verstehen.

1. Schritt: Text als Ganzes erfassen

Der **Text** wird zunächst unter der Fragestellung **überflogen**, worum es in diesem Text überhaupt geht.

Beispiele

Es handelt sich um eine Information über die Kündigung eines Ausbildungsverhältnisses, und zwar durch den Ausbildenden und den Auszubildenden.

Nach der Probezeit ist zu unterscheiden:

Kündigung durch den Ausbildenden

Der **Ausbildende** kann **nur fristlos** aus einem **wichtigen Grund** kündigen. Von einem wichtigen Grund, der eine fristlose Kündigung rechtfertigt, kann nur gesprochen werden, wenn ein Vorfall eingetreten ist, der **so schwerwiegend** ist, dass es den Beteiligten **nicht mehr zugemutet** werden kann, das Ausbildungsverhältnis fortzusetzen.

Kündigung durch den Auszubildenden

Nach der Probezeit kann der Auszubildende aus einem wichtigen Grund fristlos kündigen, z. B. wegen sexueller Belästigung oder Züchtigung durch den Ausbildenden. Er kann aber auch mit einer **Kündigungsfrist von vier Wochen** kündigen, wenn er

* die Ausbildung **aufgeben** will, um z. B. eine weiterführende Schule zu besuchen oder einen Arbeitsplatz anzunehmen oder
* eine **andere** Ausbildung beginnen möchte, z. B. in einem gewerblichen Beruf.

Der Auszubildende muss einen dieser beiden Gründe in der schriftlichen Kündigung angeben.

2. Schritt: Jeden Abschnitt genau lesen

Nun wird jeder Abschnitt sorgfältig gelesen. Dazu muss man sich jeden Satz genau ansehen. Am Ende eines Satzes ist eine kleine Überlegungspause einzulegen, in der man sich das Gelesene deutlich macht. Jeder Abschnitt wird mit eigenen Worten zusammengefasst.

Beispiel

Für Auszubildende gilt ein weitgehender Kündigungsschutz. Innerhalb der Probezeit können aber Ausbilder und Auszubildender jederzeit ohne Angabe von Gründen und ohne Frist kündigen.

Dem Auszubildenden steht während der Ausbildung ein **weitgehender Kündigungsschutz** zu. Dabei ist zu beachten, dass jede Kündigung schriftlich zu erfolgen hat.

Während der **Probezeit**, die mindestens einen Monat betragen muss, aber höchstens drei Monate dauern darf, können sowohl der Auszubildende als auch der Ausbildende **jederzeit fristlos kündigen, ohne** einen **Grund** angeben zu müssen.

3. Schritt: Schlüsselbegriffe markieren

Die wichtigsten Begriffe, die man auch verstanden hat (Schlüsselbegriffe), werden markiert und sorgfältig durchdacht.

Beispiel

siehe Hervorhebungen im nebenstehenden Text

Nach der Probezeit ist zu unterscheiden:

Kündigung durch den Ausbildenden

Der **Ausbildende** kann **nur fristlos** aus einem **wichtigen Grund** kündigen. Von einem wichtigen Grund, der eine fristlose Kündigung rechtfertigt, kann nur gesprochen werden, wenn ein Vorfall eingetreten ist, der **so schwerwiegend** ist, dass es den Beteiligten **nicht mehr zugemutet** werden kann, das Ausbildungsverhältnis fortzusetzen.

Kündigung durch den Auszubildenden

Nach der Probezeit kann der Auszubildende aus einem wichtigen Grund fristlos kündigen, z. B. wegen sexueller Belästigung oder Züchtigung durch den Ausbildenden.

4. Schritt: Unbekannte Begriffe markieren

Nun werden jene Begriffe oder auch ganze Sätze markiert (am besten in einer anderen Farbe), die man noch nicht verstanden hat. Man muss sie durch Nachschlagen, z. B. im Lehrbuch) oder durch Nachfragen klären.

Beispiel

siehe Hervorhebungen im nebenstehenden Text

5. Schritt: Das Wichtigste zusammenfassen

Zum Schluss fasst man die wichtigsten Inhalte des Textes zusammen, die man sich merken möchte. Auch hier gilt das, was oben zum Denken in Bildern gesagt worden ist: Es wäre sehr hilfreich, wenn man das Problem der Kündigung auf seine eigene Situation bezieht und sich vorstellt, in welchen Fällen man selbst kündigen könnte und wann der Ausbilder dazu berechtigt ist.

Aus Texten Übersichten erstellen

Man prägt sich einen Text besonders gut ein, wenn man das sorgfältig Gelesene in den Grundzügen grafisch darstellt.

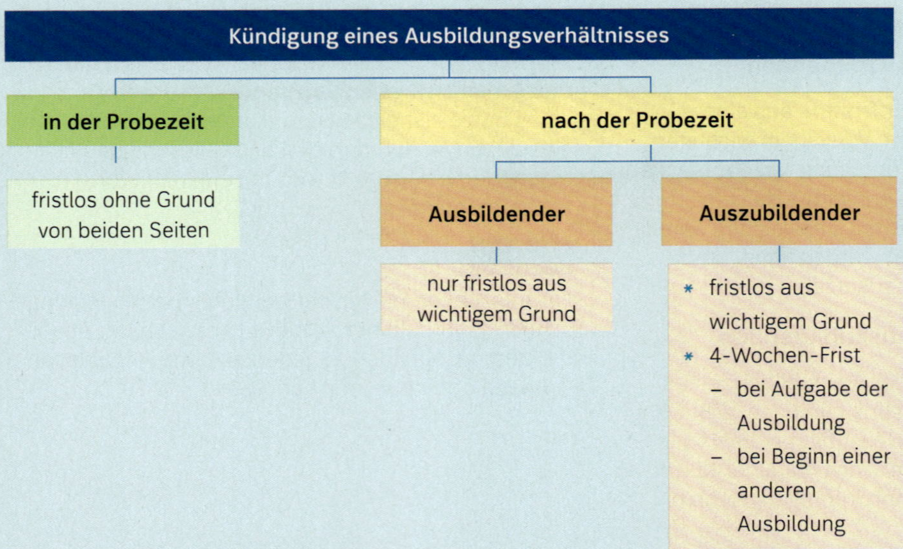

mind (engl.): Gedanke, Sinn, Absicht; map (engl.): Landkarte

■ Mindmap erzeugen

Dem menschlichen Gehirn fällt es schwer, sich den Inhalt abstrakter Texte oder fortlaufender Listen zu merken. Eine bildliche Darstellung von Sachverhalten kommt der Speichertechnik des Gehirns viel näher.

„in Bildern denken" siehe Seite 314

Mindmaps sind Gedankenlandkarten, die Schlüsselwörter eines Sachverhalts veranschaulichen. Mindmaps beschränken sich demnach auf das Wesentliche und machen gleichzeitig durch die abgestuften Verästelungen die Bedeutung der einzelnen Teilgesichtspunkte deutlich. Eine Mindmap wird in vier Schritten angelegt.

1. Schritt: Das Hauptthema zentral anordnen

Auf einem Blatt Papier im Querformat wird das Hauptthema zentral angeordnet.

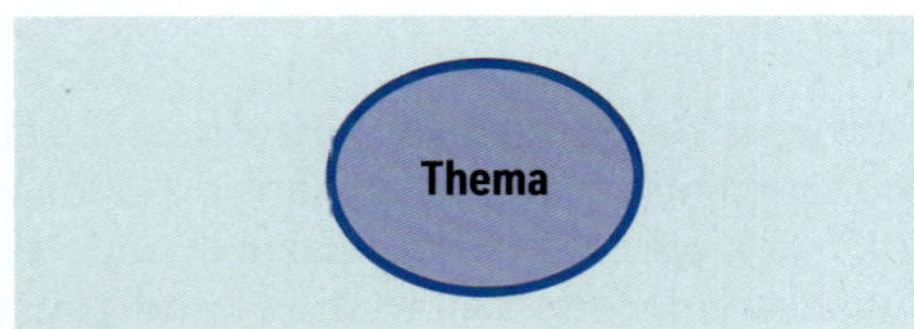

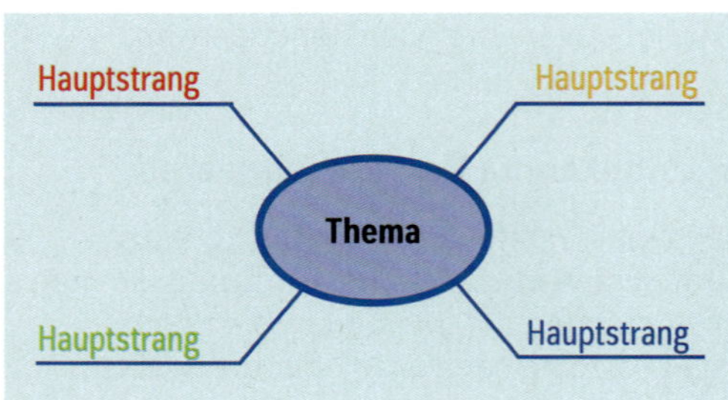

2. Schritt: Hauptstränge anlegen

Zu jedem Teilbereich des Hauptthemas werden nun Linien – ausgehend vom Mittelpunkt – gezeichnet und mit den Unterpunkten beschriftet.

3. Schritt: Nebenstränge ergänzen

Weitere Untergliederungen können nun an den Unterthemen angefügt werden. So vervollständigt man schrittweise die Mindmap.

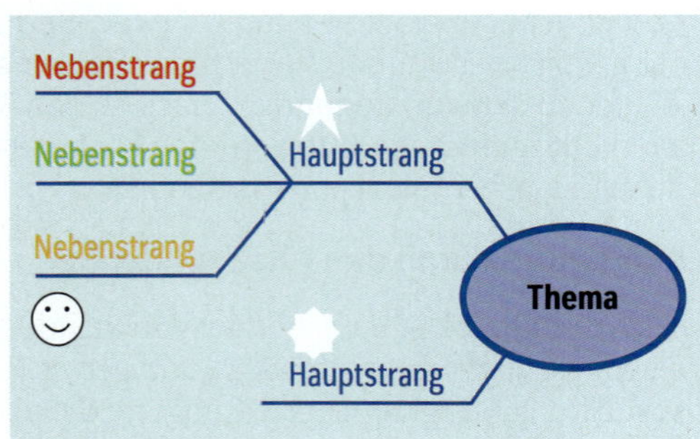

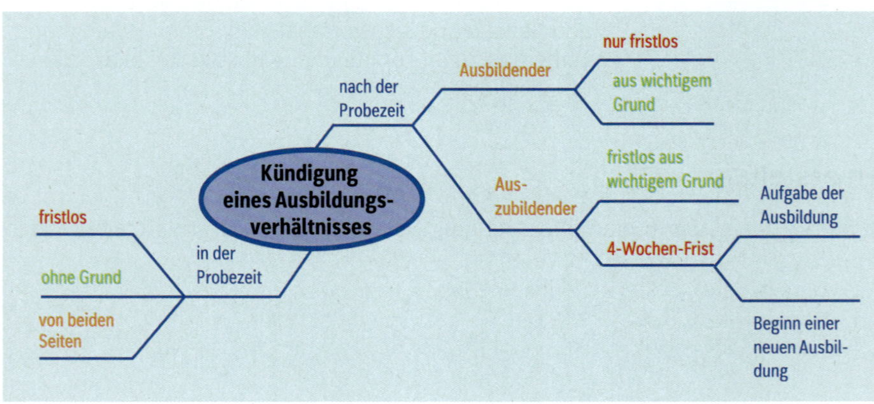

4. Schritt: Abschluss

Die Gedankenlandkarte wird abschließend z. B. durch Grafiken gestaltet.

2 Arbeitstechniken

2.1 Teamarbeit

■ Begriff Teamarbeit

team (engl.): Gruppe

In einem Team arbeiten mehrere Personen zusammen, um eine bestimmte Aufgabe gemeinsam zu lösen. Ein Team kann sich selbstständig bilden oder z. B. von Lehrern oder Vorgesetzten gebildet werden.

Grundsätzlich können Teams für jede anstehende Aufgabe neu gebildet werden. Oft arbeiten Gruppen aber über einen längeren Zeitraum zusammen. Allgemein gilt: Je länger eine Gruppe zusammenarbeitet, desto besser gelingt es, das gemeinsame Ziel zu verwirklichen; es entsteht ein „eingespieltes Team".

■ Was will man mit Teamarbeit erreichen?

Menschen sind unterschiedlich. Schließen sich mehrere Menschen zusammen, treffen unterschiedliche Sichtweisen aufeinander. Dies kann einen kreativen Prozess einleiten, der in Einzelarbeit häufig nicht zu erreichen ist.

Die Welt wird immer komplexer. Dies kann einen Einzelnen schnell überfordern. Treffen unterschiedliche Begabungen in einem Team aufeinander, sind sie eher in der Lage, schwierige Aufgaben gemeinsam zu bewältigen. In der Wirtschaft spielt Teamarbeit wie im Mannschaftssport eine herausragende Rolle. Daher sollten Auszubildende frühzeitig an die Arbeit im Team herangeführt werden. Teamarbeit kann man lernen!

■ Wann ist Teamarbeit erfolgreich?

* Eine wichtige Voraussetzung für gelungene Teamarbeit ist eine gemeinsame Grundhaltung: Jeder ist bereit, seinen Beitrag im Team zu leisten, jeder fühlt sich für das gemeinsame Ziel verantwortlich.
* Die Teammitglieder motivieren und fördern sich gegenseitig. Die Stärken der Mitglieder werden für die Bewältigung der Aufgaben genutzt, die Schwächen Einzelner werden akzeptiert.
* Häufig ist es erforderlich, die gestellte Aufgabe in Teilaufgaben zu zerlegen. Die Teilaufgaben sollten so verteilt werden, dass sich jeder mit seinen Stärken einbringen kann.
* Fällt ein Teammitglied z. B. wegen Krankheit aus, springen die übrigen ein. Aber auch das ausgefallene Gruppenmitglied bemüht sich, die bisher erbrachten Teilleistungen der Gruppe zur Verfügung zu stellen.
* Kommt es innerhalb der Gruppe zu Problemen, z. B. weil die Mitglieder einen sehr unterschiedlichen Arbeitseinsatz zeigen, müssen diese offen, aber nicht herabsetzend angesprochen werden.
* Es ist oft hilfreich, wenn ein Teamleiter die Arbeit koordiniert und Konflikte schlichtet. Dieser Teamleiter kann von der Gruppe ausdrücklich bestimmt werden. Es ist aber auch möglich, dass die Führungsfunktion eines Mitglieds stillschweigend akzeptiert wird.

2.2 Projektarbeit

Projekt: Plan, Entwurf, Vorhaben

In der Projektarbeit sollen Auszubildende befähigt werden, umfangreiche praxis- und lebensnahe Aufgabenstellungen in möglichst selbstständiger und eigenverantwortlicher Weise zu bewältigen. Kennzeichnend ist auch, dass die Schüler die Lerninhalte und das methodische Vorgehen weitgehend mitbestimmen.

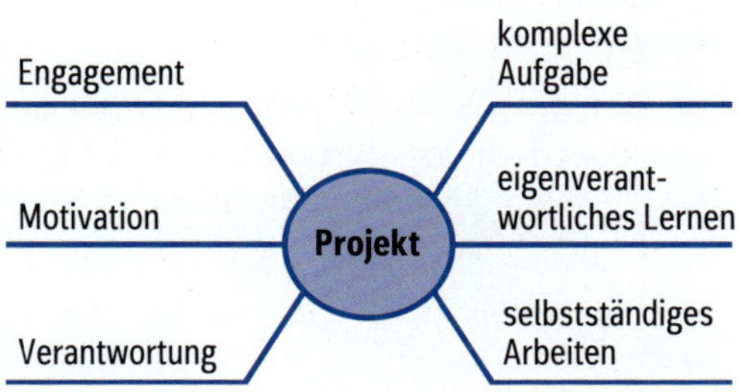

Mit der Arbeit in einem Projekt möchte man erreichen, dass persönliche Merkmale wie Engagement, Motivation und Verantwortungsbereitschaft gefördert werden.

Ein Projekt läuft gewöhnlich in mehreren Schritten ab.

1. **Zielbestimmung**: Lehrer und Schüler legen gemeinsam die Ziele des Projekts fest. Dieser Schritt mündet oft in einer ersten Projektskizze.
2. **Planung**: Auf der Basis der Projektskizze wird ein detaillierter Projektplan erstellt. Dabei muss auch festgelegt werden, welche Informationen und welche Arbeitsmittel, z. B. Computerprogramme, erforderlich sind und wie das Projektergebnis präsentiert werden soll.

3. **Ausführung**: Auf der Grundlage des Projektplans wird nun das Projekt tatsächlich durchgeführt. Häufig werden an dieser Stelle Arbeitsgruppen oder Teams gebildet, die sich um Teile des Projektplans kümmern. Im Verlauf des Projekts sind eventuell auch Anpassungen des Plans notwendig.
4. **Beurteilung**: Am Ende wird geprüft, ob es gelungen ist, das geplante Projekt erfolgreich auszuführen. Wichtig ist, Probleme zu identifizieren und Lösungsmöglichkeiten für diese Probleme aufzuzeigen, falls ähnliche Projekte durchgeführt werden sollen.

2.3 Feedback-Gespräche

Feedback-Gespräche sind ein Instrument zur Mitarbeiterführung. Sie sollen Mitarbeitern (u. a. auch Auszubildenden) signalisieren, welche Tätigkeiten oder Verhaltensweisen positiv sind und an welchen Stellen Verbesserungsbedarf besteht.

Auch in der Schule erhalten Schüler von ihren Lehrpersonen Rückmeldungen über ihren Leistungsstand und ihre Verhaltensweisen. Letztlich geben auch Schüler im Unterricht ein Feedback, wenn z. B. zwei Schüler ein Rollenspiel vorgestellt haben, das von den Mitschülern beurteilt werden soll.

Positive Rückmeldungen, in denen Lob und Anerkennung ausgesprochen werden, steigern das Selbstbewusstsein von Menschen und erhöhen ihre Motivation. Negative Rückmeldungen können in einem Unternehmen (aber auch in der Schule) erhebliche Probleme in der gemeinsamen Kommunikation schaffen, wenn sie nicht mit Vorsicht und Einfühlungsvermögen geäußert werden. Es ist daher sinnvoll, dass sich der **Feedback-Geber**, z. B. der Ausbilder an bestimmte Feedback-Regeln hält, damit vom Gespräch eine konstruktive Wirkung auf den **Feedback-Nehmer** ausgeht.

■ Feedback-Regeln

Folgender Ablauf für ein Feedback-Gespräch ist zu empfehlen:

Regeln	Beispiel	Erläuterung
positives Umfeld schaffen	ungestörte Gesprächsatmosphäre für ein Vier-Augen-Gespräch schaffen; zeitnahe Rückmeldung geben	Eine ruhige, diskrete Atmosphäre bildet einen positiven Rahmen für ein Gespräch.
Wahrnehmung des Feedbackgebers schildern	„Ich hatte gestern ein Gespräch mit Ihrer Klassenlehrerin. Dabei hat sie mir auch Ihre aktuellen Noten genannt."	Die Aussage ist sachlich-beschreibend, ohne Vorwürfe; es ist davon auszugehen, dass die Auszubildende ihre Noten kennt.
Wirkungen beschreiben, die wahrgenommene Sachverhalte bei dem Feedback-Geber auslösen	„Ich habe Sie bisher immer als eine hoch motivierte und leistungsstarke Auszubildende kennengelernt. Jetzt mache ich mir große Sorgen um Ihren Lehrabschluss."	Der Feedback-Geber gibt zunächst eine positive, wertschätzende Rückmeldung. Über die Beschreibung der eigenen Gefühle wird Kritik zurückhaltend und ohne Anklagen geäußert.
Wunsch an den Feedback-Nehmer	„Ich würde mich sehr freuen, wenn Sie bald wieder auf Ihrem alten Leistungsstand wären."	Die Forderung an die Auszubildende wird sachlich, freundlich, mit positivem Grundton und in Sorge um das Wohlergehen der Auszubildenden geäußert.
in einen Dialog wechseln	„Wie erklären Sie sich diese Situation?"	Die Auszubildende erhält Gelegenheit, sich zu dem Problem zu äußern. Ein Gespräch auf der Basis gegenseitiger Wertschätzung kann beginnen.

Die Aussagen des Feedback-Gebers sind vielfach in „Ich-Form" gehalten („Ich hatte ...", „Ich habe Sie ...", „Ich würde mich ..."). Solche Aussagen entschärfen eine Gesprächssituation. „Du-/Sie-Botschaften" wirken hingegen vielfach vorwurfsvoll und werden häufig als Angriff aufgefasst („Sie sind mittlerweile in drei Fächern auf knapp ausreichend gerutscht!"). Im weiteren Verlauf des Gesprächs sollte der Feedback-Geber auch seine Unterstützung anbieten, um dem Feedback-Nehmer bei der Problembewältigung zu helfen.

2.4 Rollenspiel

In einem Rollenspiel wird das Verhalten in verschiedenen beruflichen, privaten oder gesellschaftlichen Situationen geübt. Es handelt sich demnach um eine Art Vorbereitung auf die Wirklichkeit. In der Berufsausbildung sind es vor allem berufliche Problemsituationen, die im Unterricht spielerisch erprobt werden.

siehe auch "Verkaufsgespräche im Rollenspiel darstellen" Seite 325

■ Ablauf eines Rollenspiels

1. Der Spielrahmen, in dem sich die Rollenspieler bewegen sollen, wird festgelegt (Thema, Verhalten der Rollenspieler).
2. Die Rollenspieler werden bestimmt (freiwillige Meldung, Los u. Ä.).
3. Die Beobachtungsmerkmale für die Zuschauer sind festzulegen, z. B. durch einen Beobachtungsbogen oder durch gemeinsame Vereinbarung.
4. Durchführung des Rollenspiels
5. Auswertung

Beurteilungsbogen siehe Seite 325

   * Zunächst äußern sich die Rollenspieler (verlief das Rollenspiel nach Plan? Was würde man in einem zweiten Rollenspiel anders machen?).
   * Positiv-Runde der Zuschauer (Inwieweit wurden die Beobachtungsmerkmale besonders gut umgesetzt, was hat den positiven Eindruck des Rollenspiels bewirkt?)
   * Hier ist zu beachten, dass die Zuschauer den Rollenspielern ein Feedback geben. Folglich sind auch die Feedback-Regeln zu beachten (siehe oben). Das heißt: Die eigene Wahrnehmung wird zunächst sachlich beschrieben, wobei die vorgestellte Problemlösung und nicht die Spieler im Mittelpunkt stehen. Die Rückmeldung ist im Tonfall positiv-wertschätzend.
   * Die Zuschauer formulieren Änderungsvorschläge sachbezogen und freundlich.

Beispiel

„Ich fand es gut, dass die Verkäuferin dem Kunden den Kugelschreiber in die Hand gegeben hat, nachdem sie ihm die wichtigsten Eigenschaften erklärt hat. Vielleicht wäre es verkaufswirksamer gewesen, dem Kunden das Produkt schon früher in die Hand zu geben, damit ..."

6. Eventuell wird das Rollenspiel unter Berücksichtigung der Auswertung wiederholt.

3 Präsentationstechniken

In einer Präsentation werden Informationen von einer Person oder einer Personengruppe in zusammenhängender Weise an andere Personen herangetragen. Bei der Vorbereitung einer Präsentation hat der Präsentator grundlegende Fragen zu beantworten:

3.1 Fragen des Präsentators

* Wie setzt sich die Zielgruppe zusammen, z. B. Einstellung zum Thema, Größe der Zielgruppe, Geschlecht, Alter, Vorbildung?
* Welche Ziele verfolge ich mit der Präsentation: ausschließlich informieren, Teilnehmer von einer bestimmten Position überzeugen, Zuhörer für eine Sache motivieren, sich selbst positiv darstellen u. a.?
* Was soll den Teilnehmern vorgestellt werden? Sind alle vorliegenden Informationen wichtig, muss eine bestimmte Auswahl getroffen werden, was sind die Kernaussagen?
* Wie möchte ich präsentieren: verständlich, lebendig, unterstützt durch Texte, Grafiken, Schaubilder, Diagramme, Ablaufplanung?

3.2 Präsentationsmedien

Medien sind Träger von Informationen. Für die anschauliche Darstellung (Visualisierung) von Informationen steht heute eine Vielzahl von Medien zur Verfügung:

* Tafel
* Flipchart
* Pinnwand
* Beamer

■ Tafel

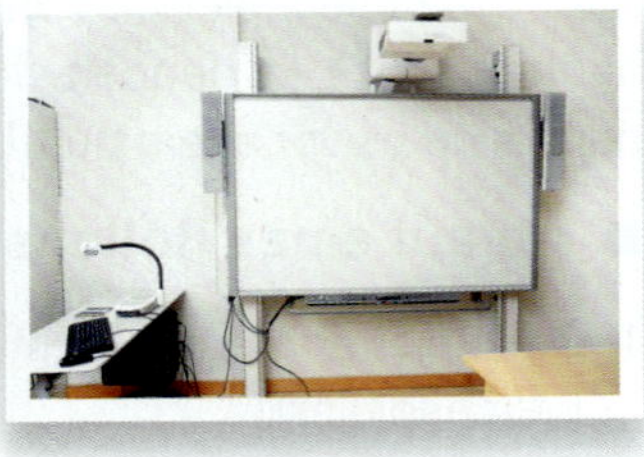

Sie ist ein universell einsetzbares Medium, das einfach beschriftet und auch leicht wieder gelöscht werden kann. Gut lesbare Darstellungen der Informationen sind Voraussetzung für ihren sinnvollen Einsatz. Ein Tafelbild muss vor der Präsentation sorgfältig geplant werden. Die moderne Form der Tafel ist das (elektronische, interaktive) Whiteboard.

■ Pinnwand

Pinnwände sind Weichfaserplatten, auf denen Papierbögen, Karton u. Ä. festgesteckt werden können. Eine Pinnwand eignet sich besonders für die Arbeit in Kleingruppen. Nachteilig ist die Lesbarkeit, wenn die Handschrift klein ist.

■ Flipchart

Der Flipchart-Ständer ist eine Halterung für einen großen Papierblock von ca. 70 cm × 100 cm. Das Papier wird mit Filzstiften beschrieben, damit die Informationen gut lesbar sind. Die beschrifteten Bögen können z. B. in Kleingruppen entwickelt und dann im Plenum vorgestellt werden. Der besondere Vorteil ist die Beweglichkeit des Mediums. Da die Papierbögen umzublättern sind, steht viel Schreibfläche zur Verfügung, aber ist nur sichtbar, solange nicht umgeschlagen wurde.

■ Beamer

Ein Beamer projiziert das Monitorbild eines Computers auf die Wand. Am Computer entwickelte Informationen lassen sich dann den Zuschauern unmittelbar vorstellen. Größter Vorteil gegenüber anderen Techniken ist, bewegte Inhalte zeigen und zuvor in Ruhe entwickeln zu können. Die für Arbeit am Computermonitor gewählten Schriftgrößen und Ausschnitte sind für eine Projektion regelmäßig zu klein und müssen angepasst werden, z. B. Zoomfaktor 120 % oder größere Schrift (z. B. 18 Punkt).

3.3 Gestaltungselemente

Informationen können durch geeignete Medien mit den Gestaltungselementen Text, Grafik, Diagramm und anderen visualisiert werden.

■ Text

Texte für Präsentationen dürfen nicht nur einfach geschrieben, sie müssen auch gestaltet werden.

Regeln für die Gestaltung von Texten

* einfache Schriftarten verwenden; z. B. Arial, Times New Roman
* Lesegewohnheiten beachten: Darstellung links oben beginnen, von links nach rechts schreiben
* einfach schreiben, kurz fassen
* Text mit Überschriften, Zwischenüberschriften in Blöcke gliedern
* sich auf das Wesentliche beschränken
* zusätzliche Anregungen in den Text einbauen: Abbildungen, Farben usw., aber nicht überladen oder vom Wesentlichen ablenken

Beispiele

Gestaltung eines Textes

Der Text wurde von einer Schülergruppe für eine Präsentation aufbereitet.

> **DER UMWELTBEAUFTRAGTE**
>
> **Im Warenhaus Kaufstadt wird der Umweltschutz als sehr wichtig angesehen. Nach unserem Unternehmensleitbild fühlen wir uns zu nachhaltigem Wirtschaften verpflichtet. Dazu gehört der weitgehende Verzicht auf umweltschädigende Produkte. Das Unternehmen hat Herrn Schneider, den Leiter des Einkaufs, zum Umweltbeauftragten ernannt. Er hat folgende Aufgaben:**
>
> - **umweltschädigende Produkte im Betrieb zu überwachen,**
> - **jederzeit beim Einkauf zu prüfen, ob umweltgefährliche durch umweltfreundliche Produkte ersetzt werden können,**
> - **Personal über umweltfreundliche Produkte zu schulen,**
> - **jährlich eine Statistik über die umweltschädigenden Produkte im Betrieb zu erstellen.**

Der Text und seine optische Aufbereitung sind vor allem in folgenden Punkten zu kritisieren:

- Die Überschrift ist exotisch und schlecht lesbar: Schriftart „ComicsCarToon".
- Die Überschrift ist fett unterlegt und unterstrichen, doppelt „ausgezeichnet".
- Der Text ist geschrieben, aber kaum gestaltet, allenfalls durch die Spiegelpunkte im 2. Teil.
- In Überschrift und Text werden drei unterschiedliche Schriftarten verwendet.
- Die Schriftarten sind zu klein für eine Präsentation; der Text ist zu lang.
- Es fehlen optische Anregungen, die der Aufnahmefähigkeit und Erinnerung des Inhalts dienen.

Verbesserte Fassung

- gut lesbare Überschrift Arial
- keine Doppelauszeichnung, nur fett
- Schriftgröße 18 Punkt
- einheitliche Schriftart Arial
- abgestufte Schriftgröße im Textkörper 16 Punkt
- Text auf das Wesentliche gestrafft
- übersichtlich gegliedert
- zusätzliche Anregungen: Grafiken

Umweltbeauftragter

Umweltschutz ist wichtig.
Darum hat Kaufstadt einen Umweltschutzbeauftragten.

Seine Aufgaben:

	Umweltschädigende Produkte überwachen
	Ihren Ersatz beim Einkauf prüfen
	Mitarbeiter schulen
	Statistiken erstellen

Grafik

Moderne Textverarbeitungsprogramme bieten heute eine Fülle von Grafiken an, mit denen Präsentationen optisch ansprechend aufbereitet werden können.

Auch fertig bereitliegende Symbole werden in großer Zahl zur Verfügung gestellt. Daneben gibt es Computerprogramme, die speziell für die Ausarbeitung von Präsentationen ausgelegt sind, z. B. **Präsentationssoftware** wie PowerPoint von Microsoft oder Keynote von Apple.

Beispiel

Diagramme

In Diagrammen werden Zahlenreihen, Größenverhältnisse, Bestandsgrößen und Strukturen in übersichtlicher Form dargeboten, um das Verständnis für die Informationen zu erhöhen und eine größere Motivation zu schaffen.

Die wichtigsten Diagrammtypen werden vorgestellt.

Listen

Zahlen oder Begriffe werden in Listen übersichtlich dargestellt. Dabei ist zu beachten:

* Schriftgröße einheitlich und groß genug
* wichtige Dinge hervorheben, z. B. die Überschrift
* nicht zu sehr ins Detail gehen, wenige markante Begriffe

Glaubwürdigkeit

* Fachkenntnis
* Selbstbewusstsein
* Erscheinungsbild
* Aufrichtigkeit
* Sympathie

Tabellen

Tabellen sind Übersichten, in denen Zahlen benannt und in senkrechten Spalten und waagerechten Zeilen geordnet dargestellt werden. Sie setzen sich aus zwei Teilen zusammen:

* Der Textteil besteht aus dem Tabellenkopf zur Benennung der Zahlen in den Spalten, der Vorspalte zur Benennung der Zeile und der Überschrift.
* Der Zahlenteil enthält die Zahlenreihen.

Muster

Umsätze im 1. Quartal 20(0)		
Monat	**Umsatz in €**	**Umsatz im Vorjahr in €**
Januar	55 000,00	57 000,00
Februar	79 000,00	82 000,00
März	84 000,00	85 000,00
Summe	218 000,00	224 000,00

Überschrift

Tabellenkopf

Zeile

Vorspalte Spalte

Tabellen können mehrgliedrig aufgebaut sein, indem man z. B. die Monatsumsätze nach Produktgruppen untergliedert. Die Tabelle ist dann nach mehreren Gesichtspunkten gegliedert, z. B. zeitlich in Monate und sachlich in Produktgruppen.

Die Tabellenfelder oder Zellen sind Schnittpunkt von Zeile und Spalte und können vielfältig miteinander verknüpft werden, z. B. durch Rechenoperationen oder logische Abfragen.

Bei der Entwicklung von Tabellen ist zu beachten:

* Eine Überschrift ist unbedingt erforderlich.

* Der Tabellenkopf ist optisch hervorzuheben.
* Lesegewohnheiten sind zu beachten: nur horizontal beschriften.
* Wenn viele Zeilen und Spalten darzustellen sind: Überblick durch Gliederung verbessern.
* Zahlen runden, nur Wesentliches darstellen.
* Eventuell ist eine Quelle anzugeben.

Kreisdiagramm

In einem Kreisdiagramm wird die Zusammensetzung des Zahlenmaterials in Kreissektoren sichtbar gemacht. Der Gesamtkreis ist mit 100 % oder mit 360° gleichzusetzen.

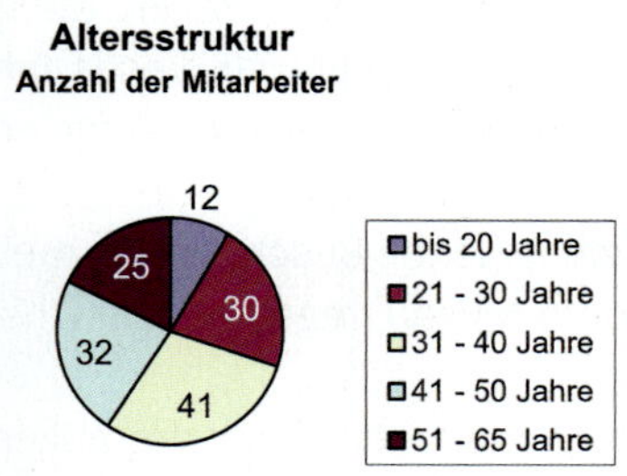

* Überschrift bilden, eventuell Legende hinzufügen
* Nullpunkt oben: Diagramm um „12:00 Uhr“ beginnen lassen
* Sektoren eventuell nach Größe ordnen
* nicht mehr als fünf Sektoren bilden
* Rest zusammenfassen

Balkendiagramm

Statistische Zahlen werden in Balken unterschiedlicher Länge, aber mit gemeinsamer Grundlinie dargestellt.

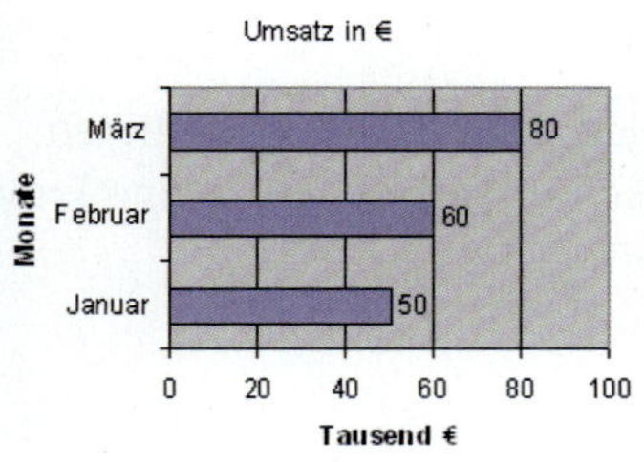

* Wenn die Reihenfolge unwichtig ist, dann Balken nach Größe ordnen.
* Achseneinteilung sorgfältig wählen
* Balken in gleicher Breite darstellen
* Balken beschriften
* Überschrift, Quellenangabe hinzufügen
* Balkendiagramme können weiter variiert werden.

Säulendiagramm

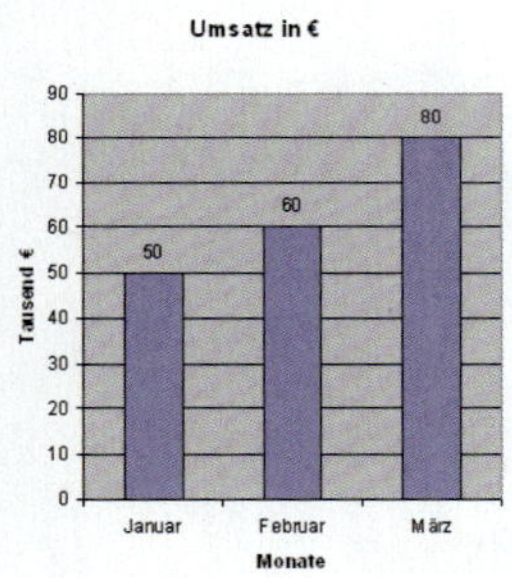

* Die waagerechte x-Achse wird gewöhnlich für die Darstellung der Zeit benutzt.
* Man muss sich um einen geeigneten Maßstab für die x- und y-Achse bemühen.
* Dazu prüft man, ob der höchste Wert beim gewählten Maßstab noch auf das Blatt passt und die Abweichungen deutlich erkennbar sind.

Kurvendiagramm und Flächendiagramm

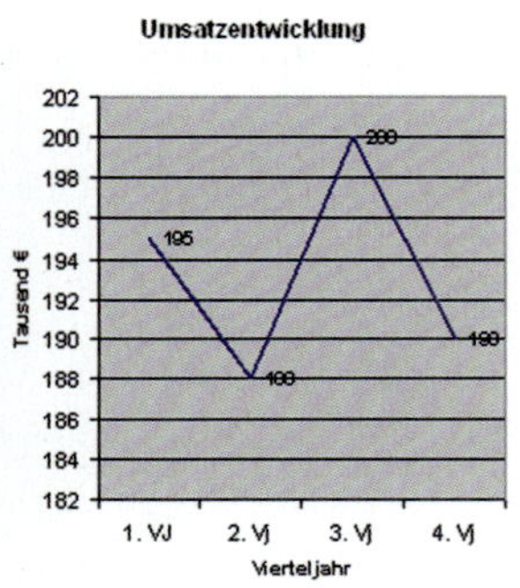

* Ausgangspunkt ist der Nullpunkt des Koordinatensystems.
* Auch beim Kurvendiagramm dient die waagerechte x-Achse gewöhnlich für die Darstellung der Zeit.
* Die senkrechte Achse nimmt die Mengen oder Preise auf.
* Kurve benennen
* In einem Diagramm können mehrere Kurven dargestellt werden, mehr als fünf Kurven sind jedoch nicht zu empfehlen. Durch unterschiedliche Farbgebung oder Schraffierung wird das Kurvendiagramm zum Flächendiagramm.
* Überschriften, Quellenangaben hinzufügen

■ Diagramme beschreiben

Wer anderen Menschen wie Mitarbeitern, Geschäftsführung u. Ä. ein Diagramm zu erläutern hat, sollte beachten:

1. Zuhörer und Zuschauer sehen die Darstellung einer Grafik gewöhnlich zum ersten Mal. Daher ist zunächst der Inhalt, den die Grafik darstellt, und ihr Aufbau mit Bezeichnung der waagerechten und senkrechten Achse vorzustellen, z. B.: „Dieses Säulendiagramm stellt die ... dar. Auf der waagerechten Achse ist ...").
2. Es bringt kaum einen Informationsgewinn, wenn die Zahlen lediglich abgelesen werden. Wer ein Schaubild erstellt hat, hat sich intensiv mit den Zahlen auseinandergesetzt und kann gewöhnlich auch die wichtigsten Aussagen herausstellen und Hintergrundinformationen beisteuern, z. B. über den typischen Geschäftsablauf innerhalb eines Jahres. So lässt sich eine Grafik häufig in Abschnitte einteilen, die typische Entwicklungsabschnitte deutlich machen, z. B.: „In den Monaten Januar und Februar dieses Jahres war der Umsatz zwar wie in jedem Jahr wegen des vorangegangenen Weihnachtsfestes rückläufig, er lag aber trotzdem bei ... Mit der Eröffnung des ...".
3. Häufig lassen sich auch Regelmäßigkeiten feststellen, die eine zusammenfassende Beschreibung mehrerer Zahlen ermöglichen, z. B. Verharren der Umsätze auf gleichbleibendem Niveau, regelmäßiger Anstieg oder Abfall.
4. Die Nennung von Zahlen kann man abwechslungsreicher gestalten, wenn man nach Ersatzformulierungen sucht. Statt „Im Monat ... betrug der Umsatz ... €"

   * „Der Umsatz erhöhte sich von ... bis ... um ... €."
   * „... er verdoppelte sich von ... auf ..."
   * „... er fiel um etwa ein Drittel auf ..."

   Man kann Veränderungen in den Zahlen auch in Prozentsätzen ausdrücken.

5. Am Ende der Beschreibung kann man als Zusammenfassung die auffälligsten Zahlen wiederholen.
6. Eventuell lässt die Entwicklung der Zahlen zum Schluss eine Vorausschau auf die zukünftige Entwicklung zu.

3.4 Tipps für die Präsentation

1. Dargebotene Texte, Grafiken usw. müssen lesbar sein.
2. Vermeiden Sie Verlegenheitsgesten: mit Gegenständen spielen, ständig die Kleidung korrigieren, immer wieder Brille, Ohrläppchen, Nase usw. berühren.
3. Zeitvorgaben sind niemals zu überziehen.
4. Sich kurz fassen. Es gilt der Grundsatz: Weniger ist mehr!
5. Wenden Sie sich den Zuhörern zu und schauen Sie sie an, um deren Reaktionen zu sehen.
6. Sprechen Sie langsam und deutlich.
7. Lesen Sie keine Texte ab, sondern sprechen Sie frei.
8. Wenn Sie auf eine Stelle der Grafik aufmerksam machen, geben Sie den Zuhörern Zeit, die Stelle zu finden.
9. Stockungen, Versprecher und Fehler sind bei einem mündlichen Vortrag gewöhnlich nicht zu vermeiden. Gehen Sie über diese Unzulänglichkeiten ruhig hinweg.
10. Es ist ratsam, nach 15 Minuten das Thema, die Präsentationsmethode oder den Präsentator zu wechseln.
11. Eine abschließende Zusammenfassung rundet die Präsentation ab.
12. Geben Sie den Zuhörern am Ende Gelegenheit, Fragen zu stellen.

3.5 Verkaufsgespräche im Rollenspiel darstellen

Wird ein Verkaufsgespräch als Rollenspiel dargestellt, können Auszubildende zukünftige Arbeitssituationen in der Schule erproben. Dies hat viele Vorteile:

* Das Rollenspiel ist eine Probehandlung, in der die Praxis zwar möglichst exakt nachgebildet wird, Fehler aber keine Konsequenzen wie in der betrieblichen Wirklichkeit haben: Kundenverlust, verpasste Umsatzchancen usw.
* In der Praxis ist jede Situation einmalig. In einem Rollenspiel können die Rahmenbedingungen beliebig verändert werden, z. B. unterschiedliches Kunden- und Kundenberaterverhalten.
* Im Ausbildungsbetrieb ist ungewiss, wie ein Kunde sich verhält, welche Ansprüche er äußert und welche Besonderheiten zu beachten sind. Die Rollenspieler können sich sorgfältig auf ihre Aufgabe vorbereiten und ihre Arbeitsschritte genau planen. Die Situation wird so konstruiert, dass man sich auf ein ausgewähltes Problem konzentrieren kann, das man lösen möchte.
* Damit besteht die Möglichkeit, bestimmte Ausschnitte aus einem umfangreichen Verkaufsgespräch wie unter einer Lupe zu betrachten und auch unterschiedliche Lösungsmöglichkeiten zu erproben.
* Die Spieler bauen die Angst vor dem freien Sprechen ab und verbessern ihre sprachlichen Fähigkeiten.

Rollenspiele sind Probehandlungen für die Praxis. Wenn ein Auszubildender eine Verkaufssituation bereits im Rollenspiel „ausprobiert" hat, gewinnt er in der Ernstsituation des Verkaufs an Selbstsicherheit.

Allerdings müssen auch die Zuschauer mitspielen, indem sie die Rollenspieler ernsthaft unterstützen, deren Bemühungen würdigen und auf herabsetzende Bemerkungen verzichten.

Organisation eines Rollenspiels

Zunächst ist der Spielrahmen festzulegen, in dem die Rollenspieler sich bewegen sollen. Dazu muss das verkaufskundliche Thema bekannt sein, das man näher betrachten möchte. Spielanweisungen legen fest, wie die Rollenspieler sich verhalten sollen. Danach sind die Personen für die Rollen zu bestimmen.

Im Regelfall sind ein Kunde und ein Kundenberater darzustellen. Schließlich werden Beobachtungsmerkmale entwickelt, auf die alle übrigen Klassenmitglieder verstärkt achten sollen. Diese Merkmale können in einem Beobachtungsbogen festgehalten werden.

Beispiel

Beobachtungsbogen zum Thema Warenvorlage (Ausschnitt)

Wie beurteilen Sie	Kreuzen sie an!			Bemerkung, Begründung
1. die Anzahl der vorgelegten Produkte?	☺	😐	☹	
2. die Eingangspreislage?	☺	😐	☹	
3. die Ansprache der Sinne des Kunden?	☺	😐	☹	
usw.	☺	😐	☹	

Je stärker diese Rahmenbedingungen durch die Auszubildenden selbst gestaltet werden, umso ernsthafter und interessierter sind alle Beteiligten.

Die Arbeit der Rollenspieler wird erleichtert, wenn sie sich in einer möglichst praxisnahen Umgebung bewegen können. Dazu gehört z. B. eine kleine Verkaufstheke oder ein Regal, vor allem aber themengerechte Produkte, die man in die Hand nehmen und mit denen man während des Verkaufsgespräches umgehen kann (etwas zum „Festhalten").

Während des Spiels sind Ruhe und Aufmerksamkeit des Publikums zwingend notwendig. Bemerkungen zum Spiel oder zu den Spielern in dieser Phase verunsichern die Spieler in hohem Maße.

Auswertung des Rollenspiels

Nach dem Spiel benötigen die Zuschauer gewöhnlich noch etwas Zeit, um ihren Beobachtungsbogen zu ergänzen. Danach haben zunächst die Spieler das Wort. Sie sollten sich rückblickend dazu äußern, wie sie den Ablauf geplant haben, wie es ihnen gelungen ist, ihre Planungsüberlegungen umzusetzen und was sie in einem zweiten Spiel verändern würden.

Nun erst haben die Zuschauer das Wort. Sie sollten sich zunächst fragen:

Inwieweit wurden die Beobachtungsmerkmale in dem Rollenspiel besonders gut umgesetzt? Was hat mir an dem Rollenspiel gut gefallen?

Dabei steht die vorgestellte Lösung im Mittelpunkt, nicht so sehr das Verhalten der Rollenspieler.

Sobald die positiven Seiten des Rollenspiels ausreichend gewürdigt worden sind, sollten Verbesserungsvorschläge gemacht werden, die aber positiv eingeleitet werden sollen.

Beispiel

* „Der Verkäufer hat sich sehr schön an die Regel gehalten, zunächst drei Produkte zur Auswahl vorzulegen. Ich könnte mir auch vorstellen, dass man in diesem Fall mehr als drei Produkte vorlegt, weil ..."
* „Ich fand es gut, dass die Verkäuferin dem Kunden den Kugelschreiber in die Hand gegeben hat, nachdem sie ihm die wichtigsten Eigenschaften erklärt hat. Vielleicht wäre es verkaufswirksamer gewesen, dem Kunden das Produkt schon früher in die Hand zu geben, damit ..."

Nach der Auswertung ist die Frage zu beantworten, ob das Spiel wiederholt werden soll. Dann ist es sinnvoll, die besonderen Gesichtspunkte festzuhalten, auf die man in der zweiten Runde speziell achten will.

4 Kaufmännische Rechenverfahren

4.1 Runden von Nachkommastellen

Dezimalzahlen können durch das Runden einer Stelle nach dem Komma auf eine praktisch brauchbare Anzahl von Stellen gebracht werden. Im kaufmännischen Rechnen wird in der Regel nur noch die zweite Stelle hinter dem Komma benötigt.

Beispiel

Die Zahlen sollen auf zwei Stellen hinter dem Komma gerundet werden:

16,434	16,4351	16,4349	78,597	78,5978
16,435	16,4356	78,593	78,5972	78,5936

Lösungsweg

Die dritte Stelle hinter dem Komma entscheidet darüber, ob die zweite Stelle nach dem Komma auf die nächstgrößere Zahl aufzurunden ist oder unverändert bleibt.

* Ist die dritte Stelle eine 4 oder kleiner, wird abgerundet.
* Ist die dritte Stelle eine 5 oder größer, wird aufgerundet.

16,434	→	16,43	Abrundung	78,593	→	78,59	Abrundung
16,435	→	16,44	Aufrundung	78,597	→	78,60	Aufrundung
16,4351	→	16,44	Aufrundung	78,5972	→	78,60	Aufrundung
16,4356	→	16,44	Aufrundung	78,5978	→	78,60	Aufrundung
16,4349	→	16,43	Abrundung	78,5936	→	78,59	Abrundung

Arbeitsschritte

Runden auf zwei Nachkommastellen

1. Die dritte Ziffer hinter dem Komma entscheidet über die Rundung.
2. Die zweite Ziffer hinter dem Komma wird aufgerundet, wenn die dritte Ziffer eine 5 oder größer ist.
3. Die zweite Ziffer hinter dem Komma bleibt unverändert, wenn die dritte Ziffer eine 4 oder kleiner ist.
4. Die dritte und alle weiteren Ziffern hinter dem Komma fallen weg.

4.2 Durchschnittsrechnen

Einfacher Durchschnitt

Mithilfe der Durchschnittsrechnung wird aus mehreren Einzelwerten ein mittlerer Wert, der einfache Durchschnitt oder das arithmetische Mittel, errechnet.

Beispiel

In einer Berufsschule stellen die Schüler fest, dass ihre Ausbildungsbetriebe unterschiedliche Beträge als Ausbildungsvergütung auszahlen: 660,00 €, 680,00 €, 790,00 €, 820,00 € und 850,00 €. Die Schüler möchten wissen, wie viel ihre Betriebe im Durchschnitt vergüten.

Lösungsweg

Zuerst werden die einzelnen Werte addiert:

$$660{,}00\,€ + 680{,}00\,€ + 790{,}00\,€ + 820{,}00\,€ + 850{,}00\,€ = 3\,800{,}00\,€$$

Um den Durchschnittswert aller Ausbildungsvergütungen zu berechnen, muss nun die Summe durch die Anzahl der einzelnen Vergütungen geteilt werden:

$$\frac{3\,800{,}00\,€}{5} = 760{,}00\,€$$

Kürzer dargestellt:

$$\frac{660{,}00\,€ + 680{,}00\,€ + 790{,}00\,€ + 820{,}00\,€ + 850{,}00\,€}{5} = 760{,}00\,€$$

Kaufleute bevorzugen häufig die Staffelform als Lösungsweg

	€
Größe 1	660,00
+ Größe 2	680,00
+ Größe 3	790,00
+ Größe 4	820,00
+ Größe 5	850,00

$$3\,800{,}00 : 5 \text{ Posten} = \frac{3\,800{,}00}{5} = 760{,}00\,€$$

Allgemein lautet die Formel zur Berechnung des einfachen Durchschnitts:

$$\frac{\text{Größe 1} + \text{Größe 2} + \text{Größe 3} + \ldots + \text{Größe } n}{\text{Anzahl der Posten}} = \text{einfacher Durchschnitt}$$

n: beliebige natürliche Zahl

Arbeitsschritte

Rechnen mit dem einfachen Durchschnitt

1. Die einzelnen Posten addieren.
2. Die Summe aus der Addition durch die Anzahl der einzelnen Posten teilen.

Gewogener Durchschnitt

Der Durchschnitt kann auch dann errechnet werden, wenn die Größen (Einzelwerte) in unterschiedlichen Anteilen (Mengen, Gewichten) an einer Gesamtgröße (Gesamtmenge, Gesamtwert) beteiligt sind. Da in diesem Fall die verschiedenen Größen ihrem Anteil entsprechend berücksichtigt, also gewogen oder gewichtet werden müssen, wird das Ergebnis gewogener Durchschnitt genannt.

Beispiel Die Schüler der oben erwähnten Berufsschule stellen fest, dass neun Schüler von ihren Ausbildungsbetrieben 660,00 € Ausbildungsvergütung, acht Schüler 680,00 €, fünf Schüler 790,00 €, sechs Schüler 820,00 € und zwei Schüler 850,00 € erhalten. Sie möchten die durchschnittliche Ausbildungsvergütung ermitteln.

Lösungsweg

Zunächst werden die unterschiedlichen Eurobeträge mit der jeweiligen Zahl der Schüler, die eine Ausbildungsvergütung in dieser Höhe erhalten, multipliziert. Die sich daraus ergebenden Einzelergebnisse werden addiert:

$(9 \cdot 660{,}00\,€) + (8 \cdot 680{,}00\,€) + (5 \cdot 790{,}00\,€) + (6 \cdot 820{,}00\,€) + (2 \cdot 850{,}00\,€)$
$= 5\,940{,}00\,€ + 5\,440{,}00\,€ + 3\,950{,}00\,€ + 4\,920{,}00\,€ + 1\,700{,}00\,€$
$= 21\,950{,}00\,€$

Um den gewogenen Durchschnitt zu erhalten, ist nun die Gesamtsumme durch die Zahl der Schüler zu teilen:

21 950,00 € : 30 = **731,67 €**

Kürzer dargestellt:

$$\frac{(9 \cdot 660{,}00\,€) + (8 \cdot 680{,}00\,€) + (5 \cdot 790{,}00\,€) + (6 \cdot 820{,}00\,€) + (2 \cdot 850{,}00\,€)}{30} = 731{,}67\,€$$

Beispiel in Staffelform

Menge 1:	9 Schüler	•	Größe 1:	660,00	=	5 940,00
+ Menge 2:	8 Schüler	•	Größe 2:	680,00	=	5 440,00
+ Menge 3:	5 Schüler	•	Größe 3:	790,00	=	3 950,00
+ Menge 4:	6 Schüler	•	Größe 4:	820,00	=	4 920,00
+ Menge 5:	2 Schüler	•	Größe 5:	850,00	=	1 700,00

30 Schüler (Summe der Mengen)

21 950,00 € : 30 = **731,67 €** (gewogener Durchschnitt)

Allgemein lautet die Formel zur Berechnung des gewogenen Durchschnitts:

$$\frac{(\text{Menge 1} \cdot \text{Größe 1}) + (\text{Menge 2} \cdot \text{Größe 2}) + \ldots + \text{Menge } (n \cdot \text{Größe } n)}{\text{Summe der Mengen}} = \text{gewogener Durchschnitt}$$

Arbeitsschritte

Gewogener Durchschnitt

1. Die unterschiedlichen Mengen, z. B. Schüler, mit den verschiedenen Größen, z. B. Geldbeträge, multiplizieren.
2. Die in 1. ermittelte Zwischenergebnisse addieren
3. Die in 2. errechnete Gesamtsumme durch die Anzahl der Mengen, z. B. 30 Schüler einer Klasse, teilen.

4.3 Dreisatzrechnen

Dreisatzrechnung mit geradem Verhältnis

Mithilfe der Dreisatzrechnung lassen sich rechnerische Probleme lösen, bei denen aus einer gegebenen Situation auf eine neue Situation geschlossen wird. Dabei sind die **Verhältnisse** der jeweiligen Größen **gerade** oder **proportional**, bei Änderung einer Größe verändert sich die andere im gleichen Verhältnis.

Beispiel

Ein Arbeitnehmer erhält für durchschnittlich 167 Arbeitsstunden im Monat 2 338,00 €. Durch eine Betriebsvereinbarung wird die Stundenzahl auf 175 Stunden erhöht. Das Gehalt soll im gleichen Maße steigen; Überstundenzuschläge werden nicht bezahlt. Mit welchem Gehalt kann der Arbeitnehmer rechnen?

■ Lösungsweg

1. Liegt ein gerades Verhältnis der Zahlen vor?

Wenn der Arbeitnehmer 167 Stunden arbeitet, erhält er 2 338,00 € Monatsgehalt.

Arbeitet er mehr Stunden, erhält er auch mehr Gehalt.

167 Stunden	–	**2 338,00 €**
175 Stunden	–	**mehr €**
mehr Stunden	–	**mehr Gehalt**
+		+

2. Berechnung

Die ursprüngliche Situation wird im Bedingungssatz dargestellt. Der Bedingungssatz enthält die beiden bekannten Größen:

Bedingungssatz: Für 167 Arbeitsstunden erhält er 2 338,00 €.

Die veränderte Situation wird dann im Fragesatz erfasst. Der Satz bezieht sich auf die gesuchte, unbekannte Größe:

Fragesatz: Wie viel Geld erhält er für 175 Arbeitsstunden?

kürzer ausgedrückt: 167 Stunden ≙ 2 338,00 €

175 Stunden ≙ x €

Für das Fragezeichen kann auch die Unbekannte x verwendet werden.

Im Bruchsatz wird von der bekannten Vielheit 167 Stunden zunächst auf eine Einheit, hier eine Stunde, geschlossen und dann auf die gesuchte Vielheit 175 Stunden umgerechnet.

Bruchsatz: $x = \frac{2\,338{,}00\,€ \cdot 175\text{ Stunden}}{167\text{ Stunden}} = 2\,450{,}00\,€$

$\frac{2\,338{,}00\,€}{↘\ 167\text{ Stunden}\ ↗}$	167 Stunden entsprechen 2 338,00 €. Teilt man 2 338,00 € durch 167 Stunden, erhält man die Vergütung für eine Stunde als Zwischenergebnis: 2 338,00 € : 167 Stunden = 14,00 €/Stunde
$\frac{2\,338{,}00\,€ \cdot 175\text{ Stunden}}{↘\ 167\text{ Stunden}\ ↗}$	Da man aber wissen möchte, wie hoch die Vergütung für 175 Stunden ist, multipliziert man das Zwischenergebnis 14,00 €/Stunden mit 175 Stunden und erhält: 14,00 €/Stunde • 175 Stunden = 2 450,00 €

Die Aufgabe wird also in drei Rechenschritten gelöst:

1. Für 167 Stunden erhält er 2 338,00 €.
2. Für 1 Stunde erhält er weniger, eine Einheit: $\frac{2\,338{,}00\,€}{167\text{ Stunden}} = 14{,}00\,€/\text{Stunde}$
3. Für 175 Stunden erhält er mehr als für eine Einheit: $\frac{2\,338{,}00\,€ \cdot 175\text{ Stunden}}{167\text{ Stunden}} = 2\,450{,}00\,€$

■ Kürzere Darstellung

Bedingungssatz: 167 Stunden ≙ 2 338,00 €

Fragesatz: 175 Stunden ≙ x €

Bruchsatz: $x = \frac{2\,338{,}00\,€ \cdot 175\text{ Stunden}}{167\text{ Stunden}} = 2\,450{,}00\,€$

Antwortsatz: Für 175 Stunden erhält der Arbeitnehmer 2 450,00 €.

- Je **mehr** Stunden ein Arbeitnehmer leistet, desto **mehr** Geld erhält er.
- Je **weniger** Stunden geleistet werden, desto **weniger** Geld wird gezahlt.

Daraus lässt sich eine Gesetzmäßigkeit bei einem **Dreisatz mit geradem Verhältnis** ableiten:

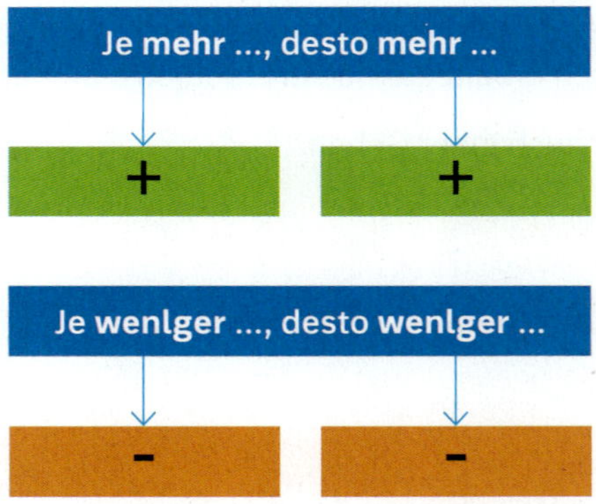

Arbeitsschritte

Dreisatzrechnen mit geradem Verhältnis

1. Bedingungssatz: Was ist gegeben?
2. Frage: Wie verändert sich die Situation?
3. Berechnung in den Schritten der Dreisatzrechnung:

   - Bedingung formulieren
   - Bezug auf die Einheit
   - Bezug auf die gesuchte Größe

Dreisatz mit ungeradem Verhältnis

Bei der Dreisatzrechnung mit **ungeradem** oder **umgekehrt proportionalem Verhältnis** vollziehen sich die Wertveränderungen der jeweiligen Größen im entgegengesetzten Sinn, die Vergrößerung eines Wertes führt zu einer Verringerung des anderen Wertes.

Beispiel Die Inventurarbeiten im Warenlager werden von sechs Mitarbeitern in zwölf Stunden erledigt. Wie lange dauern die Inventurarbeiten, wenn noch zwei weitere Mitarbeiter für diese Arbeiten abgestellt werden?

Lösungsweg

1. Liegt ein gerades oder ungerades Verhältnis der Zahlen vor?

Wenn die Inventurarbeiten von sechs Mitarbeitern in zwölf Stunden erledigt werden können, brauchen **mehr** Mitarbeiter **weniger** Arbeitszeit.

6 Mitarbeiter	–	**12 Stunden**
8 Mitarbeiter	–	**weniger Stunden**
mehr Mitarbeiter	–	**weniger Stunden**
+		**–**

2. Berechnung

Die ursprüngliche Situation lautet:

Bedingungssatz: 6 Mitarbeiter sind 12 Stunden beschäftigt.

Die veränderte Situation wird dann im Fragesatz erfasst:

Fragesatz: Wie viele Stunden brauchen 8 Mitarbeiter für die gleiche Arbeit?

kürzer ausgedrückt: 6 Mitarbeiter ≙ 12 Stunden

8 Mitarbeiter ≙ x Stunden

Die Lösung erfolgt in drei Schritten:

1. Sechs Mitarbeiter brauchen zwölf Stunden für die Inventur.
2. Ein Mitarbeiter braucht allein länger für die Inventur: 6 Mitarbeiter • 12 Stunden = 72 Stunden
3. Acht Mitarbeiter brauchen weniger Zeit: $\frac{\text{12 Stunden} \cdot \text{6 Mitarbeiter}}{\text{8 Mitarbeiter}} = \text{9 Stunden}$

Kürzere Darstellung

Bedingungssatz: 6 Mitarbeiter ≙ 12 Stunden

Fragesatz: 8 Mitarbeiter ≙ x Stunden

Bruchsatz: $x = \frac{\text{12 Stunden} \cdot \text{6 Mitarbeiter}}{\text{8 Mitarbeiter}} = \text{9 Stunden}$

Fazit:
* **Je mehr Personen mit einer Aufgabe beauftragt sind, desto weniger Bearbeitungszeit brauchen sie.**
* **Je weniger Personen zur Verfügung stehen, desto mehr Bearbeitungszeit brauchen sie.**

Daraus lässt sich eine Gesetzmäßigkeit für den **Dreisatz mit ungeradem Verhältnis** ableiten:

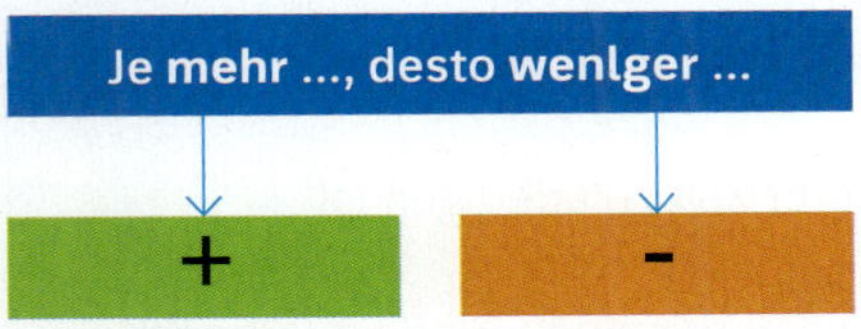

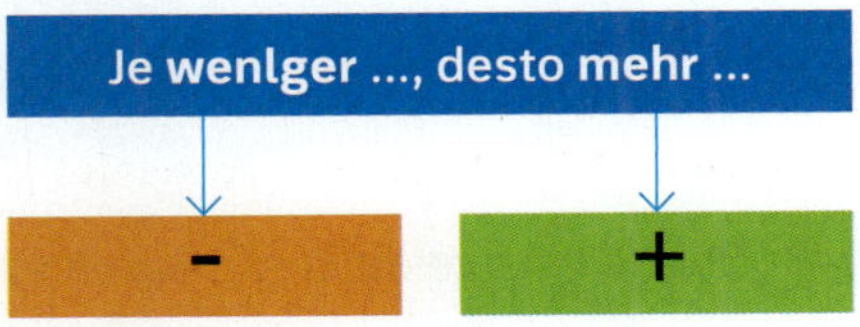

Arbeitsschritte

Dreisatzrechnen mit ungeradem Verhältnis

1. Bedingungssatz: Was ist gegeben?
2. Frage: Wie verändert sich die Situation?
3. Berechnung in den Schritten der Dreisatzrechnung
   * Bedingung formulieren
   * Bezug auf die Einheit
   * Bezug auf die gesuchte Größe

Zusammengesetzter Dreisatz

Mithilfe des zusammengesetzten Dreisatzes lassen sich rechnerische Probleme lösen, bei denen sich mehrere Größen gleichzeitig ändern. Es werden **mehrere Dreisätze in einem Rechengang** gelöst. Dabei kann es sich um Dreisätze mit geradem oder ungeradem Verhältnis handeln. Der Rechenweg aus der Dreisatzrechnung wird nur unwesentlich verändert.

Beispiel

In einem Supermarkt wurde der Reinigungsdienst bisher von fünf Arbeitskräften in der Zeit von 18:30 bis 21:30 Uhr geleistet. Die zu reinigende Fläche betrug 600 m^2. Nach einem Umbau beträgt die Reinigungsfläche 800 m^2. Außerdem steht nur noch die Zeit von 19:00 bis 21:30 Uhr als Arbeitszeit zur Verfügung. Der Personalchef möchte wissen, wie viele Arbeitskräfte er unter diesen Bedingungen benötigt.

Lösungsweg

Die ursprüngliche Situation wird im Bedingungssatz dargestellt:

Bedingungssatz: Bei 600 m^2 Fläche reinigen 5 Arbeitskräfte 3 Stunden lang.

Die veränderte Situation wird dann im Fragesatz erfasst:

Fragesatz: Wie viele Reinigungskräfte sind für 800 m^2 in 2,5 Stunden nötig?

kürzer ausgedrückt:

600 $m^2 \triangleq$ 3,0 Stunden $\triangleq$ 5 Arbeitskräfte

800 $m^2 \triangleq$ 2,5 Stunden $\triangleq$ x Arbeitskräfte

Für die Lösung wird der zusammengesetzte Dreisatz in einzelne Dreisätze aufgeteilt:

1. Dreisatz mit geradem Verhältnis für vergrößerte Fläche

1. Für 600 m^2 benötigt man fünf Arbeitskräfte.
2. Für 1 m^2 benötigt man weniger: $\frac{5 \text{ Arbeitskräfte}}{600 \text{ m}^2}$
3. Für 800 m^2 benötigt man mehr als für 1 m^2: $\frac{5 \text{ Arbeitskräfte} \cdot 800 \text{ m}^2}{600 \text{ m}^2}$

2. Dreisatz mit ungeradem Verhältnis für verkürzte Arbeitszeit

1. Bei 3 Stunden Arbeitszeit benötigt man: 5 Arbeitskräfte $\cdot \frac{800 \text{ m}^2}{600 \text{ m}^2}$
2. Bei 1 Stunde Arbeitszeit (weniger als 3 Stunden) braucht man mehr Arbeitskräfte, nämlich

   $\frac{5 \text{ Arbeitskräfte} \cdot 800 \text{ m}^2 \cdot 3 \text{ Stunden}}{600 \text{ m}^2}$ (weil die gleiche Arbeit in kürzerer Zeit zu erledigen ist).
3. Bei 2,5 Stunden Arbeitszeit braucht man weniger Arbeitskräfte als wenn nur eine Stunde gearbeitet würde, nämlich

   $\frac{5 \text{ Arbeitskräfte} \cdot 800 \text{ m}^2 \cdot 3 \text{ Stunden}}{600 \text{ m}^2 \cdot 2{,}5 \text{ Stunden}}$ = **8 Arbeitskräfte**

Die Aufspaltung der Ausgangsbedingungen und des Fragesatzes in einzelne Dreisätze lässt sich auch in anderer Form darstellen:

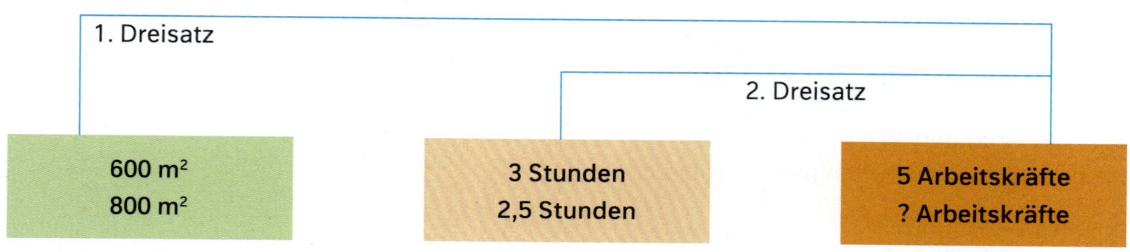

Bruchsatz: $\frac{5 \cdot 800 \cdot 3}{\searrow 600 \nearrow \cdot 2{,}5 \swarrow}$ **= 8 Arbeitskräfte**

Arbeitsschritte

Rechnen mit zusammengesetztem Dreisatz

1. Bedingungs- und Fragesatz formulieren
2. Für jede Größe einen einfachen Dreisatz in folgenden Schritten aufstellen:

* Was ist gegeben?
* Bezug auf eine Einheit
* Bezug auf die gesuchte Größe

4.4 Prozentrechnen

■ Rechnen mit der Vergleichszahl 100

Sind 500,00 € eigentlich viel oder wenig?

Für einen Warenhauskonzern mit einem jährlichen Umsatz von 15 Milliarden Euro, ausgeschrieben 15 000 000 000,00 €, sind 500,00 € ein lächerlich kleiner Betrag. Ein Auszubildender, der im Jahr 8 000,00 € erhält, würde sich über 500,00 € zusätzlich bestimmt sehr freuen.

Eine Zahl allein sagt häufig nicht viel aus. Erst wenn man eine Vergleichszahl hinzuzieht, entsteht ein Sinn. In der Prozentrechnung werden Zahlen auf die Vergleichszahl 100 bezogen.

Beispiel

Anwendungen

* Ein Einzelhändler möchte wissen, welchen Anteil am Gesamtumsatz des Geschäftes bestimmte Großkunden haben.
* Alle Mitarbeiter des City-Warenhauses Bauer sollen 3 % mehr Gehalt bekommen. Frau Yildirim, die Bereichsleiterin, erhielt bisher 2 926,00 €, Frau Esser aus der Abteilung Drogerie/Parfümerie bekam 2 276,00 €. Wie hoch sind ihre neuen Gehälter?
* Auch Sandra hat eine höhere Ausbildungsvergütung erhalten. Statt bisher 570,00 € sind es nun 593,00 €. Ob das auch 3 % zusätzlich sind?
* Sandra hat im letzten Monat für 6 500,00 € Waren verkauft, in diesem Monat waren es 6 750,00 €. Ihre Arbeitskollegin Christine, ebenfalls Auszubildende im 1. Ausbildungsjahr, aber in einer umsatzschwachen Abteilung tätig, hat im letzten Monat 5 250,00 € und in diesem Monat 5 480,00 € umgesetzt. Wer von beiden hat den größeren Umsatzzuwachs erzielt?

Rechnung

Der Jahresumsatz eines Geschäftes beträgt 900 000,00 €. Daran hat der Kunde Maurer GmbH einen Anteil von 22 500,00 €. Wie hoch ist der Anteil des Umsatzes dieses Kunden am Jahresumsatz des Geschäftes in Prozent? Der Einzelhändler will feststellen, welchen Umsatzanteil ein Kunde am Gesamtumsatz hat. Der Umsatz eines Kunden wird auf den Gesamtumsatz bezogen. Der Gesamtumsatz ist daher mit 100 % gleichzusetzen. Der Umsatz des Kunden ist als Teil der Vergleichszahl 100 auszudrücken.

■ Lösungsweg

In der Prozentrechnung wird die Dreisatzrechnung angewandt.

Behauptungssatz: Der Jahresumsatz des Geschäftes beträgt 100 %.

Fragesatz: Wie hoch ist der Umsatzanteil des Kunden Maurer GmbH?

Jahresumsatz des Geschäftes ≙ 100 %
Umsatzanteil eines Kunden ≙ x

oder mit Zahlen:

900 000,00 € ≙ 100 %
22 500,00 € ≙ x

Bruchsatz: $x = \frac{100\,\% \cdot 22\,500{,}00\,€}{900\,000{,}00\,€}\ 2.5\,\%$

$\frac{100\,\%}{900\,000{,}00\,€}$	900 000,00 € entsprechen 100 %. Teilt man 100 % durch 900 000,00 €, erhält man den Anteil von 1,00 € an 100 % als Zwischenergebnis: 100 % : 900 000,00 € = 0,00011111 %/€
$\frac{100\,\% \cdot 22\,500{,}00\,€}{900\,000{,}00\,€}$	Da man aber wissen möchte, welchen Anteil 22 500,00 € an 100 % haben, multipliziert man das Zwischenergebnis mit 22 500,00 € und erhält 2,5 von 100 oder 2,5 %.

Kontrolle:

100 % = 900 000,00 €
2,5 % = x €

$$\frac{900\,000{,}00\,€ \cdot 2{,}5\,\%}{100} = 22\,500{,}00\,€$$

Begriffe

In der Prozentrechnung werden drei Begriffe verwandt: Prozentsatz, Grundwert und Prozentwert. In der Beispielaufgabe waren:

2,5 %	900 000,00 €	22 500,00 €
Prozentsatz	**Grundwert**	**Prozentwert**
Teil von Hundert	Wert, der mit Hundert gleichgesetzt wird	Teil des Grundwerts, der mit dem Prozentsatz errechnet wird

Formeln

Prozentsatz, Grundwert und Prozentwert lassen sich mithilfe der Dreisatzrechnung ermitteln. Man kann aber auch Formeln verwenden.

Prozentsatz

$$\frac{100\,\% \cdot \text{Prozentwert}}{\text{Grundwert}}$$

Beispiel

Wie viel Prozent beträgt der Umsatz eines Kunden von 22 500,00 € am Gesamtumsatz 900.000,00 €?

$$\frac{100\,\% \cdot 22\,500{,}00\,€}{900\,000{,}00\,€}$$

$= 2{,}5\,\%$

Grundwert

$$\frac{100\,\% \cdot \text{Prozentwert}}{\text{Prozentsatz}}$$

Beispiel

Der Umsatz eines Kunden von 22 500,00 € beträgt 2,5 % am Gesamtumsatz. Wie hoch ist der Gesamtumsatz?

$$\frac{100\,\% \cdot 22\,500{,}00\,€}{2{,}5\,\%}$$

$= 900\,000{,}00\,€$

Prozentwert

$$\frac{\text{Grundwert} \cdot \text{Prozentsatz}}{100\,\%}$$

Beispiel

Ein Kunde hat am Gesamtumsatz eines Geschäftes von 900 000,00 € einen Anteil von 2,5 %. Wie hoch ist der Umsatz des Kunden?

$$\frac{900\,000{,}00\,€ \cdot 2{,}5\,\%}{100\,\%}$$

$= 22\,500{,}00\,€$

Prozentrechnen bei Vergleichen im Zeitablauf

Beispiel

Rechenbeispiel 1

Die Inhaberin des SB-Marktes Gerdes möchte die Umsätze der Jahre 20(−1) und 20(0) miteinander vergleichen.

Jahr	Umsatz in €
20(-1)	770 000,00
20(0)	795 000,00
Umsatzveränderung	25 000,00

Sie möchte den Umsatzzuwachs nun in % ausdrücken.

Lösungsweg

Wird die zeitliche Entwicklung von zwei Werten verglichen, wird gewöhnlich der **alte Wert** oder der vorhergehende, ehemalige, erste Wert, auf den man sich bezieht, mit 100 % gleichgesetzt. Das Ergebnis lässt sich mit der Dreisatzrechnung ermitteln:

Behauptungssatz: Der Umsatz des Jahres 20(−1) beträgt 100 %.

Fragesatz: Wie viel Prozent beträgt die Steigerung des Umsatzes von 25 000,00 €?

Umsatz 20(−1) ≙ 100 %
Umsatzsteigerung ≙ x %

oder

770 000,00 € ≙ 100 %
25 000,00 € ≙ x %

Bruchsatz: $x = \frac{100\,\% \cdot 25\,000{,}00\,€}{770\,000{,}00\,€} =$ **3,25 %** (gerundet)

Antwort: 25 000,00 € mehr Umsatz entsprechen einer Steigerung von 3,25 %.

Beispiel

Rechenbeispiel 2
In der Abteilung Schuhe/Lederwaren des City-Warenhauses Bauer hatte die Abteilungsleiterin Frau Seifert eine zusätzliche Teilzeitkraft mit 0,2 Stellen beantragt und erhalten. Nach einem Jahr vergleicht Frau Dehn in der Personalabteilung, wie sich die Umsätze pro Mitarbeiter im Jahr in der Abteilung verändert haben:

* bei 3 Mitarbeitern: 78 000,00 € Umsatz pro Mitarbeiter
* bei 3,2 Mitarbeitern: 74 500,00 € Umsatz pro Mitarbeiter

■ Lösungsweg

Behauptungssatz:	Der Umsatz pro Mitarbeiter im Vorjahr beträgt 100 %.
Fragesatz:	Wie viel Prozent beträgt der Umsatz pro Mitarbeiter in diesem Jahr?

Umsatz je Mitarbeiter im Vorjahr ≙ 100 % oder 78 000,00 € ≙ 100 %
Umsatz je Mitarbeiter im akt. Jahr ≙ x % oder 74 500,00 € ≙ x %

Bruchsatz: $x = \frac{100\,\% \cdot 74\,500{,}00\,€}{78\,000{,}00\,€}$ = **95,51 €** (gerundet)

Antwort: Der Umsatz pro Mitarbeiter beträgt 95,51 %, ist also um 4,49 % zurückgegangen.

Grundsatz: Der frühere, ältere, erste Wert, auf den bezogen wird, ist in der Regel mit 100 % gleichzusetzen.

■ Arbeitsschritte

Prozentrechnung mithilfe des Dreisatzes

1. Bedingungssatz: Den bekannten Geldbetrag mit dem bekannten Prozentsatz gleichsetzen. Häufig ist das der Grundwert, der 100 % entspricht.
2. Fragesatz entwickeln
3. Gesuchte Größe berechnen, indem auf die Einheit geschlossen wird.

■ Vermehrter Grundwert

Bei der Prozentrechnung kann nicht immer vom Grundwert 100 % ausgegangen werden, da häufig ein Wert zugrunde gelegt werden muss, der um einen bestimmten Prozentwert oder -satz über dem Grundwert von 100 % liegt. Man nennt die Rechnung vom vermehrten Grundwert daher auch **Auf-Hundert-Rechnung**.

Beispiel

Ein Haushaltswarengeschäft verkauft eine Küchenmaschine für 357,00 €. Der Kunde wünscht eine Quittung, auf der Nettobetrag, Umsatzsteueranteil und Gesamtbetrag getrennt angegeben sind.

■ Lösungsweg

Da im Einzelhandel die Ware brutto ausgezeichnet werden muss, hat der Händler auf Wunsch des Kunden aus diesem Betrag die Umsatzsteuer herauszurechnen. Vor der Auszeichnung der Ware wird der Bruttobetrag der Ware vom Nettobetrag ausgehend ermittelt. Dabei entspricht der Nettobetrag dem Vergleichswert 100 %. Der Bruttobetrag entspricht demnach 119 %.

Vor der Preisauszeichnung der Ware					
Nettobetrag der Ware	≙	100 %	≙	**Grundwert**	300,00 €
+ 19 % Umsatzsteuer	≙	19 %	≙	**Prozentwert**	57,00 €
Bruttobetrag der Ware	≙	119 %	≙	**vermehrter Grundwert**	357,00 €

Wenn nach Verkauf einer Ware eine Quittung gewünscht wird und nur der Bruttobetrag bekannt ist, muss rückwärts gerechnet werden.

Mithilfe des Dreisatzes kann entweder die Umsatzsteuer oder der Nettobetrag ermittelt werden.

Umsatzsteuer berechnen

Bruttobetrag: 119 % ≙ 357,00 €

Umsatzsteuer: 19 % ≙ x

$$x = \frac{357{,}00\,€ \cdot 19\,\%}{119\,\%} = 57{,}00\,€$$

Nettobetrag berechnen

Bruttobetrag: 119 % ≙ 357,00 €

Nettobetrag: 100 % ≙ x

$$x = \frac{357{,}00\,€ \cdot 100\,\%}{119\,\%} = 300{,}00\,€$$

Arbeitsschritte

Vermehrter Grundwert

1. Übersicht erstellen:
   Grundwert
   \+ Prozentwert
   = vermehrter Grundwert
2. Die Prozentsätze für den Grundwert 100 %, für den Prozentwert und für den vermehrten Grundwert in die Übersicht eintragen.
3. Den bekannten Betrag eintragen, z. B. den Bruttobetrag.
4. Den oder die gesuchten Beträge mit der Dreisatzrechnung ermitteln.

Verminderter Grundwert

Bei der Prozentrechnung vom verminderten Grundwert geht die Rechnung von einem Betrag aus, der weniger als 100 % ist. Der verminderte Grundwert liegt um einen bestimmten Prozentwert oder -satz unter dem Grundwert von 100 %. Man nennt die Rechnung vom verminderten Grundwert deshalb auch **Im-Hundert-Rechnung.**

Beispiel

Im Sommerschlussverkauf ist ein Herrenmantel mit 360,00 € ausgezeichnet. Den Preis hatte man um 20 % herabgesetzt. Wie viel betrug die Preisherabsetzung und wie hoch war der alte Preis?

Lösungsweg

Vor dem Preisnachlass						
ursprünglicher Preis	≙	100 %	≙	**Grundwert**	450,00 €
– Preisnachlass	≙	20 %	≙	**Prozentwert**	90,00 €
ausgezeichneter Preis	≙	80 %	≙	**verminderter Grundwert**	360,00 €

Wenn der ursprüngliche Preis unbekannt ist und ermittelt werden soll, muss rückwärts gerechnet werden.

Mithilfe des Dreisatzes kann entweder der Preisnachlass oder der Nettobetrag ermittelt werden.

Preisnachlass berechnen

ausgezeichneter Preis: 80 % ≙ 360,00 €

Preisnachlass: 20 % ≙ x

$$x = \frac{360{,}00\,€ \cdot 20\,\%}{80\,\%} = 90{,}00\,€$$

Ursprünglichen Preis berechnen

ausgezeichneter Preis: 80 % ≙ 360,00 €

ursprünglicher Preis: 100 % ≙ x

$$x = \frac{360{,}00\,€ \cdot 100\,\%}{80\,\%} = 450{,}00\,€$$

■ Arbeitsschritte

Verminderter Grundwert

1. Übersicht erstellen:

Grundwert
– Prozentwert
= vermehrter Grundwert

2. Die Prozentsätze für den Grundwert 100 %, für den Prozentwert und für den vermehrten Grundwert in die Übersicht eintragen.
3. Den bekannten Betrag eintragen, z. B. den Bruttobetrag.
4. Den oder die gesuchten Beträge mit der Dreisatzrechnung ermitteln.

Arbeitskreis Mehrweg GbR, Bonn: 290.3.
Bräker, Heinz-Jörg, Recklinghausen: 250.1, 271.1.
Brauner, Angelika, Hohenpeißenberg: 288.1.
Carbon Footprint Ltd, Hampshire: www.carbonfootprint.com 86.1.
Datalogic S.r.l. Niederlassung Central Europe, Langen: 158.3.
Deutsche Bundesbank, Frankfurt/Main: 333.1.
DPG Deutsche Pfandsystem GmbH, Berlin: 290.1.
Dr. August Oetker Nahrungsmittel KG, Bielefeld: 257.1.
Europäische Zentralbank, Frankfurt am Main: 162.1, 162.2.
European Payments Council AISBL, Brüssel: "Use of the SEPA mark is under license from the European Payments Council AISBL" 165.1.
Fairtrade Deutschland e.V., Köln: 85.1.
Foto Stephan - Behrla Nöhrbaß GbR, Köln: 70.1, 89.1, 89.2, 91.1, 91.2, 91.3, 92.2, 135.1, 135.2, 171.2.
fotolia.com, New York: Ament, Manfred 248.2; amridesign 186.1; Andres Rodriguez 113.1; Arrow Studio 318.1; Atkins, Peter 166.1; auremar 44.1; baibaz 124.1, 124.2; Berg, Martina 198.1; Bernd Kröger - 60.2; Bizroug 238.1; caftor 100.1; danr13 93.1; Deminos 139.1; DeVIce 19.1; dkimages 155.3; eyewave 155.2; eyezoom1000 27.1; FM2 168.2; forkART 25.1; Franz Pfluegl 320.3; goldencow_images 100.2; goodluz 185.2; jonasginter 62.1; Kahlmann, Eva 68.1; kingmarron 159.1; Kneschke, Robert 15.1; Kolobov, Vladimir 157.1; Kramin, Vladimir 185.1; Krieg, Avel 111.1, 111.2, 111.3, 111.4, 111.5; Kuruan 158.2; LaCatrina 81.1; Losevsky, Pavel 99.1; M S 320.4; Marushin, Alexander 136.1, 136.2; michaeljung 113.2, 209.1; Michel, T. 82.1, 82.2, 82.3, 82.4, 82.5; Minerva Studio 185.3; missan 240.6; Mtomicic 232.1, 234.2; nanina 174.2; nullplus 153.1; Photo-SG 75.1; photocrew 237.2; Picture-Factory 18.1, 104.1; Pixelot 28.1; Pottier, Aurelien 172.1; pusteflower9024 34.1; Rajewski, Stefan 157.2; Raths, Alexander 20.1, 72.1; Sanders, Gina 263.1; Scanrail 155.1; schaltwerk 294.1; stockWERK 283.1; T. Michel 83.1, 83.2, 83.3, 83.4, 83.5, 83.6, 83.7, 83.8, 83.9, 83.10, 83.11, 240.5, 291.1; tbel 101.1; vektorisiert 82.10, 82.11, 82.12, 82.13, 82.14, 82.15, 82.16, 82.17; WavebreakmediaMicro 252.1; wildworx 100.3; Yuri Arcurs Photography 317.1; Zerbor 277.1.
Fotostudio Henke, Paderborn: 325.1.
Handelsverband Deutschland - HDE - e.V., Berlin: 169.1.
Hild, Claudia, Angelburg: 11.2, 292.3.
Imago, Berlin: imago stock&people 239.1.
Jouve Germany GmbH & Co. KG, München: 11.1, 17.1, 23.1, 39.1, 39.2, 40.1, 40.2, 71.1, 71.2, 84.1, 86.2, 115.1, 150.1, 160.1, 183.1, 184.1, 200.1, 200.2, 219.2, 219.3, 232.2, 235.1, 235.2, 235.3, 236.1, 238.3, 248.1, 259.1, 316.1, 316.2, 316.3, 316.4, 317.2, 321.1, 321.2, 321.3, 321.4, 321.5, 322.1, 322.2, 322.3, 322.4, 323.2, 323.3, 323.4.
Mastercard, Frankfurt am Main: 2020, Maestro ist ein eingetragenes Markenzeichen und das Kreisdesign ist ein Markenzeichen von Mastercard International Incorporated. 167.2.
mauritius images GmbH, Mittenwald: imageBROKER/ Niehoff, Ulrich 292.2.
Microsoft Deutschland GmbH, München: 159.2, 165.2, 322.5.
Picture-Alliance GmbH, Frankfurt a.M.: dpa/ Kohlmeyer, Marco 253.1; dpa/Pilick, Stephanie 251.1.
RAL Deutsches Institut für Gütesicherung und Kennzeichnung e. V., Bonn: 240.1.
RAL gGmbH, Bonn: 292.1.
Regionalfenster Service GmbH, Bad Nauheim: 241.3.
S-Payment GmbH, Stuttgart: 167.1, 167.3, 168.1.
Stiftung Warentest, Berlin: 239.2.
stock.adobe.com, Dublin: agcreativelab 198.2, 203.3; airborne77 292.4; Aisyaqilumar 194.1; Alen-Kadr 201.2, 203.2; alhim 218.1, 224.2; Anatomical Design 314.1; Andrushchenko, Vadim 258.3; Aquir 267.1; Ariwasabi 123.1; aurema 57.3, 94.1; batuhan toker 271.3; bilderzwerg 82.6, 82.7, 82.8, 82.9; BillionPhotos.com 188.1; ChaoticDesignStudio Titel, Titel; Cicchetti, Walter 250.2; contrastwerkstatt 267.2; deagreez 1.1; Dimco 324.1; EdNurg 201.1, 213.4; Eichhammer, Michael 290.2; Elnur 313.1; euthymia 113.3, 114.1; Flamingo Images 57.1, 208.1; georgerudy 178.1; Golovnev, Igor 270.1; goodluz 17.2; Gorodenkoff 212.1, 272.1; grafikplusfoto 60.6, 111.7; Heorshe 220.1, 222.1, 222.2, 223.1, 225.1, 225.3, 225.4, 229.2, 314.2; imagesetc 275.1; JackF 203.1; jakartatravel 228.1; Javier brosch 60.5, 111.8; kerkezz 274.1; Kneschke, Robert 57.4, 149.1; Koksharov, Dmitry 258.4; Kondor83 155.4; Kzenon 215.2; Lee, Gregory 221.1; lvnl 167.4; malajscy 197.1; Marco2811 227.1, 314.4; marog-pixcells 57.2; Nejron Photo 163.1; New Africa 158.1; nsdpower 1.2; olgavolodina 231.1; Onidji 320.1; Osmy, Martina 60.4, 111.9; Pauli N. 115.2; pavelkubarkov 176.1; Piyawat-Nandeenoparit 270.3; Reitz-Hofmann, Birgit 270.4; Rousset, Julien 42.1, 60.1; Ryzhov, Sergey 233.1; Sanders, Gina 96.1, 270.2; sanjagrujic 174.1; Schiermeyer, Joachim 289.1; Seybert, Gerhard 44.2; shintartanya 198.3; sompong_tom 272.2; Syda Productions 273.1; t.paisit 175.1; Talaj 131.1; ThamKC 217.3; THINK b 218.2, 219.1; Tran 273.2; vectorpouch 286.1; victor zastol'skiy 206.1; victoriazarubina 112.1; Voyagerix 182.1; WavebreakMediaMicro 92.1, 213.2; Winter, Maren 320.2; Yang, Stefan 164.1; zapp2photo 267.3; zeremskimilan 213.5; zhu difeng 220.2; zjk 271.4.
Voth, Martin, Heiden/Köln: 36.1, 36.2, 36.3, 37.1, 38.1, 38.2, 60.3, 111.6, 129.1, 132.1, 133.1, 152.1, 171.1, 195.1, 204.1, 204.2, 205.1, 213.1, 213.3, 215.1, 215.3, 216.1, 217.1, 217.2, 218.3, 221.2, 223.2, 224.1, 224.4, 225.2, 229.1, 230.1, 234.1, 237.1, 238.2, 241.4, 252.2, 258.1, 258.2, 264.1, 269.1, 271.2, 281.1, 286.2, 286.3, 299.1, 299.2, 300.1, 300.2, 300.3, 301.1, 301.2, 301.3, 302.1, 302.2, 302.3, 303.1, 303.2, 303.3, 303.4, 304.1, 305.1, 305.2, 305.3, 305.4, 305.5, 306.1, 306.2, 306.3, 306.4, 307.1, 307.2, 307.3, 307.4, 308.1, 308.2, 309.1, 309.2, 309.3, 309.4, 310.1, 310.2, 310.3, 310.4, 314.3, 323.1; Bike Town, Bocholt 224.3.
YPS - York Publishing Solutions Pvt. Ltd.: 207.1.
© Bundesanstalt für Landwirtschaft und Ernährung (BLE), Bonn: 241.2.
© Europäische Union: 240.2, 240.3, 240.4, 241.1.

H

I

J

K

L

M